40년간 기록한 농촌간호사 일기와 편지
바람의 초상

바람의 초상

저자_ 박도순 ⓒ
초판발행_ 2025년 11월 25일

발행처_ 도서출판 윤진
발행인_ 윤세영
주소_ 서울 종로구 삼일대로461 SK허브 101-922
전화_ 02-732-0815
이메일_ majung815@naver.com
출판등록 2015년 3월 11일
등록번호 제300-2015-41
기획 진행_ 김녕만 진현옥
디자인_ 조의환
인쇄 제작_ 삼아인쇄사
값 28,000원
ISBN _ 979-11-90985-21-5

이 책에 실린 글과 사진은 저자의 허락 없이 무단 복제할 수 없습니다.

40년간 기록한 농촌간호사 일기와 편지
바람의 초상

작가 노트

마당골 너머
산 그림자 골짜기 드리우면
경운기 소리
산 벽을 치고
노루재 뭇별
밤 마중 분주하다

날개 접은 산새
초승달 쪼아대고
들꽃은 물 길어 올리는
어둠 사잇길
휘어진 무릎 사이
엉겅퀴는
저 혼자 붉어라

누가
나의 등 떠미는가
저기
깃털보다
가벼워진 당신에게

무주군 보건기관 위치도

무주군보건의료원

부남면 부남보건지소
가정보건진료소
장안보건진료소

안성면 안성보건지소
공진보건진료소
공정보건진료소
진도보건진료소

적상면 적상보건지소
상곡보건진료소
삼방보건진료소

설천면 설천보건지소
대미보건진료소
구천보건진료소

무풍면 무풍보건지소
덕지보건진료소

차례

여는 글 08

제1부 몸 성히 진학하느냐 | 1986~1988

　　　　우리 가족 14

　　　　나의 친구 나의 선생님 30

　　　　일기1 42

　　　　사랑하는 이에게 60

제2부 오지 않는 새 | 1989~1998

　　　　발령 86

　　　　결혼 113

제3부 갈림길 | 1999~2016

　　　　박사님께 소장님께 168

　　　　일기2 216

제4부 이정표 | 2016~2021

　　　　교수님께 소장님께 254

제5부 거기 사람 있어요 | 2019~2025

　　　　일기3 378

　　　　길에서 만난 사람들 410

닫는 글 462
추천의 글 466

여는 글

나와 너

온갖 참된 삶은 만남이다

철학자 마르틴 부버는 인간 존재의 본질을 '관계' 속에서 찾았다. 그에 따르면 진정한 '나'는 '너'와의 만남 속에서 비로소 형성된다는 것이다. 『바람의 초상』은 그 말의 가치와 깊이를 오롯이 실감하게 만든다. 이 책은 박 소장님이 간호학과에 입학한 20대 초반부터 보건진료소장으로 은퇴하기까지 40여 년간 농촌 간호 현장에서 주고받은 편지와 일기를 담은 삶의 초상이다. 이 기록은 단순한 회고록이 아니며 간호 실무 전문서도 아니다. '나'와 '너'가 만나 시간 속에서 빚은 관계의 산물이며, 한 사람이 간호사로 살면서 타인의 삶과 고통을 얼마나 정직하고 따뜻하게 때로는 얼마나 치열하게 감당해 왔는지를 보여주는 고백서이다.

지난가을이었다. 무주로 여행을 갔다. 그때 들렀던 장안보건진료소 사택에 쌓인 서류뭉치를 지금도 기억한다. 가족과 주고받은 손 편지, 연인과 주고받은 연애편지, 출력된 이메일까지 꼼꼼하게 정리하여 서류철에 보관한 흔적들. "아니! 이런 것이 어떻게 아직도 남아 있는 거죠?"라는 질문에 소장님은 "너무 소중해서 차마 버릴 수 없었다"라고 대답했다. 버려지지 않은 그 기록들은 단지 개인의 아카이브가 아닌 관계의 표식이며, 이 책으로 탄생하게 만든 숨은 공력자라 아니 할 수 없다. 「관계」 덕분에 한 간호사는 고립된 농촌 오, 벽지 간호 현장에서 '너'를 마주하며 '너'를 기다리며 '나'를 견디며 나로 살아낼 수 있었던 것이다.

소장님이 일하는 보건진료소. 그 공간에 오시는 환자들은 밝은 이야기를 들려주지 않는다. "명랑하고 행복한 사람들은 보건진료소에 별로 오지 않습니다. 아픈 이야기, 슬픈 이야기를 풀어놓고 어두운 이야기를 풀어놓죠." 진료가 끝난 후 문을 나서는 환자의 뒤태에 드리워진 그림자는 그대로 진료실 안에 남아 그녀는 그들이 놓고 간 아픔과 슬픔에 젖어 허우적거리다가, "나는 언제까지 이 일을 해야 하는 거지?" 라는 질문을 되뇐다. 그러나 그녀는 매번 다시 일어선다. "나는 다시 아프고 슬픈 누군가의 삶을 기꺼운 마음으로 동행하리라. 그것이 신이 나를 부르신 목적일 것이고, 일단 그렇게 살아보자" 다짐하면서. 이 문장은 이 책의 중심에서 조용히 빛난다.

특히 간호사라는 직업이 갖는 무게와 농촌 간호 현장의 복잡함을 어떤 이론서보다 생생하게 보여주는 장면이 곳곳에 담겨 있다. 고향으로 돌아와 마주하는 환자들은 낯선 사람이 아니다. 어릴 적부터 알고 지낸 사람, 동네 어르신들, 어찌 보면 가족보다 더 가까운 이웃이다. 이러한 비-익명성의 관계 안에서 박 소장님의 역할은 더 미묘해진다. "병원을 배경으로 한 논문에서 설명하는 간호사와 어려운 환자와의 대인관계는 농촌 간호사의 너무 알아 어려운 관계 맺기를 설명해 주지 못한다."라고 말한다. 너무 잘 알아서, 너무 오래 알아서, 오히려 불편한 거리. 그 속에서 간호사로서의 자아와 한 인간으로서의 자아가 끊임없이 충돌하는 모습에서 간호사와 대상자 관계에 대한 소장님의 깊은 고뇌를 느끼게 한다.

진료실에서 소장님은 진심으로 환자 이야기에 귀 기울인다. 어르신들이 들려주는 증상은 그 자체로 생의 아픔이며 삶의 역사다. "찬바람이 머릿속으로 들어가서, 머리가 시리시리 해가꼬 수건을 머리에 똘똘 말아서 쫌매야 잠이 오지, 그냥 못 잔당께요." 이 말을 진료 기록지에 어떻게 옮겨 적어야 할까. 고민은 단지 임상 용어를 찾는 데 그치지 않는다. 증상 속에 스민 삶의 결을 놓치지 않으려는 간호사로서의 청안(靑眼)이 깃들어 있다. 진료의뢰서에 어떤 철자로 적어 보냈을지 소장님을 만나게 되면 꼭 묻고 싶다.

소장님은 질문한다. "경청과 공감에 지쳐버린 간호사는 누가 돌봐줘야 하는가?" 환자들은 자신의 고통을 의료진에게 쏟아낸다. 그러나 간호사는, 돌보는 사람은, 자신의 고통을 어디에 쏟아야 할까? 그녀는 이렇게 답한다. "저는 죽을 것 같은 피로감을 쓰는 행위로 해소합니다. 살기 위한 몸부림이죠. 씻김굿처럼. 글밭 고랑 사이로 들어가 몸과 마음을 웅크린 채 쓰고 읽다 보면, 나는 어제의 내가 아닌 새로운 인류가 되어버린 기분이 듭니다. 그래서 쓰기를, 책 읽기를 도무지 끊을 수 없어요" 이 고백은 지난한 농촌 간호 현실에도 불구하고 글을 쓰고, 관계를 이어가고, 믿고 견디며 버틴 한 존재의 생존 방식이다. 간호사란 결국, '자기 고통쯤은 스스로 감당해야 하는 사람'이 아니라, 누군가의 고통을 함께 지는 동시에 자기 자신도 지켜야 하는 존재라는 것을 여실히 보여준다.

본문 곳곳에 후배 간호사들과의 만남도 등장한다. 일하면서 무엇이 가장 힘들었냐는 질문에 "그때와 지금은 상황이 많이 다릅니다. 여러분은 사람을 만나는 중이고, 곧 꽃도 만나고 토끼도 만나겠죠. 제가 지나오는 길에 보았던 나무는 더 자라 있을 것이고. 꽃은 졌을 것입니다. 맹수도 사라졌을 것입니다. 여러분은 전혀 다른 풍경을 만날 것입니다." 그녀는 자신의 경험을 무기로 삼지 않는다. 다만 지나온 길에 만난 나무와 맹수를 보여주면서도 후배들은 그 길에서 다른 꽃을 보게 되기를 바란다. 이러한 자세는 진짜 선배만이 보여줄 수 있는 겸손이고 사랑이 아니겠는가.

『바람의 초상』은 또한 한 여성으로서의, 한 어머니로서 삶의 고백이기도 하다. 보건진료소를 집 삼아 네 명의 아이를 키우며, 읍내로 원거리 통학을 시키고, 보건진료소 고유 업무와 가족 사이에서 자주 갈등하면서도 결국 자신의 자리를 지켜낸 시간이 고스란히 담겨 있다. "너무 반짝거리는 것만 드러낸 것 같아 미안하다. 그것이 전부가 아니라는 것을 기억해라. 반짝거리는 빛 아래에 녹아 흐르는 눈물과 가시까지도 미루어 읽어낼 수 있기를 바란다." 이 말은 소장님이 살아낸 삶, 그리고 이 책 자체를 설명해 주는 본연 자체이다.

이 기록은 간호사가 쓴 글이지만, 간호사만을 위한 책이 아니다. 누군가를 돌보는 삶을 살아가는 이에게 바치는 조용한 찬가이며, 진심으로 존재 자체인 모든 이에게 건네는 위로이다. 인간에 대한 이해, 존재에 대한 사색, 삶에 대한 성찰이 없다면 이처럼 투명하고도 따뜻한 기록은 불가능했을 것이다. 우리는 이 책을 통해 묻게 될 것이다. 나는 지금 누구를 돌보고 있는가. 나의 '너'는 누구인가. 너의 '나'는 누구인가.

이 책이 저마다 은밀한 귀소 본능을 책꽂이에 채우며, 저마다 어울리는 독자를 찾아 꼭 필요한 사람에게 가 닿기를 바란다. 이 책을 통해 많은 '나'들이 새로운 '너'를 만나 다시 한번 참된 삶의 자리로 서벅저벅 걸어가기를.

2025년
부산 동아대학교 간호학과
교수 **유정옥**

일러두기

1. 이 책은 한 사람의 생을 따라 주고받은 편지와 일기를 엮은것입니다.
   글마다 당시의 숨결이 배어 있어 교정과 각주는 최소화하였습니다.

2. 인명과 지명은 특별한 경우를 제외하고 한글 표기를 원칙으로 하였고
   필요한 경우 한자를 병기 하였습니다.

3. 원문을 존중하여 맞춤법이 현재와 달라도 그대로 옮겼습니다. 편지글 게재 동의 과정에서
   일부는 본인 요청으로 가명 처리하였습니다.

4. 사진과 그림은 별도의 표시가 없는 한 저자가 촬영 혹은 제작한 것입니다.

5. 논문과 도서명은 『 』, 영화 제목은 < >, 그 외에는 「 」으로 표기하였습니다.
   감동 받았던 구절, 영화의 명대사, 논문 중 일부를 인용한 부분이 있습니다. 그것들은 그 시절
   저자의 마음을 비춘 거울이었기에 글 속에 그대로 남겨 두었습니다.

제 1 부

몸 성히 진학하느냐

1986~1988

우리 가족

도미세말남 그리고 희

광대나물꽃 피던 봄날, 아버지의 첫 편지가 왔다

  도순아, 보아라.

어릴 적에 나는 울내미로 불렸다. 지금도 고향에 가면 어르신들은, 울래미 왔는가 하신다. 스물다섯 살 나의 아버지는 첫딸을 땅에 묻으셨다. 내가 태어났을 때 하늘로 간 딸이 다시 태어났다고 도로 태어난 아이, 도순이. 앞길 순탄하라는 염원 담아 지은 이름이라고 하셨다. 길 도, 순할 순. 내 이름은 아버지 기도이자 어머니의 비나리이다. 혹시 이 아이도 첫 아이처럼 되면 어쩌나 노심초사했다고 하셨다. 논 일 하실 때 밭 일 하실 때도 지게 바소쿠리에 나를 태우고 일했다는 말씀을 여러 번 들었다.

  땅바닥에 내려놓기만 하면 울어 대니, 첫이이가 못 울고 간 것을 야가 대신 우는 모양이라고 생각하셨단다. 아버지는 주막에 가실 때도 나를 안거나 업고 가셨다. 울내미, 만배 딸. 이름 덕분이었을까. 나의 삶은 그런대로 순한 편이었고, 순탄할 때는 또 무슨 험한 일이 생기려고 이러나 매사를 경계하였다. 둘째 동생은 미순이다. 여자의 어여쁨을 바라시어 기도에 담으신 것이다. 아름다울 미, 순할 순. 셋째는 세상을 이롭게 하는 데 도움이 되라는 인간 세, 순할 순. 딸을 내리 넷을 낳으니. 딸은 인제 그만. 넷째 딸 이름은 '끝 말' 자를 담아 말순이다. 그래도 끝나지 않은 다섯 번째 딸. 다음에는 아들, 제발 아들 낳게 해달라는 간절함 담은 이름, 사내 남, 순할 순.

  일곱 번째에 드.디.어 아들을 낳으셨다. 큰집 우리 집뿐 아니라, 온 동네 기쁨이었다. 경사를 등에 입은 막내 남동생은 기쁠 희, 경사 경, 희경이다. 산모용 미역이며 광목 기저귀, 쌀, 돈. 마을 사람들이 가져오신 선물이 넘쳐나던 것을 기억한다. 논 여덟, 밭 서너 마지기 농사가 전부였던 부모님은 6녀 1남을 낳아 5녀 1남을 키우셨다. 우리 6남매는 각자 시절 안에서 고향 중학교 분교를 다녔다. 고등학교부터 읍내로 나와 자취했다. 대학에 입학하면서 나는 가장 먼저 무주를 떠나 이리시(市)로 왔다.

가족의 편지가 하루가 멀다고 날아왔다. 도미세말남 그리고 희. 뒷동산에 진달래가 피었다는 소식, 고향 오빠나 언니들 소식, 마을 어른들의 안부도 가득했다. 심지어 수학 문제, 국어 숙제, 진로 고민도 넘쳤다. 돌아보니 도미솔 시도 음계처럼 어울린 우리였다. 나는 간호사가 되어 고향으로 돌아왔다. 시대의 초상이 되어버린 바람 앞에 나는 서 있다.

/ 도순아 보아라   1986년 3월 26일 수요일

그간 몸 성히 학교에 진학하느냐
이곳 집에서는 고추 이식이 한참이구나
다름이 않이라 전번에 부탁한 돈이 미리 마련치 못하여 죄송하오나 금번 농사 자금을 다수 찾았기에 이제야 一金 貳萬원을 送金하오니 잘 받아주기 바란다
받는 즉시 회답 바라며 갑자기 추워진 날씨에 몸조심 하여라
그리고 미순이는 방도 옴기고 학교에 여전히
진학하고 있으니 안심하거라
다음 상면시로 미루고 이만 주리겠다
　　　　아버지 박만배 書
　　　　전북 무주군 적상면 괴목리 치목 1283

/ 언니에게   1986년 3월 27일 목요일

순성이 언니랑 잘 지내고 있지? 간호과 1학년에서는 무엇을 배우는지 궁금해. 실력 고사 시험 마쳤는데, 역시 나는 수학은 불가능인가 봐. 영어 시험은 모두 동그라미야. 내년이면 고3인데 걱정이네. 우리 학교도 선후배 관계가 앞으로는 어려워질 것 같아. 개구리가 올챙이 적 생각 못 한다는 속담을 이런 데서 실감하네. 학교에 가면 완전 살얼음 분위기야. 구체적인 이야기는 4월 5일에 언니가 집에 오면 다 이야기해 줄게. 지난 일요일에 우리 앞집 방앗간

아주머니 환갑잔치 했어. 때문에 나는 포식했지. 맛있는 거 먹을 때마다 김치만 먹고 있을 언니 생각이 나.

언니! 언니는 여러 가지로 생활면에서나 고매한 인격을 소유하고 있으니까, 순성이 언니랑 사이좋게 잘 지내길 바랄게. 그리고 고생하는 엄마에게 열심히 공부해서 배움을 헛되이 버리지 말고. 엄마의 저 거친 손등과 빈 곳을 메꾸어주는 착한 언니가 되어주길 이 동생은 바랄 뿐이야. 하하하. 그리고 나라에서 준다는 그 장학금 있잖아, 그거 신청자 세 명 중에서 언니 혼자 받는 걸로 결정 났대. 최금란 선생님이 꼭 전해주라고 하셨어. 정말 기뻐. 이만 펜 놓을게. 언니 잘 지내.

동생 미순이가

/ 언니에게　1986년 4월 7일 월요일

정말 보고 싶어. 대학 가서 멀리 떨어지니까 무주에서 자취할 때랑 많이 달라. 나도 내년이면 고등학생이 되는구나. 다른 말보다 보고 싶다는 게 가장 강조하고 싶은 말이야. 토요일에 오는 줄 알고 식구들 눈이 빠지게 기다렸어. 하지만 안 오길 잘했어. 오고 가고 차비만 들잖아. 이번 주말에는 꼭 와.

언니! 등록금 걱정하지 마. 아버지가 그러시는데 다 준비됐대.
참! 웃새재 마을에 산불 났어. 명석이 오빠가 논두렁 태우다가 그만 번졌대. 아주 큰 불이었어. 어른들이 수군거리는데 그 오빠 영창 갈지도 모른다는데. 오빠가 일부러 그런 것도 아닌데 어쩌면 좋을까. 너무 불쌍해. 태풍이 불어서 마을에는 비닐하우스가 다 날아갔어. 사람들이 나와서 덮어씌우느라 고생깨나 했어. 정말 무섭더라. 민숙 언니네랑 병철 오빠네는 지붕까지 다 날아갔어. 이런 이야기 하면 진짜 웃기는데, 정말 볼만하더군. 언니! 다섯 밤 자고 만나자. 엽서에 적은 희경이 편지는 미완성이야. 그렇지만 함께 보낼게.

괴목중 3학년 박세순 씀

/ 누나에게

그동안 잘 있었어요? 나도 잘 있어 누나. 편지 보내지 못해서 미안해. 내가 너무 게으른 탓이야. 나는 2학년에 올라와서 공부 조금 잘하고 있어. 누나도 학교 잘 다니고 조금이라도 더 열심히 공부해. 여기 누나들이랑 부모님도 잘 있어. 엄마가 꽁치 반찬을 해서 먹게 되었어. 나는 꽁치고기가 참 맛있었어.

괴목초등학교 2학년 박희경 올림

/ 도순아 보아라   1986년 5월 21일 수요일

금번 편지 잘 받아보앗다. 그런데 너에 편지를 받고 보니 5월 1일 2일 일박 2일 소풍을 간다는 편지더구나. 잘 받아보앗다. 그리고 一金 貳萬원 보내달라는 부탁을 받앗다. 그런데 서울 희덕 오빠 결혼식에 느 어머니는 17일 아버지는 18일 날 서울에 올라갓다가 20일 오후 6시 30분 차로 집에 도착하니 너에 편지가 왓더구나. 부탁한 一金 貳萬원은 21일자로 송금하오니 잘 받기 바란다

도순아 공부 열심 해라

20일 날 아버지 어머니 함께 고등학교에 들어갓다가 왓다. 다름이 안이고 미순이 수업료 면제 때문에 24,000원 면제 통지서가 왓기 때문이엇다. 학교에 들러서 서무과장 단임선생님과 만나서 담배나 한 갑 사 피우시라고 부탁하면서 봉투 5,000원을 드렷는데 보기 쑥스러워서 인사 말씀도 못하고 왓다. 미순이 관계는 걱정할 것 업따. 세순이도 희경이도 모두 1등을 하고 잇고 말순이 남순이 역시도 우리집은 전부다 다 1등이다. 아버지는 기분이 너무 좋아 또 좋아 자꾸만 좋아지는구나. 이대로 끝을 지우겠다. 도순아 죄송하다.

아버지 書

/ 언니에게   1986년 5월 27일 화요일 밤

지금 밖에는 적막을 깨우는 개구리 소리 요란해. 언니 편지 받고 기뻤어. 편지 오면 손님처럼 언니가 오는 것 같아. 주말에 만나서 너무너무 기뻤어. 그런데 아버지랑 그렇게 심하게 다투고 가다니! 언니가 무주 가는 버스 타는 모습 보니까 얼마나 걱정되고 딱하던지. 정말 속상했어. 엄마는 언니 가고 나서 기분 나빠서 아이고 내 팔자야 하면서 막 울었어. 아버지는 큰소리로 화를 내고 난리였지. 그날 아버지가 언니 자취방으로 당장 달려가겠다고 하는 것을 엄마가 겨우 말렸어. 이런 소식 전하면 안 되는데 할 수 없어.

언니! 이번 주 토요일에 집에 와야 할 것 같아. 톰방골 논에 모내기한대. 꼭 와야 한다고

엄마가 옆에서 말씀 중이야. 쓰라고 하셔서 적는 거야. 올 거지? 언니가 받은 장학금* 말인데 고맙게 잘 받았다고 전하래. 아버지가 얼른 편지 써서 부치라고 독촉하셨는데, 나는 귀담아듣지 않다가 이제야 쓰네. 그 돈으로 아버지가 비료도 사고 송아지도 샀어. 집이 가득해진 기분이야. 엄마는 금방 부자가 된 것 같대. 우리 집에 언제 이렇게 따신 기운 감돌았냐면서 좋아하셔. 언니! 너무 속상해 말고 힘내! 알았지?

무수한 별이 밤하늘을 덮었어. 여기는 정말 눈코 뜰 새 없이 바빠. 공부할 시간이 없어. 식전에는 말순이랑 남순이랑 서당골 밭에 가서 고추대 묶었어. 풀도 뽑아야 하고. 지지대 상투 묶고 정말 힘들어. 그런데 어제는 엄마가 무슨 일인지 용돈을 주시더라. 너무 감격했지. 피곤하지만, 언니랑 대화 나누는 이 시간이 참 좋아. 중간고사 성적은 생각보다 조금 나아졌어. 공부가 어렵다는 것을 알아가고 있어. 내일부터는 수업 끝나도 학교에 남아서 더 공부할 작정이야. 그리고 병철 오빠한테 받은 카세트 테이프, 녹음이 개떡같이 됐어. 주말에 일찍 와. 언니! 우리 뒷집 전화번호는 22-1671이야. 다시 만날 때까지 안녕.

박세순

> 「공중보건장학을위한특례법」에 근거하여 공중보건업무에 종사할 의료인력 확보를 위하여 의사·치과의사·간호사가 되려는 대학생에게 지급하는 장학금(시행 1977년).

언니에게 1986년 9월 1일 월요일

아침저녁으로 무척 쌀쌀한 날씨야. 보내준 편지 잘 받았어. 어찌나 고마운지 몰라. 언니가 부탁한 돈은 소액환으로 바꾸어 부쳐야 하는 것은 잘 알고 있어. 그런데 요즘 무주우체국 공사가 시작되어서 무척 번거로운가 봐. 그래서 껌종이에 싸서 도화지에 다시 한번 더 쌌음. 이렇게 보내니까 휴시라고 착각하지 말고 받자마자 편지해 줘. 분실 사고 일어나면 큰일이니까. 그 돈이 어떻게 해서 만들어진 돈인지 말하지 않아도 언니 잘 알지? 헛되이 쓰는 일이 없도록 해. 그리고 언니가 아버지께 사드린 시계는 잘 차고 계셔. 아버지 손목을 보니깐 왠지 뿌듯한 기분이 들었어. 또 하나 전할 소식은 우리 고등학교 최갑식 교장선생님께서 뜻하지 않은 발령으로 다른 학교로 오늘 떠나셨어. 선생님들은 물론이고 친구들도 모두 서운해하고 있어.

참! 이 문제들 좀 풀어줘. 잘 모르겠어. 미안, 이런 부탁 해서.

1번 문제

실수 a에 대하여

$A=\{x|x^2-ax-2x+2a > 0\}, B=\{x|x<1\}$, 일 때

임의의 x에 대하여 x∈A일 a값의 집합은?

풀이]

$x^2-ax-2x+2a > 0$을 인수분해하면

$(x-2)(x-a) > 0$ ······ ①

i) a ≥ 2이면 ①은 x < 2 or , x > a, ∴ B⊂A

ii) a < 2이면 ①은 x < a or x > 2 B⊂A이려면, a ≥ 1 즉 1 ≤ a < 2

i), ii)에서 a ≥ 1, 답] {a|a ≥ 1}

왜 이렇게 되는지 잘 모르겠어.

2번 문제

수열에서 {an} 에서

$a_1=4. 3a_{n+1}=a_n+6$ 일때, $\lim \dfrac{a_n-3}{3^{1-n}}$의 값은?

답] 1

이 과정도 설명이 필요해.

내년이면 고3인데…. 언니, 잘 있어.

From 박미순 무주읍 읍내리 763-11

/ 언니에게 1986년 9월 4일 목요일

이곳은 꽤 쌀쌀한 날씨가 찬 바람을 데려왔어. 가을님이 오려나 봐. 언니 그동안 안녕? 이곳은 병사가 많아. 아버지는 술을 많이 먹어서인지 눈이 아프다고 하셔. 그래 가지고 그 핑계 대고 일도 안 하고 매일 놀고 계셔. 세순 언니랑 나는 감기 걸리고. 꼴이 아니네. 미순언니가 국어랑 수학 문제 풀어준 편지 잘 받았대. 언니가 보낸 책도 잘 받았어. 그 책을 읽었더니 내 인생은 내가 헤쳐 나가야 한다! 인생이란 무엇인가?라는 의문이 생겼어. 언니한테 편지 한 통 왔는데, 그냥 서울에서 '혜정이'라고 써 있어. 엄마가 돈 잘 받았는지 물어보래. 잠이 쏟아지네.

언니! 이 사진은 언니가 세 살 때 찍은 거래. 앨범에 있길래 편지랑 함께 보냄. 언니 너무 귀엽다. 추석만을 기다리며. 이제 며칠 안 남았군. 이만 볼펜 놓을게.

무주중 괴목분교 1학년 박말순

/ **언니에게** 1987년 3월 17일 화요일

즐거운 수업이 끝났어. 지금은 공장 현장으로 나갈 준비 중이야. 이곳 마산은 봄을 알리는 빗소리가 기숙사 창문을 주룩주룩 건드리고 있어. 비 오는 날이면 고향 생각이 더 간절해. 집에서 튀김 요리해 먹던 일, 여유 있는 시간이 지금은 몹시 아까워. 언니 우리 학교 교육 목표가 뭔지 알아? "현모양처를 기르자". 이거야. 좀 우습지? 교육을 목표로 하는 것은 아닌 것 같아.

그래도 이곳에서 배우는 것이 많아.

언니! 지난주 편지 받는 순간 얼마나 기뻤는지 몰라. 하루 피로가 다 날아가는 것 같았어. 요즘은 현장 시간과 학교 시간이 고루 배부되어 몹시 시간에 틈이 없어. 편지 쓸 시간이 없어서 학교에서 쉬는 시간에 쓰는 거야. 짧디짧은 수업 시간에 중학교 시절과는 너무나 다른 집중력이 필요해. 수많은 선생님과 뜨거운 교육열. 모두 훌륭한 선생님들이셔.

어제는 월급날이었어. 다음 달부터 재형저축 70,000원이 떼어져 나오기 때문에 굉장히 쪼들릴 것 같아. 정말 너무 월급이 적어서 말을 못 하겠어. 한 달 수업료 5,000원, 기숙사비, 현장비, 밥값 빼면 본전도 없어. 거기에다가 학교에서는 저축을 강조하기 때문에 돈을 헛되이 쓰지 못해. 지금 내게 남은 한 달 용돈은 4,800원이 전부야. 먹고 싶은 것, 입고 싶은 것 제대로 못 입고 못 먹고, 이게 '사회 생활'이라는 단어인가.

언니가 보낸 생일 축하 전보는 생일날 받았어. 주소가 바뀌면 편지함에 꽂아두거든. 그럼 내가 가서 찾아오는 거야. 그날은 근로자의 날이라 행사도 대단했어. 공장 근무도 쉬고, 빵도 주고, 우리 학교에는 가수도 왔어. 홍수철, 유미리, 최성수, 한마음, 이용식 씨가 사회를 보았지. 참 재미있었어. 정말 가수들은 가까이에서 보니까 예쁘더라. 맨 앞에서 구경했기 때문에 자세히 볼 수 있었어. 그날은 어느 해보다 행복한 생일이었지.

언니! 5월에 꼭 면회 와줘. 면회 시간은 일요일 오전 8:00~오후 5:30까지. 월급 타면 언니에게 책을 선물하려고 했어. 『사반의 십자가』. 그런데 이번 달, 좀 어려울 것 같아. 언니 좀만 참아 줘. 부탁할 것이 있어. 영한사전, 교양서적 몇 권, 시집들 소포로 보내줘. 나에겐 꼭 필요해.
언니를 생각하며
경남 마산에서 한일여자실업고 1학년 박세순 씀

/ 언니에게 1987년 6월 11일 목요일

언니 그동안 어떻게 지냈어? 나는 잘 있어. 편지 늦어서 정말 미안해! 언니야. 우리집은 짐짐 화목해지고 징밀 집이 조용해졌어. 임마 아버지는 저거 힐라, 이거 힐라 바쁘다 하시지만, 내가 볼 땐 시간 여유가 있는 것 같아. 언니! 완전학습 참고서 보내줘서 정말 고마워. 문제집도 다 받았어. 언니 덕분에 내 머리에 지식으로 꽉 차겠어. 고마워. 언니의 정성을 받아서 공부 열심히 할게.

고추 이식해서 참 잘 살았어. 우리 집 역사에 기록될 만할 정도야. 그리고 미순이 언니도 학교에 잘 다니고 있어. 모의고사 보았다는데 결과가 좋은가 봐. 그 언니 걱정은 하지 마. 마음도 이제는 안정된 것 같아. 미순 언니한테는 그 일에 대해서 더 이야기 안 했으면 좋겠어. 말해봤자 서로 가슴만 아프잖아. 언니! 여름 방학 시작하면 29일 넘기지 말고 꼭 와줘. 그날 수학여행 가거든. 용돈 좀 주세요. 언니, 잘 있어.

괴목초등학교 6학년 박남순

언니에게 1987년 8월 25일 화요일

비도 오고 쌀쌀한 바람도 불고, 이곳 남쪽 나라에도 벌써 가을이 오려나 봐. 너무 춥고 배가 아파서 기숙사에 일찍 들어왔어. 언니한테 편지가 오다니! 괜히 눈물이 나려고 해. 정성 없는 백지라도 괜찮으니까, 편지 자주 왔으면 좋겠어. 언니에게 이렇게 내 마음을 쓸 때면, 모든 걱정이 다 사라지고 마음이 편안해져.

지난주에 부산에 친구들 만나고 싶어서 동래구까지 갔어. 회사로 전화했더니 퇴근했다는 거야. 약속하고 간 건데 왜 약속을 안 지켰을까. 그 자리에서 통곡하고 싶었어. 거기에서 구포 작은 외삼촌 댁은 너무 멀어 갈 수 없었어. 그냥 마산으로 되돌아왔어. 지난 12일에 엄마 집에 가서 친구들이랑 적상산 안국사에 갔었어. 카세트 틀어놓고 이 세상에 남기지 못할 가장 아름다운 추억을 만들었지.

마산에서는 산에 올라가는 거 별 따기 얘기야. 아홉 시 뉴스 보는데, 내일부터 정상 근무에 들어간다는 거야. 복귀 명령이 내려졌어. 그 말을 듣는 순간 이 세상에서 내가 가장 불행한 아이라는 것을 느꼈어. 눈앞이 캄캄하더군. 정들었던 집을 떠나기 싫은 마음, 언니는 이해할까? 그날 밤은 잠이 오지 않았어. 진정한 이별의 맛을 느끼는 날이었어. 얼마나 울었는지 몰라. 엄마는 옆에서 "야야! 회사에 가기 싫어도 어떻게 하냐?" 위로의 말을 건네주셨지만, 아무리 그러셔도 검은 암벽은 사라지지 않는 거야. 그날 밤 희경이랑 마루에서 오순도순 이야기 나누다가 잠들었어. 희경이도 이제는 어른들이랑 장기를 둘 정도로 의젓해졌고, 나랑 헤어져 지내서 그런지 거리감이 느껴졌어. 이건 좀 슬픈 일이야. 동생들과 제대로 놀지 못한 지난 시간이 아깝고 서러워. 식구가 한자리에 다 모였을 때 느낀 것은 우리집이 세상에서 가장 행복하다는 거였어.

영동에서 마산역 가는 기차가 없어서 부산행 무궁화호로 대구역까지 왔어. 서부터미널에서 마산까지 한 시간 반 정도 걸리거든. 마산에 오니까 1시 30분. 기숙사에 도착하여 허겁지겁 점심밥 먹고 3시 근무 오후반에 들어갔어. 밤 11시까지 하느라고 죽을 뻔했어. 차를 너무 오래 타서 어지럽고 피곤했어. 자고 나니까 좀 나아졌네. 방송으로 복귀 명령 소식을 듣지 못한 아이들이 많아서 회사 기계가 멈춘 채로 많이 쉬었어. 그날 출근한 사원들에게는 월급에 특별 수당을 더 받게 해준대. 데모 덕분에 회사가 변한 것이 많아. 보너스가 350% 올랐고, 월급은 12%나 올랐어. 휴가비도 나오고, 역시 우리가 한목소리를 내야할 필요가 있는 것 같아. 휴일도 제대로 쉴 수 있게 되었어.

    추석 선물로 한일합섬 모포를 사 가려고 했더니 원가에 판다고 하는데도 3만 3천 원이야. 부담이 크네. 그동안 데모가 있었고 사원들 휴가 나가고, 그 후유증으로 회사가 몹시 소란스러워. 추석에는 야간 근무 마친 후 회사 버스 타고 갈 것 같아. 오늘은 11시 야간 출근이야. 아침 7시까지 일해야 해. 이제는 좀 익숙해져서 끄떡없어. 언니에게 수고하라는 말을 듣고 싶어. 최근에 김형석 작가님의 수필집을 읽었어. 무언가 더 높게 느끼려면 대학에 가야겠어. 언니, 가을 하늘처럼 푸르게 잘 지내.

    박세순
    경남 마산시 양덕동 정동 203호

/ 언니에게 1987년 11월 19일 목요일

    아침저녁으로 무척 쌀쌀한 날씨야. 야간자율학습 마치고 돌아오는 길이 왜 이렇게 싸늘한지. 지금 이불 속에서 몸을 녹이는 중이야. 언니 편지 잘 받았어. 아무튼 고마워. 언니가 좋아하는 허 진 선생님 부탁도 있고 해서 펜 들었어. 지난주 토요일에 선생님께서 말씀하시기를 "야, 박미순, 언니 언제 온다니?" "다음 주에 올 겁니다." "나한테 전화 좀 달라고 해라. 집에 있을 테니까. 알았지?"

    주 요점은 이거였어. 다음 주에 평소보다 일찍 와서 찾아뵙도록 해봐. 중요한 이야기가 있나 봐. 그때 허진 선생님 표정이 무척 심각해 보였어. 하긴, 그 선생님 표정은 늘 심각한 얼굴이시지. 학력고사가 내일이면 32일밖에 남질 않았어. 그리고 1, 2, 3학년 내신 등급 나왔어. 1등이긴 한데 별거 아니지만, 좀 기뻐. 토요일에 내 자취방으로 올 때 맛있는 거 사왔으면 좋겠다. 이 편지가 토요일 안에 꼭 도착해야 할 텐데…….

    무주에서 미순 씀

/ 언니에게　1988년 3월 28일 월요일

　　며칠간 기분 좋은 포근한 날씨였는데, 오늘은 쌀쌀하네. 언니 등록을 무사히 마쳤다니 우선 마음이 놓여. 편지 반갑게 잘 받았어. 다음은 내가 걱정이고만. 정말 우리 집은 어려움과 고통이 끊기질 않는 것 같아. 우리 영문학과는 주말에 속리산으로 2박 3일 M.T 떠났어. 그래서 오늘 강의 없는 거야. 도서관에서 일찍 자취방으로 돌아왔어. 비용이 25,000원씩이나 돼서 나는 안 가기로 했지. 책 사느라 돈이 바닥났거든. 좀 속상하고 울적한 기분이 들었어. 큰집 황수오빠에게 전화 걸어서 문래역에서 6시쯤 만났어. 그때 기분이 얼마나 좋았는지 언니 상상에 맡길게.

　　오빠가 신도림역까지 같이 와줬어. 어렵고 힘들겠지만 꿋꿋하게 잘 이겨내면서 공부하라고 했어. 오빠 말 들으니까 좀 마음이 편해졌어. 내 주위에 좋은 사람이 많다는 것을 생각하니 힘이 솟아. 언니가 저번에 이야기했던 원휘아저씨랑 전화 통화도 했어. 아르바이트 자리도 부탁했고. 일은 힘들지는 않은데 여유가 없고 공부할 시간을 많이 빼앗기는 것이 아쉬워.

　　언니도 중간고사 기간이라고 했지? 시험 끝나고 4월 말쯤 서울에 올라오면 정말 좋겠어. 언니 꼭 와. 나는 5월에 고속버스 타고 이리에 내려갈게. 요즘 바쁜 생활 중에 내가 깨달은 것이 있어. 나보다 불행한 사람이 많음을 알게 되었어. 선배 언니들, 형들 만나면서 그들의 이야기 듣고, 생활을 나누다 보니 대학 생활 낭만도 느껴지고 학교에 점점 적응하고 있어.

　　언니! 혹시 시간이 될까. 스탕달 작가의 『적과 흑』 책 알지? 요즘 읽고 있는데 나는 도무지 재미가 없어. 독후감 15매 이상 쓰라는 리포트. 언니는 문장력도 있고 하니까 잘 쓸 거야. 그리고 『호메로스에서 포우까지』 책도 알지? 이것도 읽어야 해서 서점마다 들러봤지만 책이 없어. 문학개론 교수님이 워낙 깐깐하셔서 영 피곤해 죽겠어. 화요일에는 늦은 시간까지 강의가 있어. 일주일 중 가장 피곤한 날이야. 언니도 나도 열심히 살자.

　　건국대학교 영어영문학과 1학년
　　박미순 씀

/ (등기)　1988년 3월 28일 월요일

　　언니! 상쾌한 아침이야. 돈 3만 원 부탁대로 부친다. 아버지께서 돈 받으면 받는 대로 받았다고 즉시 답장하라고 말씀하셔. 꼭 답장하길! 그럼 바쁘다. 안녕!

동생 말순이 씀

/ 언니에게 1988년 7월 18일 월요일

언니! 내 편지 많이 기다렸지? 지난번 편지는 엽서를 코팅하여 보내다니! 아주아주 감사하게 받았어. 언니에게 그런 재능이 있다는 것이 믿기지 않아. 언니가 편지에 쓴 대로 집에 갔더니, 냉장고랑 선풍기가 큰방에 자랑스럽게 제 뜻을 버리지 않고 있더라고.

언니는 역시! 내가 보기에 맏딸 역할을 잘 해내고 있는 것 같아. 정말 언니는 너무 훌륭하다. 진짜. 나는 못 따라가. 그리고 언니! 내가 하고 싶은 말이 있어. 이건 정말 해야 할 것 같아. 그 송 군이랑 언니랑 무주집에 갔다 왔다면서? 나는 언니랑 그 사람 관계가 언제까지 이어질지 정말 걱정이야. 막내 희경이가 대학은 졸업해야 한다고 봐. 나는 언니가 애인을 소유하지 않은, 젊은 미소, 그리고 순결한 언니를 원하고 있어.

누군가에게 언니를 빼앗기고 싶지 않아. 정말이야. 아무리 봐도 송 군은 언니 남자 친구로 아닌 것 같아. 다시 생각해 봐. 우리는 모이면 수다 떨기 일쑤고, 나는 그렇게 여고생 기쁨을 오래 누리고 싶단 말이야. 언니는 그 송 군에게 마음 빼앗겨 버렸으니, 어쩌면 좋을까. 왜 이렇게 눈물이 나지?

엄마는 항상 돈타령, 아버지는 폐쇄적인 모습만 보여주고 계셔. 날마다 초라해지는 우리 집구석, 정말 답답해서 미치겠어. 집에 다시는 돌아가고 싶지 않아. 우리는 왜 좀 더 떵떵거리면서 부자답게, 깨끗한 집에서 살 수 없는 걸까. 언니! 칭찬해 줘! 이번에 학교 백일장 대회에서 상 받았어. 나보다 잘하는 친구가 얼마나 많은지 몰라. 그런데 내가 상을 받다니, 친구들한테 미안하고 그래.

무주 떠나서 전주에 잠들고 있는 언니 생각해도 그렇고. 마음이 힘들다가도 밤이 주는 행복이 있어서 좋아. 밤은 사람 기분 좋게 만드는 신의 작품 같아. 이번에 집에 갔더니 엄마가 발에 혹이 났다면서 보여주셨어. 수술비 2만 원 정도 든다고, 나한테 돈 좀 빌려달라고 하셨는데, 나도 주머니 사정이 안 돼서 못 주고 왔어. 계속 마음에 걸리네. 월급날이 엊그제였지만 지금 역시 빈털터리인걸.

집에 갔을 때 언니가 보던 책 몽땅 가지고 왔어. 괜찮지? 천 권 읽으면 대학 졸업한 것보다 낫다고 하더라. 맞는 말일까. 언니에게, 우리에게 좋은 일만 계속된다면 좋겠어. 지금은 너무 힘든 우리 집, 우리 식구들.

언니! 새벽이 오려면 아직 멀었어. 영동역에서 마산까지 기차 타고 왔어. 입석으로 세 시간 서서 오느라 열차 안에서 고통당한 나의 육신. 이제 좀 녹여야 할 것 같아. 피곤+피곤+피곤. 내일부터는 야간 근무야. 고난의 길이지. 매우 힘든! 언니도 여름방학 있어? 교육 중이니까 그런 거 없겠구나. 언니 나만큼 열심히 살길. 아니다, 내가 언니만큼 열심히 살아야겠지. 벌써 새벽 2시가 넘었네. 언니에게 더 많은 편지 쓰고 싶어. 언니 건강한 모습으로 휴가 때 만나길 고대하며, 안녕!

한일여고 2학년 박세순
경남 마산 양덕3동 64-1 한일합섬 선동 413호

언니에게 1988년 10월 10일 월요일

옷을 하나하나 더 껴입어야 하는 요즘, 언니 건강 상태 궁금해. 우리 식구들은 모두 잘 있어. 오늘 편지를 쓰는 이유는 고등학교 진학 문제 때문이야. 나는 전주로 튀고 싶은데, 그건 꿈에 불과하지. 그냥 말로만, 엄마! 나 전주에 있는 학교로 갈 거야! 했는데, 나에게 기회가 왔어. 적상중학교에 가서 전병재 선생님을 만났어. 선생님께서는 추천 가능하다고 하셔. 문제는 엄마랑 아버지야. 엄마는 니 맘대로 하라 하시고, 아버지는 한일합섬 맨이고, 언니 생각은 어떤지 궁금해. 빨리 결정해서 이번 주 안으로 답장해 줘. 빠르면 빠를수록 좋아. 알았지? 그럼 안녕.

From 말순

※ 언니 13일~15일까지 중간고사야. 이 종이 잃어버리면 큰일 난다.

도순 언니에게 1988년 10월 25일 화요일

언니, 이젠 제법 쌀쌀한 날씨야. 한참 만에 펜을 들었네. 요즘 더 피곤해, 그런 날의 연속이야. 학교 수업도 신경 써야 하고, 현장 일도 해야 하는데, 공장에서는 냄새도 심하고 소리가 너무 시끄러워. 정말 힘들어. 그만큼 신경 써야 할 것도 많고 무거운 직책을 맡아서 억눌린 듯한 괴로움의 연속이야. 그래도 과감히 이를 뚫고 나간다는 것이 인생에 참 중요한 일이겠지.

태백산이랑 설악산에 다녀왔다고? 언니는 좋겠다. 엄마가 너무 보고 싶어. 너무 그리운 계절이네. 친구 명숙이가 괴목리 고향에 다녀왔어. 주민등록증 발급 때문에 갔었는데 우리 엄마가 잘 삭힌 상추감이랑 용돈을 보내셨더군. 엄마의 관심과 피맺힌 저 지폐를 보면서, 내가 과연 이 돈을 쓸 수 있을까 생각했어. 통장에 잘 모셔두는 게 상책이지. 입금했어.

언니! 요즘에도 송기천 씨랑 잘 지내겠지? 누군가 막 그리울 때는 누군가를 막 사랑하고 연민하는 것이 최고의 특효약이라고들 하더군. 언니 좋겠다. 공부가 끝나서. 공부가 어디 끝이 있느냐고 할지 모르지만, 지식을 쌓는 과정을 마친 것이 되었잖아. 언니가 이루고자 했던 국어선생님 꿈은 물 건너갔지만, 언니가 가운 입고 근무하는 모습 상상해 보니 빨리 현실에서 보고 싶어. 언니 본래 꿈을 실현하진 못했지만, 간호사의 길을 이룬 것이 어디야? 이것에 대하여 감사하자. 11월 첫 주에 집에 갈 수 있을 것 같아. 야간반 끝나고 이틀 연휴거든. 적상산이랑 안국사 단풍이 빨리 보고 싶어. 빨강 노랑, 맑은 하늘, 천일폭포도 가고 싶고. 엄마 아버지도 보고 싶고. 동생들도 언니도 다 보고 싶어. 모두 모두 사랑스러운 우리 가족.

박세순 씀

/ 언니에게 1988년 11월 18일 금요일

학교에는 온통 낙엽들과 추위로 움츠려 있는 사람들로 붐비고 있는 상황이야. 나 역시 그렇고. 서울 날씨는 정말 여름에는 너무 덥고 겨울은 너무 추워. 바람이 심하게 부는 날은 완전 시베리아 벌판에 온 느낌이 들어. 짜증 날 때도 있어. 언니 요즘 어때? 나는 왜 이렇게 시간이 없는 걸까? 고모네 치홍이 오빠는 숭실대 경영학과 시험 볼 거래. 경쟁률이 30대 1이라나? 좀 걱정되나 봐.

언니! 기천 씨 문제는 어떻게 진행되고 있는지 궁금해. 언니가 잘 해결해 나가리라 믿으니까 마음 편해. 편지 자주 하고 싶은데, 안일하게 살다 보니 전화밖에 붙들 것이 없었어. 아르바이트하고, 피아노학원 가고, 도서관 가고, 생활이 규칙적이면서도 꽉 차 있어서 피로가 계속 쌓여. 좀 힘드네.

종로 기독방송국에서 음악제가 있었는데, 나도 배우고 싶다는 생각이 들어서 정문 앞에 있는 피아노학원 등록했어. 하루하루가 너무 바빠. 학교에는 학생회장 선거 바람으로 무척 시끄러워. 지난주에는 희덕 오빠 집에 다녀왔어. 홍익대 다니는 동수 오빠도 만났어. 맛있는 거 많이 얻어먹었다오. 잠시 후에 한국문화사랑 음성학 강의가 있어. 이만 쓸게. 언니, 잘 지내고 소식 자주 전해줘.

건국대 영문학과 1학년 박미순

/ **언니!**　1988년 12월 21일 수요일

　　다가오는 국가고시 잘 치르길 빌어! 언니는 보나 마나 합격이야. 그래도 내가 간절히 기도할게. 힘내고. 시험 잘 봐. 알았지?

　　무주중 괴목분교 3학년 박말순 보냄

/ **언니에게**　1989년 3월 26일 일요일

　　잘 지내고 있어? 이 내 몸은 잘 있으나, 마음은 늘 가출한다. 항상 괴로워한다. 내 마음 알아? 아무도 알아주지 않는다. 엄마도 언니도 친구들도 아무도. 가출 생각하고 있다고 하면 또 그러겠지. 뱃속 편하니까 별생각 다 한다고. 내가 왜 이런 생각을 하는지는 아무도 생각해 주지 않는다. 문제는 집에 있는 것이 아니지. 엄마 이마에 주름살 생기게 해서는 안 되겠지? 불쌍한 우리 엄마. 고등학교 입학해서 읍내에 나와 자취하는 것도 미안해 죽겠다. 난 멍청하고 귀염성도 없고! 오늘 내 생일이다. 아무도 알아주지 않는.

　　박말순 씀
　　전북 무주군 무주읍 읍내리 817(서상인 댁)

/ **언니에게**　1989년 4월 3일 월요일

　　아침부터 과 사무실 편지함을 뒤졌어. 역시 언니 편지는 언제나 반갑고 용기를 준단 말이야! 오후 2시에 강의 마치고 캠퍼스 일감호 주변을 산책하며 개나리 진달래 목련꽃을 감상하고 왔어. 목련꽃이 마치 환한 가로등 같아. 식목일에는 과 친구들과 강릉에 다녀오려 해. 금전적인 문제가 마음에 좀 걸려. 그렇지만 이런 봄을 모른 척 그냥 눈 감고 있기엔 너무 아까워. 요즘 캠퍼스에는 총학생회장 선거로 화장실 유리창까지 선거 벽보 붙어 있고 난리야. 이런 것이 생동감이라면 젊음의 특권인 것 같기도 하고. 여기저기 봄을 즐기는 연인들. 도서관에 꿀벌처럼 분주하게 드나드는 학생들. 상상이 가지?

　　언니! 집에 잘 다녀왔어? 시골에 가면 서울에 오고 싶고, 서울에 막상 돌아오면 시골집 생각이 나서 미칠 것 같아. 우리 집 비닐하우스 어린 고추 모 사이에는 즈그들도 자랄 거라고 아우성치는 풀들도 함께 자라고 있겠지? 지금이라도 괴목리에 달려가고 싶어. 고등학교에 입학한 말순이 자취 살림은 잘 챙겼는지 궁금하다. 지난달에 나는 고모네 집으로 이사했어.

짐이 무거워 죽는 줄 알았다오. 짐을 옮기면서 별별 생각을 다 했어. 나는 졸업할 때까지 몇 번이나 이사하려나. 나에게만 유독 심하게 느껴지는 이 고난의 행군. 어떻게 극복해 나갈까. 고모네 집은 정말 좁고 불편해. 고모님께도 죄송하고. 원망 불평보다는 감사할 것을 찾자! 그게 최선이라고 생각하자. 날마다 결심하고 있어. 나에게 배움의 터가 있고 잠잘 곳이 있다는 것만으로도 어떤 어려움이든 이길 수 있을 것 같아.

    보건진료원이 된다는 것, 나는 쉬운 줄 알았는데 역시 남의 일은 쉽게 보이나 봐. 무척 힘들고 대단한 용기가 필요하겠더군. 언니는 누구보다 잘 해내리라 믿어. 송 씨한테 언니를 준다는 게 아직도 난 아까운 생각이 들어. 송 군이 들으면 서운해하겠지. 그렇지만 취소 못 하겠어. 지난주 언니가 집에 다녀왔으니 자세한 이야기 좀 아주아주 소상하게 적어서 빨리 편지 보내줘. 너무 궁금해. 언니는 어디를 가나 사람들에게 사랑받으니, 역시 언니는 어딜 가나 빛이야. 내 칭찬에 입과 눈이 벌어진 언니 모습, 그려진다.

    항상 건강하기를 기도하고 있어.
    건국대 영어영문학과 2학년 박미순

나의 친구 나의 선생님

교무실에 들어갔을 때, 선생님은 나를 바라보시며 봉투를 내밀었다. 나는 어리둥절한 표정으로 서류를 열었다. 공중보건 장학생 추천서였다. 선생님께서는 차분하게 말씀하셨다. "너, 이거 아니면 대학에 갈 수 없을 것 같다. 어차피 인생은 늘 시행착오의 연속이란다. 가서 공부해 봐라. 너는 할 수 있어. 나는 믿는다. 모든 것은 선택의 결과야. 매 순간 네가 무엇을 택하느냐에 따라 길은 달라지는 법이지. 생각하고 말 것 없다. 얼른 가서 지원서 사 오거라." 선생님은 전혀 다른 모습이었다. 평소 부드럽고 따뜻했다면, 그날은 단호하고 냉엄하셨다. 선생님의 말씀은 나를 흔들었다. 나는 드릴 말씀이 없었다. 나는 조용히 교무실 문을 닫고 나왔다. 그날 나는 인생의 큰 갈림길에 내가 서 있다는 것을 처음으로 느꼈다.

그것은 내가 전혀 원치 않은 길이었지만, 동시에 반드시 선택해야만 하는 길처럼 느껴지기도 했다. 순간이 영원으로 기억될 것 같았다. 등록금은 우선 내야 했다. 그것이 나에겐 또 다른 큰 벽이었다. 부모님께서는 돈을 구하는 데에도 어려움을 겪으셨다. 친척에게 사정해 보고, 나락을 팔고, 쌀도 팔았다. 도도하게 흐르는 시간 속에서 치러지는 불 시험처럼 느껴졌다. 우여곡절 끝에 간호학과에 입학하였다. 나의 선택이 새로운 세계의 문을 열어준 것이다. 내가 선택한 길 위에는 대학 졸업 후 공공보건의료 수행기관에 의무적으로 복무해야 하는 조건이 있었다. 약속을 이행하지 않으면 그동안 받은 장학금과 법정 이자 계산 후 반납해야 했다.

고전문학 선생님이 되고 싶은 나의 꿈이 현실에서 얼마나 멀어지는지, 이 선택이 얼마나 크고 비밀한 일을 낳을지 그때는 알지 못했다. 간호학과는 원치 않았으나 동시에 나의 미래를 열어주는 열쇠였다. 무주에서 지낸 친구와 선생님과 헤어져 낯선 이리시에 짐을 풀었다. 대학 생활이 시작되었고. 간호가 나의 곁으로 왔다. 불안하고. 막막했다. 법과 제도는 가난의 벽을 허물었다. 나에게 새 길을 열어주었다. 어딘가 숨어있는 강렬한 힘이 나의 등을 밀어붙이는 것 같았다. 추억과 사람의 단절이 부른 변화는 확실했다. 새 길 떠난 나에게, 새 길 찾아 떠난 친구들의 편지가 날아왔다.

/ 변함없는 친구 도순에게 1986년 3월 29일 토요일

서울 밤하늘에는 별도 달도 없는 줄 알았어. 그것은 철없는 소녀의 자유로운 착각이었다오. 서울 와서 실감했어. 두루 평안한지 궁금하다. 이 몸은 겁도 없이 사회라는 곳에 뛰어들어 방황 연속으로 몸무게도 줄고 아주 시큼 짭짤한 고생 중이다. 너의 편지 받고 얼마나 기뻤는 줄 알아? 작업 현장에서 근무 시간에 너의 편지를 좌악 펼쳐 놓고는 두 번 세 번 연거푸 읽었어. 먼저 간호대학에 입학한 것, 진심으로 축하해. 이리 와! 내가 꽉 안아줄게. 하하하. 역시 너는 나의 친구. 누가 뭐래도 너의 정신력과 뚜렷한 가치관에 깊은 찬사를 보내는 바야. 하늘이 사방으로 갈라져도 친구 일심이 바람에 흔들리는 갈대처럼 흔들려서야 되겠는가. 언제나 시작이라는 마음으로 태만해져서는 안 돼. 삶이란 갈수록 점점 힘들고 어려운 것 같아. 알아서 잘하리라 믿지만, 고향에 계신 부모님, 아직 어린 많은 동생 생각하고, 특히 친구인 나를 생각해 줘. 요즘은 정신 바짝 차려야 해.

지난 5일이었어. 모처럼 야근이 없어서 분임 토의하고 7시 정도 퇴근하는데, 사감님이 부르시더라. 오빠가 와서 기다린다는 거야. 사무실 문을 열고 갔더니 너 기억할지 모르겠구나. 나도 모르게 어머! 했더니 과장님과 말씀 나누던 영기 오빠가 내 어깨를 두드리더라. 군복 입은 오빠랑 나는 작업복을 갈아입고 유진상가로 함께 나왔어.

처음 가보는 경양식집이었다. 조명도 좋고, 음악도 좋고, 먼저 수프가 나오더구, 수프는 앞으로가 아닌, 뒤로 떠서 먹는 것이라고 우리 가정 시간에 배웠잖아. 웃음이 난다. 그런데 실수했어. 영기 오빠가 애인하고 올 때는 이렇게 먹어야 돼, 하면서 가르쳐주더라. 그리고는 이어서 주요리가 나왔는데 포크와 나이프를 바꿔 쥐고 쇼를 했지 뭐냐. 그뿐인 줄 아니? 식사 마치고 나올 때 자리에서 일어서다가 컵을 깨 먹었다. 그 순간부터 눈앞이 안 보이더라고. 출입문이 헛갈려서 주방으로 들어가고 난리였다. 창피만 톡톡히 떨었다네. 친구도 경험 삼아 한

번쯤 레스토랑에 가보는 것도 좋을 것 같다는 생각이야.

직업에 귀천이 없다고? 웃기는 말씀이지. 그건 맞는 말이 아닌 것 같아. 비록 나는 이런 곳에 왔지만 공순이는 아니다. 나는 공순이 따위 싫어. 고향 친구들 너무 보고 싶다. 뒷동산에 올라가서 진달래 따서 먹던 일, 송대 폭포에 오르던 일, 적상산 고운 단풍도 너무 그리워.

도순! 고향 떠나 너도 무척 외롭고 힘들겠구나. 무주 생각하지 말고 치우치는 감정을 공부 쪽으로 쏠리도록 옮기시오. 알았지? 그렇다고 하기 싫고 잡히지도 않는 공부를 책임감으로 앉아 할 필요는 없겠지. 젊어 고생은 사서도 한다고 하지! 젊어서 고생은 그만큼 필요하다는 말이겠지만, 어딘가 모순이 있는 말이라고 봐. 너무 고생하면 힘겨운 일이 생겼을 때 쉽게 체념하지 않을까. 어릴 적 생각이 많이 난다. 이거 향수병에 걸린 것인가? 현장에서 일하다 보면 별별 생각이 다 난다오. 몇 년 사회생활 하다가 결혼이나 할까. 이상하지?

며칠 전 명우 오빠랑 춘석 오빠 만났어. 상배도 서울에 왔다던데 아직 연락은 안 되고 있다. 서울에 와서 처음에는 미치는 줄 알았어. 인간은 환경에 적응하는 동물이라는 것을 경험 중이야. 계속 더 이야기하고 싶은데 졸려서 쓰기 힘들다. 몸이 마음을 따라오질 못하네. 편지로나마 자주 만나자. 공부 열심히 하고!

    서대문구 홍제동에서
    너의 친구 점순 씀

/ 제자 도순에게 1986년 4월 30일 수요일

벌써 오월이 다가오는구나. 잘 지내지? 이렇듯 세월이 가고 있듯이 엊그제 네가 대입 진학 문제로 고민하던 일, 그리고 지금의 문제. 시련은 언제나 너를 괴롭힐 것이다. 앞으로 더 큰 어려움이 다가올 수도 있지. 너만 그런 것이 아니라 모든 사람이 그렇다고 볼 수 있어. 다들 참고 참으며 지내고 있을 뿐이란다.

삶에서 만나는 괴로움이 너만의 고통은 아니지. 참고 참고 또 참으며 슬기롭게 극복하는 길만이 가장 현명하리라 본다. 선생님이라도 너에게 조금도 힘이 되지 못하는구나. 부족한 나를 탓하여 본다. 힘내거라. 더욱 힘내거라.

    무주여자고등학교 허 진

/ 전보 1986년 10월 7일 화요일

    발신국 : 무주(이리 전신전화국)
    번호 : 102
    주소 : 원광보건전문대학 간호과 1학년
    수취인 : 박 도 순 귀하

가관식을 진심으로 축하하며 너의 앞날에 성공을 빈다

    무주여자고등학교 장경연

/ 도순에게 1987년 5월 22일 금요일

신록은 마냥 푸르러만 가는데, 최루탄 향내는 점점 진해지고 있다. 시국이 하 수상하니 날마다 한숨만 나와. 입에는 손수건 물고 왼손에는 자기방어용 자갈 하나 쥐고, 오른손을 들어 호헌 철폐 독재 타도 외치는 사람들은 넘쳐난다. 그걸 보면서 갈수록 그 수를 더해 하는 시위대를 보면서 그들을 바라보던 나의 눈이 이전과 달라짐을 느낀다. 기존의 가치관이 흔들린다고 할까. 내가 늘 생각했던 '꼭 행동해야 할 때'가 지금이 아닐까 싶어. 정말 갈등을 많이 느끼는 요즘이다. 농민에 대해 내가 아는 것이 없으면서도 농민을 앞세워 떠들었던 점들 부끄럽고, 선량한 농민을 기만하는 짓들이라고 몹시 경멸하던 때도 있었는데, 전체를 모르고 부분 혹은 한쪽으로 치우친 편협한 생각에 내가 묻혀있었던 것 같아. 무엇이든 다시 생각해 보고 한발 더 생각해 보자는 생각이 든다. 내가 잘못 알고 있는 것이 많은 것 같아서 말이야. 잘 지내지?

우리가 정치에 대해서 얼마나 알겠나. 고등학교 때 배운 교양 수준 지식밖에 없잖아. 민주주의가 무엇인가. 우리 앎이 너무 부족해. 인간은 한계가 있는데 한편으로는 또 앞장서 싸우는 사람들은 정말 확실한 신념이 있어서일까 아니면 주위 환경 영향 탓일까. 나는 그것도 아직 어지러워. 확신이 서지 않는 한 참여하고 싶지 않다는 생각이네. 하지만 오늘은 쉽게 발을 떼어 놓을 수 없었어. 너희 학교 사정은 어떤지 궁금해. 도로의 보도블록은 깨져 널브러져 있고, 때 아닌 마스크와 손수건, 화장지는 필수품이 된 지 오래되었어. 시민들까지 학생들에게 동조하는 것을 자주 볼 수 있어. 서울은 곧 뭔가 큰 일이 일어날 것 같은 위험한 분위기야. 어느 날은 정말 아찔하다. 이건 물론 나의 주관적 생각이야. 그나저나 방학 때 뭐 할 거야? 기말고사는 잘 마쳤나? 바쁘지?

우리 학과에서는 제주도 해안 일주 가게 되어서 학우 몇몇이 답사 다녀올 계획이야. 방학 때는 아르바이트 하기로 했어. 이 편지를 네가 무사히 잘 받을 수 있을지 모르겠다. 몸조심하고 건강해라. 보고 싶다.

　　　서울 남산골 동국대 2학년 연숙이

/ 도순에게 1987년 7월 17일 금요일

'셀마' A급 여신이 격노한 결과가 파괴적인 것이라면, 神의 존재는 숭배할 만한 것이 못되고, 그저 '기물 파손죄' 혹은 '집단 살인죄'를 적용해서 무주구천동 어느 무거운 바위 아래 종신형을 살도록 해야 하지 않을까. 그게 아니라면 신은 자비로운 존재지만, '女'자 붙은 태풍을 만들어 '男'자 붙은 神과 다른 성깔을 갖게 하지 않았나 싶기도 하네. 고흥에 도착한 그녀는 대한민국 곳곳에 강력하고 기록적인 피해를 일으켰다. 7월 뉴스가 예사롭지 않아. 잘 지내지?

식당 아르바이트 어때? 도순이 건강을 걱정하는 것은 기우겠지? 주인 안 볼 때 맛난 거 많이 먹어. 자취 생활에 주린 배를 좀 채우렴. 캠퍼스의 여름은 날씨나 요일에 상관없이 도서관에는 좁스러운 학생들로 붐비고 있어. 나의 일상은 아침 8시 반에 수업 시작해서 오후 3시 반에 끝맺는 나날이야. 월요일마다 영어 시험 치르고 있어. 열심히 해야 하는데 각오만큼 뒷심이 나질 않아 걱정이네. 7월 30일이면 강의 끝나니까 그 후 무주에 한 번 가볼까 한다. 〈미미와 철수〉라는 영화가 나왔어. 친구들과 함께 보려고 계획 중이야. 나는 계속 이리에 머물기로 했으니, 혹시 방학 중에 학교 나오면 도서관 그 자리로 찾아와라.

일이 힘들다고 했는데, 못된 어른들 손버릇 때문에 짜증난다고 했는데, 나는 멀리 있어 어쩌지 못하니, 이를 어쩌나. 그저 즐겁게 생활하라는 말밖에 해줄 것이 없네. 막걸리가 땅에서 솟아나는 것인 줄 알았다는 도순이, 그 순수한 마음 닳아지면 괴롭다. 마음의 본질이 남아 있기를 바라는 것은 무리한 요구가 아니라고 생각해. 방송에서 무주구천동 비경을 보았어. 정말 가보고 싶더라. 도순이가 그곳에 있어서 더 그런 마음이겠지. 꼭 가보긴 할 거야. 구천동보다 다음 학기 개강이 기다려진다. 모두 만날 수 있게 될 테니까. 수연이랑 다투지 말고, 그릇 깨지 않게 조심하고, 손님들에게 친절하게 대해주고, 그렇게 건강한 여름 잘 지내고. 무사히 학교로 돌아오길 빈다.

원광대 사범대학 교육학과 4년
이원희

/ 선배님께　1988년 3월 25일 금요일 1시 23분

안녕하세요? 어느덧 3월도 거의 마무리를 지어가고 있습니다. 우리를 둘러싸고 있는 대지는 새댁 같은 수줍음 속에서 살포시 눈길을 돌려 대자연의 섭리를 놀라운 눈초리로 쳐다보고 있습니다. 아침저녁으로 바람이 서늘하여 공부하다 뜨락에 내려설 때, 얼굴에 와 부닺히는 그 상큼함은 맛보지 않은 사람은 모를 것입니다. 오래간만이네요. 답글 매우 늦어 미안함을 이루 말할 수가 없어요. 엽서는 1월 7일경 받았어요. 시험이 5일부터 있어서 서울에 올라왔어요.

어느 날 도서관 책상 위에 책 펴놓고 잠시 쉬느라 복도에 앉아 있다 들어갔더니, 편지가 앙증스럽게 놓여있길래 누굴까? 나 같은 사람한테 글을 적어 보낼 사람이 없을 텐데. 이름을 보았더니! 또박또박한 글씨로 씌어있지 않겠어요? 무척 반가웠어요. 정말입니다. 이제껏 가족 말고는 이 넓은 서울 생활 가운데 편지를 받은 적이 없거든요. 가족들한테서도 자주 오는 것도 아니고요. 그래서 저는 무척 외롭게 살지 않으면 안 되었어요. 저를 보고 느끼셨는지 모르겠지만요, 꽤 소극적이고 소심한 성격입니다.

　　서울에 올라와서 친척도 없고, 고교 친구도 한두 명 있으나 1년에 한 번 정도 만나고, 그렇다고 학회에 들지도 않았고, 서클에도 가입하지 않았고, 향우회도 없고, 있더라도 안 나가고 그래서 거짓말처럼 외로운 생활을 했습니다. 원래부터 쓸데없는 부끄럼을 많이 탔지만, 다른 사람과 못 어울리고 하다 보니 더욱더 소극적이고 소심한 성격이 되었어요. 겁이 많아 술도 이제껏 한 모금 못 마셨고 과 여학생은 말할 것도 없고 남학생들과도 쑥스러워 말을 못 했어요.

　　사실 지난번 대통령 선거 때, 공명선거 감시인단 활동을 하게 된 것은 큰 용기가 필요했어요. 저는 남 앞에 나서기 무척 꺼리는 성격이고, 부끄럼을 많이 타는 녀석이라 내가 과연 잘 해낼 수 있을까, 몹시 망설였어요. 사실 몇 번이나 생각이 바뀌었어요. 그만둘까도 생각했어요. 그러나! 지금, 이 시점은 개인적인 사고와 행동에 머무를 수 없다는 생각이 강했고, 더 나은 것을 위해 용기를 내자, 소심한 모습 보이지 말자, 강한 자성의 소리가 뿜어져 나왔어요. 결국 좀 창피하긴 했지만 원서를 내서 활동하게 된 것입니다. 그러나 제가 지닌 본래의 본질적 한계를 완전히 뛰어넘지 못했는지, 활동가다운 활동은 못 해보고 가슴 아픈 패배를 맞이했어요. 결과는 좋지 않았지만 선거 기간 동안 여러 선배님과 같이 지내면서 보낸 시간은 정말 뜻 깊었습니다. 재미도 있었고요. 못난 녀석들 막내 동생 보살피듯 따뜻하게 대해준 도순 선배님 손길은 잊을 수가 없어요. 정말 고마웠어요. 그리고 모든 활동이 끝났는데 편지까지 보내주신 것 너무너무 고맙고요. 죄송해요. 편지 받던 날은 바로 답장 쓰지 못하고 집에 내려와서 바로 쓸려고 했는데, 오늘내일 미루다 보니 너무 늦어버렸네요.

　　이제 3학년이 되셨겠지요? 얼마 지나면 흰옷 입은 천사가 되어 환자들을 따뜻이 돌보게 되겠네요. 세월도 참 빠르다 싶죠? 입학 원서 쓰고 가슴 설레던 1학년 시절이 바로 눈앞에서 어리는데, 어언 3학년이라니. 자신이 새삼스럽게 보일 것입니다. 좀 주제넘나요? 사실 저도 마찬가지입니다. 수줍어하던 고교 시절, 어리둥절해하며 가슴 졸이던 작년 한 해가 기억 속에 너무도 생생한데 2학년이라니 어찌 생각하면 부질없이 지난날이 그리워집니다. 지나간 것은 아무리 고통스러운 것이었을지라도 이제 생각하면 웃음이 살며시 스며 나오기도 합니다. 과거를 아름답게 간직하는 것은 좋으나 그것에 연연해할 수는 없지 않겠어요? 삶은 주인으로 서가는 과정이라는데, 우리는 이제 각자의 자리에서 주인이 되어야 하겠죠.

걱정이 많습니다. 성격 문제, 생활문제, 학비 문제. 주로 경제면에서 어렵군요. 이제 천천히 스스로 일거리를 찾아야 할 터인데 제가 할 일이란 거의 없을 것 같기에 걱정이 태산입니다. 사람들 낯가림을 많이 하고 늘 소극적이고 소심한 편이어서 다른 사람들처럼 아무 일이나 척 달라붙어 할 수가 없기에 더욱더 괴롭고요.

벌써 1시가 넘었어요. 잘 시간은 아직 안 됐지만 그래도 늦은 시간인데 지금 무얼 하고 계십니까. 라디오에서 흘러나오는 알아들을 수 없는 물 건너온 음악이 나오고 있는데 아마 바흐나 베토벤의 것일 테죠. 그런 것들은 한날 소리에 지나지 않는군요. 음악에 문외한임을 드러내고자 함이 아니라 제 마음이 아직 저 음악에 귀를 기울일 만큼 차분하지 않다는 뜻일 겁니다. 앞으로 기회 있을 때마다 글 띄워 보내주셨으면 합니다. 옷깃을 스치는 것도 삼천 겁의 인연이 필요하다는데 몇 날을 같이 지냈음인데, 더 일러 무엇하겠습니까? 아직은 너무 여리고 보잘것없는 녀석에게 그저 지나가는 길손이 묵어갈 때 주는 손길처럼 길가의 이름 없는 꽃 한 송이, 풀 한 포기를 스칠 때 한 번 쓰다듬어 주듯, 제게 조그만 관심이라도 보여주신다면 고맙겠어요.

우리는 새로운 모습을 만들어가기 위해 또다시 자신들을 일깨우지 않으면 안 되겠습니다. 주어진 범위에서 할 수만 있다면 범위를 뛰어넘어서라도 제 할 일을 찾아 끊임없이 용왕매진함이 어떠합니까? 좀 더 길게 쓰고 싶은데 사정이 그렇지 못하네요. 기회가 닿는다면 긴 글월 보내드리겠어요. 밤낮으로 기온 차가 심한데 몸조심하세요. 그만 줄일게요. 안녕히 계세요.

고려대 영문학과 2학년
박병로 씀

/ 병로에게 1988년 4월 10일 일요일 맑음

얼마나 기쁜지 모르겠다. 기껏 엽서 한 장에 병로는 많은 소식과 진솔한 마음 가득 담아 보냈구나. 고맙다. 기억 속에서 계절이 지나가고 있다. 현대를 살아가는 사람들 대부분 마음의 문을 높게만 쌓아 창을 열지 못하고 말이 없어지니 이기주의적 개인주의적 경향으로 변해만 가는데 글로써 이야기를 나눌 수 있다는 것은 보통 인연은 아닌 것 같아. 글은 말보다 섬세해서 읽는 이의 마음을 울릴 수도 있고, 웃게 만들 수도 있고.

안암골 캠퍼스에도 완연한 봄의 물결이겠지? 울타리 따라 노랑을 쏟아붓는 개나리에 어린 봄의 생기가 참 좋다. 서울의 그것들은 고향의 이것들과 비교할 수 없을 것이라는 생각이 들기도 하지만 메마른 도시에서 꽃의 아름다움을 즐길 수 있다는 것은 다행한 일이야. 우리는 그 속에서 갈등하고 고민하고 방황하고 눈물을 짓고 싸우고 흥분하기도 하지. 서로 다른 성격을 가지고 말이지.

병로가 성격 문제, 진로 문제로 많은 고민 중인 것 같구나. 알 수 없는 미래 앞에 누구나 자신의 인생을 산다고 스스로 생각하지만, 이런 면에서 인간은 얼마나 나약한 동물이냐. 의도한 삶을 살아가는 일은 드문 일이잖아. 학비, 생활비로도 어려움이 많은가 보구나. 내가 생각한 것보다 힘겨운 학교생활인 것 같아 마음이 안 좋다. 세상에는 참 많은 모순이 존재하는 것 같다. 시대 비판 벽보를 끝없이 붙이는 사람이 있는가 하면, 일일이 찾아 물을 칠해서까지 뜯어내는 사람. 영원히 만나지 못하는 뫼비우스 띠처럼 횡포와 설움이 맞물려 돌아가.

바로 밑 동생도 이번에 영문학과에 입학했어. 건국대학교. 아르바이트 시작해서 엄청 힘든가 보더라. 보수는 12만 원. 육체적인 피곤도 있고, 아직 익숙하지 않은 서울살이 긴장감, 서울 사람들 특유의 까칠함 등. 언니로서 그냥 난감한 기분이 든다. 언제까지 이 괴로움들은 우리를 따라다닐까. 나는 등록 한 번만 하면 졸업이야. 사회생활로 즉시 이어지니 조금만 참으면 되는데, 동생은 이제 시작이다. 시골에서 딸 둘이나 대학 가르친다는 것, 고향에서는 달갑지 않게 생각하는 사람이 많아. 여자가 무슨 대학이냐고 말이지. 시집이나 잘 가면 된다는 생각이 아직도 만연하지. 그놈의 시집!

하얀 가운에 캡 쓰고 8시간 근무제로 돌아가는 조건이 아닌 곳으로 간다. 의료혜택 받기 어려운 농촌 지역 보건진료소로 가도록 이미 정해졌어. 내가 가진 능력이 뭐가 있다고, 그분들에게 도움을 드릴 수 있겠냐. 오히려 그분들에게 많은 것을 배우겠지.

지난 3월에는 처음으로 정신과, 신경과에 실습 나갔어. 우리에게 주입된 정신병원에 대한 선입견이랄까, 완전히 탈피하고 왔단다. 가장 선하고, 인간적이고, 법 없이도 살 사람들이더라. 글로 표현하기 어려운데, 환자는 의사나 간호사들의 거울이라는 말을 실감 나게 체험했다.

올해는 최루탄 냄새가 우리를 자극하고 아프게 하는 일이 줄어들었으면 좋겠구나. 페퍼포그 차가 우리 시야를 가리는 날이 더 줄었으면 좋겠다. 시대의 아픔과 갈등으로 이 찬란한 봄을 보내기에는 너무 아까운 나날이야. 목련꽃 그늘 아래에서 베르테르가 아닌 나의 편지를 읽으며 4월을 흥얼거리라. 언제까지 일그러진 모습으로 살아가기엔 우리 젊음에 너무 큰 아픔이다. 혹여 나 서울 가거든 안암 캠퍼스 구경 좀 하자.

연세대 철호 형, 인철이 형, 전북대 현수, 성필이 모두 생각난다. 철호 형은 고향이 무주라서 더 친하게 지냈지. 학교로 편지 보냈는데 답장이 없다. 하는 일이 많다더니 바쁜가 봐. 현수는 지난겨울에 주식 투자해서 요즘 모든 신경이 그쪽으로 쏠려 있다고 답장이 왔다. 무주에서 함께 활동했던 활동가들 모두 잊지 못할 거야. 유독 행사가 많은 4월이다. 나도 모르는 사이에 시간이 훅 지나가 버린다. 중간고사, 체육대회, 여행도 있구나. 우리 간호과는 설악산으로 졸업여행 간다. 3박 4일. 38,000원.

작은 화초에 물을 주다가, 안개 낀 아침 창문을 열다가, 까닭 없이 현기증을 느끼다가 그 사람을 생각한다는 어느 작가님 글처럼, 가끔은 일상을 나누자꾸나. 건강하게 지내고 자신감, 용기도 잃지 않는 병로가 되길 바란다. 힘내라. 안녕!

원광보건전문대학 간호과 3학년

박도순 씀

/ 도순에게　1988년 11월 21일 월요일 무료군사우편

저 검푸른 밤하늘. 무수한 별을 보며 너의 모습을 그려보지만 잘 떠오르지 않는구나. 아마도 짬밥 먹고 머리가 나빠진 모양이다. 온 세상을 하얗게 뒤덮은 첫눈이 내린 이곳은 매우 그저 아름답기만 하다. 마음대로 이곳을 드나들 수 있는 지역이라면 도순에게도 이곳으로 놀러 오라고 권하고 싶다만. 잘 지내지?

깊어만 가는 겨울. 나는 전선의 초병이 되어 이 밤도 눈망울 초롱초롱하게 빛을 뿜으며 은하수 별들과 눈 맞추면서 지내고 있다. 먼 산 깊은 밤의 서늘한 공기도 참 좋다. 네가 보내준 편지 잘 받아보았다. 내용을 읽어 보니 이번 편지는 꽤 무겁구나. 무슨 일인가가 상당히 복잡한 모양이네. 무엇 때문에 그리 고민이 깊은지 자세히 알 수는 없으나 너의 고민이 하루빨리 해결되기를 바라는 마음이다. 도움이 못 되어 안타깝다.

며칠만 있으면 정든 캠퍼스를 떠나겠지. 학교를 떠나기에 앞서 도순에게 국가고시라는 커다란 시험이 있지. 너는 잘 통과하여 합격하리라 믿는다. 밤하늘의 별들이 너에게 다가가 나의 이런 마음을 전해주면 좋겠구나. 다음 휴가 때 간호복 입은 너를 볼 수 있는 것이냐? 그 모습 하루빨리 보고 싶다. 친구들도 보고 싶다. 추위에 건강 조심하길 바란다. 또 소식 전하자.

강원도 화천군 상서면 산양리

전초 4CO 4P 전선의 초병 김수원 띄움

/ 만인의 친구 도순 씨에게   1988년 12월 31일 토요일

　뭉글뭉글 빻은 녹말가루 같은 뽀오얀 눈이 온 세상을 덮었습니다. 백설이 분분한 아침. 골목마다 휘저으며 눈바람 일으키고 걸어가는 이 겨울 남자. 시멘트 건물 귀퉁이 한 모서리에 위태하게 올라앉은 고드름 한 타래는 햇빛을 머금었습니다. 따사로운 햇볕 탓에 눈동자에는 한 자반 눈물이 고이는데, 가슴 시린 아름다운 풍경입니다. 한 떼의 아이들이 휘두르는 고드름 칼싸움에 추억은 아스팔트 위에 뒹굴고 여전히 나는 외로운 몸. 다가오는 새해 기사년(己巳年). 내내 건강하세요. 기천이랑 잘 지내세요. 연락도 없는 고얀 녀석. 새해 복 많이 받으세요.

　전주 금암동에서 유중관 드림

/ 도순에게   1989년 3월 2일 목요일

　거두절미하고! 이 편지가 네게 여유 있게 도착할지 모르겠구나. 늦게나마 너의 졸업을 진심으로 축하한다. 졸업식이 2월 10일이라는 것을 알고 있었는데, 단기 사병 중이라 2월은 해안 주간 근무 조였어. 자리를 비울 수 없었다. 미안하다. 며칠 전에 문성이한테 편지가 왔어. 대한민국 군인의 기(氣)를 배우고 익히기 위해, 조국의 파수꾼이 되기 위해 건강한 몸으로 훈련에 임하고 있다는 소식이다. 전할 소식은 문성이 형님인 문석이 형한테 전화 왔는데 기쁜 결혼 소식이야. 3월 11일 토요일에 군산에서 하신단다. 결혼식장에서 일손 도와줄 사람 찾고 있다고 해서 그날 가서 돕기로 했다.

　도순이 너한테는 연락이 왔는지 모르겠구나. 3월에 전주 예수병원에서 교육받으러 온다고 했지? 자리 잡히면 꼭 연락 바란다. 내가 그때까지 만날 시간이랑 장소랑 미리 알아볼게. 3월에는 야간 퇴근 조라 만날 수 있을 것 같아. 아무튼 문제는 이 편지가 도착할 때 네가 집에 있을지 의문이고, 네가 이 편지를 잘 받아볼 수 있을까가 의문이고, 못 받으면 어쩌나 싶고, 못 받더라도 결혼식 날짜만큼은 알고 있으면 좋겠는데. 문성이한테는 답장 보냈다. 나중에 자대 배치받고 나면 편지한댔어. 편지 오면 그때 다시 연락할게. 건강하게 잘 지내고 있어라.

　김제 진봉에서
　친구 홍영기 씀

/ 우리 도순에게   1989년 3월 30일 목요일

개나리가 노랗게 봉오리를 터뜨리고 진달래가 봄을 재촉한다. 안녕! 보내준 편지 너무 반가웠어. 잘 읽었다. 기숙사 생활한다고 하니 네가 부럽다. 미선이 통해서 실습에 임하는 자세를 대충 알았으리라고 본다. 열심히 배우고 최선을 다하길 빈다. 지금 배우지 않으면 안 된다는 신념으로 의사 선생님들 강의에서 질병에 관하여 진단과 치료에 관하여 많이 배우길 바란다. 수업 시간에 동기들과 많은 정보 교환하고 토론도 하면서 공부하다 보면 현지에 가서 많은 도움이 될 것이다.

성실하고 적극적인 사랑스러운 나의 후배야. 너는 힘들고 어려운 상황도 현명하게 잘 헤쳐나가리라 생각한다. 실습 중에 많은 분이 좋은 이야기 많이 해줄 텐데 거기에 현혹되지 말거라. 실전에서 험지에서 뛰고 있는 선배를 많이 만나길 바란다. 그들에게 질문하고, 어려운 일을 어떻게 대처했는지 경험도 듣거라. 미리미리 준비하길 바란다. 아무튼 직무교육 초기에는 모든 것이 새롭고 신기할 것이다.

도순아! 미선이 선배가 네 소식 무척 궁금해하고 있다. 빠른 시일 내에 연락해서 잘 지내고 있다는 안부를 서로 확인하면 좋겠구나. 환절기 감기 조심하고 항상 건강한 마음으로 생활하거라. 힘내고!

전북 고창군 자룡보건진료소
선배 차선숙 씀

일기1

참 재미있었다. 오늘도 즐거운 하루였다. 초등학교 시절, 방학 숙제로 몰아서 썼던 일기 속에는 재미난 하루와 즐거운 일이 결론이었다. 진짜 속마음은 덮어두고 누군가의 눈을 피하기 위한 숙제였다. 선생님 꾸중도 피해야 했기에 어떻게든 채워 넣어야만 했던 의무였다. 간호대학 학생이 된 후 일기장에는 재미와 즐거움보다 아픈 나를 자책하고 실수와 부끄러움을 마주한 일이 많았다. 더 나아지리라는 의지를 담은 시간이었을까. 무엇을 보았는지, 무엇을 들었는지, 그래서 무엇을 느꼈는지 긴 요설은 없다. 너무 소소하고 보잘것없어서 오히려 더 솔직했는지도 모른다. 기록을 위한 기록이었다면 이렇게 오래 쓰지 못했을 것이다.

일기는 어떻게 나에게 습관이 되었을까. 이야기하고 싶은 것을 말하지 못해 생겼던 우울과 불안은 일기장을 덮는 순간 글 속에 박제되었다. 나는 불편한 상황을 내 안에서 털어내는 의식을 치른 것 같은 해방감을 느꼈다. 하루를 살아내는 동안, 밖에서 묻어온 먼지를 털어낸 그 시간. 종이는 조용히 흘러 적셔오는 잉크를 그대로 받아들인다.

삶의 방향을 선택한 것도, 나를 다잡은 일도 결국은 '나'였음을 깨달았다. 감추고 싶던 과거. 말하지 못한 고백들. 과거는 그 후에 맞이한 지나간 미래 속에서 재해석 되었다. 그 결과가 오늘의 나를 만든 점의 집합이었으리라. 다시 읽어 보니 순간이 빚은 파편이 반짝거린다. 현재를 붙잡으면서도 변화하는 흐름 속에서, 그날그날 특정한 나를 채집한 기록들. 어리고 한없이 미숙한 나, 책상 앞에 앉아 있다.

문장과 문장 사이에 머문 시간이 고요하다. 지금 나는 어디쯤 와 있을까. 어디로 나아가고 있나. 답은 없다. 부끄러움과 울분, 침묵이 뻐근함으로 어깨 위를 친다. 그럴 땐 일기를 썼다. 앞으로도 쓸 것이다. 고백처럼, 독백처럼.

그날은 최루탄이 터졌다.

대학 정문 앞 거리에 연기가 무겁게 가라앉았다.

/ 1986년 4월 17일 목요일 흐림

최루탄 가루는 날마다 연기처럼 자욱하다. 앞이 보이지 않는다. 도대체 이 싸움은 언제 끝나는 것인가. 호흡이 아니다. 흡식이다. 따갑고 맵다. 고통이다. 눈물, 콧물, 재채기, 두통. 앞이 안 보인다. 대학 생활 한 달이 지나갔다. 벚꽃이 지기 시작한다. 친구들과 첫 미팅을 나갔다. 한의예과 2학년 김동민. 으시댐 없고 별로 말이 없다. 순해 보였다. 이렇게 해석하는 것이 맞는 것인지. 모르겠다. 깨진 꿈이 서러우면 두 손을 모으고 작은 불을 밝히라 했지. 중간고사가 며칠 얼마 남지 않았다. 대학 첫 시험.

/ 1986년 6월 4일 수요일 맑음

이리시민회관으로 공옥진 여사 초청 공연을 보러 갔다. 창극, 판소리 관람은 처음이다. 이전에 느끼지 못한 나의 감각들을 깨우는 공연이었다. 풍자, 눈물, 웃음, 찌릿한 떨림이 함께 몸을 흔들었다. 마이크 고장을 슬기롭게 넘기시던 선생님의 재치. 맑은 얼굴과 하얀 한복, 메아리처럼 울려 사라지지 않으리라. 여사님 입에서 나오는 낱말 하나하나는 관중을 웃게도 만들고, 울게도 했다. 때로 폭소가 터지기도 했다. 천진한 아이, 의젓한 성인 역할까지 어찌 저리 잘하실까.

'병신춤'뿐 아니라 몸으로 동물의 흉내까지 내신다. 당신 동생이 불구자라 죽는 날까지 고통받고 학대받다가 죽음에 이르렀는데, 그것이 한이 되어 기차를 벗 삼고 여관을 안방 삼아 방방곡곡을 돌아다닌다고 하셨다. 공연 후 모인 금액은 전부 기부할 예정이라 하신다. 공연이 주는 거대한 어떤 느낌 이전에, 나를 돌아볼 수 있는 시간이었다. 천원이 결코 아깝지 않았다. 고마운 종원 오빠.

/ 1987년 6월 18일 목요일 맑음

자비 없는 최루탄

끝없는 외침

오지 않는 새를 기다리는 저 마른 나무들

붉은 장미

닳고 닳은 포성

두꺼운 옷

투쟁

초목도 지쳐 고개 떨군 한낮

얼굴에 부딪히는 날파리

기말고사

무기 연기

종강

방학

/ 1987년 6월 29일 월요일 맑음

　　해병대 배지석 선배 면회. 포항 바닷가 횟고기 식당에서 TV를 보았다. 대통령직선제라니! 1988년 2월 평화적 정권 이양, 대통령선거법 개정, 김대중 사면복권, 시국 사범 석방, 자유언론, 지방자치, 교육자치! 정당 활동 보장.
이게 지금 진실로 현실이란 말인가 싶다.

/ 1987년 8월 20일 목요일 비

　　자취방 골목이 조용하다. 지금은 단지 빗물을 가르며 지나다니는 차 소리만 세차게 들릴 뿐. 옆방 은정이 언니는 고창 집으로 갔다. 원휘 아저씨가 취업했다. 검은 안경테는 새로 맞춘 것인가. 큰 가방 들고 이리역에서 서울 가는 기차를 탔다. 이제 기인 시간이 지난 뒤 만날 수 있겠구나, 라는 생각이 든다. 기분 이상하다. 이것이 위선 속에 숨은 나의 본심일까. 이런 감정을 좋아하는 것이라고 해야 하나. 좋아한다는 것을 이렇게 저렴하게 쉽게 말하는 것이라면, 이렇게 쉽게 쓰면 안 될 것 같다. 잘 모르겠다.

쎄라비 커피숍에서 여유 있게 연기 뿜던 모습, 처음이다. 담배 안 피우는 사람으로 알고 있었는데, 이런 남자다움을 보여줘야 할 어떤 이유가 있을까. 서울로 가셨으니 아저씨는 이제 그곳에서 많은 사람 만나겠지. 몸도 허약한데 잘 돌봐줄 수 있는 좋은 사람, 꼭 만났으면 좋겠다.

/ 1987년 8월 24일 월요일 비

새벽 2시 넘어 들어왔다. 대학 후문으로 빠져나와 걷다가 밤하늘을 보았다. 금방이라도 쏟아져 내릴 듯한 별별이 촘촘하다. 지상에 염전이 있고 천상에는 별 밭이 있구나. 기말고사 시험이 시작되었다. 도서관 앞에서 친구들을 만났는데 반가움보다는 내 급한 현실에 고개를 숙이고 걸어야 했다.

오늘은 성인간호학, 약리학, 내일은 정신간호학, 아동간호학 시험이다. 간호학은 시간이 갈수록 어렵다. 너무 힘들다. 한 인간을 알아가는 데에 쌓아야 할 지식의 양은 어찌 이리 많단 말인가. 지난 토요일에 김순남 선배님 보건진료원 직무교육 수료식이 있었다. 원휘 아저씨가 서울 직장을 포기하고 돌아왔다고 한다. 며칠 안 됐거늘 무슨 일이 있었던 것일까. 지역사회간호학 양경희 교수님 결혼식이 있었다. 찬수에게 첫 편지가 왔다. 성룡이랑 광익이는 종강이라 집으로 갔다. 어쩐 일인지 세상이 마치 나를 위해 존재하는 것 같은, 행복으로 충만한 밤.

/ 1987년 9월 24일 목요일 맑음

친구 영신이가 쫄면을 사주어 맛있게 먹고 들어왔다. 언제 먹어도 신기한 음식이다. 무주에서는 구경도 못 한 것이다. 대학 입학 후 처음 먹어보았다. 이리 역전 중앙시장 우리만두 2층. 세상에 이런 음식이라니! 나는 너무 맛있어서 엄마가 이리에 오셨을 때, 일부러 모시고 갔다. 우리 엄마는 기막힌 표현으로 일갈하셨다. 너는 이런 게 맛있냐? 빤쓰 고무줄같이 질기기만 하구마. 소화나 되겠냐?

698,500원. 거액의 공중보건장학금을 받은 날이다. 이 화폐의 달콤함 이면에 얼마나 지독한 쓴맛이 나를 기다리고 있을까. 솔직히! 겁이 난다. 수업 빠지는 날이 없도록 해야겠다. 1,397,000원이라니!

/ 1987년 9월 27일 일요일 맑음

선미랑 미선이랑 계룡산에 놀러 갔다. 갑사, 동학사, 남매탑을 둘러보았다. 산행 중에 만난 아저씨 다섯 명. 한 분은 약국 경영 중이라 하셨고, 두 분은 남성고등학교 동문이라 하셨다. 다른 분은 생각이 안 난다. 우리는 신나게 웃고 걷고 떠들었다. 몹시 피곤하다. 얼마나 많이 먹었는지 아직도 배가 빵빵이다. 내일은 신생아실에 실습 첫날이다. 1학년 후배들 가관식이 있는 날이다. 장수 오빠를 만났다. 짧은 시간, 긴 이야기를 할 수는 없었다. 주소를 알려주고 갔다. 경북 영일군 동해면 일월동 사서함 112-5. 오빠는 해병대로 자원했다. 시험이 21일 남았다.

/ 1987년 10월 9일 금요일 맑음

추석이 지나갔다. 큰집 희정이 오빠, 희주 오빠, 희덕이 오빠를 만났다. 새언니들도 만났다. 조카들, 나의 사랑스러운 동생들, 그리고 부모님까지 만난 행복한 며칠이었다. 하루 더 있고 싶었지만, 병원 실습 때문에 자췻집으로 돌아왔다. 약속 없는 만남도 있었다. 초등학교 동창 친구들을 만난 것이다. 재경이, 은숙이, 옥분이, 순이, 영숙이, 정숙이, 춘자, 정이, 정숙이, 진숙이, 연선이, 춘임이, 옥순이, 외선이, 명순, 안심이, 기순이, 미순이, 상경이, 상구, 하조 상배, 치목 상배, 명배, 주성이, 진배, 상범이, 현경이, 기열이, 정일이, 태성이, 영만이, 성진이, 승희, 또 다른 영만이. 오래간만에 만났어도 우리에겐 벽이 없었다. 동심에 벽이 생길 리가 없지. 어린 시절 친구가 얼마나 소중한지 새삼 느꼈다. 연세대에 진학한 상배도 만났다. 잘 놀고, 잘 웃고, 잘 마시고. 보기 참 좋았다. 이제 우리는 옛날 우리가 아니었다. 동생이 물었다. 언니 안 억울해? 뭐가? 상배 오빠 말이야. 가난한 우리 집 환경을 탓하는 것이 나의 능력 부족을 탓하는 것보다 더 먼저 자리 잡아 다행이구나 싶었다. 상배는 서울에서 대학 생활하게 되었으니, 보는 것도 많을 것이다. 느끼는 것도 많을 것이다. 배울 것도 많겠지. 어렸을 적 친구로서의 면모만 잃지 않아도 그게 어딘가.

저문 시간, 이리로 돌아왔더니 화학과 진규 씨가 입대 6개월 지나 포상 휴가 나왔다. 얼굴이 본새 검은 피부인데 더 새까맣게 탔다. 눈웃음이 귀여운 참 좋은 사람!
내일 실습에 늦지 않으려면 일찍 일어나야 한다. 오후에는 신생아실 리포트를 써야 한다.

/ 1987년 10월 10일 일요일 맑음

실습 시간에 지각했다. 들어 좋지 않은 소리를 간호사님께 된통 들었다. 들어도 싸다. 낙엽을 밟으며 퇴근했다. 끝도 없는 길을 마냥 걷고 싶다. 가다가다 보면 어딘가에 닿겠지. 요즘은 잊고 있던 종원 오빠 생각이 난다. 졸업은 했을까. 가을 탓인가. 원휘 아저씨한테 짧지 않은 편지가 왔다. 등을 돌린다는 표현은 어울리지 않는다고. 같이 있는 한 그냥 같이 있는 것이라고 하는데, 무슨 말인지 모르겠다. 이종환 쇼에 쌍둥이 가수 수와진이 나왔다. 주민등록번호 6번 차이, 군번은 1번 차이, 별 영양가 없는 이야기들이 오간다. 나는 나는 풀꽃이 되어 대지 위에 자라고 너는 너는 이슬이 되어 나의 모습을 적신다. 노래 가사가 내 현실과 너무 다른데 이런 낭만이라니. 도서관에서 나와 경상대학쪽을 둘러 걸어왔다.

/ 1987년 10월 12일 월요일 맑음

5시 30분에 일어났다. 종일 피곤함이 따라다녔다. 커피를 컵이 아닌 큰 그릇으로 마셨다. 왜 이리 실습은 힘들고, 나는 점점 초라해지는 것일까. 그렇게 나약해지고 뭔가 불안한 내 모습과 마주하는 일이 고역이다. 시험도 곧 다가오는데. 소아과 실습 첫날 인상은 충격이다. 소아과는 아이들만 환자가 아니라 부모님과 보호자 모두 환자라는 아동간호학 교수님 말씀이 맞는 말이었다. 특히 기억에 남는 아가는 보현이와 인숙이, 은정이와 성옥이. 아빠에게 꾸중 듣고 농약을 마셔버렸다는 정아는 오늘도 의식이 없다. 너무 아프다. 폐렴으로 입원 중인 홍주, 백혈병 진단 받고도 미라는 항상 표정이 밝아서 주변 사람을 더 아프게 한다.

아이들인데 어른보다 더 성숙한 아픔 속에 지내는 모습을 보고 있노라면, 나는 저것을 어떻게 해석해야 하나 모르겠다. 10년이 두어 번 지나면 알게 될까. 친구 미선이가 나한테 험한 말을 했다. 너는 기초 없이 까진 애 같다, 나? 까지는 것에 무슨 기초가 필요해! 그런가? 밤이 깊었다. 서울 상배에게 편지를 썼다. 요점은 전문대학에 다닌다는 사실로 나는 심한 방황 중이라고 적었다. 그래서 나더러 어쩌라는 말이냐, 상배가 그러는 것 같다. 답장은 안 올 것이다.

/ 1987년 10월 31일 토요일 맑음

시험. 떡쳤다. 영어, 성인간호학 모두! 한숨만 나온다. 포장마차에서 나오던 중 낡은 군복에 가방 들고 걸어오는 그를 만났다. 요즘 어떻게 지내느냐, 그의 표정이 심각하면서도 고독해 보였다. 이렇게 살고 있다고 대답했다. 너의 이런 모습은 어울리지 않는다고 했다. 시험공부 열심히 하라며 돌아서 가는 그의 뒷모습을 보이지 않을 때까지 바라보았다. 가로등 샤워 중인 은행나무는 노랗다 못해 붉게 타고 있었다. 저쪽으로 짙은 어둠이 가로질러 가고 있었다. 망연한 것이 주는 이 느낌. 그를 만난 것은 기쁨 아니면 슬픔. 뭔가 분명해질 필요가 있다. 불규칙한 생활이 원인인 것 같기만 하다. 멍청한 박도순. 목적 없이 충동에 이끌리는 육신 앞에 나는 작고 초라하다.

김대중 선생님 강연을 들으러 갔다. 수많은 사람이 전주 신역으로 향하고 있었다. 정치의 마술. 정치의 속성. 그런 것이 있을 것이다. 무주 엄마 집에 왔다. 석 접도 넘을 분량이다. 상추 감을 삭혀놓으셨구나. 주황 홍등 같은 저 상추 감은 계절의 단맛을 제대로 보여준다. 엄마의 수고를 언제 다 갚을 수 있으려나, 모르겠다.

/ 1987년 11월 1일 일요일 비

첫날이다. 하긴 처음 날, 아닌 날이 없지. 가을이 깊어간다. 더욱 느끼게 하는 문턱에 서 있다. 엄마는 새벽부터 고추밭 정리하시더니, 7시 첫 차로 무주장에 가셨다. 엄마를 기다렸다. 엄마가 오셨다. 산다는 것은 모든 일에 지극인 엄마의 저 모습처럼, 매우 진지할 것. 가을비가 멈추지 않는다.

/ 1987년 11월 5일 목요일 맑음

〈기쁜 우리 젊은 날〉, 배창호 감독, 안성기 주연, 황신혜 데뷔작품. 흥분 없이 사람을 감동하게 만드는 영화는 없다. 웃음과 눈물 뒤범벅. 산부인과 전문의와 결혼 후 뉴욕으로 떠나버린 혜린. 그녀를 끝없이 짝사랑하는 부끄럼 많은 영민의 순애보. 혜린의 슬픔이 커질수록 영민의 사랑은 커져만 간다. 혜린이는 이혼하고 귀국한다. 혜린과 영민의 재회. 영민의 아이를 낳다가 혜린은 그만 죽고 만다. 아, 저 몹쓸 놈의 사랑. 주말에는 서울에 간다. 대의원 신구 임원 모임이 있다.

/ 1987년 11월 8일 일요일 맑음

　　4시 반부터 기상 음악 소리가 퍼졌다는데, 나는 5시 반이 훨씬 지나 일어났다. 안개 낀 용인을 지나 차가운 버스는 서울로 향하고 있다. 하얗게 서리가 내린 최북단 파주에 이르렀다. 아직 추위에 익숙하지 않은 우리는 하얀 입김을 뿜으며 새벽과 대항하였다. '통일'이라는 검은 글씨가 새겨진 단체 티셔츠로 갈아입었다. 문상 여상 운동장에서는 씨름판이 벌어져 선수들 열기가 뜨거웠다. 마당에는 풍물판도 펼쳐졌다. 체육제와 문화제가 끝나고 문산에서 임진각까지 7km 넘는 길을 걷거나 달렸다. 행진 대열이 지금도 생생하다. 통일에 대한 열망 하나로 젊음이 뭉친다는 것이 이렇게나 웅장하고 벅찬 일인 것이다.

　　버마 아웅산 순국사절단 위령탑을 위시하여 철마는 달리고 싶다, 건너고 싶은 자유의 다리, 임진강 흙탕물. 분단된 조국이라는 현실이 달려들어 코끝이 찡해왔다. 남의 나라 일이 아니다. 뼈저리게 다가왔다. 평화 통일을 위해 우리가 할 일이 무엇일까. 가진 것 없는 반쪽 나라. 우리가 한반도 주역으로 태어난 것은 불행일까, 다행일까. 분단 원인이 외세에 의한 것이라면 이제 그 원인을 제거해야 하지 않을까. 집에 돌아오는 길은 무척 춥고 고단했다. 함께 올라간 친구들과 많은 이야기를 나누었다. 푹 쉬자. 내일을 활기차게 또 시작하자.

/ 1987년 11월 16일 월요일 맑음

　　눈을 뜨니 9시 40분. 수업에 늦는 것은 당연한 일이다. 12시에 시험이 있다고, 친구 선미가 나를 데리러 왔다. 너 잊었니? 왜 이러냐? 놀란 선미. 고마운 친구. 나는 내가 참 부끄럽다. 시간을 낭비하고 있다는 자괴감이 들었다. 그에 따라 물질 낭비가 이어진다. 젊다는 이유 하나로 모든 것을 합리화시키는 것은 얼마나 못된 변명인가. 목요일부터 실습이다. 지친 몸을 끌고 도서관에 갔다. 걱정이다. 기말고사는 또 다가온다. 수업은 재미가 없다. 하기 싫은 공부, 이 거부감은 언제부터 나에게 둥지를 틀었는지 모르겠다. 나보다 얘가 더 주인이다. 불문학과 친구 영기랑 수원이랑 재수생 문성이랑 탁구장에 갔다가 맥주를 마시며 수다를 떨었다. 성인간호학 암 환자 관련 리포트를 써야 한다.

/ 1987년 11월 19일 목요일 맑음

　　수술실 실습이다. 수술방에서는 수술실 밖의 상황을 전혀 모른다. 알 수가 없다. 밖에서도 이 상황을 모를 것이다. 저 흉부외과 의사 선생님에게서 풍기는 것은 자신감과 흡인력이다. 사람을 잡아당기는 매력이랄까, 기술이랄까. 그런데 시간이 갈수록 나도 그도 당황하게 되는 묘한 성격이 발견된다. 낭자하게 흐르는 선혈과 고통에 일그러진 환자들 표정, 차가운 수술대, 세 시간이든 열 시간이든 진지한 표정으로 메스를 대고, 살을 긋고, 가위 들고, 가느다란 실로 꿰매기를 연속하는 저 녹색인들. 나는 그들을 통하여 인내가 무엇인지 배우는 중이다. 수술은 집념의 작업이라는 것을 알았다. 종일 수술대 뒤편에 서서 관찰하는 학생이다 보니 다리 허리에 심한 통증이 나타난다. 속이 울렁거릴 때도 있다. 수술실 밖에서 이상한 소리가 들려왔다. 소란하고 신음까지 섞였다. 신뢰할 수 없는 인간에 대한 모멸과 싸늘한 싸움.

우리는 언제나 위험 속에 살고 있다. 예상할 수 없는 엄습이 느닷없이 닥치는 일이 얼마나 많을까. 스스로가 스스로 보호하는 벽을 쌓아도 모자란다. 수술실은 그러한 것들이 매일 복잡하게 얽혀 돌아간다. 앞으로도 계속 그럴 것이다. 오늘도 환자들은 수술대 위에 눕혀졌다. 반짝이는 눈, 거친 숨소리, 졸린 듯 퍼지는 할로탄 마취제, 벤틸레이터, EKG 기계, 바이털 체크, 줄줄이 연결되어 환자 정맥을 타고 흘러 들어가는 수액들, 고통스러운 표정, 무표정한 의료진들. 저기 누워있는 환자처럼 전신 마취 후 깨어나지 않았으면 좋겠다는 위험한 생각이 혀를 내민다. 모든 것을 벗어버리고 싶다.

/ 1987년 11월 24일 화요일 맑음

아팠다. 지금도 아프다. 어젯밤 리포트를 두어 장 쓰다가 그대로 잠들어 버렸다. 머리가 아프다. 열이 났다. 팔다리는 무기력하다. 아침에 일어나니 어항 속 금붕어 한 마리가 죽어 있다. 너, 아주 아팠구나. 건져냈다. 손바닥 안으로 들어온 녀석은 어항 밖에서 보았을 때보다 훨씬 조그맣고, 얇았다. 너는 나비가 되렴. 나는 무엇이 될까. 사람 심리 묘하다. 그가 나로부터 멀어져 가는 등이 보이면, 필요 이상으로 그에게 다가가는 내가 보인다. 그가 내게 열정을 보이면 이번에는 왠지 두렵다. 내가 한 발짝 뒤로 물러나는 음울한 시소. 수술실 실습, 안 갔다.

/ 1987년 11월 26일 목요일 아침부터 비, 아침을 굶었다.

하늘같이 높은 간호 학생들은 절대 빨간 장갑을 끼지 마세요, 하신다. observation 이나 하세요, 하신다. 준비실 들어올 때는 항상 모자 쓰세요, 하신다. 오늘 저 간호사 선생님의 빈정거림 때문에 긴장감이 넘쳤다. 우리는 아무 말도 할 수 없었다. 도대체 뭘 어쩌란 말인가. 차라리 그냥 팍 한 대 때렸으면 좋겠다. 저 못난 것. 내가 저 간호사를 이길 수 있는 무기는 이 일기장에 이렇게 마구 적을 수 있는 '글' 뿐이다. 그렇게 속이 좁아터져서 어떻게 수술실 칼을 어시스트하는지, 진짜 꼴값이다. 아니다. 어쩌면 그렇게 강한 자만심이 칼을 이기게 하는 것인지도 모르겠다.

시내에 나가 의학용어 사전과 금붕어 여섯 마리, 새로 샀다. 수술실 실습이 끝났다. 빨래했다. 줄에 걸린 옷들이 모두 얼어버렸다.

/ 1987년 11월 30일 월요일 흐림

자취방에 돌아오니 '그리워 들러 보니 임은 없어라. 허망한 발자국만 남겨놓기엔 허허로워 손자국까지 남겨놓고 나는 가노라', 원휘 아저씨 육필이다. 문틈에 꽂혀 있다. 장난이고만. 괘씸하다. 캠퍼스에는 대입 원서 접수 마감일이라 수험생으로 북적이고 생기가 넘친다. 한편에서는 공명선거 보장 없다! 선거 감시단 결성하자! 소위 애국 학도들 목소리가 뜨겁다. 어수선하다. 회복실 실습, 첫날인데, 무사히 잘 마쳤다. 어찌 이리 아픈 사람이 많을까. 슬픔이 많을까. 끝나자마자 병원 앞에서 시내버스를 타고 왔다.

/ 1987년 12월 2일 수요일 눈

한두 번 본 것도 아닌데, 정말 기차게 눈이 내린다. 어제 첫눈이 왔다. 추위 강도를 높이겠다는 신호탄이다. 도서관에 가려다가 반대 방향으로 발길을 돌렸다. 함열 쪽으로 걸어갔다. 종일 눈길을 걸었다. 눈은 밟는 대로 녹았다. 신발이 젖어왔다. 마구 쏘다녔다. 지금은 입술이 부르트려는지 따갑고 아프다. 동생 미순이가 대입 원서를 냈다. 건국대학교 영어영문학과에 지원했다. 경쟁률이 어떨지. 내일 조간신문을 살펴봐야겠다. 모든 게 정말 걱정이구나. 회복실에 입원 중인 춘하 언니, 힘이 없어 보였다. 완쾌에 시간이 오래 걸릴 것 같다. 김대중 씨 연설, 노태우 씨 연설을 들었다. 성룡이랑 광익이랑 이야기 나누다가 집으로 돌아와 잠을 청한다.

/ 1987년 12월 7일~17일 무주에서

평화민주당 무주 사무실에 내려와 공명선거 감시인단 활동을 시작하였다. 말이 감시인단일 뿐. 김대중 선생님 제자로 일한 셈이다. 대차리 마을에 가두방송을 나갔다가 날이 저물어 집에 돌아왔다. 아버지께서 좀 보자 하셨다. 마루에 걸터앉아 담배 연기 뿜어내시더니, 그러다가 니 인생 망친다이. 몸조심하거라, 하신다. 애국의 길은 가시밭길인가.

민정당 노태우 후보가 당선되었다. 17일 아침! 평민당 무주 사무실은 울음바다에 둥둥 떠 있는 난파선이었다. 마냥 울었다. 적상면 연청회장님 말씀을 들으며 또 우리 80여 명은 울었다. 선거 사무실은 다음날 폐쇄되었다. 손바닥보다 더 두툼한 송판 두 장! 엑스형으로 교차! 대못이 박혀 있다. 이곳이 조금 전까지 그토록 부산했던 사무실이란 말인가. 선거란 패자에게 이렇게 비정한 것이구나. 소름이 돋았다.

11월 12일에 평화민주당이 창당되었다. 두 분이 동시 출마하셨고 그것이 선거 패인인 것 같다. 노태우 후보 대통령 당선. 12월 16일, 13대 대통령 선거에서 민정당 노태우 후보가 당선되었다. 노 후보가 828만 표, 김영삼 후보가 633만 표, 평민당 김대중 후보 611만 표, 공화당 김종필 후보가 182만 표를 얻었다. 보도 자료가 떴다. 공선감시인단은 각자 왔던 학교로 돌아가야 했다. 무주 출신 대학생들이 언제 또 무주에서 모이려나. 손 인사를 나누었다. 돌아가더라도 편지로 소식 나누자고 약속했다. 뒤도 돌아보지 않고들 가는구나. 그래, 그렇게 우리길을 각자 가는 것이지.

/ 1988년 2월 28일 일요일 맑음

내 생일이다. 찾아오는 이 아무도 없다. 생명 있음을 자각한다.
열심히 살자고, 속삭여 본다.

/ 1988년 3월 1일 화요일 맑음

새로운 각오를 해야 한다. 내일이면 3학년이 시작된다.
나를 힘들게 만드는 것들이 있지만, 새롭게 탄생할 준비를 진정 시작해야 할 때이다. 꾸중보다는 칭찬으로 동생들을 돌봐야겠다. 자신감을 잃지 않도록 긴장하자. 두 갈래 중 한 갈래 길을 보기로 하자. 나쁜 일 아닌 것 같잖아. 치대 본과 3학년 병현 오빠를 만났다. 주영 언니와 약혼했다고 한다. 기쁘다. 반갑고. 정말 오래간만에 만났다. 은정이랑 방 계약도 잘 되었다. 그 냉정하게 생긴 사람 때문에 모든 것이 잡쳐버릴 뻔도 했지만.

/ 1988년 3월 3일 목요일 맑음

정신병동에 처음으로 실습 나가는 날이다. 두려움, 설렘, 반반으로 긴장했다. 그들을 뭐라고 표현하면 좋을까. 창살이 있는 입원실도 있고 없는 병실도 있다. 언제나 그곳에 갇혀 생활하지만, 의사 선생님의 가슴을 보란 듯이 뚫고 지나가 버리는 그들의 상상력은, 병동 창문을 넘고, 담장을 넘고 국경을 넘어가고 있다. 옳다고 주장하는 우리보다 그들은 훨씬 똑똑했고, 때로는 매우 바보처럼 보였다. 그들이 옳은지 내가 옳은지, 나는 모르겠다. 자취방을 옮겼다. 순성이도 학교 앞으로 이사갔다. 좁은 골방이다. 방값이 저렴하다. 주인집에 폐를 끼치고 있다. 할머니는 쓰레기 청소를 잘해주신다.

/ 1988년 3월 6일 일요일 맑음

무주 집에 왔다. 1학기 등록금이 해결되지 않고 있다. 나의 자기 비하가 시작되었다. 위축감도 든다. 어쩌면 불행한 사태가 생길지 모른다는 불안감에 부모님을 원망했다. 예감이 좋지 않다. 집에 오니 암담함이 더욱 짙다. 동생 미순이는 언니, 우리 집에도 꽃이 필까?, 라고 묻는다. 집안 고민을 나에게 던졌다. 답답해서 미치겠다. 금방이라도 심장이 터져버릴 것만 같다. 어디론가 숨어버리고 싶다. 땅이든 하늘이든 꺼져버렸으면 좋겠다. 누군가 내 옆에 있다면 좋겠다. 이마를 맞대고 이야기라도 나눌 사람이 있다면, 아픈 너를 아프게 더 뜨겁게 더 오랫동안 잊지 않겠노라 말해 주는 사람이 있으면, 내 심정과 방황을 잘 알아 깊은 속을 헤아려 주는 사람이 있다면, 얼마나 좋을까. 엄마는 서울에 가셨다. 어쩌자는 것인지 모르겠다. 11시 넘어 장수 오빠에게 전화를 걸었다. 꽃잔디 향이 문풍지 사이로 들어왔다.

/ 1988년 3월 8일 화요일 맑음

장수 오빠가 병원으로 와서 약과랑 베지밀을 사줘서 먹었다. 택시 타고 시내로 나와 저녁 식사를 같이했다. 너, 공부도 해야지. 오빠는 매우 낮고 친절한 목소리로 말했다. 오빠 말에 예전 같으면 용수철처럼 튀어 나갔을 것인데, 이제는 내 쪽으로 그 스프링이 튕겨오는 것 같다. 그래, 공부해야지. 영신이에게 전화를 걸었더니 저녁에는 통화할 수 없단다. 빌어먹을! 내일 아침 7시 50분까지 의국에 도착해야 한다. 정신과 실습에서 내가 느낀 것은 그저 그저 정신이 없다는 것이다. 온몸에 병원 냄새가 계속 나를 에워싸고 있는 것 같은 착각이 일어난다. 오늘도 등록은 이루어지지 않았다. 제적 처분되거나 자퇴 명분으로 휴학하게 되면 나의 앞날은 어떻게 되려나. 텅 빈 방에 들어오니 아득함 그 자체이다. 언제쯤, 이 고통으로부터 나는 놓일까. 언제까지 계속 버텨야 하는 걸까. 조교선생님이 부르셨다. 장 교수님 면담 요청으로 학과사무실에 다녀왔다. 자존심이 상했다. 교수님이 미워지려고 한다. 내 부족 탓이겠지. 교수님과 나는 너무 동떨어진 다른 세계에 사는 사람이다. 인간미라고는 찾아보기 힘든. 언젠가 내 심정을 속 시원히 말씀드릴 날이 오겠지. 지금은 참자. 오늘은 무주향우회 서클에서 신입생 환영회가 있었다. 나는 얼굴만 내밀었다. 바로 돌아왔다.

/ 1988년 3월 23일 수요일 맑음

정신과 병동 실습 중이다. 그룹 치료 시간에 오 과장님으로부터 꾸중을 들었다. 내 기분이 굉장히 흥분되어 있다고 지적받았다. 그룹 치료를 시작할 마음 자세가 되어 있지 않다고 하셨다. 순간 공감했다. 내가 생각해도 오늘 그랬다. 정신과 병동 분위기에 조금 익숙해졌다고 흥분한 것이다. 인정한다. 실습 중 경험하는 이런 일들이 조금은 너그럽게 받아들여진다. 배우는 자세로 더 겸허해지자는 다짐도 해본다. 실수한 것도 많겠지만 과정을 통하여 배운 것도 그에 못지않다는 것을 기억하기로 한다. 나는 이대길 씨 상태가 좋아지고 있는 것이 보인다. 속으로 좋아죽겠다. 정말이다. 이것이 내가 치료자로서 자세가 덜 겸비되었다는 미성숙한 증거일 지도 모르겠으나, 이대길 씨는 정말 좋아지고 있다. 과장님과 간호사 선생님들, 뭐라고 말씀하시나 잘 지켜봐야겠다. 이대길 씨 지인과 이리역까지 걸어왔다. 그분 다리가 왜 불편하게 되었는지 오래된 이야기를 들었다.

/ 1988년 3월 29일 화요일 흐림

정신과 실습이 끝났다. 강의실로 돌아왔다. 춥다. 최 교수님께서 정신분열증 환자는 9개월이 멀다 않고 대부분 재입원한다고 하셨다. 그들이 퇴원 후 사회로 돌아왔을 때, 과연 그들을 따뜻하게 맞이하고 진심 어린 마음으로 맞아줄 이가 얼마나 될까. 우리나라가 지금 그런 것이 가능한 사회인가. 의문이 들었다. 안정된 일자리와 성실하게 살아갈 수 있는 조건이 만들어지지 않은 사회에 그들의 퇴원이 무슨 의미가 있을까. 그들은 연구 대상에 불과하고, 이야깃거리에 불과하며, 때로 사례 대상자일 뿐이다.

정신병동에 입원한 환자. 아무리 내가 그분을 이해한다고 한들, 나의 몸짓은 얼마나 작고 나약한가. 언제까지 이런 세상은 계속될까. 병동에 가서 이대길 씨를 보고 싶다. 그러나 갈 수 없다. 가서도 안 된다. 친구 선이는 몸이 아프다고 수업에 나오지 않았다. 내일 가봐야겠다.

/ 1988년 10월 15일 토요일 흐림

흔적을 남기지 말자. 그의 일이든 나의 일이든. 잊어도 좋을 사람이라면 눈물을 보일 필요도 없다. 그를 용서하자. 어지러운 혼돈 속에 내 머릿속을 뒤흔들어 놓은 사람. 나 또한 어쩔 수 없는 상황 아래로 굴러떨어졌다. 보잘것없는 인간이 된다 해도 이 고통스러움을 이겨내야 한다. 삶에 있어 진정 소중한 것이 무엇일까. 내 삶의 궤도에서 만나는 당신을 이제는 미워할 수 없다. 내일부터는 강의실 수업이 시작된다. 새로운 각오로 임하자고 다짐해 본다. 힘이 없고 어지럽다. 나는 언제까지 이런 식으로 살아야 하나. 생활에 탄력을 찾으려면 무엇을 해야 하나.

/ 1988년 11월 5일 토요일 맑음

누구를 위해 존재하는 것일까. 현숙이에게 우리는 서로에게 필요한 존재냐고 물었다. 친구는 나에게 지나친 비약이라고 위로인지 비난인지 모를 말을 하는구나. 나의 진짜 모습은 어디까지일까. 병노의 편지가 힘이 된다. 지적(知的) 성숙에 이르는 길은 비장한 각오가 필요하다는 결론이다. 철호 형, 병석이, 원휘 아저씨, 종원 오빠, 수원이, 영기, 문성이, 창식이, 혁종이, 기천 씨. 보고 싶다.

/ 1988년 12월 30일 금요일 맑음

산다는 것은 어쩌면 변화를 추구하기 위한 강한 몸부림인지도 모르겠다. 요즘도 아침 11시 넘어 일어나게 된다. 국가고시가 다가온다. 내년이면 완전하게 낯선 생활로 접어든다. 자신감을 키워야 할 텐데. 나는 아직 무기력하다. 내가 가야 할 농촌 보건진료소가 창살 없는 감옥이라 할지라도, 그곳은 이미 나에게 주어진 '길'이다. 말순에게 편지가 왔다. 무슨 말로 격려를 담아 보내야 할까.

/ 1989년 1월 5일 목요일 맑음

기천 씨가 서울로 갔다. 더 따뜻하게 대해주지 못한 나의 무성의가 미안하고 부끄럽다. 그가 보고 싶다. 첫 출근 했을 텐데 어떤 인상을 받았을까. 기분은 어땠는지, 분위기는 어떤지. 온통 당신 생각뿐이라는 말. 유행가 가사나 삼류 소설에서나 볼 수 있는 것으로 생각했다. 이렇게 표현할 수밖에 없는 내 언어의 빈곤함이라니. 솔직한 심정을 뒤로 감추고 그를 피하려는 내 의도는 무엇을 비틀고자 함일까. 얼마만큼 더 헤어지는 연습을 해야 실연의 상처 같은 이 그리움에 단련이 될까. 동생 미순이 등록금이 걱정이다. 올해부터 새로 시작될 나의 앞길 준비도 해야 하니, 그것도.

/ 1989년 1월 11일 수요일 맑음

저녁밥을 먹는데 주인아주머니께서 불렀다. 그에게 전화 왔으니 받으라는 것이었다. 잠시 기다리니 벨 소리. 내 심장은 쪼그라들었다. 불과 30초나 될까. 동전 마구마구 떨어지는 소리. 저녁 먹으러 왔느냐. 왜 공부 안 하느냐. 여기는 용인 연수원이다. 한 달 정도 교육받을 것이다. 다음에 다시 전화할게요. 이게 전부다. 도서관에 가지 않았다. 혹시나 기다렸다. 전화는 더 오지 않았다. 잘못된 선택을 하는 것은 아닐까. 갑자기 그가 밉다. 우리 사귐이 영원할 수 있을까. 자꾸 의심한다. 진정 필요한 존재가 되었을 때 그의 앞에 서기로 하자. 어리석은 예비 연습은 지우기로 하자. 그런 것들 때문에 내 인생을 흠집 낼 수는 없지 않은가. 아, 이것도 답은 아닌 것 같다.

/ 1989년 7월 5일 수요일 맑음

아침 7시 출근. 저녁 8시 퇴근이다. 강의 맡은 의사 과장님들과 7층에서 지하 병동까지 회진한다. 하루 한 사람 환자, Case Report. 이론적 고찰, 사례 서술. 문헌만 찾아도 몇 시간이 훌쩍 날아간다. 정말 정신이 하나도 없다. 그를 생각할 겨를이 없다. 잠자리에 누울 때쯤, 살며시 떠오르는 당신 얼굴. 나는 잠을 설친다.

오늘은 73세 남자, CHF(Congestive Heart Failure) 환자 심장 소리를 들었다. 내과 선생님께서 나를 부르시더니 집중하여 들어보라고 하신다. 불규칙하고 부정한 맥박의 저 리듬. 심장에서 이런 소리가 난다는 것이 신기할 뿐이다. 세상에는 별별 환자가 있고, 현대 의학으로 어쩌지 못하는 질환이 암이나 백혈병만 있는 것이 아니다. 과장님께서는 정상과 비정상 심음을 구분하기 위하여 무엇이 가장 좋은 방법인가 물으셨다. 머뭇거리는 우리에게 정상 심음을 많이 들어 봐야한다고 하셨다. 그래야 비정상적인 심장 소리를 가려낼 수 있는 것이라고. 아, 정말 멋진 말씀이다.

다음 주 지리산 등반 계획이다. 재엽 씨랑 중관 씨가 함께한다. 기숙사 방이 좁아서 침낭과 배낭을 중관 씨 집에 갖다 놓았다. 모처럼 계획인데 날씨가 우리를 도와줬으면 좋으련만. 그리 반갑지 않은 지리산 사고 소식이 자주 들려온다.

/ 1989년 7월 18일 화요일 맑음

넓은 바다에 뛰어들고 싶다. 나 모르는 세상으로 고함이라도 지르고 나면 가슴 속이 툭 터질까. 화요일 아침 출근길은 무거운 모래주머니를 달고 걷는 기분이었다. 모든 것은 시간이 해결해 준다는 말을 믿어보기로 한다. 덕재 씨에게 전화했더니 10시 넘어 들어온다는 어머니 말씀. 썰렁하게 느껴졌다.

전주를 벗어날 날이 이제 13일 정도 남았다. 좋은 기억, 아픈 기억, 아쉬움으로 접어 두기에는 그래도 소중한 추억의 도시가 되었다. 언제 다시 올지도 모르고, 이제는 나의 책임하에 모든 일을 감당해야 하는 보건진료소로 곧 떠나게 된다. 철저한 거지가 되자던 재엽 씨 말이 그저 공허한 이야기가 아니었음을 생각한다. 시골 사람들과 어울릴 비장한 각오가 필요한 출발선이다.

24일에는 엄마가 예수병원 피부과로 진료받으러 오신다. 무서운 진단이 붙지 않길 바라는 마음이다.

/ 1989년 8월 25일 금요일 맑음

소장님은 서울에 가시고, 나와 교육생. 둘이서 보건진료소를 지켰다. 마을 사람들은

제8회 보건진료원직무교육수료기념 1989. 9. 2

소장님이 계시지 않는다는 것을 잘 아시는 모양이다. 종일토록 진료소에 온 환자는 1명이있다. 초등학교 6학년 남자, 머리 아프고 기침이 난다고 했다. 감기 증상. 나름대로 처방한 약을 쥐어 주면서 나의 미래를 그려보았다. 앞으로 한 달, 아니 2주 정도만 지나면, 나는 어느 곳에선가 환자를 만나고 아픈 소리를 들어야 한다. 까짓것, 못하랴! 싶기도 했다가, 보건진료원이 무엇을 하는 사람인지 조금은 알게 되어 용기가 생기기도 하지만, 여전히 두려운 마음 가득하다.

직무교육이 시작될 때와 지금의 나. 변화를 겪는 중이다. 3~4년 정도 의무 복무 기간만 채우면 그만둬야겠다고 생각했던 것이 실습 과정을 겪으면서 적어도 10년 정도는 해야 뭔가 조금, 아주 조금 알 것 같은 생각이 드는 것이다. 내가 아는 것이 정말 없다. 무주군 보건진료소 자리가 한 군데 비었다는 소식이 들려왔다. 내가 원한다면 배치될 가능성은 거의 99% 이상이다. 무주의 시원한 바람을 다시 마실 수 있다 생각하니 다행스럽긴 한데, 고향으로 가는 길을 선택하는 것이 잘하는 일인지는 모르겠다. 선배 진료소장님들과 잘 지낼 수 있을지 염려되기도 하고. 시간이 지날수록 가슴을 조여오는 불안과 초조, 강박이 잠을 뒤척이게 만들지만, 하지만 의지와 신념을 키워보자고 다독인다.

희망 근무 지역을 무주로 써야겠다. 정읍 신태인 쪽에도 자리가 났다는데 어쩌면 좋을까. 고창군 차선숙 선배에게 전화드렸다. 두려울 것 없다, 용기를 가지라고 하셨다. 금암동에 갔다. 기천 씨 아버님을 뵈었다. 아버님께서는 내 마음을 잘 이해해 주셨다. 발령나기 전에 다시 인사 오겠다고 약속하고 기숙사로 돌아왔다. 완주군 화산면 운산보건진료소 실습.

/ 1989년 9월 2일 토요일 맑음

24주간에 걸친 보건진료원 직무교육 과정이 끝났다. 보건진료원 직무교육 이수증이 그간의 수고를 말해준다. 예수간호대학 교수님들, 예수병원 호흡기내과 김기완 과장님, 소화기내과 김문중 과장님, 매번 열강해 주신 외과 추순호 선생님, 신경외과 주경기 선생님, 당신 아들을 자주 예로 들어가며 설명하여 주신 소아과 김완섭 과장님, 날마다 쪽지 시험과 슬라이드 오랄 테스트 즐겨하신 피부과 독사(!) 과장님, 산부인과 과장님, 신경정신과 김 임 과장님, 간호사 선생님들, 전주시보건소 소장님과 털보 닥터, 예수병원 고산분원, 남원 인월면 건지보건진료소 김순남 선배님께 감사하다. 나도 동기들도, 모두 자랑스럽다.

끝남은 곧 시작이다. 의학과 간호학이라는 거대 산맥 앞에서 두 영역의 제한된 범위를 아울러야 하는 CHP는 이 세상 어디에도 없는 경계인이다. 의료계의 이방인 같기도 하다. 실습 중 때로 지루하기도 했다. 가위눌리는 것 같은 불편이 무거운 돌덩이로 압박하기도 했지만, 시간은 시간 앞에서 가벼워진다는 것을 알았다. 교육 시작할 즈음에 봄이었는데, 가을이 성큼 곁으로 다가왔다.

사랑하는 이에게

멀리서 보아도, 아무리 사람이 많아도 그는 선명히 잘 보였다. 나는 도서관의 정적 속에서도 그의 곁을 맴돌았다. 그는 이미 내 마음 깊은 곳에 들어와 있었다. 하지만 그는 말이 없었다. 그 말 없음조차 따스하게 느껴졌다. 기다렸다. 끝내 그의 마음 문은 열리지 않았다. 마음대로 되는 것이 아니구나. 나는 조용히 돌아섰다. 시작도 못 한 사랑 앞에 나는 홀로 이별 노래를 듣고 또 들으며 눈물지었다. 내 기억에서 그는 물빛처럼 서서히 사라져갔다. 그러던 어느 날이었다. 수업 마치고 자췻집에 돌아오니 두툼한 편지 한 다발이 대문 틈에 꽂혀 있었다. 여러 통의 편지를 나는 하나하나 펼쳐 읽었다. 그의 마음은 오래전에 내게로 와 있었다. 마침내 나는 무릎을 꿇었다.

/ 도순 씨에게 첫 편지   1988년 5월 21일 토요일

　이번 여행의 목적은 나의 미래를 새롭게 정리하기 위한 출발이다. 그 선상에 나는 서 있다. 일그러진 과거를 정리함과 동시에 내 마음을 한 여인에게 향함이다. 이제껏 내가 그녀를 그리워하면서도 마음 문을 닫고 있었는데, 이제 그녀를 사랑할 수 있다는 확신을 얻은 것이다. 처음 만나 지내는 동안 그녀가 나에게 다가옴을 느꼈다. 나는 알아차릴 수 있었다. 그러나 나는 위장과 위선의 가면을 썼다. 그럴 때 그녀는 얼마나 괴로웠을까. 나는 이해할 수 있다. 내 마음은 얼마나 더 쓰라렸겠는가. 그녀가 이것을 알까. 사랑하고자 달려오는 마음을 받아주지 못하고 나의 찌그러진 과거, 그녀에 비하여 부족한 나의 못난 것들, 포기해야만 했던 나의 속마음을 그녀는 이해하지 못할 것이다. 시간은 자꾸 흘러가고 그럴수록 나는 더욱 두꺼운 휘장을 덮어야만 했다. 사랑의 달콤함보다 그녀를 불행으로 몰고 갈지도 모른다는 불안이 앞섰기 때문이다.

친구들과 등산을 떠났을 때, 나는 그녀에게서 좋은 점을 많이 발견했다. 유머는 넘쳤고, 나보다 훨씬 우수하다는 것도 감지할 수 있었다. 그런 것이 느껴질 때마다 나는 희비가 엇갈렸다. 그러던 어느 날, 그녀가 내 앞에 나타났다. 그녀는 외로워 보였다. 뭔가 쓸쓸해 보였고 슬픔으로 가득한 모습이었다. 아무 말도 할 수 없었다. 그러면서도 한편으로는 속으로 쾌재를 불렀다. 흐뭇했다. 왜냐하면 그녀에게 내가 어떤 도움이 될 수 있으리라는 확신을 가질 수 있었기 때문이다.

그녀를 만나면 만날수록 이상하게도 그녀를 사랑할 수 없다는 반향이 커져만 갔다. 그럴수록 그녀는 눈덩이가 불어나듯 더욱 나의 마음을 채워갔다. 이러면 안 되는데 하면서도 자꾸만 그녀에게로 나의 발길이 향하고 있었다. 왜 그러는 것인지 나의 마음을 나도 이해할 수 없었다. 나는 사랑에 대한 정의를 모른다. 사랑은 주는 것이라는 것 정도만 알 뿐이다. 사랑하는 이에게 모든 것을 주는 것. 그녀에게 도움이 되는 것이라면 내 몸의 허물을 벗겨서라도 줄 수 있는 것이 사랑이라고 알고 있다. 그것은 한순간에 이루어지는 것이 아니라 푸른 소나무처럼 서서히 축적해 가는 것이며, 서로 옳은 길을 갈 수 있도록 서로를 끌어주는 것이라 생각한다. 그러나 나는 그녀를 만나면 만날수록 나를 그녀에게 의지하려는 마음이 생기는 것을 알았다. 그러면서 부모님에게 소홀해지는 것을 느꼈다. 행복하면서도 괴로웠다. 그럴 때 또 괴로움을 맛보았다. 이것을 어떻게 해결해야 할 것인지 방법을 모르겠다. 그냥 폭발시켜 버릴까.

하지만 시간이 흐르면서 내가 도순 씨를 진실한 나의 여인으로 여긴다면 더 아끼고 보호해야 한다는 결론에 이르렀다. 그녀가 부족하면 할수록 나의 필요성을 느낄 것이니까.

등산이나 여행에서 필요가 아니라 인생을 살아가는 데서 나의 필요성을 느낄 수 있기를 나는 더욱 바라고 바란다. 우리는 모두 결점이 있다. 부족을 탓할 것이 아니라 감싸주라는 명령일 것이다.

과연 그녀는 나의 마음을 알아 줄까. 몰라준다면 나는 어찌해야 하나. 지금 이러한 불맛의 감성을 느끼는 것은 얼마 만인지 모르겠다. 내 마음속에 그늘져 있는, 누구를 위해 종은 올리나 루시아 여인을 신호로 보냈는데, 이러한 과거를 정리하기 위한 내 마음이었는데 나를 도진성에서 도피성을 가져다 주는 것 같아 몹시 괴로웠다. 나는 나의 모든 것을 버리고 너를 선택하기로 한다. 나를 비굴하게 만들었을 때 너를 죽이고 싶도록 증오했다. 이번 여행을 통하여 다시 나의 감정을 확인하고자 한다. 출발을 앞두고 이 글을 남긴다.

송기천 씀

/ 기천 씨에게 1988년 5월 22일 일요일

비가 쉴 새 없이 내립니다. 귓가에는 파도 소리 쉴 새 없이 들려오고요. 저는 지금 망양정 바닷가 민박집입니다. 여름철이 아니라서 그런지 손님은 없어요. 혼자 들어왔는데 낯설지 않게 느껴지는 것은 무슨 이유인가. 무주에서 이런 민박집 많이 봐서 그런가 봐요. 방 한쪽 코펠에서는 물이 끓고 있습니다. 오늘 밤은 이곳에 잠자리를 마련하였습니다. 몸은 피곤한데 흔쾌한 즐거움. 이리역에서 오후 5시 52분 서울행 통일호 기차를 탔습니다. 집으로 돌아올 때까지 동해의 푸른 물결 마음껏 누리리라. 그런 마음이었습니다.

옆 좌석에 앉은 전북대 자원공학과 2학년 학생과 많은 이야기 나누면서 지루한 줄 모르고 서울에 도착하였습니다. 밤 9시 6분. 1호선 전철에 몸을 싣고 청량리역에 도착하니 9시 30분. 주말도 아닌데 등산복 차림 사람이 많더군요. 역시 강원도는 산의 도시, 바다 도시. 강릉까지 좌석 매진이라 철암까지 승차권 끊었습니다. 연장하기로 마음먹었죠.

다음 날 아침 7시 35분에 도착하는 강릉행 23:00 통일호. 한 시간 넘게 기다렸다가 승차했습니다. 요금은 5,700원. 8시간 반이라는 긴 여정. 친구들 꿈꾸다가, 무섭게 다가오는 기천 씨 꿈도 꾸다가, 집에 계신 부모님 꿈도 꾸다가 잠이 깼습니다.

우리나라에서 가장 길다는 '똬리 터널'은 기차가 통과하는 데에 6분 정도 걸립니다. 어둠 속에서 난간을 붙잡고 지켜보았습니다. 들리는 건 굉음, 보이는 건 어둠, 무섭게 몰아닥치는 검은 바람. 강릉 도착 후 처음 간 곳은 선교장. 구석진 자리에 여장을 풀고 아침밥을 지었습니다. 오죽헌에서 방해정(放海亭)까지 걸어가던 중 만난 감나무 잎사귀들. 환영 무희들처럼 손을 흔드는데 어찌나 귀여운지. 효와 문학, 풍류의 고장다운 면모들. 아득한 곳에 보이는 저 동해. 바닷물에 발 담그고 햇살 충만한 모래사장에 배낭을 던졌습니다. 하얀 손수건을 바다에 담갔다가 쥐어짜면 파랑파랑 손바닥까지 물들일 것 같아요.

강릉에서 3시 27분발 삼척행 버스를 탔습니다. 삼척에 도착할 때까지 끝없는 바다를 보았습니다. 죽서루에 들렀다가 두타산에 가기 위해 삼화행 막차(16:33)를 탔고요. 오래전부터 이곳에 와 보고 싶었어요. 덕유산에 비하면 그리 높은 산은 아니지만, 무릉 계곡에 흩어져 있는 반석들이 인상적입니다. 길은 험하기도 하고, 가파르고, 계곡 바위를 붙잡고 산을 타야 하는 형국. 고생스럽더군요. 새벽부터 비는 쏟아졌고, 그만둘까 생각했지만, 비 오는 날 산에 올라서 보는 것도 의미가 있겠다, 싶어 강행하였습니다. 6시에 기상, 출발하여 두타산 정상에 오르니 10시 40분. 거의 4시간 가까이 비를 맞아가며 걸었습니다. 차라리 울고 싶은 마음도 있었지만, 빗속에서 펼쳐지는 계곡이 그려내는 그림과 심산 풍경이 큰 울림이 되더군요. 바위 밑으로 들어가 젖은 김밥을 먹었어요. 그저 아! 아! 만 남발하고 있는 저 자신, 풍경에 압도당한 저는 정신이 혼미했습니다.

산행 중 만난 68세 할아버지와 아쉬운 이별 후 후들거리는 다리로 울진으로 향하는 버스를 탔습니다. 산에서 만난 할아버지가 덕구온천에 가보라 권하셨는데, 시간도 가난해지고, 여비도 헐렁해서 성류굴 쪽으로 갈까 합니다. 망양정에 들른 까닭은 동해 일출을 보고 싶어서요.

열일곱 개 기둥이 자연 암초 위에 세워진, 그 길이가 각각 다르다는 죽서루에 서 보면 멀리 두타산이 보입니다. 영주 희방사에 들렀다가 대전으로 이동하여 이리로 내려갈 계획입니다. 혼자 돌아다녀 보니, 배는 고픈데 버너 작동이 시원치 않을 때 정말 화가 나더군요. 어려움 당할 때마다 오히려 고마운 사람들을 만나게 되었고, 세상이 냉정하다 싶다가도 그래도 살만한 곳이구나, 다시 깨닫게 해줍니다. 여행의 묘미.

팔과 손과 얼굴은 햇볕에 그을려 까매졌지만, 마음은 더 진한 갈색으로 물들지 않았을까. 무사히 귀가했음에 감사드리며, 언제 어느 곳을 가더라도 여행이 주는 시행착오, 그 매력이 주는 강렬함을 계속 쫓아가 볼까 합니다.

※ 아직 지리산 등반 중인가요? 안전하게 돌아오시길.

박도순 드림

/ 도순 씨에게 1988년 5월 22일 일요일

지금, 이 순간 그대는 무엇을 하고 있는가. 나는 덕유산 등반을 가려다 어머님의 불같은 반대로 포기했다. 어머니가 절대 안 된다고 하시더군. 하 필 이렇게 비가 억장같이 쏟아지더니. 어머니가 내 마음 아실 리 없고, 나 또한 어머니에게 당신 이야기할 수 없으니 답답하기만 하는구나.

한 여인에게 향한 내 마음을 가눌 수 없다. 등산 장비를 어머니가 감추셨다. 나는 무작정 집을 나왔다. 어디로 가는지 모르는 첫 직행버스에 몸을 싣고 있다. 차창으로 보이는 초록빛이 나의 눈앞에 펼쳐지는구나. 하늘은 내 마음을 위로해 주듯 빗물을 쏟아주시는구나. 나의 옆자리에는 아무도 없다. 빈자리에는 내 가방만 자리를 지키고 있다. 도순이가 옆에 있었더라면 위로가 되련만. 지금 당신은 무엇을 하고 있는가. 내 번뇌에 휩싸여 집을 나왔지만, 허전한 마음 어쩔 수 없구나. 지금 어느 요금소에 버스가 멈추었다. 내가 지금 얼마나 바보 같은지 모르겠다. 내가 나의 감정을 속였다는 죄책감에 자신에게 부끄러워 미치겠다. 그러나 나도 여러 상황이 있었기에 나도 쉽사리 내 마음을 너에게 털어놓을 수가 없었다. 말은 하고 싶었지만 할 수 없는 내 심정을 이해할 수 있니? 나는 도순이의 필요성을 느끼기 위해 홀로 이렇게 여행하고 있다. 박도순! 야! 너! 어떻게 나를 이렇게 미치게 할 수 있는 것이냐. 11시 30분 직행버스 안에서. 글씨가 흔들리는 것을 욕하지 마시라. 꾸밈없는 내 마음이 흔들린 줄로 알아라. 글체는 중요하지 않다. 끝까지 읽어주기를 바란다.

  다시 이어서 쓴다. 모든 것을 포기한 상태에서 눈앞에 아른거리는 여인을 위해 나의 모든 것을 바쳐 보련다. 지금 나는 어느 터미널에서 첫차를 기다리고 서 있다. 비는 가랑비로 바뀌었다. 어디론가 떠나가려고 나섰건만, 오후 1시 넘어 도착한 이곳은 우리 후배 집이다. 마침, 후배가 모내기 중인 아버지를 돕는다고 나갔어. 나에게는 잘된 것 같아. 내 몸이 갈기갈기 찢어지는 고통을 받고 싶은 심정이다. 그러나 모내기 작업으로는 불타는 내 마음을 침묵 속으로 잠재우지는 못할 것 같다. 물끄러미 기계가 모내기하는 장면을 바라보았다. 기계는 시간 절약만 도울 뿐 완전한 모내기 완성은 결국 사람 손이구나. 미완성인 논을 보면서 나는 이미 완성된 논을 도순이 마음이라 생각했다. 정성껏 하나하나 모를 심듯이 그런 마음으로 너의 마음에 나를 심고 싶다. 나는 지금 시골 어느 구석에서 새벽 기차를 기다린다. 사정상 비둘기호를 타고 차 시간이 맞는 대로 타려는데 서울로 가는 통일호가 있나.

  이번 방황을 마치면 나는 한 여인을 죽도록 사랑해 보련다. 그녀가 나의 감정을 안 받아줄지라도 나 홀로 사랑하련다. 나의 이런 마음을 누구에게도 털어놓지 못해 가슴이 답답하고, 어느 곳이든 내 신체를 처박아버리고 싶은 심정이다. 야! 박도순! 정말 나 홀로 두고 너 혼자 그렇게 떠날 수 있는 거냐? 너 나한테 죽어! 왜 그렇게 내 마음을 못 알아주는 것이냐. 너를 미워하는 만큼 너를 사랑한다는 법칙을 모르고 그렇게 떠나기냐고! 야! 너너너!

  어느 시골에서 송기천

/ 도순 씨에게　1988년 5월 23일 월요일

　　　새벽 6시. 기차를 타기로 한다. 서울행 통일호에 몸을 실었다. 무작정 떠난다. 신선한 새벽공기 속에 드문드문 사람들 사이에 나도 끼어 있다. 이 사람들은 목적지가 어디일까 궁금하다. 새벽 기차가 빨간 등불을 켜고 내가 앉아 있는 곳으로 돌진하고 있다. 안개 속에서 다가오는 주황 불빛이 마치 나의 길잡이가 되려는 것 같다. 친구여! 그대로 이 등불처럼 서로에게 길잡이가 되어주지 않겠는가. 서로 길잡이가 되어 비틀어지려고 하거나 인생 포기 상태가 올 때 서로 주춧돌이 되지 않겠는가. 지금 막 다음 정거장에 기차는 도착했다. 이곳에서는 사람이 아주 많이 타는군. 여행객, 학생들, 노인과 할머니, 장사꾼, 아주머니들. 그중에 여행객이 가장 눈에 띄는군. 앞자리에 앉은 여고생, 대학생들, 이들은 여행을 떠나니까 무척 즐거워하고 있다. 시끄럽게 떠들고 있다. 나랑 아주 대조가 된다. 또 어느 정거장에서 멈춘다.

　　　지금 도순이는 무엇을 하고 있을까. 등산 중일까. 꿈나라일까. 나처럼 기차를 타고 이동 중일까. 저 멀리 보이는 시골집 굴뚝에서 품어져 나오는 연기가 정말 인상적이다. 아마 아침밥을 짓는 중이겠지. 배가 고파. 새벽 기차 타느라 끼도 해결 못 하고 나왔더니. 아마 이 시장기도 조금 더 가면 풀어지겠지. 도순! 왜 지금 내 옆자리를 지키지 못하고 없는 것이냐. 나의 쓸쓸한 마음을 왜 달래줄 수 없는 것이냐. 너!

　　　기차 안에서 송기천

/ 도순 씨에게　1988년 5월 23일 월요일 1시 15분

　　　역 이름은 알고 싶지 않다. 막 내리자마자 가락국수 500원으로 끼니를 해결했어. 도순이도 빵으로 끼니를 해결하면서 동해안 어딘가를 여행 중이겠지. 쌍계사에서 허전함을 달래려고 구례행 승차권을 구매했다. 이 역에서도 많은 여행객이 무리 지어 탄다. 즐거움이 하늘로 붕붕 날고 있군. 박도순! 이 박아지 도가지 순 악바리야. 내가 너에게 나의 마음을 털어놓으려고 얼마나 노력했는지 모르지. 나의 마음을 이야기하려고 해도 나의 옛 깊은 싱처의 아픔 때문에 또 한 번 그 상처가 난도질하는 피로 물들이는 아픔을 다시 맛볼까 봐 이야기하면 떠오르는 그 감정 때문에 수없이 포기했다.

　　　너는 나의 이 마음을 이해하겠니? 구름 위에 가려졌던 하늘이 서서히 열리고 있다. 이렇게 편지글로 말하는 내 마음이 열리는 것처럼 말이다. 방송이 들린다. 구례역에 10시 49분에 도착한다고 하는군. 기차 흔들림이 더 거세지고 있다. 내가, 이 여행을 마치면 도순이 앞에 설수 있을지 모르겠군. 용기가 없을 것 같아. 속마음을 털어놓아서 그럴까. 왜 이런 마음이 드는 것일까. 도순아! 나에게 힘을 다오. 다시 한번 나를 너의 그 따뜻한 손으로 붙잡아 주지 않겠니?

멈췄던 기차가 남원역을 지나간다. 홀로 앉아 창밖을 바라본다. 벌써 남원역에 도착했어. 여기서 또 많은 여행객이 내리고 있다. 광한루에 가거나 지리산에 가는 사람들도 있겠지. 남원역 한쪽 구석이 눈에 들어온다. 또순이도 생각날 거야. 라면 끓여 먹던 저기 저 구석 자리. 그때는 참 즐거운 마음에 들떠 여기저기서 노래 부르는 청춘들처럼 우리도 즐거운 한때였지. 주생역을 지난다. 아카시아 나무는 밀림처럼, 꽃들은 울창하게 피었다.

교생 실습 마치면 우리 친구들과 함께 우정을 위해 다시 기회를 가지자. 너와 대화를 위해서라도 꼭 산에 가야겠다. 이번 여행처럼 상행과 하행이 어긋나는 이런 처참하고 외롭고 후회스러운 여행은 다시 하지 말자. 소란스럽고 잡담이 넘치던 기차가 지금은 텅텅 비었다. 마치 나의 마음처럼. 동해안으로 도망가 버린, 순 어거지 아가씨, 박도순! 이제 너를 만났으면 좋겠다. 그러나 며칠간은 보지도 못하고 음성도 들을 수 없다. 이 답답하고 괴로운 심정 이해해 주고, 속 시원히 내 앞에 나타나 주렴. 이제 나는 너를 사랑하기로 작정했다. 나를 위해서 말이다. 네가 싫다고 해도 나 홀로 가슴앓이하면서라도, 죽도록 너에게 도전해 보리이다.

구례로 가는 길

그대를 생각하며 송기천

도순 씨에게 1988년 5월 23일 월요일 오후 2시 30분

지난번 지리산 등반을 마치고 구례에서 남원으로 향하던 중 '압록'이라는 강물을 보았지. 그때 도순이도 멋있다고 했던 것을 기억한다. 그 강은 지금도 유유히 흐른다. 비가 와서 그렇겠지. 흙탕물이고 약간 불어서 물량이 많아졌다. 또 휴일이라 그런지 강변에는 사람들이 많이 놀고 있는 모습이 보인다. 쌍계사 불일폭포에 가려고 완행버스에 몸을 실었다. 겨울에 그 폭포 빙벽을 올라서 보고 싶었는데. 전주에서 출발하여 오늘까지 하루 반나절이 지났는데 그래도 내 마음이 잠잠해지지 않는구나. 도순이 앞에서 봇물이 툭 터지듯이 말문을 열고 싶다.

쌍계사 지나 약 1시간쯤 걷다가 텐트촌을 지나면 경치 아름다운 계곡이 나타난다. 나는 지금 그 위에 자리를 잡고 있다. 이 글을 쓴다. 경치가 멋있다. 마음이 위로될 때 도순이가 내 옆에 있었으면 하는 생각을 한다. 역시 나는 산에 와야 마음이 풀어지는가 보다. 땀을 흠뻑 흘리고 나서 찾아오는 희열을 잊을 수 없지. 지금 이곳은 정말 웅장하고 대단한 풍경이다. 너랑 같이 왔어야 해. 내 마음도 지리산처럼 웅장하게 침묵을 지키며 잠잠해질 수 있을까. 폭포 옆에 앉아 있으니 물기둥 소리 우렁차다. 포말조차 힘차게 들린다. 나도 누군가에게로 힘차게 전진할 것이다.

송기천

/ 도순 씨에게   1988년 5월 23일 월요일 오후 6시 44분

쌍계사에서 음악을 들으며 삼행시를 쓴다. 박/ 박장대소 그대 목소리, 도/ 도가라 하면 너무 지나치겠지요 마는, 순/ 순하디순한 그대 마음 하릴없이 내 마음 끌리게 하나니. 아, 불일폭포는 정말 웅장하다. 폭포 광경을 보다가 하산한다. 터줏대감 할아버지 댁에 들러 인사했다. 털보 그 할아버지는 내 가슴에 확 와닿는 명언을 주셨다. 愛人者愛山者. 자연을 대하듯 인간을 대하고, 자연을 사랑하듯 인간을 사랑하라고, 나에게 읽어주신다. 당신이 산중 생활을 하는 것도 이러한 이유라는 것이다. 정말 저 문장은 내 마음을 완전하게 정리해 주는 명언이다. 나도 인간을 사랑할 때 순간적 감정이 아닌 산을 오를 때 그 고통의 극치, 불굴, 노력, 책임을 나누어 가져 정상에 오를 때처럼 사랑할 것이다.

나의 마음을 정리한다. 속이 시원해졌다. 이제 나의 정든 집으로 돌아가련다. 우리 어머니가 계시는 집으로. 그곳으로 가기 위해 다시 구례역 한쪽 구석에 놓인 평상 위에 몸을 포개었다. 육체의 평온을 찾기 위함인지도 몰라. 피곤이 몰려온다. 이제까지 도순 씨와 편지 여행을 함께 했다. 당신은 내 옆에 없으나 이미 내 옆에 있다. 이 모든 것은 진실이다. 글이 삐뚤빼뚤한 것은 사정상 어쩔 수 없었다. 그러나 끝까지 읽어주었으면 해. 너에게 하고 싶은 모든 말이 있으니까. 그리고 도순 씨가 이런 나의 마음을 이해했다면, 5월 26일 오후 9시 30분, 길손다방! 꼭! 나올 줄로 믿으오. 나올 때까지 기다리겠다.

송기천

/ 도순 씨에게   1988년 7월 14일 목요일

비가 내리오. 인간이 생명 있는 자연을 대하면, 깊은 자연 속에 스민 신비함과 오묘함이 흐름을 알 듯, 도순 씨를 대할 때면 내 마음은 깊은 산속 어느 곳에 자리 잡은 듯하오. 당신을 알려고 하면 할수록 더욱 충만한 어떤 의혹에 사로잡히는구려. 산은 오르고 또 오르면 정상에 도달하는 법. 산행 중 산 모양, 방향, 크기 등을 알 수 있는데 그대는 도저히 도전할 수 없는 미로를 감춘 山을 품은 여인으로 느껴진다오. 지금 이곳 특수열람실은 교수님과 학생들 거의 돌아가고, 고요 중에 몇몇 펜 흐르는 소리만 들리오. 흡족한 하루를 느끼며 마음 글 담는 중이오.

지리산에 오르고 있을 당신에게 보냅니다. 차마 용기 나지 않아 물어보지 못한 말이 있는데, 진정 내가 당신에게 필요한 존재인가. 묻고 싶소. 당신이 노!라고 대답할지라도, 이제는 내가 당신이 필요해졌으니 어쩌면 좋소. 검정고시로 공부하고, 어렵게 선택해서 무역학과에 입학했소. 대학 생활은 그리 만족스럽지 못하다오. 대학에 입학하기 전에 검정고시 출신이 어떻게 일반 고등학교 학생들과 견주어 생활할 수 있을까, 두려움이 컸지. 지난 6~7년간 그만큼 치열하게 노력했다오. 얼마 후 알게 되었소. 실력 없는 텅 빈 학생이 대부분이라는 것을. 그 배신감이랄까, 실망감은 이루 말할 수 없었다오. 내가 생각했던 것과 판이한 대학 모습. 학문 탐구하기보다는 술과 당구, 유희를 즐기는 학생이 대부분이었고, 노력보다는 사기술로 점수 얻는 행동들. 정말이지 토증이 날 정도였다오.

실력으로 공감대를 만들지 못하는 대학, 음울하게 지내던 봄이었소.

당신을 만났지. 당신은 달랐소. 묻는 것마다 막힘없이 쏟아주던 답, 그러다 보니 자꾸 더 묻고 싶은 것이 많아졌지. 이야기를 나누다 보면 밤을 지새우고도 모자랄 정도였어. 무슨 이야기든 끝이 없었소. 당신의 종점은 어디인가. 당신 내면의 웅장한 무한 세계가 나를 사로잡아버렸소. 아, 놀랍다. 나는 사소한 먼지에 불과하오. 말로 표현할 수 없는 미묘한 감정이 솟는다오. 당신은 정상 없는 山인가. 당신에게 도전하고 싶소. 덤비고 싶은 욕망이 넘친다오. 나는 그동안 이런 감정으로 당신 주위를 서성였소. 비록 당신 앞에 서면 작은 존재에 불과하지만, 기어이 빛을 내보리라. 당신이 나를 꼭 필요한 존재로 느낄 수 있도록 만들어 보리라. 다짐하오.

다음 지리산행 목적은 '존재 확인'으로 결정하였소. 당신을 좋아하게 된 이유는 특유의 도전성을 지녔다는 것이오. 옆에서 지켜보니 나는 그대의 근성을 느낄 수 있었소. 더욱 성숙한 모습으로 내 앞으로 다가오시오. 실습지에서 돌아와 마주한 당신. 하얀 가운 속에 숨은 그대의 속사람은 귀엽고 사랑스럽고. 그러면서도 어른스럽고 무슨 목표를 가진 여인 같더이다. 진심이오.

당신을 자율 속에서 구속하며 사랑하고 싶소.

송기천

/ 기천 씨에게   1988년 7월 28일 목요일

새벽안개 속에서 희미하게 떠오르는 그대 얼굴이 내 마음 흔들더니 지금은 조용한 밤입니다. 오늘은 음력으로 유월 보름, 이맘때쯤 우리 집에서는 엄마가 송편을 만들어 주셨는데. 망개나무잎으로 감싼 송편 하나 손바닥에 얹으면 여름이 성큼 내 앞으로 달려와 앉는 기분이 들곤 했어요. 지리산 등반 후유증은 없는지. 부모님은 마을 사람들이랑 서울 여행 가셨고, 휴가온 동생 세순이는 친구 만난다고 나갔고, 막내 여동생은 냇가에 고기 잡는다고 나갔고, 다섯째는 방바닥에 엎드려 방학 숙제 중입니다. 넷째 동생은 동네 청년회에서 주최한 야영 떠나고, 그야말로 집이 텅텅 비었습니다. 컹컹거리는 개 한 마리, 득실대는 파리 떼, 돼지 한 마리, 오골계 한 마리, 병아리 네 마리, 모든 식구랍니다.

구천동 야외 캠핑은 내일 아침에 떠나려 합니다. 모든 준비물은 챙겨놓았어요. 동생들은 텐트에서 자는 것이 처음이라고 잠을 못 잘 정도로 설레는 중입니다. 동생들 성화에 못 이겨 오늘은 안방에다 텐트를 치고 그 안에서 낮잠을 자기도 했습니다. 상상해 보세요. 매트리스 깔고 베개 베고 동생들과 나란히 누워있는 모습, 우습죠? 동생들이 이렇게 좋아할 줄 몰랐습니다. 오늘 가려고 했는데 엄마가 함께 가자 하셔서 내일 출발합니다.

지난번 지리산 등산에서 기천 씨 수고가 많았습니다. 간호과 친구들도 정말 고맙다고 하고 미안하기도 했습니다. 여러 사람이 산행하는 일이 쉬운 것이 아니라는 것을 새삼 배웠답니다. 보고 싶어요. 아주 많이! 가족 캠핑 다녀와서 전주로 갈 계획입니다. 정리해야 할 것도 많고, 사진도 같이 상의하시게요. 중관 씨에게도 연락드릴게요. 단순한 것에서 어떤 진리를 발견할 줄 아는 현명한 3학년이 되기를 바라는 마음. 보름달 그림자가 창호지 문풍을 흔듭니다. 바람이 좀 세게 부는군요. 일요일에 전주 도착해서 전화할게요.

박도순 드림

/ 도순 씨에게   1988년 9월 13일 화요일 0시 40분

가을이 다가오고 있다고 말하기에는 좀 이른 날이오만, 계절의 정취를 느끼기 위해 산에 갔다오. 날씨는 악조건이었고 마음은 도서관에 있다 보니 몸보다 마음이 먼저 지친 여정이었소.

취업 시험을 두 달 앞두고 심적 부담 때문인지, 책을 보아도 예전처럼 능률이 안 오르는 것 같고, 마음이 어수선하여 모든 것을 뿌리치고 여행을 떠났지. 얼마 남지 않은 학창 시절에 그랑프리를 날리기 위해 서로 주어진 자리에서 열심히 노력하고, 누구도 우리를 부러워할 공간으로 내어주기로 합시다. 학구열에 소홀했던 검은 날들을 반성하며 앞으로 주어질 나날에 최선을 다하자고 다짐한다오.

저는 대학에 입학하기 전까지, 부모님에게 실망의 뭉치였소. 이웃분들이 부모님께 자네 아들 말여, 기천이는 어디 학교 댕기능가 물으면, 자랑스럽게 대답 못 하시던 아버지와 어머니의 우물쭈물하시던 장면. 내 눈에는 수치의 눈물이 고였고, 동시에 칼날 같은 눈빛을 입술로 깨물며 이를 갈곤 했다오. 우리가 사귄 지 얼마 안 됐지만, 어려운 조건을 밟고 서서 어두운 나의 과거와 대척하였다는 것에 대해 매우 흐뭇하오. 그것을 극복하기 위해 서로 노력한다는 것이 아주 큰 기쁨이라오.

당신도 시험이 얼마 안 남았는데, 여행자로 동반할 수 있냐는 나의 제의에 어렵게 응해준 것, 그런 심적 부담을 준 점에 대해 매우 미안하게 생각하오. 사나이 자존심 걸고 약속한다고 하면, 너무 거창한 거짓말이 될까 두렵소만 진심이오. 이해를 구하오. 서로의 희망을 위하여 서로에게 발판이 되어보자고 말하고 싶소. 힘내시오.

송기천

전주시 금암동1가 460-18

/ 기천 씨에게   1989년 1월 16일 월요일

도서관에 종일 있다가 자취방에 돌아왔어요. 피곤한 마음이기도 하지만, 하루하루 다가오는 국가고시 중압감이 불면증을 데리고 왔어요. 생활은 어떠신지, 궁금해요. 힘드시죠? 보고 싶어요. 마음 같아서는 당장이라도 서울에 올라가고 싶어. 피곤한 몸 의지하고픈 마음. 그렇지만 당신은 너무나 멀리 계시군요. 저는 잘 지내고 있어요. 낮에 캠퍼스에서 잠깐 친구들 만나고 과사무실에 갔어요. 여고 시절 선생님한테서 편지가 왔더군요. 며칠 전 편지글에 기천 씨를 소개했거든요. 선생님은 이렇게 적으셨네요. 인생에 있어 가장 중요한 것이 배우자 선택이란다. 너의 절반을 온전히 받아줄 수 있는 그런 사람을 선택하렴. 절반을 온전히 받아줄 수 있나요? 기천 씨가 저 질문을 한다면 나는 뭐라고 대답할까. 시험 끝나면 만나러 갈게요. 이 편지 닿는 대로 빨리 당신 소식 좀 보내주세요. 하루를 정리하는 마음으로.

당신이 아끼는 박도순

/ 도순 씨에게 1989년 1월 24일 화요일

　새벽 찬바람이 온몸을 감싸는 시간. 나의 보금자리이자 자아실현의 마당인 직장을 향해 힘차게 첫발을 내디딜 때, 내 마음은 식힐 수 없는 원동기처럼 박동하였소. 지금 말이오. 스물여덟 살인 내가 이 직장에 출근한다는 사실은 무척 가슴 두근거리는 일이라오. 사무실에 도착해서 지점장님과 사원들과 인사 나누고, 우리 동료들과 연수 교육 들어왔다오. 교육 중에 채무 관리 담당하는 대리님이 내 이름을 부르시길래 일어섰다오. 그냥 내가 누구인지 확인만 하고서는 그 뒤로 아주 호감 있는 태도로 대해주고 있어. 대학 선배인가? 많이 궁금했지만, 묻지 않았다오. 직장이라는 새로운 환경에 이렇게 근무하다니. 나는 꿈만 같소. 선배, 간부 사원, 동료와 함께한다는 것이 아직도 실감 나지 않아. 힘들 것으로 보이오? 그렇지 않으니 염려하지 말아요. 나는 자신 있다오. 아무리 힘든 역경이 있더라도 내 뒤에 계신 부모님 응원과 내 심장 가장 가까운 곳에 천진하고 귀여운, 뭐라 말할 수 없는 그대가 있으니까. 또 하나 중요한 것은 나에게는 목적을 달성하고야 말겠다는 의지가 자라고 있소. 그것이 낯선 서울에서의 두려움을 이기게 한다오. 가장 참기 힘든 것은 내 사랑하는 여인을 볼 수 없다는 것. 그저 사진으로만 그대의 체온과 추억을 느껴야 한다는 것이지.

도순 씨! 보고 싶으오.

매일 교정에서 함께했던 지난 시간이 꿈만 같아. 혼자 된다는 것, 홀로인 것만 같은 것, 자신이 고독 속에 존재하는 느낌이 얼마나 괴로운 일인지, 요즘 실감하고 있다오. 자꾸만 당신 이름을 불러봅니다. 이름만 불러도 가슴이 뜨거워지오.

참! 토요일 근무는 오후 3시까지라고 하오. 그래서 영등포역에서 4시 이후 기차를 탈 수 있을 것 같아. 한 가지 더 전할 소식이라오. 확실한 것은 아니지만, 아마도 반월(안산)시로 발령 날 것 같아. 수요일에 발표한다는데, 그때 일정 맞춰서 자취방을 알아봐야 할 것 같소.

이번 주말에는 두둑한 월급 찾아 내려갈 수 있으니 님 마중은 토요일에 하시고, D-Day 29일을 위하여 어느 때보다도 정열을 가해주기를 바라오. 나도 그대를 위해 항상 기도하며 힘차게 살아가겠소. 남들이 부러워하는 사랑, 공부, 꼴찌에게도 희망이 있다는 것을!

서울은 갑자기 기온이 떨어졌어. 여기 기온이 떨어지면 이리도 마찬가지겠지. 감기 조심하시고, 밥도 잘 챙겨 드시오. 그리고 무서운 인신매매단 뉴스가 연일 나오고 있으니 늦은 밤 도서관에서 집으로 돌아갈 때 혼자 걷지 말아요. 갑자기 사람을 때리고 자기가 잘 아는 사람처럼 다루면서 사람들이 말리려고 하면 연인 사이이니 간섭하지 말라면서 끌고 간다고 하더군. 하루가 지나고 밤이 다시 돌아오고, 다시 그 밤이 다 지나 아침이 올 때까지 당신에게 글을 쓸 수 있는 기력이 주어진다면, 정말 그렇게 하고 싶소. 또 소식 나눕시다.

서울에서 송기천

*추신

당신이 보내준 학교 대학본부 앞 풍경 속에 간호복 입은 그대와 함께 찍은 사진을 보고 있다오. 뭐가 좋은지 바보처럼 웃고 있는 내 모습, 그 옆에 앉은 당신 모습은 언제나 내가 가장 좋아하는 작은 山이라오. 공부 열심히 하시고, 곧 만납시다.

/ 기천 씨에게   1989년 3월 2일 목요일

월악산에 잘 다녀오셨나요? 혹시 국립보건원에 연락해 봤는지요?
수험번호는 0331, 응시 종목은 간호사, 전화가 연결되면 보건 고시 담당 부서로 교환해야
합니다(T.355-0091). 여기는 고창군 신림면 가평보건진료소입니다. 간호대 1년 선배님이

근무하는 곳인데, 1981년에 지어진 건물입니다. 외진 시골에서 낮에는 진료, 오후에는 마을마다 돌아다니며 예방 사업을 열심히 하시는군요. 이곳에 오신 지 6개월째라 하시고요, 아직 초년이라 매우 조심조심하며 진료하신답니다.

참! 원광대학병원에 취업한 친구 중 수연이는 내과 병동, 미선이는 인공신장실, 은경이는 응급실, 정임 언니는 정형외과 병동으로 배치되었답니다. 다들 시간에 일에 쫓겨 바쁘다고 합니다. 저도 직무교육이 시작되는 3월 20일 이후부터는 바쁜 생활이 시작되겠지요? 아침 7시까지 실습에 임해야 하니까. 교육비는 193,000원, 첫 급여는 203,000원. 너무 적다고, 걱정. 학교 다닐 때는 당신이 나를 걱정하더니, 이제는 제가 당신 걱정을 합니다. 식사 잘 챙기세요.

박도순 씀

/ 기천 씨에게 1989년 3월 19일 일요일

전주에 무사히 도착했습니다. 드디어 직무교육 시작입니다. 38명이 기숙사에 들어왔네요. 교육생은 모두 50명이랍니다. 전남, 경남, 전북, 아는 사람은 우리 동기 양숙이 밖에 없어요.

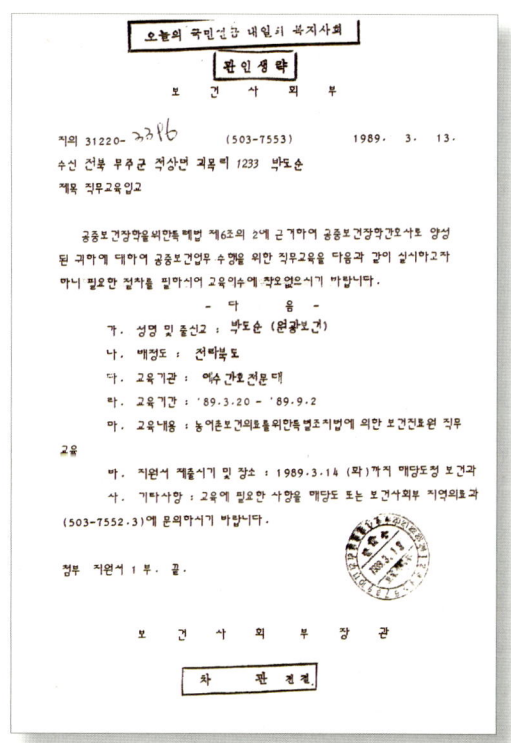

6개월간 머물 공간은 308호, 룸메이트는 4명. 세 사람은 작년에 간호대 졸업 후 1년 정도 병원에 근무하다 이번 신문 공고를 보고 오셨다는군요. 한양대학병원에 근무하다 오신 간호사도 있고요. 제가 막내입니다.

이층 침대가 두 개. 저는 안쪽에 있는 침대 2층이고요, 책상과 책꽂이, 옷장, 소지품 넣을 수납 공간, 신발장이 갖춰져 있습니다. 이만하면 너무나 근사합니다. 새 생활의 시작이 이렇게 큰 변화를 불러올 줄 몰랐습니다. 면회는 오전 9시부터 오후 8시까지 1층 휴게실에서 가능하고요, 외박은 국경일과 주말 오후에만 허용. 밤 10시 점호 이전에는 들어와야 합니다. 전화는 오후 6시~10시까지 교환(T.87-1568) 가능하고요, 번호 연결되면 308호 부탁하세요. 조금 까다롭긴 하지만 잘 적응될 겁니다.

식사는 아침 6시 30분~7시 30분, 점심은 12시~1시까지, 저녁은 5시~6시. 아침 메뉴는 항상 동일합니다. 점심 저녁 메뉴는 바뀌고요, 토요일 점심은 매주 국수! 22일에는 어머님과 뜻깊은 상봉을 하시겠군요.

가제보 테이프는 잘 받으셨겠지요? 교원 자격증을 어머니 편에 보내주십시오. 4월 2일 약속을 꼭 지켜주세요. 혹여 다른 약속이 생기면 알려주시고요. 토요일에는 강의 없습니다. 저녁에 만나는 것도 좋아요. 교육비 받으면 맛있는 거 사드릴게요. 경복 씨에게 안부

전해주세요.

예수간호대 신애학사에서 박도순

/ 기천 씨에게 1989년 3월 20일 월요일 밤

예수병원 강의실에서 이론 교육이 진행 중입니다. 대학 시절 강의실에 앉아 간호학을 들을 때와는 완전하게 다른 기분이랍니다. 강의는 주로 병원 과장님들과 의대 교수님들이 진행하십니다. 보건진료소장 역할은 의학과 간호학 사이, 그 어디쯤인 것 같군요. '일차보건의료'라는 거대한 개념도 들었어요. 지역사회 중심 교육인데 저에게는 매우 생소한 이론입니다. 새로운 단어도 많이 듣고, 새로운 교수님들도 알게 되었습니다. 교육생들은 모두 집 떠나오고, 부모님 떠나오고, 사랑하는 가족, 연인을 멀리 두고 와서 그런지 공감대 형성이 빠르고, 기숙사 생활은 별다른 불편 없이 적응 중입니다. 이름도 알게 되고, 얼굴도 서로 알게 되고요. 전남, 충남, 전북 교육생이 함께 수업 중입니다. 아침 식사 메뉴는 콩나물국과 삶은 계란, 구운 김, 김치가 전부에요. 이것을 여섯 달이나 먹어야 한다니. 좀 고역이야. 겪는 어려움이라면 이쪽 예수병원, 중화산동 지리를 잘 몰라서 시외버스터미널에서 택시를 자주 이용한다는 것인데, 주머니 사정이 허하다 보니 빨리 지리에 적응해야겠다는 생각입니다.

교육 끝나고 금암동에 다녀왔어요. 아버님을 뵈었습니다. 근무 중인 터미널 사무실로 가서 인사드리고, 사정 얘기한 다음 당신이 가져오라던 검정 침낭, 베개, 그리고 작은 이불 하나 챙겼습니다. 아버님께서는 큰길까지 나오셔서 택시를 잡아주셨어요. 예수병원까지 잘 데려다 달라고 기사님께 부탁까지 하시더군요. 자주 놀러 오라고 하셨고요. 모두 당신 덕분이에요. 식사 거르지 마시고, 짬짬이 책도 읽으세요.『우리들의 일그러진 영웅』(이문열),『보여줄 수 있는 사랑은 아주 작습니다』(칼릴 지브란)를 추천합니다. 다음 주부터 클래식 기타 학원에 나가볼까 합니다. 4월에는 저녁 시간이라도 꼭 만났으면 좋겠어요. 그날과 당신을 기다리며.

박도순
선주시 중화산동 1가 예수간호대학
(신애학사 308호 보건진료원 직무교육생)

/ 기천 씨에게　1989년 5월 16일 화요일

　　　기숙사 룸메이트 언니 모두 잠들었어요. 불 꺼진 상태에서 창틈으로 새어 들어오는 가로등 불빛에 의지하여 편지 씁니다. 엉망인 글씨라도 이해해 주세요. 하루 한 통꼴로 적지 않으면 제 마음은 타들어 가는 열병에 걸릴 것 같아 괴로워요. 수업도 너무 빡쎄게 힘들고, 교수님들도 엄격하셔요. 당신에게 보내는 이런 편지글이 나의 증세에 둘도 없는 명약입니다. 거센 빗방울이 내리치는 거리 지나, 안산으로 돌아가는 당신과 경복 씨 뒷모습을 보았어요. 멀리서 안타까웠습니다. 수원역에서부터 옷이 다 젖었을 텐데. 집에 잘 들어가셨는지요?

　　　전주시보건소로 실습 나가고 있어요. 실습생은 세 명이고. 우리를 지도해주시는 의사 선생님은 일명 털보 아저씨. 검은 구레나룻에 도수 높은 안경은 항상 코밑까지 흘러내려요. 우리 보건진료원 교육생들에게 관심과 애정이 지극하셔서 여러 가지 면에서 챙겨주시고, 수준 높은 교육 해주고 계십니다. 보건소에 와서 놀란 것이 있는데, 기천 씨도 아마 놀랄 겁니다. 실습 첫날에 그야말로 아.연.실.색! 나 기절할 뻔! 열여섯 소년부터 칠십 대 할아버지들까지 어찌 이리 성병 감염자가 많이 오시는지. 보건소 업무에 성병 관리가 있다지만, 이 정도일 줄이야 정말 몰랐어요.

　　　오늘 조선일보 신문 보셨나요? 지리산에서 일어난 산악 사고 기사 있더군요. 한 명은 산속에서 길을 잃어 헤매다가 안개 속에서 숨을 거두었고, 몇 사람은 남원의료원에서 치료 중이라 합니다. 산에서 대학 산악 팀을 만나 동행했다고 하네요. 지리산팀은 한라스포츠에서 모집하여 산에 갔다고 합니다. 그날 우리는 신청하지 않길 잘한 일 같아요. 자연 앞에 겸손하자는 철학, 다시 새겨야 할 것 같습니다. 편한 밤 되시길.

　　　전주에서 박도순

　　　덧붙임) 어려운 부탁. 3만 원 빌려주세요. 가능할까요? 이것까지 계산하면 10만 원. 잊지 않고 있어요.

/ 도순 씨에게　1989년 5월 16일 화요일

　　　일과 정리 앞두고. 정적 속에 달려오는 전철의 기적처럼, 나의 마음으로 점점 번져오는 그대. 당신을 향한 그리움으로 가득 채워지는 이 시간. 잘 내려갔는지 궁금하오. 병원 실습도 활기차게 잘하고 계시리라 믿지만, 모든 것이 궁금하오.

　　　자동차 영업 업무에 약간 기술이 생겼다오. 하루하루 계획표대로 충실하게 움직이고 있소.

사무실 분위기는 신입사원 두 명을 맞이하였는데, 이들에게서 참신한 바람을 느끼고 있다오. 아주 좋습니다. 마치 당신을 포옹하고 있는 그런 느낌이야. 드디어 콤비 25인승을 계약하였소. 축하를 받고 싶소. 이 고객은 열 번 이상 방문했지. 불가능하다고 생각한 끝에서 체결한 첫 계약이라 더없이 값진 기쁨이라오. 그대를 품에 안았을 때 그 이상의 성취를 느꼈습니다.

아시아자동차 회사는 특장차가 많아서 타사보다 힘들지만, 나의 인생이 지금까지 힘들게 왔듯이 나에게는 다시 없는 직장이라오. 세상을 향해 날마다 도전장을 던지도록 만드는 곳입니다. 사회 초년생이지만 프로세일즈맨이 되겠다는 일념이 가득하다오. 자동차 영업은 경제 개념과 돈의 흐름은 물론이고 대인 관계, 사회 현상 등 살펴야 할 것이 참 많다오. 나는 성공할 수 있으리라는 자신감을 피부로 느낍니다. 몸은 피곤하지만, 정신은 청순해지는 느낌이라오.

사랑하고 사랑스럽고 사랑하는 도순 씨!

월요일에 출근하니 사무실 책상에 편지가 도착해 있었소. 얼마나 흐뭇했는지 모른다오. 당신의 충고처럼 단정한 옷차림, 웃음을 잃지 않는 모습, 만족한 감정을 유지할 수 있도록 노력하겠소. 오늘 오후에는 신차 출하하기로 했던 ㈜명진전기 회사로부터 왜 빨리 차를 안 주느냐고 독촉을 받았다오. 이러한 모욕과 아픔은 세일즈맨에게는 사소한 도전일 뿐이오. 사회 첫발을 딛고 보니 학창 시절에는 꿈에도 몰랐던 추악한 비리, 돈의 민낯. 이런 것이 당연한 것처럼 여겨지는 풍조들. 현실에서는 육전 아닌 혈전(血戰)을 해나가야 한다는 것이 조금 슬프기도 합니다.

오후 5시부터 늦은 9시까지 지점 회의를 하였다오. 보너스 받는 달이라 기대를 많이 했는데 회사 자금 사정이 안 좋아 지급이 어렵다는군. 정말 화가 나. 영업은 힘들지만, 결과가 나타나기 때문에 노력한 만큼 대가를 보상받을 수 있어 아주 만족하오. 더 많이 배우고 연구해야겠지만 조금 여유도 가지면서 임하려고 합니다. 이제 겨우 4개월 차. 실적은 냉정하고 혹독하오. 항상 긴장하고 있소.

도순 씨! 산(山)과 자연을 가까이하고, 그 속에서 대화를 나누면서 업무 중 잘못된 것은 반성하려고 합니다. 그동안 당신을 위한 시간 배려를 많이 하지 못한 점, 미안하오. 서로 만나기 어려운 조건일수록 일과를 양보하면서 만날 수 있도록 노력해야 할 것입니다. 당신이 안산을 떠난 지 겨우 이틀인데 이렇게 보고 싶다니. 항상 곁에 두고 싶소. 나는 홀로 있지만, 마음에는 늘 평온과 행복, 사랑으로 고독을 삭히며 당신의 미소를 느낍니다. 나에게 끝없는 충고와 동행으로 함께 하여 주시오.

한적한 시골길, 한가한 오후, 끝없이 펼쳐진 산맥들, 그대와 함께 걷는 모습은 걸음걸음 상상만 해도 즐겁다오. 데이트합시다. 5월 27~28일, 함께 갑시다. 당신이 준비해야 할 것이 있소. 등산복, 버너와 코펠, 수통, 모자, 후레쉬 네 개, 칼, 티셔츠 두 장, 카메라, 필름. 나머지는 내가 준비하리다. 신록이 짙어가는 녹음이 너울거리는 5월 산행이라! 하늘 아래 우리 그림은 그 자체로 너무 좋아. 20일에는 괴목리 고향에 가서 식구들과 즐겁게 보내고 오시오. 은총을 빌며.

송기천 씀

추신) 명령이오. 금요일에 올라오시오. 될 수 있으면 빨리! 7월 산행을 위해서도 등산에 각별히 유념해 주길 바라오. 고향 집에 가면 내 몫까지 도와드리시오. 준비물 미리미리 잘 챙기시고 상황이 어떻게 진행되어 가고 있는지 꼭 알려주길.

/ 기천 씨에게   1989년 5월 29일 월요일

어찌 된 영문인지 당신이 보냈다는 편지가 오지 않아요. 목이 빠지게 기다리지만 도착하지 않고 있어요. 장난하는 건가. 모른다고 하실 건가요. 이토록 기다리는데. 제가 거짓을 말할 리 만무합니다. 오늘은 토요일인데, 실습도 늦게 끝났고, 지난주 제 생활이 충실하지 않았던 것 같아 기숙사에 남기로 합니다. 서울 올라가서 당신을 만날까 생각도 했는데, 주머니 사정도 그렇고요, 당신에게 부담드릴 것 같아서 마음 내려놓습니다. 내일은 문성이 첫 휴가도 있고, 야영 준비 챙겨 친구들과 만경강에 바닷바람 쐬러 다녀올까 해요. 참! 장미축제 가는 것은 생각 좀 해봐야 할 것 같아요.

저는 발바닥이 화끈거리고 아파서 미치겠어요. 응급실 실습 중인데, 종일 서성이며 실습해야 한다는 것, 큰 스트레스입니다. 오늘 근무 중에 만난 환자만 해도 마흔 명이 넘었습니다. 뱀 물린 환자, 스탠드바에서 칼싸움 나서 응급실에 왔지만, 결국 사망에 이른 마흔두 살 여자 환자. 간경화증 악화로 피를 토하며 들어오셨는데, 과장님으로부터 '가망 없음' 선언 받고 집으로 되돌아간 남원에서 오신 환자, 농약 자살 시도자, 설사와 열, 기침, 구토 증상으로 온 어느 꼬마. 황달이 심한데 나아지지 않는다는 신생아, 교통사고, 오토바이 사고 환자 등.

안산에서 월요일 아침에 내려왔지만, 별다른 일 없이 오후 근무에 임할 수 있었습니다. 이브닝 마치고 방금 들어왔어요. 응급과장님께서 오리엔테이션 주셨어요. 출석 체크는 하지 않을 것이지만 근무 배정과 시간은 철저히 지켜달라고 하셨어요. 그만큼 성실하게 임하라는 말씀이겠지요. 혹시 전화하려면 오후 6시에서 6시 30분 사이에 하세요. 그 외에는 통화 어려워요.

아침에 헤어졌는데 벌써 며칠 지난 것 같아. 짧은 순간에 우리는 너무 많은 이야기를 해야 했고, 그래도 아쉬워 당신 모습 오래오래 보았어요. 매일 발로 뛰는 영업. 당신의 피곤함에 비하면 나는 아무것도 아닐지도 몰라. 졸려. 다시 소식 전할게요. 참! 필름은 내일 맡길게요.

예수간호대 신애학사 박도순

/ 도순 씨에게　1989년 6월 11일 일요일

생명수 같은 비가 내려 온 세상이 힘찬 활력으로 꿈틀거리오. 저 생명력 속에 우리 고민까지 해소되어 버린다면 마음이 평온해질 것 같소. 저도 학창 시절에는 누구 못지않은 고난과 시련을 겪었소. 나름대로 그 경험을 통해 느낀 점이 있다면, 그때는 정말 견디기 힘들었는데 극복한 지금은 어떤 고통도 두렵지 않다는 것, 그저 세상은 도전의 상대일 뿐이라는 것.

도순 씨! 동생들에게 더 많은 도움을 주지 못해 안타까워하는 심정 이해합니다. 저도 우리 아버지 사업 몰락으로 물질의 고통을 당해봤기 때문에 잘 알지요. 그럴수록 눈과 마음에 웃음과 평안을 가져야 합니다. 당신 동생들은 참으로 미래가 기대되는 사람들이오. 고생을 해 본 사람이 그 가치를 알게 됩니다.

전하고 싶은 기쁜 소식이 있소. 지난 6월 10일 서울-인천 지역 체육대회에서 완전히 인기를 사로잡았다오. 축구선수로 활약했던 예전 모습을 운동장에서 펼쳐 보였지요. 행사 폐회식에서 M.V.P 상까지 받았다오. 반월영업소가 생긴 이래 첫 우승이어서 사무실은 온통 축제 분위기입니다. 부상으로 멋진 유리잔 세트를 받았는데 무주에 내려갈 때 가져가리다. 금요일에 출발할 때 시간을 전화로 알려주겠오. 평안을 빌며.

송기천

PS. 참! 실습 불참으로 무슨 조치를 당하지 않았는지 궁금하오. 편지로 알려주시오.

/ 기천 씨에게 1989년 6월 12일 월요일

광주와 대전으로 실습 나갔던 팀이 기숙사로 돌아왔습니다. 사람이 모이니까 모처럼 활기가 넘쳐요. 오늘은 피부과 실습 첫날입니다. 다음 주부터 ENT(이비인후과), 안과, 내과, 산부인과 실습이 8월 5일까지 이어집니다. 모든 과정을 마치면 기숙사를 나가야 합니다. 드디어 무주로 갑니다.

저 피부과 과장님 수업 방식은 슬라이드 사진 띄워 놓고는,

    진단 내리시오

    약 처방 하시오

    관리법 설명하시오

    이런 식입니다.

아, 어렵다. 그게 다 그거 같아. 우리가 어떻게 감별(DD: Differential Diagnosis)하냐고요. 우리 교육생들은 서로 눈동자만 멀뚱멀뚱 바라보다가, 꾸중을 듣기도 하다가, 그러면서 한 장이라도 더 보려고 눈을 더 크게 뜨기도 했다가. 저런 사례들을 보건진료소에 가면 만난다고요? 벌써 걱정이 앞서 다가옵니다. 참! 지난 주말에 무주 집에 안 갔습니다.

셋째 동생, 세순에게 편지가 왔습니다. 야간 산업체 학교에 다니며 낮엔 일하고 밤에 공부한다는 것이 얼마나 어려울까, 나는 상상을 못하겠어요. 힘든 여건에도 고3이라는 시간은 다가왔고, 대학을 가야 하는 것이냐고 물었어요. 언니로서 해줄 수 있는 말과 후원이 없어. 굳이 대학 가려고 발버둥 치지 말라고, 답장 보냈는데, 한 번 더 용기 주고 싶은데, 동생은 불확실한 미래 앞에서 얼마나 많은 눈물값을 치를까.

    박도순

/ 기천 씨에게 1989년 6월 14일 수요일

강을 건너고 산을 넘고 나에게 날아온 당신의 편지. 우울한 날, 가뭄에 내리는 소나기 같아요. 함께 보내신 10,000원! 무사히 잘 받았습니다. 자존심 좀 상하네. 언젠가 보답할 날이 있을 겁니다.

이 편지가 토요일 안에 도착할지 모르겠지만, 무주에 내려오겠다는 소식이 기쁨입니다. 무주에서 뵙기로 하지요. 그리고 참! 늦었지만, 체육대회에서 그렇게 멋진 모습으로 달리셨다니, 첫 차를 계약하셨다니, 축하해요. 진심으로 축하! 이제 당신은 안산영업소에서,

아니, 아시아자동차에 없어서는 안 될, 소중한 위치를 점점 넓혀가고 있는 것 같아 뿌듯해요. 자랑스럽고요.

막차 버스가 밤 8시입니다. 적어도 8시 이전에 무주 도착해야 하고, 안산에서 업무 마치는 시간이 대략 서너 시일 테니까. 수원에서 영동역 오는 기차 시간 확인해야 할 것 같아. 영동 버스터미널에서 무주로 오는 직행버스 시간을 또 살펴야겠네요.

수원발 영동 도착 기차 시간

14:00(통일호), 14:43(무궁화호), 14:58(무궁화호), 15:43(무궁화호),

16:02(통일호), 16:43(무궁화호), 16:59(통일호)

통일호 2시간 20분, 무궁화호는 대략 2시간 정도, 요금은 무궁화호 3,200원, 통일호 2,400원. 영동역에서 영동 시외버스터미널까지 300m 정도 걸어야 해요. 영동에서 무주까지는 직행버스 45분 정도, 요금 510원, 밤 9시 40분까지 20분 간격으로 버스가 있어요. 8시 전까지 무주시외버스터미널에서 기다리고 있을게요. 8시 넘어 무주 도착하면, 동생 자췻집으로 전화하세요. 거기 있을게요. 가장 좋은 방법은 당신이 서둘러 출발하는 것. 토요일에 뵙기로 해요.

박도순

/ 보고 싶은 그대에게   1989년 6월 29일 목요일

방금 72세 남자, 앞 이가 흔들려 발치하고 가셨어요. 오전 시간은 어찌 이리 빨리 달아나는지. 지난주, 우리 집에 당신이 처음 온 날. 우리 가족들이 밭에서 일하던 대로 일손 밭일 도와주고, 엄마가 만들어내신 음식들 맛있게 드시는 것을 보고 얼마나 감사했는지 모릅니다. 농사에 쫓기는 우리 엄마에게 그런 솜씨가 숨어있었다니! 놀라웠습니다. 우리한테는 자주 해주지 않는 음식인데.

나날이 커가는 그대를 향한 마음과 행복에 겨운 나의 심정. 글로 다 표현할 수 없음이 그저 안타까울 따름입니다. 때로는 바보같이 그대 앞에서 눈물을 보이고, 서운하게 내한 적도 있지만, 본심과 다르게 달리 표현되는 내 마음의 방언을 그대는 어찌 그리 몰라 들으십니까. 이 불치병이 '사랑'이라면 완치되고 싶지 않아. 인간인 까닭에 한 몸으로 당신을 다 품을 수 없고, 온전히 내 마음 열어젖힐 수 없고, 그대의 이해를 구할 뿐입니다.

내일부터 결핵 관리실 실습이 시작됩니다. 조금은 어색해. 보건소 실습 끝나면 남원에 있는 보건진료소로 이동합니다. 그곳에서 2주 정도 실습할 것 같은데, '그리움'과 '기다림'의 의미를 깨닫는 시간으로 사무쳐, 어쩌면 매일매일 목울대가 뜨거워질 것 같아. 편지는 기숙사 주소로 써주세요. 내과 실습은 앞으로 2주 정도 더 해야 합니다. 이번 주 토요일 데이트 신청. 약속해 주세요. 전주 LOVEIS 커피숍(T.0652-84-7005). 시집가는 날 골목 우측, 지하. 오후 9시. 기천 씨 올 때까지 기다리겠어요. 못 나가니까 집으로 가라, 그런 전화는 절대 하지 말아주세요.

비 오는 날, 치과 진료실에서
박도순

/ 기천 씨에게 1989년 8월 2일 수요일

가진 것 없이 넉넉한 아침입니다. 어젯밤에 전북 출신 CHP(Community Health Practitioner) 모임 가졌어요. 많은 이야기를 나누었죠. 교육 기간에 느낀 점, 서로에게 쌓인 불만. 수다로 푼 시간. 9월 2일 수료식입니다. 5일에 소백산 등반하기로 했습니다. 여덟 명이 한꺼번에 움직이려면 많은 짐이 필요할 것이고, 뜻하지 않은 일을 당할지도 모르겠지만, 즐거운 마음으로 다녀올까 합니다.

오늘은 저녁 근무라서 오후 3시까지 출근하면 됩니다. 실질적인 임상 실습은 내일모레면 끝납니다. 잠은 많이 못잤지만 공부도 많이 했고, 웃고 떠들기도 많이 했고, 짧은 5개월이었지만 잊을 수 없는 일이 많았습니다. 아직 한 달이라는 현지 실습이 남아 있기는 하지만, 현지로 발령받게 되면 지나간 우리의 시간이 무척 열정적이었다는 것을 느끼게 될 것입니다.

교육생 중 1명이 그만두었습니다. 충남 출신인데, 양호교사 선발 시험에 합격했대요. 9월 1일 자 발령이라 교육이 끝나갈 즈음, 그간의 모든 것을 포기하고 새로운 일을 시작한다는 게 많은 용기가 필요할 텐데, 한편으로는 서운하고, 아깝다는 생각이 듭니다. 그동안 받은 교육비를 모두 반납해야 하는 부담도 있고, 그러나 자신이 가야 할 길이라고 판단하고 빠른 결정을 내린 그 현명함에 손뼉 치고 싶은 마음이에요. 처음에는 51명이 직무 교육생으로 출발했는데 48명이 마치게 되었습니다.

곧 기천 씨를 만나게 되는군요. 못다 한 이야기는 만나서 해요. 참! 금요일에는 오후 3시쯤 끝날 것 같아요. 한국인구보건연구원에서 설문조사 나온다고 하네요. 현지 실습 오리엔테이션 있고, 퇴사식이 있습니다. 오늘은 분만실에서 쌍둥이 분만을 보았습니다. 1st 아가는 2,700g, 2nd 아가는 3,700g. 일란성 남자. 참 신기하죠? 같은 날 태어났는데 이렇게 다르다니. 몸무게,

머리 크기, 우는 모습조차 달라요. 분만실의 징크스랄까. 딸을 첫 아이로 받은 날은 모두 딸만 낳고, 아들을 첫 아이로 받은 날은 아들만 낳고, 막상 분만실에서 실습해 보니까 재미있으면서 이해하기 힘든 현상이더라고요. 사회인이 된 기천 씨 첫 휴가이니만큼 잊을 수 없는 추억이 되도록 멋진 계획 세워보세요. 함께 할 수 있어 기쁩니다.

　　박도순

제2부

오지 않는 새

1989~1998

발령

보건소에서 임명장을 확인했다. 보건소장님과 함께 오 기사님이 운전하는 앰뷸런스를 타고 구천동으로 향했다. 간호사로서, 보건진료소장으로서 새로운 시작이 펼쳐진다는 사실에 긴장도 되고 한편으로는 가슴이 두근거렸다. 차창 밖의 무주 풍경은 익숙하면서도 낯설었다. 설천면 지나 소머리재 휘어 넘을 때 코스모스가 출렁였다. 들녘의 황금빛은 시월의 햇살 아래 더욱 찬란했다.

비어 있는 보건진료소의 허수룩한 모습이 지금도 기억 속에 선명하다. 담장 벽돌은 허물어져 있고, 연탄 창고는 텅 비어 있었다. 하지만 그것이 나에게는 두려움이 아닌, 어떤 새로움으로 다가왔다. 나는 이곳 사람들을 돌봐야 하는 사람이었고, 누구보다 공중보건간호사의 의무를 다짐해야 했다. 이 마을에서 맡은 나의 역할이 더욱 뚜렷한 현실감으로 다가왔다.

청소하고 의료기구를 소독하고, 약품을 주문했다. 매일 밤 기천 씨와 친구들에게 편지를 썼다. 글밥에 내가 만난 첫 환자, 유리 조각에 발등을 다친 아이, 무주리조트 건설 현장에서 다친 노동자, 구천동 계곡에 넘쳐나는 피서객들의 이야기를 담았다. 구천동 이야기는 나의 일상이 되었다. 화상, 열상, 뱀물림 환자들을 진료하면서 나는 내가 얼마나 모르는 것이 많은지를 깨달았다. 턱없이 모든 것이 부족했다. 동시에 내가 간호사로서 해야 할 일이 얼마나 많은지 깨달았다. 고백하는 심정으로 편지를 썼다. 구천동 단풍이 늦게 물든다는 이야기, 덕유산에 첫눈이 왔다는 소식도 글로 담아 보냈다.

친구들과 기천 씨의 답장은 나에게 힘을 주었다. 구천동 밖에서 벌어지는 일들의 크기와 넓이를 알게 되었다. 자동차 영업사원으로 겪는 이야기, 서울 생활에서의 갈등, 모든 것이 나에게도 새로운 경험이었다. 크리스마스가 지나고 새해가 왔다.

아버지 같은 행정계장님의 염려와 선배 진료소장님들 격려 속에서 나는 하루하루 성장해 갔다. 나는 점점 간호사로서의 존재감을 느껴갔다. 그렇게 3년이 흘렀다. 기천 씨와 결혼했고 이후 구천동과 서울을 오가는 주말부부 생활을 시작했다. 두 아이를 낳았다. 구천동과 상오정 주민의 아픔과 기쁨은 나의 아픔이자 기쁨이었다. 그들은 나에게 단순히 그저 환자가 아니었다. 그들은 나의 일부였고 전부였다. 간호사로서 아내로서 엄마로서 나는 더 많은 사람과 관계가 넓어지고 깊어져 갔다. 그럼에도 혼자라는 생각이 지워지지 않았다. 지뢰밭을 걷는 듯한 불안이 늘 공존했다.

/ 오죽하면 1989년 10월 13일 금요일 맑음

드디어 발령이 났다. 설천면 구천보건진료소. 김화중 보건소장님과 앰뷸런스 타고 구천동으로 왔다. 소장님은 마음이 안 놓이나 보다. 돌아가려다가 돌아서더니, "박 소장! 부탁 하나 하겠네. 주민들이 새벽에도 오고 밤에도 올 것이야. 힘들겠지만 말이지, 그럴 때는 오죽하면 오셨겠나, 라고 생각해 주게. 그러면 속상함이 덜어질 것이네."

'오죽하면'이라는 말, 오죽하면, 오죽하면.

/ 기천 씨에게 1989년 10월 20일 금요일

보건진료소 생활, 정신없는 1주일이 지났어요. 구천동은 유난히 추워요. 가을이라지만 아침저녁 기온이 곧 다가올 겨울이 얼마나 추울지 말해줍니다. 무주읍에서 구천동 오는 버스 타고 올 때, 설천면 지나 소머리재 넘을 때 불어오는 찬 바람은 양쪽 뺨을 핥는 기분이에요. 잘 되는지 궁금해요, 당신의 모든 일. 첫 환자가 누구였는지 알아요? 삼공리에서 슈퍼마켓 운영하는 분인데, 두툼한 주스 병이 바닥에 떨어지면서 유리 조각에 발등을 베인 분이 오셨어요. 마흔두 살 남자 환자. 아, 드디어 봉합(suture)할 기회가 왔구나, 직무교육 기간에 배운 외과적 처치법. 돼지고기 비곗살에 바늘로 연습했던 것을 이 현장에서 실전으로 해 볼 수 있구나, 얼마나 가슴이 두근거리고 손이 떨렸는지 알아요? 삼단 가리개로 장막을 쳤어요. 제 손가락 떨림을 환자분이 볼까 봐서요. 그러면 얼마나 불안하실까 싶어서. 리도카인 국소마취제

주사 후 주사침으로 살갗을 찌르면서 통증을 확인했답니다.

내가 무슨 큰 권한이라도 가진 사람처럼 느껴졌어. 아프세요? 괜찮으신가요? 꿰매겠습니다. 7 points! 드레싱 마치고 겐타마이신 주사. 펜브렉스 항생제, 아세트아미노펜 진통제, 기모타부 넣은 약을 지어드렸죠. 그분이 집으로 돌아간 후, 저는 이튿날부터 매일 아침 전화를 걸었어요. 괜찮으시냐고, 약은 잘 드시고 있냐고. 과연 잘 나을까. 혹시 약물 부작용이라도 나면 어떻게 하나, 조마조마해서 도무지 마음이 편치 않군요. 지켜보는 중입니다. 손끝으로 전해지던 느낌 기억나요. 죽은 돼지고기 비곗살에 들어가던 바늘 느낌이랑 살아있는 사람 피부에 들어가는 바늘 느낌은 확실히 달랐어요. 훨씬 부드럽고 연하고 따뜻해.

낮에는 무주읍에 갔었어요. 보건소에 일이 있어서요. 군청 앞에서 그 기아자동차 직원 만났어요. 무주영업소에 근무하던 분 말입니다. 지금은 진안영업소에 근무한다고 하더군요. 고객 한 사람 만나려고 구천동까지 외근 나왔다가 사무실로 돌아가면 거의 하루가 소요된대요. 그래서 상담 후 바로 계약하냐? 그것도 아니라면서. 돌아서서 가는 그분 매우 힘들어 보였어요. 당신 생각이 났어요. 당신은 여기 시골보다 그래도 서울에서 근무하니 여건이 좀 나으려나.

보건진료소 일주일 생활을 한 줄로 말하라면, 내가 모르는 것이 너무나 많다는 것! 정말 모르는 것이 너무 많아요. 시간이 갈수록 느껴요. 진료소에 처음 들어올 때는 기분 설레고, 무슨 일이든 잘할 수 있을 것 같았는데, 막상 들어와 보니 점점 짙어지는 안개 속으로 빨려 들어가는 기분이랄까. 무지의 끝은 보이지도 않아. 이제 시작이구나, 정말 시작이구나, 라는 말만 되뇌고 있답니다. 언제 무슨 일이 터질지 모르는 지뢰밭으로 들어온 기분이야. 구해줄 사람 없는, 어떤 막막한 고립 지역으로 들어온 기분도 들어요. 좀 무서워. 환자는 하루 30여 명 오셔요. 배달시킨 짜장면이 불어 터져서 먹지 못하고 버리기도 합니다.

어제저녁에는 어느 아주머니께서 밤 12시 10분쯤 전화하셨어요. 나는 정말 피곤해서 막 잠들었는데, 벨 소리에 얼마나 놀랐는지, 당신은 모를걸! 보건진료소 현관문을 열어놓고 환자 기다리며 이 편지 쓰는 중이에요. 잠시만요! 오셨네요. 설천 대우병원으로 가라 했어요. 여기서는 제가 처치할 수 없는 고열 환자입니다. 열이 너무 높네요. 별일 아니어야 할 텐데.

기천 씨!

언제까지 소식 안 줄 생각인지? 전화도 없고, 세상에 믿을 사람이라곤 기천 씨밖에 없다고 생각하는데, 이렇게 서운하게 하면 서글퍼서 금방 눈물이 나와. 보건진료소에서 첫 밤을 보내면서 교육 동기 최 소장은 무척 많이 울었대요. 처지를 생각하니까 그렇게 초라해 보일 수가 없더라는 거야. 나도 비슷해, 지금. 그 마음 내 마음.

여기 기댈 수 있는 사람 없는 무원 지역에서, 때로는 표현키 어려운 외로움에 휩싸여 죽고 싶은 심정이 일어나기도 하겠구나, 감당치 못할 환자 앞에서는 그만 두 손 들고, 난처한 표정을 짓게 돼요. 그래도 내게 남은 한 조각 용기가 있다는 것을 보여줘야 할 때. 거리가 멀기는 하지만 대우병원이 있어서 다행이에요. 읍내에 24시간 운영되는 응급실 딸린 큰 병원 있으면 좋겠다는 생각이 들어요.

구천동 주민들은 하나같이 잘 대해주십니다. 방학 때 아르바이트했던 곳이라, 이미 얼굴 아는 몇몇 분도 계시고, 그런 것들이 작은 힘이 되어줍니다. 불편한 점이 있다면 나는 아직 경험이 많지 않고, 주민들 요구는 많고, 다쳐서 오는 환자의 난이도가 심각해요. 제가 제대로 대처하지 못했을 때 혹여 나를 얕잡아보지는 않을까 하는 생각이 지배적!

어제는 구천동 여러 관공서를 돌아가며 기관장님들께 인사드렸어요. 점심도 함께 먹었답니다. 매우 환영 분위기! 장병희 보건진료소운영협의회* 회장님, 덕유산국립공원 관리사무소 소장님, 구천동파출소 소장님, 구천초등학교 교장선생님, 설천면사무소 구천출장소 윤정석 소장님, 구천동우체국장님, 소방대장님, 덕유리장님, 삼공리장님, 보안리장님, 심곡리장님, 배방리장님, 농협분소장님. 그리고 보건진료소장인 나. 장병희 회장님이 동행해 주셨어요. 제가 나이가 가장 어려요. 출입문 옆에 앉아 식사 잔심부름!

보건진료소 조직, 재무회계, 문서 관리 등 보건진료소 운영을 위하여 주민들로 구성된 조직. 보건진료소 운영 지원 및 건의, 운영협의회 조직 운영 등을 지자체 조례로 규정하고 있다.

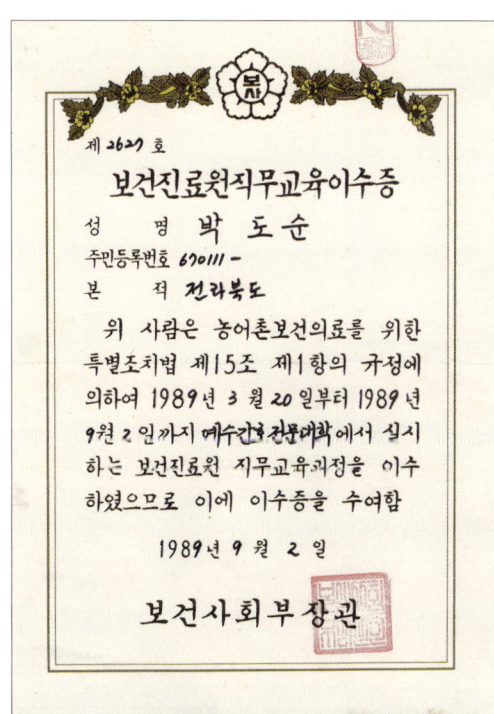

의료기구 소독도 하고, 청소도 하고. 보일러 수리는 언제쯤 되려나. 빨리 적응하고 모든 것을 잘 익히고 싶어요. 주민들에게 더 다가가고 좋은 모습 많이 보여주면 좋겠는데, 너무 욕심이 많은 거겠죠? 당신과 나의 일, 주민들, 모든 사람의 모든 일이 잘 풀리길 바라면서. 자정 지나 1시네요. 불 끄겠습니다. 잘 자요, 이 밤!

구천동에서 박도순

추신) 4년 넘게 ROTC 생이랑 교제하던 영암 언니, 기억나요? 지난주 광주에 갔다가 그 사람과 헤어지고 왔다는 편지가 왔어요. 뜻밖이에요. 예수병원에서 직무교육 받을 때, 좀 힘들어 보이긴 했어. 3일씩 실습도 안 나가고 그러더니. 겉으로는 태연한 척했지만, 견딜 수 없는 고통이 그 언니 마음 휘저었다고 하네. 닿는 인연도 쉽지 않은데 헤어지는 과정은 더 쉽지 않은 것 같아. 그죠?

/ 도순 씨에게 1989년 10월 27일 목요일

영업에서 가장 필요한 것은 건전한 정신세계인 것 같소. 이것이 곧 꾸준한 판매로 이어지는데, 건전한 정신 무장은 철저한 자기 관리에서 비롯되는 것이오. 잘 지내고 있으리라 믿으며 적으오. 자동차 영업이란 급속하게 변해가는 세상을 누구보다 빨리 체감할 수 있는 반면, 세상 유혹이 가장 심한 분야인 것 같소. 외롭고 홀로 싸우는 싸움이더이다. 유혹에 무력하게 무너지는 영업사원을 11개월 동안 근무하면서 많이 보았소. 큰돈이 오가는 세계이다 보니 음주, 도박, 심지어 자살, 해외 도피 등. 최근에는 몇몇 직원이 H사로 전직하고 있어서 영업소장님과 우리는 이것이 전국적인 추세인가 염려하고 있다오. 사무실 분위기도 술렁이고, 그러다 보니 편안한 영업을 할 수 없소.

영업 시장이 얼마나 냉혹한지, 심적 스트레스가 영업에 미치는 피해는 얼마나 큰지, 절실히 느끼고 있다오. 목표-적당한가-를 세우고, 이를 성취하기 위해 정복의 욕심을 버려야 하고, 끊임없는 노력과 그에 따른 치밀한 계획이 필요하오. 이런 와중에 굳건한 의지와 건전한 정신세계를 큰 기둥으로 붙잡아 주는 것이 믿음, 곧 신앙이라는 것을 조금씩 느끼고 있다오. 나의 신앙은 미약하지만, 끈을 붙잡고 있는 것과 놓아버리는 것은 엄청난 차이가 있는 것 같소. 매일 아침 묵상하며 하루의 문을 열고 있소. 당신을 위한 기도도 함께 드리고 있소.

처음 구천동보건진료소에 갔을 때, 삼공리에 들어서니, 아! 이곳이 도순 씨 근무처구나,

안식처구나! 전혀 낯설지 않았소. 오래전부터 보아온 눈에 선한 마을처럼 느껴졌지. 한 마리 지친 새가 날개에 힘을 잃었을 때, 이곳 보건진료소에 날아들어 오면 힘들고 어렵고 아픈 것에 새 힘을 얻어 갈 수 있겠구나, 그런 공간이겠구나, 라는 생각이 들었다오.

일주일 정도 휴식을 취했더니 기분이 좋소. 나의 두 다리가 녹슬지 않도록 다시 재충전해야 할 것이오. 이달 판매 목표는 5~6대. 지금 자동차를 팔 수 있는 곳은 보이지 않지만, 서서히 걷다가 뛰다가 그러다 보면 판매가 이루어지리라 믿고 있다오.

안산에 올라와 어젯밤에는 잠을 설쳤소. 당신과 지냈던 학창 시절 추억이 파도처럼 밀려온다오. 사진을 보면서 홀로 있음에 위로를 받고 있다오. 몸은 멀리 있으나 마음은 생각하는 쪽으로 쏠리는 법. 11월에는 여유가 있을 것 같으니 맡은바 각자 열심히 일하고, 기쁜 마음으로 만나기로 합시다. 벌써 보고 싶소! 잘 자요. 밤이 깊었구먼.

송기천

/ 1989년 11월 10일 금요일 맑음

가끔은 용기가 필요한 것이다. 삼공리 조승윤 이장님 댁에 찾아갔다. 워낙 목소리가 크고 톤이 높아 처음 만나는 사람은 오해 소지가 다분하다는 인계를 받았던 분이다. 사실 그동안 일부러 피한 것은 아니었지만 경계심이 있었던 것은 사실이다. 보건진료소 운영 기금이 모자라 예산이 없다. 내 호주머니 상황에도 돈이 달리는 겨울. 연탄을 구입할 여윳돈이 없어 처음으로 빌리러 간 것이다. 10만 원. 두말없이 꺼내주셨다. 마치 딸에게 주는 것처럼. 고마움을 잊지 못할 것이다. 이장님을 맡고 계시니 자주 만나야 했다. 어떤 일이 옳고, 근거가 있는 것이라면 앞장서는 추진력과 경제력까지 지닌 분이라는 것을 알게 되었다. 나에게 올겨울이 따뜻했다면 그건 이장님 덕분이다.

/ 기천 씨에게   1989년 11월 13일 월요일

무척 바쁜 하루였습니다. 여기는 벌써 눈이 내렸어요. 겨울이 일찍 도착하는 구천동. 주민들이 그러는데 이곳은 겨울이 늘 이렇다고 합니다. 요즘 마을에서 어처구니없는 일을 많이 당하고 있습니다. 잠깐만 밖에 나가 돌아다녀도 이상한 소문이 나요. 좀 무섭기도 하고, 믿고 지낼 사람 아직은 없는 곳이라 긴장감이 돌아요. 행동 하나하나 얼마나 신경이 쓰이는지 모릅니다.

　　급한 환자 있다는 전화가 왔어요. 배가 너무 아파서 견딜 수 없대요. 왜 배가 아플까. 지금 환자 기다리는 중입니다. 담담한 마음 생기게 해달라는 기도가 절로 나옵니다. 새벽 1시도 좋고, 2시가 넘어도 좋고, 사람 놀라게 하는 전화벨 소리. 그리고 찾아오는 사람들. 구천동 인구 800명이 넘으니, 무슨 일인가는 낮이건 밤이건, 늘 생겨요. 한편으로는 짜증도 나고, 피곤하기도 하지만, 부모님 생각하면 나쁜 마음이 사그라들어요. 방금 전화하신 분은 술을 많이 드시고 배탈이 났나 봐요. 토하고, 방에서 뒹군다고 부인된다는 분이 전화기 너머에서 말씀하셨습니다. 당신이 옆에 계시면 얼마나 좋을까. 맡은 일에 충실하고, 책임을 다하자는 말. 이것이 자기 자신을 옳게 세워주는 작업이 아니려나, 생각해요. 환자 맞이할 준비를 해야겠어요. 현관문 열고, 약장도 열고. 이런 마음 쏟아 글로 적는 일, 아무것도 아닌 것 같지만, 저에겐 얼마나 힘이 되는지 몰라요. 참! 어느 할머니께서 낮에 도토리묵을 가져오셨어요. 함께 먹으면 좋으련만!

　　구천동에서 박도순

/ 언니에게　1989년 12월 12일 화요일

　　무겁게, 아니면 가볍게 한 해를 마무리하자. 정말 3년, 눈 깜짝할 사이에 흘러갔지? 새해에는 새출발하는 우리 언니에게 더욱더-더 많은 행운이 가득했으면 좋겠어. 구천동 설경 멋있지?

　　경남 마산시 양덕동 한일합섬 기숙사에서 박세순 씀

/ 도순 언니에게　1989년 12월 17일 일요일

　　언니! 성탄 카드 잘 받았어요. 크리스마스 즐겁게 보내시고, 새해에도 뜻하는 모든 일이 이루어지길. 꼭 국수 먹게 해주세요. 가능할까요? 언니랑 송기천 씨 보면 언제나 웃음이 나와요. 정말 행복해 보이거든요. 언니는 요즘 사람 같지 않아요. 나도 빨리 언니가 송기천 씨를 사랑하는 것처럼, 내 사랑 멋진 왕자님이 나타났으면 좋겠어요.

　　무주에서 안산 오실 때 수원에서 버스 타잖아요. 수원지점에 잠깐 들르세요. 보고 싶어요! 언니는 지금도 송기천 씨가 무엇을 할지 생각하고 있겠지요? 송기천 씨는 행복하겠어요. 언니 같은 좋은 분을 만나서요. 물론 저도 기뻐요. 언니를 알게 되어서요. 행복한 성탄! 새해에도 항상

건강하시고, 그 웃음 잃지 마세요. 전화주세요. 아시아자동차 수원지점 D.D.D 0331)36-1400

　숙이

/ **소장님께**　**1989년 12월 18일 월요일**

　성탄과 새해를 맞이하여 지난해 보살펴 주신 恩惠에 感謝드립니다.
健康과 幸運이 늘 함께 하시기를 빕니다.

　㈜아시아자동차 수원지점

　지점장 김 성 남 배

/ **소장님께**　**1989년 12월 20일 수요일**

　지난해 후의에 감사드리며 새해에도 뜻하신 일 모두 이루시기를 빕니다.
健勝하시길 빕니다.

　무주보건소 보건행정계장 김창옥 배상

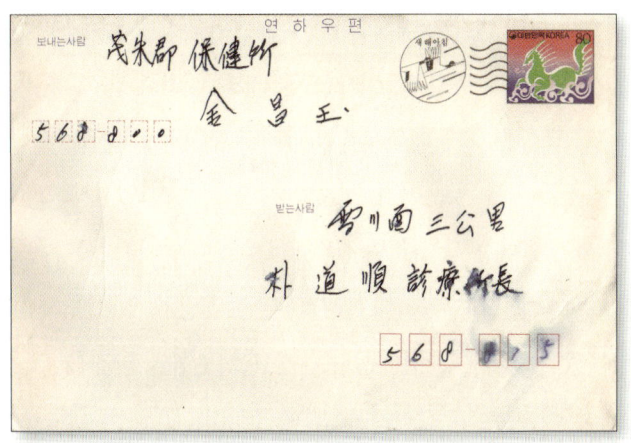

/ **귀염둥이 도순이에게**　**1989년 12월 25일 월요일**

　지금도 여전히 명랑하고 쾌활한 생활을 하고 있겠지. 성탄은 어찌 보냈니? 그이와 함께 지냈겠지. 나는 이제야 방황의 불이 조금 꺼지고 작은 불빛을 보는 중이란다. 보건진료소를 찾아오는 환자는 거의 한두 명에 불과해. 근무 조건은 배만 타지 않는다면 그렇게 불편함은 없다. 몸이 아파서 두 달 정도 병가를 냈더니, 주민들이 진료소장 바꿔 달라는 아우성도 있었다. 하지만 주민들은 대체로 괜찮은 편이야. 내가 근무하는 우리 지역은 격일로 물이 나오기 때문에 물 나올 때는 온통 그릇 있는 대로 다 받아야 한단다.

박 소장은 무주구천동이지? 생활은 어떤지 궁금해. 대학 갓 졸업하고 산골짜기로 갔으니 시골 생활 너무 답답하지. 하지만 소외되고 소박함을 지닌 그들에게 작은 빛을 발하며 살자꾸나. 교육 동기 승희랑 선영이는 소식 없이 지낸다. 모두 잘 살고 있을 거야. 도순이처럼 말이지. 아직도 난 힘들게 주민들과 생활함을 견디고 인내하기로 했단다. 새해에도 웃음 잃지 않는 건강한 도순이가 되길 바란다. 山보다 사람을 더 사랑하고, 더 많은 사랑 나눠주는 어엿쁜 도순이가 되길 바란다.

전남 영광군 송이리보건진료소 봉현숙

/ 1990년 1월 25일 목요일 흐림

구천동 추위는 모질다. 그러면서도 쨍한 냉혹미(美)가 있다. 모든 것이 추위와 연관되어 있다. 수도, 난방. 적응도 못 하면서 신경질적으로 변해가는 나를 본다. 학생 때는 모르고 지냈는데 시간이 지나면서 이것저것 챙기다 보니 생각한 대로 되지 않는 일이 참으로 너무나 정말로 많다. 울고 싶다. 진료소에 운영 기금은 어찌 이리 바닥인가. 온기 없는 진료실에 앉아 있노라면 세상에서 고립된 내가 우는 모습을 내가 본다. 생각도 울적하게 젖는다. 내가 참 초라하고 그냥 쓸쓸하다. 눈물이 흐를 때는 나도 어쩔 수 없다. 사는 것이 이런 건가 싶고 변화도 없고 쉽게 풀어지지 않는 무언가가 나를 꽉 죄기만 한다. 쉴 새 없이 날아오는 화살촉을 피해야 하는 이 상황. 나는 얼마나 더 견딜 수 있을까. 얼마나 더 강해질 수 있을까. 안성면 진도보건진료소 조진순님께 다녀왔다. 진료 대기실에서 보건진료소 준공식 사진을 보았다. 김창옥 계장님이 붓글씨로 쓴 마을건강원 위촉장을 보았다. 준공식이 논바닥에서 이루어지다니. 충격적이었다. 그때는 그것이 최선이었나 보다. 국기 게양대 아래 저 꼬마는 지금 어떻게 되었을까. 웃음이 나면서도 슬프다는 생각도 들었다. 진료소 건물 지을 땅이 없어 회관 마당에 지었다고 했다. 화장실이 없어 재래식 회관 변소를 공용으로 사용한다고 하셨다. 화장실이 없는 건물이라니. 미친 거 아닌가. 지금처럼 추운 겨울에는 얼마나 불편하셨을까. 마냥 춥다. 오늘은 더 춥다.

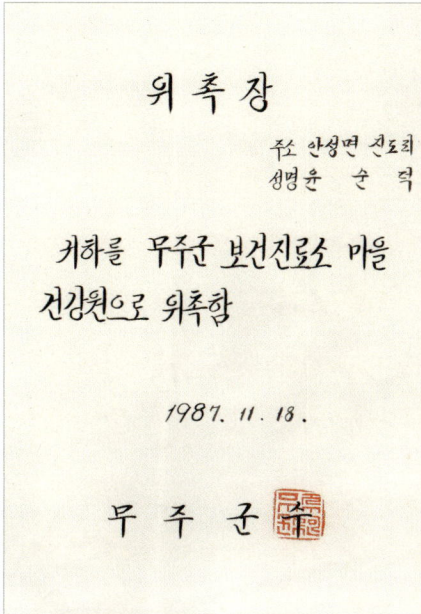

사진 조진순

/ 1990년 2월 14일 화요일 맑음

　입을 다물자고 다짐해 본다. 공상과 생각은 더 많이 하고. 수년에 걸쳐 쓴 대학 시절 일기장을 펼쳤다. 욕심 많은 날이었음이 보인다. 어떻게 그토록 이기주의자였을까. 그를 용서하지 않으리라 각오하던 비장의 때. 나는 무슨 결심을 했던 것일까. 언제나 나는 혼자이고 타인은 결국 내게 아무 존재가치가 없다는 것을 잊지 않을 것. 사랑에 울고 웃고, 배신도 당한 어리숙함. 두 번 겪고 싶지는 않다. 속된 인간 취급으로 지금까지 그렇게 살아왔다 함은 결국 나의 삐뚤어진 세계관 탓일 것이다, 세상을 바라보는 가치관이 제대로 서 있지 못하다는 것. 어떻게 해야 흔들림 없는 마음 자세를 가질 수 있는 것인가. 사랑 앞에 자존심은 무력한 것이라고, 아름다운 향기를 인품에서 풍기는 사람이 되자고 알고 있으면서도 더 화려한 모습으로 당신 앞에 서고자 하는 내 속에 깃든 욕심의 정체는 또 무엇인가. 인생에 있어 흔히 황금기라 이르는 때. 나는 이렇게 무미건조하게 살고 있다. 그렇다면 진정 내가 바라는 삶은 무엇일까. 시간이 지나 때 되면 월급 받기, 그것을 소비하고, 그렇게 지내기에는 내가 부족한 사람이 되는 것이 아닐까. 친구들 전화도 점점 뜸해지고, 너는 멀어지고, 혼자 혼자 저 멀리멀리 떠밀려가고 있는 듯한 조각배 느낌. 누구도 나를 붙잡지 않는구나. 무엇이 필요한가. 무엇이 어떻게 될까. 나는 나를 홀로 두어 외톨이가 된 나를 바라본다.

/ **도순 씨에게** 1990년 3월 28일 수요일

　참으로 오래간만에 쓰오. 참 무정했구려. 편지를 받기만 하고 답장은 하지도 않으면서, 슬그머니 또 당신 편지를 기다리기나 하고, 왜 이러는지 나도 잘 모르겠소. 너무 스트레스를 받고 있나 보오. 당신에게 실망을 주지 않으려 노력하는데, 내가 생각해도 참 내가 한심하오. 나도 모르게 슬퍼지고, 취해보고 싶어서 자청하여 한 잔 거나하게 하고 하소연합니다. 술에 취하니 그대 모습 더 크게 그려지고 더 가까이 아른거리오. 여행 약속 실천하지 못하여 정말 미안하오. 화가 풀릴 때까지 나를 나무라시오. 인간은 참으로 자기 위주로 생각하는 작디작은 존재. 내 잘못을 알면서도 도순 씨에게 서운한 감정이 드는 것은 무슨 이유일까.
　나의 친구, 연인, 애인.
　영업을 하다 보니 내가 놓치는 약속도 있고, 회사가 놓치는 약속도 있더군요. 약속 하나 이행 못 하고 어떻게 세일즈를 하는지 모르겠다고 당신은 화를 냈지만, 일 처리 하다 보면 그런 일이 생긴다오. 도순 씨는 우선순위에서 뒤로 처질 때가 있더군. 가까운 사람일수록 더 잘 챙겨야 하는데, 남자들 관념에는 때로 이런 것이 있는 모양입니다. 양해를 구하오. 당신에 관한 모든 것이 궁금하오. 1년도 넘게 대화를 못 해본 느낌이 드는 먼 거리감. 이런 생각이 들다 보니 편지 쓸 용기마저 떨어졌다오. 당신의 모든 냄새, 향기, 그리워지는 밤. 병자에게 약과 주사를 주듯이, 나를 불쌍한 환자로 보시고, 마음 처방 주기를 고대하오. 오늘 술은 참 쓰면서도 달콤하구려.
　아무쪼록 주어진 보건진료소 생활에 충실하시고, 허전하고 외로운 마음만 나의 가슴을 두드릴 뿐. 내가 왜 그런지 나도 모르겠어. 4월 5일에는 수원지점 직원 단합대회 있어서 속리산에 간다오. 함께 걸었던 우리. 옛 생각이 나겠지요. 밤 12시 반이 넘었다오. 참! 운전면허 시험 결과 궁금하오. 영동 기차표 예매도 궁금. 3월 31일에 만납시다. 당신에게 보여줄 것이 있소.
　송기천 씀

/ **기천 씨에게** 1990년 3월 29일 목요일

　왜 이리 화가 안 풀릴까? 여기저기서 쏟아져 들어오는 민원과 복잡한 일들. 그럼에도 구천동 계곡 나목에는 봄이 오르고 있어요. 여린 색은 물감이 번지듯 퍼지고 있어. 뱀사골 신록이 생각나요. 4월호 〈山〉 잡지에 소백산이 아주 자세하게, 주왕산 지도가 소개되었네요. 당신은 산에 있을 때 위대해 보이고, 존경스럽고, 정말 멋져요. 기천 씨가 사줄 것이라는 멋진 등산화 기대하고 있습니다.

며칠 전 주말, 보건진료소 앞 오르막길에서 일어난 사고. 아이는 병원으로 실려 갔는데, 생각보다 많이 다친 모양이더군요. 주민들에게 듣습니다. 수술실에서 몸을 열어보니, 겉과 달리 망가진 것이 많았다고 합니다. 토요일 기차표 예매했습니다. 수원역 오후 6시 20분쯤 도착. 다음날 내려오는 기차 출발은 오후 4시 59분. 수원역에서 뵐게요. 식사 거르지 마시고.

구천동에서 박도순

※ 수원역 근처 서점에 가셔서 아래 책 중에서 3권만 사주세요.

사진집『네팔 히말라야』, 시라하타시로호(평화).『한국 100 명산』, 안경호(평화).『산의 영혼』, 프랭크스마이드/안정효 옮김(秀文출판사).『정상의 순례자들』, 신승모(秀文, 1990). 『매혹의 명산 35곳』, 윤석준(샘터). 한국 걸작 기행문 23선『백두산 근참기』, 한용운, 최남선 등 엮음(조선일보사, 1989). 세계 산악 명저선 11『모험으로의 출발』, 라인홀트메스너(수문, 1990).

/ 1990년 5월 3일 목요일 맑음

홀로 들어서는 이 쓸쓸함. 차라리 죽음에 이르러 자학할 수 있다면 행복을 깨닫게 될까. 그가 곁에 있으면 좋으련만. 뜻밖의 전화, 입원, CT, 이상 증세, 3주 입원. 그것이 전부. 어디론가 더 도망쳐버리고 싶은 반발감, 이율배반적인 생각은 어디에서 비롯되는 것일까. 기천 씨도 3주간이나 만나지 못하고 있다. 그는 더욱 나의 몸과 마음을 조여온다. 이런 괴로움을 그가 알까. 그는 그대로 고민을 안고 있겠지. 거기에 안타까움까지 합해서. 그대로 받아들이지 못하고 있는 나. 정말 이상한 것은 그가 아니고 나다. 한발 물러서자. 착각은 아니겠지. 그 앞에 서면 나는 왜 말을 하지 못할까.

/ 기천 씨에게 1990년 5월 7일 월요일 밤

보고 싶어요. 밤이 깊었어요. 찾아오는 이 없고, 갈 곳도 없는 이곳. 무섭아 아니라 우주에서 미아가 된 기분. 기천 씨에게 이 기분을 돌려봅니다. 보건진료소 화단에 보랏빛 라일락이 활짝 피었어요. 마당 가득 그윽하게 고인 향기가 진료실 바닥을 지나 안방까지 보랏빛 강물이 되어 흘러오네요. 5월을 실감합니다. 잘 지내시는지. 다시 오지 않을 사람처럼 등 돌려 가버린 기천 씨 모습을 보며, 나도 모르게 서글퍼졌어요. 무언가를 기대하는 것도 아닌데, 손에 잡히지도 않는 이 결핍의 마음이 시작되는 곳은 도대체 어디일까요. 손해 보고 있는 듯한 기분이 들 때도 있고요, 완벽한 사람이 되길 바라는 마음도 아닌데. 즐겁게 지낸 것만큼 그것에 맞게 더 노력해야 하고 생활해야 한다는 당신의 부드러운 충고는 감동이었습니다. 당신의 넓은 가슴에 안겨 보고 싶었던 마음 덜어내야지. 주말에 올 수 있나요? 재엽 씨에게도 연락했어요. 성숙이랑 미선이도 온다고 했고요. 13일 기차표는 예약하였습니다. 오후 7시 48분, 무궁화호, 영동역. 혹시 무슨 일 생겨서 약속이 틀어진다면 편지 주세요. 시간 지나기 전 취소하겠습니다.

　　구천동에서 박도순

/ 기천 씨에게 1990년 6월 10일 일요일

　　직무교육 동기생 경미가 구천동에 왔어요. 여수에서 여기까지 얼마나 먼 거리인지 알잖아요. 대불리 민주지산에 갔습니다. 경상북도, 충청북도, 전라북도에 걸쳐 있는 산, 1,241m. 작년에 예수병원에서 직무교육 받을 때 함께 지리산에 갔었잖아요. 설천에서 택시 타고 8,000원. 이렇게 아름다운 산을 옆에 두고도 몰랐구나 싶더군요. 대미보건진료소에서 하룻밤 자고, 아침 7시 20분에 출발해서 등반 시작, 하산했을 때 시간은 오후 3시 40분. 거의 8시간 정도나 되는 긴 산행이었는데, 모처럼 산에 올라 그런지 기분도 좋고, 당일치기 산행으로는 최고 적격이었던 갓 같아요. 완만하면서도 때로 심장 박동이 불끈거리게 만드는 경사가, 꽤 힘들기도 하더군요. 16일에 만나요.

　　구천동에서 박도순

/ (무료 군사우편) 도순 보게나 1990년 6월 26일 화요일

　　장마 전선의 영향으로 며칠째 비가 내리고 있다. 도순이 있는 곳에는 비로 인한 피해 없는지 궁금하다. 인사가 많이 늦었네. 물론 건강하게 생활하고 있겠지. 여기 나도 잘 지내고 있다. 이제 얼마 남지 않은 군 생활을 차분한 마음으로 정리하면서 지내는 중이다. 어쩌면 이 편지가 도순에게 보내는 마지막 군사우편이 되겠구나. 너에게 편지가 도착할 때쯤이면 나는 제대하여 사회인이 되어있을 것 같다. 먼저 도순에게 사과할 것이 있다. 네가 보내준 소포는 잘 받았다. 군에서 처음이자 마지막으로 받은 소포였다. 너무 기분이 좋아서 답장 쓰는 것도 깜박 잊어버렸다. 용서해 주길 바란다. 제대하면 반드시 연락할게. 밥도 먹고 축하주도 한잔하자.

참! 너 이 오빠 제대 날짜 모르지. 그러니까 축하 전보 한 장 안 띄운 것이구나. 야 섭섭하다. 세상에나 오빠 전역 날짜 모르다니 말이다. 도순이가 궁금해하는 것은 전역해서 나가면 그때 만나서 이야기하자. 그리고 너의 남자 친구 송기천 씨도 한번 만나고 싶다. 시간 내서 영기랑 문성이랑 함께 가볼까 한다. 지난번 휴가 갔을 때, 그 형님은 검은 가죽 장갑에, 자켓에! 와, 우리는 꼼짝도 못 하겠더라. 우리 상록수가 지키지 못한 도순이, 그 사람은 너를 든든히 잘 지켜줄 사람이라는 확신이 들었다. 제대하면 만나기로 하고, 군에서 보내는 마지막 편지를 이만 줄일까 한다. 장마철 건강 조심하고 특히, 눈병 조심해라. 전역 날짜는 7월 5일이다. 집에는 10일쯤 들어갈 것 같다. 그때 연락할게.

강원도 화천군 상서면

병장 김수원

/ 도순이에게 1990년 7월 26일 목요일

이제나저제나 결혼 소식 오려나, 고대하다 제풀에 지쳐서 이 뜨거운 날, 태양을 벗 삼아 지면을 대한다. 항상 너에게 편지를 받는 처지이었는데, 오늘만큼은 기네스북에 오를만한 예외가 되겠구나. 지금은 학교가 여름방학 중이라 남원에서 자취하다가 상경하여 엄마가 해주시는 밥을 먹고 있단다.

문득문득 근무 중에 낙서 겸 쓴 편지들은 연습장에 남겨두고, 이제야 글 띄우는 나의 마음을 이해하여 주렴. 밖에서는 말하지. 양호교사 자리 편하다고. 아무리 편하다 하여도 이것도 사회이고, 직장이다 보니 적응하기에 꽤 오랜 시간이 걸리더구나. 어떻게 지내는지, 잘 지내고 있지? 진짜 무지 궁금해. 보고 싶다.

학교에 있으면서도 지난 대학 시절들 떠오를 때면 제1순위를 차지하는 것이 바로 너란다. 풋풋하면서도 시골 정감이 흐르는 너의 얼굴이 웃음을 자아내게도 하고, 지나간 사진들 보니 가슴 뭉클하게 만드는구나. 거리가 멀어질수록 서로의 가슴과 생각마저도 멀어지는 것인지, 나의 잘못이 많은 탓이라고 자책한단다.

그 첩첩산중에만 있지 말고 언제 좀 시내로 나와라. 얼굴 좀 보자. 혹시 모르겠구나. 구천동에서 인삼 한 뿌리 들고 나타날지, 고사리 가져와도 좋으니까 건강하게만 지내다오. 옆에 계실 든든한 대한의 남성, 기천 씨에게도 늦게나마 안부 전하고. 요즘 팔이 아파서 타이핑을 오래 할 수 없다. 긴 이야기는 만나서 하자. 항상 몸조심하고 특히 모기 조심해라. 안녕!

서울에서 선미가

/ 기천 씨에게   1990년 8월 16일 목요일

    가슴속까지 후려치는 작달비가 해바라기 잎새 위로 쏟아집니다. 이쯤 되면 뜨거운 여름 몸부림이 아닐까. 무던히 덥고 뜨겁더니! 여름 꼬리를 뒤로 하고 가을맞이 덕유산에 올랐습니다. 다리는 후들거리고, 어둠이 짙게 깔릴 때까지 산속에서 헤맸지만, 모처럼 산행에서 뜻하지 않은 최병수 님도 만났습니다. 백련사에서 향적봉까지 이르는 경사진 길, 이를 악물었습니다. 「산악인의 집」에서 허 대장님을 만났습니다. 인사드렸더니, 대장님은 시원한 커피까지 만들어주셨습니다. 고운 은발 노신사. 깊게 팬 얼굴 주름살들은 그동안 그분이 지나온 산맥의 여정을 말해주는 것 같았습니다. 라면으로 가볍게 식사 마치고 중봉을 지나 철쭉, 원추리 단지 덕유평전을 지나 오수자굴 쪽으로 하산하였습니다. 와! 덕유산 비경은 모두 그쪽에 숨어있는 것 같더군요. 글로 표현 못 할 벅찬 장관이었어요. 이제는 칠봉 약수 쪽으로 향적봉에 이른 후, 남덕유산으로 하산하는 코스만 남은 셈인데 당신과 함께 할 즐거운 산행을 기대합니다. 여름이 가는 길목.

    구천동에서 박도순

/ 기천 씨에게   1990년 9월 3일 월요일

    비가 내리네 그대 작은 화분에 잊혔던 기억. 배따라기 노래를 들어요. 그대 작은 화분에 비가 내리네. 당신 떠난 자리에 내리는 비가 스산한 바람과 얼굴 비비며 다가와 흩날립니다. 보건진료소 작은방으로 돌아오면 정적 속에 어둠은 가득하고 나는 까닭 모를 후회로 가득해져요. 그런데 오늘은 뿌듯한 여운이 오래 남아 좋습니다. 보이는 곳, 보이지 않는 곳까지 기천 씨에게 도움받고, 어설픈 보건진료소가 이렇게 꾸며지기까지, 보건진료소에 오시는 다른 사람에게 실례가 되어서는 안 된다고, 그런 배려 안에서 느껴지는 당신의 따스함. 고마워요. 내게 그토록 필요한 사람이듯, 나 또한 당신에게 필요한 존재가 되어야겠다는 다짐을 새겨봅니다. 당신은 별로 말이 없는 사람이어서 도대체 무슨 생각을 하고 있는지 답답할 때도 있지만, 내게 털어놓을 진지한 이야기나 사건도 없나보다고 생각했는데, 이것이 얼마나 큰 착각인지.

어디를 향해 달려가고 계시는지, 넓은 어깨가 뒤로 보이고, 땀 젖은 모습도 상상합니다. 힘찬 발걸음에 기대와 희망이 넘쳐 보여 좋아요. 혼자 웃으며 당신이 화내던 모습도 그려봅니다. 자주 만나지 않아 쉽게 떠오르지는 않지만, 나도 모르는 사이에 나는 그냥 제풀에 꺾여 화가 풀리니, 그때마다 잘못한 사람은 결국 나였구나, 생각해요. 반성하고 때로 질책합니다.

혜진 엄마에게 전화 왔어요. 남편과 심하게 다투고 집을 나왔대요. 한바탕 퍼붓고 났더니 오히려 자기 속만 상한다고 후회하고 있더라고요. 부부란 20여 년 넘게 다른 부모와 가정과 환경에서 다른 가치관을 배우며 자란 사람이 만난 것이니, 충돌이 있게 마련이겠지요. 아주 피할 수는 없는 일인가 봐요. 세상일 대할 때에 낙관도 비관도 아닌, 그러나 이왕이면 낙관 쪽으로 무게 돌리며 살도록 해요.

그나저나 얼른 구천동을 벗어나야 할 것 같아. 마음에도 없는 괜한 말들 쏟게 되는 거 보니까. 내 것이 아닌 것 같이 겉도는 시간. 한시라도 빨리 서울로 가고 싶어요. 기천 씨 곁으로 가서 얼굴 마주 보며 출퇴근할 수 있는 여건 되면 좋겠어. 그럴 날 기다리며.

구천동에서 박도순

/ 도순 씨에게 1990년 10월 8일 월요일

스산한 가을바람은 텅 빈 나무가 되어 보이지 않으나 홀로 서 있는 것처럼 보이는 날, 어디론가 훌쩍 여행을 떠나고만 싶어지는구려. 요 며칠간 휴일은 도순 씨가 잘 챙겨주어서 그런대로 좋았는데, 다시 또 혼자만의 공간으로 오니 허점이 노출되어 심화하는 중이오.

도순 씨! 시간이 나는 대로 기타, 운전면허 등 여가 생활에 도움이 되는 많은 것을 배워두시오. 우리가 끝없는 삶의 여정에 지칠 때 당신의 취미활동은 아내로서 어머니로서 큰 도움이 될 것이라는 생각이오. 그대와 찍은 사진을 액자에 넣어 TV 위에 올려두었소. 방 안 분위기가 한층 포근하고 풍요롭게 느껴진다오. 내 마음은 더욱 평안함을 느낀다오. 말 없는 대화가 끝없이 이어지는 것 같고, 내 집과 나를 지켜주는 사람 같소. 진즉에 만들어 둘 것을. 시간이 많이 지났소.

아무튼 액자 속의 그대를 가만히 쳐다다보면 웃고 있는 것인지, 울고 있는 것인지, 나를 주시하며 무엇인가 모를 말을 중얼거리고 있는 것인지, 참으로 걸작이오. 다음에는 내 사진을 찍어 도순 씨 방에 두어야겠소. 그래야 나와 같은 마음을 느끼지 않겠는가. 아무쪼록 몸 건강하고 다음 편지까지 잘 계시오. 운전면허 시험 꼭 합격하시고! 기도하리라.

안산에서 송기천 씀

/ 기천 씨에게 1990년 10월 15일 월요일

아침에 일어나 큰 창문 열면, 저기 저 앞산 풍경들은 기다렸다는 듯이, 가을 향기가 되어 심장을 뚫고 들어와 안깁니다. 안산은 어떤지요? 추수 끝난 논밭에선 벌써 겨울맞이가 시작되었어요. 뭉게뭉게 피어오르는 볏단 연기는 무엇에 비할 것 없는 가을 향미. 운전 학원 다니느라 소식 못 드렸어요. 피곤해서 괜히 시작했나, 라는 생각도 들고요. 요즘 진료소에는 감기 환자가 무척 늘었어요. 아이들도 많이 오고, 한밤중 열이 나서 엄마나 할머니 등에 업혀 오는 아이들 보면 너무 안쓰러워요. 운전학원 강사분은 모두 친절하고, 잘 가르쳐주십니다. 구천동에서 장수군 장계까지 가는 것, 사실 너무 멀어요. 바쁘겠지만 당신도 서둘러 면허증 따세요.

근무 마치고 무주읍내 아남대리점에 갔었어요. 당신이 제시한 모델 가격이 156,000원, 그나마 무주에는 비치된 것이 없다고 해서 헛걸음으로 돌아왔어요. 나중에 더 여유가 되면 그때 해야 할 것 같아요. 대우대리점에 들러 난방기구 석유난로도 봤는데 80,000원 정도 하더군요. 추운 겨울 어찌 지낼까. 벌써 걱정이야.

기천 씨! 계약한 록스타 자동차 말인데, 팸플릿이라도 미리 보고 싶어요. 그리고 추석 때 가져온 카메라 필름 현상했는지 궁금합니다. 여기서 다시 필름 넣고 설명서 읽어 보니 생각보다 어려워. 뭔가 요구하는 장비가 많더군요. 아직은 자동 모드에 맞춰 놓고 작은 꽃이나 단풍 풍경 촬영하면서 연습 중입니다. 나중에 사진 보여드릴게요. 가을이 다 가기 전에 읽을 두 권입니다. 이문열 작가님의 『우리가 행복해지기까지』, 스티븐 호킹 박사의 『시간의 역사』. 저도 읽을게요.

참! 10월 29(월)~31일(수), 전북대병원, 보건진료소장 보수교육 있습니다. 이번에 입법 예고된「농어촌보건의료를위한특별조치법」개정에 따르면 우리 신분이 별정직에서 정규직 공무원으로 내년부터 바뀐다고 하네요. 신분 보장, 연금 혜택 등 이야기를 들을 수 있을 것 같아요. 본회에서 회원들이 서로 의견 수렴하면 좋은 결과로 집결되겠지요. 27일(토)에 전주집에서 만나시게요. 연락 기다리며.

구천동보건진료소 박도순

/ ㈜쌍방울개발 무주사무소　1990년 12월 28일 금요일

　　박도순 소장님께

평소 후의에 대하여 감사드리며 새해를 맞이하여 더욱 건승하시고 매사 성취하시기를 빕니다.
근하신년

　　류재만 드림

/ 기천 씨에게　1990년 12월 30일 일요일

　　해 놓은 것 없이 90년을 보냅니다. 하루 남은 시간 앞에 앉아 있는 지금, 기천 씨를 통하여 저는 자신을 자주 돌이켜 봅니다. 당신의 폭 넓은 사회 경험, 도시에서 보고 들은 것들, 이러한 것이 당신을 정말 멋진 사회인으로 성장시키고 있구나, 느낍니다. 제한된 지역에서 제한된 사람을 만나는 내 생활과 다른, 드넓은 도시에서 당신은 점점 발전하는데, 그렇지 못한 나는 점점 후퇴하고 있어 따라잡지 못하고 있다는 기분이 들기도 합니다. 지난주 만나 나눈 이야기들. 밤을 지새우고도 남은 이야기들. 짧은 시간이었지만 우리는 많이 변화했음을 알 수 있었습니다.

　　나의 사랑은 언제나 조그맣고 진폭이 적어서 당신의 울림에 부응하지 못하는구나, 미안한 마음이더군요. 기천 씨 향한 내 마음은 늘 안타깝고 안쓰럽고, 줘야 할 무언가를 다 주지 못하는 아쉬움, 이런 심정 아실지! 뛰어난 미모도 아니고, 재주가 있는 것도 아니고요. 이상하게 자꾸 나의 나 됨에 대한 낮은 자존이 울타리를 조여오는군요. 기천 씨에게 많은 것을 요구하지 않게 절제하자고 마음먹어봅니다. 내 모자란 점은 용서해 주시고, 1991년도에도 우리 사랑! 서울-구천동 오가는 길, 무엇보다 안전하게.

/ 기천 씨에게　1991년 2월 5일 화요일

　　너무 호강하는 거 아닌가? 그런 생각이 들어요. 내게 좀 어울리지 않는 카메라에, 자동차에, 그리고 멋진 옷! 무엇인가 너무 서둘러지고 있는 느낌이랄까. 이 행복 깨지면 어쩌나. 불길한 예감까지 들어요. 제가 너무 했다고요? 기천 씨 계획은 잘 풀리고 있는지, 몇 주 만나지 못했다고 몇 년은 된 것 같아. 전화로 잠깐 이야기했는데, 이번 주말에 꼭 만나기를! 보고 싶어요. 넉넉한 당신 호주머니, 탈탈 털어오겠어요. 하하하.

　　구천동보건진료소 박도순

/ **1991년 2월 20일 수요일 맑음**

　　이처럼 곱게 내리는 눈을 본 적이 없다. 마음에 그만큼 고운 여유가 없어서였을까. 현 주사님은 내게 뭐 느끼는 거 없냐고 물으신다. 나는 마땅한 대답을 준비하지 못했다. 식사 시간에 들은 교장선생님의 울적한 소식. 묘한 기분이다. 사람이 진정 인격을 갖춘 인간이 되는 일이 그렇게나 힘든 모양이다. 좋지 않은 화제를 앞에 두고 희희낙락하는 자체, 상상을 초월하는 일들. 꽁꽁 언 손을 녹여주던 모습은 레테의 연가에서 보는 민 선생님 같았다. 그럴싸한 사랑이 드라마에서 포장된다. 착각이고 자기 최면이다. 누구도 박수 보낼 사람은 없을 것이라는 대사가 머리에 남는다. 이유는 내 생각과 같아서 그럴 것이다. 타인의 추종을 받거나 혹은 비난을 받거나. 사랑의 힘은 말로 설명하기 불가한 어떤 영역이다.

　　눈물 흘리며 박수를 보내게 만드는 저 야만적 화면, 로맨틱하면서도 에로틱한 컷, 홀로 지내면서 약해진 건 내 마음인가. 작은 일에도 눈물이 흘러넘친다. 주인공으로 내가 동일시되고 조연으로 나는 투사된다. 약한 자아를 합리화시켜 보기도 하면서 말이다. 아, 결혼이 여전히 고민이다. 우리는 둘 다 솔직한 심정으로 다가가기에 서로 자신이 없어 보인다. 어떤 것이 용납될지 모르고, 둘 다 자신이 서기도 하다가 쓰러지기도 한다. 음악이 흐른다. 고민을 선율 속에 묻어본다.

　　친구 선희가 보낸 소포가 도착했다. 책이다.『지금 비록 너희 곁을 떠나지만』도종환,『문둥이 성자 다미안』존 패로우(정신세계사). 서점 앞을 지나다가 내 생각이 나서 샀단다. 내 생일을 기억하다니! 병원 생활은 또 어찌 그렇게 멀리까지 가서 하고 있는지 모르겠다. 답장을 써야겠다. 이렇게 적고, 나는 꿈나라로 간다.

/ **1991년 2월 25일 월요일 맑음**

　　서울에서 전국 보건진료원회 총회 있는 날이다. 나는 가지 않았다. 동생 남순이와 엄마와 함께 전주로 이삿짐을 날랐다. 엄마의 그 무거운 표정도 함께 실었다. 어설프게 생긴 자취집, 어리숙한 동생, 염려스러운 엄마, 모든 게 마음에 들지 않았다. 내 마음이 한없이 불편했다. 동생을 두고 오는 마음이 무거웠다. 잘 적응하기를 바라는 마음뿐이다. 보건진료원회 정기총회에서는 별다른 진전이나 정규직 추진 결과에 어떤 윤곽이 보이지 않은 채 끝난 모양이다. 현실적 문제인 월급 문제도 채워지지 않는데, 토론에 무슨 흥미가 있을 것이며, 그밖에 그 무엇이 설득력이 있었겠나. 보여주기식 총회 아니었을까. 그래도, 그래도 희망을 놓지 않고 기다려온 10여 년의 시간을 견디며 걸어가고 계신 선배 보건진료소장님이 그렇게 많이 계신다. 까마득한 나는 아무 말도 할 수 없다.

/ 1991년 2월 28일 목요일 흐림 -17℃

춥다. 보건진료소 운영협의회 결산 총회를 했다. 실망보다 더 깊은, 아픔이 찌른다. 부끄럽고 염치가 없다. 나를 포함 4명. 회원 전부 나오시면 8개 마을, 18명인데 참여율이 이리 저조하다니. 보건진료소에 관심이 없는 걸까. 회의 마치고 점심 식사 후 티 타임. 세숫비누를 선물로 드렸다. 퇴근 무렵 윤정석 출장소장님이 전화하셨다. 박종찬 지서장님과 함께 대우병원에 위문 갔다. 전창옥 농협분소장님이 입원 중이다. 김무길 우체국장님도 같이 가셨다. 핼쑥한 소장님 모습, 안쓰러웠다. 병원은 늘 그렇다. 바쁘고, 숨 가쁘고! 병원을 나와 신촌 윤 소장님 댁으로 갔다. 저녁 식사를 했다. 두부를 만든 사모님. 극진한 대접. 진료소로 돌아오는 길이 푸근했다. 내일은 덕유산 칠봉 능선에 가야겠다. 저 푸르스름한 달빛, 유혹이다.

/ 1991년 3월 15일 금요일 눈

혜진 엄마가 고추장과 물김치를 주셨다. 농사, 남의 일, 고생이 많은 분이다. 스트레스도 많아 전화를 자주 하신다. 혜진 아빠의 외도, 나는 그녀의 심적 고통에 뭐라고 말해줄 자격이 없다. 그럼에도 혜진 엄마는 하소연하고, 때론 눈물도 흘리신다. 복잡하다. 사랑, 책, 음악, 그림, 여유와 멀어진 나날이다. 나는 나의 하소연을 일기장에 쏟는다. 내 작은 옹달샘. 새롭게 채워지는 맑은 기운.

/ 언니에게 1991년 3월 18일 월요일

점심시간에 편지 받았어. 큰 힘이 되고 깨달음을 주었어. 정말 고마워 언니! 지금은 밤 11시 반이 넘었네. 집 떠나온 지 2주 넘었어. 전주로 고등학교 와서 지내보니까 수업은 예습을 꼭 준비해야 뭔가 배우는 것 같아. 그렇지 않으면 그때부터 내 마음은 공포 분위기로 전환되어 버려. 너무 큰 긴장감이 돌아. 그럴 때마다 책상에 엎드려 기도하고 있어. 공포감 축소하려고 노력 중이야. 오늘 장학금 수여식이 있었는데 돈 받는 친구들이 부러웠어. 하지만 너무 큰 욕심

부리지 않고 이제 시작이라고 생각하고 꾸준히 노력할게.

4월 4일에 주관식 고사가 있어. 국, 영, 수 세 과목인데, 반 아이들뿐 아니라 나도 겁을 내고 있어. 영어는 맨투맨이 재미있고, 수학도 정석이 더 재미있고, 국어는 문학과 함께 무척 싫어하는 과목이었어. 요즘 약간 흥미가 생기는 걸 보니까 마음이 안정되고 있다는 증거인가 봐. 공부는 이렇게 저렇게 해야 한다는 선생님들 말씀 들으면 섬뜩해서 겁이 나. 무주에서는 느껴보지 못한 분위기야. 충분히 적응이 안 된 상태라 그런가 봐.

공부 방식 알게 되면 꼭 그렇게 해보고 싶어. 한문 과목도 언니가 신문을 많이 보라고 말해줘서 신문을 구하려고 하는데 어쩌지 못하고 있어. 다음 주쯤에 무주에 가면 말순 언니한테 지나간 신문 몽땅 가져와야겠어. 시험 때문에 시간이 나려나 모르겠네. 언니 기도가 많이 필요해. 틈나는 대로 기도 해줘.

야간자율학습 끝나고 자취방에 오면 11시가 넘어버려. 내일 영어 듣기 시험이 있어서 예습해야 해. 그래야 좀 알아듣고 배울 수 있겠지. 다음 주에 무주 집 가면 어떻게 해서든 보자! 언니! 잘 있어.

우석여고 1학년 박남순 씀

/ 1991년 3월 21일 목요일 흐림

처음으로 개구리 소리가 들린다. 봄이 성큼 다가왔다. 최혁규 씨, 김도일 씨 댁에 왕진을 다녀왔다. 인후통, 고열에 시달리는 감기에 걸려 고생하신다. 수액을 IV 했다. 다 맞을 때까지 앉아 있다가 보건진료소에 돌아왔다. 나는 많이 반성하는 중이다. 동네에 어수선한 일이 많다. 병중에 신음하며, 오늘내일 촌각을 다투는 환자도 많다. 여덟 개 마을 보건 관리를 책임지고 있는 나는 진정 주민들에게 관심과 사랑이 충만한지. 노력은 안 하면서 무조건 병원으로 의뢰하고 그것으로 나의 책임과 의무는 다했다고 치부한 일. 그 성실하지 못한 마음이 진정성인가. 토요일에 결혼하는 친구에게 작은 정성을 들여 커피잔을 샀다. 멋있는 미래를 꿈꾸기보다는 현재가 아름답도록 노력하자.

/ 1991년 4월 8일 월요일 맑음

내가 잘하고 있는 것인지, 아니면 그 반대인지, 어수선하기 짝이 없는 날. 김병찬 씨께서 커피와 프림을 사 오셨다. 그동안 나에 대한 감사의 표시란다. 돌아가신 어머님을 생전에 보살펴 준 일, 수척한 그분의 모습. 내가 차지하는 위상은 무엇일까. 촛불 하나 켠다. 하늘에 오르신 그분의 어머니를 위한 기도를 올려본다.

/ 1991년 5월 1일 수요일 맑음

갑작스레 기온이 떨어져 다시 계절이 뒷걸음친다. 보일러 온도를 높였다. 지금 가장 고요하고 편안한 시간. 오늘 하루 서른 명이 넘은 환자의 아우성은 어디로 사라졌을까. 살아온 날을 생각해 본다. 나의 노력이나 힘이라기보다는, 보이지 않는 끈에 이끌리어 온 듯한 기분이다. 미래를 생각한다는 것은 안개 자욱한 거리를 바라보는 것처럼 답답하고 숨이 막힌다. 언제나 일상적이고 단조로운 보건진료소 생활. 벗어버리고 싶다는 생각이 든다. 변화도 없고, 동료도 없고, 시간이라는 철창에 철저하게 감금된 진료실과 사택. 누가 나에게 이런 마음을 주는 걸까. 나는 어찌하여 그 흔한 소명 의식조차 느껴지지 않는 것일까.

/ 1991년 5월 7일 화요일 맑음

밤 8시. 기천 씨 전화. 알량한 자존심. 사랑한다는 감정을 숨기고야 만다. 남을 것도 없고 쓸 곳도 없는 허영. 불화가 생기고 이기지 못할 아픔으로 나는 울기도 한다. 왜 더 어른스러워지지 않는 것일까. 속사람은 어디론가 사라지고 나는 늘 겉돈다. 기껏해야 하루 10분 전화. 우리는 정말 사랑하고 있는 걸까. 가난하고 희미한 그리움. 서울에서 새 친구 만나라, 는 마음에도 없는 소리를 쏟았다. 턱없이 높은 벽이 올라가는 기분이다. 누가 더 견디기 어려운가. 그런 것은 따져서는 안 된다. 다음 주에는 구천초등학교 학생 대상으로 일본뇌염 예방 접종하러 간다. 2주 전에 1차 예방 접종을 마쳤다. 아이들은 주사 무섭다고 도망 다닌다. 어렸을 때 내가 그랬던 그 모습, 그대로 재현되다니. 웃음이 났다.

/ 기천 씨에게   1991년 5월 15일 수요일 맑음

잘 도착했겠죠? 영동에 와서 바로 사무실에 전화했었어요. 황 대리님이 첫 마디가 화해했냐고 묻더군요. 끊고 나서 생각하니 내가 그렇게 심각했었나, 라는 생각이 들었어요.

기천 씨는 내게 충분히 잘 해주려고 노력하는 모습, 제 마음이 편치 않을 정도이죠. 그런데 워낙 오래 떨어져 있다가 만나니 낯선 느낌이 드나 봐요. 무슨 장벽이 그리 높은지, 사람 마음 녹아내리기가 이렇게 어려운 일인가요? 회사에 2개월 영업 정지라니? 전화 끊고 마음 서글퍼 멍하니 앉아 있었습니다. 위로가 되는 것은 3호봉 특진. 축하해요.

라일락 향기, 개구리 소리, 밤낚시 하는 사람들의 작은 속삭임. 추운 겨울을 제외하면 이곳 구천동은 참 좋아요. 날씨 부자. 자연 부자. 벌써 5월 중반입니다. 이루어놓은 것도 없이, 보이는 것도 없이, 서류상으로 기록은 남겠지만, 내 것은 아니잖아. 기천 씨 만나면 나눠야겠다는 이야기를 이것저것 생각하는데, 막상 만나버리면 그런 생각은 다 어디로 사라지는 것일까요? 겉도는 이야기만 나누고, 보건진료소로 돌아올 때는 속 빈 강정이 되는 기분입니다. 마음이 늘 허전합니다. 기천 씨와 일주일 동안 이야기 나누는 시간 계산해 보면 전화 통화 고작 5분 정도, 7일이니까 길다면 1시간. 24시간을 고스란히 함께 보내도 모자랄 판인데, 그래서 만나면 서먹하고, 어색하고 그래요.

무슨 이야기를 어떻게 시작해야 대화가 끊이지 않고 계속 떠들 수 있을까. 말이 없다고 해서 마음을 모르는 것은 아닌데, 답답할 때가 있어요. 사랑하지 않는 이가 가장 가난하고, 사랑을 베푸는 자가 가장 부유하다. 보답을 바라지 않는 순수하고 무조건적 사랑. 사막을 걸을지라도 다시 일어설 수 있는 사랑. 얼마만큼 사랑받느냐가 아니라 얼마만큼 깊이

사랑하느냐가 문제, 사랑은 단물, 아니면 쓴물. 책 부탁드립니다. 읍내에 있는 무주서점 가게에 알아보니 없다고 하네요. 『닥터 노먼 베쑨』, 실천문학사, 5,800원, 18일에 부탁해요. 아픈 것은 어느 정도 나았습니다. 걱정하지 마세요. 또 소식 드릴게요.

구천동 박도순

/ 도순 언니에게 1991년 6월 27일 목요일

겨울에는 말이지, 옥탑방이 시베리아 벌판을 연상하게 하지만, 요즘 같은 무더운 날씨에는 창문, 부엌문, 빨랫줄, 통풍, 마음속까지 시원해져. 언니 잘 지내지? 몇 주일 전에 우리 집 주인 이사 가셨어. 주인이 바뀌었기 때문에 현관 통행하는 것에 새롭게 적응해야 해서 좀 부담스럽네. 곧 휴가철 시작되면 보건진료소에 환자도 많아지고, 언니도 조금씩 바빠지겠구나. 요즘 아침, 점심, 저녁, 어떤 찌개, 무슨 반찬이 언니 식단을 이루고 있는지 궁금해. 지금쯤 시골집에서는 상추쌈, 된장찌개, 생각만 해도 달려가고 싶어. 세순이랑 나는 밤 11시나 12시만 되면 뭐가 그리 먹고 싶은지. 가끔 고추장에 참기름, 간장, 깨소금에 비벼 먹어. 먹고 나면 괜히 허탈한 웃음이 나올 때가 있어. 모든 것이 그립고, 보고 싶고, 열심히 살고 싶고 그래. 언니도 많이 보고 싶다. 언니의 그 시원시원한 이야기도 듣고 싶은데. 여름 잘 지내고 건강하길.

서울 화양동에서 박미순

/ 1991년 6월 28일 금요일 맑음

내가 나를 이길 힘이 필요하다. 가장 어렵고 쉬운 일이 아닐까. 결혼 후 하루도 마음 편할 날이 없으신 엄마를 위한 기도가 절로 나온다. 술에 휩싸여 헤어나실 줄 모르는 우리 아버지. 얼음 위에 놓인 바늘 위를 걷는 것과 같은 불안과 초조. 풍선이 터지기 직전의 팽팽한 긴장감, 주기적으로 반복된다. 부모님을 위해 내가 할 수 있는 일이 무엇일까.

/ 1991년 7월 13일 토요일 맑음

지나간 날, 무언가로 가득 찬 시간이었을 텐데. 벌써 7월 중순이라니. 사랑? 우스운 소리. 양가감정(Ambivalence). 나는 왜 초라한 생각에 내 심장을 꽂고 과녁을 만들면서까지 스스로 화살을 맞추는지 모르겠다. 흩뿌려진 별빛이 어둠을 가로지르며 달려와 나를 찌르려 한다. 나의 장래 희망은 무엇인가.

/ 1991년 8월 23일 금요일 맑음

끊이지 않는 비와 바람. 기를 쓰고 떠나는 사람들. 모두가 나에게 등을 보인다. 소외의 구덩이에 빠져드는 나. 고독이란 지울 수 없는, 흔하지 않은 낙서. 무엇이 그들을 어색하게 만들었을까. 태풍 13호 글래디스. 캐틀린이 지나간 지 얼마 되지 않았는데. 수마가 무섭다. 무주리조트 의무실에 근무하는 진숙 후배에게 다녀왔다. 후배가 외로워 보였다. 혼자 환자를 본다는 것은 직업적 성취도나 만족도가 그리 높지 않을 것이다. 후배에게 이렇다 할 격려조차 할 수 없음이 선배로서 부끄럽다. 열흘씩 무인도에 머물며 쌓인 스트레스를 푼다는 사람은 도대체 어떤 작업 환경에 놓인 것일까. 그의 빛난 초점에 나의 초라한 것을 빗댄다. 잊혀 가는 사람이 늘어난다. 구천동 산바람에 가을이 묻어온다. 쾌적하다. 하루가 바쁘게 지나갔다. 환자도 많고 일도 많았다. 결혼 날짜를 잡았다. 두려움 반 설렘 반. 꿈같은 이야기.

/ 발신국 : 구천동   1991년 9월 24일 화요일

번호 : 1
주소 : 경기도 안산시 고잔동 543 아시아자동차안산영업소
수취인 : 송기천 귀하

멀리서 생일을 축하하오며
함께 즐기지 못하여 서운합니다, 깜순이.
구천동보건진료소 박도순

/ 1991년 9월 25일 수요일 비

희경이 때문에 집에서는 난리 난 모양이다. 아버지 분노와 엄마 분노가 화산 급이다. 사무실 전화에 불이 탄다. 희경이는 공포를 어찌 견디고 있을까. 당장이라도 달려가 한바탕 같이 울어주고, 때려주고 싶다. 담임선생님께 말씀드렸다. 전화한 것이 잘못일까. 전화를 끊고

나서 후회가 밀려왔다. 어떻게 해야 희경이를 꺼낼 수 있을까. 은색 동전의 유혹. 아버지 회초리. 대안도 없고 무엇을 해야 할지 도무지 모르겠다. 아우는 무엇을 충족하고 싶었나. 무엇이 결핍이었나.

/ 1991년 10월 19일 토요일 흐림

초겨울 날씨다. 어제까지 보수교육 일정으로 출타했다. 오늘 복귀했다. 교육받을 때마다 내가 잘못 알고 있는 것, 생각하지 못한 것이 얼마나 많은지 깨닫는다. 숨길 수 없는 것은, 결혼에 대한 갈등이 끊이지 않는다. 하는 게 나을까. 잘못 시작하는 것은 아닐까. 변화된 삶을 살고 있나, 변심한 거 아니지? 대답하라, 그는 말했다. 나무는 그들이 지닌 것 중에 붉음을 토해낸다. 저 나무 속으로 빨려 들어가 차라리 나무가 되었으면 좋겠다.

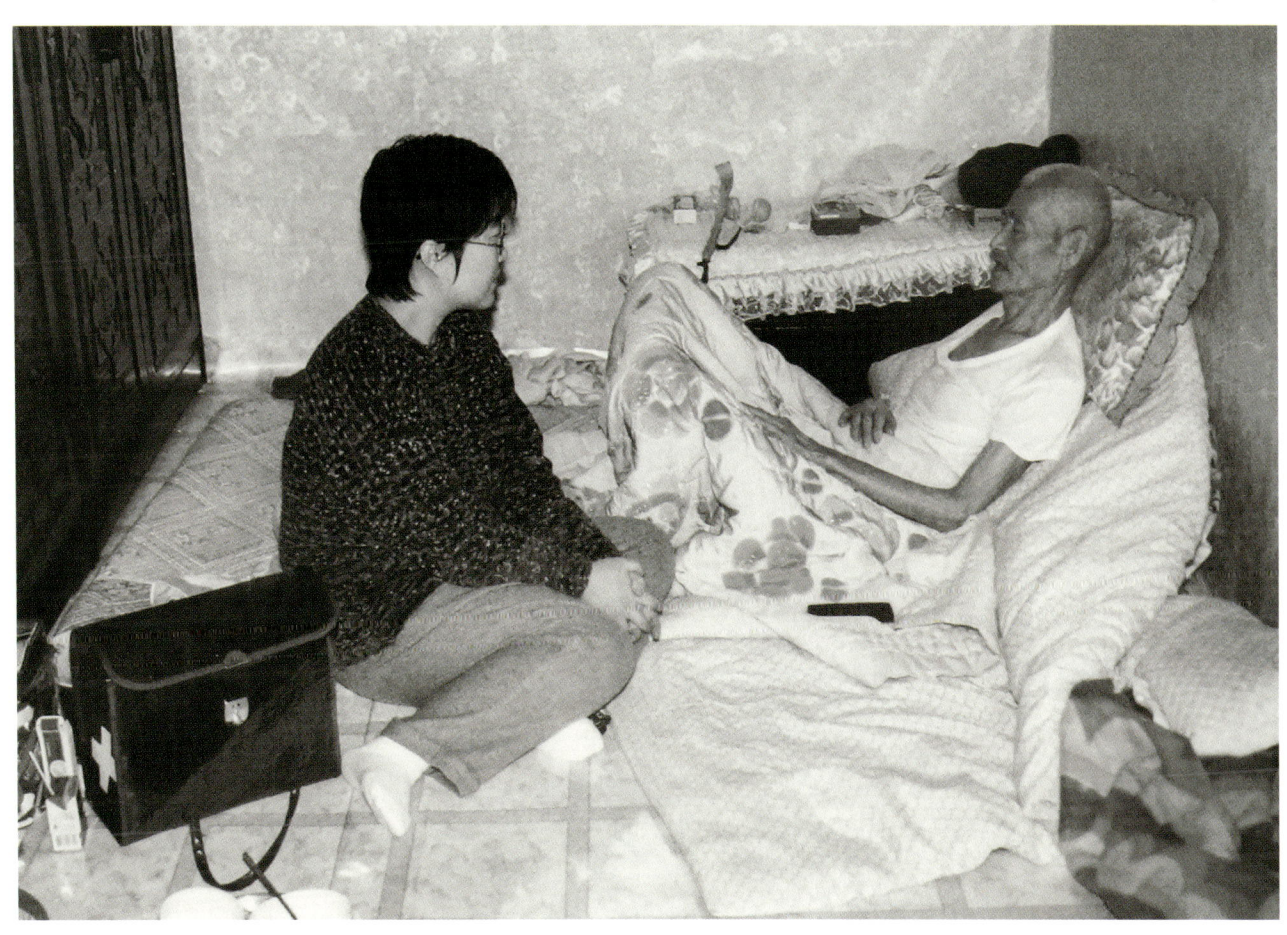

/ 기천 씨에게 1991년 11월 27일 수요일

구천동 계곡 나무들은 실오라기 하나 걸치지 않은 채 겨울과 맞설 준비 중입니다. 곧 계곡 사이 사이를 훑고 지나는 바람 속에 함박눈이 저들의 시린 어깨를 덮어주겠지요. 뿌리 저 아래에서는 이미 봄을 준비하고 있을 겁니다. 우리는 서로 잘 알고 있는 듯하면서도 많은 것을 모르고 지내지 않나. 시간이 흐를수록 내 확신에 왜 자꾸 불확실이 들어오는 걸까요. 외로운 섬에서 방향 다른 별을 등지고 바라보는 기분이랄까. 모든 것을 잃었을 때 비로소 모든 것을 얻게 된다는 반전의 미를 알아가고 있는 것일까. 나이에 테를 더하면 어떻게 사는 것이 아름다운 삶인지 깨닫게 될까요. 나도 모르겠어요. 만나면 많은 이야기하고 싶어요. 새벽이 올 때까지. 소식 주세요.

　박도순 드림

/ 누나에게 1991년 12월 30일 월요일

연하장을 보내. 새해에도 활기에 차고 희망찬 누나가 되어 주길 바라고, 족발 들고 집에도 좀 와 주길 바래. 언제나 웃음 가득 찬 누나 얼굴. 새해를 맞이하여 새 복 깃드시길 기원합니다.

　무주중학교 괴목분교 1학년 박희경 올림

결혼

/ **언니에게**   1992년 1월 20일 월요일

　언니! 그동안 무고하신지? 서울은 매일 영하권이야. 사진 관련 책을 자주 못 보내줘서 미안해. 결혼 문제로 머리 아프지? 언니 마음이 심란할 것 같아. 옆에서 보기만 해도 보통 일이 아니더군. 기도하고 있어. 무사히 잘 치르게 될 거야. 언니가 보내준 무주리조트 소식지는 잘 받았어. 스키 타는 사람이랑 덕유산 오르는 인파가 장난 아니더군. 올겨울에 스키 좀 타려나 했는데 허탕이야. 설날 연휴에 일찍 내려가서 무주리조트 구경 가려고 해. 언니도 같이 가자. 건강한 모습으로 만나기를 기다리며.

　　서울에서 박세순

/ **도순이에게**   1992년 1월 23일 목요일

　친구야 안녕! 무주에서 전화 통화했지. 그동안 잘 지낸 거지? 오래간만이다. 글쎄, 밤 근무하러 왔는데, 옷장을 여는 순간! 커어어디긴 편지봉투가 눈에 확 들어오잖니! 얼마나 반가웠는지 모른다. 보냈다던 네 편지가 어디로 붕 떴는지 생각하던 차였어. 귀신같이 눈앞에 나타나다니! 얼마나 재미있니? 그 자체만으로도 웃음이 나왔어. 역시 너는 너다운 편지지를 사용했더구나. 웬 병풍인가 했다. 뭐랄까, 화려하면서도 멋스러움이 느껴졌어. 역시 내 친구 최고다. 읽으면서 너에 대해 다시 생각하게 되었다. 나는 너를 항상 대단한 친구로 생각하고 있어. 물론 이 순간에도 그 생각은 변함없어. 힘든 상황에서도 좌절하지 않고 밝고 슬기롭게

대처해 나가는 멋진 내 친구!

요즘 나는 아주 속상하다. 지난주 무주 집에 갔었어. 마음이 편치 않구나. 아버지가 많이 편찮으시잖아. 모든 일이 잘 되리라고 생각지는 않지만, 지금 힘든 우리 집 문제들이 잘 지나가길 바라는 마음이야. 잘될 것이라고 믿는다. 너랑 같이 지내던 날들 생각하면 꿈만 같아. 그때만큼 순수하고 재미있던 날은 없어. 난 이기적이었지. 같이 자취하면서 너에게 잘해주지 못한 점이 많아 늘 미안해. 너에게 배울 점이 무척 많다. 우리 자주 연락하자.

너의 결혼, 진심으로 축하해! 무척 기대 중이야. 시간이 빠르게 잘도 가는구나. 겁이 날 정도야. 네가 기천 씨랑 결혼하다니! 정말 믿어지지 않는다. 오랜 우정과 사랑이 신기하다. 보통 인연이 아니었어. 며칠 전에 미애랑 통화했어. 학생들 가르치느라 스트레스 많은가 봐. 위장에 염증이 심해져서 약 먹고 있대. 젊은 것이 쯧쯧! 네 결혼식 날 온다고 했으니 잘하면 모처럼 만날 수 있을 것 같아. 아, 빨리 와라. 2월 22일, 2시! 나이트 근무 중이야. 잠깐 시간 나서 편지 쓴다. 이렇게 평온한 날이 얼마나 오래간만인지 몰라. 결혼식 날 보자. 마사지 열심히 받고 세상 가장 아름다운 모습으로! 행복한 앞날을 위해 좋은 꿈만 꾸자. 잘 지내고, 안녕!

원광대학병원 제2병동 양순성

/ 발신국 : 전주   1992년 2월 22일 토요일

번호 : 555

주소 : 구천보건진료소

수취인 : 박도순 소장님

멀리서 화촉 성전을 축하하오며

두 분의 앞날에 행복 있으시길 빕니다.

보건진료원회전북지회장

전북 전주시 중인보건진료소 송영희 드림

/ 박 소장!   1992년 3월 8일 일요일

신혼여행은 즐거웠는지? 늦은 축하 미안하다. 매일 행복하고 건강하길 빈다. 보건진료소 지역 주민, 우리 혁명의 세력이 될 농민들! 잘 부탁한다. 기천 씨 너무 힘들게 하지 말고, 알았지?

진심으로 축하해. 잊지 말고 살자. 이 친구가 혹여 직장 잃고 헤매면 잘 부탁한다. 밥 좀 사주고. 찻잔 세트는 너랑 기천 씨랑 둘만의 시간이 마주할 때 곁에 있어 주기 바라는 마음 담아, 선물로 보낸다. 잘 지내자. 또 보자.

　　　원광대학병원에서 백근이

/ 1992년 3월 11일 수요일 맑음

　　군청 담당자가 업무 지도 점검 나왔다. 보건소 행정계 직원도 함께 오셨다. 1/4분기 점검이 명분이었다. 전에는 감사 나와도 별걱정 없었는데, 오늘은 사뭇 긴장감까지 돌았다. 무슨 일이 있는 걸까. 우리에게 가혹한 채찍을 가하는 것이 아닌가 싶다. 약을 바닥에 붓고 장갑 끼고 수불부와 잔량이 맞는지 세는 것, 아무리 그분들의 업무라 하더라도 그것은 좀 무례했고 낯설게 느껴졌다. 잘못한 것이 있다면 친절하게 설명하면 될 것을, 그렇게 뾰족한 긴장감으로 부딪힐 일인가. 지적 사항이 나열되었다. 한둘이 아니다. 이번 일을 계기로 내가 더 나다워지는 시간이었다고 생각하니, 위로가 된다.

　　구천동에서 설천 가는 길에 보았다. 두길리 앞 벚꽃길 나무마다 봄이 오르고 있다. 나흘 밤만 지나면, 기천 씨를 만나러 간다. 무슨 이야기를 할까. 통일호 14시 23분, 영동역. 오후 4시 30분쯤 영등포역 도착. 김영희 작가의 『아이를 잘 만드는 여자』. 조금 읽다가 덮는다.

/ 조카며느리 도순에게　1992년 4월 9일 목요일

　　너무도 오랜만에 책상에 앉으니, 글귀는 먼~곳으로 사라지고, 옛 시절 그 좋았던 세월이 마구 그리워지는구나. 마음 깊이 도순이가 고맙다. 그냥 지나치기 아쉬워 수십 년 만에 편지라는 것을 써본다.

　　야간 근무했어. 늦은 시간에 집에 왔지. 낯익은 저 필체. 편지가 기다리고 있더구나. 송근수 귀하. 한눈에 들어오는 이름 석 자. 멍하니 생각에 잠겼지. 나에게 편지 써주는 사람이 다 있다니. 이게 얼마 만에 받아보는 편지인가. 학생 시절 마음 깊은 곳에 자리 잡고 있던 그 사람. 지금은 웃음 짓고 말 사람. 일주일이 멀다고 보내주던 편지가 생각나는구나. 주마등처럼 왜 떠올랐을까? 찬란했던 과거에서 지금은 낡은 문종이처럼 변해버린 나를 보는 순간이지. 참으로 오랜만에 받아보는 편지구나. 답장 늦어 미안하다.

지난겨울 구천동 진료소에 가서 하루 반 동안 머물면서 마음부터 편안했다. 잘 대접받고 부러웠고, 샘이 났어. 한편으로는 나 자신이 좀 초라해 보이기도 했지. 슬프면서도 아름다운 이 감정을 뭐라고 표현하면 좋을까. 네가 잘 자리 잡은 것 같아 진심으로 기뻤다. 돌아오는 길에 봉투에 담아준 情스러운 돈을 허공으로 날려버리기 아까워. 다음날 전주에 와서 옷을 샀어. 고맙고 고맙다. 나같이 보잘것없는 고모를 생각해 주다니. 어느 날인가 자동차 바퀴 책상에 엎드려 이렇게 긴 사연을 담아 편지 썼었지. 그 모습이 떠올라 잠시 울컥했다. 요즘 내 생활은 무척 바쁘단다.

며칠 전, 동네 아줌마들과 수안보 온천에 다녀왔어. 그다음 날엔 성당 빈첸시오 모임에서 이리 함열에 있는 나환자촌에 다녀왔다. 하루 동안 환자들과 함께 오락을 즐기고, 음식을 나누면서 그들의 비참한 삶을 위로하고, 나는 그분들로부터 신앙을 느끼며 배우고 왔다. 미소(微少)한 자에게 베푼 것이 곧 나에게 베푼 것이다, 라고 하신 그리스도의 말씀을 새기면서 즐거운 마음으로 봉사했어. 놀라운 것은, 제가 이런 병에 걸렸기에 하느님을 알았다는 그분들의 신앙 고백이었단다. 비록 비참하기 짝이 없는 모습이지만, 감사하는 마음으로 사는 모습을 보면서 너무 놀랍고 부끄러웠어. 내 신앙은 미지근해. 도순이 편지 받으니 주님 앞에 부끄러웠다. 돈 벌기에 여념이 없으니, 신앙은 백지 수준이야.

지금은 부활절 앞두고 밤 8시부터 10시까지 성가 연습에 바쁘지. 젊은 사람들 틈에 끼어서 그래도 업신여김을 당하지 않으려고(나이가 많으니까) 열심히 솔로 파트를 맡고 있어. 미약하지만 성가를 통하여 바치는 기도문은 지극히 아름답기에, 찬송이 퍼지면 이 땅의 고달픔을 잊고 만단다. 이렇게 분주한 일과 속에서 답장을 쓰지 않아 잔뜩 밀려있는 숙제처럼 개운하지 않았어.

도순아, 우리 이쁜 도순아! 직장 생활과 아내 역할 두 가지 길목에서 고민하는 너의 마음 알 것 같아. 사랑하는 우리 기천이랑 떨어져 사는 주말부부 괴로움도 이해되고말고. 그러나 우리 도순이는 영리하니까 모든 문제를 잘 해결해 나가리라 믿는다. 새 생명 잉태했다는 소식은 부러움! 부러움! 또 부러움! 아플 만큼 부럽구나. 정말 축하한다.

이제 도순이가 아가씨에서 한 아이의 엄마 모습으로 변하다니. 하나님의 축복 속에 낳을 아기이니, 순산까지 잘 지켜주시기를 기도하자. 앞으로는 옛친구처럼 느끼면서 도순아! 하고 부르던 이름이 어색하게 될 것 같구나. 왠지 정이 넘치는 도순이. 허물없이 까불고만 싶어지는 우리 도순이. 나는 아가들을 참 좋아한다오. 많이 예뻐해 줄게. 약속한다. 첫 아이 잘못되면 안 된단다. 각별히 몸조심하고 조심 또 조심! 간호사니까 잘 알아서 하겠지만 이 고모 말을 명심하렴.

밤이 늦었다. 11시가 넘었네. 봄비 내리는 소리 들리고, 누군가가 지나가는지 개 짖는 소리 밤공기를 가르는구나. 을씨년스러운 밤이다. 옆에는 깊은 잠에 떨어진 털보 영감 코 고는 소리. 삼중창이네. 내일을 위해 나도 이만 쉬어야겠다. 다음에 또 만나자. 잘 지내거라. 건강을 빌며.

가네짱 고모 씀

전주시 동산동 703-4

/ 누나에게   1992년 4월 22일 수요일

그날은 내가 너무 화가 나서 그랬던 거야. 아무리 전화해도 누나가 전화를 받지 않아서 그랬어. 누나가 사준 바지는 아주 맘에 들었어. 이 바지 입고 수학여행 가서 재미있게 보낼게.

동생 박희경

전북 무주군 적상면 괴목리 치목 1283

/ 기천 씨에게   1992년 4월 29일 수요일

뜻하지 않은 밤비. 흙냄새 향기로운 저녁입니다. 우울한 기분이 들어 적습니다. 무슨 일이 이렇게 참담하게 느껴질 수 있을까, 생각합니다. 혼자라는, 정말 혼자라는 외로움, 누군가와 이야기하고 싶은 욕망이 가득해요. 낮에는 정신없이 바쁘다가, 해가 지면 다음 날 아침 업무 시작될 때까지 침묵. 내게 쌓인 울분과 피로와 스트레스. 이런 일의 반복. 어느 정도 익숙해질 때도 된 것 같은데. 기천 씨도 나와 같은 마음일까.

어머님이 말씀하신 여행 건은 기천 씨와 나의 불찰이 아닌가 싶어요. 사전에 이모님들이랑 어떤 이야기가 오고 갔는지 잘 모르겠지만, 그 사이에서 입장이 난처해진 것은 어머님이십니다. 어머님 말씀 듣고 보니, 이모랑 어머니랑 이야기가 충분하지 않았던 것 같아요. 어수선한 분위기에 여행이 즐거울 수 있을까. 아니면 여행을 통해 어수선한 감정들이 정리될 수 있으려나 싶기도 하고요. 어쨌든 벌어진 일이라 수습은 해야 하고, 식당 일 때문에 항상 바빠서 시간이 가난한 어머니에게 당신이 해결자 역할을 해야 할 것 같아. 기천 씨는 이런 일 잘 해내니까, 복잡한 일이라도 서로 이야기하다 보면 잘 풀리리라 생각합니다.

기아자동차 거창영업소에서 전화 왔어요. 차량 구입 계획 변하지 않았냐고요. 계획 없다고

했습니다. 현재로선 그게 답인 것 같아요. 부모님 뵙기에도 그렇고, 형님에게도 그렇고, 더욱 용납되지 않는 것은 나 자신. 충동적으로 결정할 일은 아닌 것 같아요. 우선순위에 두어야 할 것이 무엇인지 진지한 사려를 해야겠지요. 자동차 이야기는 여기까지입니다. 우리의 협력이 허공에 메아리치지 않도록 노력하시게요. 또 소식 전할게요.

　　　구천동에서 박도순

/ 1992년 4월 30일 목요일 맑음

　　밤 9시 30분쯤. 최한기 씨 부인이 오른쪽 4번째 손가락에 가시가 박혀 오셨다. 괴로운 한순간은 잠깐이다. 연신 고맙다는 인사를 하며 문을 나서는데, 오히려 내가 더 미안한 생각이 든다. 이런 작은 보람이 주민들과 관계를 더 끈끈하게 만드는 것이 아닌가 싶다.

　　내일부터 5월이다. 개구리 소리가 훨씬 가깝게 다가왔다.

　　서현이 엄마와 모닝커피를 마셨다.

/ 박 소장님에게　　1992년 5월 6일 수요일 아침

　　창밖으로 비가 내리네요. 가끔 지붕을 때리며 지나는 바람이 몸을 움츠리게 하는 아침입니다. 흠씬 물을 머금은 들녘에서는 개구리 소리 힘차게 들려오는데 진료실은 왠지 청승맞고 쓸쓸하기도 하고요. 온몸이 두들겨 맞은 것처럼 부추길 수 없는 피곤함에 지쳐 잠들어버린 지난밤, 아침이면 또 감당할 수 없을 만큼의 무게로 다가오는 보건진료소 생활은

연민과 환멸을 동시에 느끼게 합니다. 잘 지내지요?

박 소장님 편지 받고 소녀 감성 듬뿍 담아서 답장 보내야겠다고 생각했는데 일상에서 자꾸 뒤로 밀렸네요. 오늘 아침 이 소슬한 쓸쓸함이 밀린 일상을 밀어버리는군요. 녹슬어버린 기계처럼 막막함이 가득하지만, 사무적이고 현실적인 인간이 싫어 머릿속으로는 늘 도피했고, 행동은 가슴과 생각만으로 머물던 즈음, 군산을 떠나 무주를, 보건진료소를 선택했어요.

무주가 어느 하늘 아래에 있는 동네인 줄도 모르던 내가 '무주'라는 단어를 입술을 오그리고 조용히 발음해 보면 묘하게 매력적인 어떤 느낌이 저를 사로잡더군요. 그것은 우주적이고 드넓은 이상의 세계에서 나를 끌어당기는 마력을 지닌 휘파람 같은 느낌이랄까. 나는 외계인처럼 세상을 등진 기분이고, 편지를 쓸지라도 일상 언어가 아닌 시(詩)적 추구를 탐닉하던 때, 그것을 생각하면 가슴이 뭉클해지고 한줄기 눈물 바람 같은 것이 내 곁을 스쳐 간답니다.

유치한 슬픔이나 감상 따위가 내게는 불치병 같아서, 별 불만 없는 현실에서도 그것과 무관하게 평생 그 병을 앓게 될지도 모르겠습니다. 세상을 살아간다는 것이 늘 공평하고 적당하게 되어가는 것이 아니기에 가슴을 열어 나 자신을 다 보여주기보다는 조금은 열었다 닫았다, 융통성 있게, 보이지 않는 곳에 가시 하나쯤 준비해 두는 것도 좋을 듯한데. 그렇지 않은 듯, 그렇게 못하고 사는 우리. 그저 가슴 속에 꽉 들어찬 내 생각을 이 편지로 전하기엔 몇 날 몇 밤을 새도 모자랄 것 같군요. 인간의 언어는 늘 실망이 따르고 내 마음 표현하기에는 빈약한 도구여서 어설프게나마 아침 풍경을 이렇게 편지글로 조각해 봅니다.

주말을 기다리고 사랑하는 사람을 기다리는 그대가 부럽군요. 약이 오르도록 늘 행복하고 사랑이 넘치게 살아가세요. 그대는 젊으니까. 또 봐요.

대미보건진료소* 이경숙

대미보건진료소는 1985년 전북 무주군 설천면 대불리 677번지에 설치되었다. 그해 10월 29일 최초 보건진료소장이 배치되었고, 1986년에 보건진료소 건물이 지어졌다. 35년간 운영되었으나 인구 감소 등 이유로 2020년 8월 31일 자로 운영이 중단되었다. 보건진료소는 폐쇄되었고 건축물은 철거되었다. 2020년 11월 30일, 건축물대장 말소 신청. ㈜세울산업. 준공식에 참여한 주민들과 관계자, 보건진료소장들이 기념 촬영을 하고 있다(사진 이경숙).

/ 1992년 5월 21일 목요일 25℃

차라리 시간이 멈췄으면. 아무리 거센 거부의 몸짓으로 손을 휘저어도 나를 거부하며 다가오는 저 놀라운 시간 앞에서. 오월이 가고 있다는 아쉬움보다 유월이 다가온다는 측은함이 더욱 가슴을 찌른다. 기다린다는 것은 찬란하게 설레는 행복이라는데, 그걸 모르는 나는 불행한 사람일까. 소설『연인』을 읽는다. 마르그리뜨 뒤라스 작. 열다섯 소녀와 서른두 살 중국인 남자의 사랑을 그린 작품이다. 운명이라는 이름으로 묶인 두 사람. 서로를 향한 탐닉. 이것을 정열적 사랑이라고 해야 하는가.

상오정 마을에 일본뇌염 2차 예방 접종 출장을 다녀왔다. 태정, 은영, 현일, 소망이, 국회, 태성, 태민. 나무와 숲과 흙과 거름 사이에서 순수를 안고 살아가는 작은 아이들 웃음을 배우고 느낀 오후였다. 나에게도 그런 순수가 아직 남아있기는 한 것인지.

/ 1992년 6월 17일 수요일 비

오래간만에 오시는 초여름 비. 반가운 손님처럼. 밤 11시 52분. 구천파출소에서 환자 생겼다고 전화가 왔다. 상태는 어떤지 잘 모르겠다고 하신다. 속상한 건 둘째치고 이 늦은 시간까지 근무하는 그분들 보면, 정말 애쓴다는 생각이다. 술 드신 분일까. 내가 초라하다는 생각이 들어오는 때보다 자신이 비참해 지는 때는 없다. 누가 만든 것도 아니고 스스로 만든 올무에 내가 걸려 넘어진다. 현관문을 열자.

/ 1992년 7월 13일 월요일 맑음

자정이 넘었다. 덕유리 관광나이트클럽 웨이터, 열아홉 살, 선풍기 날개에 가운데손가락이 다쳐서 왔다. 4points 봉합했다. 갑자기 벌어진 일이라 본인도 놀랐고, 주변 사람들도 우르르 몰려오셨다. 오른쪽 손. 그만한 것이 다행이다. 얼마나 아팠을까. 통증이 내 안으로 들어오는 느낌이다. 여름 휴가철이 걱정이다. 각오해야지. 자자.

1992년 8월 14일 금요일 맑음

저녁 7시쯤 출발한다는 전화가 왔다. 지금 새벽 2시가 넘었다. 그이가 안 온다. 예전 같으면 11시 이전에 도착하는데, 무슨 일이 생긴 걸까. 기다리다 못해 자려고 눈을 감아도 잠이 오질 않는다. 중간에 전화 한 통 없다니. 괘씸하다가 밉다가 걱정이다. 구천동으로 들어오는 차는 끊겼고, 비는 그쳤고, TV 방송도 끝나고, 빌려온 비디오 Tape도 다 보았다. 시계 소리 우렁찬 이 고요가 무섭다. 좁은 방이라도 좋으니, 그이와 함께 서울로 올라가 같이 생활하고 싶다는 마음 덩어리가 울컥울컥 커진다. 무슨 낙을 보겠다는 것인지 자꾸만 체념 밖에 생기지 않는다.

오늘 낮에 있던 일이다. 송창식 씨 노래를 들으며 신문을 읽고 있었다. 삼공리에 사는 윤숙이가 소리 없이 들어와(아니, 음악 소리 때문에 안 들렸는지도 모른다) 내 어깨를 툭툭 치는데 얼마나 놀랐는지 모른다. 이것도 어쩌면 고요함 때문에 생긴 놀라움이었으리라. 화들짝 놀란 나에게 윤숙이도 놀라서 눈을 맞추지 못한다. 그 겸연쩍은 표정이라니. 놀란 내 심장은 콩알 반만 해졌는데 벌렁거리다가 심장 밖으로 튀어나올 것 같았다.

윤숙아, 윤숙이 때문에 이 소장님 너무 놀랐어! 하면서 손을 잡고, 윤숙이를 진료용 의자에 앉으라 하고 진료기록부를 빼는 순간. 윤숙이가 갑자기 머리를 땅에 쿵 하고 떨어뜨리며 옆으로 쓰러지는 것이었다. 입에서는 거품이 나오고 눈은 위로 치켜뜨는데. 아, 나는 아무것도 보이는 게 없었다. 머릿속에 떠오르는 것도 없었다. 밖으로 뛰쳐나와 종균이네 집으로 달려가 마당에서 선 채, 종균아~ 종균아~ 불렀지만, 아무 기척이 없다. 민박 손님들이 방문을 열고 고개만 내밀 뿐이었다.

진료실에서 윤숙이는 손발이 꼬이고 몸을 떨고, 내가 놀란 것이 오히려 윤숙이를 더 놀라게 했나 생각이 들어 앞이 더욱 캄캄해진다. 큰일 날 노릇이었다. 차트 함을 다시 열어 철영 엄마에게 다급히 전화를 걸었다. 윤숙이가 쓰러졌다고, 어떻게 해야 하냐고 물었다. 철영 엄마는 느긋했다. 그러다가 깨어나서 일어나니까 걱정하지 마라시며 놀란 내가 이상하다는 듯 말씀하셨다. 이것이 책에서 배운 그것이란 말인가? 실제 상황은 처음이었다. 나에게 이 기억을 지우기란 어려울 것이다.

친구 영희는 안양병원을 그만뒀다고 한다. 힘들고 어려운 ER. 그만두기까지 과정에 얼마나 많은 다짐과 각오를 번갈아 가며 생각했을까. 그 어려움을 나는 알지 못한다. 아직, 기천 씨는 오지 않고 있다. 도대체 어디쯤 오고 있는 것일까.

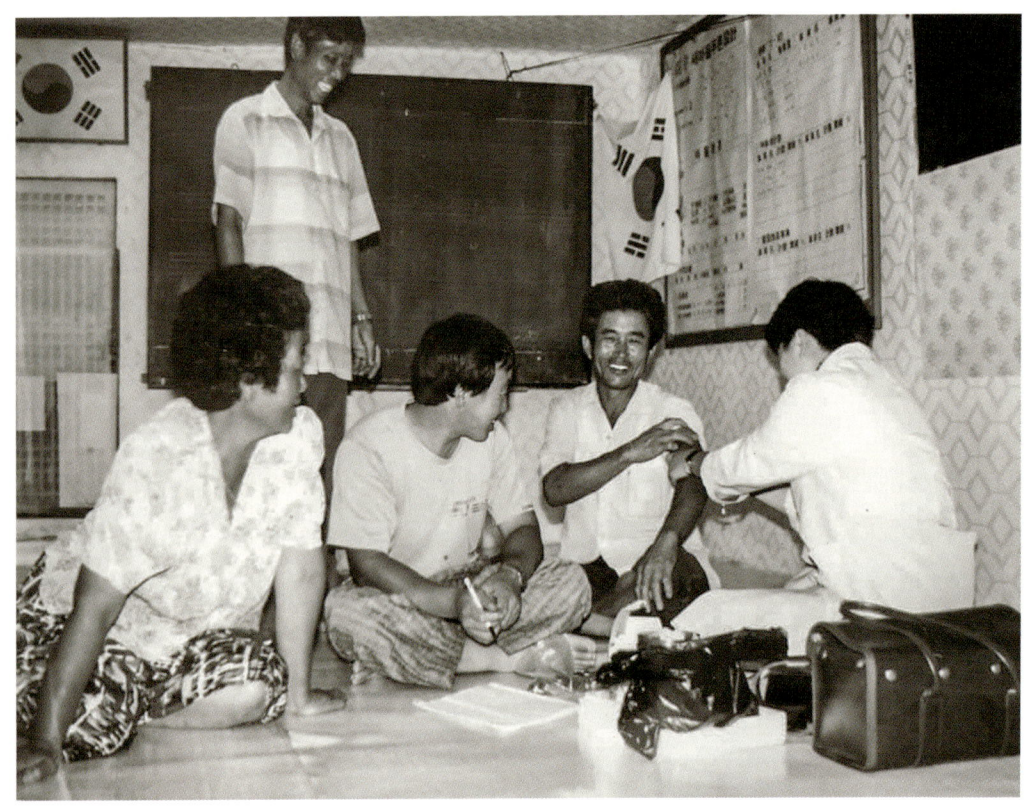

/ **1992년 8월 27일 목요일 흐림**

　김진아. 88년 8월생. 소아천식을 안고 있는 어여쁜 아이. 진아 엄마의 걱정이 이제는 닳고 닳아 무마되었다. 괴로움을 넘어 초연에 이르렀다. 청진기 들어 가슴소리 들어보면, Wheezing Sound 여전히 심하다. 진아의 쌕쌕거림은 내 심장까지 그렁그-렁 멍들게 한다. 어린 천사야. 이 밤, 평안하길!

/ **1992년 9월 1일 화요일 폭풍우**

　속까지 스미는 시원한 바람이 상쾌하다. 진료비 청구, 예방접종 스케줄. 상오정 마을 방문. 내일은 배방리 예정이다. 철규엄마가 오셨다. 여름 휴가철, 아들의 착하지 못한 행동 때문에 여러 사람 구설에 올랐다. 구천동파출소, 무주까지 여러 가지로 얽힐 모양이다. 관광지, 여름의 화려한 불빛과 반짝거리는 물건들. 사춘기 철규는 유혹당하고 말았다. 덕유리 야영장 텐트까지 덮쳤다고 한다. 훔쳐 온 물건을 어찌해야 할지 몰라 같이 간 친구랑 불살랐다 한다. 이 일을 어쩌면 좋으냐며 철규 엄마가 울었다. 자식을 낳아봐야 그 속을 안다고. 어른이 된다는 것은 참 어려운 일이다. 도대체 내가 뭘 알 수 있겠는가. 오늘 바람이 많이 불었다. 나에게는 시원했지만, 철규 엄마에게는 얼마나 심란했을까. 김상규 씨 부인은 담석증 수술 후 퇴원하셨다. 가정방문을 다녀왔다. 기운이 없어 보였다. 내일은 관동 마을, 배방리 안담 마을 예방접종 가는 날이다.

/ 1992년 9월 29일 화요일 비

몸 변화. 진도보건진료소 소장님께 상담. 1~2주 더 있어야 정확할 것 같은데, 거의 확실한 것 같다고 하신다. 이른 축하를 받았다. 푸른 줄 2개가 생명선처럼 보였다. 놀라운 사실을 혼자 감당하는 것이 우울했다. 눈물이 난다. 슬픔인지 기쁨인지 모르겠다. 기천 씨가 옆에 있다면 힘이 될 텐데. 보고 싶다. 두렵다.

/ 소장님께   1992년 10월 4일 일요일 흐림

근계시하 국향지절에 가내에 무한한 행복과 건강이 함께 하시길 축원합니다. 아뢰올 말씀은 저희 부친(김 승자 복자)의 회갑(음력 9월 9일)이오라 그동안 깊으신 사랑으로 격려해 주신 어르신들을 모시고 소찬의 자리를 마련코자 합니다. 바쁘실 줄 아오나 무풍면 삼거리 상오정 자택으로 부디 참석하시어 함께 옛정을 나누어 주시면 감사하겠습니다.

아들 김광진 김광욱, 사위 손종갑 김신곤 드림

/ 도순 씨에게   1992년 10월 7일 수요일

며칠간 포근하더니 쌀쌀해지는구려. 감기 조심하시오. 지난달 25일 저녁 6시, 나의 새 자동차 말이오. 신차 기념 고사 지내던 중 본사 영업부장님이 갑자기 왕림하시어 광경을 보셨다오. 홍보부에 알려야겠다고 합디다. 이미니 징싱에 놀랐다고 말이오. 당신은 좀 꺼렸는지 모르겠지만, 송기천 씨는 행복한 아들이라고 여러 사람에게 부러움을 샀다오. 명절 지나고 근무 중 갑자기 보고 싶은 마음 간절하여 오전에 전화했는데, 만나는 것은 주말뿐이니, 사무치도록 보고 싶어 전화했는데 통화가 안 되더군요. 지난 24일에 무주리조트 데려다주면서 조금 늦었다고 당신에게 화냈더니 기분 풀어주려 노력하던 모습. 며칠 후면 당신 생일도 다가오고 결혼 1주년도 다가옵니다. 지금까지 무엇을 해주었나. 앞으로 우리 삶의 설계는 어떻게 해야 하나. 대화할 시간은 부족하지만, 상상은 무한대로 펼치고 있다오. 사랑한다고 말만 앞세우고, 그저 일상적이고 상투적으로만 대한 것 같아 미안하오. 여기서 또 내 부족한 문장 실력이 드러나는 것 같구려. 하고 싶은 말의 깊이와 의도를 잘 새겨 들으리라 믿으오. 당신이 山을 그리워하는 것을 보니 나도 심히 마음이 번잡하오. 그러나 어쩌겠소. 정히나 그리우니 20일 전에 연수 준비 챙겨놓고 간단히 다녀옵시다. 눈을 감아도, 떠도, 내 마음속에는 오직 당신뿐. 만날 날을 또 기다리며.

아시아자동차 안산영업소 송기천

/ 기천 씨에게 1992년 10월 20일 화요일

감출 수 없는 두려움인지 어수선한 꿈을 자주 꾸어요. 걱정이 되면서도 이 정도는 뭐 하는 생각도 들고. 어쩌면 내 무의식 세계에서 벌어지는 초현실적 현상이 마음에 파도처럼 일어나는 아픔을 방어하기 위한 기제가 아닐까. 설천 대우병원 OB/GY에 다녀왔어요. 산부인과 과장님께서 Sono 보시고 소변 검사도 다시 했어요. 결과는 Negative. 조용히 말씀하시더군요. 서운하겠지만 아직 젊고 나이도 있으니까 걱정하지 말라고.

과장님 말씀 뒤로 하고 병원 밖으로 나오는데, 모르겠어. 가을 햇살에 내 얼굴이 일그러졌어. 눈물이 그냥 줄줄 흘러내리더라고요. 마음이 자꾸 흔들려. 과장님 말씀 옮기자면, 나의 자궁 이상보다는 우리의 수정란이 고품질이 아니었대요. 자궁 내에 정상 착상하는 것, 그건 그냥 단순한 일이 아니라 기적이더군요. 수정란이 불량이면 그대로 쏟아지는 자연유산으로 이어지는데, 전체 임신부 25% 정도에서 경험하는 일이래요. 꽤 높은 수치라고. 걱정하지 말라고 한 번 더 말씀하시더라고요. 우리는 이런 일이 벌써 두 번째네(눈물). 새벽에 서리가 내릴 것 같아. 해 넘어가니 코끝에 와닿는 덕유산 바람이 매옴해요. 백련사까지 다녀온 지난주는 행운이었어요. 주민들이 그러는데 이곳 단풍은 절정이자 곧 낙엽이 진다고 하네요. 보고 싶어. 빨리 토요일이 왔으면 좋겠어요. 안녕.

구천동보건진료소 박도순

/ 기천 씨에게 1992년 11월 12일 목요일

아침 6시쯤 도착이라니? 고생스러운 여정. 까만 밤을 핸들 잡고 달렸군요. 장거리 운전이

> 전북 무주군 설천면 기곡리
> 조생가 부고
>
> 전북 무주군 설천면 삼공리 구천동보건진료소
> 박도순 소장님 귀하
>
> 부 고
>
> 조동범 대인 한양조공 (점식씨) 께서
> 노환으로 1992년 11월 10일 (음10월 16일) 오전 8시
> 자택에서 별세하셨기에 자이 부고하나이다
>
> 발인 1992년 11월 12일 (음 10월 18일)
> 장지 전북 무주군 설천면 기곡리
>
> 1992년 11월 10일
>
> 사자 조동범
>   동열
>   동섭
>
> 호상 박희완

쉽지 않아요. 좀 심각하게, 이야기하고 싶어서 펜 들었습니다. 나, 이곳 구천동에 언제까지 있어야 하지? 우리는 무얼 위해 이렇게 떨어져 시나? 일주일 꼬박 기나리는 만남. 기대와 설렘. 짧은 해후. 그러나 이곳은 특별히 갈 데도 없고, 자고, 일어나고, 밥 먹고, 또 자고, 시간 되면 가야 하니까 자리 털고 일어나고. 이런 반복. 피곤하다. 일할 수 있는 것, 합당한 보수, 보람, 모두 좋은데, 뭔가 소중한 것을 놓치고 있는 기분이 자꾸 들어오니 좀 불안해요.

그 산골이 뭐가 좋아 그리 오래 있느냐, 시내로 어서 나오라고, 친구들 전화도 자꾸 오고 뭔가, 보이지 않는 신기루 잡으려고 우리는 지금 어리석게 사는 것은 아닐까. 나 자신이 뭔가

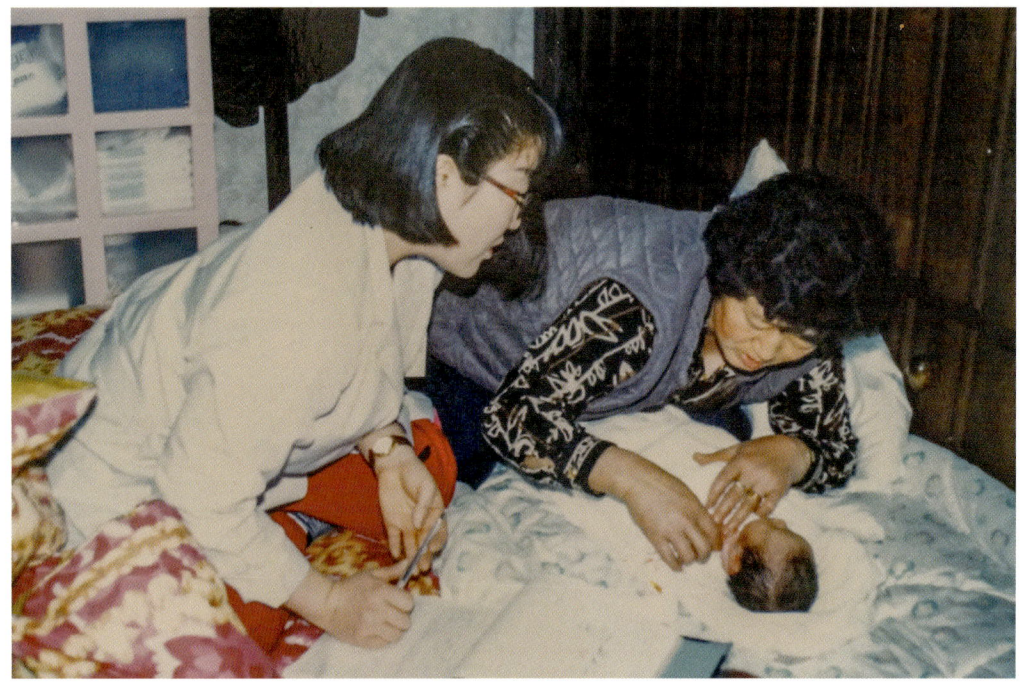

썩히고 있는 능력이 있는 것 같고, 능력을 발견해 줄 수 있는 사람은 당신인 것 같고, 능력을 발휘할 수 있는 곳은 여기 아닌, 안산 그 이상일 것 같고. 당신 곁으로 가고 싶어요. 무슨 공부를 새로 시작해야 하나? 안산이 한두 시간 만에 다녀올 수 있는 거리도 아니고, 왜 이런 생각이 들어왔는지 모르겠어요. 갈등과 고민. 주말에 여유 있게 출발하여 오기를!

    삼공리 마을에 출장 다녀왔어요. 태어난 지 1주일 지난 신생아에게 '선천성대사이상 질환'* 검사를 위한 채혈인데, 참 신기해요. 발뒤꿈치를 주사침으로 찔러 나온 피 몇 방울로 그런 검사가 가능하다니!

    구천보건진료소 박도순

신생아 체내 효소 부족이나 대사에 관여하는 효소 또는 조효소 기능 이상 여부를 발견하기 위하여 생후 10일 이내에 시행하는 검사. 대사이상 질환은 약 70여 개에 이르며 대표적 대사이상 질환으로는 페닐케톤뇨증과 선천성 갑상샘기능저하증이 있다.

/ 언니에게   1992년 12월 20일 일요일

    편지로 내 생각을 언니에게 전한 지도 꽤 오래된 것 같아. 여러 스트레스와 감기, 체력 저하로 한계를 느끼기도 하고 때론 성취감으로 기쁘기도 한 요즘이야. 언니는 요즘 어떻게 지내는지 궁금해. 국민은행 학자금 융자. 엄마 아버지는 물론 언니까지 나한테 실망하고, 또 무책임하게 처리한다고 질책받은 거, 계속 뇌리에서 떠나지 않고 있어. 나도 알아. 괴로웠어. 사람이란 자기중심적인 걸까? 내가 잘못했다는 것을 인정하고자 노력해도 마음으로부터 솟아오르는 깊고 깊은 쓴 뿌리. 원망, 원치 않는 눈물로 여러 날을 보냈어. 그것 하나 제대로 처리하지 못한다는 언니 말이 무척 나의 자존심을 상하게 했고, 그래서 예전에는 생각지도 않았던 미운 감정이 나를 사로잡아 모두가 싫고, 나에게 필요한 경제적 문제는 내가 해결해야겠다는 오기가 생겼어. 생활비가 없어도 불편함을 참고 지냈어.

어제는 목욕탕에 갈 돈이 없어서 여기저기 호주머니를 뒤지며 혹시 하는 마음으로 오랜 시간을 서성거리다가 그만 방 한구석에서 소리 내어 엉엉 울었어. 순간 언니의 프라이드 자가용이 머리를 스치더라. 그와 동시에 나의 빈곤함은 상대적으로 더 크게 느껴지고. 이건 무슨 현상일까. 한마디로 언니가 다른 사람처럼 느껴졌어. 내 마음 가운데 언니를 미워하는 감정이 이렇게까지 자라고 있는 줄 몰랐어. 나의 정당성, 나의 처지만 내세울 뿐, 언니를 향한 미운 감정이 도무지 나의 마음에서 사라지지 않아.

학창 시절도 이젠 거의 끝나가고 있어. 돈이 필요해도 집에 쉽게 연락할 수 없는 상황이 되어가는 것이기도 하지. 나의 처지가 너무나 절망적이라. 대학 1학년 때부터 물질의 어려움 때문에 많은 아르바이트를 하면서 생활비를 해결해 왔기에, 기쁘기도 하였지만, 요즘은 내가 너무 지쳤어. 졸업반이 되면서, 아니 그 이전부터 여러 가지 배운다고 학원도 다녀봤지만, 취업난은 점점 심해지고 경쟁률은 더 치열해지고, 그만큼 취업을 위해 배우고 준비해야 할 것은 산더미 같아. 결국 내 문제고 내가 해결해야 할 것들이지만, 나는 언니가 나의 어려움을 조금이나마 이해해 주기를 바랐던 거야. 내가 좀 기대가 컸나 봐. 언니한테 전화라도 해볼까, 몇 번이나 전화박스에 들어갔다가 괜한 자존심으로 그냥 돌아왔어. 아무 대책 없이 살아가고 있는 것이나 다름없지.

어려울 때 손 벌릴 곳이라곤 언니밖에 없는 것이 왜 이렇게 서글픈지. 그동안 언니가 많이 도와줘서 위기를 모면한 때가 많았는데, 사람은 확실히 은혜를 쉽게 잊어버리나 봐. 요즘 너무 물질이 필요해. 두 손 다 들었어. 자존심도 땅에 떨어지고. 결국 다시 살아야겠다는 생각뿐. 나 좀 도와줘. 언니 도움이 정말 필요해.

참 이상하다. 편지 쓰다 보니 처음 느꼈던 미운 감정이 녹네. 이제 언니의 긍휼을 바라는 쪽으로 마음이 바뀌는군. 신기하다. 지난 8월부터 아르바이트 끊어지면서 지금까지 일이 생기지 않고 있어. 어떻게 살았는지도 모르게 넉 달을 보냈어. 입술이 숯불에 타들어 가는 기분이야. 엄마한테 또 일러라!

박미순 씀
서울 성동구 자양1동 225-44

/ 1992년 12월 27일 일요일 비

결혼식에 갔다. 순성이도 왔다. 내 친구 미애. 신부 혼자다. 부모님 반대하는 결혼이라 아무도 안 왔다고 했다. 언니도, 동생들도. 이런 결혼식도 있구나, 싶다. 축하한다는 나의 언어가 티끌처럼 가볍다. 공중으로 흩어졌다. 그래도 흔한 이 말에 나는 진심을 담아본다. 축하한다, 친구야! 우리 행복하자.

/ 사랑하는 당신에게 1993년 1월 5일 화요일

다사다난했던 1992년도 지나고 새로운 1993년이 다가왔소. 지난해 우리에게 힘든 일도 아픈 일도 많았지. 가장 큰 축복은 둘이 한 몸이 된 것이 아닌가 하오. 새해에도 더 사랑하고 이야기 잘 들어주는, 긍정적인 명랑한 생활이 되도록 우리 더욱 힘씁시다.

안산에서 당신의 남편
송기천 씀

/ 형부께 1993년 1월 11일 월요일

Happy New Year! 형부! 많은 아쉬움과 다짐으로 졸업과 취업을 준비하고 있는 요즘입니다. 대학 생활 마무리하는 시점에서 느껴지는 것이 그리 밝은 것만은 아닌 것 같아요. 대학 시절이 황금기였던 것 같은데 그 소중함을 알지 못하고 보낸 시간이 아쉬움으로 남습니다. 가끔 숨이 막히기도 하고요. 그러면서도 졸업하는 자체가 감사함으로 다가옵니다. 졸업까지 많은 어려움이 있었는데 그동안 말없이 그림자처럼 도와주신 은혜 잊지 않을게요. 고마운 마음 전화로 전해드리고 싶었지만, 제가 요즘 입이 있어도 말 못 할 자의식으로 통화하기 좀 서먹해서요. 형부! 정말 고마워요. 1993년 한 해도 건강하시고, 우리 언니 많이 사랑해 주시고, 행복한 가정 이루어 나가시길 멀리서 기도합니다.

서울 자양동에서 박미순 드림

/ 기천 씨에게 1993년 1월 20일 수요일 맑음

새해 첫 월급 탔어요. 정말, 뭐라고 말해야 좋을지 모르겠어요. 능력이 요 정도인가 싶고,

내가 나를 너무 과대평가하고 있나 싶기도 하고 말이죠. 얄팍한 자존감이지만, 그래도 돈 앞에 무너지는 마음이 보이는 것 같은데, 이걸 어떻게 설명해야 할지. 웃음만 나네요.

주말에 봬요.

구천동에서 박도순 씀

/ 내 사랑은 보시오 1993년 1월 27일 수요일

당신과 살면서 나는 당신을 더 빛나게 만드는 사람이 되고 싶다고 생각했다오. 당신의 능력을 흙에 묻혀있도록 놔두고 싶지 않아. 당신과 이야깃거리가 많아지도록 나는 책을 더 가까이할 참이오. 학교 다닐 때나 지금이나 나는 당신에 비해 많은 점이 부족하오. 항상 미안한 마음이라오. 좋은 책 소개 자주 좀 해주시오. 사랑한다는 표현을 멋지게 하고 싶은데, 그런 문장이 떠오르지 않아 답답하구려. 이렇게 가벼운 언어로 써야 하다니! 이 삿된 평범어로는 도무지 쓸 수 없는, 당신을 사랑합니다. 월급? 감사한 마음으로 받으시오. 수고에 고마울 따름이오. 참! 홀몸 아니니, 절대 스키 타지 마시오. 항상 몸조심하고 혹여 이상 있으면, 즉시 삐삐 치시오!

안산에서 송기천

/ 발신국 : 동수원 1993년 2월 22일 월요일

번호 : 1379

주소 : 구천동보건진료소

수취인 : 박도순 귀하

멀리서 결혼 1주년 축하하며

즐거운 시간 함께 보내지 못하는 마음, 서운합니다.

안산영업소 송기천

/ 1993년 3월 5일 금요일 경칩

LMP* 12월 9일. EDC* 는 내년 9월 16일. Sono 판독 결과 Ovarian Cyst는 사라지고, 아가 머리, 팔, 다리 형상이 보이고 발길질하는 모습도 보인다. 김정호 선생님 얼굴에 환한 미소가 내 마음마저 밝게 만들었다. 정말 다행이라고 하셨다. 얼마나 신기한지 모르겠다. 아빠도 이 모습을 봐야 했는데. 이제 병원에는 한 달에 한 번씩 오라 하신다. 체중, 혈압, 초음파까지 정상. 겉으로 보이지 않는 것에 대해 애정을 갖는다는 것이 얼마나 어려운 일인지 조금씩 느껴가고 있다. 아가에 대한 애정이 더 솟아난다.

내일은 무주 장날. 시장에 들러서 덩굴장미를 사다 심어야겠다. 원대병원 노조에서 활동하는 영신이, 수술실에 근무하는 명희, 중관 씨. 오래간만에 구천동에 온다는 연락을 받았다. 아버님이 몸이 편찮으시다. 어머니 혼자 애를 태우신다. 나는 죄송한 마음뿐이다. 걱정이 커진다. 화단 수국 꽃눈이 얼지 않았을까.

LMP
Last Menstrual Period
(임신 전 마지막 월경 시작일)

EDC
Estimatied Date of Confinement
(분만 예정일)

/ 1993년 4월 14일 수요일 맑음

푸르름이 더해간다. 햇빛에서도 풀 향기가 쏟아져 내린다. 통합 보건 사업이라는 새 이슈가 떠올랐다. 가구 등록, 가구원 전체 등록하여 데이터베이스화하라는 지시가 내려왔다. 국가 정책인지, 무주군 자체 사업인지, 군수님 관심도 많다고 하신다. 지역사회진단이라는 것 때문에 온몸이 너무 피곤하다. 이제는 청바지가 힘들다. 편안한 옷차림으로 바꾸어야 할 것 같은데, 동네 분들 뵙기가 좀 쑥스럽다. 구천국민학교에 성교육을 다녀왔다. 신기하게 이것저것 질문이 많은 아이. 짓궂은 아이들도 있었지만, 그것마저 귀여웠다. 진료소장님들은 피곤하다. 지역사회진단이 이름만 바꾼 것인가. 이름이 바뀌면 전혀 다른 사업이 되는 것인가. 참 가증하다. 지역도 같고, 대상자도 같고, 주민들이 가지고 있는 건강 문제가 달라지는 것도 아닌데, 포장이 바뀐다고 본질이 달라지는 것은 아니잖아. 무엇을 바꾸겠다는 말인지 모르겠다. 이 사업은 얼마나 오래갈까. 개별 사업이 통합 보건 사업으로 바뀌면 무엇이 얼마나 효과적일까. 저녁 무렵, 마을에 출장 나가 건강기록부 작성을 위한 자료수집을 위하여 가정방문을 했다.

먹고 싶은 것, 갖고 싶은 것, 하고 싶은 것이 많아진다. 먹을 수 없어서, 가질 수 없어서, 할 수 없어서 그럴 것이다. 봄바람이 창문 틈으로 들어온다. 이 순한 느낌이 좋다. 지금 이 순간, 이 밤.

/ **1993년 4월 26일 월요일 맑음**

　　설천 두길마을 앞길에 벚꽃이 흐드러졌다. 절정이다. 덕지보건진료소 나명진 소장님이 순창군으로 근무지를 옮긴다. 간호학과 학생 실습생과 내일은 마을 방문 예정이다. 학생들이 잘 해낼지 모르겠다. 동생 미순에게 전화가 왔다. 사회생활 시작했으니, 형부랑 언니에게 맛있는 것 사주겠다고 한다. 서울에 올라오라 한다. 그렇게 힘든 취업이라니. 말만 들어도 좋다. 고마운 동생. 대견한 내 동생. 기쁜 소식!

/ **1993년 5월 2일 일요일 맑음**

　　기천 씨랑 용인자연농원에 놀러 갔다. 붐비는 차량, 수많은 사람. 이색적 장식으로 둘러싸인 건물들, 놀이 기구, 먹거리, 기념품 가게. 4월 1일부터 튤립 축제 기간이라는데, 어쩌면 그렇게 많은 꽃을, 그렇게나 멋지게 가꿔낼 수 있을까. 아름다움에 찬탄을 쏟는 일, 내가 할 수 있는 일은 그것뿐이었다. 집에 돌아오니 피곤한 몸. 밀린 빨래, 묵은 청소, 다림질, 설거지. 작은 일에도 뿔이 났다. 그는 나에게 미루고, 주말이면 쉬고 싶은 마음은 마찬가지인데. 몰라주다니. 우리는 서로에게 너무 기대기만 한다.

/ 1993년 5월 13일 목요일 비

눅눅한 날씨가 이어지더니, 이렇게 비가 오려고 그랬나 보다. 기분도 울적해서 거창에 다녀왔다. 신풍령에서는 안개 때문에 1m 전방도 안 보일 정도였다. 눈 감고 베일을 벗겨내는 듯한 꿈결 같은 파노라마에 빠졌다. 몽환적 풍경에 단절된 비현실 세계에 다녀온 기분이다. 언제나 친절한 거창 사람들. 쏟아지는 비 덕분에 환자들 발길이 끊겼다. 모처럼 여유를 누려본다. 빗줄기는 자정이 되도록 굵고 시원하다.

/ 1993년 5월 17일 월요일 비

간호학생 현이랑 연숙이랑 대미보건진료소에 갔다. 개구리 소리 음악으로 깔리고 마당에서 맛있는 저녁 식사까지 대접받았다. 작은 청개구리를 손바닥에 감춰서 우리를 놀래준다고 살금살금 다가오는 상호가 귀여웠다. 상호랑 준영이는 이경숙 소장님께 작은 행복의 제곱처럼 보인다. 도시적 화려함보다 주어진 일상에서 당당해지라는 부탁을 받았다. 검소하면서도 누추하지 말라는 당부. 검이불루 화이불치(儉而不陋 華而不侈) 정신을 배웠다. 얼마나 멋진 말씀인가. 본받을 점이 많은 소장님이다.

밤 10시가 넘었다. 영주 엄마가 홧김에 또 술을 마셨나 보다. 배도 아프고 설사까지 겹쳤다고 전화가 왔다. 영주 아빠 목소리에 미안함이 가득하다. 깊은 속사정을 알 수 없어 이해하기 힘들다. 삶은 그렇게 복잡한 것으로 얽혀있는 것이라면 헤어 나올 방법도 결코 쉽지는 않을 거야. 어렵다. 모든 이의 삶.

/ 1993년 5월 26일 수요일 맑음

모성이란, 아가를 위해 먹던, 그러나 복용을 잊어버린 헤모콘틴서방정을 잠자리에 누웠다가도 벌떡 일어나 물 없이 삼킬 수 있도록 만드는, 보이지 않는 어떤 힘. 대우병원 산부인과에 다녀왔다. 아들일까, 딸일까. 김형남 과장님께서는 알려주지 않는구나. 양수가 조금 모자란 편이라고 하셨다. 진료 마치고 병원을 나오려는데 보건간호사가 따라 나온다. 6월 17일,

당뇨 DM 세미나, 꼭 참석 바란다는 부탁이다. 가야지!

/ 1993년 6월 23일 수요일 맑음

장마 북상 소식이다. 뉴스마다 난리다. 기천 씨에게 편지 쓴 지 꽤 되었다. 근무 중, 일상 중 언뜻언뜻 출산이 코앞으로 다가왔음을 느낀다. 육아에 대한 스트레스에 대해 그이는 얼마나 관심을 두고 있을까. 무엇을 어떻게 준비해야 하는지, 설마, 아이를 낳기만 하면 된다는 식의 생각은 아니겠지. 머릿속이 복잡하게 하루하루가 지나간다. 기도를 드려도 채워지지 않은 그 무엇이 있다. 불안, 공포, 행복보다는 무서움이 더 크다. 사실이다. 남편과 함께 지내는 임신부들이 부럽다. 그렇지 않은 나는 때로 슬프다. 내색할 수 없어 감추는 것에도 노력이 필요하나. 하루하루 몸은 무거워진다. 의자에서 일어서기도 힘들다. 손잡아주는 이도 없다. 기천 씨 위로와 도움이 필요할 때, 정작 당신은 어디에 있단 말인가.

우리의 서툰 행정 업무, 문서 기안, 회계 교육을 위해 보건소에서 황 계장님과 담당 주사님이 보건진료소에 오셨다. 숫자 들어가는 업무, 참 어렵다. 알고 보면 그리 어려운 일 아니라고 김 주사님은 말씀하시는데, 이미 그 분야에서 익숙한 분이라 그럴 것이다. 운영협의회장님께서도 보건진료소에 와주셨다.

나의 몸속에서 자라고 있는 작은 아가야. 출산과 육아. 이제껏 세상에서 내가 겪은 그 어떤 것과도 다른 경험이 될 것이다. 건강한 순산에 이르기를 기도했다. 의심과 걱정을 버리자고 다짐해 본다. 품에 안겨 젖을 빨고, 두 눈으로 나와 마주칠 아가의 모습을 상상하면 두근거린다. 누군가의 기도처럼 아이가 세상을 알아갈 때, 내 안에 큰사랑이 충만할 수 있도록 해달라고 나도 기도했다. 엄마에게는 은밀한 처소가 있다는 것을 아이가 알고, 나 또한 생명에 대한 경외감을 잃지 않도록. 그런 '어머니'가 되게 해달라고. 또 하루가 간다.

박완서 선생님의 『그 많던 싱아는 누가 다 먹었을까』, 세계사(1992). 조문경 작가 『너의 자궁을 노래하라』, 그린비(1992). 두 권을 샀다. 동생 미순이가 헬렌 굿 브레네만의 『임신부를 위한 명상록』, 엠마오(1993). 소포로 보내왔다. 아가는 뱃속에서 계속 움직인다. 오늘은 서른 명 넘는 환자가 왔다. 감기, 설사, 피부 가려움, 다친 사람들. 정신없는 하루가 또 지나간다. 기천 씨가 보고 싶다.

/ 1993년 7월 9일 금요일 흐림

원광보건대 간호과 학생 지역사회간호학 실습이 모두 마무리되었다. 양경희 교수님의 수고에 감사드린다. 환자들은 많았고, 바쁘기도 한데 오늘은 수도가 고장 나서 골치 아팠다. 지금도 계속 물이 흐르고 있다. 철물점 사장님 미애 아빠가 오신다고 했었는데 아직 연락이 없다. 하수구에서 물이 흘러넘치고. 진료실 바닥이 난리다. 자동차는 실내등이 나갔다. 불이 들어오지 않는다. 일은 일을 낳고, 또 일을 낳고.

/ 1993년 7월 12일 월요일 장대 같은 비

앞을 분간할 수 없을 정도로 쏟아진다. 어제 다녀간 남편. 그가 만든 감자 부침개, 부은 다리 마사지. 고마운 당신! 희경이랑 거창에 가서 쇼핑했다. 매운 비빔국수, 된장찌개 해 먹고, 종일 비 내리는 풍경을 오래 바라보았다. 말순이가 방학이라 서울에서 내려온단다. 피곤하다. 기저귀, 목욕 비누, 수건, 출산에 필요한 용품을 샀다. 형언키 어려운 감정이 일어났다. 즐겁다거나 기쁘다거나 하는 것이 아닌, 뭔가 더 아득해지는 그런 기분이다. 교차하는 감정에 새롭게 더해지는 초라한 어떤 기분. 참 낯설다.

/ 1993년 7월 28일 수요일 더위

널 안고(?) 대우병원으로 갔다. 이제 9개월로 접어들었다. 33주 1일. 이게 너야. 과장님께서는 2kg은 넘어야 하는데, 1.8kg 정도 된다고 하셨다. 걱정할 정도는 아니라고 하셨지. 화면으로 뱃속에 있는 아가를 바라본다는 건 신기에 가까운 경험이다. 어둠에서 빛을 보는 기분이랄까. 출장소 윤정석 소장님과 신범환 국립공원 관리사무소장님이 아이스크림을 많이도 사 오셨다. 먹고 힘내라신다. 아버지 같은 분들이다. 두 분은 무주리조트에 공연 보러 가셨다. 나는 또 홀로 남았다.

/ 1993년 8월 2일 월요일 비

손가락이 거의 'ㄱ'자 모양으로 꺾어진 48세 남자 환자. 덕유산 등반 중 탈진하여 손과 발을 떨며 들어오는 29세 여자 환자. 마음이 불안하고, 가슴이 두근거린다고 했다. 그녀는 작은방에 5% DW를 꽂고 잠들었다. 읍내로 나가는 막차는 끊어졌다.

오늘 밤 그녀와 함께 잔다. 국립공원 관리사무소 아르바이트생. 청소하다가 유리 조각에 팔꿈치 열상. 5points 봉합. 계곡에서 수영하던 아이, 바위 위에서 다이빙하다가 이마 열상 9세 남자 4points 봉합. 부탄가스에 엉덩이 화상 33세 남자 환자. 수박에 벌이 붙어 있는 줄 모르고 베어 먹다가 혓바닥 벌 쏘임, 36세 여자 환자. 내일은 또 무슨 일이 생기려나. 여름 피서기 휴가 절정이다. 돌솥회관 선주 엄마가 감기약 지으러 오셨다. 지금 구천동은 여관뿐 아니라 민박집까지 빈방이 없다고 하신다. 주말에는 안산 아저씨랑 중관 씨, 기천 씨가 보건진료소 도배하러 온다.

/ 1993년 8월 19일 목요일 맑음

아, 이제 정말 불편하다. 내 몸에 내가 갇혀버린 기분이다. 엄마가 되는 과정에서 누구나 겪게 되는 일이라고 하지만, 이겨낼 수 있을까. 자신감이 떨어진다. 우리 아이가 세상에 나와 얼굴 내미는 날, 얼마나 놀라울까. 세상이 완전하게 바뀐 기분이 들 것이다. 힘든 몸 사이로 언뜻언뜻 엄마 생각이 난다. 아, 우리 엄마는 이런 일을 여섯 번, 아니 일곱 번, 아홉 번이나 겪으셨구나. 겨우 시작인 나는 염치가 없다. 기천 씨에게 전화가 자주 온다. 걱정스럽다고.

덕유리 황금연 할머니 상태가 점점 나빠진다. 왕진을 갔다. 내게 만 원짜리 지폐를 주셨다.

이불 밑에서 꺼내주신다. 그것을 손에 쥐여주며 배냇저고리 사서 입히라고 하셨다. 당신의 어렵고 슬픈 모습을 뒤로 하고 방을 나오는데 내 마음이 몹시 불편했다. 할머니가 주신 만 원을 들고 아니, 할머니를 차에 모시고 가는 것처럼, 거창에 갔다. 어르신의 당부대로 배냇저고리를 샀다. 오래 기억에 남을 것이다. 오후에는 상오정 마을에 렙토스피라증 예방접종을 다녀왔다.

/ 1993년 9월 3일 금요일 태풍 '앤시'

희숙 엄마가 농약을 드셨다. 어제, 아니 오늘 새벽 1시쯤 급하게 현관을 두드리던 소리는 희철이 아니면 희석이가 와서 그랬나 보다. 나는 무거워진 몸 탓으로 도무지 일어나지 못했다. 문을 잡아 흔드는 소리에 내 마음도 흔들렸지만, 나는 못 들은 척 이불 속에서 꼼짝 못 했다. 가슴이 두근거렸다. 대우병원에서 치료가 어려워 대전으로 후송되었다고 은주 엄마가 말씀해 주셨다. 입원 중이시란다. 희숙 엄마는 무슨 일이 있었길래 극단의 방법을 선택하셨을까. 우울하다. 그 가족들은 어떻게 받아들이고 있을까.

몸을 뒤척이는 것조차 힘들다. 내일은 대전 병원에 가는 날이다. 정상 분만이 가능한지, 자궁 내 위치는 괜찮은지, 기천 씨를 만나기도 한다. 분만일이 가까워지면 태아의 움직임이 조용해진다는데 우리 아가는 반대로 된 모양이다. 움직임이 유난하다. 새로운 고민이 생긴다. 출산 후 보건진료소 일을 그만두어야 하나, 계속해야 하나. 윤정석 출장소장님께서는 가정은 곧 작은 국가라면서 은퇴하여 잘 다스리라 하신다. 그 말씀도 옳고, 내 고민도 옳다. 결정은 늘 내 몫이다.

/ 1993년 9월 10일 금요일 흐림

PROM(Premature rupture of membrane)(만삭 조기 파막)

CPD(Cephalopelvic disproportion), C/Sec(아두 골반 불균형, 제왕절개)

/ 1993년 9월 11일 토요일 맑음

오후 4시 반. 호흡 두 번. 깊은 잠. 깨어나 처음 만난 아가. 정신은 몽롱하고 어지럽기도 했다. 여기저기 우왕좌왕 알아들을 수 없는 소리. 나를 에워싼 사람들, 그리고 우리 아가! 대우병원에 근무하셨던 김정호 선생님께서 대전 중리동에 개업하셨다. "김정호산부인과". 선생님의 도움으로 우리는 운명처럼 만났다. 아가는 3.45kg.

엄마와 함께 비닐하우스에서 늦은 저녁까지 마른 고추 가리기 작업에 열중했다. 느낌이 이상했다. 양수가 터졌다. 예정일이 남았는데. 택시를 불렀다. 대전으로 달려왔다. 옥시토신 투여가 최고량에 이르렀는데도 진통은 더 진행되지 않았다. 4cm에서 열리기를 멈춘 경부. 침대 발밑에 저장성자궁기능장애(hypotonic uterine dysfunction)라 적은 라벨이 붙었다. 16시간 만에 수술실로 입실. 시끄러운 소리, 여유와 불안이 공존하는 선생님 표정. 녹색 무영등, 가려진 내 몸. 차갑게 쏟아붓는 소독약, 자연분만에 성공하지 못한 죄책감.

/ 1993년 9월 14일 화요일 맑음

입원 4일째. 열 38.5℃. 젖몸살 시작. 아가는 먹고 자고 먹고 자고. 1시간 반 주기. 어찌나 울어대시는가. 모유 먹이기 힘들다. 수건으로 온찜질하고 짜내기도 하고, 여간 고통스러운 것이 아니구나. 살을 찢는 아픔, 이런 것이구나. 눈물이 난다. 중리동 네거리에 무수히 오가는 자동차 소리. 방음벽이 얇은 탓인지, 그 사이로 귀뚜라미 소리가 들린다. 신선하다. 도심에서 듣는 이 소리. 주사 맞고 통증이 줄었다. 잠든 아가는 평화 그 자체이다. 해열제 탓인지 나는 주체하기 힘든 땀으로 환의가 젖었다. 기억력이 희미해지는 느낌은 단지 기분 탓인가.

/ 1993년 9월 20일 월요일 흐림

오후 6시 00분 우유 50cc 6:45 ~ 8:00 Sleeping

오후 6시 30분 우유 50cc 8:10 Awake

오후 8시 25분 모유 50cc, 우유는 안 먹음, 두리번거리며 논다.

오후 10시 20분 우유 80cc 다 먹음.

오전 1시 15분 모유 100cc 1:35 Sleeping

오전 2시 45분 우유 60cc 3:15 Sleeping

오전 4시 55분 Awake, 우유 30cc, 모유 수유함.

오전 6시 20분 Awake, 모유 수유 Sleeping

오전 7시 18분 우유 40cc

오전 9시 00분 우유 40cc

오전 11시 30분 우유 50cc

오후 2시 30분 모유 Feeding Sleeping

오후 4시 30분 모유 Feeding, 우유 30cc

오후 5시 20분 모유 Feeding,

/ 1993년 9월 25일 토요일 맑음

어머니께서 아가 이름 지었다고 전화하셨다. 송정미. 어색하다. 정미 정미 정미. 정미는 내 손길 닿지 않으면 아무 의미가 전달되지 않는다. 순수 덩어리! 가끔 웃는다. 안아주고 얼러주고, 기저귀 갈고, 젖먹이고, 아이는 무슨 생각을 할까. 밤낮이 바뀌어서 낮에는 잘 자고 밤에는 운다. 무엇을 하든 모든 행동이 신기하고 귀엽다.

/ 기천 씨에게   1993년 10월 29일 금요일

정미는 나의 무릎에서 자고 나는 이 글을 씁니다. 정미 아빠! 좀 어색하다. 그죠? 가을비가 다정하게 내립니다. 문 잠그고 보건진료소에 홀로 앉아 조용한 시간 가져봤으면 좋겠습니다. 당신과 나 사이에 생긴 우주만큼 큰 변화. 시간이 지나면서 차차 많은 것을 배우고, 아이를 통해 지혜가 생기리라 믿습니다. 아이는 어른의 스승이라잖아. 진료소에 이제 나 혼자가 아니라는 든든함이 생겼어요. 일주일 전부터는 구천파출소에서 2시간 간격으로 보건진료소 주변 순찰도 해주고 있답니다. 계절도 아름다운 가을. 옆집 민들레 엄마에게 기천 씨에 대해서 많은 이야기를 해요. 민들레 아빠랑 다른 점에 웃어가면서 수다가 길어지죠. 내가 할 수 있는 일, 당신이 할 수 있는 일, 서로 몰라서 못 하는 일도 있겠지만, 아이를 위해 꼭 필요한 부모가 되도록 서로 노력해요. 아직 백 일도 안 지났는데, 왜 자꾸 마음이 급해지는지 모르겠어요. 빨리 앉기라도 했으면, 걸어 다녔으면, 빨리 말 좀 했으면 등등. 아이와 함께 지낼 수 있다는 점에서 보건진료소가 얼마나 다행인지 모르겠어요. 내가 좀 힘들기는 하지만 내 곁에서 보호할 수 있다는 것은 참 감사한 일입니다. 일은 매우 힘들어요. 그래도 이길 힘을 주는 우리 아가. 앗! 정미가 깼어. 오래간만에 쓰는 편지인데. 잘 지내고 있지요? 답장 기다리며.

구천동에서 박도순

/ 1993년 11월 2일 화요일 따스함

소리 엄마, 민들레 엄마가 앞산에서 주운 밤을 가지고, 저녁에 보건진료소에 오셨다. 알밤을 쪄서 맛있게 먹었다. 정미 울음소리가 신기하다고 자꾸만 바라본다.

/ 1993년 11월 18일 목요일 맑음

정미를 업고 서서 적는다. 생애(!) 최초로 정미가 감기에 걸렸다. 기침, 콧물, 코막힘, 재채기. 처음 있는 일이다. 아이가 아파서 밤을 지새운 일도 처음이다. 남들에게 듣던 이야기가 현실이 되어가고 있다. 인내가 필요하다는 것을 절감한다. 아, 인내. 인내. 까만 눈동자. 고개를 왼쪽으로 돌리고 잠드는 우리 정미.

저녁 9시쯤, 지석 아빠가 왼쪽 가운뎃손가락 치료받으러 오셨다. 대전 선병원에서 핀 제거 했는데, 지석 엄마가 지석 아빠 편에 오이김치, 총각김치를 보내주셨다. 냉장고에 넣었다. 마음이 훈훈해졌다. 1주일간 교육 때문에 정미를 어머니에게 맡겨야 한다. 어머님이 고생 좀 하실 것이다. 걱정하지 말고 데려오라 하시는데, 마음이 무겁다. 정미 체중은 6.2kg. 무주보건소에서 DPT&Polio 1차 예방접종 완료. 혜정이가 와서 정미랑 놀았다. 아이 마음 읽어내는 탁월한 능력을 지닌 우리 혜정이. 민들레 언니.

/ 1993년 12월 2일 목요일 흐림

드디어. 정미가 확실하게 손가락을 빨기 시작함. 내가 움직이는 대로 고개 돌려 따라다님. 목적 있는 웃음. 딸랑이를 입으로 가져감. 참 신기한 일임. 상곡보건진료소 육애란 소장님 전화. 심곡리 깊은골 마을 출장 다녀옴.

/ 1993년 12월 22일 수요일 폭설

폭설이다. 쓸어도 쓸어도 소용없다. 이렇게 쏟아지고 싶다는 눈을 내가 어쩌겠는가. 앞산의 풍경을 카메라에 담을 수 있다면 얼마나 좋을까. 노선버스는 끊겼다. 우리 정미는 혼자 잘 논다. 잘 웃는다. 매일매일 변화한다. 여전히 신기한 저 어린 생명!

/ 1994년 1월 9일 일요일 맑음

해마다 1월이면 다짐과 회한이 교차한다. 일주일이 지났다. 우리 정미! 감기가 너무 심하게 변하고 있다. 소아과를 두 군데나 다녔다. 옆에서 지켜보는 마음 안쓰럽다. 그게 더 가슴 아프다. 아버지가 알코올 중독 증세로 예수병원에 입원하셨다. 엄마의 고통이 또 시작되었다. 가족들 걱정, 건강을 잃으면 일상은 일그러진다. 정신과 병동. 선택된 사람들의 집합소일까. 여전히 불쌍한 우리 아버지. 곁에 계신 엄마의 심적 고통은 헤아릴 수 없다. 아버지를 위한 기도!!

/ 기천 씨에게   1994년 1월 18일 화요일 강추위

밀려드는 환자. 자라면서 더 많은 손이 있어야 하는 정미. 혼자 힘으로 감당하기가 정말 정신없는 하루였어요. 정미는 며칠 전부터 엎치기 시작한다오. 놀라운 변화죠. 감기가 나으니 더 자란 것 같아. 힘들어하면서도 계속 엎치기를 반복하고 있어요. 포기란 없다. 이상한 일이지!

엄마는 힘들고 괴로운 마음인데, 아버지 병문안 가신다고 김밥을 싸시더라고요. 원광대학교 제2병동(1월 7일 입원). 동생 남순이는 중앙대학교 약학대학에 합격했어요. 막내 희경이는 과천고등학교에 합격하여 둘 다 서울로 올라갔습니다. 등록금이며 생활비가 걱정입니다. 무슨 길이 열리겠지요.

무주에서 박도순 드림

/ 1994년 2월 20일 일요일 맑음

정미 낳고 처음 맞이한 나의 생일이다. 누구도 나와 함께 하지 않다니, 섭섭함이 밀려온다. 나이 먹어가나 보다. 봄이 가까이 오고 있음을 느낀다. 마당에 가득 쌓였던 눈이 많이 녹아 내렸다. 큰 산이었다면 작은 산이 되어간다. 봄은 그렇게 소리 없이 그러나 분명하게 다가온다. 정미가 또 아프다. 우울하다. 말순이 졸업식이 글피다. 엄마 아버지는 상경하셨다. 나는 말순이 친구가 될 수 없다. 거리감이 느껴진다. 요즘 일이 잘 안 풀리니 내 마음마저 꼬여가는 것인가.

/ 1994년 3월 23일 수요일 맑음

정미의 투정이 끝이 없다. 지친 내 마음이 화로 이어졌다. 정미를 내팽개치듯 이불 위에 밀쳐두고는 그냥 두었다. 울어 젖힌다. 날카로운 저 울음소리. 가슴이 아프다가 고개를 제대로 들지 못하겠다. 나는 왜 이 모양인가. 정미 새끼손가락에 약속을 걸었다. 후회해도 소용없는 일이지만, 마음으로 다짐한다. 나는 열다섯 살에 머물러 있는 어린 스물일곱 살 엄마다.

/ 1994년 4월 5일 식목일 화요일 맑음

동생들, 사당동으로 이사하는 날. 방값 지원, 서울살이 어렵다. 젖을 떼려고 한다. 정미가 우유병 빨기를 거부한다. 정미는 젖을 떼려는 내 마음을 알고 있는 것일까.

/ 1994년 6월 17일 금요일 맑음

정미의 성장이 보인다. 세밀하게 기록하지 못한 것이 안타깝다. TV에서는 내일 8시, 미국에서 열리는 월드컵 축구 소식으로 가득하다. 16강이 목표라는데. 정미는 진료실, 세면장, 현관에서 마구마구 잘 기어 다닌다. 흙도 묻히고, 옷도 적시고, 밥도 잘 먹고, 국수도 잘 먹는다. 소파, 의자를 붙잡고 일어선다. 옆으로 걷는다. 신기하다. 어제 기천 씨 자동차가 기아자동차 세피아로 바뀌었다. 차량 번호 1603. 새로운 자동차, 그이가 기분이 좋다니, 나도 좋다.

'무주군 보건진료소 설치 운영협의회 조례'가 통보되었다. 기획 11350-255(94.5.3)호 관련. 보건진료소 설치 조례 및 운영협의회 조례(제1351호) 공포. 1994년 5월 21일. 무주군수. 무주군 조례 제1350호. 제5조(업무보조원) 보건진료소에는 보건진료원 이외에 필요한 업무보조원을 둘 수 있다. 보건진료소 주요 재산 처분 제한에는 주요 시설 및 장비 등 재산을 양도하거나 담보로 설정하고자 할 때에는 운영위원회 의결을 거쳐 단체장의 승인을 받아야 한다.

곧, 장마가 시작될 것 같다.

/ 1994년 7월 12일 화요일 맑음

연일 무더위가 기승이다. 대구는 39.4℃까지 올라가서 살인적 더위라는 표현이 뉴스에서 나왔다. 정미가 어제 소파에서 떨어졌다. 계속 울어서 병원에 갔다. 송 원장님은 괜찮으니, 약도 쓸 필요 없을 것 같고, 지켜보자고 하셨다. 마음이 좀 놓였다. 주말에는 대전 가오동 희부 오빠네 집에 다녀왔다. 32평 아파트. 깨끗하고 좋아 보였다. 아, 이래서 아파트가 다들 꿈이구나. 출장소에 복사할 것이 있어 다녀왔는데, 정미가 그사이에 깨서 또 으앙이다.

정미를 업고 환자를 보았다. 종일 덥고 짜증이 났다. 환자는 45명이 다녀갔다. 민박집마다 호객 목소리가 높다. 피서철로 접어들고 있는 구천동의 여름. 진짜 여름이 시작되고 있다. 피서객이 늘면 환자도 많은 법이니 벌써 각오!

/ 1994년 7월 21일 목요일 무더위 새벽 2시

서류 정리 마치고 기저귀 빨래까지 마쳤다. 세상이 잠든 고요한 시간이다. 30일이 넘도록 연일 무더위다. 작년에는 저온 현상으로 주민들 걱정이 많았는데 신문에서도 가뭄 소식이 많다. 점점 관광객이 몰려오는 시즌이다. 물 부족이 생기지는 않을까. 정미를 데리고 설천 대우병원에 다녀왔다. X-Ray 결과 Clavical Fracture! 아, 그래서 우리 정미가 그렇게 울었구나. 정미를 들어 올릴 때마다 자지러지게 우는 것이다. 얼마나 아팠을까. 기천 씨에게 이야기했다. 당신, 간호사 맞아? 할 말이 없다. 내일, 아니 오늘은 전주에서 보건진료소로 자궁암 검진 팀이 온다. 주민들이 많이 오셔야 할 텐데.

/ 1994년 8월 12일 금요일 비

태풍 '사라'의 위력보다 더 강력할 것이라고 했는데. 태풍 '더그'는 올여름 최강 불볕더위를 종결시킨 효자 바람을 몰고 나타난 슈퍼태풍이 아닐 수 없다! 엄청나게 바람이 불고 비가 내린다. 다음 주자 '옐리'가 북상 중이라는 소식이다. 제주도에서는 900mm가 넘는 폭우가 쏟아져 하늘이 뚫어졌는가, 라는 표현도 나왔다. 난주네, 미영이네, 수연이, 영신이, 그리고 우리 식구들이 다녀갔다. 일주일 정도만 지나면 이 더위도 끝이 난다. 9월이면 우리 정미 첫돌이다. 누군가는 '벌써?'라고 할지 모르지만, 나에게는 '이제서야'라는 표현을 쓸 정도로 힘겹다. 걷기는 언제쯤 성공할까. 잠이 온다. 졸린다아아아.

/ 1994년 8월 25일 목요일 고운 비 새벽 1시 26분

봄비 한 번에 옷 하나씩 벗어내고,
가을비 한 번에 옷 하나씩 더 입게 된다.
이 비가 그치면 가을이 훨씬 가까이 왔음을 알게 될 것이다. 이 분명하고도 엄중한 자연의 시간표. 오늘은 대미보건진료소에 간다.

/ 1994년 9월 13일 화요일 맑음

정미의 첫 생일. 삼공리 보람엄마가 옷을 사 오셨다. 미영이 고모, 문임이 이모, 친구 영신이, 외할머니, 경복 씨도 축하해 주셨다. 기천 씨는 요즘 직장 옮기는 고민으로 스트레스 중이다. 어제부터 정미에게 모유 수유를 중단했다. 가슴을 파고드는 정미. 슬픔이라고 말하기는 좀 측은하면서도 절절한 이 감정은 무엇일까. 인간이 젖을 먹이는 행위는 숭고하다. 당연한 이야기다. 두통, 오심, 가슴앓이, 오한과 근육통. 수유 중단에 따라오는 증상들이다.

이유 없이 슬프고, 가슴 아리던 엄마 되던 순간. 눈빛도 마주치지 못하고, 속으로, 속으로만 화도 나고 마음도 아프고 그래서, 그해 가을 우울증은 참 오래가기도 했지.

젖을 뗌으로 더 많은 것을 해줄 수 있다는 위로로 과감히 떼라고 교수님은 말씀히 셨다. 성미는 세상에 태어나 처음으로 경험히 는 독립! 작은 투사이다. 나는 정미의 후원자다. 우유도 잘 먹고, 오늘 아침에는 매운 청국장도 몇 수저 받아먹었다. 호호 불면서 물도 마시고. 새로운 경험, 새로운 음식. 그것은 새로운 세계로 확장이다. 나는 정미를 통하여 많은 것을 느끼고 배운다. 가을이 이렇게 빨리 오다니. 춥다는 표현이 어울릴만한 날씨다. 구천동 가을은 참 성급하기도 하지. 가뭄이 이어지고 있다.

/ 1994년 10월 8일 토요일 흐림 밤 11시 반

기천 씨가 사표를 냈다. 그의 직장이 오늘부터 없어졌다. 젊고 당당한 30대 그이. 기분이 먹구름으로 내려앉아 나를 누른다. 구천동에서 서울까지는 너무 멀다. 걱정하지 말라는 그의 말은 이미 걱정에 젖어 있다. 일하는 즐거움을 빼앗겨 버렸다. 나는 그걸 이제 지켜봐야 한다. 어떤 절벽감이 느껴진다. 구천동보건진료소로 그가 왔다. 다정다감한 우리의 정겨움은 이렇게 사라지는 것일까. 시댁에도 부담이고, 친정에는 더 큰 부담이다. 잘 헤쳐나가기를 기도하는 마음으로 쓴다. 여호와이레!

/ 1994년 10월 28일 금요일 맑음

그가 면접시험 본다고 대전에 다녀왔다. 일이 잘 진행되었다면서 포도를 이만 원어치나 사 왔다. 그의 호주머니에서 두툼한 이력서 봉투가 쏟아진다. 내가 도와줄 수 있는 것이 없다는 것이, 기천 씨가 낯선 사람처럼 느껴진다. 그이는 늘 세상 보는 눈이 긍정적이다. 정미는 수두를 앓는 중이다. 어리광은 늘고 짜증이 늘었다. 정미도 힘드니까 그렇겠지. 아이 손을 잡고 밖으로 나갔다. 이렇게 한 번씩 몸은 지치고, 마음 아프고 나면 그 여파는 며칠씩 간다. 내가 어떻게 해야 할지 모르겠다. 정상적인 엄마가 있기는 있을까. 내 역할이 이게 맞나 싶다. 머리가 복잡하다. 어지럽다.

기천 씨 차(기아 세피아)가 팔렸다. 전주에서 새 주인이 나타났다. 그는 서운한 심정일 텐데 전화를 끊더니, 화가 난 듯 세차를 한다. 커버를 씌워버리는 그 마음. 정리하는 마음일까. 아니, 그 이상의 마음으로 덮어버렸는지도 모르겠다. 내년 이맘때를 상상하기란, 불가능하다. 어찌 알겠는가.

/ 1994년 11월 7일 월요일 맑음

삼공리 김도일 씨 어머님 발인. 기천 씨는 서울로 올라갔다. 사무실 정리를 위함이다. 본사 방문 예정이라고 했다. 복잡한 미로 속에서 헤매듯 돌고 나와 긴 한숨을 몰아쉴 그. 누구도 달래주지 못하리. 실직이 얼마나 오래가려나. 근무할 때는 모르던 것을 떠나서 나와 보니 의미가 되새겨진다. 늘 하고 있는 일, 익숙한 일이 빛을 잃은 것으로 보이지만, 그 일은 이미 그 자체로 빛을 발하고 있다는 것을 기천 씨를 보면서 배운다. 저 언덕 너머에 정말 무엇인가가 있기는 있을까. 그것이 어쩌면 무지개 착란이라는 것을 알면서도 달려가야만 하는 우리.

/ 1994년 11월 29일 화요일 맑음

서로 사랑하여 결혼까지 한 사람들. 시댁과 친정의 돈 관계로 다투거나 이혼하는 사람들. 왜 그렇게 속이 좁은가. 한심한 사람들. 나는 그런 생각을 가졌다. 이제는 내가 그들의 대열에 서야 할 때가 되었다. 돈 만 원, 이만 원 가지고 자꾸 이야기하는 옹졸한 기천 씨를 본다. 자꾸 되씹으며 이야기하는 모습을 보노라면, 저게 지금 진심인지 농담인지 모르겠다. 나는 속으로 화가 나서 미칠 지경이다. 서로 형편을 잘 알면서도 우리는 지금 왜 이러는 것일까. 스스로 화가 난다.

보건진료소 화장실이 고장 나서 어제부터 공사 중이다. 아람 아빠에게 의뢰하였다. 윤석철 씨와 박정일 씨까지 오셔서 함께 거들어주신다. 정미는 이제 걷는 프로가 되었다. 기천 씨는 경복 씨와 신탄진 아파트 분양사무실에 갔다. 분양가 7,200만 원. 중도금 1,000만 원. 지금까지 2,000만 원 납부. 아직 가야 할 길은 까마득한데, 한 발짝씩 웅장한 마음으로 앞으로 나가는 중이다.

/ 1994년 12월 11일 일요일 맑음

화장실 창틀 문에 성에꽃이 피었다. 춥다. 추워졌다. 기천 씨에게 안타까운 소식이다. 아, 그는 기아자동차에서 거절당했다. 다시 물망에 오른 현대자동차와 서진산업. 어느 곳에서 기천 씨를 필요로 할까.

간호사관학교에서 촬영한 '우정의 무대'를 시청하였다. 자상하고 자랑스러운 아버지들이 거기에 다 계셨다. 원망해도 수용없는 우리 아버지와 교차한다. 눈물이 핑 돌았다.

안부와 선물을 드리고 싶은 사람이 너무 많다. 연말이면 특히 그렇다. 그만큼 보이지 않는 사랑을 많이 받은 이유일 것이다. 시부모님, 친정 부모님, 대미보건진료소 이경숙 소장님, 상곡보건진료소 조진순 소장님, 출장소 윤정석 소장님, 은정기 선생님, 목사님과 권사님들, 철물점 아저씨, 친구 순성이, 영신이, 덕재 씨, 중관 씨, 무주리조트 정진숙 간호사, 신승태 차장님, 대우병원 류은숙 간호사. 모두가 감사하다. 내일부터 다시 일주일이 시작된다. 내가 지금 구할 것은 나의 인생을 어떻게 구도할 것인가이다. 누구에게 자문할까.

/ 1994년 12월 18일 일요일 맑음

"헛소리 하고 있네"라니! 모멸찬 소리.

/ 1994년 12월 24일 일요일 맑음

크리스마스이브다. 누구나 들떠있다. 나도 그렇다. 크리스마스는 1년을 정리하게 해주는 간이역이다. 열심히 일한 사람은 그런대로, 후회 가득한 사람은 회한 가득한 대로, 기울어짐 없이 새해를 맞이한다는 공평함.

보건진료소에서 가족 모임을 가졌다. 시부모님과 형님내외분, 조카들. 친정엄마는 귀가 아파서 서울 병원에 가셨다. 중이염이 깊어진 모양이다. 나만 즐거움을 누리는 것 같아 죄송하다. 아버지의 건강도 걱정이다. 끊기 어려운 술의 유혹, 조바심으로 지켜보는 엄마. 그런 엄마를 지켜보는 나. 이 대책 없는 삶에 해방을 부르짖을 날이 올까. 그런 날이 진짜 오기나 할까.

/ 보건진료소에 컴퓨터 보급   1995년 1월 4일 수요일

보건진료소에 드.디.어 컴퓨터가 왔다. 260만 원이라니! 중대한 임무를 띠고 보건진료소로 온 '알라딘'. 마술램프 요정처럼 이 네모난 기계가 무궁무진한 세계로 이끈다. 새로운 것을 배우는 것은 설렘이고, 여전히 설렘이다.

/ 1995년 3월 27일 월요일 비

기천 씨가 백수 생활을 청산하고 드디어 재취업하였다. 어제 대전 유성으로 올라갔다. 그동안 마음고생이 얼마나 컸는지. 이제 저 허름한 자취방에서 넉 달 정도만 지나면, 새 아파트로 이사한다. 삐삐를 쳐도 기다려도 전화가 오지 않는다. 궁금한 것이 한둘이 아니다. 회사에서 즐거운 모임을 하는 것인지.

책, 음악, 연필, 나무, 풍경 바라보기. 거리가 멀어진 것들이다.

/ 1995년 5월 15일 월요일 흐림

스승의 날이다. TV에서는 진실한 스승에 관한 뉴스로 시끌시끌하다. 약간은 의무감 비슷한 마음으로 은사님들께 전화를 드렸다. 언제나 반갑게 맞아주신다. 장 선생님께서는 내면을 가꾸라고 조언해 주셨다. 그것이 어떻게 하는 것이란 말인가. 1년 과정 가정간호사 훈련, 이슈다. 그 분야를 공부하면 내가, 나의 앞날이 더 나아지기는 할까. 구천동에서 전주까지 물리적 거리의 한계를 극복하는 일이 가능한가. 방법이 없다. 나는 포기했다. 그이에게 투정을 부렸다. 나는 누굴 위해 사는 것이냐고, 어떻게 살아야 신명이 나는 것이냐고.

/ 1995년 6월 9일 금요일

비가 오려나 보다. 어떤 목적의식도 목표도 없다. 문득문득 창밖을 바라보는 멍한 내 모습을 내가 자주 본다. 컴퓨터를 해 봐도 공허함은 위로받지 못한다. 진정한 즐거움이 되지 않는다는 것을 알면서 포장하며 산다. 이렇게 사는 모습, 기천 씨와 나는 서로에게 무관심하고 조금은 서로 무책임하다. 이게 맞나. 그는 나를 어떤 사람으로 인식하고 있는 걸까. 한낱, 한 여성일까, 의지하고 기대려는 버팀목일까. 누구에게도 만족을 주지 못하고 있는 것 같다. 이런 생활에 변화가 생긴다면 나는 잘 적응할 수 있을까.

/ 1995년 10월 1일 일요일

하루하루가 몹-시 힘들다. 업무와 육아에 나는 지쳐간다. 지난여름은 너무분주했다. 피서철에 누구는 재충전, 누구는 재방전. 나는 지쳐갔다. 두어 달 지나면 1996년이다. 시간은 날아간다. 체력의 한계인가. 정신의 붕괴인가.

/ 1996년 1월 8일 월요일 맑음

지역사회 재진단해야겠다. 지역 주민 건강 수준과 건강 문제 파악하여 건강 문제 우선순위 정하고, 그에 따른 보건교육과 간호 계획을 수립하고 실행하고 평가하여 주민의 건강 수준 향상을 위함. 진단 목적이 외워진다. 구천보건진료소 지역은 진료소장 혼자 감당하기에는 넓고 크다. 587가구, 1,740명, 대우병원, 설천보건지소 16km, 무주보건소까지는 38km, 상오정, 삼거리, 삼공리, 덕유리, 보안리, 배방리, 관서리, 대평, 원심곡, 9개 마을. 설천면 총면적 57㎢,

백련사, 구천동교회, 구천초등학교, 구천우체국, 구천파출소, 덕유산국립공원 관리사무소, 무주농협구천분소, 신협, 설천면사무소구천출장소, 이장님, 노인회장님, 운영협의회원님, 마을건강원. 여름철 피서객, 겨울철 스키어들. V3, 압축 유틸리티, DOS 플로피디스크, 노턴유틸, 마이툴스. 챙겨야 할 것!

　　내소자 상담 및 진료 실적 들춰본다. 1994년 실인원 4,767명 연인원 10,578명, 1995년 실인원 4,987명 연인원 15,202명, 하루 평균 20명 정도. 많은 날은 60여 명. 무주리조트 부근 심곡리에 보건지소 하나 더, 아니면 보건진료소가 하나 생겨도 좋을 것 같다. 삼공리 쪽은 인구 900명, 심곡리 쪽은 인구 800명으로. 행정에서는 관심도 없는 꿈같은 이야기.

/ 1996년 2월 13일 화요일 맑음

　　봄이 곧 올 듯한데, 구천동에서 아직 먼 이야기. 극단적 다름에서 찾아야 할 공통점은 무엇일까. 길은 다양한데, 내가 가야 할 길이 하나라는 것은, 너무나 너무나 인색한 신의 선택권. 보건진료소 밖으로 나간다는 것은 무엇을 의미하나. 처음에는 잘 보이지 않지만, 거듭되고 반복하다 보면 희미하던 것이 선명해질까.

/ 세순에게   1996년 6월 24일 월요일 비

비가 온다. 지금 뭐 하고 있는지. 오래간만에 편지 쓴다. 이렇게 비 오는 날씨 참 좋아. 잘 지내지? 구천초등학교에서 아이들이 만든 신문이 왔어. 내용도 알차고 짜임새도 좋구나. 네가 보내준 엽서는 잘 받았다. 정미가, 엄마! 이게 뭐야? 하면서 보내주는 엽서를 들고 따라다니면서 묻는다. 그림이 무슨 그림이냐고. 포청천이라고 가르쳐줬어. 아하! 그렇구나. 이 작고 짧고 귀여운 일상이 귀하게 여겨진다. 어제 교회 다녀왔는데 불현듯 이런 생각이 들더라. 이 험한 세상에 미순이, 세순이, 말순이, 남순이, 희경이. 모두를 위해 기도한다. 너의 말처럼 이 언니는 '후~탁!' 성도일지 모르지만, 그런 행위조차 하지 않는다면 나는 삶의 무게를 어떻게 버티고 살았을까 싶더라. 모두 보고 싶어. 이번 휴가 때는 서울에 갈까 해. 극장도 가고 싶고, 남산공원도 가고, 63빌딩도 다녀오자고 형부한테 말했더니, 서울은 사람 살기 힘든 곳이야, 구천동이 최고라고. 서울 여행을 별로 반기지 않는 표정이네. 거절당한 것 같아.

언니가 이렇게 불쌍하다(웃음). 잘 지내고 또 소식 나누자.

구천동에서 언니가

/ 선생님께   1996년 7월 26일 금요일

안녕하세요? 보건진료소에서 그녀를 처음 만난 것은 몇 년 전 여름이었습니다. 전화를 받았어요. 어머니가 편찮으신데 왕진할 수 있냐고 묻더군요. 바쁘고 정신없는 피서철이라 수화기를 내려놓으며 한숨지었습니다. 달려갔습니다. 아랫목에 누우신 어머니. 열이 38.3도. 제가 이 어머님과 전화를 걸었던 따님에 대해 아는 것이라곤 별로 없었습니다. 문을 열고 들어서는데 다시 안쪽에서 작은 문을 열고 나오는 그녀를 처음 본 순간, 그녀의 모습이란! 하반신을 질질 끌며 불편한 다리를 하고도 얼굴엔 그저 미안한 기색이 역력한 그녀. 저도 덩달아 몸 둘 바를 몰랐습니다. 어머니는 연로하시어 생활비를 벌어 쓸 만큼 건강이 허락하실 않으셨고요. 의료보호 혜택 누리는 정도로 옹색한 형편.

동네 부녀회에서 그녀에게 '양장 기술'이 있다는 것을 알고, 전동식 재봉틀을 사주었답니다. 대보름날 풍물치고 지신밟기 대가로 받은 돈으로 샀다고 합니다. 꼼꼼한 바느질 솜씨를 믿고 수선을 맡기는 사람이 늘어나면서 지금은 작은 간판도 걸었습니다. 그녀에게도 거부할 수 없는 사랑이 찾아왔습니다. 결혼까지 하셨지요. 긴 이야기를 다 적을 수는 없습니다.

바지 수선 맡기러 왔던 젊은 중장비 기사님이 그녀에게 사랑을 고백하셨대요. 저는

조심스럽게 여쭈었습니다. 장애 가진 분들의 결혼 생활에 있을 법한 장벽들. 어떻게 극복하셨을까. 물론 말할 수 없는 고통이 있었다는군요. 시간이 흐르면서 양가 어르신들의 얼어붙은 가슴을 녹이기에 충분할 정도로 뜨거운 사랑이 불타올랐고, 결국 사진 한 장 찍어 벽에 걸어두는 것으로 결혼식을 대신했답니다.

    결혼 후 남녀 관계에 있어 문제가 생기는 것은 흔한 일이라고 배웠습니다. '허니문 방광염'이라는 고약한 질환. 벌써 4개월째라는 고백을 하더군요. 며칠 전에도 읍내 개인병원에서 처방받은 아미카신 주사를 요청하여 가정방문 하였습니다. 처음 상담 전화가 왔을 때, 제가 알고 있는 지식을 동원하여 설명드린 후 산부인과 진료를 권유했는데. 지금까지 치료받지 않고 있다는 사실에 저는 더욱 놀라웠습니다.

    "병원에 가면 선생님들은 아무 이상 없다고 하시는데, 나는 아프고 괴로워서 죽겠어요. 어떻게 하면 좋을까요? 전염되는 것은 아닌가요? 그리고 남자들의 성 생리는 여자들과 다르다던데, 그의 성적 울분을 어떻게 해결해 줘야 할까요? 그는 괜찮다고 하지만 이곳저곳 불편을 호소하는 것을 보면 나도 알 수 있어요...."

    울먹이는 그녀 앞에서 제가 할 수 있는 일이 아무것도 없었습니다. 이름만 보건진료소장이지, 이웃 아주머니들과 무엇이 다르단 말입니까. 나의 능력이라는 것이 이런 데서 한계를 드러내는구나. 착잡한 이 기분을 어떻게 설명하면 좋을까요? 이 알량한 지식과 기술로 환자 앞에 선다는 것이 얼마나 부끄러운 일인지 모르겠습니다.

선생님! 바라는 것이 있다면 그녀에게 둥지를 틀고 나가지 않고 있는 이 지겨운 질환과의 싸움에서 그녀가 승리하기를. 완쾌를! 생의 어떤 기쁨을. 환희를! 선생님께 저의 답답함 속을 토로하며,

구천동보건진료소 박도순 드림

/ 박 소장에게   1996년 8월 19일 금요일

여름휴가는 잘 다녀왔는지? 나, 고경미는 매우 별나게 긴 휴가를 보냈다. 멸치가 좋아서 조금 보낸다. 반짝이 멸치라고 우리 지역에서는 최고품이야. 건강해라. 열심히 살자. 그리고 우리 동기 선영 언니 결혼했다. 경자 언니는 가을쯤 홍도보건진료소에서 떠날 것 같아. 보고 싶구나. 박 소장! 기천 씨에게 안부 전하고. 나는 어느새 두 딸의 엄마라오.

여수시 송도보건진료소 고경미

/ 경미에게   1996년 9월 4일 수요일

잘 지내지? 구천동은 피서철에 휴가를 갈 수 없어. 왜냐하면 그 기간에 환자가 가장 많이 밀려와. 산촌에서 지내는 내가 바닷가를 간다는 것은 그 자체만으로도 설레는 일이야. 작년에는 우리 아이가 너무 어려서 멀리 가는 것을 포기했어. 그냥 구천동에서 지냈지. 재작년에는 더 어렸으니까 더 어려웠고. 얼마만의 외출인가. 며칠 전부터 손꼽아 기다렸다. 어머님께서는 아이 데리고 바다로, 더구나 섬으로 여행 간다니까 마음을 놓지 못하셨어. 계획했던 바다낚시는 아버님 생각이 바뀌어서 취소했어. 민물낚시와 다르게 위험부담도 있고 장비가 신통치 않다고 하시더라.

서대전역에 도착했어. 광장에는 화분이 즐비하더라. 백일홍이 눈부시게 아름다웠다. 무궁화호를 탔어. 8시 58분 출발 기차가 목포에 도착했을 때 오후 12시 19분. 목포항으로 가서 홍도 가는 배를 탔다. 21,100원. 소아는 10,550원. 홍도에 도착하니 오후 3시 30분.

홍도보건진료소로 올라갔어. 직무교육 동기생 경자 언니. 8년 만에 만난 거야. 언니는 여전히 이쁘고 사랑스럽고 귀엽더라. 바닷바람에 피부가 그을리고, 작은 체구는 더 말라서 안타까운 마음도 들었어. 보건진료소에 대하여 간단히 소개받고, 그동안 밀린 안부와 경험을

나누었다. 응급환자가 발생하는 경우 육지에서는 그래도 홍도보다 교통이 좋은 편이고 의료기관 가까우니 후송이 가능하다는 것이 얼마나 훌륭한 시스템인지 알게 됐어. 섬 안에 갇혀버리는 관광객, 더구나 기상 악화로 배편이 끊어지는 경우 발만 동동 구르고 정말 고생 많이 했다고 하더라. 우리 보건진료소와 눈에 띄게 다른 것이 있다면 진료소에 큰 산소통이 있다는 것. 나는 상상도 못 하는 일이야. 의료 사고 불안감에서 헤어나지 못하는 언니. 섬에 있는 보건진료소에 근무한다는 것은 자리를 지키고 있는 그 자체만으로도 대단한 일이라는 생각이 들었어.

언니 소개로 민박집을 찾아갔어. 홍도를 둘러싼 푸른 바다. 찰랑거리며 쏟아지는 구월의 햇살이 풍경화였어. 일상을 벗어난 기분이 이런 것일까. 옆 방에는 일본에서 왔다는 마끼꼬 양과 후마 양이 있었어. 홍도에 자생 식물이나 동물 자료 조사가 목적이라는데, 나는 좀 놀라웠다. 단지 흥미나 취미를 위해서 그 많은 경제적 시간적 물리적 거리의 소모를 감수하고 일본에서 홍도까지 오다니. 마끼꼬 양은 나중에 한국으로 유학 오고 싶다고 하더라. 후마 양은 삼림학을 공부 중이고, 고등학교 때부터 영어와 인도네시아어를 배웠는데, 미국이나 영국으로 유학 갈 예정이라는군. 민박비는 1박에 2만 원, 물가는 정가보다 100원 비싼 값을 치렀어. 섬에 머무는 동안 보고 들은 것을 다 옮기자면 너무 길다. 목포로 환영나와준 남편과 시어머님. 내 집에 무사히 왔으니 감사할 뿐이야. 우리 또 언제 만날 수 있을까. 참! '반짝이 멸치'는 잘 먹고 있어. 여수 바다, 맑은 바다. 멸치는 온몸으로 말한다. 고마워.

구천보건진료소에서 박도순

/ 1996년 11월 14일 목요일 맑음

보건진료소장 정기 보수교육을 마치고 보건진료소로 돌아왔다. 전주에서 보낸 3박 4일의 시간과 그 시간 속을 헤집고 다닌 나. 대미보건진료소 이경숙, 상곡보건진료소 조진순 소장님과 함께 보낸 시간은 길을 잃고 헤매다가 빛을 만난 것처럼 즐겁고 분주한 연속이었다. 강의 내용이 나에게서 점점 멀어지는 기분이 든다. 절실하게 와닿지 않는 이유는 무엇일까.

어수선한 보건진료소 공사와 둘째 임신. 입덧. 이사하느라 정신없던 나날들. 내일은 또 안성면 자연학습원에서 공무원 대상으로 워크숍이 있다.

/ 1996년 11월 29일 금요일 눈

경로당에서 어르신이 김장김치를 가져오셨다. 마을 회관에 출장을 갔다. 시끄러운 수다. 아이들 뛰노는 소리. 창밖으로 펑펑 쏟아지는 함박눈. 겨울의 정취가 깊어진다. 손끝을 바늘로 찔러 한 방울 얻은 피. 어르신들 모두 혈압을 재고, 혈당 측정을 해드렸다. 그린파크에 왕진 갔다. 며느님의 입덧 고생이 이만저만 아니다. 하트만 수액 500ml IV하고 지켜보았다. 혈관 통증을 호소하셨다. 이래도 사람이 왜 죽지 않느냐고 질문하셨다. 나는 오히려 그것이 더 아이가 건강하다는 증거일 수도 있다고, 위로가 되지도 않을 말씀을 드렸다. 부끄러웠다. 좋아져야 할 텐데 걱정이다. 내일 다시 방문하겠노라고 약속하고 보건진료소로 돌아왔다.

밤 10시가 넘어 동생 미순에게 전화가 왔다. 시댁 식구들 챙기는 일이 힘들다고 호소했다. 설명하기 곤란한 반항심이 자꾸 생기고, 친정 식구에게 소홀했던 지난날이 괜히 화가 난다고 말했다. 삶에 더 익숙해지면 농생도 배우게 되겠지.

/ 1996년 12월 2일 월요일 은빛 찬란

금요일부터 퍼부은 눈이 자동차를 덮고 산야를 덮었다. 찬 바람은 더 거세졌다. 정미는 눈 속에서 펭귄처럼 넘어지고 뒹굴고 장난치고 시간 가는 줄 모르고 논다. 신발이, 옷이, 장갑이 흰 눈에 젖는다. 빨갛게 상기된 두 볼, 훌쩍이는 콧물. 귀여움이 넘친다. 저녁 8시부터 졸더니 지금은 11시 반.

　나는 점점 구천동 사람으로 대접받고 있다는 느낌이 든다. 끊임없이 들어오는 김장김치, 덕유리에 출장 갔다가 걸어오는데 진료소까지 태워다 주겠다고 차를 멈추는 최연표 씨, 팥죽 먹으러 오라는 장경애 아주머니 전화, 김진모 씨와 안영애 씨, 보건진료소 수리 후 이사한 지 한참인데, 주방 세제 사 오신 백옥순 아주머니. 보건진료소에 오실 때마다 아이스크림값이라고 꼭 천 원 지폐를 더 놓고 가시는 정종수 님. 출장소 직원들, 윤정석 소장님과 환경미화원 아저씨들. 해도 해도 모자란 나의 친절은 부끄럽다. 단지 먹고 마시는 행위에 대한 감사가 아니라 삶을 공유하는 기분. 내일은 적출물 수거료 송금. 읍내 나가서 사무용품 구입 서류 챙기기, 우표 주문하고 수불부 정리, 자동응답 무선전화기 가격 알아보기. 창밖으로 은빛 눈 여울이 가득하다.

/ 1996년 12월 10일 화요일 한파

　이토록 날카로운 칼바람이라니! 두부찌개가 먹고 싶어 빨래를 해놓고는, 뭔가에 홀린 듯 정미와 함께 슈퍼에 갔다. 마주 불어오는 바람에 정미는 웁웁! 숨을 제대로 쉬지 못할 정도였다. 지혜 엄마가 두부가 다 팔렸다면서 당신 냉장고에 들어있는 반 모를 꺼내주신다. 그냥 가져다 먹으라고 싸주셨다. 영남슈퍼에 가서 다시 한 모를 더 구했다. 500원. 엄마가 놓고 가신 양념 마늘 고춧가루를 풀어 뚝배기에 빨갛게 찌개를 끓였다. 호호 불어가며 맛있게 먹었다. 정미 단골 메뉴는 초코우유.

　막내동생 희경이 입시가 고민이다. 특차와 정시 모집이라는 생소한 단어들, 변해버린 제도에 동생과 나 사이 세대 차이가 벌어진다. 정시 모집에서 복수 지원이 가능하다 하니 기대해 볼만하다. 점수는 예상외로 높게 나왔다. 2% 이내에 드는 295.2점. 고려대 통계학과에 특차 지원했다. 과연 결과는 어떨지. 13일에 면접, 16일에 발표한다. 서울에 살던 희연 오빠가 고향으로 돌아왔다. 오빠 노릇 제대로 한 것이 없어 미안하다고, 뜬금없는 전화가 왔다. 말로만 도와준다고 하고 도와준 것이 없어 미안하다고. 밖에 나와 2차 모임 마치고 전화한다고. 끊고 나니 고맙다. 희경이 좋은 소식이 오빠들에게도 이어졌으면 좋겠다. 13일에는 부산에서 병일 오빠 결혼식이 있다.

/ 1996년 12월 18일 수요일 맑다가 흐림

수현 엄마가 다녀가셨다. 수현이가 자동차 사고를 당했단다. 논바닥으로 한 바퀴 굴렀단다. 놀란 가슴이 달래지지 않는다. 병원으로 갔다는데 별일 없기를. 두 손 모아!

/ 1997년 1월 6일 월요일 펑펑 쏟아지는 눈

새해 첫 주 시작이다. 오늘은 25명의 환자가 왔다. 독감이 유행이다. 머릿속으로 일사불란하게 해야 할 일이 좌르르 펼쳐졌다. 새해 소망이 쌓여 간다. 둘째 순산, 가족 건강. 새 식구가 늘어날 새해. 새 임무가 시작된 새해. 마음가짐이 새롭다.

삼공리 조기형 씨 댁에 다녀왔다. 첫 아이. 신생아 얼굴을 보았다. 꼼지락꼼지락. 저기 저 생명! 숭고한 손가락! 생후 10일 이내에 시행하는 선천성대사이상검사 채혈. 하얀 눈이 눈에 보이는 모든 풍경을 이불처럼 덮어버렸다. 골목을 걷는데 눈으로 둘러싸인 터널을 지나가는 기분이다. 정미와 함께 가정방문에 나섰다. 문을 여니, 따뜻함이 반긴다. 새 생명이 주는 따스함. 이 분위기. 어떻게 표현하면 좋을까. 봐도 봐도 신기하다. 나는 커다란 미역을 사서 가져갔다. 뜻밖의 대접을 받았다. 산모가 먹는 뜨끈한 미역국, 알맞게 익은 김치, 맛깔스러운 파김치까지. 보건진료소로 돌아와 눈을 쓸고 치웠다. 마당에서 신나게 놀던 정미가 일기장에 그림을 그린다. 저녁밥을 먹자마자 스르르 꿈나라로 날아갔다. 고요한 평화! 따스함!

/ 1997년 1월 21일 화요일 한파

아침에 현관문을 여니 보건진료소 마당이 빙판이다. 깨진 거울 조각을 깔아놓은 듯하다. 감기 환자가 북새통이다. 오늘은 46명이 오셨다. 윤정석 소장님으로부터 연하장이 왔다. 독선적이면서도 추진력과 어르신의 면모를 갖춘 분. 퇴직 후에는 어떻게 지내시는지 찾아뵈어야겠다. 영화 <꽃잎>을 보았다. 역사의 비극인 1980년 광주 배경으로 아픈 기억을 담은 영화. 진실은 왜곡되고 사실이 사실처럼 보이지 않던, 들리지 않던 메아리가 가슴 깊은 곳으로 다가왔다.

구천보건진료소 운영협의회 정기총회를 가졌다. 이장님들 칭찬과 격려로 마무리되었다. 구충 사업에 주민들 호응이 컸다. 날씨가 추워서 이장님들 수고가 더 클 것이다. 협조에 뿌듯한 감사가 일어났다. 동생 희경이는 서울대, 고려대 입시에서 고배를 마셨다. 한국외대에 합격했다.

말순이는 방글라데시로 출국했다. 남순이는 유급을 당했단다. 도대체 대학 생활을 어떻게 하고 있는 것일까. 24일에는 역사적인 동계유니버시아드대회 개막. 무주리조트에서.

/ **1997년 1월 24일 금요일 흐림**

동계유니버시아드대회 개막식이 있었다. TV로 지켜보았다. 저 힘찬 젊음이 부럽다. 그들의 용기와 도전이 부럽다. 무슨 일이든 가능한 나이. 그래, 더 눈부신 나이. 덕유산 정기. 골짜기마다 생기가 넘친다.

/ **1997년 2월 26일 수요일 맑음**

보건진료원회 전북지회 송영희 회장님 별세 소식이 날아왔다. 박신언 소장님이 연락하셨다. 보건소에서는 알림장 형식으로 팩스가 왔다. 숨 가쁘고 뒤숭숭한 몇 초가 스쳐 지나갔다. 돌아가시다니. 나의 첫마디는 긴 호흡이었다. 상곡보건진료소 조진순 소장님과 전북대병원 장례식장으로 향했다. 차 안에서 아이들은 슬픔도 모르고 세상모르고 웃고 떠든다. 향불을 꽂는 내 손이 떨렸다. 심장도 떨게 했다. 무릎 꿇고 드린 짧은 기도가 회장님께 바친 마지막 애도였다. 영정 사진 속에서 선생님은 사각모를 쓰고 온화한 미소로 우리를 내려다보셨다. 선생님은 이제 영원한 나라로 가셨다. 보건진료소장회를 위한 고귀한 헌신이 후배에게 결코 헛되지 않을 것이다. 삼가 고인의 명복을 빌며.

/ 1997년 2월 28일 금요일 비바람

어제 지치도록 놀던 정미는 일찍 잠자리에 들었다. 아침 7시가 되기 전에 일어나 늦잠에 취하려는 나를 흔들어 깨운다. 너무 많이 자면 잠꾸러기 되는 거야. 협박이다. 금세 떠지지 않는 눈을 비비며, 모래알 가득 들어 있는 듯한 눈으로 아침을 맞이했다. 정미가 팔을 주물러 달라고 했다. 사이다처럼 부글부글 끓는 손. 저린 팔을 이렇게나 멋진 표현으로 말하다니! 그래, 어디 한 번 정미 팔 사이다를 주물러 볼까. 하하하. 아이들 상상력은 때로 놀랍다.

덕유리 지나 당골마을 양승관 댁에 다녀왔다. 직장암으로 원자력병원에서 지난여름 내내 항암치료와 입원에 대하여 말씀하셨다. 어제 홍어탕을 드셨다고 했다. 설사와 복통으로 왕진 요청. 후라베린큐 두 알과 소화제에 아픔이 사라지기를 담았다. 아주머니께서 고등어조림을 싸주셨다. 비가 내린다. 빗물에서 봄 내음이 난다.

/ 1997년 3월 25일 화요일 맑음

장병희 운영협의회장님이 매우 수척해지셨다. 몸과 마음을 아프게 하는 여러 질환이 있다. 선과 악의 관계처럼, 건강과 질병의 관계도 불가분 합체 이치인 것 같다.

/ 1997년 4월 1일 화요일 밤비

감당하기 힘들 정도로 배가 불러온다. 거울을 들여다볼 때마다 겁이 덜컥 난다. 아침이면 깨어서 그래도 오늘 하루 잘 감당해 보자고 다짐한다. 육체적 피곤을 이길 힘을 달라는 기도가 절로 나온다. 저녁이 오고 날이 저물면, 그래서 다시 하루를 조용히 접을 때면 감사하다. 의무감이든 우러난 마음이든 상관하지 않겠다는 결심으로 마을 출장을 나섰다. 봄바람은 알맞게 불어서 두 볼을 간지럽힌다.

어두운 방에서 지내는 거동 불편 양춘순 할머니. 내 가슴이 답답해져 온다. 몸져누우신 지 벌써 두 달째. 혜원엄마와 가족들 수고로 말끔히 정리된 방을 보면 협력이 보인다. 힘겨운 목소리로 '보건소장'이라고 나를 알아보는 모습을 뵈면 눈시울이 뜨겁다. 어설프게나마 자세를 변화시켜 등을 문질러주고, 긁어드린다. 발등 눌러보니 부종이 심해서 두 손가락 모양이 그대로 그림자가 된다. 몸에서 떨어진 건조한 인피 가루는 이불 위를 싸락눈처럼 덮는다. 대소변이 어렵다고 하시고, 물 한 모금도 힘겹게 빨아들이는 모습에서 내 육신 하나 제대로 추스를 수 있는 건강함이 얼마나 큰 축복인지 새삼 깨닫는다.

마을에 다녀온 후 상곡보건진료소에 전화했다. 소장님은 상조 마을 출장 다녀오셨다고 했다. 그곳에서 보았다며 인간 이하의 삶을 살고 계신 노인 부부 이야기를 나눠주셨다. 누추하기 이를 데 없는 주거 환경, 다듬어지지 않는, 아니 다듬을 여력조차 없는 개인위생 불결함. 우리가 간호학 시간에 배운 지식은 어쩌면 필요 이상이었노라고, 그분들에게 전혀 도움이 되지 못하니 너무 안타깝다고 하셨다. 보건 사업이니 진료 사업이니, 거창한 행정의 부르짖음을 떠나 건장한 몇몇 부녀회원이 당장 팔 걷어붙이고 방을 털고 이불을 털고, 빨래도 해서 햇살에 구수하게 말려내는 일, 그것이 그분들에게 필요한 간호요, 도움이라고 하셨다. 옳은 말씀이다.

혈압과 투약 관리, 검사와 보건교육은 한낱 허울 좋은 겉치레 실적일 뿐, 나도 공감하였다. 진료소장으로서 정기적으로 방문하여 간호하는 일, 대상자들에게는 반가움이 되고, 작은 희망을 나눴다는 것, 딱 거기까지이다. 그 이상은 바라기 어렵다. 앗! 정전이다. 양춘순 할머니께서는 밤이면 고함을 지르기도 하신다. 투정도 많이 부리신다. 누구에게나 어둠은 두려움의 대상일 것인가. 호스피스 관련 교육을 받으면 나의 환자 관리 역량이 커지려나. 다 적지 못했는데. 비 오면 가끔 생기는 정전. 이제는 낯설지도 않다. 내일 아침에 일기장 열어보면 글줄이 틀어지거나 기울어져 있을 것 같다. 자야겠다.

/ 기천 씨에게 1997년 4월 7일 월요일

안개 자욱한 길을 달려왔습니다. 오후에는 피곤이 한꺼번에 몰려와서 일찍 잠을 청했지요. 두어 시간 자고 나니 훨씬 가볍습니다. 지난 5일, 병원에서 알게 된 내 안에 자라고 있는 작은 아이 성별이 여자아이임을 암시하던 선생님 말씀. 가슴에 뻐근한 무엇인가 터억 얹히는 기분이었어요. 부인하기 어려웠죠. 첫 아이 임신 때도 7개월인가, 태중 아가가 여자라는 것을 은연중에 말씀하셨는데, 그때도 뭘 먹으면 목이 메고 그랬습니다. 괜히 당신 얼굴 제대로 바라볼 수 없는 그런 어떤 비굴한 감정마저 들었어요. 어머님, 아버님께는 두말할 필요 없고요. 당신은 내게 어떤 위로의 말도 못 하고, 좀 안절부절못하는 그런 느낌을 받았습니다. 그렇다고 나와 당신이 아들에 대해 집착하고 있는 것도 아닌데, 이 불편함의 배경에는 어려서부터 보고 들은 남아선호사상 잔재가 스민 탓일까?

우리 엄마는 내가 죄인이다, 내가 죄인이라 하시며 가슴을 치시고. 우리 엄마는 딸 여섯을 내리 낳았잖아요. 내가 그런 처지가 되려나, 어젯밤에는 자리에 누워 생각해 보니 한사람 두 사람 스치고 지나갔습니다. 엄마로부터 '아들 염원' 모정이 나에게 유전된 것일까. 나와 당신의 미래, 노후, 딸들 시집보내는 엄마 마음, 아빠 마음. 우리는 20~30년 후 어떤 모습으로 살고 있을까. 당신은 서운한 기색 없이 둘째가 딸임을 받아들이시는군요. 내 아량이 당신보다 넓지 못한가 봅니다. 언제나 앞만 보며 달리는 당신. 거칠 것 없이 열심인 당신! 그런 수고에 격려와 칭찬 한 번 제대로 못 하는 나. 돌이켜보면 모든 생활이 '나' 위주였구나, 발견합니다. 나의 이런 성격 때문에 당신이 매우 힘들었겠다, 생각합니다. 몇 달 후 병원에서 벌어질 좀 끔찍한 수술. 반면에 그 후 나를 바라볼 둘째 아이의 신비스러운 탄생이 기대됩니다. 잘 이겨낼 수 있도록 힘을 달라는 기도 올려봅니다. 둘째 이름을 생각해 보세요. 은혜로운 아이. 감사와 기쁨으로 충만한 아이. 정은(貞恩), 정은, 정은, 정은. 어떠세요? 이렇게 적으니, 속이 조금 시원합니다.

구천동보건진료소 박도순

/ 1997년 5월 13일 화요일 맑음

임신성 기관지 천식이 왔다. 밤새 기침으로 잠을 이루지 못한다. 목에서 녹슨 비린내가 났다. 베개를 끌어안고 기침한다. 멈추지 않았디. 소변을 지릴 정도였다. 눈부신 날씨에 나는 우울했다. 그랬던 것이 거짓말처럼 사라졌다. 나도 설명할 길이 없다. 내과 선생님께서도 입원이 필요하지 않다는 소견을 주셨다. 내과적 치료 없이, 산부인과에 내일 오후 3시, 입원하라는 오더를 내렸다. 기도 중이지만 불안과 수술 공포감은 여전히 지워지지 않는다. 무사히 병원 생활 마치고, 일상으로 돌아올 수 있도록 바랄 뿐이다. 버드나무 잎사귀 간지럽히는 초록 빗방울. 봄은 절정을 지나 후렴에 닿아있다.

/ 1997년 5월 16일 금요일 맑음

나에게 둘도 없는 충만과 넘치는 기쁨의 시간으로 채워주심에 감사하다. 낳았다, 둘째! 대전선병원 산부인과. 2,960g. 아가야, 반가워! 낮 12시 35분. 정미 때와 다른, 너무 다른 출산. 불안했던 어제가 지나고, 기쁨이 넘치는 날이다. 묘한 환희에 내가 사로잡힌 기분이다. "있잖아, 수술방에서 내 발등에 그대 핏덩이가 덕유산 눈처럼 쌓였었어. 이제 아무 걱정 없어. 힘 내시게!" 회진 시간마다 임현순 과장님 유머가 넘치신다. 두 번째 제왕절개. 동생을 바라보는 정미의 사랑스러운 표정을 어떻게 표현하면 좋을까. 아가야! 환영한다. 기쁨이다. 반갑고 고맙다.

/ 또순여사님께   1997년 6월 8일 일요일 13:29

안녕하세요? 하이텔 주부 동호회 roma2입니다. 얼굴을 뵙지는 못했지만, 근황이나 소식은 게시판에서 읽고 있습니다. 둘째 출산을 진심으로 축하합니다. 열 달 동안 아가에게 모든 영양분, 에너지 빼앗기고, 또 수술하시느라 기운이 빠지는 건 당연한 일입니다. 산후 보약은 정상 분만하느라 진통 참아낸 산모만 먹어야 한다고 생각하신다면 잘못된 선입견입니다. 제왕절개 수술은 아랫배를 훑어내다시피 하는 것이어서 기혈 소모가 대단하답니다. 5월 15일에 출산하셨으니 지금쯤 출산 후 질 출혈 혹은 분비물도 그쳤겠지요. 녹용은 대보기혈약이므로 산모에게 더없이 좋은 약이랍니다. 한의사인 저도 제가 챙겨 먹는답니다. 아가 백일 때 잔치는 간단하게 하시고 그 비용으로 아가 엄마 산후 관절에 도움 되는 것으로 먹어야 한다고 생각합니다. 간단하게 설명해 드립니다. 몸도 마음도 힘드실 텐데, 참지 마시고 가까운 한의원에 가서 꼭 상담받으세요. 늘 건강하세요.

　　　roma2 드림

/ 1997년 6월 12일 목요일 맑음

아버님이랑 정미랑 정은이랑. 대덕구 보건소에 갔다. 정은에게 BCG 접종을 했다. 깨끗하고 환한 분위기. 역시 무주와 달라도 너무 다른 도시 보건소. 체중 4.12kg, 키 57cm. 정은이는 참 맑다. 벌써 이렇게 자랐다. 젖 냄새, 땀 냄새, 기저귀 냄새, 아가 냄새. 아이 우는 소리. 정미가 신기한 듯 바라본다. 아파트 울타리엔 덩굴장미가 한창이다. 앞뒤로 보이는 신록은 여름으로 질주 중이다. 벌써 한 달이 지나간다. 아가는 잘 먹고 잘 잔다. 순둥이다. 산바람, 논과

밭, 그 사이를 쓰다듬는 신선한 공기, 시원한 물, 구천동 흙냄새, 교회 식구들, 모두 그립고 보고 싶다. 구천동 사람 다 된 모양이다. 어느 정도 회복되고 기운도 차리고 있다. 정미 낳을 때와 다른 기분이다.

　탄생의 기쁨과 충만함. 마취에서 깨어나자마자 횡설수설한 것은, 구천동 시원한 물 한 모금. 남편이 잠꼬대를 흉내 낸다. 어머님의 산후 간호가 너무나 정성스럽다. 쌓이는 빨래 세탁, 날마다 끼니마다 바뀌는 반찬, 산후 풍경이 풍요롭다. 당신의 고마움을 어찌 다 갚을 수 있을까. 산후 3~5일 정도 되니, 젖몸살이 도졌다. 통증과 고열로 고생했는데 정미 때 경험이 도움이 된다. 탄력 붕대로 가슴을 감기도 하고, 뜨거운 물수건으로 마사지도 했다. 포기할까. 잘 이겨냈다. 입원실에 함께 있던 산모들 보니 고비를 넘기지 못하여 생각보다 모유 수유를 포기하는 사람이 많았다. 병원 의사나 간호사의 적극적인 개입이나 배려가 좀 아쉽기도 했다. 빠른 계절의 변화를 실감 난다. 구천동이 아니라 대전이라서 그런가? 아가 목욕 후, 잠든 시간 사이에서 적다.

/ 1997년 6월 24일 화요일 맑음

시부모님과 함께 구천동 진료소에 다녀왔다. 내 키만큼 자란 잡풀이 비어 있던 시간을 점령하고 있었다. 시끄러운 예초기 소리에 풀목이 날아갔다. 풀냄새가 여름의 향기로 짙어졌다. 보건진료소 앞에서 성업 중인 진미회관이 새롭게 단장하였구나. 인공폭포가 그럴싸하다. 밤이면 조명이 빛을 더하여 더욱 아름답다. 새싹이 파릇한 계절에 보건진료소를 벗어났는데, 시간을 뛰어 다시 들어간 보건진료소에 정감이 갔다. 10년 가까운 세월을 이곳에서 지냈으니 그럴 만도 하지. 남편은 이곳이 내 집 같다는 말을 몇 번이나 했다. 시원한 바람이 더위를 식혀주는 곳, 집맛이 난다고 한다. 장마 시작이라는 뉴스가 나온다. 정은이는 참 순하다. 모든 것이 정미랑 다르다. 알면서도 자꾸 정미랑 비교한다. 부모 자식 관계, 부부 인연, 물은 아래로 흐르는 법이라지만, 삶의 지어짐은 정말 신기하다.

/ 1997년 6월 30일 월요일 비

영국 주권 아래 있던 홍콩이 자정을 기점으로, 중국으로 반환된다는 뉴스. 대전집에서 보건진료소로 내려왔다. 출산 휴가 중인데 민원 등. 행정계 독촉도 거세다. 근무 첫날을 보냈다. 23명. 나를 힘들게 하는 것이 슬프다. 정은이 몸놀림이 커지고 투정도 많아졌다. 정신없이 바쁘다. 이겨내자고 다짐한다. 장마철 시작이다. 주방에서 이상하게 고약한 냄새가 난다.

/ 1997년 7월 4일 금요일 비

보건진료소 주방에 지독한 냄새의 근원지를 찾았다. 아, 전쟁이 끝났다. 어떻게 이런 끔찍한 일이 일어날 수 있나! 김종기 운영협의회장님이 아니었다면 처리할 수 없었을 것이다. 냉장고 뒤 커버 속에서 쥐가 죽은 것이다. 며칠간 사다리와 연장 챙겨 천정을 뜯고, 다시 밑으로 내려와 구석구석을 뒤졌지만 찾지 못했는데, 어이없게도 냉장고 뒤 커버였다. 협의회장님 수고에 감사할 따름이다. 환자가 많아지고 있다. 이길자 아주머니께서 우유 500ml 두 개나 사 오셨다. 과분한 사랑을 받고 있다. 진심에서 우러나게 잘해야겠다. 감사하게도 무사히 잘 어우러져 하루하루가 지나간다. 막내 희경이가 입대할 나이가 되었다. 출산 후 체중이 줄어들지 않는다. 우리 정은이는 사람 손을 탔다. 민감하다. 안아주면 조용하고, 방바닥에 내려놓으면 운다. 엷은 미소에 그만 매료되고 만다. 어쩌다 한 번씩 보여주는 저 신비한 사람꽃, 아가 웃음!

기가 막힌다. 그 짧은 시간에!

/ 1997년 7월 15일 월요일 맑음

기아자동차 부도 유예 협약이 체결되었다는 소식이다. 결국, 부도 처리. 98년까지 법정관리. 기아자동차 영업소는 어떻게 되는 걸까. 남편의 직장은 어떻게 되는 걸까.

/ 1997년 7월 19일 토요일 맑음

많은 분이 우리 정은이 탄생을 축하해 주셨다. 생각지도 못한 일이다. 김용빈 님 종이 기저귀, 이순이 님 주스 1병, 이월순 님 크린베베 종이 기저귀, 최용주 님 갈아만든배 음료수, 홍향진 님 열무 석 단, 김윤임 님 감자 1박스, 이석권 님 축하금, 이일우 님 미에로화이바 음료수, 보건진료소장님들 축하금, 순성이 엄마 축하금, 김명권 님 축하금, 유미 엄마 반지 반 돈, 이경자 님 내의, 권우 엄마 삶은 옥수수 한 다발, 김정자 님 내의 1벌, 이미향 소장님 축하금, 외할머니 축하금, 진미회관 축하금, 베비라 내의, 구천동교회 축하금, 배종규 대리님 병아리 모빌, 하이텔 주부동호회 패션방 시숍 님 오렌지, 진창엽 님 선풍기, 이석권 님 축하금, 김상필 님 내의, 손성남 님 우유, 이길자 님 흔들 요람, 박무열 님 갈아만든토마토 음료수, 김경자 님 목욕 세제 로션 세트, 홍영기 친구 기저귀랑 당근 주스. 다 적을 수 없다. 큰 빚을 졌다. 언제 다 갚을까.

/ 1997년 8월 10일 일요일 비

태풍 '티나' 북상. 거센 바람. 많은 비. 정은이 생후 87일. 반딧불축제. 비가 오니 축제 분위기도 가라앉았다. 징미가 가지고 놀던 미키마우스 풍선이 민들레 실수로 하늘로 날아갔다. 울음 섞인 사과하는 민들레. 어찌해야 하나. 저토록 진지한 동심이라니. 슬픈 정미는 끝없이 사라지는 풍선을 하늘 높이 바라보더니 이내 고개를 숙였다.

/ 1997년 8월 13일 수요일 맑음

젖병 삶다가 불이 날 뻔했다. 진료실에서 컴퓨터에 Win Plus 디스크를 넣고 인스톨하고 있었다. 가스레인지에 젖병 올려놓은 것을 깜빡한 것이다. 진료실에서 주방으로 10분만 늦게 왔더라면, 귀중한 것들을 화마가 삼켰을 것이다. 엄마는 동생 미순이 산후 간호를 다녀오셨다. 사흘간이었는데 사당동 살림살이를 보고 오셔서는 호된 꾸중을 나에게 하셨다. 무엇이 우선인지 모르는, 게을러터진 것들이라고. 엄마 이야기를 듣는 동안 혼돈이 생겼다. 어둡고 칙칙한 반지하에서 깔끔하고 쾌적한 생활을 기대한다는 것은 쉬운 일이 아닐 것이다. 서울은 덥고 푹푹 찌는 더위라고 한다. 나도 생각을 좀 바꿔야겠다. 진료소 올라오는 길옆으로 백일홍, 코스모스가 피었다. 구천동의 시계도 가을로 가고 있다.

/ 1997년 12월 3일 수요일 흐림 IMF

김영삼 대통령이 국제사회에 구제 금융 요청한 사실을 공식으로 발표했다. 생중계를 보았다. 빅쇼크다. IMF라는 단어가 깊게 각인되었다.

/ 1998년 2월 1일 일요일 맑음

빨리 봄이 왔으면 좋겠다. 입춘이 코앞이다. 정은이는 주전자에 담긴 보리차를 쏟아붓고는 철퍽거리며 신나게 놀았다. 정미는 아빠가 만들어준 그네를 탄다. 아이들이 자라는 모습. 생명이 생명을 그리는 사람 사는 풍경.

/ 1998년 2월 27일 금요일 흐림-비

창문 열고 밖을 내다보는 즐거움. 암막이 열리듯 보건진료소에 들어오는 사연은 파도처럼 밀려왔다가 안개처럼 사라진다. 창문만큼 비가 내리고, 창문만큼 바람도 들어오고.

/ 1998년 10월 7일7일 수요일 맑음

그이의 첫 직장이 이렇게 되리라고는 상상도 못 한 일이다. 기아자동차가 현대그룹에

매각되었다. 대리점은 문을 닫았다. 방아쇠가 당겨졌다.

/ 1998년 11월 26일 목요일 맑음

삼공리 경로당에 출장을 다녀왔다. 어르신들이 생각보다 많이 나오셨다. 혈압, 혈당을 재고 설명하였다. 놀라운 것은 저렇게 높은 당신의 혈압과 혈당을 모르고 지낸다는 것, 알고 계시면서도 관리하지 않는다는 것. 할 일이 많다는 생각이 들었다. 마음이 조급해진다.

/ 朴さんへ　　1998년 12월 23일 수요일 맑음

　　メリークリスマス！
お元気ですか。子供達も元気ですか。
火曜日金曜日になると皆の事がいつも思い出されます。朴さんとこうして出会えた事本当に神様のみちびきだと思います。何事もいっしょうけんめいとりくむ朴さんの姿にいつも頭が下がります。日本語の授業も私をささえてくれて本当に感謝しています。1998年もおねがいします。良き-年もなりますように。

近藤町代

　박 선생님께

메리 크리스마스!

잘 지내고 계신가요? 아이들도 잘 건강한가요?

화요일과 금요일이 되면 모든 일이 생각납니다. 박 선생님과 이렇게 만난 것, 정말 하나님께서 인도하신 것이라고 생각합니다. 무엇이든 최선을 다하여 노력하는 박 선생님 모습에 늘 머리가 숙여집니다. 일본어 수업도 도와주셔서 정말 감사합니다. 1998년에도 잘 부탁드립니다. 멋진 새해가 되기를.

곤도마찌오.

제 3 부

갈림길

1999~2016

박사님께 소장님께

오후 5시경, 전화가 왔다. 소장님, 부남면 가정보건진료소로 발령 나셨습니다. 어머나! 그게 무슨 말이야? 진료소장 전원 인사이동입니다. 문서 확인하세요. 발령이라니. 사전 희망 조사도 없이 이럴 수 있는 거야? 그럴 수 있는 것이 행정이었다. 우리는 다만 공적 업무를 수행하는 사람이니까. 지방자치단체에서 만든 보건의료시설에 거주하며 정해진 일만 하면 되는 신분이니까. 자리 이동은 생각보다 쉽고 간단했다. 인사 발표는 금요일 오후였는데 월요일부터 새 근무지에서 업무를 시작하라는 연락이 왔다. 부랴부랴 짐을 싸고, 시간에 쫓기듯 이사를 했다. 구천동진료소 김종기 운영협의회장님이 가정보건진료소까지 따라오셨다. 짐을 내려주고 돌아가면서 자꾸 마음이 안 좋다고 하셨다. 모든 것이 낯설고 심란했다.

가정보건진료소가 위치한 지역은 나이트클럽이며 다방, 식당, 여관, 기념품점, 정육점이 즐비한 관광지 구천동에 비하면 조용하고 전형적인 농촌이었다. 마치 1970년대로 돌아간 듯한 기분이었다. 가당리, 안담, 상평당, 하평당. 아랫굴바우, 웃굴바우, 신대. 일곱 개 마을에 인구는 600명 남짓.

나는 자전거를 타고 마을을 돌아보기 시작했다. 웃굴바우 벚나무 숲길은 다가올 봄날을 상상하기에 충분했다. 맑은 물로 굽이치는 금강의 여울목 풍경은 이미 내 마음속으로 들어왔다. 페달을 열심히 밟았다. 숨이 차고, 다리가 아팠다. 가도 가도 마을이 보이지 않았다. 여기가 어디라고 자전거를 타고 오십니까. 이장님은 깜짝 놀라며 말씀하셨다. 마루에 누워 버린 나를 보며 웃었다. 이장님은 화물차에 자전거를 실어

보건진료소까지 데려다주셨다. 나는 그렇게 가정보건진료소장으로 부임했다.

농사철이 지나고 겨울이 오면 어르신들은 마을회관에 모여 함께 생활하셨다. 그곳에서 나는 아주 이색적인 풍경을 보았다. 한겨울에도 강변으로 고기를 잡으러 가는 것이었다. 무거운 쇠망치나 나무망치로 바위를 내려치면, 놀라 기절한 물고기들이 구멍 뚫린 얼음판 위로 반짝이는 배를 드러냈다. 발은 시리고 손도 시렸지만 고기를 주워 담는 즐거움은 희열이었다. 잡은 물고기를 회관으로 가져오면 할머니들은 손질하셨다. 무와 배추를 썰어 넣어 회무침을 만들거나 매운탕을 끓이신다. 나도 같이 먹었다.

어느 날, 기생충 검사 결과지를 들고 한 어르신이 진료소를 찾아왔다. 남편이 간흡충에 감염되었으니, 무주보건소로 약을 타러 오라는 안내문이었다. 간흡충 치료에 대하여 내가 설명할 수 있는 것은 고작, 요즘 좋은 약이 있어요, 그거 드시면 괜찮아집니다, 이게 전부였다. 어르신은 조용히 말했다. 폐병 앓는 환자가 민물고기를 회로 먹으면 병이 빨리 낫는다더라. 그래서 장날마다 첫차를 타고 읍내로 나가 물고기를 사왔다고 하셨다. 회를 떠서 오랫동안 남편에게 먹도록 했다는 이야기. 우리 주민들은 왜 저런 건강 신념을 가지게 되셨을까. 저 아주머니만 그런 습관을 지니고 계실까. 오래된 전설의 이면에는 어떤 이야기들이 숨어 있을까. 돌아가는 아주머니의 뒷모습을 오래 바라보았다. 내 안으로 궁금증들이 파문을 일으키며 다가옴을 느꼈다. 단순히 증상을 듣고 정해진 약을 익숙하게 처방하던 나에게 새로운 호기심이자 흥분이었다. 나를 두근거리게 만드는 그 무엇이었다. 그때 나는 갈림길에 내가 서 있음을 느꼈다. 그리고 훗날 알게 되었다. 그 길 위에 이미 나를 기다려온 사람들이 있었고, 그들은 오래전부터 나를 맞이할 준비를 하고 계셨다는 것을.

/ 가당리 가정보건진료소로 발령 1999년 2월 22일 월요일 안개

가당리 가정보건진료소로 발령이 났다. 갑작스러운 일이다. 공문서 한 장으로 날아오는 것이 명령이라지만, 이것은 좀 지나친 행정의 횡포 아닐까. 그토록 오랜 시간 맺은 사람과의 관계 정리가 그리 쉬운 일이던가. 감성 코드는 아예 생각하지 말아야 하는 것이 공무원 세계인가. 우리 가족에게도 변화가 생긴 것은 당연하다.

남편 출퇴근 거리가 달라졌다. 우리 정미에게는 부당초등학교 취학통지서가 날아왔다. 입학생이 우리 아이 한 명이라니! 이게 농촌의 현실인가. 받아들이기 힘들다. 우리 정미를 어떻게 하면 좋을까.

오후에 보건진료소 앞 가당교회 사모님께서 막걸리 빵을 가져오셨다. 직접 만든 찐빵이라는데, 와 이거 정말 별미였다. 구수한 향기와 폭신함의 예술.

/ 1999년 3월 2일 화요일 맑음

정미 입학식이다. 강당을 생각한 것은 착각이었다. 과학실로 안내받았다. 입학생이 우리 정미 혼자다. 한 명이다. 2학년 언니 오빠 4명과 복식 수업으로 진행된다고 한다. 어떻게 이런 일이 있을 수 있나. 담임 선생님과 인사를 나누었다. 이것은 정상적인 학교인가. 정미가 이대로 6학년이 되고, 그래서 졸업한다면, 동창생이 한 명도 없는 거잖아. 정미 앞날이 암울하게 느껴졌다. 나의 직장 때문에 우리 아이 미래를 망치는 것은 아닐까. 어떻게 해야 하나. 당신 생각은 어떠신지.

/ 1999년 4월 12일 월요일 맑음

하평당마을 출장을 갔다. 어르신은 누운 채 하루를 지내신다. 아내는 밭으로, 논으로 혼자

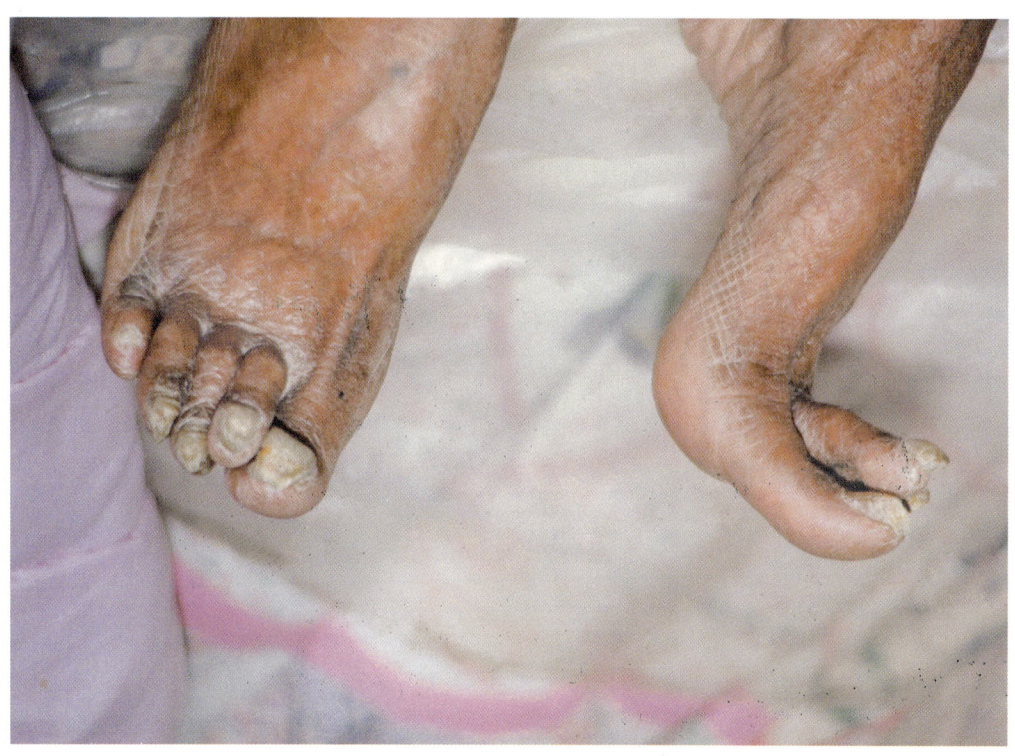

바쁘다. 처음 간 가정방문. 나는 할아버지의 손을 잡았다. 손톱은 두꺼웠고 길다. 거칠었다. 손바닥 안으로 고인, 이 물컹한 것을 무엇이라고 부르는가. 알코올 스펀지로 닦아드린 후 머리맡에 놓인 로션을 발라 드렸다. 보건진료소에 돌아와서도 나는 환상처럼 환후가 되어 다가오는 그 냄새를 잊을 수 없다. 밥을 먹다가도 어디선가 흘러오는 듯한 환후는 머리끝에서 코 아래로 흘렀다. 저 두툼하고 딱딱한 손발톱 간호는 어떻게 해야 할까.

/ 2001년 9월 12일 수요일 맑음

보건진료소장 보수교육을 마치고 돌아왔다. '건강 증진'이라는 개념이 새롭다. 질병 예방도 중요하지만, 건강한 사람을 더 건강하게! 아, 그래서 나는 그동안 생각에 머물던 65세 이상 어르신 대상으로 목욕 사업을 추진할 것이다. 운영협의회와 사업 설계를 하고 계획서를 작성하였다. 주거 시설에 목욕 시설 유무, 월간 목욕 횟수, 사업 참여 요구도를 묻는 설문지를 만들었다. 운영협의회 이상규 회장님께 설문 조사 방법을 교육하고, 이장님들에게 배부해 주실 것을 부탁드렸다. 결과는 어떻게 나올까.

/ 행복 실은 목욕 나들이* 2001년 12월 6일 목요일 오전 10:27:05

http://nursenews.co.kr/main/ArticleDetailView.asp?sSection=71&idx=19362&intPage=1

　　목욕 사업을 하면서 한 달이라는 시간이 참 빠르다는 것을 새삼 느낀다. 금방 한 달 가고, 또 한 달이 간다. 어제는 첫눈이 내렸다. 춥고 배고픈 이들에겐 고통스러운 계절, 이제 정말 겨울이구나 싶다. 사업을 하기 며칠 전부터 계획서를 만들어 준비한다. 보건소와 면사무소 등 관련 기관장님들, 운영협의회 회원, 마을건강원, 자원봉사자들에게 연락하고 협력을 구한다. 사업 당일에는 어르신들을 인솔하여 읍내 목욕탕으로 모시고 간다. 안전하게 목욕 후 다시 댁으로 모시기까지 긴장을 늦출 수 없다. 목욕탕 안에서 할머니들 등을 밀어드린다. 처음에는 알몸이 부끄러웠지만, 이내 어린아이 같은 모습으로 허물없는 이야기를 주고받게 된다. 서운했던 일은 한 바가지 물로 씻어내 버리고, 걱정하던 자녀 문제로 시작한 이야기는 젖가슴을 만지는 장난에 이르게 된다. 땀 흘리고 나면 무거웠던 몸과 마음이 깃털처럼 가벼워지고, "오래 살다 보니 이런 날도 있다"라며 발그레한 웃음을 띠면 뿌듯하기도 하다. 이 모든 과정이 한 장 보고서로 표현될 때 그 아쉬움이란.

　　가정보건진료소의 목욕 사업은 5개 마을 주민 대상으로 설문조사 후 자체 사업으로 진행하고 있다. 65세 이상 어르신들 대상으로 마지막 주 월요일에 실시한다. 지역에서 호평을 받고 있다. 더없는 큰 인기를 얻고 있다. 어제 사업에 참여하신 아흔 살 넘은 할머니 두 분은 공중목욕탕에 난생처음 오신 분들이었다. 수도꼭지를 어떻게 트는지 모르셨고 더운물, 찬물 조절법도 몰라 뜨거운 물에 화상을 입을 뻔도 했다.

　　손만 대면 국수 가닥 같은 묵은 때가 벅벅 일어나는 분, 앙상하게 뼈만 남아 제대로 문지를 수 없는 분. 이마에 흐르는 땀을 닦으며 삶의 때와 아픔을 어루만진다. 이 사업을 지켜보신 어느

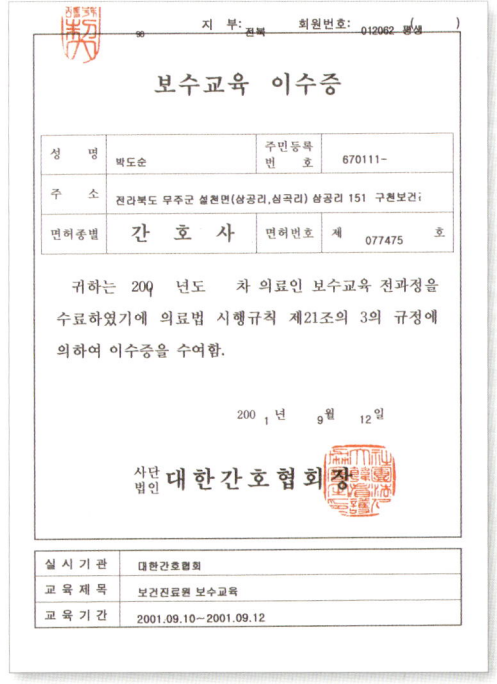

분은 좋은 일에 보태라며 후원금을 보내 주셨고, 빵과 우유 등 간식거리를 제공해 주는 분도 계 신다. 음료로 갈증을 풀고 돌아오는 관광버스 안. 훈훈한 행복이 넘친다. 관심과 사랑으로 지켜봐 주는 보건소와 면사무소 직원, 주민들께 진심으로 감사드릴 뿐이다. 차가운 아침, 따뜻한 마음으로.

/ **2002년 8월 27일 화요일 흐림**

태풍 루사*는 무풍면을 직격했다. 닥치는 대로 부수고 때리고 삼켜버렸다. 재해 현장으로 달려갔다. 건물은 무너졌고 사라졌고 사람들은 망연했다. 마을 회관에서, 느티나무 아래에서 주민들을 만났다. 아픈 이야기를 듣고 필요한 의약품을 처방했다. 출장 후 보건소 사무실로 돌아와 회의 시간이었다. 현장에서 보고 느낀 것을 이야기했다. 나는 주먹구구식이라고. 자차 운전 직원의 차량 훼손에 대한 것은 어떻게 보상받아야 하는 것이냐고, 이래서는 안 되는 거 아니냐고 의견을 말씀드렸다. 황 과장님으로부터 이해하기 어려운 꾸중만 들었다. 차라리 말하지 말 것을 그랬나. 심한 자괴감이 몰려왔다.

외부 지원 약품, 현지 차량 지원 등 질서가 없다. 지휘자 없는 악단은 각자 자기 능력대로 악기를 불어야 하는 것인가. 재해 앞에 우리는 모두가 경험이 없으니 그럴 것이다. 진료소장님들은 보건진료소 약품을 들고나왔다. 주민들은 할 말을 잃어버린 사람들이었다. 농작물도 쓰러졌고 쓸려갔고 어르신들은 아팠다. 자연재해가 이렇게 무자비한 것인가. 두렵다는 말은 두려움을 다 담아내지 못한다.

> 루사(RUSA)는 북서태평양에서 발생한 태풍으로, 전국적으로 사망·실종 246명, 5조 원이 넘는 재산 피해를 냈다. 폭우를 동반하는 강한 세력으로 한반도에 상륙한 몇 안 되는 태풍 중 하나. 말레이시아에서 제출한 이름으로 '사슴'을 뜻하며, 2002년 8월 23일에 발생하여 2002년 9월 1일에 소멸하였다.

/ **2003년 6월 9일 월요일 맑음**

오전 10시 20분, 대전선병원. 일란성 쌍둥이 출산. 세 번째 C/Sec.

/ **2003년 7월 28일 월요일 맑음**

아이들 울음소리, 주방에서 그릇 달그럭거리는 소리. 수돗물 소리. 어머니가 미역국 끓이는 소리. 바람이 부는 소리, 무더운 날씨. 정미는 찰칵! 어수선한 분위기 적응 중. 끝없이 등줄기에 흐르는 땀.

/ **2003년 12월 22일 월요일 맑음**

환자 진료, 아이들 돌보기, 나는 몸이 열 개라도 모자랄 것이다. 가당교회 사모님 말씀이

큰 위로가 되었다. 아기 키울 때는 냄비에 그을음이 새까매도 흉이 안된다고! 그만큼 바쁘고 정신없는 것이란다. 잘하려는 마음 내려놓으라고 하신다. 그걸로 스트레스받지 말라는 조언이다. 관용과 지혜를 느낀다. 그래, 그렇구나.

/ 2006년 9월 23일 토요일 맑음

충북 옥천군 박춘희 소장님으로부터 전화가 왔다. 학회 활동 하자고 권하신다. 나는 학회가 무엇이냐고 여쭈었다. 쉽게 말하면, 공부하고 연구하는 모임이라고 하신다. 무엇을 왜 연구하는 것일까. 오늘 창립 학술대회가 있는 날이다. 천안으로 향했다. 교수님과 소장님들이 많이 모였다. 뭔가 막 되게 멋졌다. 순천향대학교 향설 기념 도서관 5층 세미나실.

오전 10시부터 오후 5시까지. 등록비 3만 원. 김희걸 교수님으로부터 그간의 창립 추진 경과보고가 있었다. 나백주 교수님은 「농어촌 보건기관 일차 보건 의료서비스 전달체계 개편안 논의의 문제와 대안」에 대하여 강의하셨다. 윤태호 부산의대 교수님은 『우리나라 도시-농촌 간 건강 불평등』, 정미경 북암보건진료소장님은 『농촌 여성의 세라밴드 운동을 통한 하지 근력 강화』 연구 결과를, 충북CHP연구팀 현사생 소장님은 『농촌지역 본태성 고혈압 노인에서 걷기 운동 프로그램이 혈압 관련 지표에 미치는 효과』, 권영준 한림의대 교수님은 『농촌지역 주민의 농업재해 현황 및 대책』, 거창전문대 오윤정 교수님은 『보건진료원 대상 논문 분석』, 김희걸 경원대 교수님은 『농촌지역 당뇨병 환자 사례 관리 효과 분석』 논문을 발표하셨다. 한 분 한 분 너무 멋지고, 정말 제대로 아름다웠다. 청중석의

나는 흩어진 퍼즐이 저 멀리에서부터 주르륵 끼워지며 다가오는 같은, 속 시원한 어떤 기분에 사로잡혔다. 천안이 멀기는 멀다. 피곤한 하루. 그 기록. 한국농촌간호학회 창립 학술대회.

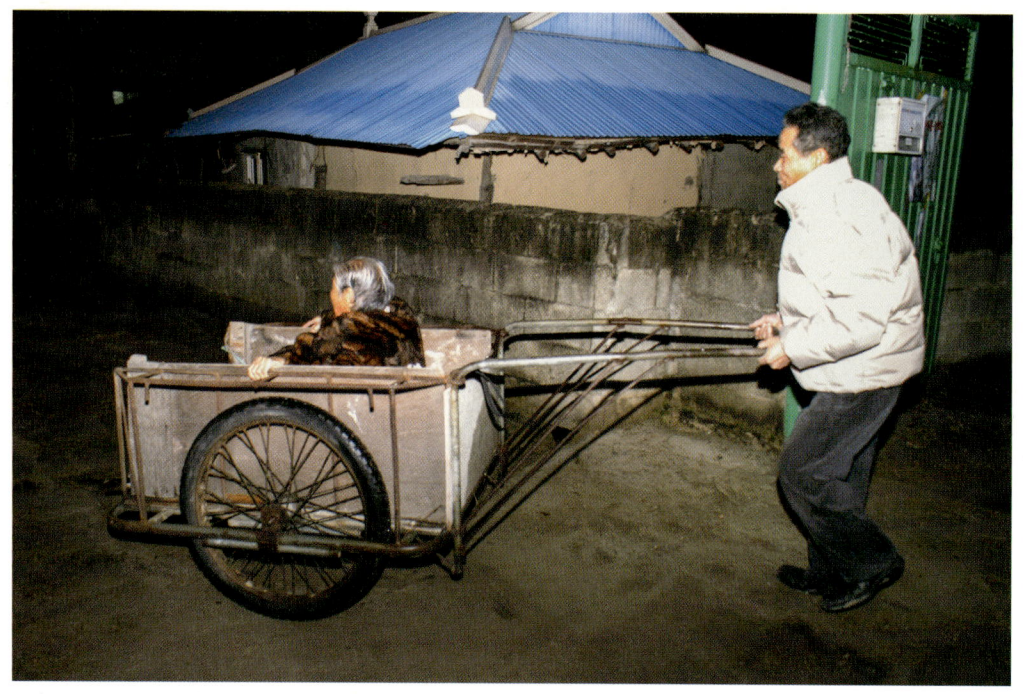

/ 기생충 감염 실태 조사 시작　2007년 1월 26일 금요일 맑음

굴암리 '자연의 집' 식당에서 2006년 수입 지출 결산 보고 등 보건진료소운영협의회 정기총회를 가졌다. 회장님, 이장님과 회원님들. 마을건강원*들까지 30여 명이 나오셨다. 운영기금 수입, 지출 결산 보고 후 지역 주민 기생충 감염 실태 조사 사업에 대하여 설명하였다. 모두 환영의 뜻을 보여주셨다. 새로운 고민이 생긴 것이다. 내가 기생충에 대해 아는 것이 무엇이란 말인가. 보건의료원 예방의약계 최순재 선생님이 질병관리본부 전화번호, 담당 박사님 연락처를 알려주셨다. 『인체 기생충학』 책도 사야 하고, 인터넷도 검색해 봐야겠다. 회의 마치고 밖으로 나오려는데, 현관에 벗어 둔 신발이 없어졌다. 식당 강아지가 물어뜯었다. 주인아주머니께서 50,000원을 보상해 주셨다. 아니, 이게 무슨 일이야.

주민건강증진사업의 원활한 수행을 위하여 보건의료에 관한 기초 교육을 받은 자원봉사자. 마을 환자 발견, 환자 정보를 보건진료소장에게 제공하고, 간단한 치료 및 의뢰 등 주민에게 기본적인 보건의료 서비스를 제공하는 보건의료 전달체계 마을 대표.
(출처: 한국보건개발연구원 교본)

/ 2007년 2월 9일 금요일 맑음

보건진료소 건물 앞과 굴암리 마을 입구에 「지역 주민 간디스토마 감염 실태 조사」 현수막을 걸었다. 얼마나 많은 분이 참여하실까. 결과는 어떻게 나올까. 상평당 어르신이 가져온 기생충 검사 결과지를 잊을 수 없다. 남편에게 민물고기를 회로 먹으면 폐병이 빨리 낫는다는 사람들의 말을 믿고 장날마다 첫차 타고 무주장에 나가서 물고기를 사다가 남편 밥상에

올려드렸다는 김씨 부인. 30년이 넘도록 그의 신념이 되어버린 이 '정설'은 우리 지역에 얼마나 깊게 깔려 있을까. 모든 것이 궁금하다.

    검사 소견으로 판명하는 양성과 음성은 확실한 지표겠지만, 내가 제대로 알지 못하는 간디스토마 지식은 어떻게 습득할 것인가. 어떻게 하면 주민들의 감염을 예방할 수 있을까. 비-건강 행위 지표는 어떻게 산출하며, 어떻게 개선하고 증명할 수 있을까. 현수막은 걸렸는데, 마음은 날마다 흔들린다. 이제 시작이다. 이상규 회장님의 열정과 주민들이 협력하신다면 잘 해낼 수 있으리라. 믿는 만큼 될 테니까. 공진보건진료소 이경숙, 공정보건진료소 조진순 소장님께서도 응원해 주신다. 새벽마다 교회에 나간다. 지혜를 구하는 기도를 올린다. 사모님은 무슨 근거로 저토록 열심일까. 나는 정말 아직 멀었다.

/ 2007년 3월 6일 화요일 맑음

    채변통 수거하러 이른 아침 마을에 나갔다. 들판에는 벌써 농사철이 시작되었다. 대문 앞에서 보면, 어르신들은 집에 계시지 않는다. 우체통에서 달걀을 꺼내듯 채변통을 꺼낸다. 헛간에 둔 검정 비닐봉지로 꽁꽁 동여맨 그것도 걷어온다. 마루 밑에서도 꺼낸다. 보건진료소에 돌아와 통마다 코딩하고 수집 판에 정리하여 냉장고에 넣는다. 우리 아이들이 기겁한다.

괜찮아, 괜찮아. 손에 묻지도 않아. 냄새도 안 나잖아. 너희 기분 탓이야. 곧 택배 보낼 거니까 걱정하지 말라, 나는 웃으며 말했다. 냉장고에 채변통은 점점 늘어나고, 김치통은 냉장고 밖으로 밀려난다. 웃어야 할지, 울어야 할지 나도 잘 모르겠다.

/ 2007년 5월 25일 금요일 맑음

〈초대합니다〉

신록의 계절입니다.

가정보건진료소가 완공되어 아래와 같이 준공식을 하고자 하오니, 부디 참석하여 주시기 바랍니다.

일시 : 2007년 5월 30일(수) 오전 11시

장소 : 가정보건진료소 마당

가정보건진료소운영협의회장 이상규

보건진료소장 박도순

/ [Re] 안녕하세요? 무주군 가정보건진료소입니다

보낸 사람 조신형 〈shinhcho@hanmail.net〉

받는 사람 박도순〈near4you@hanmail.net〉
Date 2007년 5월 26일 토요일 오후 12:06:09 +0900 (KST)

박 선생님께

　얼마 전까지만 해도 편지함을 열면 귀찮을 정도로 질문이 많은 글이 도착했는데 말이죠. 요즘 어찌 뜸한가, 궁금하던 차에 소식 주셔서 반갑습니다. 막상 편지가 안 오니 조금은 허전하고 그랬습니다. 잘 지내신다니 다행입니다. 인생도 그런 것 같습니다. 가족이 소중한 줄 알면서도 때로 걸리적거린다고 생각하잖아요. 어느 날 아내가 장기 여행 간다고 집을 비우는 경우, 2~3일은 편하고 자유롭지만, 서서히 빈자리가 커지는 것을 느끼지요. 업무 중에 저는 전국 보건소와 보건진료소를 많이 돌아다닙니다. 심지어 제주도까지 출장을 가기도 했지요. 그때마다 보건진료소는 가정집처럼 편안한 느낌이고, 여러 소장님에게 커피 대접을 받은 적도 많습니다. 박 선생님이 보내주신 새로 지은 가정보건진료소 신축 사진은 가히 백악관에 견줄 만합니다. 사진을 잘 찍어서 그런지 모르지만 말입니다. 주민들의 숙원이 이루어짐을 진심으로 축하합니다. 모두 고생 많으셨습니다. 박 소장님 책무도 더 무거워지겠네요. 더 발전하시길 바랍니다.

　보건진료소에서 기생충 관련 사업을 계속하신다면 도와드리겠습니다. 어느 날 직장 교육 시간에 한 강사님이 이런 말씀을 하시더군요. 네잎클로버는 행운이라는 것을 다 아시겠지만, 그렇다면 세잎클로버는 무엇을 뜻하느냐고 묻더군요. 행복이랍니다. 행복은 세상에 널려있답니다. 누가 그것을 더 느끼는가, 누가 그것을 더 누리는가, 더 느끼고 더 누리는 그 사람이 바로 행복한 사람이랍니다. 당연한 이야기죠. 직원들 출근도 하지 않는 사무실에 남아 예산 성과지표 만드느라 죽을 맛입니다. 준공식 멋지게 잘 치르시고요, 행복한 주말 되시길 바랍니다. 소식 주세요.

　조신형 올림

/ 제목 기생충 사업 보고서와 논문

보낸 사람 박도순〈near4you@hanmail.net〉
받는 사람 조신형〈shinhcho@hanmail.net〉
Date 2007년 6월 16일 토요일 오후 15:38:14 +0900 (KST)

박사님께

청명한 날입니다. 무주는 반딧불축제가 한창입니다. 내일이면 9일간의 대장정 일정이 막을 내립니다. 그동안 박사님께 도움받아 시행한 기생충 사업 결과를 우리 보건의료원 과장님과 예방의약 계장님께 보고드렸습니다. 논문은 한국농촌간호학회에 제출하여 1차 심사 후 수정 파일 제출된 상태이고요. 사업 사례를 6월 21일 대전 학술대회장에서 발표할 예정입니다. 감염 실태와 대상자의 일반적 특성에 따른 간흡충증 관련 요인을 살펴볼 것입니다. 박사님께서는 이런 논문을 많이 접해보셨겠지만, 저는 처음입니다. 옥천군에서 유사한 디자인으로 2001년에 나온 결과가 있더군요. 권오석 선생님이 쓰신 『금강 유역 옥천군 주민의 간흡충 감염 실태 및 관련 요인에 관한 연구』인데 충남대학교 보건대학원 석사학위 논문입니다. 제가 우리 지역에서 궁금해하는 문제와 매우 비슷한 논문이라 큰 도움이 되었습니다. 발표 자료 작성 중입니다. 결과가 나오면 업무에 조금이나마 도움이 되지 않을까 생각합니다.
수고하십시오. 늘 감사합니다.

　　가정보건진료소 박도순 드림

[Re] 기생충 사업 보고서와 논문

보낸 사람 조신형 〈shinhcho@hanmail.net〉
받는 사람 박도순 〈near4you@hanmail.net〉
Date 2007년 6월 16일 토요일 오후 18:50:24 +0900 (KST)

　　박 소장님!

고생 많이 하셨고 또 열심히 하시는 모습 부럽네요. 지난번에 간흡충 양성률과 간흡충 감염률에 대하여 질문하셨습니다. 이메일보다는 말로 설명하는 것이 좋을 것 같아 전화했는데 안 받으셔서. 잊고 지냈네요. 왜냐하면 두 단어 간의 미미한 차이를 글로 표현하기 어려워서요. 사실 기생충 특히, 간흡충 같은 경우는 기생충 양성률로 많이 표현하는데, 때에 따라서는 감염률로도 쓰는 교수님도 계십니다. 어떤 표현도 괜찮을 듯합니다만. 이미 시간이 많이 지났고 논문이 나왔으니 딱히 드릴 말이 없네요.
　　질병관리본부에서는 매년 자료를 만들고 있습니다. 사업 결과 정리한 엑셀 자료 혹시, 안 보내드렸던가요? 저에게 자료 주시면 동일하게 분석해 보고 싶습니다만. 지난 3월부터 현재까지 약 2만 건 이상 검사하느라 직원들이랑 정말 죽을 지경이랍니다. 아침 8시 전에 출근해서 다른 업무 모두 전폐하고 10여 명이 부속 검사 전용 건물에서 매일 대변검사를 실시하고 있습니다. 머지않아 혈액으로 검사를 할 수 있는 진단키트가 개발되면 이 사업도 많이 축소할 계획입니다. 혈액 진단키트가 개발되면 전라남북도, 경상남북도를 포함해서 대전 이남 지역을 중심으로 매년 100만 명에서 200만 명의 어르신을 간흡충 등 흡충류 기생충 검진을 해드리고, 2010년에는 '기생충으로부터 건강한 어르신! 장수마을'을 만들 각오로 업무에 임하고 있습니다. 전북 순창도 검사했는데, 감염자 수가 생각보다 많이 나오고 있습니다.

질병관리본부는 기타 기관과 현저히 다른 치밀하고 정밀한 검사법을 적용하고 있습니다. 먼저 저는 수의 기생충학을 전공하고 현재까지 기생충 업무만 20년을 해왔습니다. 다른 연구원은 중앙대 의대, 연세대 의대, 전남대학교에서 박사학위 받은 전문 기생충학자들이 제 밑에서 근무하고 있고요, 검사 담당하는 사람은 최소 임상병리학을 전공한 사람을 훈련, 기술연구원으로 활동하면서 검사를 시행하고 있습니다. 중간 평가 대회장에 오시면 우리 업무가 어떻게 흘러가는지 잘 배울 수 있으리라 믿습니다. 행사 준비로 저는 주말에도 쉬지 못하고 검사와 관련 업무 진행하느라고 분주합니다.

순창을 포함한 임실, 무주 등에 공문 발송해서 중간 평가대회 세부 계획을 보내드릴 예정입니다. 월요일에 통화를 한번 했으면 합니다. 제 생각으로는 다른 사업기관보다 혁신적인 사고방식으로 일하고 계신 박 소장님 사례는 많은 여타 기관에 도움이 되리라고 확신합니다. 두서없이 답장합니다. 모처럼 토요일에 전화도 안 오고 혼자 근무 중이라 긴 글로 답했네요.

매일 건강하시고, 좋은 일 많이 생기길 바랍니다. 그럼 다시 소식 나누시죠.

조신형 올림

/ 한국농촌간호학회 춘계학술대회 참석 2007년 6월 21일

제목 한국농촌간호학회 발표 후 질문
보낸 사람 박도순 〈near4you@hanmail.net〉
받는 사람 조신형 〈shinhcho@hanmail.net〉
Date 2007년 6월 22일 금요일 오후 12:20:54 +0900 (KST)

박사님께

장마의 시작을 요란하게 알립니다. 장대비가 더운 흙내를 일으키며 코끝을 스칩니다. 날마다 수고 많으시죠? 어제 농촌간호학회 춘계학술대회장에서 그간의 사업 결과 발표를 잘 마쳤습니다. 교수님들과 회원 120여 명 참석, 늦은 시간까지 토론이 이어졌고, 8월 워크숍 개최 공지 듣고 돌아왔습니다. 회원들의 큰 박수를 받을 정도로 그간의 수고에 격려받았습니다. 발표 후 질의 응답시간에 질문인데, 박사님께 문의드립니다. 경북 의성군에서 오신 소장님 질문인데요, 그곳 지역에서는 저수지나 호수에 다슬기 잡으러 가면 주민들이 저수지나 연못 안에 있는 '말풀'이라는 것을 뜯어 생으로 비벼 먹거나 삶아서 무쳐 먹기도 하고, 장아찌를 먹기도 한다는군요. 간흡충 제1 중간 숙주인 다슬기가 사는 연못에 유충이 부유하고 있다면, 말풀을 생으로 먹었을 때 감염 가능성이 있는 것인가 질문하더군요. 말풀 관련 감염 자료는 살펴보지 않아서 확실한 것은 잘 모르겠다고 하였습니다. 오염된 물을 마셨다면 감염 우려 있다는 인체 기생충학 문헌을 떠올렸지만, 대답할 자신이 없었습니다.

아침에 말풀 검색하니*이런 이미지로 뜨는데 저는 본 적도 없고 먹어본 적도 없습니다. 혹시 알고 계시면 도움 주십시오. 그리고 7월 중간 평가 대회에서 발표 시간은 몇 분인지요. 수고하십시오.

가정보건진료소 박도순 드림

https://blog.naver.com/gu631123/80206949125

/ [Re] 학회장에서 발표 후 받은 질문

보낸 사람 조신형 〈shinhcho@hanmail.net〉
받는 사람 박도순 〈near4you@hanmail.net〉
Date 2007년 6월 22일 금요일 오후 19:02:52 +0900 (KST)

박 소장님께

잘하셨습니다. 저는 얼마나 많은 사람이 혜택을 받았느냐도 중요하지만, 그 자료를 잘 분석하여 발표에 호응이 좋을 때 더 기쁘답니다. 박 선생님은 충분히 그럴만한 자격이 있다고 생각합니다. 수고하셨고요. 말풀과 관련된 질문에 답을 드리면 경북 지역은 대체로 간흡충 농후 지역으로 판정되며, 특히 우리나라 대부분 저수지에는 간흡충 보유 숙주로 높은 감염률을 가지는 참붕어가 서식하고 있으리라 생각합니다. 물론 다슬기가 제1 중간 숙주 역할을 하지만 다슬기와 인체 간의 직접적인 감염에 영향은 없습니다. 물론 말풀과도 간흡충 감염과는 상관이 없습니다. 그러나 참붕어에서 나온 간흡충의 피낭유충이 물에 오염되었거나 말풀에 붙어 있는 경우 생식을 한다면 감염될 수 있겠죠. 감염이 의심스러운 사람은 언제든지 보건소나 질병관리본부 말라리아-기생충팀에 대변 의뢰하여 정확히 감염에 영향을 미치는지 알 수 있다고 설명하면 됩니다. 다시 말하면 다슬기나 말풀이 감염에 영향을 미치지 않지만, 간흡충에 오염된 지역의 물과 각종 풀은 운반 숙주로서 작용할 수 있다고 말씀드립니다. 좀 모호할지는 모르지만, 이러한 간접적인 영향 때문에 민물고기를 술과 함께 많이 먹는 남자와 민물고기를 먹지 않는 여자의 양성률이 6:4인 점을 보면 조리, 도마, 칼, 접시, 행주, 풀, 채소 등과 함께 간흡충 피낭유충을 섭취했을 가능성이 높다는 것을 의미합니다. 말풀과 간흡충과의 관련된 자료는 전혀 없고, 또 있을 수도 없습니다. 충분한 답의 의미가 전달되지 않았다면 전화주십시오.

덧붙여, 오늘 중간 평가대회 공문이 시군으로 내려간 것으로 알고 있습니다. 7월 19~20일 양일. 장소는 경치 좋고 시원한 강원도 춘천시에 있는 강원도보건환경연구원으로 정하였습니다. 박 선생님은 열한 번째 순서입니다. 공주시 지역은 워낙 간흡충 양성률(0.4%)이 낮은 지역입니다. 박 선생님이 무주군으로 발표해 주시고, 이 사업을 하는 많은 기관이 군민과 국민 건강을 위한 보건소의 역할을 박 선생님 열의를 통해 배울 수 있으면 좋겠습니다. 제출 발표 자료 형식은 파워포인트입니다. 지난 2006년 사업을 망라한 책자를 보내 드리겠습니다. 수고하시고. 좋은 날 되시길 바랍니다.

조신형 올림

/ 제목 무주군 기생충퇴치사업평가회 발표 자료_ppt

보낸 사람 박도순 〈near4you@hanmail.net〉
받는 사람 조신형 〈shinhcho@hanmail.net〉
Date Tue, 10 Jul 2007 18:32:47 +0900 (KST)

박사님께

보내주신 책자 잘 받았습니다. 진심으로 감사드립니다. 정말 굉장하군요! 전국 보건소에서 맡은 바 임무에 충실하며 수고하시는 많은 분의 손길이 고스란히 느껴지는 소중한 자료집입니다. 질병관리본부와 보건소에 큰 박수와 경의를 보냅니다. 평가대회 발표 PPT 파일도 보내드립니다. 슬라이드 양이 많기는 하지만, 클릭클릭으로 넘어갈 내용이어서 시간이 그리 오래 걸리지는 않을 것입니다. 대회장에서 뵙겠습니다. 감사합니다. 수고하십시오.

가정보건진료소 박도순 드림

/ [Re] 기생충 사업 평가 대회

보낸 사람 조신형 〈shinhcho@hanmail.net〉
받는 사람 박도순 〈near4you@hanmail.net〉
Date 2007년 7월 23일 월요일 오후 17:50:31 +0900 (KST)

박 소장님께

한마디로 대단하십니다. 이번 평가대회가 성공적으로 잘 마무리되었습니다. 많은 기관에서 흡족해하는 것은 박 선생님 덕분이라고 생각합니다. 박 선생님 발표로 저도 많은 것을 배웠습니다. 잘 도착하셨다니 다행이고요. 또 다음 기회에 더 멋진 모습으로 뵙기를 바랍니다. 저는 발표했던 자료를 어떻게 논문화해야 하는지 고민 속에 살까 합니다. 건강하시고 도움 필요하면 언제든지 연락해 주세요. 함께 하는 공부입니다. 그럼.

조신형 올림

/ 제목 몇 가지 질문입니다

보낸 사람 박도순〈near4you@hanmail.net〉
받는 사람 조신형〈shinhcho@hanmail.net〉
Date 2007년 7월 27일 금요일 오전 08:35:38 +0900 (KST)

박사님께

무더위에 수고 많으시죠? 몇 가지 문의드립니다. 중간 평가회 때 '사업 만족도 설문조사' 내용을 들으며 무릎을 쳤습니다. 아! 나는 왜 저 생각을 못 했을까? 두 분께 자료 부탁 메일 드렸는데 아직 답이 없어 부탁드립니다. 발표 잘 마치고 왔노라고 보건의료원 담당 계장님과 담당 간호사님께 인사드리면서, 중간 평가회 책도 1권씩 드렸습니다. 내년에 무주에서도 지역 기생충 사업을 해야 하지 않을까요? 여쭸더니 박 선생님이 안 하시면 못 하죠, 하시더군요. 농담인지 진담인지 모르겠습니다.

두 번째 질문입니다.

저는 보건진료소에 근무하는 특성상 담당 지역을 벗어난 지역 주민에 대한 검사는 계획이나 요청을 할 수 없는 신분입니다. 우리 보건의료원에서 내년에 기생충 사업 계획이 없다면, 우리 진료소 자체 사업이라도 박사님께 지원받을 수 있는 도움이 있을까요? 채변통, 검사, 기타 예산 등. 참여 예상 인원은 약 300명 정도입니다. 올해 359명이었죠. 지원이 어렵다면 주민 회의를 거쳐 보건진료소 운영 기금을 활용할 수 있습니다. 방법이 있다면 도움받고 싶습니다.

세 번째 질문입니다.

지난번 기생충 검사에서 양성으로 나온 31명에 대하여 투약 3개월 후 재-채변 검사 약속한

시한이 이달 말입니다. 31명 모두 참여 독려를 위하여 가정 방문하여 통을 드릴 것입니다. 검체를 박사님 계신 곳으로 보내드리면 될까요?

다른 이야기입니다. 중부대학교 성인간호학 교수님과 31명 양성자에 대한 포커스 그룹 특성 정리하여 12월 중 간호학회지에 논문 발표하려고 합니다. 제목은 대략 일 면 지역의 간흡충 양성자 특성에 관한 연구인데요, 신체 계측에서부터 설문조사, 생화학 검사 결과 및 채변 재검 결과까지 디자인 중입니다. 그냥 캐비닛에 넣어두기는 아까운 자료인 것 같기도 하고, 뭔가 새로운 문제가 발견되지 않을까 기대 중입니다.

논문을 발표하기에 앞서 10월 중에 서울대학교 간호대학 100주년 기념 국제 학술 세미나에 중부대 교수님과 공동으로 포스터 전시 계획도 갖고 있습니다. 마음은 바쁘고 진척은 더디고요. 때로 업무와 연구가 섞이니 지치기도 합니다. 그만 둘까, 라는 생각도 들지만 결과가 궁금해서 기대와 즐거움도 큽니다.

총평 시간에 인용하신 BJ Gallagher의 『Who are 'They' Any way?』를 다시 읽고 있습니다. 예전에는 그냥 그런가 보다고 생각했는데 강의 듣고 다시 읽으니 한 장 한 장 실감 나게 다가옵니다. 모든 책임이 거울 속 '나'에게 있음을 재인식하고 매사에 적용해 보면 더 열중하게 될 것 같습니다. 리뷰할 수 있게 해주셔서 감사합니다. 오늘은 편지가 좀 길게 적었습니다. 치매 환자 검진 관계로 환자분 모시고 보건의료원에 출장 가는 날입니다. 무더위에 건강 조심하십시오. 답장 기다리겠습니다. 고맙습니다.

가정보건진료소 박도순 드림

/ [Re] 몇 가지 질문입니다

보낸 사람 조신형 ⟨shinhcho@hanmail.net⟩
받는 사람 박도순 ⟨near4you@hanmail.net⟩
Date 2007년 7월 27일 금요일 오전 10:52:33 +0900 (KST)

박 소장님께

매사 도전과 도전의 연속이네요. 저는 내일부터 긴 휴가를 가려고 합니다. 물론 1주일 통째로. 가족들과 10여 년을 떨어져 서울에서 혼자 지내고 있습니다. 일본에서 귀국할 때 갑자기 혼자 서울에 정착하게 되어 현재까지 궁색 맞게 살고 있지요. 매년 여름휴가는 가족과 서해안,

동해안 체험장을 방문하고 유람합니다.

간단하게 답변드리지요. 되도록 무주군보건의료원 차원에서 사업을 진행하는 것이 여러모로 좋을 듯합니다. 9월경 신규 지역 신청 공문을 보내드리고 또 전북도청에도 협조를 받아보도록 하겠습니다. 진료소에서 열심히 하겠다는데, 왜 그렇게 힘들어하는지 모르겠습니다. 3개 진료소만 협력하면 지역의 기생충 실태를 파악할 수 있을 텐데 말입니다.

둘째는, 보건진료소에서 약 300건 정도 한다고 해도 기술 지원 약속드리지요. 예산은 약 200~300만 원 정도 지원하고, 검사 지원은 직접 질병관리본부에서 수행하도록 하겠습니다. 그리고 채변통 등 물품이 부족하면 말씀하여 주십시오.

세 번째는 응당 31명에 대한 검사는 제가 해드리지요. 자세히. 보내주세요. 언제든지.

네 번째는 사업의 결과를 자료화하여 많은 사람이 볼 수 있도록 논문화한다는 것은 질병관리본부의 대표적인 성과 및 혁신 부분입니다. 이 말씀은 논문 발표를 적극 장려한다는 말이지요. 저도 열심히 쓰고 있습니다. 되도록 외국 SCI impact factor가 높은 곳에 투고하려고 밤잠을 설치고 있습니다.

다섯 번째, 『Who are 'They' Any way?』 내용 전달이 잘 되었는지 모르겠네요. 그 부분이 현재 우리 사회 및 조직이 놓치거나 망각할 수 있는 부분입니다. 봄철에는 보환연, 보건소, 도청, 병의원과 대학 등 강의를 많이 다니는데, 좋은 책이나 자료 있으면 공유해주세요. 지식보다도 때로는 살아가면서 느낄 수 있는 필요 정보와 잠재력을 이끄는 데 도움이 되는 것을 설명하는 것도 중요하다고 생각합니다. 모든 면을 긍정적으로 열심히 생각하면서 지역 주민의 건강을 위하여 노력하는 모습, 매우 좋습니다. 오늘도 건강하시고, 보건진료소에서 관리할 수 있는 치매 환자분도 많이 도와주세요. 저도 요즘 메멘토-모리를 자주 기억합니다. 그럼.

조신형 올림

/ **제목 기쁜 소식**

보낸 사람 박도순〈near4you@hanmail.net〉
받는 사람 조신형〈shinhcho@hanmail.net〉
Date 2007년 7월 27일 금요일 오후 16:49:02 +0900 (KST)

박사님께

드디어 영문초록 수정과 검독, 논문 수정 완료, 심사 통과! 출판 위원으로 넘어갔습니다. 오늘 연락 받았습니다. 선생님께 파일로 보내드린 이후로도 수정 요구가 세 번이나 들어왔습니다. 논문 쓰기가 이렇게 힘든 줄 알았더라면 아마 시작도 안 했을 것 같아요. 그러나 해내고야 말았을 때, 그 희열 때문에 하는 것이 아닌가 싶기도 합니다. 기쁜 소식 전합니다. 학회지 받으면 보내드리겠습니다.* 그동안 응원과 격려하여 주심에 진심으로 감사드립니다.

요즘은 「성인 금연 5일 교실」 프로그램 운영 관계로 금연 결심 독려하고, 신청자 접수를 위해 마을 출장 다닙니다. 한낮에 나가면 어르신들이 그늘 밑에서 쉬고 계시거나 동구 밖 정자에 모여계시니 더 많이 만날 수 있거든요. 창과 방패의 싸움, 흡연과 금연. 사람이 많을수록 들어야 하는 이야기도 많아 진료소에 돌아오면 머리 아픕니다. 기초 설문조사, 계획서 전달해 드리고, 설명하고 나면 기운이 다 빠집니다. 그래도 해야 하는 이유. 우리는 서로 사랑하니까요. 논문이 출판되었습니다.

/ 제목 채변 검사 계획 알림

한국농촌간호학회지 제2권 제1호, 2007.
https://koreascience.kr/article/

보낸 사람 박도순〈near4you@hanmail.net〉
받는 사람 조신형〈shinhcho@hanmail.net〉
Date 2007년 8월 3일 금요일 오전 01:06:21 +0900 (KST)

박사님께

휴가는 잘 다녀오셨는지요? 무더위가 장난 아닙니다. 아프가니스탄 우리 형제자매들, 무사 귀환을 기원합니다. 무주군보건의료원에 아래와 같이 공문 보냈습니다. 다음 주 중에 채변 의뢰하겠습니다. 의사 선생님 처방대로 약은 잘 먹었는지, 부작용이 있었는지, 있었다면 어떤 증상들이었는지, 투약 후 최근 3개월 이내에 민물고기 생식 여부, 향후 민물고기 생식을 그만둘 것인지, 보건진료소 기생충 사업 만족도, 향후 기생충 사업에 대하여 바라는 점, 간흡충에 대한 지식 정도는 얼마나 나아졌는지, 건강생활 수행 정도는 어느 정도인지 등. 설문지 다시 만들어서 조사를 병행하고 있습니다. 어르신들에게서 재미난 표현과 반응이 나타나 아찔함을 느끼기도 합니다. 보건교육 자료는 중간 평가 대회에서 보았던 경남 하동군보건소와 경북 안동시 팸플릿으로 실시하였습니다. 보건소에 전화하여 부탁드렸더니, 담당 선생님께서 풍성한 자료를 택배로 보내주셨습니다. 다시 소식 전하겠습니다. 매번 감사드리며.

참! 8월 7일부터 17일까지 보건의료원 금연클리닉 팀과 함께『성인 금연 5일 교실』 프로그램 운영합니다. 마을마다 출장 다니면서 금연 여부 파악하고, 프로그램 참여 의사 여쭙고, 사전 설문조사 하느라 죽을 맛입니다. 가장 더운 계절. 부당초등학교 여름방학 기간이어서 프로그램 장소로 섭외하였습니다. 급식실에서요. 한의사 선생님도 합류해주시니 그래도 기운이 납니다. 수고하세요.

무주에서 박도순 드림

보건의료원장(참조 예방의약담당) / 간흡충 양성자 재검사 실시 계획 / 가정보건진료소-18(2007.4.3.)호 관련 / 2007. 기생충사업 결과 간흡충증 양성자에 대한 치료 투약이 종료된 후 3개월이 경과, 가정보건진료소 관할지역 양성자에 대한 재감염 여부 파악을 위한 채변 검사를 붙임과 같이 실시하고자 합니다.

   1. 수집 기간 : 2007.8.3.~8.6.(4일)
   2. 의뢰 예정일 : 2007.8.6.
   3. 의뢰 기관 : 국립보건원 질병관리본부 말라리아·기생충팀(☎ 02-380-1510)

4. 대상자 : 송주석 외 31명. 끝.

/ [Re] 채변 검사 계획 알림

보낸 사람 조신형〈shinhcho@hanmail.net〉

받는 사람 박도순〈near4you@hanmail.net〉

Date 2007년 8월 6일 월요일 오후 14:29:00 +0900 (KST)

박 소장님께

오랜만입니다. 휴가는 잘 다녀왔습니다. 업무가 왕창 밀려있네요. 일단 31명 채변은 보내주십시오. 일정이 더 바빠지기 전에 검사할 수 있을 것 같습니다. 결과는 바로 보내드리겠습니다. 결과 보고 나서 설문지와 비교해 보십시오. 어떻게 나올지 흥미롭습니다. 2008년도 사업계획서를 검토하고 있습니다. 사업기관 확인, 일정, 예산, 채변통, 약품 배정, 내부적으로 검사 재료와 장비 구매 등을 준비하면서 순수 예산만 해도 2억 정도, 사업기관 40개, 검체 약 4만 건, 기타 재료비 등 구매와 배부를 위한 잡무가 여간 많은 것이 아닙니다.

 주민들과 사업설명회를 잘하셨다니 다행입니다. 검체 명단이 헷갈리지 않도록 주의해 주시기를 바랍니다. 고생해서 수거하고 검사했는데, 혹 명단이 밀려 다른 사람이 약을 먹는다면 아니 최악의 상황으로 발전해서 독한 약을 억지로 다 먹었는데, 심한 부작용 발생하여 검증 차원에서 재검사까지 했는데 음성으로 나온다면. 각종 걱정이 앞서다 보니 나와 같이 일하는 직원들에게 매일 잔소리, 또 잔소리하고, 그것도 부족해서 평가대회 데려가서 보고 듣고 배우고. 우리가 얼마나 중요한 역할을 하고 있는지 아느냐고, 매일 잔소리 합니다. 우리의 잘못은 부적절한 치료나 결과의 착오로 이어집니다. 사업 평가에 오류가 생길 수도 있습니다. 다음 연도 사업계획 오류 등 심각한 우려를 낳을 수 있기 때문이죠. 대량 표본을 다루는 우리로서는 다짐 또 다짐해야만 하는 일입니다. 다시금 노력의 불씨를 살려 준비합니다. 즐거운 하루 되시길.

 조신형 올림

/ 제목 리플리 효과

보낸 사람 박도순〈near4you@hanmail.net〉
받는 사람 조신형〈shinhcho@hanmail.net〉
Date 2007년 8월 7일 화요일 오후 12:22:37 +0900 (KST)

박사님께

광주비엔날레 예술감독으로 내정되었던 어느 배우의 학력 위조 의혹에 이어 유명 영어 강사 허위 학력 고백에 이어 아침에는 유명 방송인의 학력 위조 뉴스가 우리 사회에 작지 않은 파장을 안겨주고 있습니다. 그런 가운데 '리플리 효과'가 주목받고 있습니다. 정신병리학자들에 따르면 리플리 효과란 자신이 바라는 일을 진짜라고 믿고 자신이 속한 현실을 허구라고 생각하는 병이라고 합니다. 영화〈태양은 가득히〉의 주인공 이름에서 따왔다고 하는군요. 주인공 리플리는 자기가 닮고 싶은 대상을 흉내 내다가 결국, 거짓말의 늪에 빠져 파멸에 이르고 마는 인물. 개인의 능력과 성취욕은 크지만, 신분 장벽과 경제 능력 등 현실에 부딪혀 자신의 콤플렉스를 극복하기 위한 거짓말을 계속하게 된다는 가설이지요.

이창하 교수도 학력 위조로 교수직을 내놓았다는 뉴스를 읽었습니다. 본인의 명예는 물론이고, 그 교수님이 근무하셨던 김천과학대학의 명예는 무엇이 되는지. 개인적으로 참 존경하고, 일요일 밤이면 해리포터처럼 마법을 베푸는 그분의 창조적 감각에 경의를 표했던 저로서는 더욱 비감한 소식입니다. 겸손한 미소가 매력적인 분이었는데, 이렇게 리플리 효과의 희생자가 되었습니다. 우울한 아침입니다.

휴가 후 쌓인 일거리에 다시 스트레스가 쌓이겠군요. 어제와 오늘 간흡충증 양성자 서른한 명에 대하여 채변 수거하면서 날은 덥고, 주민들은 농사일로 바쁘고요. 그래도 협조를 잘 해주셔서 전원 수거를 마쳤습니다. 대한통운 택배로 발송하였습니다.

일하면서 드는 생각입니다 국민의 공복이라 자처하는 우리 공무원들. 일의 책임 소재를 따지기로 마음먹으면 주민, 즉 대상자 관점에서 보자면, '내 건강을 끝까지 지켜주지 않은 책임'을 물을 수도 있겠구나, 라는 생각을 하였습니다. 제도는 완벽하지 않아서 늘 한계가 있고 그 틀을 벗어나기 싫어하는 것이 또 공무원의 특성이어서 -물론 위법의 선을 넘으라는 말은 아닙니다- 어찌 보면 해야 할 일을 하지 않는 소극 행정이 얼마나 많을까. 다시 실감합니다.

오늘 보낸 채변 검사는 그 결과가 어떻게 나올지 사뭇 기대 반, 흥미 반입니다. 지난 석 달 사이에 다시 또 민물고기 생식을 하신 분들이 계시고, 앞으로도 생식을 멈추지 않겠다는 의지

(!)를 굳건하게 갖고 계신 어르신들. 이 사업이 왜 관심을 가지고 계속해야 하는가. 그 당위성을 설명해 주는 것 같습니다. 또 소식 전하겠습니다. 늘 감사드리며.

　　가정보건진료소 박도순 드림

/ [Re] 리플리 효과

　　보낸 사람 조신형 〈shinhcho@hanmail.net〉
　　받는 사람 박도순 〈near4you@hanmail.net〉
　　Date 2007년 8월 7일 화요일 오후 13:15:31 +0900 (KST)

　　박 소장님께

조간신문마다 학력 위조 사건이 도배되었군요. 참 우습기도 하지요. 이것을 고치려면 저것이 문제고, 이쪽에서 쓸만하다고 생각하면 저쪽이 문제니. 세상 참 어지럽습니다. 오늘 소장님 덕분에 리플리 효과를 확실히 이해하였습니다. 31명 모두 채변 수거하였다니, 정말 수고 많으셨습니다. 직접 나서서 검사하면 내일쯤 결과가 나올 것입니다. 자료 정리하여 보내드리겠습니다. 일단 결과 확인 후 다시 연락하죠. 수고하세요.

　　조신형 올림

/ 제목 논문 요청 리스트

　　보낸 사람 박도순 〈near4you@hanmail.net〉
　　받는 사람 조신형 〈shinhcho@hanmail.net〉
　　Date 2007년 10월 11일 목요일 오후 12:47:11 +0900 (KST)

　　박사님께

박사님! 제가 확보하지 못한 논문 목록 파일로 첨부합니다. 연세대학교 공동 연구자와 17일에 만나 분석하기로 하였습니다. 18일에 일본으로 출국합니다. 15일까지 제가 받을 수 있도록 조치를, 죄송한 마음으로 도움 요청합니다. 도와주세요! 최근 2001년부터 2006년까지 논문 중 제가 확보하지 못한 누락 자료가 필요합니다. 인터넷 국회도서관과 국립중앙도서관에 등록된 자료를 목록화하였습니다. 학위 논문의 경우 양쪽 도서관에 공히 54편 검색되었고요, 학술지 논문은 국회도서관은 21편, 국립중앙도서관은 6편 검색되었는데, 중앙도서관 4편은 국회도서관과 중복되어 2편만 중앙도서관 자료로 분석하였습니다. 학위 논문은 공동 연구자가 갖고 계셔서 일본에 다녀온 후 교환하여 읽을 수 있을 것입니다.

'간흡충증'으로 키워드로 확보한 자료를 분석 중입니다. 연구 목적은 간흡충증 관련 최근 연구 동향 살펴보고, 간흡충 연구나 관심이 의(수의)학계나 생물학, 체육 관련 학과에서도 출판되었더군요, 생리학 영역뿐 아니라 최일선에서 국민 건강을 돌보고 있는 보건진료소와 우리 간호학계에서도 간흡충 관리, 보건 교육 자료, 감염 예방 프로그램 개발 등, 이 사업에 관심을 가져야 하지 않겠느냐는 제언을 논하고자 합니다. 간호학계에서 출판된 기생충 관련 논문은 거의 없더군요. 저는 그 사실이 더욱 놀라웠습니다.

논문 원저 확보를 위해 학회마다 전화하기도 힘들고요, 또 저자와 이메일이나 직접 통화는 시간도 걸리고 더 어렵더군요. 박사님이 계신 국립보건원 도서관에서도 혹여 전문을 구할 수 없다면 초록이라도 해주시기를 부탁드립니다. 요금은 착불로 해주시고요. 연말 기생충평가대회장에 갈 때에 중부대학교 간호학과 교수님과 진행한 서울대 국제 학술 세미나에서 발표한 포스터 들고 가겠습니다. 우선, 제가 가지고 있는 논문을 택배로 발송할 것인데, 복사 상태가 그리 양호하지 않은 점은 양해 부탁드립니다. 일본에 다녀와서 소식 전하겠습니다. 늘 감사드리며.

가정보건진료소 박도순 드림

/ [Re] 논문 요청 리스트

보낸 사람 조신형〈shinhcho@hanmail.net〉
받는 사람 박도순〈near4you@hanmail.net〉
Date 2007년 10월 12일 금요일 오후 1/:38:24 +0900 (KST)

박 소장님께

정말 번갯불에 콩 볶았습니다. 한시도 자리를 뜰 수 없었는데, 하루 내내 도서관에서 자료를 찾았으니. 아무쪼록 참고되시길 바랍니다. 퇴근 시간 임박하여 착불로 보냅니다. 박 소장님이 갖고 계신 참고 논문들 복사하여 저에게도 보내주십시오. 논문을 쓸 때 참고하겠습니다. 저는

10월 29일부터 1주일간 5명이 중국 연변으로 출장 갑니다. 이번에는 대한민국 독립을 위하여 노력한 일송정, 해란강 등 용정시 위주로 돌아볼 계획입니다. 11월 중순까지 논문을 완성해야 하니 다녀와서 열심히 집중하려고 합니다. 일본에 잘 다녀오시고, 오시면 소식 주세요. 그럼 수고하시고, 즐거운 하루 되세요.

  조신형 올림

/ [Re] 간흡충 사진

  보낸 사람 조신형〈shinhcho@hanmail.net〉
  받는 사람 박도순〈near4you@hanmail.net〉
  Date 2007년 12월 28일 금요일 오전 11:05:10 +0900 (KST)

첨부 사진은 간에 있는 흡충 사진입니다. 홍보 자료로 활용하세요.

  조신형 올림

/ 제목 이런 일이 있었습니다

  보낸 사람 박도순〈near4you@hanmail.net〉
  받는 사람 조신형〈shinhcho@hanmail.net〉
  Date 2008년 1월 18일 금요일 오전 08:10:39 +0900 (KST)

  박사님께

파워포인트와 영상 앨범 파일 첨부합니다. 마지막 슬라이드 어르신 모습 좀 봐주십시오. 추수를 마친 후 가을걷이 모습입니다. 마을 출장길에 담았습니다. 그런데요, 지난 12월 대통령 선거 즈음, 우리 진료소에 오셨는데 많이 야위셨더군요. 요즘 어디 편찮으신가 봐요? 여쭈니, 통 입맛이 없어 밥을 못 먹어요. 감기 기운도 있고, 링거 좀 맞으러 왔는데. 네, 요즘 감기 보통 아니거든요. 저는 단순히 감기려니 생각했고, 좀 쉬고 시간 지나면 좋아지겠지 했는데 며칠 후에 다시 오셨습니다. 계속 입맛이 없고 체중이 줄었다고 하셔서. 그럼 큰 병원에 한 번 가보세요, 했지요. 아드님이 오셔서 서울 병원에 예약했다고 하셨습니다. 성탄절 지나 서울 삼성의료원에 다녀오셨습니다. 검진 결과 간암 말기 판정 받으셨고, 병원에서 손을 써 볼 수 없을 정도로 너무

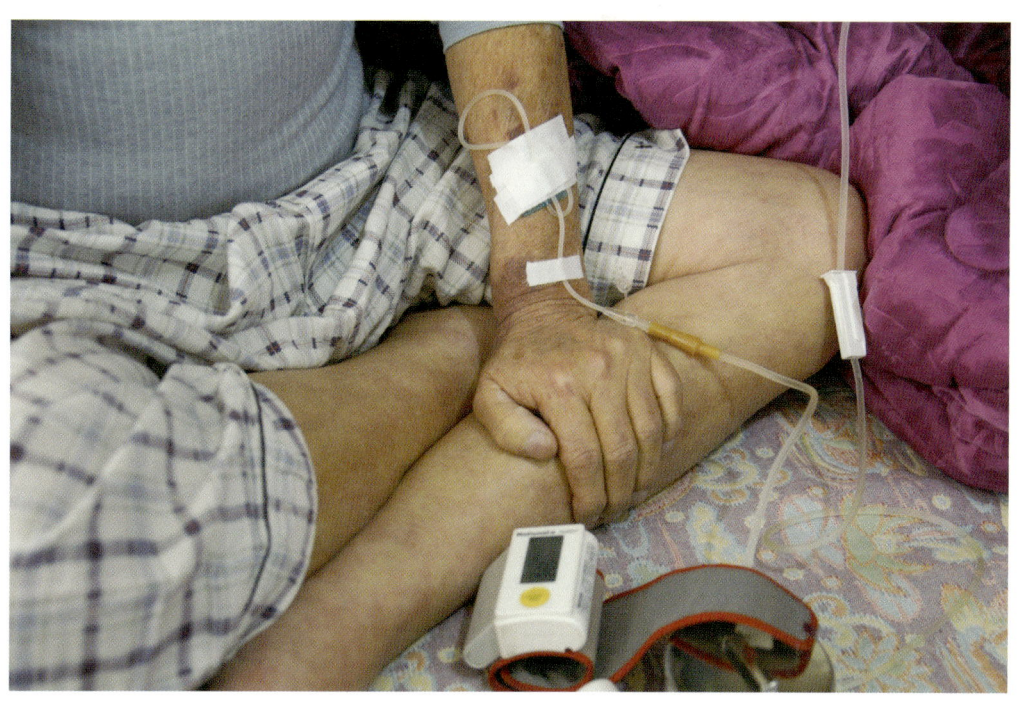

늦었다면서 그냥 마을로 돌아오셨습니다.

    박사님! 그 어르신께서 어제 돌아가셨습니다. 운영협의회 총회 진행하던 식당에서 이장님께서 전해주신 소식에 얼마나 놀랐는지 모릅니다. 73세, 인자하시고, 인정도 많은 어르신 과거력을 보니, 2006년 간흡충 양성, 2007년 간흡충 양성. 간흡충 때문에 암에 걸린 것이 아닐까. 너무 섣부른 저의 추측이겠지만, 이 사업을 5년 전에만 했더라도. 뇌리를 스치는 생각들. 사진은 이전 거라서 그리 심해 보이지 않지만, 이미 복수가 차고 있고, 발과 발목은 코끼리 발처럼 Pitting Edema 심해서 탄력을 잃었습니다. 자색 홍반 나타났고요. 어르신 댁에 지난 9일에 왕진갔으니 일주일 만에 사망 소식을 듣게 된 셈이네요. 이렇게 급하게 돌아가실 수가 있나 의아스럽기도 하고, 인생사 허무하다는 생각으로 이 사실이 믿기지 않습니다.

    박사님의 업무는 전 국민을 대상으로 벌이는 사업이니 더 많은 사례를 접하시겠지요. 이 사업에 긍지와 보람도 크실 것 같아요. 간흡충증 질병으로부터 고통당하고, 슬픔을 겪어야 하는 일을 예방하고 감시하는 일. 자부심이 크게 와 닿습니다. 저녁 늦게 금산 장례식장에 다녀왔습니다.

    가정보건진료소 박도순 드림

/ [Re] 이런 일이 있었습니다

보낸 사람 조신형〈shinhcho@hanmail.net〉
받는 사람 박도순〈near4you@hanmail.net〉
Date 2008년 1월 23일 수요일 오후 13:12:42 +0900 (KST)

박 소장님께

메일 잘 받았습니다. 어르신 내용을 읽으니, 정말 안타까운 일이 있었군요. 이런 일이 잠행적으로 간흡충 등과 관련하여 일어날 수 있다는 것은, 우리에게 더욱 열심히 하라는 채찍으로 여겨집니다. 2008년 많은 사람이 건강할 수 있도록 분발하여 그날까지 기꺼이 즐거운 마음으로 노력해야 할 것 같습니다. 박 소장님도 힘내시고요.

조신형 올림

/ 제목 질문 있습니다

보낸 사람 박도순〈near4you@hanmail.net〉
받는 사람 조신형〈shinhcho@hanmail.net〉
Date Fri, 14 Mar 2008 11:50:53 +0900 (KST)

박사님께

출장 잘 다녀오셨는지요? 어제 중부대학교에서 이번 사업 결과를 어떻게 풀이하고 논의할 것인가, 의견 나누었는데 끝내 정확하게 디자인 못 했습니다. 우선 설문지부터 검토한 후 응답 결과를 통계 분석하기로 하여 20일까지 설문지를 교수님께 택배 보내기로 하였습니다. 6월 말쯤 결과를 볼 수 있을 것 같다고 하시는군요. 같은 지역 같은 대상자이지만 작년 사업과 다른 검사법을 적용했기 때문에 그 검사법 논의를 잘 풀어 써야 할 것 같은데, 문제는 제가 검사법에 관한 지식이 없어 질문드립니다. 논문 읽다 보면 꼭 등장하는 것이 검사법의 '민감도'와 '특이도'입니다. 이것이 무슨 뜻인지 설명해 주세요.

충남대학교 의과대학 이영하 교수님이 지도하신 권오석 선생님의 금강 유역 간흡충 감염 실태조사 논문(2001년)을 보니, ELISA법 대변 충란검사법에 대한 타당도를 평가하기 위하여 민감도와 특이도를 분석하셨고, 민감도 86.1%, 특이도 80.1%였습니다. 대변검사 분석 양성과 음성 결과를 가지고 산출했더군요. 필요하면 해당 페이지를 복사하여 보내드리겠습니다. 지난번 부곡에서 열린 워크숍에서 서울대 홍성태 교수님께서도 검사법의 민감도, 특이도, 음전이율(?)을 언급하시던데, 질문하면 강의 시간이 길어질 것 같아 손을 들지 않았습니다. 그런데 역시나 모르는 건 모르는 겁니다(눈물). 검사실 견학을 갔을 때, 강기정 선생님, 지수연 선생님께 여쭤볼 걸 그랬나 싶기도 하고요. 그런데 워낙 바쁘셔서 무슨 말인가를 붙인다는 것이 엄청 실례인 것 같더라고요. 설문 내용을 분석해 봐야 알겠지만, 최초 감염자, 이전 감염 경험이 있으나 현재는 치료되어 음성인 사람, 올해 재감염되신 분, 감염 경험이 있으나 치료받지 않고 있는 분들. 즉 High Risk Group을 어떻게 정의하고 중재 집단(실험군)으로 분류할 것인가. 그분들이 동의하지 않는 경우 어떻게 설득하고, 또한 프로그램 종료 시까지 참여할 수 있도록 할 것이며, 그 결과는 어떻게 유효한 산출 값이 되도록 할 것인가 등. 끝이 없었습니다. 보건교육 자료 만든 후 일단 박사님께 검수받기로 하였고요, 소책자 만들어서 출석 체크할 수 있도록 하고, 교육 내용을 애니메이션처럼 즐겁고 재미나게 할 것! 사전-사후 설문지 다시 만들 것. 일이 진행되는 대로 말씀드리기로 하지요.

충남대 보건대학원 이야기인데요, 지난 3월 5일에 입학식 했습니다. 교양 철학 과목을 시작으로 강의가 진행 중입니다. 학부 시절에 배운 전공과목도 있습니다. 교과 내용보다 놀란 것은 20년 전 강의실과 너무나 차이 나게 변해버린 최첨단 강의실 하드웨어에 눈이 휘둥그레

~! 프로젝트는 기본이고, 빵빵한 냉난방시설, 안락한 강의실 의자와 책상, 와 정말 세상 아주 좋아졌네! 다시 학생이 된 저의 신분이 의기양양 괜히 어깨에 즐거움이 내려앉는답니다.

철학과 사회학 강의는 재밌어서 2시간이 어떻게 지나가는지 말할 수 없고요, 그리스-로마신화를 시작으로 철학이 태동하기까지 고대 인류의 사고방식과 세계관, 신화적 세계관 등 많은 이야기를 듣게 되는데, 오늘날 모든 학문과 지식 근간을 이룬 최초의 시작은 철학으로 이어진 인간의 고민과 문제 해결 의식에서 비롯되었음을 알고 피식 웃음이 나기도 했습니다. 지금도 이 질문에 대한 답은 없으니까요. 이런저런 궁금한 것을 공부해 보겠다고 덤벼보면 덤빌수록 과연 안다는 것이란 무엇인가, 이것도 과연 내가 진정 안다고 말할 수 있는 것인가, 내 머릿속에 들어 있는 지식과 지혜가 얼마나 보잘것없는 먼지 같은 것인지 실감합니다.

사회학 강의 시간에 교수님께서 영화〈색계〉를 추천해 주셨습니다. 인간의 본성과 주체적 삶에 관해 말씀하시면서 탕웨이의 자발적 복종과 본성, 그러면서 또한 치열하게 주체적 삶을 산 주인공의 이야기. 사회학적 관점으로 보면 그렇다, 아직 그 영화를 보지는 못하였지만, 설명을 들었으니 관람하게 된다면 공명이 크리라 생각합니다. 포스트모더니즘 세대의 사고방식은 선악, 미추 기준과 관점의 경계가 모호해지고 개성과 개별화를 인정 수용하면서 다양성이 인정되고, 그러면서도 보편적 관점을 잃지 않으려는 개인과 사회 현상과의 이중적 충돌. 어떻게 극복할 것인가. 누가 오셨네요, 질문 해결해 주시고요, 또 소식 전하겠습니다. 감사합니다.

가정보건진료소 박도순 드림

/ [Re] 질문 있습니다

보낸 사람 조신형〈shinhcho@hanmail.net〉
받는 사람 박도순〈near4you@hanmail.net〉
Date Sat, 15 Mar 2008 10:15:51 +0900 (KST)

박 소장님께

우선 질문에 대한 답을 먼저 말씀드리죠. 우리가 흔히 말하는, 확진법이라고 통용하는 여러 진단법은 기존의 진단법보다 정확도 측면에서 조금 나을 뿐이지, 나름대로 모두 특정 오차 가능성을 지니고 있습니다. 양성을 항상 양성으로, 음성을 항상 음성으로 가려내야 표준진단법으로서 완벽한 것이지만 현실적으로 그런 진단법은 거의 존재하지 않는다고

해도 거짓말이 아닙니다. 민감도(Sensitivity)는 간단하게 양성 예측도의 한 접근법으로 얼마나 병이 있는가를 찾아내는, 정확도가 몇 %인가를 나타내죠. 예를 들면, 간흡충 혈청 진단제(혹은 기기)를 개발하면 항원항체반응을 위하여 ELISA 검사법이나 FA 검사법으로 측정하는데, 간흡충에 대하여 몸에서 생산하는 항체 반응을 보게 됩니다. 따라서 민감도를 꼭 표기해야 하는데 민감도가 95%라고 하면, 100명의 간흡충 감염자가 경증 혹은 중증으로 감염되었든, 또는 유사한 기생충에 감염되었든, 각종 질환에 중복 감염되었든 간에 그것을 찾아낼 확률이 95명 이상이라는 뜻입니다. 잘 만들어진 어떤 진단제라 해도 민감도가 90% 이하인 경우 좋은 진단법이라 할 수 없고, 최소한 95%, 97%, 완전하다면 100% 정도 되어야 가치가 있습니다. 결국 민감도는 양성(Positive)을 기준으로, 퍼센트(%)로 표기하는데 보통 100명이나 1,000명을 대상으로 최소 2회, 3회 반복하여 결과를 측정합니다. 민감도가 낮으면 대상 질환 발견이 어려우므로 초기 진단 기회를 놓치는 결과를 낳겠지요. 간흡충도 마찬가지로 혈액 검사 진단법을 개발하였다고 하여도 감염 밀도가 매우 낮은 경우, 항체 생산량이 적어 반응을 일으키지 않으므로 결과적으로는 음성으로 나타날 수가 있습니다. 다음으로 특이도(Specificity)에 대한 설명을 해드리자면, 특이도는 음성(Negative) 예측도 접근법입니다. 질병이 없는 사람을 진짜로 질병이 없다고 판단하는 척도라고 말씀드리면 쉽겠네요. 예를 들어 고열과 복통이 있고, 속이 메스꺼운 증상을 호소하는 경우, 많은 질병이 예측되지요. 이때 환자의 증상만으로는 특정 질환을 정확하게 진단할 수 없으므로 각종 검사법을 동원하여 여러 의심 질병을 측정하게 된다는 것, 물론 박 소장님도 잘 아시겠지요. 세균성 이질을 예로 들어 볼까요? 이질이 아닐 확률을 100명 중 몇 명인가로 나타내는 경우 특이도가 10%이면 100명 중 90명은 이질인지 아닌지 알 수 없지만, 10명은 확실히 이질이 아니다, 결론에 이르겠지요. 반대로 특이도 99%는 1명은 틀릴지 모르나 99명은 확실하게 반응을 보이지 않았으므로 이질 환자가 아니라고 정의할 수 있습니다. 즉 1%나 3% 오차는 환자 상태, 기후 등 참으로 다양한 여러 요인에 따라 다르게 나타날 수 있습니다. 그래서 많은 진단 제품 판매 업체는 특이도를 높이기 위하여 많은 예산을 투자합니다. 연구자는 민감도와 특이도가 높다고 하여도 얼마나 빨리 초기에 질병 반응 즉 감염 여부, 질병 유무 결과를 찾아내느냐에 온 관심을 기울이는 것이죠. 적절한 답이 되었는지는 모르겠습니다. 그렇다면 질병관리본부에서 기생충 감염 여부를 확인(진단)하기 위하여 적용하고 있는 MGL* 진단법의 간흡충증 민감도는 얼마나 될까. 제 생각에는 약 80% 정도밖에 되지 않는 것 같습니다. 이것은 위에서 말한 민감도와는 좀 다릅니다. 정확하게 말해서 MGL법은 민감도라기보다도 감염 밀도에 따른 진단 '확률'이라고 볼 수 있습니다. 감염 밀도가 높은 사람, EPG(egg per gram)값이 큰 사람, 즉 대변 1g에 1,000개의 충란을 가진 그룹 100명은 민감도가 거의 100%에 가깝겠지만, 대변 1g에 10개 이하의 충란을 가진 그룹 100명은 약 50% 이하로 민감도가 낮아지겠지요. 결국 민감도는

장내기생충검사법의 하나(Medical General Laboratory; Formalin-Ether)

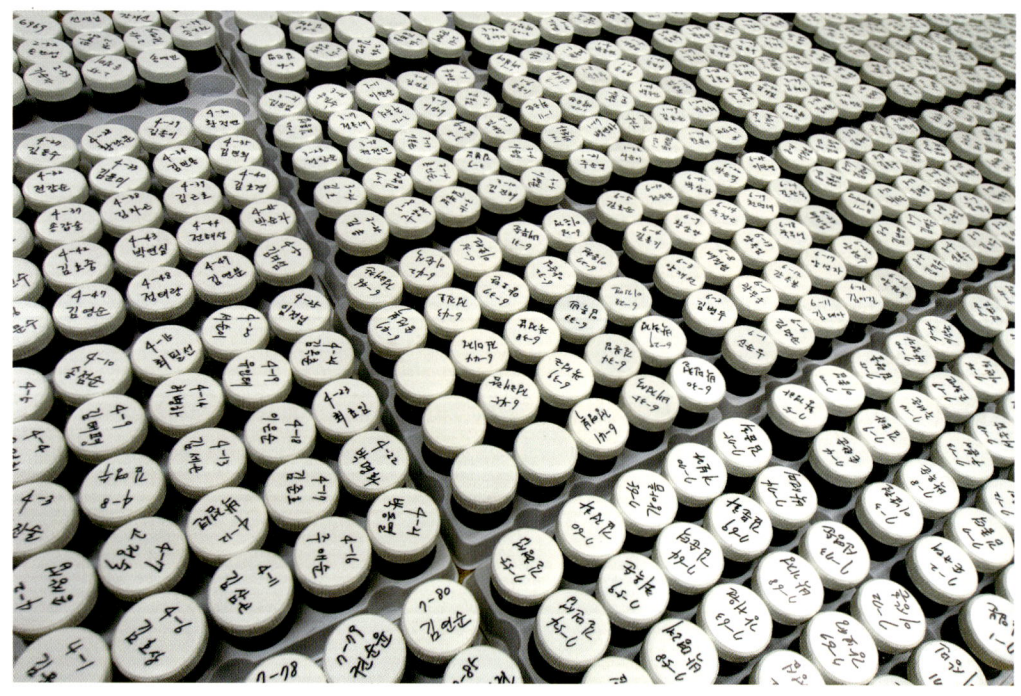

눈으로 직접 현미경을 통하여 충란을 보는 방법보다 항원+항체 반응을 통하여 특정 반응 색을 보이게 함으로써 증명하는 것이기 때문에 중요한 단서가 되기도 합니다. 다만, 간흡충란을 직접 현미경을 통하여 확인하여 관찰한 것이므로 간흡충이 거의 맞다고 볼 수 있지만, 확률은 대상자의 감염 정도에 따라 달라서 100%라고 말하기에는 그래도 조심스러운 면이 있습니다. 다양한 결과가 나타날 수 있다는 가능성이 있다는 말입니다. 시간이 많이 지났네요. 다시 연락드리겠습니다.

조신형 올림

/ **제목 2008. 채변 채혈 검사 프로토콜**

보낸 사람 박도순 〈near4you@hanmail.net〉

받는 사람 조신형 〈jo4u@cdc.go.kr〉

Date Fri, 21 Nov 2008 PM 12:32:23 +0900 (KST)

조 박사님께

파일 첨부합니다. 일단 검토하여 주십시오. 혹시 고칠 부분, 추가할 부분 있으면 알려주시고요.

마지막 슬라이드 혈액 검사 프로토콜 부분은 박사님께서 채워주십시오. 학회장님께서 혈액 부분을 포함하여 연구 계획서에 월요일까지 제출해야 한다고 하십니다. 늘 감사드리며.

 가정보건진료소 박도순 드림

/ 제목 대수롭지 않은 것의 힘

 보낸 사람 박도순〈near4you@hanmail.net〉
 받는 사람 조신형〈jo4u@cdc.go.kr〉
 Date Tue, 09 Dec 2008 08:27:13 +0900 (KST)

 박사님께

지난주 농촌간호학회 학술대회 잘 다녀왔습니다. 군산시 보건소에도 잘 다녀왔습니다. 금연지도자 과정 소책자 보내드렸습니다. 경주시 워크숍 잘 치르세요! 늘 감사드리며. 좋은 글 갈무리하여 보냅니다. 대수롭지 않은 것의 힘. 남들이 대수롭지 않게 여기는 일에도 신명을 바쳐 일하는 사람들이 있다. 성실이란 단어로 다 표현할 수 없을 만큼 매사에 진지하게 일하는 사람들이다. 기회는 그런 사람들에게 열린다. 삶이란 결국, 자신이 무엇을 갖고 있느냐에 따라 대부분 결정된다. 가치 있는 것을 마음에 품은 사람의 주변에는 항상 사람들이 많다. 공병호 선생님의《초콜릿》글에서.

 가정보건진료소 박도순 드림

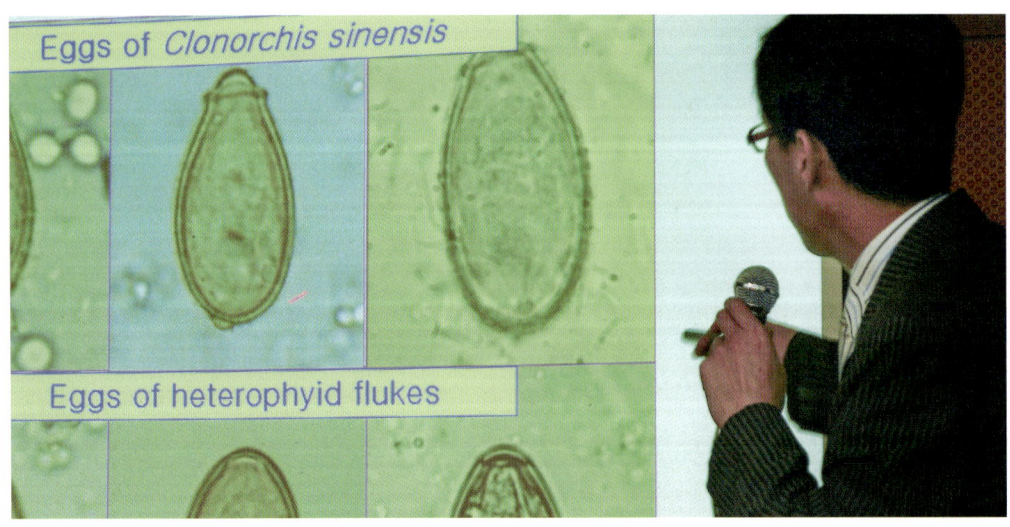

/ [Re] 대수롭지 않은 것의 힘

보낸 사람 조신형 〈jo4u@cdc.go.kr〉

받는 사람 박도순 〈near4you@hanmail.net〉

Date Tue, 09 Des 2008 AM 09:22:11 +0900 (KST)

박 소장님께

간흡충이 국민에게는 매우 대수롭다고 생각하는데요. 경주시 워크숍 발표 가면 박 소장님이 보낸 글을 인용해 봐야겠네요. 정책 결정하는 사람이 올바른 결과를 가지고 이야기해야 하는데, 바르지 못하게 말하게 되면, 그 일을 하는 후배들은 훨씬 더 힘들어진다는 것을 알았습니다. 기생충이 없어졌다고 발표한 바람에 고전 중입니다. 위에서는 그만하라고 하고, 어제저녁에도 기생충 업무를 모두 이전하라는 지시를 받았는데 참으로 고민 중입니다. 과연 일선 보건기관에 예산이 있는지, 우리나라 보건기관이 자체적으로 검사 진단이 가능할 정도로 시스템이 구축되었는지, 감염병 관리 인력은 충분한지. 머리가 복잡합니다. 10시 50분에 내부 연구 자료 발표있습니다. 이만. 오늘도 수고하십시오.

조신형 올림

/ 2008년 12월 1일 월요일

제6회 보건진료소 건강증진평가대회(국회 헌정기념관)

/ 제목「지역사회 중심 만성 질환자 관리」강의 의뢰

보낸 사람 이정식

받는 사람 박도순〈near4you@hanmail.net〉

Date Tue, 09 Dec 2008 PM 16:49:17 +0900 (KST)

소장님께

소장님! 보건진료소의 무궁한 발전을 기원합니다. 본 대학의 학부 학생들의 효과적 학습을 위해 실무와 지식을 겸비하신 강사님을 모시고 귀한 말씀을 듣고자 하오니, 부디 허락하시어 본 대학 학부 학생들이 지역사회 중심의 만성 질환자 관리에 대한 생생한 실무 경험을 들을 수 있는 기회를 제공하여 주시기 바랍니다. 강의와 관련된 문의 사항은 교과 담당 조은희 교수 또는 이윤정 조교에게 문의하여 주시기 바랍니다.

일시 : 2008년 12월 12일 13:00~14:50 (2시간)

장소 : 연세대학교 간호대학 자유관

대상 : 학부 2, 3, 4학년

주제 : 지역사회 중심 만성 질환자 관리 - 보건진료소 사례 중심 -

/ 제목 간흡충 양성자 포커스 인터뷰와 영상 촬영

보낸 사람 박도순 〈near4you@hanmail.net〉

받는 사람 조신형 〈jo4u@cdc.go.kr〉

Date Fri, 09 Jan 2009 09:33:23 +0900 (KST)

박사님께

안녕하세요? 좋은 아침입니다. 박사님! 학회에서 교육팀 맡고 계신 김희걸 교수님과 김춘미 교수님 일행께서 다음 주 금요일(16일) 이곳에 오시기로 하였습니다. 강변에서 어부가 그물 치는 장면, 그물 걷는 장면, 잡힌 물고기 종류, 물고기를 주민들은 어떻게 요리하여 드시는지, 그 장면까지 촬영하려고 합니다. 교수님들께서 어떤 내용으로 콘티를 구성하여 오는지 잘 모르겠지만, 어제 마을 어르신께 촬영 내용에 대하여 설명 드렸습니다. 섭외 요청하였고요. 흔쾌히 허락해 주셨습니다.

Clonorchis sinensis (간흡충)

2006년~2008년까지 CS* 양성자 중에 사정상 참여 어려운 분 제외하고 8~10명, 우리 보건진료소에 오셔서 인터뷰 협조하여 주실 것을 부탁드렸습니다. 새로운 일은 자꾸 생기고요, 날씨는 몹시 춥습니다. 이른 아침 강변에 그물 걷으러 가는 어르신도 추울 것입니다. 교수님들께서 무주 추위에 적응하실지(웃음). 가래떡 주문하였습니다. 기다림의 설렘! 참! 어제

전화 못 받아 죄송합니다. 초저녁에 자느라고요. 벨 소리를 비몽사몽간에 들었는데, 아침에 일어나 보니 잠결에 문자를 보냈더군요. 다시 연락드리겠습니다.

　　　가정보건진료소 박도순 드림

/ [Re] 간흡충 양성자 포커스 그룹 인터뷰와 영상 촬영

보낸 사람 조신형 〈jo4u@cdc.go.kr〉
받는 사람 박도순 〈near4you@hanmail.net〉
Date Fri, 9 Jan 2009 10:58:10 +0900 (KST)

　　　박 소장님!
교육용 영상 촬영한다고 인터뷰, 검사법 절차 등 준비해 달라고 하던데요. 카메라 울렁증이 있어 잘하려나 모르겠네요. 1월 19일, 20일, 21일은 건강관리협회 검사 담당 직원과 질병관리본부 담당과장 등 20여 명 교육 예정입니다. 처음 이틀 동안은 서울대학교에서, 마지막 일정은 질병관리본부에서 교육 평가 후 검사법 표준화할 것입니다. 이 과정이 지나면 건강관리협회에서도 MGL 진단법을 시행하게 되니 검사를 맡겨도 될 것입니다. 올해부터는 건협에 상당한 업무가 지원될 것 같습니다. 촬영일을 1월 29일로 잡았습니다. 저는 안 해도 상관없습니다만, 도움 되는 일이라면 해 봐야지요. 전화 통화 안 되어 메일 보냅니다. 수고하십시오.

　　　조신형 올림

/ 제목 RE: Re:박사님

보낸 사람 박도순 〈near4you@hanmail.net〉
받는 사람 조신형 〈jo4u@cdc.go.kr〉
보낸 날짜 Thu, 29 Jan 2009 14:06:19 +0900 (KST)

　　　박사님께
박사님은 이미 아주아주 오래전부터 간흡충과 결혼해서, 똥과 같이 밥도 먹고, 똥과 같이 잠도

자고, 매일매일 간흡충만 사모하고 생각하고! 오늘 촬영을 끝으로 오랜 동거 끝에 나올 좋은 영상자료 탄생을 기대해 봅니다.

요즘 의욕 상실증 걸린 환자처럼 매사 재미가 없습니다. 살다 보면 이런 기분이 드는 날도 있는 모양이지요. 괜히 심통이 나고, 짜증스럽네요. 날씨 탓인가.

가정보건진료소 박도순 드림

/ [Re] RE: Re:박사님

보낸 사람 조신형 〈jo4u@cdc.go.kr〉
받는 사람 박도순 〈near4you@hanmail.net〉
보낸 날짜 Thu, 29 Jan 2009 17:26:11 +0900 (KST)

박 소장님께

보건진료소 사무실로 전화했더니, 받지도 않고 말이죠. 어느 꼬맹이가 마을 무슨 행사가 있어서 회관에 갔다고 하더이다. 저는 간흡충이 좋긴 좋아요. 물론 암 이야기도 나오기는 하는데, 확률이 높은 것도 아니고, 감염되면 확실한 치료 가능하고요, 좋은 약제가 있고, 식습관을 바꾸면 대폭 감소 가능하고, 보건소가 있고, 물고기 채집도 재미있고, AIDS처럼 혈액이 아니고

똥이라 좋고, 박 소장님처럼 좋은 사람들 만나서 좋고, 서울이 아니라 지방에 있어서 평소 가볼 수 없는 곳을 갈 수 있어 좋고, 말라리아처럼 강원도나 경기도만 지원하는 것이 아니라, 내 고향 남쪽을 지원해서 좋고, 어르신들 건강 챙겨드리니 좋고, SARS처럼 부담스럽지 않은, 강의할 만한 주제 있어 좋고 좋고 좋고. 좋게 말하면 좋은 거고, 나쁘게 말하면 더러운 것이고, 그래도 분명한 것은, 저는 이 업무가 좋습니다. 그런데 역시나 동영상 촬영은 영 아니올시다. 그것은 연예인이 해야 하는데 딱딱한 말투에 딱딱한 표정. 영 어색해요. 그래서 홍성태 교수님과 박 소장님 자료를 많이 넣어 달라고 했어요.

다음 달 5일에 총괄 사업 발표해야 하는데, 첫 번째 발표자가 저입니다. 저를 이어 나머지 4명이 발표하고요. 평가위원에는 홍성태 교수님, 전경자 교수님 등 총 여섯 분인데 걱정이 앞서네요. 그날은 박춘희 선생님이랑 서울에 와서 발표 끝내고, 우리 팀이랑 저녁 식사 같이하려고 합니다. 회식비는 교수님이 쏘신다니. 감사할 따름입니다. 박 소장님도 함께하면 좋을 텐데 아쉽네요. 오늘도 사업 계획서와 발표 자료 작성하느라 고생 중입니다. 의욕 상실하지 마시고 힘내세요. 어제저녁에 인하대학교 김동수 교수님이 오셔서 새벽까지 마시고 이야기 나누었습니다. 하여간 여일한 모습으로 힘내며 삽시다. 회의 가야 해서요. 수고하세요!

조신형 올림

/ 제목 그래도 사랑하라

보낸 사람 박도순 〈near4you@hanmail.net〉
받는 사람 조신형 〈jo4u@cdc.go.kr〉
Date Thu, 05 Mar 2009 15:33:51 +0900 (KST)

박사님께

사람들은 불합리하고 비논리적이고 자기중심적이다, 그래도 사랑하라. 당신이 선한 일을 하면 이기적인 동기에서 하는 것이라고 비난받을지도 모른다, 그래도 좋은 일을 하라. 당신이 여러 해 동안 만든 것이 하룻밤에 무너질지도 모른다, 그래도 만들어라. 아침에 마더 테레사님의 글을 읽었는데 글의 일부입니다. 검체 결과가 나왔을 것 같습니다. 이 편지는 우리 진료소 검사 결과 자료 독촉 이메일입니다(웃음). 수고하십시오.

가정보건진료소 박도순 드림

/ [Re] 그래도 사랑하라

보낸 사람 조신형 〈jo4u@cdc.go.kr〉

받는 사람 박도순 〈near4you@hanmail.net〉

첨부파일 1개 (47.4 kB) 2009년 무주군의뢰명단(388명).xlsx 46.3KB

Date Thu, 09 Mar 2009 10:36:22 +0900 (KST)

박 소장님께

2009년도 388명 검사 결과 나왔기에 파일로 첨부합니다. 오늘도 즐거운 하루 되시고, 저는 내일 대전보건환경연구원 강의하러 갑니다. 이로써 2009년도 사업이 거의 완결되었군요. 그동안 수고 많으셨습니다. 오늘도 좋은 날 되시고요.

조신형 올림

/ 제목 간흡충 관련 국내 연구논문 분석

보낸 사람 박도순 〈near4you@hanmail.net〉
받는 사람 조신형 〈jo4u@cdc.go.kr〉
Date Mon, 06 Apr 2009 02:53:57 +0900 (KST)

박사님께

한국농촌간호학회 투고 논문이 출판되었습니다. 파일 첨부합니다. 결론입니다. 강변 지역, 유행 지역 중심으로라도 실태조사 및 관리가 계속 필요하다, 왜 연구실에 앉아서만 연구하고 있니? 박사님도 동의하시나요? 강변 유역 주민의 일상에 고착되고 풍토병-화 되어버린 간흡충증 관리는 학계에서, 또는 보건 정책 측면으로 아무리 비인기 종목(!)일지라도, 누군가는 주기적으로 계속 관리해야 하는 사업이라는 것을 저는 알아버렸습니다. 우하하하. 수고하세요.

Abstract

Purpose: The purpose of this study was to analyze the trend of research on clonorchis sinensis in Korea. Method: The study design was a literature analysis in which research studies with 'Clonorchis' in the title were collected from 2001 to 2007. A total of 115 research studies were analyzed based on the year of publication, study design, major or institute of researcher, study sample, and research theme. Results: 10~19% of the research studies were published each year from 2001 to 2007. Experimental study design was the most frequent at 54.8%. Medicine or parasitology as the major of researchers were 43.2% and 41.2% retrospectively, but no nursing studies were found. For study samples, 65.9% were cyst larvae

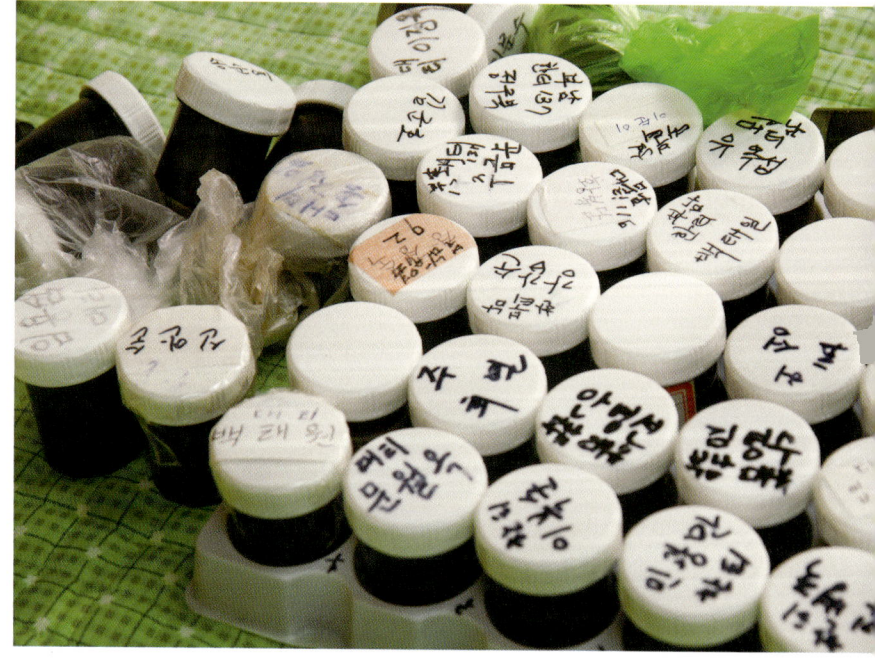

and animals, followed by human beings (29.5%). In research theme, the structure and gene analysis of clonorchis sinensis was the most frequent (32.1%), followed by animal experimental studies (15.7%), epidemic studies of clonorchis sinensis prevalence and changes (13.0%), and methods of diagnosis of clonorchis sinensis and effectiveness (12.2%). Conclusion: Although positive rate of clonorchis sinensis is still high, intervention studies for managing clonorchis sinensis were not found. So, methodological research developing clonorchis sinensis management program and intervention study is needed for high risk groups in rural communities.

가정보건진료소 박도순 드림

/ [Re] 간흡충 관련 국내 연구논문 분석

보낸 사람 조신형 〈jo4u@cdc.go.kr〉
받는 사람 박도순 〈near4you@hanmail.net〉
Date Mon, 06 Apr 2009 09:57:50 +0900 (KST)

박 소장님께

많은 업무에, 논문을 첨가하였으니, 금상첨화입니다. 저에게도 큰 도움이 됩니다. 발전하는 모습, 고맙고요, 가까운 날에 잘 활용하시길 바랍니다.

조신형 올림

/ [Re] 전국 어패류 축제 현황

보낸 사람 조신형 〈jo4u@cdc.go.kr〉
받는 사람 박도순 〈near4you@hanmail.net〉
Date Tue, 12 May 2009 13:03:15 +0900 (KST)
첨부파일 1개 (348 kB) 전국어패류축제자료.ppt 339.5KB

박 소장님!

서울에는 제법 비가 많이 내렸습니다. 오늘은 구내식당에서 식사하고 나와 컨테이너 앞마당에 핀 민들레를 보았습니다. 보내주신 자료 잘 받았습니다. 사진 속 민들레를 새삼 발견합니다. 홀씨를 보았더니, 아, 이렇게 생겼구나 싶더군요. 80년대 보건진료소에서의 기생충 사업은 지역 주민 대상으로 알벤다졸 배부가 전부였군요. 대한기생충학회 홈페이지 가봤더니, 기생충 역사 관련 자료 있어 첨부합니다. 박 소장님이 궁금해하시는 역사 부분에 대한 정보를 얻을 수 있을 것 같습니다. 이순형, 조승열 교수님 자료입니다. 대부분 기생충학회와 건강관리협회 위주로 작성된 것입니다. 저에게도 좋은 참고 자료가 될 것 같아 내려받았습니다. 첨부물 열어보세요. 회의하자고 부르네요. 다시 연락드리지요. 수고하십시오.

　　　조신형 올림

/ 제목 박사님! 평가대회 일정 알려주세요

　　　보낸 사람 박도순〈near4you@hanmail.net〉
　　　받는 사람 조신형〈jo4u@cdc.go.kr〉
　　　Date Fri, 26 Jun 2009 10:57:56 +0900 (KST)

　　　박사님께

점점 더워집니다. 기생충평가대회 일정이 혹시 결정되었나요? 한국보건복지인력개발원 신용애 교수님과 추진 중인 베트남 보건관리자 한국 보건의료 연수 과정이 2주 연기되어 강의 일정이 7월 29일~31일로 변경되었습니다. 평가대회 일정과 겹치는지 확인차 편지드립니다. 수고에 감사드리며.

　　　가정보건진료소 박도순 드림

/ [Re] 박사님! 평가대회 일정 알려주세요

　　　보낸 사람 조신형〈jo4u@cdc.go.kr〉
　　　받는 사람 박도순〈near4you@hanmail.net〉
　　　Date Fri, 26 Jun 2009 17:01:51 +0900 (KST)

박 소장님께

질문하셨군요. 기생충 평가대회 일정은 7월 22일~23일로 확정되었습니다. 한국농촌간호학회 회장님께 공문 보내드리겠습니다. 워낙 결재 체계가 복잡해서 업무 등 일사천리로 진행 면에서 답답한 면이 많습니다. 하여간 준비할 것이 많아 정신없습니다. 잘 지내십시오. 더운 날씨에 건강도 잘 챙기시고.

조신형 올림

/ 2009년 9월 15일 토요일 국회의원회관 대회의실

제목 일본에 잘 다녀왔습니다

보낸 사람 박도순 〈near4you@hanmail.net〉

받는 사람 조신형 〈shinhcho@hanmail.net〉

Date 2010년 2월 02일 화요일, 오후 15시 46분 16초 +0900 (KST)

박사님께

3박 4일간의 일정을 마치고 무사히 귀가하였습니다. 암울한 과거 한일 역사 관계 속에, 그런

혼란한 시대에 태어난 시아버님과 과거로의 여행이었습니다. 연세가 80이라 체력은 점점 약해지고, 기억력도 희미해지고요. 고향에 대한 그리움을 늘 말없이 가슴으로만 간직하고 계셨던 우리 아버님. 이번 여행의 가장 큰 수확은 과거를 함께 걸으며 아버님과 남편, 두 남자의 관계가 좋아진 것, 며느리인 저는 아버님의 상처를 들여다볼 수 있는 것이었습니다. 일본으로 강제 징용되어 조선으로부터 들여오는 놋그릇과 놋수저 등을 녹여 총알 탄피를 만드는 공장에 다녔던 부모님 밑에서 태어나신 우리 아버님. 일본어를 국어로 배우고, 도요토미 히데요시의 지혜와 영웅, 무사들의 이야기, 일본의 역사를 자국의 역사로 배운 아버님. 조선이 일본으로부터 해방되고, 조선으로 강제 귀국선을 타야 했던 부모님과 조선으로 돌아온 아버님의 어린 시절은 절대 녹록지 않았던 시절이었다는 것을 이번 여행에서 상세하고 절실히 알게 되었습니다. 이제껏 들어 보지 못한 슬픈 이야기를 들었고, 아버님은 왜 별로 말이 없는 사람인지 알게 되었습니다.

　　아버님은 독립군도 아니고, 독립군의 아들도 아닌 평범한 조선의 아들이어서 누구 하나 기억조차 해주지 않는 과거 속에서 열다섯 소년으로 성장을 멈춘 채 계십니다. 버스와 지하철을 갈아타며 물어물어 찾아간 아버님이 태어난 곳, 교토와 오사카시. 현대 문명 속에 도로는 엉키고, 빌딩들은 숲을 이루었고, 세계문화유산에 등록된 오사카성, 금각사 은각사는 수많은 관광 인파를 불러 모으고 있었지만, 아버님의 어린 시절 소박한 추억이 서린 카모가와,

고향의 강, 미나미쓰모리 소학교, 동무들과 불렀던 노래들. 강산이 변해도 여섯 번은 더 변한 세월 속에 묻힌 과거는 이제 꺼내기조차 낡은 추억으로 탈색되어 있었습니다. 오사카에 가면 누구나 한 번쯤은 들른다는 서울 명동 같은 신사이바시. 밤에 역 근처에 구경 갔다가 도톤보리 지구 YAMAHA 가게에서 하모니카 하나 선물로 사 드렸습니다. 남편도 기억한다는 어린 시절 아버지의 하모니카 소리, 아버님이 가게에서 불던 음률이 고향을 그리워하는 'ふるさと'였다는 것을, 이 며느리는 나중에 알았습니다. 무사 귀가 보고합니다.

  가정보건진료소 박도순 드림

/ [Re] 일본에 잘 다녀왔습니다

  보낸 사람 조신형 〈shinhcho@hanmail.net〉
  받는 사람 박도순 〈near4you@hanmail.net〉
  Date 2010년 4월 7일 수요일, 오후 14시 44분 12초 +0900 (KST)
  박 소장님께

오래간만입니다. 건강은 좀 어떠신지? 무주군 장내기생충 검사 결과 발송합니다. 진즉에 보냈어야 했는데. 결과 해석은 전화로 말씀드리겠습니다. 금년도 사업이 마무리되어 가는군요. 그동안 수고 많으셨습니다. 따뜻한 하루 되세요. 퇴근 즈음에 전화할게요.

  조신형 올림

일기 2

/ **상곡보건진료소로 발령**　2011년 1월 24일 월요일 맑음

상곡보건진료소로 발령이 났다. 행정팀 김국환 주사님께 전화했다. 그곳이 박 소장 고향이라고? 몰랐네, 하신다. 정말 모르셨을까. 쫓겨나듯 또 이삿짐을 쌌다. 아무리 공적 업무를 수행한다지만, 과거를 정리하고 돌아선다는 일이 그렇게 간결할 수는 없는 것이다. 날씨는 춥고 오늘 아침까지 친근했던 사람들이 갑자기 낯선 사람이 되어버리는 이 기분. 비밀은 무엇일까. 먼발치에서 이삿짐을 차에 싣는 우리 가족을 지켜보는 주민들의 모습. 마치 상여 나가는 걸 바라보는 그런 표정들이셨어. 나는 얼마나 눈물이 나던지. 가슴이 뻐근하게 아팠다.

나는 중학교까지 이곳에서 다녔지. 무주중학교 괴목분교. 고등학교에 진학하면서 읍내로 나가 자취를 했지. 대학을 졸업하고 간호사가 되어 다시 돌아온 무주. 10대에 고향 떠난 학생이 40대 간호사가 되어 오다니! 이런 사례도 드물 것이다.

적상면 포내리 804-7번지. 1982년 12월 24일 최초 설치. 2006년 2월 신축. 165㎡(50평). 보건진료소 뒤에 내가 다닌 괴목초등학교에 아이들 소리는 거의 없다. 430가구, 인구는 790명, 상조, 하조, 괴목, 치목, 중리, 개안, 초리, 북창. 내 동무들이 살던 8개 마을. 65세 이상 인구는 371명(46.9%). 너무나 익숙한 곳에서 낯선

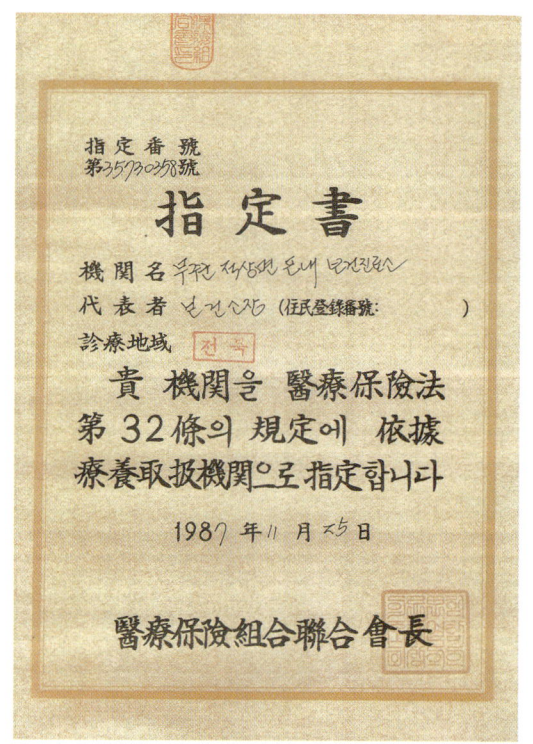

업무가 시작된다. 서랍 속에 들어있는 깨진 액자. 누런 요양기관지정서에서 오래된 시간 냄새가 났다.

/ 2011년 2월 1일 화요일 맑음

인사 발령은 왜 이렇게 추운 날에 이루어지는 것일까. 안국사, 상곡교회, 적상보건지소까지 11km. 무주의료원까지 12km, 세 번째 근무지. 보건진료소마다 허술함은 여전하구나. 드라이비트로 마감한 외벽이라니! 간판을 걸기 위해 못을 박는데, 망치질 한 번에 콘크리트 못이 훅~ 들어갔다. 깜짝 놀랐다. 어둑어둑한 사택은 종일토록 등을 켜야 한다. 박현희 소장님도 정말 고생 많았구나.

/ 2011년 10월 14일 금요일 맑음

감회가 새롭다. 뼈를 깎는 아픔이란 이런 것일까. 참 오래 걸렸다. 보건진료소장회 업무 연락에 따르면 지방별정직 보건진료원 일반직 전환 운영 지침이 지방자치단체로 전달되었다고

마을	가구	인구			65세 이상(46.9%)			독거노인
		계	남	여	계	남	여	
계	430	790	354	436	371	138	233	50
상조	26	59	27	32	28	11	17	3
하조	56	98	45	53	47	17	30	8
괴목	54	104	48	56	41	15	26	8
치목	77	148	78	70	71	31	40	1
중리	89	147	58	89	67	25	42	15
개안	26	48	23	25	17	7	10	1
초리	55	90	32	58	54	16	38	13
북창/작골	47	96	43	53	46	16	30	1

계	고혈압	당뇨	뇌졸중	정신질환	관절염	다문화	장애인	치매	암	거동불편
290	90 (11.4%)	37 (4.7%)	4	2	44 (5.6%)	2	5	4	16 (2.0%)	4

한다. 행정안전부 예규 380호, 2011.10.10. 제정. 전국 별정직 보건진료원 88.5%는 보건진료직 6급, 11.5%는 7급과 8급으로 일반직 조정이 완료되었다는 소식이다. 11월 1일 시행됨에 따라 자치단체별로 정원 조례 개정 후 보건진료원 특별임용시험이 공고될 것이다. 별정직 신분인 지금 우리는 면접시험 후 '보건진료직'으로 새롭게 임용된다. 전환 기간은 약 3~4개월 정도, 무주는 어떻게 될지 모르겠다.

　본회 임원진과 소장님들 협력과 수고가 눈물겹다. 그런 노력에도 불구하고 11.5% 정도는 6급을 받지 못하거나 한 직급 낮추어 임용받게 된 것은 아쉽다. 황성호 부회장님이 길게 적은 글을 읽었다. 별정직에서 일반 정규직으로의 추진은 당연히 공무원 인사 관련 규정을 준수해야 하고, 타 직렬 공무원과 형평성 문제 때문에 원하는 바 100%를 달성하기 어렵다는 설명에 충분히 공감했다.

　1990년대 후반 IMF 위기로 이미 약 230명이 구조조정을 당했고, 보건진료소 주변 환경 변화로 도시화 지역이 증가하는 등 보건진료소 기능 변화, 통폐합, 구조조정 등 지난 20여 년간 끊임없이 학회에서 논의했고, 현실에서 우리를 들볶았다. 별정직은 승진, 전보, 소청, 휴직, 명예퇴직 등이 불가능하다. 긴 시간 투병이 필요한 경우에도 쉴 수 없다. 별정직 신분으로는 보건의료 환경 변화에 대응하거나 기능 전환하기에는 여러 불안한 요인을 품고 있는 것이 현실이다. 게다가 보건진료소장 임용권이 시장, 군수에게 있고 단체장 의지에 따라 진료소장을 면직시킬 수도 있는 연약함을 지니고 있다.

　우리 무주군에서도 구천동보건진료소를 제외한 9개 보건진료소를 통폐합하려는 움직임이 있을 때, 운영협의회를 비롯한 주민들이 얼마나 발 빠르게 대응하였던가. 일반직과 차별된 근무 조건으로 근무해야 했기에 불이익을 해소하고자 바라고 바랐던 보건진료원 일반직 추진 배경은 이제 역사의 한 장면으로 남게 된 것 같다.

　이제 보건진료소장들 평균 연령이 50세에 접어들었고, 보건진료소 근무 경력 평균 23년이라는 점. 힘없고 늙어가는 조직을 바라봐야 하는 마음, 후배들에게 보건진료소의 위상을 제대로 세워주지 못하는 선배로서의 미안함이 맞물려 어수선한 마음이다. 아직 고치고 넘어야 할 규정이 남아있지만, 기초 작업을 마무리했다는 점에 의미가 크다 할 것이다. 계약직 공무원의 인사권, 총액 인건비, 행안부에서 통제할 수 있는 지자체 권한, 보건진료소 운영 기금에서 지급하던 활동 장려금을 수당화하려는 지급 근거와 의료업무수당의 현실화 등 보건복지부와 협의할 것이 많아 보인다. 차근차근 풀어가고 있는 회장단에게 박수를 보낸다.

/ 2011년 10월 14일 금요일 흐림 14:52 조회 752

연탄난로. 허물어진 울타리, 첫 월급 124,000원. 첫 발령 즈음, 보건진료소장으로 일하면 떼돈(!) 벌 줄 알았다. 엄마에게도 엄마! 내가 월급 타면 반절은 엄마 떼어 드릴께요 했는데, 용돈은커녕 나 한 달 지내기도 빠듯했던 '지방공무원에 준'하는 대우. 친구에게 자랑도 못 하고 심지어 가족에게도 자랑스럽지 못했던 '보건진료원'이라는 신분. 속내는 참으로 처참하기만 했다.

별정직으로 전환되면서 직급을 받기 위해 군청 인사 담당자 찾아가면, 기다리라, 기다리라, 고 말하고는 구석에 세워놓고 자기 일만 하던, 지금 같으면 욕이라도 퍼부었을 텐데, 그때는 왜 그런 용기도 없었는지….

20여 년이 흘렀다. 공무원 쪽에서 아쉬우면 공무원 취급해 주고, 아니면 소장님네는 별정직이잖아요? 이런저런 눈치가 보이고, 우리 공무원이야? 도대체 정립되지 않는 묘한 신분이 주는 혼란스러운 정체성! 우리는 물인가? 기름인가? 황성호 부회장님이 적은 글을 읽으니 감회가 새롭다.

신현주 소장님의 뚝심과 오기, 패기. 일반직이 안된다면 왜 안되는지 그 이유라도 알고 죽자! 나는 죽기를 각오했다며 잠자리에서 나에게 하시던 말씀. 만날 때마다 기도 부탁! 기도 부탁! 이제 좀 정리가 되었지만 앞으로 벌어질 상황 대처에도 비장한 각오를 단단히 해야 함을 느낀다. 이제 시작에 불과하다.

/ 2012년 1월 22일 월요일 맑음

골목마다 차들이 넘쳐나고, 개들도 짖어대니 동네잔치, 나라 잔치. 설 명절 실감 난다. 부침 냄새, 바쁜 방앗간 아저씨. 이러다 내가 죽게 생겼다고 하시는데 얼굴에는 행복한 미소가 떠나질 않는다! 내일 설날이다.

/ 2012년 2월 12일 일요일 맑음

사진을 취미로 시작하면서 놀라웠던 것은 다양한 렌즈군단과 렌즈에 따른 천차만별 가격대이었다. 몇만 원에서 기백만 원까지. 순간 포착과 아름다움을 담아내고자 하는 인간의 욕망이 광학계에도 깊숙하게 뿌리내리고 있다는 것을 알았다. 여러 화각과 렌즈 특성에 따른 작품은 나의 눈과 마음을 빼앗기에 충분했다. 렌즈에 대한 호기심은 얼마 갖고 있던 총알(!)을 장전하고도 잔고 마이너스 500만 원 바닥까지 이르게 한 적도 있다. 대학원 등록금 내야 할 시기가 다가오면 갖고 있던 렌즈를 되팔고 다시 되팔기.

며칠 전이다. 장터에 내놓은 '어안 렌즈'가 팔렸다. 어안에 대한 궁금증에 구매하였으나 1.5 바디에서는 16mm 특성을 구현하기에 한계가 있었다. 활용성이 낮아 팔기로 마음먹었다. 부산에 사는 분께 보내기 위해 포장하였다. 아직 커버도 벗기지 않은 액세서리도 있다. 갖고 있자니 그렇고, 팔자니 아깝고. 계륵지심(?)일까. 잘 가, 시그마 어안!

/ 2012년 8월 26일 일요일 맑음

이제야 논문을 읽는다. 질병관리본부 면역병리센터 말라리아-기생충과 조신형 박사님이 쓰셨구나.『간흡충증 고위험군 사례관리 프로그램 개발』*. 낙동강, 섬진강, 영산강, 금강, 한강유역 가까이 소재한 보건진료소 40개소를 선정하여 조사에 동의한 주민을 대상으로 포르말린에테르(Formaline-ether)침전법에 의한 채변검사와 설문조사를 실시하였다. 자료수집은 2008년 12월부터 2009년 1월에 실시하였다. 5대강 유역의 40개 보건진료소 전체인구 28,271명 중 2,760명에 대하여 검사가 이루어졌으며, 설문조사는 2,701명이 참여했다. 강 유역별 충란양성률은 섬진강이 21.3%로 가장 높았고, 낙동강 13.5%, 금강 7.6%, 한강 7.6%, 영산강 4.9%의 순으로 나타났다. 같은 강 유역이라 하더라도 보건진료소별 양성률의 편차가 컸고, 섬진강의 경우 최저 6.3%에서 최고 38.4%였으며 한강, 금강, 영산강의 경우 최저 0%에서 각각 최고 36.0%, 24.6%, 16.0%였다.

대상자 특성별로 보면, 남자(14.3%)가 여자(7.6%)에 비해 높았으며 연령대별로는 남녀 모두 40-49세군에서 가장 높았는데 각각 18.8%, 8.9%였다. 대상자의 감염위험 행태별 양성률을 보면, 민물고기를 생식하는 경우에는 13.5%로 하지 않는 경우보다 5.7% 높았고, 담배를 피우는 경우에는 15.0%, 피운적 없다고 응답한 사람들 8.5%보다 높았다. 음주의 경우 1주일 4회 이상 먹는다고 응답한 경우가 17.3%로 안 마시거나 음주 빈도가 적은 경우에 비해 높게 나타났다. 간흡충 예방에 관한 지식수준은 총점 17점에 평균 9.63점으로 낮게 나타났으며 양성자에서 다소 높았다. 흥미로운 결과다.

https://www.kdca.go.kr/board/board.es?mid=a20601010000&bid=0034&list_no=12715&act=view

/ 2012년 12월 2일 일요일 흐림

이부스키指宿(いぶすき)시(市)는 가고시마현(鹿児島県)에 있다. 가는 곳마다 온천이 풍부하다. 평균기온이 높아 온난한 아열대성 기후인 따뜻한 봄날 같은 날이 이어진다.

다른 세상에 내가 와 있다. 세미나 다음날, 우리 일행은 이부스키 투어를 시작했다. 요시다 부원장님과 야쓰시로 교수님이 호텔로 오셨다. 부푼 마음으로 동행하였다. 검은 모래찜질 온천을 마치고 점심 식사 하러 간 곳은 됴센쿄 공원의 소멘나가시(素麵流し) 식당이다. 이부스키 시에서 운영하는 이 음식점은 매년 약 30만 명의 관광객이 찾아올 정도로 명성을 얻고 있다는 설명을 들었다. 조용하고 깨끗하고 고색(古色)의 멋이 조화를 이룬 청량한 물소리는 소멘 특유의 시원한 맛을 한층 더 살려주고 있었다. 소멘나가시는 국수를 삶아 건져 회전식 기계를 이용한다. 수력 발전 방식으로 개발한 것이다. 지상에 설치된 저수탱크에 연결한 굵은 파이프를 통해 품어져 나오는 물의 힘을 이용하여 식탁 가장자리로 소면을 흐르게 하고, 흐름에 따라 자유롭게 회전하는 국수를 젓가락으로 건져 먹는 방식이다.

장난스럽기도 하고, 국수 낚시를 하는 듯한 즐거움을 준다. 인상적인 것은 왼손잡이를 위한 역 회전식 테이블을 만들어 두었다는 것! 역시 역시다. 소금으로 간 맞춘 주먹밥과 송어구이, 잉어 된장국으로 구성한 정식, 가고시마 여행 중 잊을 수 없는 음식으로 기억될 것 같다.

/ 2012년 2월 13일 월요일 맑음

대학원 졸업 사진 촬영이 있는 날이었다. 대학원 다니며 얻은 것이 무엇인가 묻는다면, 이명(耳鳴)과 학위증이라고 할 것이다. 학사 편입 과정과 함께 4년간 늦은 밤 리포트와 자료 검색, 산통 같은 논문. 내가 느끼지 못하는 사이 진행된 이명은 개인병원과 대학병원을 오고 갔지만 나아지지 않았다. 한여름 먼 곳에서 들려오는 쇠소리 같은 매미 소리는 이제 친근한 벗이 되었다. 졸업식 며칠 앞두고, 홀가분한 기분으로 만난 동기들 얼굴에 웃음과 생기가 넘친다. 밤을 낮 삼아 공부하고, 졸음운전, 논문은 언제나 시간에 쫓겼지. 오늘만큼은 자축의 날!

/ **2012년 11월 28일 ~ 12월 2일**

제5회 국제 세미나-간호부 연수 프로그램 참여를 위해 일본에 왔다. 한국의 보건진료원 제도에 관하여 소개한다. 신현주 회장님과 신미화 사무장님과 함께 가고시마대학에 왔다. 이소우 교수님을 만났다. 회장님은 「한국 보건진료원 현황과 과제」에 대하여, 나는 「한국 보건진료원 활동 사례」에 대하여 발표한다.

/ **2013년 1월 16일 수요일 맑음**

7시 반 첫 버스를 타고 김 씨가 오셨다. 새우등을 편다. 소파에 앉는 동작 따라 아이고 아이고 소리가 절로 나온다. 아침 일찍 미안해서 어쩐다요? 괜찮습니다. 어디 아프셔서요? 혈압 좀 재볼라고요. 김 씨 말투에서는 남도 억양이 들렸다. 고향이 어디인지 여쭈었다. 여수에서 배 타고 들어가는 '안도'라는 섬에서 태어나고 어린 시절을 보냈다고 하셨다. 열 살 때 6·25 를 겪었는데, 군대 간 동네 오빠들이 한 줌 재로 돌아왔다는 말씀으로 이어졌다. 선생님과 친구들이 부둣가로 나와 재 보따리 앞에 묵념했던 기억이 난다는 이야기 중에 심호흡 휘파람이 기-일다.

혈압계 전원을 켜고 초기화를 기다린다. 요즘에 고향에 가신 적 있으세요? 내 죽기 전에

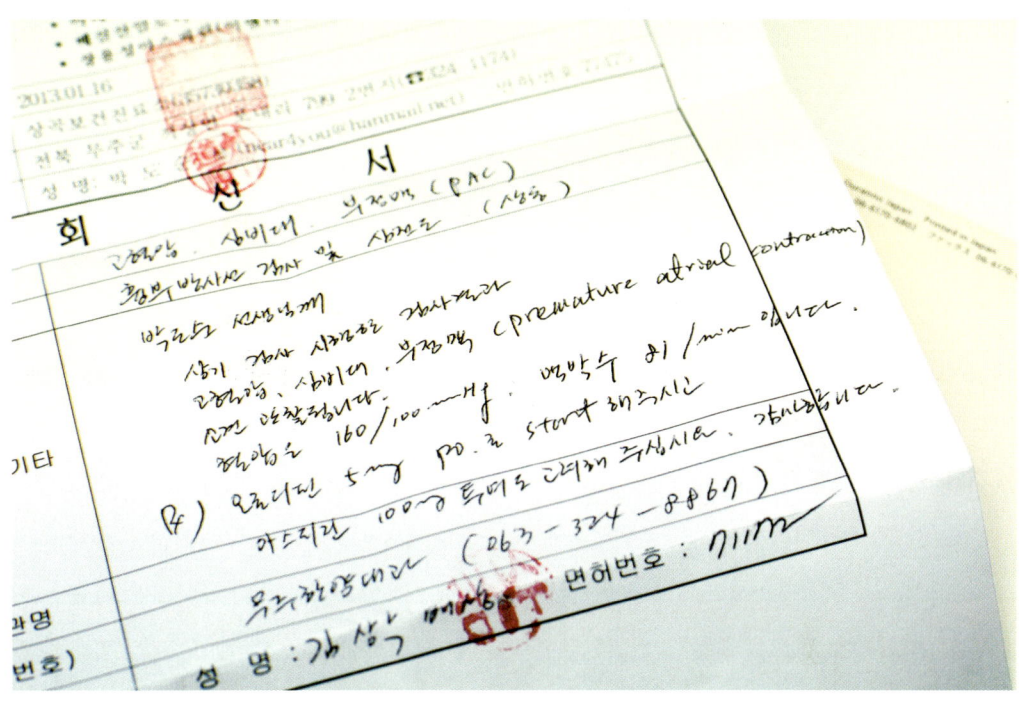

한 번만 가봐도 좋겠네. 이제는 몸이 아파서 가지도 못하고 언제 가보겠나? 이젠 틀렸지, 뭐~. 그러시군요. 그 먼 곳에서 어떻게 여기까지 시집을 오게 되었나요? 우리 동네에 인삼 팔러 오는 아줌마들이 있었어. 그 사람 중신으로 오게 되았지. 부잣집이라 하드만, 와보닝게 암것 없는 집이더라고. 원망도 많이 했지만 어쩌것어(웃음). 혈압 164/103mmHg. 놀랍다. 두어 달 전 서울 사는 딸네 집에 갔을 때, 무릎이 아파 병원에 갔더니 거기에서도 높았다고 하신다. 고혈압 진료의뢰서를 작성하였다. 늦은 오후에 김 씨가 다시 오셨다. 잘 다녀오셨어요? 아이고, 바쁘고만. 잠시만요. 가져온 회신서를 읽었다. 의사 선생님이 제시하신 대로 약을 지었다. 저기, 남편은 언제 돌아가셨나요? 20년도 넘었지. 어디가 아프셨나요? 그 얘기 하자면 길어요. 마을에 발전소가 들어서면서 땅값 보상 인상 요구 시위하러 군청에 가셨단다. 아버지는 현장에서 주거니 받거니, 마신 막걸리에 취기가 올랐다. 집으로 오는 길에 경운기와 함께 도랑으로 엉키듯이 빠지셨단다. 연락받고 황급히 현장에 가보니 하얀 천으로 남편 가슴과 얼굴을 덮어놨더라. 무참한 슬픔. 그 황망함을 어찌 말로 할 수 있을까. 어린 아들 둘, 딸 둘을 키우며 거친 농사까지 지었으니 김 씨의 지난한 삶은 보지 않아도 보였다. 삶으로 이어지는 과거는 아직도 어머니 가슴 속에서 상처요, 쓴 뿌리이다. 흉부 방사선과 심전도 검사 결과 고혈압, 심비대, 부정맥까지 관찰되었노라는 진료 회신서가 그를 방증한다. 혈압이 오르고, 심장은 붓고, 맥박까지 고르지 못한 이 현상들이 어제오늘 빚어진 일일까. 어르신의 삶에 그림자 길이

자라듯 스민 것 같아 마음이 까슬하다. 새롭게 처방된 암로디핀과 이엔타스가 긴 휘파람 소리를 조금이나마 끊어줄 수 있을까? 일주일 후에 꼭 오셔야 합니다. 그라지. 고맙소.

/ 2013년 2월 12일 화요일 맑음

거창한 소신이나 특별한 사명감을 가지고 시작한 것도 아닌데 벌써 24년이다. 대학 졸업하고 꽃다운 젊은 시절을 보건진료소장으로 지냈다. 주민들의 축하를 받으며 이곳에서 결혼하였고 아이들을 낳았다. 아이들은 진료실에서 기어다니고 마당에서 걸으며 뛰고 자전거를 탔다. 스물세 살에 시작한 보건진료소 삶이 어느덧 마흔 중년의 문턱을 넘었구나.

보건진료소장이라고 말하면 주변인들은 참 좋겠다며 부러워하거나 깡촌이 뭐가 좋다고 시내로 나오지 못하느냐, 시골에서 혼자 근무하는 게 힘들지 않느냐는 반응들이지만, 나는 오히려 보건진료소장으로 근무할 수 있었기에 농촌에서 그토록 오랫동안 남아 있을 수 있던 것이 아니었나 생각한다. 오래전부터 농촌은 農者 天下之大本인 농부들이 사는 곳으로 생명 과학의 원천지로 여겼고, 농업은 천하의 사람들이 살아가는 큰 근본이라 일컬었다. 그러나 그런 시대는 다 지나간 것일까. 생명을 가꾸고 키우던 농촌이 핵가족화와 이농현상으로 마을에 생명의 줄로 맥을 잇는 아이들과 젊은 사람들의 목소리가 사라진 지 오래되었다.

해가 질 녘 골목길에 넘치던 아이들의 생기발랄한 목소리는 허공으로 사라졌다. 뽀얀 기저귀가 햇살 좋은 하늘에 나풀거리며 구숩한 햇빛 냄새가 부서지던 풍경은 우리 기억 속에서나 찾아야 할 것이다. 학교 운동장에 몇 명 남은 아이들의 고함마저 띄엄띄엄 들릴 뿐, 농촌은 이제 고요하다 못해 적막하다. 그러나 여전히 이곳에는 깨어진 가족 틀 속에 연로한 부모님과 더 연로하신 어르신들이 산다. 대가족을 이루고 살던 시대에 아이들을 낳고 키우고 도시로 공부를 내보내고 정작 당신들은 흙과 함께 땅을 지키고 있다. 자녀들의 가족과 함께 할 수 없는 상황에 놓인 그들은 아픈 몸으로 서로 의지하거나 홀로 아픔을 견딘다. 나는 가장 가까이에서 그들을 보살핀다는 자부심과 긍지로 나도 모르는 사이에 보건진료소장으로서의 사명감을 가졌을 것이다. 게다가 가장 밀접한 곳에서 친밀하게 그들의 손을 잡고 집중하여 돌볼 수 있다는 근무 여건은 누구보다도 우리 주민을 잘 이해하고 도와줄 수 있다는 '옹호자'로서의 삶을 산다는 것에 대한 자부심이 커졌을 것이다. 어머니와 아버지가 농촌에서 농사꾼으로 살면서 나를 낳으셨고, 나는 논밭을 놀이터 삼아 걷고 뛰며 자랐다. 세상을 향해 나가 배움을 이루고 이제는 다시 고향으로 돌아와 보건진료소장으로 일한다는 것, 이것은 내게 말할 수 없는 뿌듯함이다. 맨발에 흙을 묻히고 냄새나는 거름을 옷자락에 묻히며 땀과 범벅을 이루며 사는 농부의 삶을 옆에서 지켜보았다. 이른 새벽이면 졸린 눈을 비비며 아버지 고함에 일어나 논두렁에서 벼와 잡초를 구별하는 법을 배웠고, 밭두렁에서 고추와 콩팥의 떡잎을 구분하고, 도라지밭에서 잡초를 뽑으며 땀을 흘렸던 어린 시절의 경험과 기억으로 농부의 삶을 누구보다도 잘 이해할 수 있으리라 자신했다. 그러나 병원 임상 근무 경험이 없이 간호대학을 졸업하고 24주에 걸친 보건진료원 직무교육 후 첫 발령지 구천보건진료소에 도착하였을 때 기분은 참담함 그 자체였다. 보건소에서 사령장을 받고 짐을 챙겨 어머니와 함께 보건진료소로 향하던 10월. 차창 밖으로 펼쳐지던 가을 풍경은 청명한 날씨와 함께 마치 해리포터 영화 속의 움직이는 액자처럼 펼쳐졌지만, 잠시 후 버스 승강장에 내려 보건진료소로 걸어 올라가면서 멀리 보이던 보건진료소 모습. 낡은 슬레이트 지붕에 회색빛 진료소 건물은 이전 진료소장의 근무지 이동으로 3개월 정도 비어 있던 터라 외관부터 한심스럽기 짝이 없었다.

보건진료소를 감싸고 있던 울타리 벽돌담은 장마 이전부터 바람에 무너진 것일까. 벗겨진 페인트와 낡은 벽돌은 지나간 시간이 할고 지나간 흔적을 말해주었고, 보일러실은 냉기가 가득했다. 진료대기실에는 낡은 연탄난로가 중앙에 덩그러니 놓여 있고, 써늘한 진료실 찬 바람은 나를 더욱 주눅 들게 했다. 건물 앞뒤를 둘러보는 나에게 어머니는 마음 단단히 먹어라. 사람 사는 거 죽으라는 법 없다. 이제 시작이다, 야야 처음부터 좋은 곳이 어디 있겠느냐, 각오 단단히 하라시며 염려와 격려를 함께 해주셨다. 최소한 내가 꿈꾸던 보건진료소장은 이런 것은 아니었다. 아버지와 어머니에게는 보건진료소는 병원 근무보다는 훨씬 좋은 곳이라고 떠들면서 보건진료소장이 된다고 얼마나 자랑을 많이 했던가. 이제 멋진 모습으로 근무할 수 있게 되었다고, 어머니 용돈도 많이 드릴 수 있게 되었다고 얼마나 큰소리를 많이 쳤던가.

고향 어르신들은 소장으로 발령 나다니, 없는 집에서 그렇게 고생하며 딸자식 가르치더니, 가르친 보람 있다고 축하 인사를 받지 않았던가. 하지만 눈앞 보건진료소는 어머니 앞에서조차 부끄러울 만큼 너무 초라하고 왜소했다. 나는 힘이 빠졌고 슬프기도 하고 두렵기도 하였다. 다음 날 아침, 이른 아침 무너진 담벼락의 벽돌을 쌓기 시작했다. 새로 보건진료소장이 부임했다는 소식은 그리도 빨리 퍼져 나갔을까. 근무 시간이 다가오자 환자들이 보건진료소 문을 열고 들어오기 시작했다. 보건진료원 직무교육 중에 받은 지침서와 교수님들의 강의 노트, 참고 서적을 옆에 끼고 오직 그것에 의존하였다. 그럴 수밖에 없었던 나는 환자 한 분 한 분의 주 증상을 열심히 귀 기울여 들어가며 기록하였다. 하루하루 지나고 1~2년이 지나면서 그들의 다양한 삶의 모습과 그들을 둘러싸고 일어나는 갖가지 사연들을 보고 들으며 경험을 쌓아갔고

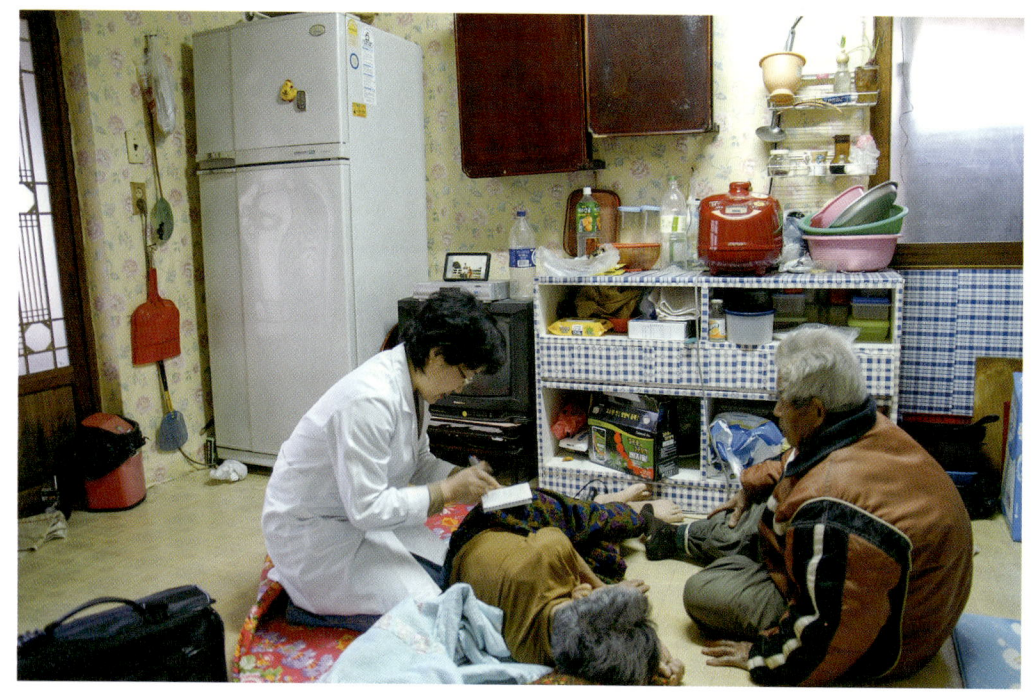

삶을 배우고 성장하고 있다고 생각했다.

　무주리조트 공사 현장에서 기계톱에 허벅지를 한 뼘 이상 베인 환자에게 링거를 IV로 연결하고 리도카인으로 상처 부위를 마취하고 수술용 장갑을 끼고 20포인트가 넘는 봉합을 하던 때에는 마치 내가 슈바이처라도 된 것 같은 기분이었지. 내 권한으로 충분히 사용할 수 있는 약품과 환자 진료 지침이 있었지만, 그러한 법적 제한은 늘 나를 조여오는 것만 같았다. 의사도 아닌 것이, 간호사도 아닌 것이, 나는 누구인지, 무엇을 하는 사람인지 정체성에 혼란이 오기 시작했다. 처음 보건진료소에 발령받던 설렘과 자부심은 어디론가 사라지고 점점 초라해지는 내 모습만 크게 돋보였다. 더욱더 적극적인 처치와 경험으로 이전보다 더 훌륭한 실력과 기술이 쌓여야 함에도 나는 왜 망설이는가. 읍내 의원으로 환자를 내보내는 횟수가 많아졌다.

　그러던 어느 날, 고등어를 먹고 전신 두드러기로 찾아온 환자에게 항히스타민 Avil을 근육 주사하였다. 바늘을 빼고 돌아서는데 아주머니의 안색이 창백해지면서 어지럽다고 하시더니 그 자리에 푸욱 주저앉으신다. 순간적으로 '주사 쇼크다!'라는 생각에 내 온몸은 전율이 흘렀고 소름이 돋았다. 내가 할 수 있는 일이 생각나지 않았다. 도와달라고 소리칠 곳도, 도와줄 사람 아무도 없다. 경험도 부족한 데다가 쇼크 증상에 대처할 수 있는 약품이나 처치 기구가 없는 보건진료소. 수건에 찬물을 적셔 아주머니 얼굴과 손, 발을 닦는 것으로 순간적 응급

처치를 시행하였다. 그러고는 아주머니 옆에 앉아 1~2분 간격으로 바이털 사인을 체크하면서 얼굴색을 살피는 게 전부였다. 하늘이 도왔을까. 30분 정도 안정을 취한 후 일어나더니 오히려 내게 미안하다며 집으로 돌아갔다. 나는 이튿날 아침 일어나자마자 아주머니 댁에 찾아가 정말 괜찮은지 몇 번이나 확인하였다. 보건진료소에서 치명적인 의료 사고라도 발생한다면 그건 누구의 책임일까. 보건진료소에 찾아오는 환자들의 특이체질과 약물 과민 반응을 내 어찌 다 알 수 있단 말인가.

  나는 약과 주사가 두려워졌다. 내가 지금 행하는 의료 행위가 올바른 것인가, 늘 갸웃거렸다. 알 수 없는 의구심으로 괴로웠다. 그렇다고 모든 것을 멈추고 그대로 있을 수는 없었다. 수시로 약품과 주사액에 관한 설명서를 읽고 또 읽었다. 지역사회 간호학 강의 노트를 꺼내어 읽고 대상자의 이해와 보살핌, 간호 행위에 관한 논문과 책을 탐독하였다. 농촌 간호 현장에는 책에서 가르쳐 주지 않는 건강 문제가 존재했고, 나는 그 문제의 중심인 지뢰밭에 놓인 외로운 간호사였다. 답이 없는 건강 문제와 당면했을 때 어떻게 해결해야 하는지 길은 보이지 않았다. 그렇다고 뒷짐만 진 채 바라만 보고 있을 수는 없었다. 한계에 부딪혔고 문제 해결을 위해서는 더 공부해야겠다고 생각하였다. 그 후 늦은 나이에 대학원에 진학하였다. 교수님들과 관련 전문가들을 통하여 많은 도움을 받을 수 있었다. 그후 보건진료소를 찾아오는 주민들의 사소한 증상들을 놓치지 않고 묻거나 들으려 하는 노력을 기울였다. 흔한 증상뿐 아니라 삶에서 우러난 이야기들까지 경청하려는 자세를 유지하려고 지금도 노력하고 있다. 하마터면 큰 실수로 이어질 뻔했던 일은 두고두고 교훈이 된다. 이제까지 큰 의료 사고 없이 보건진료소장으로 농촌 사람들과 더불어 살 수 있는 것은 이러한 경험과 그 경험들이 빚어낸 교훈들이 포진하고 있기 때문이라고 생각한다.

보건진료소는 농어촌 의료 취약 지역에 보건진료소장으로 하여금 의료 행위를 하게 하기 위하여 설치 운영되는 보건의료시설이다. 보건진료소장은 그 보건진료소에 근무하는 간호사이다. 보건진료소장이 아니었다면 보고 들을 수 없던 이야기가 하나둘 쌓여가면서 주민들의 삶을 더 깊이 들여다볼 수 있었다. 드라마요, 영화요, 다큐멘터리. 때로는 눈물로 함께 하며 약과 주사로는 처치할 수 없는 상처를 안아주고 싸매 주었다. 보건진료소 없는 농어촌을 상상해 보시라. 오벽지 농촌과 섬에 밤이면 작은 포스트에 불이 켜지고 불빛은 보건진료소 앞을 지나는 사람의 마음을 따뜻하게 만져 주리라. 농어촌에서 주민들과 함께하는 보건진료소장들의 일상은 계속되고 있을 테니까.

/ 2013년 7월 1일 월요일 맑음

별정직에서 일반직으로 전환되면서 의료업무 수당 현실화를 위한 조례 개정이 진행 중이다. 우리 무주군은 타 지자체가 어떻게 처리하나 지켜보는 중인 것인지 답답하기만 하다. 아니면 우리가 진즉부터 서두르지 않은 탓일까.

행정지원과에 「무주군지방공무원특수업무수당지급조례일부개정조례(안)」에 대한 의견서를 팩스로 제출했다. 제출자 박도순. 소속 무주보건의료원 상곡보건진료소. 입법 예고 사항에 대한 의견서. 「지방공무원수당등에관한규정」 일부 개정령(대통령령 제24302호, 2013.01.09. 공포)의 부칙 제2조(일반적 수당 적용례). 우리 무주군은 이 규정에 따른 보건진료직 공무원의 수당 지급을 '공포한 날'이 속한 달부터 지급한다고 명시했다. 이게 말이 되는가. 개정안을 7월까지 처리하지 않고 있었던 행정의 늦장 대응 누구 책임인가. 바쁜 일로 밀려있어서 처리가 늦어지고 있다면 7월이든, 10월이든 소급 적용한다는 약속이 보장된다면 그나마 화가 덜 날 것이다. 지난 1월에 대통령령이 통과되었는데, 다른 지자체에 비하여 거의 1년분이나 못 받게 되는 결과가 나온다면 어쩔 것인가.

32개 시·군 자료 모아보니, 대부분 1월부터 소급 적용하는 것으로 조사되었다. 우리 군에서도 마땅히 보건진료직 공무원(별정직 또는 전임계약직 공무원인 보건진료소장 포함)

수당에 대해서 '공포한 달'이 아닌, '1월 수당 분'부터 소급 적용해 줄 것을 건의안으로 제출했다. 질의와 의견에 대한 답변이 다소 만족스럽지 못하더라도 법령 해석상 부득이 '공포한 달'의 수당 분부터 적용하겠다는 점 양해 바란다, 이런 식의 답변은 진심으로 사양한다. 어떤 답변이 올지, 결과는 어떻게 이어질지 지켜봐야겠다.

/ 소장님께 2013년 7월 18일 목요일 맑음

밤잠을 설쳤어요. 지역사회로 직접 지역사회간호학 실습을 간다는 생각에 걱정 반 설렘 반이었습니다. 그런 마음으로 상곡보건진료소에 도착하였습니다. 마을에 오는 동안 산이며 들이며, 초록 경치들, 아, 실습지 선정 정말 잘했구나 싶었습니다. 포내리 풍경은 우리 집 환경과 크게 다르지 않아 적응하는 데는 어렵지 않았습니다. 실습 나오기 전에는 과정이 딱딱하고 지루하지 않을까 염려했는데 보건진료소는 병원과 확실히 다른 강력한 매력이 있었습니다. 게다가 주민들에게 자상하게 사진가로서 멋진 삶을 사는 소장에게서 좋은 추억 많이 만들고 갑니다. 시간이 아쉽습니다.

보건진료소 기능과 보건진료소장 역할에 대하여 수업 시간에 배우긴 했지만, 농촌 현장에서 일인다역을 척척 해내는 모습을 뵈면서, 지역사회 간호사 특히 농촌 간호사는 소소한 민원 해결에서부터 큰 병원으로 환자를 의뢰하는 일에 이르기까지 다양한 삶을 변주하고 응대하시는구나, 보고 배울 수 있었습니다.

궁금한 것이 많아서 질문도 많이 드렸는데, 귀찮은 내색 없이 친절하게 설명해 주셔서 감사하고요. 오리엔테이션 시간에 나눈 '도시-농촌 간 건강 불평등과 건강 취약 계층 사례'는 머릿속에서 오래 머물면서 뭔가 번쩍거림을 느끼게 하였습니다. 시골에 계신 저의 부모님과 할머니는 그쪽 보건진료소에서 어떤 관심을 받고 계실까, 건강을 위협하는 어떤 위험에 노출된 채 계시지는 않을까, 마음이 복잡 아니, 무거워졌습니다.

마을을 돌아보고 어르신들을 만나면서 커피 한잔, 꿀물 한잔에 녹아든 손길과 마음도 잊지 못할 것입니다. 더 좋은 간호 기술 중 강조하고 강조해도 지나치지 않을 '경청'과 '공감'의 중요성을 다시 깨달았습니다. 간호사로 일한 지 5년 차로 접어들고 있습니다. 알코올 냄새나는 병원을 벗어나 사람 냄새, 풀 냄새, 흙냄새 나는 상곡보건진료소에서 지낸 실습 과정은 실습이 아니라 '영혼의 치유'였습니다. 처음에 실습을 잘할 수 있을지 걱정되어 날짜를 변경하려고 했었거든요. 물 머금은 스펀지처럼 무겁고 자꾸만 처지는 저의 마음을 표시 안 나게 버틸 자신이 없었거든요.

　　천안에서 무주로 오는 두 시간 정도 차창 밖으로 만난 풍경이 이미 저의 마음을 어루만졌습니다. 어르신들을 만나고 좋은 경치, 특히 새벽에 올라간 적상산과 안국사에서 큰 위안을 받았습니다. 사진이라는 매개를 통하여 소장님의 다른 매력도 엿볼 수 있었고요. 형식이 아니라 마음으로 사람들을 대하고, 진심을 전하는 소장님처럼 저의 근무지로 돌아가면 저도 간호 대상자인 '사람'에게 진심을 전하는 간호사로서 환자분들의 파트너가 되도록 노력하겠습니다. 소장님! 언제나 응원하겠습니다. 더워지는 날씨에 건강 조심하세요. 고맙습니다.

　　순천향대학교 RN-BSN 4학년 이재정 올림

/ 소장님께　2013년 7월 25일 목요일 맑음

　　지역사회 간호학 실습으로는 보건소를 다녀온 것이 전부입니다. 보건진료소 실습이라니, 처음에는 막막했습니다. 우리 간호학과에서 제시한 기관으로는 생활협동조합, 모유수유클리닉, 보건소, 보건진료소 등이 있었습니다. 제가 보건진료소를 선택한 기준은 한 번도 가본 적 없는 곳, 내가 근무할 수 없는 곳으로 가자!였습니다. 교수님께서 수업 중에 소개하신 것을 마음에 담아 두기도 했었고요. 예상했던 대로 날씨까지 좋았습니다. 할머니 할아버지들이 너무 좋은 분들이시고요. 병원과 완전하게 다른 농촌에서 제한된 범위이기는 하지만, 간호사가 독립적으로 임상 진단을 내리고, 처방하고, 투약하는 일은 멋진 일이었습니다. 부럽기도 하고요.

　　조금 생뚱맞은 이야기를 드리자면, 간호사로서 현재 제가 겪고 있는 이 불안과 압박감을 언제쯤 벗어날 수 있을까, 고민 중입니다. 15년이나 20년 정도 지나면 없어지나요, 여쭈었는데 소장님은 아직도 그런 마음을 갖고 계시다니요! 조금 우울하다고 할까요? 어쩌면 그것은 환자를 대하는 간호사의 숙명인지도 모른다는 말씀에 정말 깊게 공명합니다.

　　한적한 시골 보건진료소는 낭만적일 것으로 생각하였습니다. 환자도 별로 없고, 조용하고, 뭔가 편하게 생활하는 줄 알았습니다. 그러나 독자적 의료 행위와 간호 수행에 따른 권위와 위엄보다 무한 책임감과 사명감, 고령 어르신들이 대부분 가지고 있는 만성질환 관리에 따른 정기적 진료 행위와 투약 관리, 게다가 정서적 돌봄까지 필요하다는 것을 새삼 느꼈습니다.

　　환자의 증상뿐 아니라 생애 이야기를 귀 기울여 듣고 공감하는 능력, 그에 따른 보건진료소장으로서 자부심이 그냥 생기는 것이 아니라는 것을 깨달았죠. 아, 나는 아직 많이 부족하구나, 뼈저리게 느꼈습니다. 한 인간을 이해하기 위한 다양하고 폭넓은 경험을 쌓아야겠구나, 공부가 필요하다는 것을 실감하였습니다. 틀에 박힌 정형화된 실습이 아니어서 오히려 배울 점도 많았습니다. 일상에 지친 저에게 회복의 시간이기도 했습니다. 업무 중 짬짬이 글을 쓰고, 사진으로 기록하며 정리하는 모습도 인상적이었습니다. 임상으로 돌아가면 소장님께서 권하신 '간호 일기'를 남겨보자고 다짐도 해 봅니다. 실습지를 무주 상곡보건진료소로 선택한 나의 탁월함! 스스로 칭찬합니다. 병원에서는 결코 느낄 수 없고 볼 수 없는 것을 느꼈고 보았습니다. 끝나는 날까지 사랑으로 품어주신 소장님께 감사드립니다. 무주가 생각보다 참 좋습니다. 늘 건강하세요.

순천향대학교 RN-BSN 4학년 전소영 드림

/ 박도순 소장님께   2013년 11월 6일 수요일

평소 본회 발전에 많은 지원과 관심에 감사드립니다. 본 학회에서는 매년 우리나라 농촌 보건의료 사업 발전 및 농촌 보건의료 활동에 현저한 공로가 있는 보건의료인을 선정하여 한국농촌의학·지역보건학회 학술대회에서 시상하고 있습니다. 아뢸 말씀은 귀하는 농촌 보건의료 사업 발전에 기여한 공로로 2013년 효석농촌보건의료봉사상 수상자로 결정되었습니다. 이에 알려드리오며 11월 14일(목) 오전 9시, 대구 영남대학교 의과대학 강의동 1층 죽성강의실로 오시어 수상하여 주시기 바랍니다. 감사합니다.

한국농촌의학·지역보건학회장
충남대학교 의학전문대학원 예방의학교실 이석구

/ 2013년 12월 2일 월요일 맑음

쌍둥이 데리고 지나다니는 부모나 아이들을 만나면, 어머~! 이쁘네요, 아웅 귀엽다! 좋으시겠어요~! 등 부러움. 그러던 나에게 쌍둥이 임신이 다가올 줄은 상상도 못 했다. 믿기지 않았으나 6개월 정도 접어들면서 몸 변화가 실감 나기 시작했다. 혼자 힘으로는 일어서지 못할 정도인 괴로움이 찾아왔다. 문손잡이나 의자를 잡고 일어서야 했고, 욕실 바닥에 주저앉아 샤워했다. 돌아눕는 경우 요통, 해 질 녘이면 코끼리 발목처럼 붓는 다리. 거울을 볼 때마다

'사람이 아니구나', 중얼거리기도 했지.

게다가 쌍태아 수혈 증후군(Twin to twin Transfusion Syndrome_3TS Syndrome)으로 태중에 오래 둘수록 한 아이가 위험에 빠지는 형국이었다. 분만 예정일 4~5주 앞두고 제왕절개 했다. 일란성 남자 쌍둥이를 낳았다. 아이들만 태어나면 몸이 가벼워져 날아다닐 줄 알았다. 현실은 그렇지 않았다. 한 아이가 잠들면 한 아이가 깨서 울고, 쉴 수 없으니 내가 무능하다는 생각이 밀려왔고, 짜증을 지나 우울감이 왔다.

네살 즈음 큰 둥이가 급성 후두염으로 호흡곤란 발작, 대전 모 소아청소년과 응급실에 갔다. 수두로 인한 열, 주스 병 낙상으로 유리 파편으로 발등에 여러 군데 열상, 응급실에서 봉합. 그 외에는 특별히 아픈 곳 없이 잘 자라주었다. "쌍둥이는 아플 때 같이 아픈가요?" 사람들은 많이 질문한다. 대답은, "그럴 때도 있고 안 그럴 때도 있습니다."이지만, 그럴 때가 더 많다는 것이 경험이다. 같은 환경, 같은 음식, 같은 집에서 늘 같이 먹고 마시니 그럴 수밖에. 평소처럼 학교도 잘 다니고 말도 안 듣고, 그러면서도 둘이 사이좋게 잘 지내는 덕분(쌍둥이의 친밀함은 하늘이 내린다는 말이 있다)에 내 할 일도 한다. 그런데 저렇게 한 녀석이 아프면 괜찮은 녀석까지 의기소침해져 의욕을 잃고 옆에서 비비적거리다가 잠드는 것을 보면 영락없는 쌍둥이가 맞다. 내일 아침, 아무 일 없었다는 듯 털고 일어나리라 믿는다. 잘 자거라. 그럴 때도 있시.

/ **소장님께** 2013년 12월 6일 금요일 오전 10:15

안녕하세요? 저는 보건대학 간호과를 졸업한 임상간호사입니다. 3년 차 남자 나이팅게일입니다. 연락드리게 되어 영광입니다. 예전부터 보건진료원에 대한 관심이 많았는데, 이번에 『그저 바라볼 수만 있어도』를 읽었습니다. 보건진료 전담공무원이 되고 싶다는 소망을 가졌고요. 한국해양대학교 무역학과 졸업 후 다시 간호학과에 입학해서 나이가 많은 편입니다. 서른다섯 살입니다. 학교 다닐 때 간호학 공부에 흥미가 높아 열심히 공부하였습니다.

고향이 부산이라서 경남 지역 보건진료직에 응시하고 싶은데, 보건진료소장은 근무 지역을 벗어나면 안 된다는 말이 있더군요. 주말에 부산에 내려와서 가족들도 보고 싶고, 친구도 만나고 싶은데 가능한지요? 그리고 제가 선생님처럼 대학원에 진학하여 사회복지학이나 보건학 석사를 취득하고 싶은데 근무하면서 공부하는 일이 가능한지요?

보건진료소에서는 의사 없이 진료소장님 혼자 일을 수행하다 보면 높은 기술과 지식을 요구하지 않는지요? IV 할 일은 많은지요? 여러 가지 높은 수준의 스킬이 많이 요구되지는 않는지요? 보건진료소 숙소에서 살아도 되나요? 제가 집이 부산이라서 외지에 방을 얻기보다는 진료소에 살고 싶거든요. 저는 사람과 이야기 나누고 누군가의 이야기를 들어주는 것을 좋아하고 어르신들과 함께 일하며 보람을 느끼고 싶습니다.

보건진료소에서 홀로 근무하니까 외롭기도 하고 힘들 것 같은데 적응되면 괜찮겠지요? 외국어에 관심이 많아 일과 후에 일본어와 영어를 계속 공부하고 싶은데, 일과 후 자기 시간을 가질 수 있는지도 궁금합니다. 가장 힘든 점은 무엇인지도 궁금합니다. 『그저 바라볼 수만 있어도』책은 하루 만에 다 읽었습니다. 선생님께 질문드리면 답장이 올 것으로 생각되어 용기 내어 글 올립니다. 모르는 것이 너무 많아 두서 없는 질문입니다만, 저도 선생님처럼 멋진 보건진료소장이 되기 위하여 노력하는 간호사 되겠습니다. 행복한 날 되세요. 감사합니다.

/ 2013년 12월 9일 월요일 흐림

끔찍한 꿈을 꾸었다. 진료실 처치실 가리개 뒤로 온갖 연명 장치를 몸에 부착한 환자 한 명이 누워있다. 커튼을 열어젖히는 순간 바짝 마른 미라로 변해있는 시신이 보인다. 무서움에 얼른 커튼을 닫아버렸다. 다시 커튼 사이로 축 늘어진 환자의 팔과 다리가 보인다. 분명 깡마른 모습이었는데, 이번에는 팔다리가 건강하다. 이거 뭐야? 하면서 다시 커튼을 밀어젖히니 이번에는 미라처럼 딱딱하게 말라 있다. 오늘 무슨 일을 만나려나. 이 꿈 뭐지? 사무실 출근하고 업무가 시작되었는데, 꿈속 뇌리가 지워지지 않는다. 정지된 영상이 물 위에 기름처럼 둥둥 맴돈다.

어머나! 아직 열이 안 떨어지네요? 아무래도 병원에 가셔서 검사를 좀 해야 할 것 같습니다. 소장님, 도대체 무슨 병일까요? 며칠 과로하셨나 봐요. 감기 증상이 심하시네요. 검사가 필요해 보여요. 사람 죽겄구만요. 그의 입술은 말라붙고, 높은 열이 달군 그의 입에서는 단내가 났다. 고열과 두통, 기침을 주 증상으로 열흘 전에 오셨던 쉰다섯 살 김 씨. 나는 그의 고열과 두통을 다스려보겠다고 NSAIDs 해열진통제와 진해제를 처방하고, 악화를 막아보겠다는 의지로 항생제를 주사했다. 심한 몸살이라 하더라도 2~3일 후면 대부분 열이 잡히거늘.

며칠 동안 제대로 씻지 못한 것이 분명하다. 엉겨 붙은 머리에 초췌해진 모습으로 다시 보건진료소 문을 열고 들어서는 그를 바라보는 순간, 반사적으로 자리에서 일어섰다. 여전히

38도와 39도를 오르내린다. 병원 진료가 필요하구나. 직감한다. "아직 많이 편찮으시군요. 그러게요. 감기가 아닌가 봐요. 죄송하지만 윗옷 좀 벗어보시겠어요?" 머리를 스치고 지나가는 쯔쯔가무시. 일주일 만에 다시 오신 김 씨. 지난번에 왜 그 생각을 못 했을까. 바쁜 추수기가 지난 데다가 일 년에 잘해야 한두 건 사례로 만날 수 있는 이 질환을 문진할 때 염두에 둔다는 것이 쉬운 일은 아니라고 합리해 본다. 앞가슴 위로 보란 듯이 딱지가 앉은 모습을 보는데 섬광처럼 지난밤 꿈속에서 보았던 깡마른 팔과 다리의 말라붙은 살갗이 떠오르는 것이다. 들깨 타작, 콩 타작, 나락 타작 등 수확 작업 후 겨울 문턱에서 마주한 쯔쯔가무시. 오리엔티아 쯔쯔가무시균(Orientia tsutsugamushi)에 의해 발생하는 감염성 질환이다. 진드기의 유충이 피부에 붙어 피를 빨아먹은 부위에 딱지가 앉고, 그 부위에 궤양이 나타나는 것이 특징. 그동안의 경험에

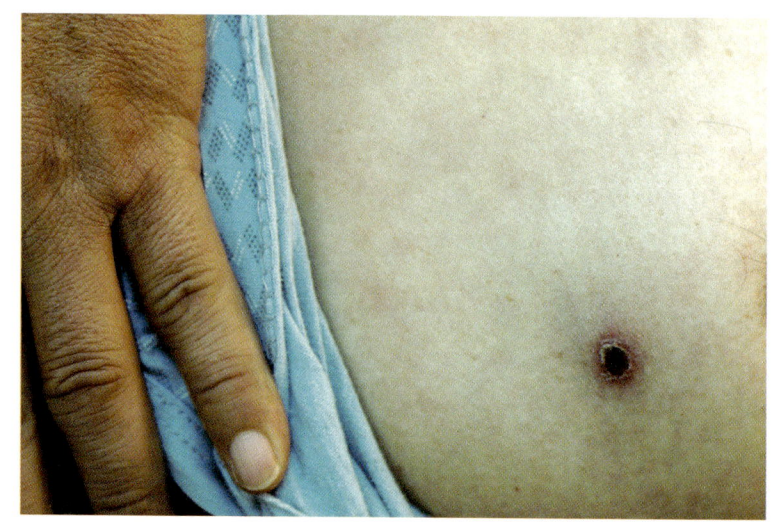

의하면 실제 눈에 잘 띄지 않는 겨드랑이나 사타구니, 항문 주위까지 발병하니 전신을 살펴야 할 것이나 놓치는 경우도 종종 있다.

이런저런 이야기를 나누며 구글에서 검색한 이미지를 보여드리면서 서둘러 병원에 가실 것을 권유하였다. "친구 녀석이 너무 바빠서 콩 타작을 못 했다고 거들어 달라는 전화를 했어요. 다른 사람들 타작해 주는 기계 부리는 녀석이다 보니 자기 일이 늦어졌답니다. 가을 내내 가물어서 그랬는지, 땅이 엄청 딱딱하더라고요. 몇 뿌리 뽑고 나니 금세 땀이 나서 입고 있던 잠바를 벗었습니다. 그걸 논두렁에 걸쳐놨었는데 그때 뭔가가 온 것 같습니다."

검붉은 반점 위로 특징적인 가피가 눈에 들어오는 순간, 커다란 징 소리의 여운처럼 내 머릿속을 흔드는 지난밤 꿈속에서 만난 잔영(殘影). 하루라도 일찍 치료받을 수 있도록 의뢰하였더라면 고생을 덜 하셨을 텐데. 여러 날 동안 식사도 제대로 못 하고 따뜻한 물 한 잔 건네는 사람 없이 홀로 지낸 김 씨. 창문 너머로 우산을 쓰고 돌아가는 그의 뒷모습을 본다. 헐렁한 잠바 위로 비는 내리고, 죄송함은 안개비로 흩날린다. 처치실 가리개 뒤에서 윗옷을 벗어보라 한 후 확인한 딱지. 쯔쯔가무시 유충이 남긴 미라 그림자. 농작업 중 벌레 접근을 막을 수 있는 화학적 기피제를 옷에 자주 뿌리거나 노출된 피부에 바르라는 권유를 가을이면 더 신경

/ 2014년 4월 2일 수요일 맑음

KBS2TV.「밀리언셀러」* 방송. 최우수상을 수상했다. 제1대 밀리언셀러 주인공이 되었다. 서승연 님, 이광석 님도 함께 출연. 놀라운 일이다. 돈스파이크 씨가 작곡하였고, 가수 주현미 씨가 불렀다*. 가사를 쓰는 동안 머리 쥐어짰는데. 곡을 붙이니 와, 저렇게 다듬어질 수도 있구나. 기적 같은 새 경험이다.

/ 2014년 4월 16일 수요일 맑음

여객선 침몰, 180명, 2명 사망, 290여 명 실종(속보), 오후 2시 30분. 손바닥으로 날아든 뉴스. 금방 구조했다고 뜨겠지! 휴대폰을 주머니에 넣고는 골목을 걸어갔다. 이상하네, 집마다 대문이 잠겨 있다. 나물 뜯으러 산에 가셨나, 고사리 꺾으러 가셨나, 못자리 논에 물 잡으러 가셨나. 보기만 하면 짖어대던 백구도 만사 귀찮다는 듯 엎드려 있고. 제비꽃도 졸고 있다. 그냥 돌아가려는데 길 건너 정구지밭에 계신 이 씨 어르신이 나를 보시더니 "여그 사람들 모다 꽃 귀경 갔어!" 하는 것이다. "아, 그래서 조용하군요."

보건진료소에 돌아와 TV 생중계를 언뜻언뜻 볼 때만 해도 심각성을 깨닫지 못했다. 시간이 흐를수록 암운이 감돌았고, 언제나 그렇듯 슬픈 예감의 촉은 적중률이 높아. 이 섬뜩함. 도대체 무슨 일인가.

/ 2014년 4월 17일 목요일 맑음

오전 8시 17분, 잠수부 555명 증원 투입, 침몰 2시간 만의 대참사, 탑승자 475명, 290명 실종, 179명 구조, 6명 사망(속보). 속보가 날아드는, 이 낯선…봄.

KBS 2TV에서 방영된 수요 예능 프로그램. 2014년 3월 26일~2014년 4월 2일, 2부작 파일럿으로 편성하였으나 세월호 참사, 지방 선거 등 대형 사건 등으로 정규 편성이 불발되었다.

https://www.facebook.com/watch/?v=606580886084613 박도순 작사, 돈스파이크 작곡, 주현미 노래 『아버지』

엄마에게 2014년 6월 14일 토요일

엄마! 대학 진로에 대한 고민이야. let it be가 배경음악으로 흘러나오고 슈퍼맨, 원더우먼, 배트맨, 스파이더맨, 마루와 아라치, 아톰, 육백만 불의 사나이. 우리는 모두 누군가의 영웅이래. 광고는 상업적인 목적이 우선이지만 이 광고는 상업이라는 차가운 느낌과는 대조적으로 따뜻한 기분을 느낄 수 있어. 박웅현 감독은 평범한 우리에게서 영웅을 보았고, 세상은 보통 사람들이 바꾸어 나가는 것이 아니겠냐고 목소리를 높이지. 우리는 광고에 감동한다. 나는 이 감동적인 광고를 보고 동기 부여를 얻었어. 얼마 전까지만 해도 사진 하는 사람이 되는 게 꿈이었어. 어렸을 때부터 취미생활로 사진을 하던 엄마 덕분에 카메라는 나에게 장난감 같은 존재였지. 자연스럽게 사진가의 꿈을 품게 되었고, 공모전에 나가 상을 타기도 했어. 그리고 중학교 졸업 때쯤 예술고등학교와 인문계 고등학교 사이에서 갈팡질팡하다가 마음의 결정을 내리지 못한 채 인문계 고등학교에 입학하게 되었지만, 예술고등학교에 대한 미련은 남아있기에 편입에 대해 고민했어. 그런데 조금은 허무하게도 1학년 1학기를 마쳤어.

하지만 언제부턴가 '사진'이라는 것에 매여 나 자신을 한정 짓는다는 기분이 들었어. 시간이 흐르고 다양한 것을 경험하면서 확장되는 사고는 나에게 좀 더 넓게 세상을 바라보기를 바랐고, 진로에 대해 다시 한번 고민해 보는 시간을 가지게 되었어. 그러면서 사진으로 세상을 보던 눈은 영상으로 확장되었고, 우리 생활과 밀접하고 짧지만 강렬한, 재미있는 광고에

호기심이 생기게 되었지. 나의 궁금증을 해결시켜 줄 책을 고르던 중 『인문학으로 광고하다』를 발견하게 된 거야.

중학교 때부터 준비해온 '사진가'를 접고, 광고라는 새로운 꿈을 준비해야 한다는 것은 많이 두려웠어. 이전의 꿈을 준비할 때에 누군가는 지금 내가 새롭게 가고자 하는 길을 걸어 나보다 열 보 이상 더 나아갔을 거라는 생각이 들어 마음이 조급해지기도 했고. 그리고 창조적 생산 활동인 광고를 과연 내가 잘할 수 있겠느냐고 나에 대한 의구심도 들었어. 그런 나에게 저자는 '천재성은 천재적인 영감이 아닌 자신에 대한 믿음과 그것을 끝까지 물고 늘어지는 힘'이라고 말해주었어. 이런 말을 해준 그가 만약 역경 없이 순탄한 과정으로 모두에게 인정받는, 사람들에게 광고로 감동을 주는 광고인이 되었다면, 그는 나에게 타고난 재능 덕에 성공한 사람으로 다가왔을 것이고, 그의 말은 오히려 나를 위축시켰을 거야. 하지만 박웅현은 아이큐가 눈에 띄게 높은 사람도 아니었고, 어렸을 적의 기억 때문에 남의 앞에 서야 한다는 이유로 수상을 거부할 만큼 사람들의 앞에 서는 것을 두려워했대. 그러나 그는 거기에 머물러 있지 않았지. 10장이 넘는 분량의 발표 내용을 모두 외워 아내 앞에서 땀에 티셔츠가 다 젖을 때까지 연습 또 연습했대. 그렇게 그는 자신을 극복하고 일으켜 세워 지금의 박웅현이 되었다고 해. 그가 자신의 결점에 부딪혀 포기했다면 지금의 그는 되지 못했을 거야. 마찬가지로 나도 조금 늦게 준비하는 것이 아닌가?라는 함정에 갇혀 스스로 포기했다면, 우물 안 개구리처럼 발전도 못 하고, 더 넓은 세상을 바라볼 수도 없었을 거야.

나는 아직 제대로 시작도 하지 않았잖아. 그러니까 지금 '포기'라는 단어가 생각나는 것 자체가 애당초 잘못된 일이지. 앞만 보고 나아갈 거야. 설령 늦게 시작했다 하더라도 다른 꽃들과는 달리 조금은 늦게, 겨울에 피지만 더 사랑받는 동백꽃과 같은 사람. 나는 그런 광고인이 될 것이고 그렇게 되도록 노력할 거야.

송정은

/ 2014년 10월 16일 목요일 맑음

계절 인플루엔자 예방접종을 마쳤다. 마치 기인 겨울나기를 위해 김장하듯. 70~90% 정도 예방 효과. 나 또한 겨울 준비를 마친 기분이다.

/ **2014년 12월 9일 화요일 맑음**

　　밤 1시. 카톡. 작은딸 정은이, 고3이 되니 조급한 모양이다. 인터넷 강의를 들을까, 야간 자율학습을 빠지면 안 될까, 보충수업은 집에서 혼자 하고 싶은데 엄마 생각은 어떠신가요, 논술도 준비해야 하는데요, 영어 국어 실력이 부족해서 더 집중적으로 해야 해서, 혼자 공부하고 싶어, 엄마가 담임 선생님께 지원 좀 해주세요, 등. 그러다가 잠시 후 또 카톡. 엄마~ 아니다, 그냥 있어 봐요, 시험 끝나고 얘기하자. 좀 더 생각해 볼게. 오냐. 그러자. 그렇게. 그랬구나. 내가 할 수 있는 대답은 이런 식이다. 그냥, 지금처럼 해. 욕심내지 마라. 스트레스받지 마라. 공부 잘하면 선택 기회가 더 오기는 하겠지. 결국 가야 하는 길은 하나. 힘내라. 떨어져 지내니 입시 정책이나 전략, 정보. 나는 그런 것을 알지 못한다. 설령 안다고 해도 해줄 수 있는 것이 별로 없다. 능력 부족이라 일찌감치 손을 놓고 있는 것인지도 모르겠다. 너의 선택을 믿는다는 변명으로 나를 합리화하면서. 엄마 노릇 쉽지 않다. 날이 영 춥다.

/ **엄마에게**　2015년 1월 11일 일요일 오전 3시

　　엄마! 마흔아홉 번째 생신을 축하해. 엄마랑 나랑 뒷자리 나이가 같아서 엄마랑 같이 나이 들어가는 느낌이 들어. 엄마가 내년이면 쉰이라니. 시간 정말 빠르다. 나도 내년이면 스무 살이네. 미성년이라는 신분을 벗어나는 것이 좋으면서도 두려워. 상상해 보면, 엄마가 왜 맨날 나 대신 학교 다니고 싶다고 말했는지 이해가 되기도 해. 엄마랑 떨어져 지낸 지 벌써 6년이 다 되어가네. 처음에는 해방감이 들어 좋았어. 음… 그런데 나중에 나에게 자녀가 생긴다면 나는 떨어져 살지 않을 거야. 가끔 무주 생활이 그리워지기도 해. 그럴 때 이상하게 매번 잠두마을이나 보건진료소 사택에서 엄마를 기다렸던 기억만 떠올라. 엄마랑 함께했던 아주 행복한 추억은 왜 떠오르지 않는 걸까. 추억이 없나? 아냐. 내가 기억을 못 하는 것이겠지. 앞으로 좋은 추억 만들면 되겠지. 아! 엄마가 해준 음식 중에 맛있던 것이 기억나. 밭에서 금방 따온 것으로 만들어준 가지무침, 가지볶음, 연두부 같은 노랑 계란찜, 뜨거운 오뎅 볶음, 이건 정말 세상 제일이야. 지금도 가끔 너무 먹고 싶어서 마트에 다녀오곤 하는데, 그 맛이 안 나.

　　지리 수행 평가 수업 중이었어. 나는 정말 좋은 환경에 태어나 부유하게 살고 있다고 느껴졌어. 과거 엄마가 지금 나의 상황에서 살았다면, 엄마 인생은 많이 달라졌겠지. 그래서 엄마 생각하면 공부할 수밖에 없더라고. 그냥 그래야만 할 것 같아. 안 그러면 죄책감 들고 그래. 과외선생님이 말씀하셨어. 부모님이 후원자고 내가 소년소녀가장이라고 생각하면 너네는

이렇게 공부 못 할 거라고 하셨어, 전적으로 동의하고 반성 되는 말이었다! 가끔 공부하는 것이 너무 외롭고 힘들어. 짜증 나고 싫증 나서 다 때려치우고 싶은데 엄마 아빠 생각하면 화가 가라앉으면서 괜찮아져. 나는 엄마랑 아빠의 자랑이 되고 싶어! 그런 딸이 되고 싶은데, 그다지 내 인생이 술술 풀리지 않네. 앞으로 잘될 거라고 믿고 나아가는 중이야. 암!

나는 말이지, 엄마 아빠 딸이라서 행복해. 모든 선택과 결정권을 나에게 맡기는 엄마 아빠의 교육 태도랄까? 1~2년 전까지는 이해도 힘들고 매우 불만이었어. 다른 부모님들은 이거 해볼래? 저거 해볼래? 하시는데, 내가 요구하지 않으면 아무것도 안 해주니까. 그런데 시간이 흐르면서(아주 작은 부분이지만) 세상 일부를 경험해 보니, 그것도 나에게는 우리 부모님이 행하는 하나의 교육이었구나 느꼈어(야자 끝나면 반 친구들이 부르기만 하면 부모님들이 차를 가지고 와서 아이들 태우고 가는 모습 보면 솔직히 좀 부러웠음).

엄청 되게되게되게 하고 싶은 말이 많았던 것 같은데, 왜 항상 글을 적으려면 다 사라지는 걸까. 매우 많이 사랑하고 사랑하고, 엄마라는 단어만 떠올려도 눈물이 고일 정도로 고맙고 감사해. 생일 왕창 축하드리고요, 부디 제발 건강하게 나와 우리 가족과 지구 위에 오래오래 남아있어 주세요. 엄마 안 계신 세상은 상상할 수 없어. 오늘은 날씨가 좋을 거야, 엄마 생일이니까. 엄마로서의 인생이 아닌, 박도순으로서의 인생을 존경하고 존중하며 응원하는.

작은딸 송정은

새벽이라 두서도 없고 정신없네. 엄마, 잘 읽어주세요. 그리고 나의 열아홉 번째 올해를 응원하고 기도해줘! 많이 불안하고 두려워. ㅠㅡㅜ. 친구네 엄마 아빠들은 긴 편지도 써주고 그러시더구먼. 나는 아직 그런 편지를 받아본 적이 없다아아.

/ 정은에게 2015년 1월 15일 목요일 새벽 5시

어제 보내준 편지 잘 읽었어. 생각지도 못한 글이구나. 좋아서 막 기뻐해야 하는데 읽는 내내 왜 이리 눈물이 나는지 모르겠네. 어린 시절부터 엄마랑 떨어져 지내느라 정미도, 우리 정은이도 고생 많았다. 정말 수고 많았지. 모를 리가 없지. 엄마는 알아도 너무 잘 알고 있어. 오히려 딸들이 힘들어하는 것을 애써 외면했는지도 모르겠구나. 정은이가 잠두 마을 때로는 보건진료소에서 엄마를 기다린 기억밖에 없다는 구절에서 무얼 하느라 정은이를 기다리게 만들었나 생각했어. 세상 무슨 일이 아이들보다 더 큰 일은 없다고 육아 지침에서 수없이 읽었지. 그런데 말이지 지나고 보니까 꿈만 같아. 돌이킬 수 없으니 안타깝기도 하고 말이지. 엄마도 잘 해주지 못한 것이 더 생각나서 마음 아프구나. 어쩌면 우리는 그만큼 열심히 잘 살아왔다는 방증 아닐까. 위안 삼아 본다.

쓰러져 넘어질 것 같은 상황이 와도, 아니 쓰러졌다 해도 다시 일어날 수 있는 능력! 그것이 사는 힘일 거야. 그러한 힘의 원천은 어디일까. 가족 사랑이겠지. 엄마는 아빠를, 너희를 무한 사랑하고 응원한다! 이 싸구려 통속적 언어 외에 달리 표현할 방법이 없어서 답답하다. 엄마의 이러한 믿음을 저버리지 않고 열심히 공부하는 정은이가 대견하고, 너무 이뻐. 정말 고맙다. 엄마가 열아홉 살일 때는 미래를 스스로 계획하거나 궁금해하지 못했어. 그때는 그런 상황이었잖아. 가난과 경제적 어려움이 외할아버지 외할머니의 선택은 아니었으니까. 그 속에서 자라다 보니 사랑은 충만한데, 사랑을 드러내어 표현하지 못했다고 할까. 하고 싶었던 것을 포기해야 했고, 눈물도 흘렸지만, 나만 그런 것도 아닌 시대였으니까.

엄마의 마흔아홉 생일은 정은이 편지 한 통으로 충분히 기억될 수 있어 좋다. 엄마는 태어난 환경이 자라온 여건이 엄마가 품었던 꿈을 펼칠 수 없는 상황이었다고, 우리 엄마 아버지도 어쩌지 못했던 환경에 분노한 적도 있었어. 더 고집 좀 부려 볼 걸 하는 마음도 있었지. 하지만 엄마는 살아오는 동안 늘 마음먹은 것을 이루기 위해 노력했고, 어떤 것은 이루었고, 지금도 이루어 가는 중이라는 것을 알고 있다. 아빠의 동역, 꿈을 마주하는 과정에서 만나는 참 좋은 사람들, 기도와 물질 후원자들, 감사한 것이 셀 수 없을 정도야.

정은이 편지를 아빠에게 보여드렸어(미안~)^^; 우리 딸이 참 잘 자라고 있다고 어찌나 사랑스러운지 모르겠다고 뿌듯해했어. 밥을 먹으면서도 잠자리에 들기 전에도 몇 번이나 다시 읽고 이야기를 하던지. 알지? 아빠는 평소 주절주절 이야기 많이 하는 스타일 아니잖아. 하여간 아빠랑 엄마는 종일 행복했다. 엄마가 현실의 벽에 부딪혀 정은에게 베풀지 못한 사랑은 정은이 만의 방식으로, 정은이 만의 사랑법으로 용서해 주렴. 따뜻하게 안아주기를 바란다. 엄마도 엄마가 처음이라 서툴러. 엄마가 뭐 엄청 강한 척하지만, 가끔 위로가 필요한 아주 나약한 사람에 불과해.

보건진료소에는 요즘 감기 환자도 부쩍 많아졌고, 겨울철이라 그런지 대상포진 환자도 늘었어. 옛날 어르신들이 그러셨듯이 나 또한 그분들이 가신 길을 갈 것이다. 밥 잘 챙겨묵고, 멋 낸다고 까불지 말고, 옷 따숩게 잘 입고 댕겨~! 엄마 생일이라 날씨만 좋겠느냐, 좋은 일이 더 많이 생길 거라 믿는다. 주말에 보자.

엄마가

/ 엄마에게 2015년 2월 4일 수요일

　　방학 동안 아침저녁으로 도서관 다니면서 많은 생각을 했어. 광고홍보학과, 문화콘텐츠학과 말인데, 내가 정말 원하고 바라는 과일까. 생각의 결과는, 원하는데 원하지 않는 것 같아. 지난 2년간 예고를 포기하고 인문계로 입학해서 하루도 거르지 않고 예고에 대해서 생각했어. 만약에 그 학교에 다녔으면 어땠을까. 그건 마음의 소리였어. 내가 나에게 보내는 마음의 소리였어. 엄마! 이제야 듣게 되었네. 내가 광홍과와 문콘과를 희망학과로 결정한 것은 아마 사회적으로 인정받고 남들 눈길을 얻을 수 있는 학과 중에서도 그나마 나의 흥미에 맞는 것이 아닐까 싶어서였던 것 같아.

　　어렸을 때 사진학과 간다고 하면 공부 못 하고 세상 모르는 애로 바라보는 것. 나는 그게 싫었던 것 같아. 내가 보는 나 자신은 자랑스럽고 예뻤는데 지금 내가 바라보는 나의 세상은 다른 이들의 시선과 평가에 의해 막혀있는 느낌이야. 재작년 한 해 동안 나는 사실 엄마가 상상하는 것 이상으로 자주 서울로 공연 보러 다녔어. 반은 거짓말하면서 다니는 거니까 금전적으로 손을 벌릴 수 없었지. 사실 4~5번 정도 엄마 카드에서 1~2만 원 정도 몰래 빼서 쓴 적도 있어. 그래서 나는 악착같이 돈을 모았고 용돈이 생기면 웬만해선 안 썼어. 옷도 안 사 입고, 먹을 것도 안 먹었어. 오히려 내가 입던 옷을 팔고, 잡지를 팔고 앨범을 팔았어. 공연 보러 가면 항상 저녁을 먹어야 했는데. 편의점에서 우유 사 먹는 것이 다였어. 근데도 나는 그때 진짜 행복했어. 성적이 안 나와도, 배가 고파도, 옷에 구멍이 나도, 돌아오는 길이 피곤하고 힘들어도 그냥 항상 행복했어. 전날 공연 보고 학교 와서 뻗으면 애들이 한심하게 본 적도 한두 번 있는데, 걔네가 한심해하든 말든 신경 쓰이지도 않았다. 좋아하는 것을 보고 듣고 즐겼으니까. 내가 거지 같은 꼴이 돼도 행복했어. 그날들을 난 후회하지는 않아.

　　영화 관련 학과나 방송영상과를 가고 싶어. 대학으로는 중앙대, 한국예술종합학교(국립대), 서울예대(전문대)가 있어. 작년 말, 올해 초 살짝 고민할 때는 또 눈치 보느라 중앙대, 한예종, 서울예대 생각을 했는데. 이젠 그냥 셋 중 어디든 좋아. 수시 접수가 이제 8개월 정도 남은 상황에서 확실히 마음 잡았다오. 아는 오빠가 영화 필드에서 활동하는데 굶어 죽지는 않을 거라고 하더라. 음 근데 그 오빠는 고시텔에 살아(큭큭큭). 전문직이니까 아무래도 할 일은 많이 있을 거야. 굶어 죽을 것 같으면 편의점 알바라도 뛰면서 하면 되지 뭐. 그렇지?

　　중학생 때는 돈 버는 게 걱정돼서 예대 망설인 건데 요즘 다들 다 돈 못 버는데 좋아하는 것 하면서 못 버는 것이 낫지 않아? 엄마 딸 천재임! 아마 다 재미있을 거야, 행복할 거야 2013년의 날들처럼. 지금 마음으론 그래. 늦었을 수도 있는데 만약에 정말 늦었다면 재수라도 할 거야.

남들이랑 같은 속도로 안 살아도 된다고 생각한다면서 늦었다고 표현하니 참 모순이네. 나는 남들보다 생각하는 시간이 오래 걸리니까. 좀 더 오래 생각해 봤어. 암튼 마음 굳혔어. 중학생 때 갈팡질팡하던 거 안 하려고 이제 뭐 또 다른 마음 소리가 들리면, 그때 다시 준비해서 가면 될 거야. 100살까지 사니까! 여기도 실기를 준비해야 하는데, 우선 상담받은 곳은 한 달 수업료가 60만 원이래. 무슨 학원이 대학 등록금 수준이야. 한예종 등록금보다 비싸네. 미안하고 사랑해. 고마워 엄마 아빠. 응원해 줘. 항상 금전이 문제네. 로또 당첨되면 좋겠다. 매주 로또 좀 사봐. 이힛.

송정은

/ 사랑하는 엄마에게 2015년 5월 10일 일요일

엄마! 사람들이 그러는데, 태어난 계절이 가장 약하대. 그래서 그런가? 나는 5월이 너무 괴로워. 어떻게든 좋은 대학에 가보겠다고, 중간고사 위하여 정말이지 열심히 준비했는데 결과는 좋지 않아. 성적이 안 좋으니까 다시는 아무것도 못 하겠고, 나는 뭘 해도 망할 것이라는 생각에 휩싸이는 거 있지. 지난 며칠간 울다가 잠들고 그랬어. 결과만 봐주는 우리나라 대학이 원망스럽기도 했고. 그렇지만 이제 괜찮아. 힘들었던 며칠 동안 '내가 열심히 살아야 하는 이유'를 적어보았어. 그중 하나가 첫 월급으로 엄마에게 바닷가재를 사드리는 것이야. 나 어렸을 때 엄마가 나에게 장난처럼 이야기했어. 그런데 나는 기억나. 이제는 바닷가재가 정말이지 얼마 멀지 않은 목표가 되어버렸어.

내가 벌써 스무 살이라니. 엄마는 무슨 일이 있어도 그 대접을 받아야 하니 무조건 건강해야 해. 며칠 전부터 플래너에 엄마랑 아빠가 연애 시절에 찍은 오래된 사진을 꽂아두고 보고 있어. 그냥 한 장에 불과한 작은 사진인데, 보기만 해도 응원받는 기분이 들더라. 날마다 펼쳐보게 돼.

고3이 된다는 것. 되기 전에는 뭐가 그리 대수라고 저리 난리들이냐고 생각했는데. 진짜 고3이 되고 보니, 엄청 고통스럽고 힘들더라(훌쩍훌쩍). 학교에서 친구끼리 치열한 눈치싸움을 하게 되고, 어제의 친구가 오늘은 경쟁자로 보이고, 생각지도 않게 살은 뒤룩뒤룩 찌고, 겪어보니 되게 당황스러워. 몸과 마음이 망가지니까 작고 사소한 것들부터 많은 상처를 받게 되니 저 낡고 오래된 엄마 아빠의 사진 한 장만으로도 위로를 받을 수 있게 되나 봐.

윤리 선생님께서 세상에 조건 없는 사랑을 설명할 방법은 부모밖에 없다고 하셨어. 사회를 바라보는 관점에 '교환 이론'이라는 것이 있대. 인간관계를 상호 호혜성의 원리로 바라보는 관점이라는데, 인간은 자신의 이익, 때로는 보복을 위해서 인간관계를 맺어간다, 아무튼 그런 이론이야. 이 이론의 한계점은 부모님의 사랑을 설명하지 못한다는 것이래. 선생님 설명을 들으면서 충분히 공감하고 이해할 수 있다는 사실이 감사했어. 나는 다시 태어나도 엄마와 아빠의 딸로 태어날 거야. 남들은 우리 가족이 멀리 떨어져 흩어져 지내니 안타깝다고, 불행하다고 말하기도 하지만, 서로의 빈자리로 인해 오히려 서로의 소중함을 가늠해 보기도 하면서 가족 관계가 더욱 애틋해졌다고 생각해.

결론은 엄마 아빠를 우주의 크기보다 더 사랑하고. 항상 감사하며, 엄마와 아빠의 딸인 것에 자랑스러워하면서 살고 있다는 것을 기억해주길. 엄마와 아빠는 나에게 너무나 과분한 분이라는 것. 늘 감사해!

작은딸 송정은 드림

/ 엄마에게   2015년 9월 14일 월요일

영화는 대학 4년간의 배움으로 '알았다'라고 말할 수 없는 분야야. 부산대 졸업한 후에도 항상 배움의 자세를 가진 영화감독이 되겠습니다. 부산대 예술문화영상학과에서 시작될 영화인으로서의 나의 삶. 언제까지나 지속될 것이며 다양한 배움을 통하여 저만의 색을 갖추어 미래를 향해 도전할 줄 아는, 그런 영화감독이 되고자 합니다.

/ 2015년 12월 13일 토요일 흐림

「포내리 사람들」 사진전에 와주신 여러분! 감사드립니다. 갑자기 폭설이라도 내리면 어쩌나 염려하였는데, 포근한 날씨에 개회식을 하게 되어 기쁩니다. 남편이 거래처에서 받아온 MINOLTA Dynax7000i가 첫 카메라였습니다. 조리개와 셔터값 의미도 모르고 권한을 카메라에 맡긴 채 사진을 담았습니다. 그러다가 카메라 주도권을 사진가가 쥘 수 있다는 사실을 알게 되었습니다. 카메라가 마치 주인의 명령을 기다리는 알라딘처럼 느껴졌습니다. 밤하늘 별자국, 휘황한 도심의 밤, 도화지에 물감이 엎질러지듯 순식간에 그려지는 불꽃놀이, 여명과 일출, 바닷가 일몰과 숨 막히는 랑데부, 눈으로 보는 것보다 훨씬 더 아름다운 것이 사진이었습니다.

어느 날이었습니다. 신록과 곡선 패턴이 아름다운 보성다원에 달려갔습니다. 잠든 남편과 아이들을 뒤로하고 민박집을 나섰습니다. 삼각대와 장비를 챙겨 어두운 새벽을 걸었습니다. 율포 바닷가 위로 솟아오르는 태양과 다원 아침 풍경은 그야말로 환상적이었습니다. 그런데 갑자기 이런 생각이 들더군요. 나는 지금 왜 이 사진을 찍고 있는가? 목적은 무엇인가? 왜 이런 질문이 들어왔는지 모르겠습니다만, 저는 설치했던 삼각대를 조용히 접고, 카메라 전원을 끄고는 민박집으로 돌아왔습니다.

날마다 아름다운 풍경을 찍고, 행복한 일상을 찍습니다. 맛있는 음식 앞에서는 이제 전 국민의 국민의례라도 된 것처럼 사진부터 담습니다. 옆 사람과 공유하기에 바쁘고, 때로는 서로 알지 못하는 소셜 네트워크 사람들과 공유하기에 분주합니다. 우리나라는 이제 전 국민이 사진가라고 말할 수 있습니다. 카메라와 스마트폰을 안 가진 사람이 없을 정도라서, 이미지를 생산하고 소비하는 일이 일상이 되었습니다. 그러나 아이러니하게도 더욱 가치 있는 사진이 목마른 시대라고 합니다. 사진은 넘쳐나는데 정작 의미 있는 이미지를 만나기가 어려워졌다는 역설입니다. 풍요 속 빈곤의 단면일 것입니다. 사진작가에게 가장 괴로운 것은 '왜 사진을 찍는가?'에 대한 답을 얻지 못하는 것으로 생각합니다. 수없이 많은 작가의 작품집, 단체전, 개인전, 사진 관련 책들은 이 질문에 대한 작가들만의 답이자 안내서입니다. 파인더 속에서 세상과 끝없이 소통한 결과일 것입니다.

무슨 카메라로 찍었습니까, 처음에는 컬러로 찍었다가 흑백으로 전환했습니까, 아예 처음부터 흑백으로 촬영하였습니까, 색상을 빼고 흑백으로 전환하는 방법은 열 가지나 되는데, 작가님은 무슨 방법으로 전환하셨습니까, 구도가 정형화되어 있는 것처럼 느껴지는데 그것은 작가의 생각이 아직 거기에 머물러 있다는 증거이죠, 어떻게 생각하십니까 등등 전시장에서 2~3일 동안 머물면서 듣게 된 단소리, 쓴소리들입니다. 작가의 시선으로 바라보고, 심정으로 보아주십시오.

작품은 작가가 현장에서 느낀 것을 반영한 결과물입니다. 이미지가 성공하느냐, 성공하지 못하느냐에 영향을 주는 것은 보이지 않는 것에 대한 사진가의 지식과 기술과 재능의 집합일 것입니다. 창조적으로 노출을 결정하는 일이며, 균형이 잘 잡힌 사진적 구성을 만드는 일일 것입니다. 이것이 성공적인 사진의 99%를 좌우할 것입니다. 전시회 준비하는 과정에서 느낀 것은 부족한 것이 많다는 결론입니다.

아무것도 모르는 자는 아무것도 사랑하지 못한다. 아무것도 할 수 없는 자는 아무것도

이해하지 못한다. 아무것도 이해하지 못하는 자는 무가치하다. 그러나 이해하는 자는 또한 사랑하고 주목하고 파악한다. 한 사물에 대한 고유한 지식이 많으면 많을수록 사랑은 더욱 위대해진다. 모든 열매가 딸기와 동시에 익는다고 상상하는 자는 포도에 대해 아무것도 모른다.

사진가 페라켈수스의 말입니다. 남는 것은 사진밖에 없다는 말이 있습니다. 최고의 권좌에 앉았던 대통령들도, 한때 반짝이던 스타들도 고인이 되고 은막은 사라집니다. 그러나 사진은 남았습니다. 포내리 사람들은 권력도, 인기도 없습니다. 가진 것이라고는 손바닥만한 땅덩이와 희로애락의 감정뿐입니다. 저는 그분들의 삶, 특히 아픈 곳을 어루만지는 간호사의 삶을 살고 있습니다. 대학에 다니고, 대학원을 졸업했어도 언제 고추씨를 심는지, 고추장 담글 때 왜 메줏가루를 넣는지 아직도 알지 못합니다.

 자연의 소리에 민감하게 반응하며 자연과 함께, 자연 일부처럼 살아가면서 겪은 몸과 마음의 아픔을 보건진료소에 오셔서 호소하실 때, 제가 할 수 있는 일이라고는 그저 들어주고 공감하는 일입니다. 이곳에 전시된 포내리 사람들은 보건진료소에서 근심을 털어내고 웃고, 아픔을 쏟아내며 울거나 웃는 모습입니다. 간호사였기에 그분들의 마음으로 들어갈 수 있었고, 그분들은 장롱의 빗장을 열어주셨습니다. 사진가로서 좋은 명함을 가진 것에 대하여 감사합니다. 사람과 생활 도구 사이에 무슨 일이 있었을까, 사진으로는 보이지 않는 삶에 대해서는 여러분의 상상력을 발휘하여 주십시오. 들꽃처럼 때로는 소나무 같은 포내리 사람들의 삶이 보일 것입니다. 마치 고향에 계신 아버지가 어머니가 바쁜 일상에 지치고 힘든 여러분 곁으로 다가와서, 야야, 밥은 먹고 댕기냐? 말을 걸어오는 것처럼 말입니다.

하마터면 그저 외장하드에 저장되어 있었을 파일을 꺼낼 수 있도록 저를 불러주셔서 개관기념 초대전이라는 영광의 자리에 사진을 걸게 해주신 박찬웅 관장님께 감사드립니다. 당신이 가진 오래된 경험과 기술, 결국 오늘 이 전시회를 위함이었군요. 황찬연 교수님, 권경로 선생님께도 진심으로 감사드립니다. 참석해 주신 모든 분께 진심으로 감사드립니다. 행복하십시오.

/ 도순에게 2016년 1월 29일 금요일 맑음

친구야! 지금 부산인데, 거창에 들렀다가 대전 올라가면서 무주 지나간다. 얼굴 좀 보자. 일 마치면 5시쯤 될 것 같아. 근무 중일 테니 포내리 상곡보건진료소 갈게. 잠깐 얼굴 보고 싶다. 무주에서 만나자. 아무래도 5시까지 무주 가기는 무리일 것 같다. 7시 이후에 도착한다. 남대천 옆에 있는 커피숍에서 만나자. 30분 정도 기다려 줄래? 미안하다.

중학교 1학년 6월에 전학 갔어! 순창에서 중학교 졸업하고, 전주로 고등학교 갔다. 첫 입시에 낙방했어. 재수했다. 수의사 되고 싶어서 죽어라 공부했고, 미국 갈 준비도 했는데 유학은 뜻대로 잘 안됐다. 날마다 '이보다 더 좋을 순 없다'라는 생각으로 지낸다. 우리 아버지 신념이었어. 가난에 처할 줄도 알고, 부에 처할 줄도 아셨던 아버지, 나는 아버지의 삶을 깊이 들여다보지 않고 살았다. 그만큼 바빴고 힘들었지. 아버지가 갑자기 쓰러지고 병상에 계실 때, 십 년 넘게 기록한 낡은 일기장을 읽게 되었어. 쓰러지기 하루 전까지도 일기를 쓰셨더라. 마지막 일기의 제목이 '이보다 더 좋을 순 없다'였어. 어머니도 항암치료 중이었고, 아버지도 뇌사 상태여서 하루라도 부모님과 친밀하게 지내고 싶어 형제들이 뭉쳤었다. 어머니는 찬송가 부르시며 운명하셨고, 사흘 후에 아버님도 돌아가셨다. 너 살아온 이야기, 책 이야기, 상곡교회 상황들. 너를 통하여 듣게 되어 정말 놀랍고 감사해. 다음에 만나서 더 많은 이야기 나누자. 35

년이 더 지난 오늘, 그토록 오랜만에 만났는데도 어색하지 않다니. 신기해. 오늘 너 보니까, 참 멋지게 잘 자랐고, 지금도 참 멋지다. 나도 '이보다 더 좋을 순 없다'를 생각하며 날마다 감사하며 지낼게. 가까운 곳에 살면 아버지가 남긴 기록을 유산으로 정리하는 일에 네 도움을 받고 싶구나.

　　잘 지내고 또 보자.
　　친구 신인호

/ 2016년 2월 1일 월요일 맑음

　　귀원의 발전을 기원합니다. 김택근 님이 최근 고혈압 소견 보여 의뢰합니다(167/96, 158/95, 163/96mmHg). 보다 적절한 검사와 평가가 필요한 것으로 사료되어 의뢰하오니 선처 바랍니다. 검사 결과와 치료 가이드 라인을 회신하여 주시면 관리 자료로 활용할 것입니다. 관리 중 혈압조절 실패, 기타 이상 증상이 생길 경우에는 즉시 재의뢰하겠습니다. 보건진료소에서 투약할 수 있는 항고혈압제는 아테놀롤50mg, 히드로클로르티아지드25mg, 암로디핀오로트산염5mg입니다. 감사합니다.

　　안녕하세요. 보건진료소에서 의뢰하신 김택근님에 대한 진료 소견입니다. 본원 내원 시에도 수축기 혈압 150~160mmHg, 이완기 혈압 90mmHg 정도로 측정되었습니다. 검사 결과와 24hrs ABP 시행 결과 의인성 고혈압일 가능성이 높아 보입니다. 혈압강하제는 필요해 보이지 않으며, 1년에 1회 정도 ABP 측정해 보는 것이 좋을 것 같습니다. 다만 여의치 않을 경우, 어르신 댁에서 혈압계로 규칙적인 혈압을 측정해 보는 것이 좋겠습니다. 결과 첨부합니다. 감사합니다.

　　내과 선생님이 적어준 진료 소견 회신서를 가지고 의뢰 5일 만에 김 씨가 보건진료소에 오셨다. 소장님! 여기 있습니다. 하얀 봉투를 내민다. 혈압 측정 결과와 혈액, 소변 검사 결과가 들어 있나. ABP*는 오전 6시부터 다음 날 오전 6시까지 30분 간격으로 24시간 활동 중의 혈압을 측정한다. 결과지에는 스물여섯 번 측정된 혈압의 수치뿐 아니라, 평균 통계치를 한눈에 알아볼 수 있도록 우아한 그래프로 그려져 있다.

　　김 씨는 오십 년 넘게 담배를 피우고 있고, 소주 한 병은 마셔야 하루가 마감되는 분이다. 그만큼 고집(!)이 세기도 하고, 당신 건강에 대하여 자신만만하는 분이라 일반 건강검진을 받아본 적이 없다, 아니 받을 필요가 없다고 말해오던 그가 아내의 성화를 못 이겨 건강검진을

ABP: Ambulatory Blood Pressure, 24시간 활동 중 혈압

받은 것이다. 검진 결과를 해석해달라고 오셨다. 혈압에 빨간 신호등이 켜졌다. 그날의 혈압은 167/96mmHg, 다음날은 158/95mmHg이다. 이틀 간격으로 2주간 측정하였다.

널뛰기 하듯 정상과 경계 이상을 넘나드는 결과에 여러 검사를 받아보는 것이 좋을 것 같아 진료의뢰서를 작성하였다. 하얀 가운 고혈압(White coat hypertension)이라는 결론이다. 평소에는 정상 혈압을 보이다가 병원이나 의료진이 혈압을 측정할 때 발생하는. 진료실에 들어서는 순간 긴장 스트레스를 받는 경우, 혈압을 잴 때는 더욱 긴장하게 되므로 그로 인하여 혈압이 평소보다 일시적으로 올라가는 경우를 일컫는다.

진료실에서는 혈압이 높은 경우여서, 내과의 소견대로 당장은 혈압강하제 투여가 필요해 보이지는 않을 것이나 고혈압으로 진행될 가능성이 있으므로 혈압 상태를 주의 깊게 지켜볼 필요가 있다. 이는 성격이 예민하거나 여성, 나이가 많은 어르신들에게 두드러지게 나타나는 특성이기도 하다. 병원에서는 평상시 혈압이 반영되지 않기 때문에 친밀한 의료기관이나 보건기관을 찾아 주기적으로 혈압을 재야 할 것인데,

혈압약을 먹을 정도는 아니라는 답장입니다. 아직 나의 이야기가 채 끝나지 않았는데 긴장하고 있던 김 씨 얼굴에 화색이 돈다. 거 봐요, 내가 고혈압은 무슨 고혈압, 의사 양반들 가운이 문제라니까요. 그러게 말입니다. 다행이죠. 하긴 제가 병원에만 들어가면 가슴이 답답해지는 게, 도대체 무슨 병인지, 마음 안 흔들리게 꽉 붙잡아 주는 약 있거든 좀 주세요. 저는요, 봄바람 살랑살랑 불어와 얄궂게 흔들어대도 안 흔들리는, 마음 딴딴히 붙잡아주는 약, 그런 약이 있으면 좋겠는데 말이죠, 봄바람이 부네요. 가운 좀 털어야겠어요. 안녕히 가세요.

2016년 5월 19일 목요일 맑음

민물고기를 회로 먹으면 병이 낫는다고 하더만요. 정말인가? 손가락, 때로는 손바닥만 한 물고기에 그렇게 영험한 효능이 있을 리가. 아니지, 내가 모르는 비밀이 숨어 있는 지도. 저 분은 누구에게서 저 이야기를 들었을까. 그 이야기를 전해준 사람은 또 누구 누구 누구에게서 들었을까. 이분만 저런 생각을 갖고 계실까. 어느 아버지, 어머니 중에도 당신의 병을 빨리 낫게 하려고 장날마다 첫차 타고 장에 나가 물고기를 사오실까.

지푸라기에 코를 꿴 모래무지 한 꾸미를 사실지도 몰라. 이런 몹쓸 호기심 같으니라고! 폐결핵과 민물고기가 무슨 관련이 있는 것일까. 기생충은 도대체 어느 네비게이션의 안내로 우리 몸속 그 목적지에 도착할까. 딱 그곳에 둥지를 트는 것인가. 도대체 기생충의 정체가

뭘까. 먹을 것이 충분하지 않던 그 시절, 물고기는 영양을 공급하는 유일한 고단백 식품이었을 것이다. 생고기를 초장에 찍어 고놈을 한 입 먹는 맛이란. 알키한 고추장 넣어 튀긴 그것을 졸이고 지져 먹는 도리뱅뱅이, 정구지 깻잎, 수제비 넣어 먹는 어죽. 상추에 싸서 밀가루 입혀 튀겨내면 최고의 술안주. 경운기에 솥을 싣고 냄비를 싣고, 장작을 싣는다. 한껏 여유를 부리는 아버지는 담배를 꼬나문다.

골짜기를 울리는 경운기 소리 신이 나서 텅텅. 모내기로 지친 몸과 마음에 휴식을 더하기 위한 오래된 천렵 놀이는 할아버지의 할아버지 시절부터 이어져 온 즐거운 문화이다. 나는 그것을 너무 늦게 알았다. 생으로 먹으면 병이 낫는 것이 아니라 더 무서운 기생충에 걸릴 수도 있당게요! 목소리를 높여가며 떠들고, 가던 사람도 붙잡아 놓고 설명했지만, 강변 사람들 고유의 추억과 놀이 문화마저 끊을 수는 없는 노릇이었다.

'21세기는 기생충의 시대'라는 학자들의 공론(公論)이 공론(空論)이 아니었다는 것을 알았다. 잊을까 하였더니 오늘 아침의 일이다. 박종천 씨가 '지종 산삼'을 캐셨단다. 산삼이면 산삼이지, 지종 산삼은 또 무엇인가. 제법 어엿한 산 약초꾼이 된 그의 까까머리는 이제 세월만큼 자라 어깨에 닿는다. 수염까지 기르니 산신령을 닮았다. 이제 막 세수를 마치고 나온 것이 분명하다. 햇살 사이에서 덜 마른 머리카락이 펄럭인다. 보건진료소에 오실 때마다 흰 고무신에서 뽀도독뽀도독 꽈리 소리가 난다.

소장님! 제가 산삼을 캤습니다. 오호! 그러셨군요? 축하합니다. 소장님한테 한 가지 물어 보려고 왔는데요. 혹시 회충약 있습니까? 기생충 약 말입니다. 요즘 누가 회충약을 먹습니까? 회충은 오래전에 다 없어졌다고 선포했는데요. 그런데 산삼이랑 회충이 무슨 상관입니까? 산삼 먹기 전에 회충약 먹는 것이 기본인 거 모르십니까? 처음 듣는 얘긴데요. 왜 회충약을 먹어요? 산삼을, 그것도 지종 산삼을 먹는데, 그 좋은 기운을 회충에게 다 빼앗기면 안 되니까요. 오잉? 대답하고 보니. 목욕재계하고, 회충약으로 내장까지 소제하려는 거룩한 의식을 치르려 하신 것 같다. 머쓱해진 박 씨가 진료실에서 나가고 그의 희미한 뒷모습과 나 사이로 들어오는 풍경.

자연 그대로 조건에서 30년도 더 자라 천하의 지종 산삼(山蔘)도 몸속 기생충은 못 이기나 보다. 멸시 천대로 배척받아 온 기생충, 그러나 오늘도 묵묵히 자신만의 우주적 먼 길을 돌고 도는 기생충들. 여전히 학자들 연구 대상이고, 수많은 사람의 삶을 감염자로, 혹은 퇴치자로 바꿔놓은 기회의 영물. 이른 아침 박 씨에게 새롭게 들은 산삼과 회충약의 연결 이야기가 재미있다.

한동안 잊고 지냈던 기생충이 다시 생각난다. 전 국민 기생충 감염률이 5% 이하로 내려간 지금, 농담이 되어버린 뱃속 기생충 이야기가 다시 생각났다. 한 사람이 두세 종류의 기생충을 갖고 있던 200% 이상 감염률이 부끄럽지 않던 과거가 있다. 물고기와 인연을 맺었다가, 산삼과 인연을 맺었다가 다시 인류에게로 공존을 누리고 싶어 하는(!) 기생충이 나에게 던지는 과거로의 회귀가 아닐까.

보건진료소를 나간 박 씨는 읍내 약국을 돌아다녀 지금쯤 구충제를 손에 넣었을 것이다. 회충약을 먹지 않고 곧바로 산삼을 먹는 경우 산삼 효능이 헛방이 될까. 이 숙제를 푸느라 잠 못 드는 날이 온다면, 아, 나는 산삼부터 먹을까, 회충약부터 먹을까.

/ 엄마에게 2016년 5월 31일 화요일

한 달을 고민하다가, 써놓고 전송을 못 눌러서 이제야 보내. 이미 어떤 아픔과 고통을 알고 있다는 건 사람을 겁쟁이로 만드는 것 같아. 무슨 일인가를 다시 도전할 때 새로운 시도에 있어서 계산하고, 최고의 결과보단 최악의 결과를 먼저 떠올리는 것처럼 말이야. 또 그 결과에 대한 걱정까지 하고. 대학에 와서 가장 많이 생각한 것과 느낀 것은, 만약에 재수했다면 어떠했을까. 고여있는 느낌이었어. 어디에 있든, 시간이 흐를수록 그곳에 애정이 가고 좋아져야 함이 당연해. 아니라면 미운 정이라도 드는 것이 마땅하다고 생각해. 마찬가지로, 지금 다니고 있는 부산대와 예술문화영상학과 그리고 부산에 대한 애정 비슷한 감정이 쌓이는 것이 당연할 텐데, 이상하게 날이 갈수록 부산이 점점 싫어지고 대학에서 벗어나고 싶다는 생각을 많이 하고 있어. 상상 속에서 기대 속에서 그린 대학 생활 그리고 스무 살 나의 모습은 이런 것이 아니었거든.

고3 생활을 버텨온 가장 큰 힘은, 대학에 가면 즐길 수 있는 문화생활에 대한 기대였던 것 같아. 공연도 보고 연극도 보고 전시도 보고, 좋은 사람들과 전시도 하고. 부산대 합격했을 때 좀 우울했고 슬펐어. 몇몇 친한 사람에게만 말했고 겉으론 표현은 안 했지만. 우리나라 문화 콘텐츠 절반 이상은 서울에 몰려있음을 부정해 보려고 했는데, 흠 대학 오니까 더 적나라하게 느껴져. 또 대학 행사나 학과 행사, 그리고 동아리 활동을 하면서 실망이 커지고 있어. 배울 점을 찾아보려고 하지만 아직은 힘드네.

'부산의 서울대'라는 말이 더 우물 속에 나를 가두는 느낌이랄까. 한마디로 발전이 없다고 해야 하나. 어느 점에서 자부심을 느껴야 할지도 모르겠고 좋은 점은 그저 국립대라서 등록금이 저렴하다는 것 정도.

수업 내용도 영화 입시학원 다니면서 속성으로 배운 것만도 못한 것 같아. 그래서 더 실망스러워. 과연 내가 이곳에서 시간과 노력과 돈을 들여서 다닐만한 곳인가. 나만 이렇게 생각하는 거라면 좀 설득력이 약할 수도 있는데, 룸메이트도 반수 준비 중이야. 그래서 서로 더 친해진 것 같아. 또 우리 과에도 같이 준비하는 친구들이 있어. 이건 마음의 고백인데, 내가 영화를 선택한 이유는 나의 애매한 성적으로 대학을 가기 위함이었던 것 같아.

영화를 좋아하는데 대학에서 전문적으로 배우고 내가 찍을 정도는 아니었거든. 부끄러워서 숨겼는데, 요즘엔 숨기고 꾸역꾸역 학교 다니는 것보단 낫다는 생각이 들어서 나는 예술가 복지랑 공연 기획, 그리고 사진 영상. 이 세 가지에 대한 흥미와 관심이 중학생 때부터 꾸준히 있는 것 같아. 그래서 예전에도 가고 싶었고, 지금도 반수해서 가고 싶은 곳은 한양대 문화콘텐츠학과야(근데 에리카라서 고민 중). 또 성균관 영상학과, 서강대 아트앤테크놀로지 학과. 이 세 개인데, 서강대 같은 경우는 수시로만 뽑아서 불가능. 복지에 대한 고민은 더 해봐야 알 것 같고.

대학이 인생의 전부라는 말을 거짓말 안 섞어서 백번은 넘게 들은 것 같은데, 막상 와보니까 대학에서 배움뿐만 아니라 내가 함께하는 사람들이 정해지는 것 같아. 나는 더 좋은 사람이 되고 싶고, 그렇기에 좋은 사람들을 만나고, 배우고 싶은데 아직은 진전이 없네. 그래서 내가 하고 싶은 얘기는 다시 도전하고 싶다는 거야. 반수 해보려고. 내가 더 열심히 할수록 더 좋은 환경과 사람을 만날 수 있지 않을까.

뭐 서울로 올라가서, 지금보다 더 나은 대학을 갔는데 지금이랑 다른 게 없을 수도 있어. 애초에 성공보단 실패하는 사람이 많기도 하고. 그래도 어쨌든 그 과정에서 어떤 깨달음을 얻을 수 있지 않을까. 부정적이든 긍정적이든. 반대한다고 해도 어쨌든 나는 할 거야! 원래 아무한테도 이야기 안 하고 비밀로 하려고 했는데 현실적으로 경제적 도움이 필요해서 어쩔 수 없이 이야기하게 됐어.

올해부터 교육과정이 좀 바뀌었거든. 반대하여 도움 줄 수 없다고 하면 그때 가서 다른 방법을 생각해 보려고. 지금은 우선 인터넷 강의랑 자습으로 계획 세웠고, 영어 같은 경우는 사실 교육방송 통해서 예전부터 풀어왔어. 기말고사 끝난 6월부터 본격적으로 하려고 휴학은 아직 잘 모르겠는데, 휴학 안 하고 최소 학점으로 2학기 다닐 생각이야. 방학 때 해보고 휴학해도 괜찮겠다 싶으면 그때 다시 생각해도 되는 거니까. 아직 나도 걱정스럽고 불안한 마음이 더 커. 그래도 다시 해보려고. 망하면? 그냥 부산대 계속 다니지, 뭐. 흐음. 엄마 아빠가 이 편지를 읽으면 엄청 당황스럽겠지. 전혀 내색하지 않던 일이니까. 끝난 입시에 대해 다시 불안과 부담을 안겨줘서 너무 죄송하고 미안해. 그래도 그만큼 간절함을 한 번만 더 생각해 줘. 내가 좁은 생각 갖고 있는 거라고 해도 타인의 이야기나 조언이 아니라 내가 직접 깨닫고 경험하고 싶어. 그리고 부디 반수에 대한 얘기는 엄마랑 아빠랑 나의 셋만의 이야기로 간직했으면 좋겠어. 많은 사람이 알면 알수록 부담되고 스트레스니까. 마음 같아서는 아빠-엄마도 이 편지 읽고 잊어버렸으면 좋겠지만. 아무튼 저의 마음입니다. 두서없는 이야기, 읽어주셔서 감사합니다. 아, 여름학기 때 기숙사 짐을 빼야 해서 6월에 학교 와야 한다는 거 알고 계십시오! 오늘도 좋은 하루. 무주군청 알바는, 못 하겠네.

  둘째 송정은 씀

제 4 부

이정표
2016~2021

교수님께 소장님께

어울리지 않는 옷을 오래 입고 있는 것은 아닐까. 자주 머릿속을 맴돈다. 내가 입고 있는 역할이 어딘가 어긋나 있다는 신호일지도 모르겠다. 농어촌의료법에 보건진료소는 보건의료 취약지역 주민에게 보건의료를 제공하기 위하여 설치 운영하는 시설이라고 정의하고 있다. 법 문장보다 보건진료소를 찾는 사람들에게서 보건진료소의 존재 의미는 더욱 명료해진다. 보건진료소는 가벼운 증상을 가진 환자만 오는 곳이 아니다. 다친 분, 지친 분, 때로 생활 민원까지 안고 오신다. 경운기 사고, 낙상, 외상, 벌 쏘임, 뱀 물림. 화상 등 응급 상황, 수술 후 지역사회로 돌아와 드레싱을 바꾸러 오는 일. 그저 아프다고, 외롭다고, 누군가 있어주었으면 해서 오신다. 만성질환 앞에서는 더 많은 인내가 필요하다. 내가 가진 능력과 무기는 매우 부족함을 느낀다. 허둥댔고, 초라했고, 겁이 나서 외롭기도 했다.

환자분들은 오히려 나를 다독였다. 괜찮아요. 천천히 하세요.. 소장님이 하라는 대로 할게요, 하면서 말이다. 스스로 묻곤 했다. 이 일을 계속 해야 하나. 내려놓아야 하나. 누구도 답은 없었다. 가다 보면 답이 보이겠지. 그런 마음으로 하루, 또 하루 견디다 보니 어느새 일 년 십 년이 흘러 오늘에 이르렀다. 농특법의 제한, 능력의 한계. 그것은 내가 해결할 수 없다. 혼자 바꿀 수 없는 일이다. 누구의 잘못도 아니다. 이성적 판단과 별개로 무력하다는 감정에 젖어들 때면 보잘것없어 보이는 간호, 그렇다고 대충 하면 금세 일이 꼬이는 간호, 누군가에게는 심각한 결과를 초래할 수 있는 간호. 매일 긴장을 늦출 수 없는 이유이다.

버거운 건강 문제 앞에서는 나는 학회의 도움을 청했다. 그럴 때마다 농촌간호학회 교수님들은 논문이나 실제 사례를 보여주셨다. 때로는 기다리고 있었다는 듯이 좌로 가라, 우로 가라, 방향을 제시하셨다. 생을 바쳐 인간과 간호를 연구하는 분이 계시기에 나는 간호의 길을 걸을 수 있었고, 길을 잃지 않았다고 생각한다.

네가 가야 할 길은 그 길이 맞아, 지금 잘 가고 있어. 이런 응원과 위로를 준 이 편지는 5년간 간호학과 전경자 교수님과 주고 받은 글이다.

/ 교수님께 2016년 6월 29일 수요일 맑음 오후 7:15

또 하루를 정리합니다. 먹자니 그렇고 안 먹자니 그렇고. 이런 때 저는 간호사로서 어떻게 말씀드리면 좋을까요? 넘들은 내 속을 모른다는 저 어르신에게.

클 즈기(클 적에), 내가 몇 살이었능가 확실히는 잘 모르것네. 횟배라지, 휜가, 머싱가, 막 배 아프다고 울고불고 난리를 꾸미니까, 엄마가 그러대. 야야, 이게 무슨 지랄이다냐. 옛날에는 대꼭지로 담배를 먹었잖아요. 담뱃대 안에다가 물을 너서 꼭지에 물을 너서 담배진을 씨쳐서 그 말국을 주는겨. 그걸 나한테 마시라고 했어. 아이고, 참말로 눈물이 쑥 빠지드만. 그래도 배 아픈 것이 안 가싱게 아버지가 담뱃대 안에다가 짚나래기 몇 개를 너어가꼬, 잡아땡기니께 끈적끈적한 진이 나와. 그 찐을 훑어가지고 콩팥만 하게, 긍게 뭐냐면 담뱃대 속에다 짚나래기를 너어가꼬 이렇게 훑어서 담뱃진을 모디키가고, 그걸 요래요래 뭉쳐가지고 콩코물이나 밀가루를 무쳐서 삼켜보라고 주는 거여. 그걸 먹으니까로 막 태깍질이 나고 죽것드라고요.

보통 독하것능가요. 아프다고 해싸니까 그거라도 먹으면 좀 나사질랑가 해서 그란 거지요. 엄마 아버지가 담배를 겁나게 시게 폈어요. 그때는 종이가 없응게, 담뱃잎을 돌돌 말아서 거기다 불을 붙여서 먹다가는, 야야 이거 피워봐라, 그라믄 가라앉을 수도 있니라. 그 질로 담배를 배워서 여적 먹어요. 그때가 아마 스무 살쯤 된 거 같고만요.

끊들 못 해. 나도 전에는 끊어 볼라고 겁나게 몸바람을 쳤어요. 읍내 보건소 2층에 올라댕김시나 여기저기 붙이는 거 타다가, 어깨에도 붙여 보고, 공갈 담배도 먹어보고 했는디, 약을 붙이고 먹어봉게 담배 맛이 영 틀리기는 하드만요. 맛도 한 개도 없고 기분도 참 얄궂더구먼. 거시기한 사람 같으면 그 정도면 끊었을 건디, 나는 이노무 것을 못 끊었당게요. 보건소에 다시 갔어요. 몇 번이나 갔능가 몰라.

아가씨, 나 좀 더 줘봐요, 했더니 어르신! 어르신은 이제 안 돼요, 내 자신적으로 결단하셔야죠, 이런 식으로는 안 됩니다, 하드만요. 그 말이 백번 천번 맞는 말이지. 몇 번이나

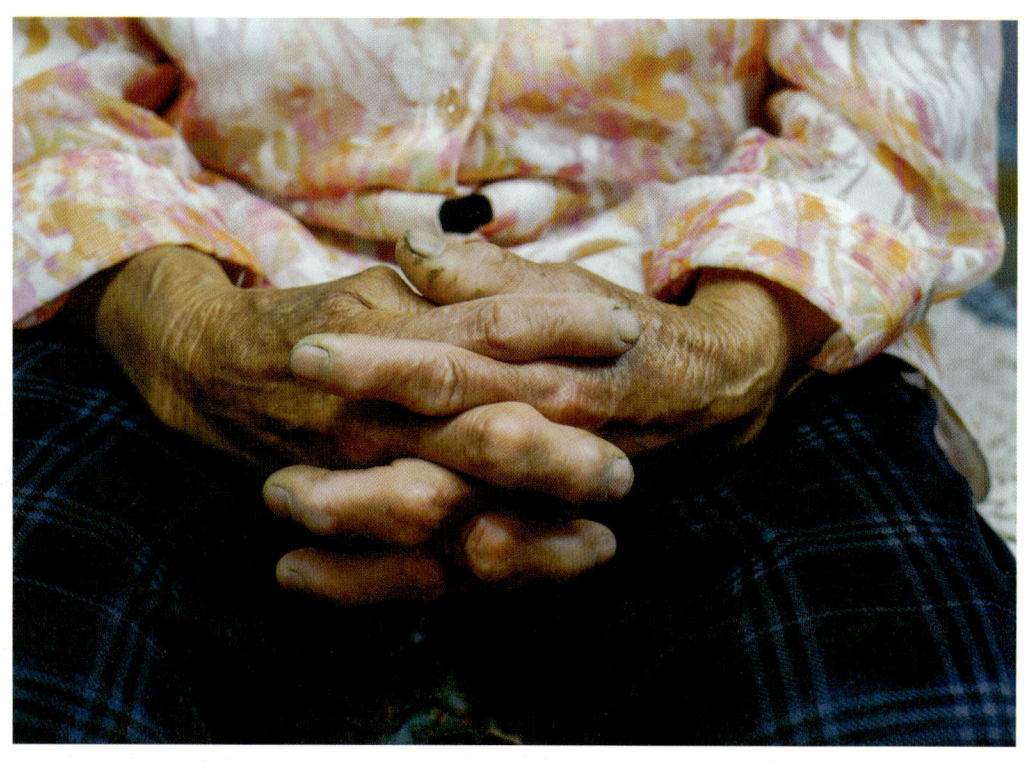

붙여봤는지 몰라. 스무 살부터 여태 먹응게 내가 지금 팔십 둘잉게, 계산을 해보셔. 시집을 왔더니 신랑도 담배를 먹드만요. 시어른들이 내가 담배 피우는 걸 알아도 어쨔, 몰라도 어쨔. 신랑이랑 같이 먹으니까나 알아도 어쩔 수가 없지. 그래가꼬 여적지 펴. 병원에 입원해서 수술한 적이 있었어요. 그때는 병원에 있응게 할 수 없이 끊었었지. 두 달인가. 그러고 집으로 왔응게 딱 끊어졌어야 했는디. 어떤 남자가 그러더만요. 버스 타려고 지달리는디, 그 양반이 그러더라고. 아이고 못 끊어요, 저도 두 달 끊었다가 다시 먹고, 한 달 끊었다가도 다시 먹고 그러고 있고만요. 내가 물었네요, 두 달이나 끊었으면 끊지, 왜 다시 먹었는가요? 이거요? 여간해서 못 끊어요. 사람이 얼마나 독해야 끊으까요. 안 되더라는 거야. 나도 뭐 끊고 싶은 마음 없어. 수술하고 큰아들 집에 가닝까, 병원에서 선상님이 어머니, 담배 끊으세요, 하지 않던요? 작은아들도 그라는 겨. 이제 담배 끊으세요. 아따, 그란디 그말 들응게, 눈물이 팍 쏟아지대. 새끼들도 포기했는지, 나중에 아들네 집에 강께로 담배를 한 보로 사놨드만. 어머니 먹는 거 사다놨어요. 안 피우다가 담배를 보니까 겁나게 반갑더랑께. 막냉이도 여기 내려올 때는 담배 사 오고, 집에다 아예 사다가 놓는당게. 테레비 봉게로 겁나드만요. 나 혼자 사 먹든가 말든가 냅뒀으면 끊었을랑가 모르는디, 그 비싼 놈의 담배 말여. 이기 무신 조화인가 몰라.

 먹자니 그렇고, 안 먹자니 그렇고. 쟈들이 담배를 안 사 오면 굶다 굶다 끊어졌을랑가.

아이고 아들들아 미안하다. 이게 뭐 하는 짓이라냐, 비싼 놈의 담배를 왜 자꾸 먹는다냐. 그런데도 담배 끊으라는 말이 듣기 싫어. 술 마시는 사람한테 술 좀 엥가니 마셔라, 고만 끊으라는 잔소리 하면 듣기 싫어하잖아. 그 이치나 똑같지. 같은 여자들이 쑥덕거리는 것은 더 듣기 싫어. 안 피우는 사람들은 내 속을 모릉게.

여자가 어떻게 끊어? 하면서 버럭 화를 낸 적도 있어. 승질이 독하덜 못해서 못 끊어. 여자가 담배 피운다고, 쑥덕거리는 소리 듣기 싫지마는 할 수 없어. 이것들아 담배 피워 병나서 죽으면 내가 죽지, 느들이 죽냐 막 덤볐어요. 가족들이 고생하지. 병들어 죽어버리면 되지만 자식들이 고생이지. 내 말은 왜 비싼 돈을 들여서 담배를 만드냐, 담배를 만들지 말라 그 말이여. (웃음)

칼로 사람을 죽이는 일도 있잖아요. 그렇다고 세상에 대고 왜 칼을 만들었느냐고 덤비면 안 되지, 알다마다. 칼을 선택한 사람이 잘못한 것이지. 요즘은 열 살 먹은 애기들도 나쁜 병에 걸린담서요? 즈 엄마가 뱃속에 아이를 넣고 담배 태우면 담배 물이 탯줄을 타고 간다고 하드만. 그런데도 젊은 엄마들도 담배를 못 끊어. 참 이게 뭐하는 지랄잉겨. 소장님! 나는 어쩌야 되는겨? 응?

박도순 드림

/ 교수님께   2016년 10월 11일 화요일 맑음 오전 7:32

요즘 분야별 노벨상 수상 뉴스가 들려옵니다. 노벨문학상 수상 작품 중 마지막까지 읽어낸 책이 몇 권이었더라? 소설 '쓰기'에 비할 바 아니지만, 소설 '읽기'도 인내력을 요하죠. 읽기에 인내심을 발휘해야 하는 일은 소설가가 소설을 쓰는 동안 감내한 고통의 시간만큼이나 독자가 발휘해야 하는 덕목이라고 생각해요. 그런데 저는 그다지 인내력이 세지 않아요. 주인공과 등장인물 이름과 성격, 줄거리 연결 고리가 실타래처럼 얽히기 시작하는 절정에 다다를 즈음이면, 어지러워 길을 잃어버릴 정도입니다. 어이쿠 머리야! 도대체 이 작가는 나를 어디로 인도하려는 것인가, 하면서 서서히 지끈거리죠.

책을 덮어 버리고 끝내 읽지 못한 소설 중에 『설국』이 있습니다. 가와바타 야스나리 씨. 그는 노벨문학상을 받은 작가예요. 제가 다섯 살이 되던 해, 급성 맹장염으로 수술받은 후 퇴원 한 달 만에 자기 집에서 가스 자살로 생을 마감했대요. 어른이 되어 나중에 알게 된 사실입니다. 부모님이 남긴 재산으로 여행을 다니는 시마무라 씨, 눈(雪)의 나라(國)에서 게이샤로 살면서 딱할 정도로 열렬히 시마무라를 사랑한, 관능적이고 매혹적인 그녀, 고마코 씨, 요코 등.

이해 깊이가 너무 얕고 다가오지 않으니 지루하고 재미없어 아마 다섯 번도 넘게 읽기를 포기했다가 일본어 공부하던 중, 겁 없이 원서를 샀어요. 첫 장은 너무나 유명하죠. '국경의 긴 터널을 빠져나오자 눈의 고장이었다' 이 구절을 기억합니다. 눈으로 시작해서 불로 끝나는 설국(雪國). 오늘 아침에는 교수님이 보내주신 책*을 읽는 중입니다. 레이디 벨라 톤턴이 아멜리아 모저리 부인에게, 사이먼 심플러스 목사가 아멜리아 모저리 부인에게 줄리엣을 검증하기 위하여 보낸 편지글까지 읽었어요. 쌍둥이 녀석들이 학교 갈 시간이라서 일어서야겠다, 생각하는데 뜬금없는 '설국'이 스치다니. 편지 소설이 그 소설처럼 재미없고 지루해서가 아니라, 새롭게 등장하는 인물과 그들이 기거하는 광장, 줄리엣을 둘러싼 이야기들이 눈의 나라 이야기를 밀어내고도 남았기 때문입니다.

*『건지 감자껍질파이 북클럽』, 애니 배로스, 메리 앤 섀퍼 저, 신성해 역, 이덴슬리벨, 2018.

하루도 쉬지 않고 글을 쓰고-편지를 작성한 날짜가 나와 있어 시간의 흐름을 따라갈 수 있어요, 매 순간 생각하고 그것을 정리한 줄리엣의 열정과 정성, 게으른 듯 부지런한, 때로는 엉뚱 순수 발랄 소녀 감수성을 간직한 그녀를 있는 그대로 용납하고 응원하는 사람들 이야기가 저를 책 속으로 빨아들입니다. 인내력 시험 도구로 삼아 봤어야 했는데 읽는 것을 다섯 번도 더 포기했던 야스나리 씨의 시마무라 이야기 말이에요. 시드니와 줄리엣, 그녀의 친구 이야기에 이어 북클럽 사람들의 이야기도 곧 나오겠지요. 재미나고 흥미로워요. 오늘 아침 책 읽기 겨우 43분이라니, 내일 아침에는 더 일찍 일어나야겠어요. 커피포트에 물이 끓습니다.

역시, 줄리엣은 자기를 싫어할 것이라고 생각하는 사람까지 사랑으로 품어버린 작가예요. 그렇지 않고서는 그런 용기도 없었으려니와 설령 싫어한 사람이 모저리 부인에게 혹평 서찰을 보냈을 경우 모저리 부인은 어떤 선택을 했을까. 수용한다면 무슨 이유로? 거절한다면 어떤 간곡함으로? 많은 경우의 수를 생각합니다.

교수님의 글에 손뼉을 칩니다. 두려움을 물리칠 용기, 그것은 곧 감추고 싶은 나의 내면을 열어젖히는 일. 온전히 나를 나로 받아들이는 일. 내가 아는 나와 남이 아는 나를 그대로 안아주는 일. 모든 이의 관점이 다르다는 것을 인식하는 일, 그것이 참 쉽지 않은 일이니까요!

박도순 드림

/ **소장님께** 2016년 10월 11일 화요일 맑음 오전 8:13

책 한 권을 읽어가면서 편지글로 일상을 나누면 재미있을 것 같아요. 책을 더 집중해서 읽게 되고, 모르는 부분을 찾게 될 것이니 유익이 많겠지요. 요즘 무슨 책 읽고 계신가요?

저도 소설 읽기의 맛을 제대로 가르쳐 주지 못한 학교를 탓하고 싶습니다. 어린 제가 『발가락이 닮았다』라는 소설을 왜 읽고 시험을 봐야 하는지 도저히 알 수 없었던 기억이 나네요. 심지어 도덕 시간에 배운 잣대를 들이대며 윤리적 혼란을 겪기도 했었지요. 이런 식으로 학교를 탓하며 소설에서 유익함을 얻으리라는 기대를 못 가졌던 것 같아요.

나이 들어 소설을 다시 만나게 된 것은 한국의 젊은 소설가들 작품을 읽으면서부터입니다. 소설가 이금이, 공선옥, 김연수, 김진영, 김 숨, 김곰치, 김소진. 이름을 떠올릴 수 있는 작가가 한둘씩 늘어났어요. 그들을 통해서 고전문학이나 노벨상 작가들도 다시 만나게 됩니다. 아, 지난여름 무라카미 하루키도 만났군요. 소설을 새롭게 알게 되는 기쁨이 옹골차다고 표현하면 맞을까요?

저는 줄리엣이 자기를 소개하면서 자신을 싫어할 만한 사람에게 소개서를 써달라고 했던 것에 '아하' 했어요. 얼마나 지혜로운 선택인지요. 모든 사람이 다 나를 좋아할 순 없고 나 또한 나의 부족함을 모르진 않지만 숨기고 싶잖아요. 그렇지만 나에 대해 신뢰가 생기도록 소개하려면 부족한 모습도 드러내야 할 테니까요. 꼭 그분에게 소개서를 써달라는 요청은 못 해도 나를 싫어하는 사람 관점에서 나를 설명하는 것은 해볼 수 있겠다 싶어요. 정직함이 갖는 힘이 있잖아요.

혹평이라는 것도 상대적이지 않을까요? 자기 기준이나 선호에 맞지 않는 면을 지적하는 것이겠지요. 전해 듣는 사람 또한 자신의 기준으로 해석하고 받아들일 테고요. 서로 보고 싶은 모습을 바라보고, 그 모습이 진실하다면 함께 할 수 있는 기회가 열리는 것 아닐까요? 건지 섬 사람들도 한 명 한 명 나름의 개성과 한계가 있더라고요. 북클럽에 모여 저마다 자신의 스타일을 펼쳐 보여도 다들 서로를 인정했고요. 줄리엣도 그런 믿음을 가졌던 것은 아닐지 짐작해 봅니다. 일찍 서울로 오느라 답장을 못 썼어요. 순서 바뀐 답장을 쓰겠습니다.

서울에서 전경자 드림

/ 교수님께 2016년 10월 12일 수요일 맑음 오전 6:48

다섯 시가 되려면 13분이 남았더라고요. 자명종이 흔들기 전에 스스로 일어났어요. 카디건으로 어깨를 감싸고 주방으로 나왔어요. 에번 램지의 편지글 중, 지금껏 해온 것이 그토록 사소한 일이란 말인가. 태양을 즐기고 봄의 빛을 느끼고 사랑하고 생각하고 일을 하고 진정한 우정을 쌓은 것이? 엘리자베스가 이 구절을 마음에 새겼으면 좋겠다는 간절함이 아프게 다가왔습니다. 전쟁으로 인하여 생긴 섬사람들의 급하고 불규칙한 변화들, 총칼을 쥔 자들의 횡포, 무너지는 규범의 타락, 그것을 지적하는 애들레이드 에디슨, 사랑의 시에 목말랐던 클로비스 포시, 끝내 윌리엄 워즈워드의 시를 만나더니, 낸시에게 그의 키스를 받아들이게 하는 장면. 입맞춤이 코앞으로 다가온 순간, 그와 그녀는 얼마나 행복했을까요. 제가 다 흥분되는 거 있죠.

소설이, 시가, 문학이 사람의 마음을 흔들기도 하고 붙들기도 하는, 고대로부터 지금에 이르기까지 변함없이 놀라운 이 명백한 문학의 힘에 어찌 사로잡히지 않을 수 있을까요. 중학교 2학년이었어요. 청소 시간이면 퀴퀴한 도서실에 몰래 숨어들었어요. 쪼그리고 앉아 세로쓰기 문고판을 닥치는 대로 읽었어요. 폭풍의 언덕, 주홍 글씨, 제인 에어를 그곳에서 만났지요. 샤롯 브론테, 에밀리 브론테, 앤 브론테! 건지 섬에도 그녀들이 있었다니, 소름돋게 놀랍습니다.

태어나기도 훨씬 전전, 영국의 작은 섬 북클럽 회원들도 내가 만난 작가들을 만났구나. 책들은 우주를 비행하며 저마다 은밀한 귀소본능을 책꽂이에 채우며 저마다 어울리는 독자를 찾아가고 있다는 줄리엣의 표현이 소름 돋습니다. 지금은 어디에서 누구를 향해 비행하고 있을까. 그게 사실이라면 어부 에번 램지는 생선뿐 아니라 확실히 책 속의 명문장을 낚아 올리는 탁월한 글쟁이인 셈이죠. '말을 아낄수록 더 많은 아름다움을 창조한다'라는 것을 셰익스피어 선집으로 깨닫죠.

저는 외치고 있었어요. 독일군이여 듣고 있나? 독립투사라 이름 지을 수 없는, 아니, 이름 짓지 않았을 뿐 섬나라 작은 곳, 이미 그곳에 너희의 패망을 예견한 자가 있어. 이 빌어먹을 놈들! 규칙을 수시로 바꾸기 일쑤인 그들. 당나귀 앞에 당근을 내밀 듯 친절한 척하기는! 우리는 당나귀가 아니거든! 아~ 통쾌해라! 으흐흐! 줄리엣에게 근심이 생겼군요. 시드니 오빠에게서 과연 소식이 올까. 그에게 무슨 일이 생긴 것일까. 궁금하지만 출근 때문에 일어서야 합니다. 새들도 둥지에서 나와 뒷문 감나무 위에서 수다를 떨어요. 좋은 아침입니다.

박도순 드림

/ 소장님께 2016년 10월 12일 수요일 맑음 오전 7:47

감자껍질 파이라는 생소한 음식 이름 탓에 처음에는 책 제목을 잘 알아듣지 못했습니다. 감자껍질로 음식을 해 먹을 수 있다는 상상을 해본 적이 없잖아요. 책을 읽으며 궁핍한 현실 속에서 피어난 지혜라는 것을 알게 되었습니다. 어릴 적 함께 살았던 할머니께서는 김치와 콩나물을 끓이다가 식은 밥을 섞어 푹푹 끓여 김치죽(갱죽)을 만들어주셨어요. 뜨거운 국물을 시~원하다고 하시며 맛있게 드시던 모습이 기억나네요. 할머니에게는 그것이 전쟁 중에 겪은 시절 입맛이었겠죠? 어린 저는 "또?" 하면서 싫은 내색을 한껏 표현했고요. 워즈워드의 시를 읽으며 사랑을 얻는 데 성공했다는 대목에서 저도 얼마나 짜릿함을 느꼈는지 몰라요. 영화 속 장면처럼 아름다운 남녀의 모습이 그려지잖아요! 윤세영 선생님도 남편에게 시를 외우게 하셨다죠? 저도 대학 시절 편지에 시를 써서 보냈던 적이 있어요. 아 맞네요. 황동규 시인의 '즐거운 편지'였습니다. 30여 년 전 그 감정을 다시 불러내는 이 아침, 소장님 편지 고맙습니다.

　　전경자 드림

/ 교수님께　2016년 10월 13일 목요일 맑음 오전 7:19

글쓰기 플랫홈 '브런치' 아시죠? 책을 홍보해 줄 테니 다음과 같은 정보를 제공하라! 섹션은 책을 홍보하고, 인터넷서점의 구매하기 링크를 걸어 판매를 지원해 주는 일이라고 해요. 제가 이 회사에서 출판한 것도 아닌데 이렇게까지? 무슨 목적이 있는 걸까, 살짝 의구심이 들기도 했지만, 작가에게는 좋은 일이라고 생각되었어요. 띄어쓰기를 포함해서 40자 이내로 책 속의 한 문장, 띄어쓰기 포함해서 120자로 책을 소개하시오! 교보문고에 등록된 책의 주소와 작가님의 브런치 주소를 알려주시오! 등등 글자 수 제한과 디자인 한계성에 대한 양해를 구한 담당자의 글을 보면서 내 책을 홍보하고 판매까지 연결해 주겠다는 반가운 소식 이면에, 몇 번을 썼다 지웠다, 새벽에 답장을 보냈습니다.

　　병에 걸려 죽은 돼지 한 마리를 숨기는 일, 건강한 돼지를 숨겨놓고 사망 가축 장부에 기록하면서 장교를 속이는 일, 소리 없이 돼지를 잡아버리는 도시 에덤스. 배부르다는 느낌이 어떤 느낌인지 잊어버린 지 오래되었다는 건지 섬 사람들에게 아멜리아는 풍성한 식탁을 꾸밉니다. 피난선이 왔는데도 결코 섬을 떠나지 않는 엘리자베스와 딸 제인. 에번 램지가 보낸 편지 한 통에는 너무 많은 소식과 정보가 담겨 있어 읽는 내내 무거운 가방을 들고 있는 느낌이었습니다. 도시가 줄리엣에게 보낸 편지, 돼지기름에 파프리카와 계피를 넣어 만든 비누로 꾀죄죄한 모습을 벗어났다는 대목에서는 제 얼굴까지 맑은 세수를 한 것 같아 기분이 좋았습니다.

　　출판사 윤세영 선생님은 지금 스위스에 계신답니다. 브런치 자료 작성하다가 『포내리 사람들』이 교보문고에 품절이라고 뜨는데, 확인 부탁드린다는 카톡을 보냈더니 답장을 보내셨습니다. 돈은 누가 통제하는 것일까요. 그래서 얻는 이익으로 추구하는 최종 목표는 무엇일까요. 돈으로 사람을 재단하고, 돈으로 재단할 수 없는 아량이나 너그러움. 아, 오늘 아침에는 일찍 누가 또 오십니다.

　　박도순 드림

　　소장님!
아침에 평소보다 좀 늦게 잠이 깼어요. 이제 신문 왔나 내다보는 일과 편지 왔나 확인하며 하루를 시작하게 되었어요. 신문에서 병원에서 성과급제를 도입하면 아프고 생명이 위급한 사람을 돕는 일조차 돈으로 통제하는 상황이 벌어지게 된다는 우려와 비판을 읽었어요. 전쟁으로 식량과 약품이 절대 부족했던 작은 섬에서 절제와 나눔의 생활을 하면서도 유머와 재치를 잃지 않았던 사람들 이야기 앞에 오늘 한국 사회의 현실이 더욱 부끄럽고 안타깝게 느껴집니다. '치료와 간호'는 상품이 아니라 관심이고 연민이며 호혜잖아요. 천사의 손길까지는 아니더라도 사람이, 사람을 위하여, 사람에 의한 일로 지켜내야겠어요. 있는 힘껏! 소장님 책 소개 글을 어떻게 쓰셨을까 궁금하네요. 비싼 명함이라 하시더니 이젠 좀 긴 명함이 생기는 것인가요?

　　전경자 드림

/ 교수님께　2016년 10월 17일 월요일 맑음 오전 7:10

　　비가 옵니다. 작은 슬픔은 말이 많지만, 크나큰 슬픔은 말이 없는 법이다. 맞는 말이죠. 존 부커의 토비어스 경 행세도 끝이 나고 그는 강제수용소로 쫓겨나네요. 독일군 수용소에서 보고 겪은 일을 회상하며 '그들이 폴카가 울려 퍼지는 지옥에서 불타길 바란다'고 적었어요. 너무 큰 슬픔이어서 그는 상황을 어떻게 표현하면 좋을지 고민합니다. 그들이 한 짓을 고작 흙으로 덮으려 했다네요. 눈앞에서 수없이 많은 사람이 죽어 나가는 것을 보고 아슬아슬한 삶과 죽음의 경계에서 행복한 기억은 오히려 더 가라앉아 소소한 것들, 이를테면 소풍이나 자전거를 타고 언덕을 내려오는 일 같은 거, 그런 것을 떠올렸대요. 문장인데 독자는 글자를 온몸으로 받아들여요. 모든 경험이 동원됩니다. 우연이든 필연이든, 의식적이든 무의식적이든. 소설의 힘이고 글의 마력이죠. 문학의 힘입니다.

　　아침 편지는 상상을 극대화하는 매력이 있는 것 같아요. 김승옥 작가의 『무진기행』 소설

속 무진행 버스에 저와 교수님이 함께 올랐다면-읽는다면- 산모퉁이 돌아가는 버스는 무슨 색일까요? 산모퉁이 산은 덩치 큰 산? 아니면 동네 뒷동산? 경험한 절벽과 일어섬과 바다 쪽을 바라보는 주인공의 시선을 따라 상상된 가상 공간으로 들어가는 것이겠지요. 옴이 있는 부위를 도려내고 고름을 짜내는 장면, 두피에서 흐르는 진물 사이로 샐리는 얼마나 많은 눈물을 흘렸을까요. 엘리자베스와 부둥켜안고 길거리에서 왈츠를 추던, 존 부커에게 애정 담아 보내고픈 아침입니다.

  박도순 드림

/ 소장님께   2016년 10월 18일 화요일 흐림 오전 8:29

  어젯밤에는 비가 많이 왔습니다. 마치 비밀의 문이 열리듯 안개가 걷히면서 산과 나무들이 모습을 드러내는 아침을 맞았습니다. 나뭇잎들이 한층 울긋불긋해져서 가을이 확 느껴집니다. 줄리엣이 우편물 수송선을 타고 오면서 멀리 건지 섬이 보이기 시작할 때 그녀는 어떤 심정이었을까. 바라던 것을 이루게 된 기쁨으로 충만했을까, 아니면 기대와는 다른 모습에 대한 실망감으로 낙망했을까. 소장님처럼 문장을 꼭꼭 씹어 맛을 기억하며 읽지 못하는 저의 독서 습관을 새삼 확인하네요.

  '한 문장이 갖는 힘'에 대한 소장님 말씀에 적극 공감합니다. 나만의, 바로 그 나만의 무엇이 있어서 아침마다 소장님 편지를 기다리는 것이지요. 책이 바로 나를 만나는 길이고, 책 속에 그 길이 있기도 하고요. 버스가 산모퉁이를 돌아서니 새벽 불 밝히고 책상 앞에 앉아 글을 쓰고 있는 소장님이 저만치 멀리 보이네요. 그 옆에 아직 어두운 초등학교 운동장이 있고, 붉은빛에 젖은 적상산이 버티고 서 있습니다. 몸은 서울행 KTX에 실었지만, 마음은 포내리 도착!

  전경자 드림

/ 교수님께   2016년 10월 26일 수요일 맑음 오전 6:24

  어제와 달라도 너무 다른 날입니다. 국정 농단 뉴스와 그 이후 폭발적 반응이 넘쳐납니다. 보기에도 듣기에도 민망한 판도라 사건이 불러올 파장과 후폭풍, 이보다 더한 자괴감이나 분노감이 있었나. 한국농촌간호학회에서 연락받았습니다. 간흡충 사업이 보건 간호 업무에 미친 영향, 보건진료소 기능과 진료소장 역할 재생산, 이 사업의 당위성, 필요한 지식과 기술,

역량 확장을 위해 무엇을 추가하면 좋을까. 역시 기초학문으로 돌아가 지역사회간호사의 역할로 귀결되었습니다. 보건진료소장은 넉넉하고 충분하게 그 역할을 감당하고 있는지, 늙고 낡아버린 인식의 대전환, 비판적 사고 등. 박도순의 뻔한 이야기, 또 하냐? 최소한 그런 말은 듣지 말아야지. 저도 고민 중입니다.

며칠 전 상곡보건진료소를 다녀간 일곱 명 남자 간호학과 학생 중 한 명에게서 전화가 왔어요. 시험 기간이라 정신없어서 바로 연락드리지 못한 점 사과드린다면서, 솔직히 무주에 바람 쐰다는 기분으로 내려왔답니다. 간호학 공부가 즐겁지 않아서 학교 가는 것이 괴로웠다고 해요. 임상 근무는 자신과 맞지 않았다, 정신과 공부를 더 해보려고 했다, 보건진료소는 가 본 적 없다, 책에서만 보았다, 그런데 실제 현장을 보고 충격이었다, 간호사로서 자부심을 가져야 할 이유가 생겼다, 군대 이후 가장 새로운 경험이었다는 등. 결국 극찬 일색인데, 학생들에게 염려스러운 것이 있다고 말했어요. 그대들은 나의 이십여 년 넘은 경험을 불과 몇 시간 동안 들었다, 과정이 아닌 결과만 이야기한 셈이다, 너무 반짝거리는 것만 드러낸 것 같아 미안하다,

그것이 전부가 아니라는 것을 기억해라. 이곳에 와서 보고 들은 것만 가지고 보건진료소를 평가한다면 그것은 매우 심각한 편견이자 오류라고. 반짝거림 아래에 녹아 있는 눈물과 가시까지도 미루어 읽어낼 수 있기를 바란다, 간호사는 그것까지 읽어낼 수 있는 심미안을 가져야 한다고 제법 의젓하게 말했습니다. 아, 누가 오셨네요. 잠시만요. 시래기 무친 것 들고 오셨네요. 이 식전에! 아들 며느리 따라 서울로 가는 중이라고 합니다. 혈압약이랑 감기약 요청, 오늘은 여기까지 적습니다. 참! 보내주신 책은 다 읽었습니다.

　　　박도순 드림

/ **교수님께**　2016년 10월 22일 토요일 맑음 오전 7:38

　　대장암 투병 중인 여든 여섯살 어르신입니다. 『포내리 사람들』 책이 맺어준 인연인데요, 오랫동안 편지가 오지 않아 안부 전화를 드렸지요. 요즘 상태가 많이 안 좋다고 하세요. 마음은 심란하나 담대하게 이겨나가고 있다는 말씀에, 인생 여든을 살아내신 분이 아니고는 가질 수 없는 비장함이랄까, 그런 걸 느꼈어요. 그분의 말씀을 들으며 네, 네, 네네, 대답만 하였는데. 저를 보고 드는 생각이 각자의 몫, 그것이 나의 삶. 낮은 목소리로 전화 받으면서도 스위스 윤세영 선생님에게 답장이 왔다고 기뻐하셨어요. 나 같은 놈에게까지 편지 보내는 걸 보니, 윤 선생, 참 멋진 사람이야! 하시더군요! 저도 기분이 좋았어요. 토요일은 낮이 좋아요. 계획 없는 계획. 무엇을 하면 좋을까가 아니라, 무엇을 하든 좋은 날 되시기를! 적상산에 가볼까 하다가 주말이면 어디선가 몰려드는 울긋불긋 단풍 같은 사람들, 조용한 우리 집 안방에 허락도 없이 들어와서 내 침대를 발로 구르고 이불을 밟아 뭉개는 사람들 같아서. 나도 낯선 곳에 갔을 때, 그런 사람으로 보이면 어쩌나. 그런 기분이 드는 좋은 아침입니다.

　　　박도순 드림

/ **소장님께**　2016년 10월 23일 일요일 맑음 오전 7:12

　　어젯밤에는 동네 모임에 다녀왔어요. '도란도란 협동조합'이 있는데 한 달 전에 조합원으로 가입했습니다. 조합원 모임이 있었거든요. 조합에서 함께하고 싶은 것이 무엇인가 서로 이야기를 나누었죠. 사람이 모여 사는 데 필요한 모든 것이 나왔어요. 수익사업에서부터 문화, 여가 활동, 의료, 반찬, 목욕탕에 이르기까지. 아침에 일어나 어젯밤 모습을 떠올리니 북클럽 장면과 겹치는 느낌이에요. 처음 뵙는 분도 있고 아는 사람도 계셨는데, 각자의 관등성명을 밝히진 않았지만 '동네'에서의 삶을 소중히 여기는 분들이라는 믿음이 생기더군요. 아침에 나갔다가 밤에 돌아오고 주말이면 또 어딘가로 나서는 소위 '베드타운'을 원하지는 않는 거죠. 어떤 분은 건지 섬의 엘리자베스 같기도 하고, 또 어떤 분은 도시 같기도 해서 앞으로 천천히 더 알아가야겠어요. 제가 도란도란 이야기를 전해드리면 소장님이 줄리엣이 될 수도 있겠네요. 오늘 저는 친정아버님 산소에 성묘하러 갑니다. 아버님 기일 즈음에 형제들이 아버님 고향에 모여 인사를 드리거든요. 부모님 슬하에서 지냈던 그 시간으로 돌아가는 날인데 해마다 그 느낌이 많이 달라요. 올해는 어떤 느낌일까?

전경자 드림

/ 소장님께 2016년 10월 26일 수요일 맑음

이틀 저녁 뉴스를 안 볼 수가 없었어요. 혼자 복잡한 심경을 어찌 못하고 잠들었던 탓에 꿈도 혼란스럽고 중간에 몇 번이나 잠을 깼어요. 무엇보다 다음 세대에게 미안하고 부끄럽습니다. 대학 시절 현실에 저항하는 삶을 살아야 한다고 믿고 기성세대를 통째로 부정했었죠. 반대를 넘어 대안을 제시하면서 실천하는 시간을 보냈는데 지금 더 참혹한 현실을 보게 됩니다. 독일군이 건지 섬에 들어와 그곳에 살던 사람들의 일상을 침범하여 사소한 기쁨과 즐거움을 빼앗았을 때 주민들 기분은 어떠했을까요? 무력감, 절망감, 불안과 두려움! 지금 내다보는 창밖의 짙은 안개 같은 심정이 아니었을까. 짐작해 봅니다. 그들 가운데 엘리자벳도 도시도 있었죠. 그들은 함께 모여서 자기 삶을 이야기하고, 먹을 것을 서로 나누면서 책을 읽고, 옛사람들이 남긴 지혜를 배우는 시간을 가졌다는 것이 새삼 귀하게 느껴집니다. 그래서 이 먼 나라 먼 시대에 사는 제가 소설에 빠져들 수 있는 것이겠죠. '본질'이란 언제, 어디서, 누구든, 어떤 상황이든 지켜지고 드러내야 하는 가치가 아닐까. '간호'에는 인간에 대한 가치와 본질이 담겨있습니다. 간호 실무에는 본질의 여러 차원이 반영되어 있다고 믿습니다. 실습 다녀간 소장님께 전화한 학생의 노력에 마음이 아립니다. 대학에 들어와 졸업을 앞둔 이제야 무언가를 찾았다니 말이에요. 대학에 들어오면서부터 그 길을 잘 안내받았다면 얼마나 좋았을까요? 소장님 직업보다는 열정적으로 살아가는 소장님의 삶과 존재 자체가 큰 울림을 주었을 겁니다. 소장님도 믿고 배울 수 있는 존재를 만난 그 기쁨 아시잖아요. 다시 시작하는 마음으로 저도 저를 돌아보는 하루가 되길 바라며 몇 자 적습니다.

전경자 드림

/ 교수님께 2016년 10월 30일 일요일 흐림 오전 7:54

어제 '저널 토론회'는 한 명의 간호사가 눈보다 몇백 배 확대하여 볼 수 있는 마이크로렌즈를 장착하고, 렌즈 핀을 맞춰 가며 보이지 않는 뇌 신경 세포 구석구석까지 샅샅이 살펴보다가 끝내 정수(精髓)를 발견하는 과정에 도취한 느낌, 저는 감탄을 연발했어요. 신세계를 보고 나온 기분인 거 있죠. 저 선생님은 얼마나 많은 날과 밤을 하얗게 지새웠을까. 거룩하다, 간호!

'암'은 저의 배경지식과 거리가 멀어서 그저 바라볼 수밖에 없는 대상이라고 생각했습니다. 그러나 제가 근무하는 지역사회에는 여전히 그들이 우리와 함께하고 있습니다. 현장에서 그들의 목소리를 듣는 현실을 감안할 때, 결코 소홀함이 없어야 하겠구나. 보든 듣든 마주하든! 오늘 아침 편지에는 '그리 아니할 권리'라는 글을 읽어 봅니다. 다시 보니, 다시 보입니다. 다음에는 더 많이 들어드려야겠습니다. 오늘 아침에는 진료소 뒤편 나무에 날마다 떠들던 새들이 침묵이네요. 밤새 무슨 일이 있었을까.

몇 달 후면 나도 저런 모습이 되겠구나. 줄줄이 링거 꽂고, 고통 속에 신음하며 침대에 누워있을 미래의 모습을 보았지요. 병동을 돌아보았습니다. 주치의에게 항암 과정과 연명 치료를 거부하겠다고 했습니다. 의료진들은 난리였죠. 펄쩍 뛰더군요. 퇴원 동의서에 서명했습니다. 시한부 이삼 년이라니 날벼락 같았죠. 조급해지더군요. 많은 생각을 했습니다. 지하철 기관사를 내려놓고 김천으로 내려왔습니다. 누구보다 귀 어두운 팔순 노모(老母)가 가장 마음에 걸렸습니다. 회사에 급한 일이 생겨서 미국에 몇 년 출장을 가게 되었다고 말씀드렸습니다. 어쩌면 어머니보다 내가 더 먼저 죽을 수도 있겠구나. 어머니에게 큰절을 올렸지요. 잘 다녀오겠습니다. 그렇게 인사하고는, 짐을 챙겨 산으로 들어온 것입니다.

　　- 췌장암, 47세 남자

이십 년 전에 세브란스에서 자궁암 판정을 받았습니다. 적출술 경과가 좋아 완치된 상태입니다. 그런데 2년 전에 폐암 진단을 또 받았습니다. 살아온 것을 어찌 다 말로 할 수 있겠어요. 석 달마다 병원에 가서 검사하고, 결과 보러 가고, 수시로 응급실에 실려 가고 말이죠. 말이 석 달이지 거의 매일 병원에 다녔다고 생각하시면 돼요. 인천에서 서울까지 오가는 일도 보통 일이 아니더라고요. 담당의가 항암 치료를 권했습니다. 열흘 동안 물 한 모금 못 마시고, 주사만 맞으면서 고통을 참았습니다. 토하고 어지럽고 차라리 죽는 것이 낫겠다, 달리 표현할 방법이 없습니다. 2차부터 항암을 거부했습니다. 의사한테 엄청나게 혼났어요. 욕도 얻어먹었고(웃음). 남편에게 말했습니다. 병원 치료비로 시골에 내려가자, 폐암이니 공기 좋은 곳으로 가면 좋아지지 않겠느냐는 생각이 들더군요.

- 폐암, 55세 여자

상곡보건진료소 주민 600여 명 중 암(癌) 등록자는 16명입니다. 도시 생활에 지쳐 귀농 귀촌하는 사람도 있지만, 어쩌다 건강을 잃고 건강을 되찾기 위하여 '귀 자연'하는 분도 늘어나고 있습니다. 움막을 짓고, 허름한 집 벽에 황토를 바르고, 혹은 새집을 짓고 들어오는 사람들. 긴 투병 생활에 더는 희망 없다고 생각하고 마지막 보류인 자연의 품으로 돌아오는 사람들. 그들은 가족과 헤어져 홀로 지내거나 가족과 동행하기도 하십니다. 산중 생활이 생각처럼 만만치 않죠. 어찌 낭만적일까요. 벌에 쏘이고, 곤충에게 물리고, 감기에 걸려 그분들이 보건진료소를 오시는 경우 저는 농특법이 허용한 제한적 테두리에서 약과 주사를 처방합니다.

간호사이면서 보건진료소장이라는 명함을 갖고 있지만, 저는 그들의 고통이나 질병의 경험을 헤아리기 어렵습니다. 이해하기는 더 어렵고요. 암에 대한 의학적 질문을 받는 경우, 저는 잘 모르겠다는 궁색한 답변만 할 뿐입니다. 할 수 있는 것은 짧게는 몇 분, 길게는 몇 시간씩 그들의 이야기를 들어주는 것뿐입니다.

처음 이상 징후를 느낀 것, 진단 과정, 확진 후 기분, 투병 생활에서 겪는 일 등. 터널 같은 속이야기를 듣습니다. 그들의 이야기에 최대한 공감하려고 몸을 기울이고, 얼마나 힘들고 외로운가를 들으며 지지와 격려로 힘을 보태려 하지만, 저의 간호는 지극히 작고 작아 부끄럽기만 합니다. 죄송하기도 하고요. 우리는 태어났으니, 누구나 죽는다는 절대 명제 앞에 서 있습니다. 그들은 열심히 살아왔을 뿐인데, 너무 억울하다고, 아직은 때가 아니라고 울부짖기도 합니다. 몸도 아프지만, 마음은 더 많이 아파합니다. 가장 가까운 사람들에게 받은 서운한 일을 토로하기도 합니다. 결국, 자신의 아픔을 누구도 대신할 수 없다는 사실을 담담히 받아들이게 되었을 때, 당신은 마치 득도라도 한 것처럼 느껴졌다고 했습니다.

홀로 태어났으니 홀로 일어서기를 결심했다는 사람들. 살 소망까지 잃었던 그들이 산자락에서 불어오는 바람을 들숨으로 들이고 울분과 분노의 날숨 뱉기를 수만 번. 자연의 숨결 속에서 서서히 세포들이 일어서고, 평안함이 찾아오고, 내려놓은 번민 속으로 이제 죽어도 여한 없다는 평화의 고백을 독백처럼 서사하는 사람들. 생사의 갈림길에서 누구나 걸릴 수 있는, 그러나 아무나 경험하지 못하는 것들을 이야기로 나눠주실 때. 건강에 영향을 미치는 무수한 내적 외적 변수들을 통제하더라도, 그들은 의사의 권유를, 가족의 권유를 마다함으로 '그리 아니할 권리'를 택한 사람들이라는 생각을 하였습니다.

결과를 알 수 없는 도전으로 당신들이 빚은 결과를 받아들이는 모습을 뵐 때마다 저는 목젖이 더워집니다. 함께 눈물도 흘리고요. 마흔일곱 살 그는 하늘에 가 있습니다. 손톱과 머리카락을 태워 한 줌도 아니 되는 하얀 재를 고향 뒷산에 목장(木葬)할 때, 그의 육신은 의학도의 커대버(cadaver)로 돌아갔습니다. 죽어서까지 타인의 생명을 잇는 디딤돌이 된 것이지요. 사용하던 핸드폰은 약정 기간이 남아 장애인 단체에 기증했다고 훗날 들었습니다. 결혼을 안 했으니 돌봐야 할 아내와 자녀가 있는 것도 아니고, 죽은 후까지 누군가에게 폐를 끼치지 않아 다행이라며 웃던 사람. 자기 죽음에 눈물 흘릴 아내가 없고 자식이 없다는 것이, 참 못나고 쓸쓸한 일이라던 그의 멋쩍은 모습은 두고두고 저의 마음을 아리게 합니다.

항암치료의 고통이 백 점이라면, 지금은 행복 점수가 백 점이라고 할 수 있지요. 편안하고 좋아요. 남편에게 말했지요. 당신이 나를 사랑한다면 제발 내가 하고 싶은 대로 하도록 도와주세요. 소원이라오. 그래서 골짜기에 집을 짓게 되었습니다. 병원에서 고통을 견디며 삼 년을 사는 것보다 산속에서 일 년만 살아도 그것이 충분하다고 생각했으니까요. 건강을 잃었지만, 가족과 함께하는 시간을 얻었고 자연과 함께 여유를 얻었어요. 저는 이것으로 감사해요. 그런데 말이죠, 잡초가 어찌나 무성하게 자라는지 장난 아닌 거예요. 날마다 뽑고 뽑아도 끝이 없더라니까요. 그래, 얘들아, 나랑 같이 살자 그랬습니다. 나무와 풀을 보며 새로움을 발견할 때가 많아요. 시끄러운 소리 안 들리니 좋고요(웃음).

폐색전증으로 다섯 발짝도 떼지 못했다는 '꽁지머리 임 씨'가 계십니다. 되찾은 건강으로 건강을 잃은 사람에게 당신의 경험을 나눠주는 사람, 의사의 권유를 거부한 사람, 넘어질지라도 스스로 일어서는 것을 선택한 사람, 그리 아니할 권리를 주장하고 그 권한을 행사하는 사람. 그런 사람들.

화를 내고, 성질을 내서 몸이 좋아지고 기분이 좋아졌다면, 그렇게 하십시오. 먹고 싶은 대로 마음대로 먹고 마셨더니 몸이 좋아지고 기분이 좋아졌다면, 더 그렇게 하십시오. 자연에는 생명 순환 법칙이 있습니다. 몸과 마음이 자연에 순응하면 편안해집니다. 모든 생명은 우주 이치 속에서 소통과 교감을 이루는 것입니다. 우리는 함께 살아가야 합니다. 내 안에 있는 행복을 발견할 줄 알아야 합니다. 지금, 이 순간이 항상 최고라는 것을 알아채십시오.

박도순 드림

/ 소장님께 2016년 10월 30일 일요일 안개 오전 9:51

피곤한 탓에 좀 늦잠을 잤어요. 일어나 마당에 나와 보니 밤새 상당히 추웠나 봐요. 그 빨갛던 백일홍꽃이 갈색으로 변했어요. 밭에 심은 무 이파리가 힘없이 늘어져 있네요. 가을은 이렇게 가속하고 있나 봅니다. 머릿속에 어제 저널 모임에 대한 잔상이 많이 남아 있어요. 저는 진지한 젊은 연구자를 만날 수 있어서 좋았어요. 그런 연구자를 키워낼 수 있으려면 어떤 노력이 필요할까를 묻게 되었고요. 연구 규모나 기간, 투입된 노력은 결코 미국처럼 갖추진 못할 거예요. 현실에서 필요하여 꼭 답하고 싶은 간절한 연구에 대한 질문 갖기, 이미 축적한 연구 결과를 한국 상황에 비추어 해석하고 실무 적용하는 연구가 가능하도록 도울 수는 있겠지요. 소장님이 벌써 시작하신 듯하니 저도 협력하겠습니다.

간호사가 유방암 진단받은 한 여성을 만나고, 치료 과정에서 신체적 회복을 확인하면서 그녀의 생활이 그 이전과 어떻게 달라졌는지 주의를 기울이며 이야기를 들어주는 장면을 떠올려봅니다. 미국 영화 속 어느 장면과 비슷하죠. 그 전보다 기억력이 떨어지고 의사결정을 하기 어렵다는 여성의 호소에 주목해서 의문을 품고 탐색을 시작한 간호사가 있어요. 그녀가 이십여 년이 지나 팔십이 다 되어 여러 분야의 전문가와 탐구의 장을 펼치게 되었다는데, 한국에서는 어떤 이야기가 가능할까 '상상력'을 가져야겠어요. 햇살이 퍼지니까 초록 풀잎이 다시 살아나네요. 저도 다시 가슴을 펴고 심호흡을 해봅니다.

전경자 드림

『대장암 생존 여정 경험: 상처받은 자아상을 딛고 거듭 태어남』, 박정애, 최경숙, 중앙간호연구, 제13권 제3호, 2013.

『암 생존자의 암 재활에 대한 개념 분석』, 장희경, 박연환, 간호학의 지평, 제8권, 제1호, 2011.

/ **교수님께** 2016년 11월 1일 화요일 흐림 오전 6:00

교수님이 보내주신 '대장암 생존' 관련 논문* 말씀인데요, 마치 제가 쓴 것 같은 기분이라니요. 깜짝 놀랐습니다. 상처받고 일어선 대상자들의 경험이 서울 소재 병원만의 이야기가 아니었구나. 이것은 얼마나 일반적인 일인가 말이죠. 질적 연구 공부를 좀 했더라면 이런 논문은 내가 좀 써야 하는데! 죄송합니다. 헤헤. 콜럼버스의 달걀 같은 변명이죠. 친구가 겪은 유방암 이야기를 에세이로 쓴 적이 있어요. 적지 않은 원고료와 자사 잡지 1년 치 정기구독권을 선물로 받았죠.

읍내 고등학교 진학한 후 그 친구를 만났어요. 초등학생 시절부터 '주산 암산왕'이라고 불리었더군요. 그 친구는 유방암 수술을 받았고 치료 과정이 거의 끝나간다고 말했어요.

(고등학생이 유방암 수술?)

아, 그래서 모자를 썼구나. 머리뿐 아니라 눈썹까지 다 빠지는 바람에 화장하지 않으면 외출을 안 했다고 말하면서 부끄러운 듯 웃던 친구. 그간의 안부를 모르고 있던 나는 모자 벗은 후 드러난 친구의 민낯을 보는데, 엄지발가락까지 찌릿한 전류에 감전되는 기분이었습니다.

속마음을 읽기라도 했는지 친구는 더 이상 신경 쓰지 않는다는 듯 덤덤하게 이야기를 이어갔죠. 남들이 나를 어떻게 보는가, 그런 것은 이제 중요하지 않아. 아프기 전에는 머리를 감지 않거나 화장을 안 하면 집 밖으로 나가지도 않았는데 요즘은 이렇게 화장 안 하고도 용감하게 잘 돌아다닌다! 하늘이 무너지는 듯했고, 다시는 일어서지 못할 것 같았다는 절망을 말하면서도 살아오는 동안 얼마나 사소한 일들에 연연했는지 뒤돌아보게 되었다고 하더군요.

친구야, 네가 진정한 승자구나, 격려하였습니다. 더 힘내라고 살아가는 동안 우리는 더 행복하게 감사하며 지내자며 서로를 다독거렸죠. 병실에서 보니 자유롭게 걸어 다니는 사람, 편의점에 마음대로 들어가는 사람, 달리는 자동차 안에 있는 사람들이 너무 부럽더라는 친구. 건강할 때는 부럽다는 생각조차 들지 않던 일이 너무너무 아름답고 눈부신 거지.

입 퇴원을 반복하면서 병원 밖으로 나가 저 거리를 다시 걸을 수만 있다면, 날마다 올라오는 사진 속 음식들을 마음껏 먹을 수 있다면, 다시 운전할 수 있다면! 이런 일상을 결심하는 사람이 어디 친구뿐일까요. 삶을 배우기로 친다면 몸과 마음으로 겪는 경험이 최고일 것입니다. 건강을 잃고 나서야 비로소 건강의 소중함을 깨닫듯 환자가 되어 아파보는 것이야말로 건강의 스승일 테니까요. 이왕이면 아파보지 않고 건강의 가치를 깨닫는다면 얼마나 더 좋을까요. 질병을 모두 경험할 수도 없거니와 기어이 경험해야 깨닫는다면 그보다 어리석은 일도 없겠죠.

친구는 유방암이라는 공통분모로 만난 환우들에게 나의『그저 바라볼 수만 있어도』

책을 나누어 주었다고 말했어요. 책을 읽는 동안 눈물 많이 흘렸고, 예순 넘은 어르신과 절친이 되었다며 휴대전화에 저장된 사진까지 보여주었죠. 아름다운 화장이나 화려한 장신구로 굳이 꾸미지 않아도 몸과 마음이 건강한 것이 가장 아름다운 것이라는 것, 자유롭게 거리를 거니는 것이 얼마나 소중하게 여겨지던지요. 서울 가는 버스에 오른 친구 핸드백에 아이펜슬 두 개, 리필용 펜슬 여섯 개를 넣어주었습니다.

　암과 직면하기, 치열한 순응기, 숨고르기, 거듭 태어남. 암 생존 여정, 변화하는 자아상, 오히려 상처를 드러내놓고 의지하고 싶은 세계로 확장해 나가는 논문 속 그들의 숭고한 삶들. 그들을 둘러싼 가족, 의료진, 동료 환자, 종교, 친구, 이웃, 지역사회까지. 실질적 지지 체계와 사회 구조의 체계를 뛰어넘는 휴먼 네트워크가 주는 위로와 격려와 소통을 읽으며 도시를 떠나 우리 마을 산속으로 들어온 항암 거부 환자들 생각이 났습니다. 산중에서 겪는 암 생존 여정은 어떠할까. 직면한 암과 도시에서 싸우는 것이 도저히 숨 막혀 죽을 것 같아 병원 치료를 거부하는 대신 자연 속에서 순응을 택한 사람들. 그들에게도 잊을 수 없는 시월의 마지막 밤이 지났을 것인데.

　박도순 드림

소장님께   2016년 11월 2일 수요일 맑음 오전 7:26

소장님! 마당에 나가니 얼음이 얼었습니다. 하루 차이로 성큼 겨울에 들어선 느낌이었어요. 장미 가지에 꽃봉오리가 얼어붙었네요. 밭에 심은 당근, 무와 배추는 이파리가 살짝 언 것 같아요. 해가 산봉우리 저편에서 길게 올라오는 것만큼 집안으로 들어오는 햇빛 길이도 늘어나고요. 아침에 벌어지는 이 작은 공간의 변화에 눈길을 줍니다. 바라보며 차이를 발견하고 느끼는 경험이 참 좋군요.

    소장님 친구의 경우, 질병 경험이 나쁘기만 한 것은 아닌 거죠? 저는 암 환자들이 겪는 어려움과 그와 관련된 「사회적 구조」에 주목하고 싶어요. 소위 '암적인 존재'라는 표현을 쓰잖아요. 암은 제거해야 하고, 없애버려야 하는 실체라는 특성을 반영한 것이겠지요. 그런데, 그런 특성만 강조하다 보니, 암 환자에 대해서조차 부정적인 인식이 생겨나는 거잖아요. 몹쓸 병에 걸린 사람에 대한 편견이 인류역사상 늘 있었는데, 그 맥락에서 요즘에는 '암', '암 환자'가 그 자리를 차지한 것 아닐까요?

    이와 같은 편견 때문에 아픈 사람들이 자신의 병을 거리낌 없이 이야기하기 어렵다는 것이 안타까워요. '여정'이라 표현할 만큼 긴 질병의 과정을 거치는 동안 그 속내를 혼자 안고 가야 하는 어려움은 아프지 않은 사람들이 보태는 또 다른 짐인 셈이죠. 한편으로는 암을 극복해야 할 대상으로 인식하는 것도 환자에게 부담을 주는 것 같아요. 참아야 하고, 이겨내야 하는 것만 강조되다 보니 그렇게 인식됩니다. 아프면 쉬어야 하고, 슬프다고 힘들다고 말할 수 있어야 하는데, 그러면 약한 사람으로 취급받을 수 있잖아요. 치료비가 많이 드는 것도 사회적 구조 탓인 거죠. 암에 걸렸다니 어려운 살림살이가 얼마나 더 힘들어질까, 방어적으로 계산해야 하죠.

    국내 최고 병원 가까이에 사는 분들이야 당일 진료를 받을 수 있지만, 소장님이 계신 무주군 적상면에 사는 분 같으면 외래 진료 한번 받는 것도 1박 2일, 혹은 2박 3일의 교통비와 숙박비가 더 보태지는 것이겠지요. 그래서 국가는 누구든, 어디에 살든, 병에 걸렸을 때 돈 걱정 없이 믿을 수 있는 의료진에게 치료받을 수 있는 사회체계를 마련해야 하는 책임도 있습니다. 그것은 단순히 지지와 격려로 힘을 보태는 이웃과 동료의 책임을 넘어서는 일입니다. 고민이 점점 커지네요.

    전경자 드림

/ 교수님께 2016년 11월 2일 수요일 맑음 오전 7:05

　　덕유산에 첫눈이 왔어요. 어렸을 적에 아버지는 말씀하셨죠. 야들아, 큰산에 눈이 왔구나. 저짝에 눈이 세 번 오면 우리 마당에 첫눈이 오지! 평소에는 생각나지도 않던 아버지 목소리, 말투, 이런 것들이 어느 현상 앞에서 불쑥불쑥 드러나는 것을 보면, 경험과 기억이란 참 신기합니다. 덕유산 설천봉에 눈이 오는지 책상 위에서 몇 번의 마우스 클릭으로 실시간 상황을 볼 수 있는 시대, 우리 아버지가 본다면 허허 웃으시겠죠.
　　어제 오후였습니다. 금연 8개월 유지하는 분에게 '중간 흡연으로 금연 실패'라는 종결을 체크하였습니다. 제 마음이 어땠는 줄 아세요? 금연 클리닉 '삼진 아웃제'가 없어졌어요. 1년에 12주(회) 금연보조제가 지원되고 상담 관리됩니다. 재흡연이 중죄도 아니건만, 난처한 듯 저를 바라보시던 김 씨 표정은 흩어지는 담배 연기처럼 복잡 미묘했어요.
　　금연 사업은 무한 리필 흡연 욕구를 대신해 줄 그 무엇을 채워주지도 못하면서 건강에 좋으니 끊으라는 주문으로 끝없이 모진 희망 고문을 해대는 사업이라고 생각합니다. 국가 주도형 이 사업의 실세는 누구이고, 사업 결과를 성적 내고, 방법론을 논의한 성과들은 과연 정직한 것일까. 금연은 건강을 담보한 다른 형태의 국가 폭력이 아닐까. 이런 의문은 저만 가지는 것일까요. 저에게 심어져야 할 국가 주도형 재교육 이수 포인트가 부족한 탓일까.
　　가정보건진료소에서 근무할 때, 보건의료원 금연 클리닉과 함께 6개 마을 33명 흡연자를 대상으로 8주 동안 운영했던 '성인 금연 교실' 프로그램이 떠올랐어요. 6개월간 전화-가정방문-면담-상담으로 추후 관리까지 했었지요. 33-13-2-1-0. 이것은 프로그램 운영 직후-1개월-3개월-6개월-9개월-12개월 금연 유지자 숫자입니다. 기억이 생생해요. 당시 보건진료소 운영협의회장님께서도 매우 적극적이었고, 회장 체면이 있지!라는 굳은 결심까지 더해졌지만, 당신의 금연 유지도 9개월까지였습니다.
　　재도전! 재등록! 재상담! 이름, 주소, 직업, 금연지지자, 등록 경로, 혈압, 질병력, 음주와 운동 여부가 재조사되고, 호기시 일산화탄소 농도를 다시 측정하고, 처음 흡연 연령 재질문, 낮아진 니코틴 의존도 점수, 달라진 흡연자 평가 문항 결과를 보여드리면서, 보세요, 달라지지 않았습니까, 좋아요! 다시 해보시게요. 나와 김 씨는 이 아슬아슬한 금연 심지를 얼마나 활활 태울 수 있을까.
　　오늘 만나기로 약속한 암 환자는 만날 수 없습니다. 카톡을 보냈더니 서울에 가는 중이라고, 다음 주에 뵙자고 답이 왔습니다. 오늘은 충북 보은 속리산 레이크힐스 호텔에 갑니다. 다녀와서 보고 듣고 경험한 바를 나눠드릴게요. 글을 적는 사이로 '올가을 들어 가장 추운 아침'이라는 속보 라인이 흘러가네요. 감기 조심하세요.

  박도순 드림

/ 소장님께 2016년 11월 2일 수요일 맑음 오전 8:45

  소장님! 천안 북면, 밤 동안에 영하로 떨어졌어요. 이번 주말에 알타리 무 뽑아서 김치를 담가야겠다고 계획했었어요. 조심스럽게 살펴보니 이파리가 살짝 얼어 축 처져 있네요. 한낮 햇살에 혹시라도 되살아날까 싶어서 뽑아 보지도 못했어요. 자연을 살피지 않고 사람의 계획에 자연이 따라 주리라고 믿었던 거예요. 종종 저지르는 엄청난 착오! 아직 우리의 앎이 그런 수준인 듯해요. 인간 행동의 본질을 묻지 않고 집단과 사회를 위한 통제를 당연시하는 거죠. 사람의 행동이 어떻게 하면 보다 나은 쪽으로 변화할 수 있을까에 대하여 아리스토텔레스부터 묻고 답을 찾아왔는데. 금연 사업은 거기에서 출발하지 않은 셈이죠. 담배를 끊도록 돕는 '기술'의 효과를 검증한 근거가 아무리 많더라도 한국 사회에서 7~80년 살아온 어르신들에게는 안 맞는 거네요. 소장님 경험에 비춰보면. 국가 보건사업이 개인의 고유성과 삶의 고유한 상황을 반영하지 못한 사례는 정말 많았지요. 심지어 한 가족의 자녀 계획까지 좌지우지했잖아요. 부끄럽게도. 먼 길 잘 다녀오세요~!

  전경자 드림

/ 교수님! 2016년 11월 3일 목요일 맑음 오전 7:17

  아마 기본 간호학 시간이었을 거예요. '간호의 정의'를 배우던 1학년 간호 학생. Nursing is (…). 그중에서 또렷이 기억하는 것은 Art였어요. 에게~~간호가 무슨 예술이야. 그랬죠. 간호와 예술의 연계점을 발견하지 못한 이유였을 것인데. 이제는 조금, 아주 조금 알 것 같습니다. 간호가 왜 예술인지. 예술은 인간의 힘이고 창조적 기능이며 종속적 충동과 상상력은 항상 신성시되어 왔고, 인간의 가치를 재인식하게 하며, 심미적 표현을 통해 생명력과 추진력을 얻게 한다. 작가의 존재를 특징짓고 의미를 부여하는 것처럼, 한 사회 및 민족, 일반대중의 문화적 성격도 결정짓는다.

  - Jacob Bruckhart(스위스)

인간의 욕망, 특히 본 것, 생각하고 느낀 것을 기록하고 남겨두려는 욕구는 본능적이다. 의미와 개념과 이론은 시대 변천에 따라 다양하게 정의되고 해석 진화하나, '본질'은 변하지 않음이 예술! 예술의 자리에 '간호'를 넣어보면 왜 Nursing이 Art인지 설득력이 다가옵니다. '인간'의 보편적 감성을 뛰어넘는 '감동'의 세계. 속리산 법주사 가는 길에 가을을 만났습니다. 가장 아름다운 그때 스스로 단풍을 털어내며 무소유에 이르는 눈부신 가르침을 몸소 보여주는 자연을 보면서 가장 추한 것은 사람뿐이라는 생각. 좋은 아침이기를!

  박도순 드림

  소장님께

편지가 점점 심오해집니다. '간호는 예술이다'라는 말을 듣고 황당했을 스무 살 젊은 소장님을 떠올려봅니다. 그 후 삼십 년이 지난 어느 날 아침, '아하, 그렇구나!'를 외칠 수 있게 되었다고 소식 전해주시는 것으로 읽으니 쉽네요. 혼란스럽고 어처구니없는 아침 뉴스 듣고 황망한 중에도 이렇게 깨달음이 있는 하루가 되었으면 좋겠습니다. 가르치는 사람들이 마치, '하느님은 사랑이다' 외치는 거리의 전도자들처럼 그 문장을 읽는 데에만 그치는 탓이 더 클 듯해요. 저를 포함하여!

  소장님! 아침 해 뜨는 시간이 많이 늦어졌어요. 마당에 나갈 때 몸을 움츠려야 하고요. 마음은 한여름 더위에 머물고 있는데. 카메라 잡은 어르신의 손이 유독 눈길을 끌어요. 수십 년 그 손으로 쓸고 닦고 다듬고 찧고 짜고 비비고 쓰다듬고 해오셨겠지요? 이제 그 손에 카메라를 들고 찍는 새로운 세상을 만나셨네요. 응원의 마음 보내드려요. 어제 쌍암리 마을회관에서 만났던 아주머니가 살아오신 이야기를 하시다가 손을 보여주셨어요. 류머티스성관절염을 앓아 손가락 마디가 툭 불거져 나왔고 손목뼈도 그렇고요. 멀리 언양에서 시집와서 얼마나 일을 많이 했는지 모른다며 말을 꺼내셨어요. 소를 이십여 마리 먹여야 했고 일꾼들 밥을 해대야 했고 절구질, 빨래, 해도 해도 끝이 없는 일을 징그럽게 하셨다네요. 그러다 손을 쓸 수 없게 되어 용하다는 병원 찾아 서울까지 오르내리고 몸에 좋다는 건 다 구해 먹어서 그나마 지금은 견딜 만하시다구요. 소장님은 하루가 멀다고 들었을 이야기겠지요? 제겐 이렇게 마음에 남아 카메라를 든 손에서 세월을 짐작하게 되네요. 몸이 살아온 인생을 말해 주기에 발과 손을 카메라에 담으시는 것인가, 짐작해 봅니다.

  전경자 드림

/ **교수님께** 2016년 11월 7일 월요일 맑음 오전 6:13

『간호실무의 본질』*을 읽고 있습니다. 서문만 겨우 몇 페이지 넘겼을 뿐인데, 이론서라기보다는 문학서 같아요. '간호실무는 돌봄 제공 상황을 만들어내기 위해 체계적이고 과학적인 지식으로 다양한 형태의 앎을 포함하여 순간의 우연성을 결합하는 예술이다-Reed.' 우연성을 결합하는 예술이라는 표현이 참 좋네요. 간호의 우연성은 자연 발생적인 것이 아니라 여러 과정을 '의도적으로' 적용함으로 일어나는 것이겠지요. 입동(立冬)입니다. 밤사이 홍시가 떨어졌네요. 코끝이 매움시달한 만추의 아침, 하늘은 구름 한 점 보이지 않고 푸르게 푸르게 눈이 시립니다. 적상산을 바라봅니다. 언제쯤 단풍이 마을로 내려오나 기다렸더니, 어느새 붉은 치마 융단이 돌담을 덮었습니다.

세월은 감속 장치 없어 앞으로 내달리기만 할 뿐. 산책을 마치고 진료소에 돌아오니, 정자에 앉아 저를 기다리는 사람들. 뭐하러 댕기느라 이슬 바람이냐고, 안녕하셨냐고 인사드리니, 안녕하지 못한 이유가 구구절절입니다. 밤새 울던 허리 다리에는 피록시캄, 가려워 죽는 줄 알았다는 몸통에는 페니라민, 기침하느라 한숨 못 잤다네, 코데날, 막힌 장을 뚫어주오,

*『간호실무의 본질』, HesookSuzie Kim 저/ 권인각, 김달숙, 김성재, 김형숙 역, 학지사메디컬, 2016.

아락실. 세수를 하고 화장 후 책상에 다시 앉아 밖을 봅니다. 창가에 걸어 둔 풍경 속으로 바람이 파고들어 건드는 소리, CCTV 속으로 아침부터 졸고 있는 우리 강아지, 카메라 1번. 부지런히 몸을 움직여 이슬을 털어내는 거미의 묵직한 풍경은 2번, 옥상에 오르는 녹슨 계단은 3번, 김씨는 전동휠체어를 마당에 두고 어디에 가신 것일까. 끈으로 포장까지 묶은 것을 보니 단단한 외출 4번. 현관문 열고 자리에 앉습니다. 트럭이 마당으로 들어섭니다.

  박도순 드림

/ 교수님께   2016년 11월 8일 화요일 맑음 오전 6:40

  야야! 니는 느 일이나 혀! 내 걱정은 아무것도 하지 마라. 너 그렇게 애미 신경 쓰느라고 회사 일이나 제대로 하것냐? 끊자. 메주콩 삶느라 온종일 불 옆에서 주걱질했더니 어깨가 빠지는 것 같다는 통증을 호소하십니다. 윗마을 정 씨가 보건진료소에 오셨어요. 눈언저리가 부어 있고 걸음걸이도 어정쩡한 것을 보니, 차가운 바람 속에 오래 계셨구나 싶었어요. 주사를 놓으려고 주섬주섬 바지를 내리는데 아들에게 전화가 왔습니다. 아드님이 효자시군요. 주사기와 침을 분리한 후 돌아서는데, 효자는 무슨. 요새 내가 자식들한테 근심덩어리가 됐당게요! 그러시는 겁니다. 작년에 고관절 골절로 입원 중이던 남편이 돌아가셨어요. 대학병원에서 수술하고, 재활치료까지 하셨는데 서너 달 안 되어 세상을 떠나셨습니다.

  시골에 홀로 남은 어머니를 위하여 CCTV를 설치한 것입니다. 아들딸이 합력하여 돈을 모았대요. 안방과 주방, 마당을 바라보는 방향에 총 3대의 카메라가 설치되었다는군요. 자녀들은 스마트폰에 영상을 볼 수 있는 앱을 설치했고, 수시로 어머니의 안부를 살피게 된 것입니다. 소장님! 어쩌는가 아슈? 엄마! 오늘은 곶감 깎아 널었네. 엄마! 메주 달았네. 엄마 엄마! 툭하면 시시콜콜 전화질을 해댄다니까요! 어르신은 웃으며 말씀하시는데, 저는 좀 뜨악한 기분이 들더라고요.

  처음에는 시상 천지 신기한 꼴도 다 있다. 서울에 있는 것들이, 부산에 있는 것들이 어찌 내가 앉고 일어서는 것을 아는가 싶어서 참말로 요물이다 싶더구먼요. 그란디 시간이 지낭게 저 주먹만 한 시커먼 것이 나를 째려보는 것 같아서 말이지. 기분이 별로 안 좋아. 어르신께서는 옷을 갈아입으려면, 카메라 없는 화장실로 간다고 하십니다. 세상에 이런 일도 있구나. 저도 우리 보건진료소에 설치된 CCTV 앱을 설치해서 출장 중에 누가 다녀가셨는지, 아이들은 학교에서 돌아왔는지 살펴본 경험이 있습니다. 보는 사람도 결코 윤리적이지 않은 것 같고, 보고 나서도 기분이 좋은 것은 아니었어요. 업무용으로 본다고 합리화하였지만, 지금은 삭제되었고 볼 수 없습니다.

　　　　강아지를 사랑하는 모임 카페에 들어가 본 적이 있어요. 어느 분이 핸드폰 공기계에 CCTV 앱을 설치하여 출근했는데 강아지 노는 모습을 보느라 회사 일을 제대로 못 하겠다는 하소연을 게시판에 올렸어요. 댓글들이 이어졌죠. 화면에서 눈을 뗄 수 없네요. 처음에는 하루 종일 무엇을 하는지 볼 수 있어서 좋았는데, 놀아 주는 사람 없이 혼자 있는 것도, 혼자 잠자는 것도 마음 아프고 속상해요, 아이(강아지)가 자고 있는데도 자꾸 들여다보게 돼요. 이것도 중독이 되나 봐요. 아이가 울고 있거나 외로워해도 밖에 있는 내가 해줄 수 있는 것이 없어서 이제는 보지 않아요. 와이파이 존이 아니라 데이터 사망했어요. 등등 댓글까지. CCTV 설치 후 가장 후회하는 것은 '수시로 들여다보게 되었다'는 결론에 이르고 있었습니다.

　　　　영상으로 살펴본다 한들 화면으로 들어가 손을 잡거나 목소리를 들려줄 수 없는 노릇이죠. 물리적 공간의 한계를 뛰어넘는다는 것 외에 무슨 유익이 있을까. 산골 어머니의 안방에 버젓한 CCTV라니. 전국적으로 450만 대가 넘고 서울 사람들은 하루 평균 80여 차례 이상 찍힌다는 뉴스도 생각났어요. 수사 목적으로 이용되어 범인 잡는 1등 공신은 틀림없는 일이나 어머니의 사생활 감시 도구로 설치하는 이런 일은 필요악일까요, 필요선일까요.

　　　　자식이라도 보여주고 싶지 않은 사생활이 분명히 있을 것인데 이건 좀 무리가 아니냐는 생각이 듭니다. 취약지역과 사각지대를 서울에서 부산에서 열 개의 눈으로 안부를 확인하여 보장받을 수 있는 권익은 무엇일까. 촬영기가 수집한 화상이 자녀의 스마트폰으로 전송되어 흐를 때 어머니의 일상은 민낯이 되는 것인데. 치매에 걸린 것도 아니고, 중풍으로 거동을 못 하는 것도 아닌데. 한편으로 드는 생각은, 그래도 이건 좀 아닌 듯.

　　　　박도순 드림

/ 소장님께　2016년 11월 8일 화요일 맑음 오전 8:57

　　　　어제가 입동이더니, 오늘 아침 바람은 역시 차갑네요. 봄이 끝날 무렵 콩 보송을 심는 것을 본 것 같아요. 싹이 나고 자라서 꽃을 피우더니 콩이 달려 통통해지더군요. 찬 바람 불던 어느 날 밭에는 뿌리째 뽑혀 던져진 콩나무 더미가 쌓였어요. 그 콩이 메주콩인 거죠. 한 생명의 본질은 이런 변화와 변형에 있는 것인가요? 인간의 입장에서는 유익함을 주는 변화이고 콩 입장에서는 단백질이라는 영양소로 섭취되어 또 다른 존재로 거듭남일까요? 사진 한 장으로 스며드는 생각이 끝이 없습니다. CCTV를 통해 어머님의 일상을 살피는 자식들의 이야기에서 참 여러 복잡한 마음이 들어요. 자식으로서의 저를 돌아보게도 되고, 우리가 왜 사는가 싶기도 하고요. 간호사들 업무 중 '간호 경계'(Nursing Vigilance)라는 것이 있습니다. 환자의 안전을 지키고 위험에 대응하기 위해 주의를 집중하고, 세심한 관심을 두고 살피는 것인데요. 항시적으로 이루어지는 것이고, 간호사가 그런 일까지 하느냐고 물을 수 있지만 입원실이 있는 병동에서 24시간 간호사가 일하는 것, 거주 의무 조항이 있던 시절 보건진료소장들이 보건진료소에서 살던 것 등, 그 자체로 주민의 건강과 안전을 살피는 일을 한 셈이었죠. 주의를 기울여 '바라보고 살핀다'라는 것은 위험에 즉시 대응할 수 있는 것까지 포함하는 것인데, 멀리서 사는 자녀들이 바라보는 CCTV는 반쪽짜리가 아닐까.

대안을 생각해 보았습니다. 혼자 사는 어머님이 이웃집 누구와 가깝게 지내시는지, 마을 분들과 함께 어울려 서로 안부를 챙길 수 있도록 도와드리는 거요. 자연스레 잘 어울리고 계시겠지만, 아닐 수도 있을 테니 사정을 살펴 관계를 지지해 드리는 것이죠. 발을 땅에 딛고 살아야 하듯이 몸과 몸이 만나 부딪히지 않으면 안 되는 영역이 우리 삶에 있다는 것을 새삼 확인합니다. 새로운 사진으로 학생들에 대한 저의 보살핌을 표현할 수 있어서 기쁩니다. 소장님 덕분이에요. 감사합니다.

전경자 드림

/ 교수님께   2016년 11월 12일 토요일 맑음 오전 7:48

대학 1학년 학생들 대상으로 강의해달라는 요청이 와서요, 학생들과 저의 나이를 계산하니 거의 30여 년이나 차이가 나는데, 대학 1년생인 작은딸에게 자문을 구했습니다. 보건진료소라고 하면 네게 떠오르는 것은 무엇인지, 간호학과 1학년 학생에게 진료소를 설명하려면 무엇을 말해주는 것이 좋을까. 딸이 글을 보내왔습니다. 그냥저냥 지내던 아이가 불쑥 자라 어른이 되어 우뚝 선 느낌이랄까요.

엄마와 보건진료소. 그곳은 도시적인 것, 그러니까 형식적이고 사무적인 그런 것들이 파괴되는 곳이었다. 예를 들어, 문 앞에 걸린 근무시간 9시~ 6시, 그리고 점심시간 12~1시라고 적힌 푯말은 그것 본연의 역할과 의미를 상실한 채, 그래도 그곳이 어떤 시스템이 존재하는 곳이라는 것을 알리는 정도로만 문고리에서 달랑거렸다. 아침 6시든 7시든,

긴 밤이 지나기를 기다리며 아픔을 버텨낸 자가 보건진료소 문을 두드리면 엄마는 잠옷 차림으로 쫓아 나가 문을 열고 병자를 진찰했다. 엄마의 하루, 아니 보건진료소장의 하루는 그렇게, 그리고 진료소장 딸의 하루는 요란스럽게 돌아가는 약포장기 소리로 시작되었다. 점심시간이 되면 엄마는 식당이나 부엌이 아닌 마을회관으로 향했다.

더운 날 열무 비빔국수, 여름날 복날에는 닭백숙, 어느 날에는 보리밥과 콩 건더기가 그득그득한 청국장, 김장철에는 그냥 흰 쌀밥에 금방 버무려낸 김치만 걸쳐 먹기도 했다. 나는 뭣도 모르고 엄마를 따라다니며 포식하고 다녔다. 김장철 하니까 생각난다. 겨울 김장철만 되면 우리 집 냉장고는 전쟁이었다. 이집 저집에서 김치통 한가득 김치를 가져다주셨고, 매일 매일 아낌없이 먹고 먹어도 줄어들지 않았다. 결국 묵은지가 되어버리고 마는데 그럴 때면 엄마는 열무김치 배추김치 갓김치 등 온갖 종류 김치를 섞어 찌개를 한솥 가~득(냄비인데 솥만큼 커서 이렇게 표현함) 끓여 놓곤 했다. 사람들도 퍼주셨다.

김치 아니고도 제철에 나오는 복숭아, 사과, 상추, 호박, 가지, 정구지 등 제철 채소, 된장, 고추장뿐만 아니라 그냥 어르신들이 드시고 싶어 만든 것들, 웬만히 나눌 수 있는 것들은 모조리 우리 집으로 향하여 집합했다. 지금 돌이켜 생각해 보면 마을 어르신들의 그런 행동은 마을에 하나뿐인 의료기관-치유할 수 있는 공간이라는 표현의 단어가 마땅히 생각 안 남-에 대한 고마움의 표현을 달리할 수 없어, 고마움 그 이상으로 가족, 특히 당신 자식들의 부재로 인한 헛헛함을 그런 식으로라도 나누며 채우려 하신 건 아닐까 하는 생각이 든다. 우리 엄마를 딸이라고 부르는 분들도 있었으니까 말이다.

이제 보건진료소를 벗어나 대학 생활을 하는 나에게 지역 어르신의 마음 표현 수단이었던 저런 과일과 채소를 대형 마트 신선 코너에서 돈으로 사는 것이 가끔 어색하다. 시골에서 거저먹어 공짜에 익숙해졌다는 것이 아니라, 그렇게 나누어주시던 물건들이 지닌 돈 이상의 어떤 가치 자체가 모호하게 달라진 기분이라 해야 할까. 아무튼 이런 식으로, 적어도 우리 엄마는 고학력을 지닌 의술 소지자인 보건진료소장으로서 농촌에서 평균 나이보다 조금 어리다(?)는 것만 빼면 그저 평범한 그들의 이웃이자 딸이었다. 지금도.

우리 엄마도 히포크라테스 선서를 했는지 안 했는지는 모르겠지만, 산골 마을 작은 보건진료소에서 '사람이 먼저'라는 저 선언의 본질이 여느 타 병원들만큼 아니, 그 병원들보다 훨씬 잘 유지되고 있음을 잠옷 차림으로 뛰쳐나가는 엄마의 뒷모습에서 나는 선명하게 보았고 느꼈다. 물론 밤낮 가림없이 찾아오는 환자들이 우리 가족 사생활을 침해하는 기분이 들어 때로는 불편하기도 했었지만 말이다. 지역 어르신들에게 보건진료소라는 아담 소담한 공간은 그들이 얼마나 많이 의지하는 기관인지, 건물은 비록 낡고 좁고 허름했지만, 얼마나 중요한 기관으로 자리매김하고 있는지 점점 깨달아갔다. 그러면서 나도 이해의 시선으로 그들을 바라보게 되었고, 우리 가족이 겪는 불편쯤은 그냥 자연스럽게 받아들여졌던 것 같다.

　　　보건진료소라는 조금은 독특한 성장 환경과 엄마의 업무 배경이 나에게 미친 영향이 무엇이었는가 묻는다면, 나는 누군가와 대화하는 상황에서 듣는 자의 태도나 입장을 취하게 되는 경우가 많은데, 문득 그것은 성장 환경이 이렇게 만든 것이 아니었나라는 생각이 든다. 하루도 조용할 날 없이 어르신들 아픔으로, 때로 수다로 시끄럽던 사랑방 역할을 충분히 감당하는 보건진료소, 그곳에서 우리 엄마는 늘 어르신들 말씀에 경청 자세를 취하고 있었고, 나는 그런 엄마를 가까이서 바라보면서 자라왔으니까. 우리 엄마는 오늘도 그렇게 일하고 계실 것이다.

　　　부산대 1학년 송정은

/ 소장님께　2016년 11월 12일 토요일 맑음 오후 1:49

하루가 다르게 나뭇잎이 말라가네요. 떨어지기 직전까지 최대한 몸을 웅크려 나뭇가지에 의지하여 매달려 있어요. 생명은 이렇게 서서히 끝을 향해 가는 것이 순리잖아요. 하루가 다르게 자라나던 아이들이 어느 날 갑자기 주검으로 돌아왔다는 것은 결코 있을 수 없는 참변이지요. 그런 일이 수백 명에 달하는 것은 있어서는 안 될 사회적 재앙이에요. 그러니 왜, 어떻게, 이런 재앙이 발생했는지 묻고 확인하여 책임을 지게 해야 하는 것이 마땅합니다. 그런데 2년 넘도록, 울컥 벌컥 해야 하는 현실이라.

성서가 삶의 압축파일이라면
삶은 성서의 확장 파일이다
나의 詩作 활동은 이런 맥락에 자리하고 있다
詩가 詩가 되지 못하고 욕설이 되는 시대
함성과 구호

마디 외침으로 몸 던져야 하는 극단의 시대를
괴로워하면서
금년 봄 나는
텃밭에 여린 모종을 심어놓고 지주를 세워주었다
나의 서툰 노래가 그런 작대기 노릇이나 할까
　　- 주평무 시집『마리아의 입덧』중에서

　　권정생 선생님이 기억납니다. 안동의 한 작은 마을 교회 종지기로 사시면서 아이들을 위한 글을 쉬지 않고 쓰셨어요. 시인이 눈에 온 질병으로 힘들어하셨듯, 권 선생님도 결핵, 늑막염 등 지병으로 고생하셨지요. 감정과 생각을 언어로 표현하는 것이 시라고 하지만 몸 또한 그 감정과 생각에 연결되어 함께 반응하는 것이라고 생각합니다. 아무쪼록 시인의 고통이 잦아들어 평화로운 일상이 회복되시길 저도 기도할게요. 오후 들어 올라오는 실시간 뉴스를 놓칠 수가 없어요. 지난 세월 속 역사적 의미가 컸던 날들을 다시 기억하며 오늘 11월 12일이 그 자리에 기록되리라는 희망을 붙잡아봅니다.
　　전경자 드림

/ 교수님께　　2016년 11월 14일 월요일 맑음 오전 6:12

　　참 신기하죠? 하룻밤 사이에 이토록 어마어마한 자부심이라니. 이렇다니까요. 저지선이 무너져 자칫 폭력으로 치달으면 어쩌나, 조마조마해서 TV 앞을 차마 떠날 수 없었어요. 자칫 잃어버릴 뻔했던 국민의 품격이 확 올라간! 이제는 숫자와의 전쟁이 아니라 그 너머에 있는 진실과 마주해야 할 시간. 며칠 전 적상산은 건들기만 하면 활활 불타오를 기세로 버티더니, 오늘 아침 단풍은 한결 차분하게 고운 색을 빚고 있습니다. 산 아래 무주호수는 거울 같은 물결로 잔잔한 본연이고요. 자연은 우리에게 무슨 일이 있었냐는 듯 조용하기도 해라. 차분한 일상, 이것이 평화요, 기적이요, 자유 아닐까요. 국민의 한 사람으로서 지켜본 '미마보리_見守り', 산호 정신과 철학을 오늘로 소환하여 확장하여 봅니다.
　　상곡보건진료소 박도순 드림

/ 소장님께 2016년 11월 15일 화요일 맑음 오전 7:34

　아무 일 없었다는 듯 새로운 한 주일을 바쁘게 시작합니다. 자연은 정직하게 어제와 다른 빛깔로 모습을 드러내고 있습니다. 지난 주말 이후, 정치인들 사이에는 얼마나 복잡한 계산과 거래가 이루어졌을까 생각해 봅니다. 눈을 부릅뜨고 발로 뛰어 불의한 꼬투리를 잡아내는 기자 정신과 그들의 활약을 믿으며 저녁 뉴스를 기다려야겠어요. 소박한 일상의 감사를 놓쳐서 안타깝고, 조곤조곤 나누는 이야기를 빼앗겨 속상합니다. 적상산이 펼쳐내는 붉은 화폭을 직접 마주하지 못한 채 11월이 가고 있으니 세월에 대한 애틋함이 더 커져만 갑니다.
　전경자 드림

/ 교수님께 2016년 11월 18일 금요일 맑음 오후 7:12

　어제 학회 먼 길 잘 다녀오셨는지요? 이곳은 나락 매상하는 날입니다. 평소보다 많은 경운기가 보건진료소 앞을 지나갔어요. 텅텅거리는 저 생명 찬 소리, 자기 몸보다 몇 배는 족히 실은 나락 가마니들. 뼈 빠지게 농사지은 결과 싣고 '검사관' 앞에서 심판을 기다리는 심정을 소장은 아시는가, 저에게 묻습니다. 어르신들은 죄지은 것도 아닌데 가슴이 벌렁거리고 쌀값은 떨어지고 농사지을 기분 없다 하십니다. 흔히 듣는 말씀이, 내년에는 농사 못 짓겠다, 작년 다르고 올 다르다, 앞으로 몇 번이나 더 농사를 짓겠는가. 앞으로 몇 번이냐라는 저 말, 참 뾰족하게 다가와 꽂혀요. 이미 지나가 버린 시간보다 앞으로 다가올 삶 너머를 바라보고 있는 듯한 서늘함이 느껴지거든요. 몇 번이라는 불확실한 수를 회(回)로 헤아리며, 가실 날을 계산하는 연습인 것 같기도 하고요.
　퇴직 1년 정도 앞둔 선배 진료소장님과 덕유산에 다녀왔어요. 소장님과 이런저런 이야기를 나누며 걸었습니다. '결정된 날'이 하루하루 다가오는 시간을 바라보는 심정에 대하여, 예수라는 남자에 대하여, 그의 옆구리를 손가락으로 찔러본 도마라는 남자의 의심에 대하여, 남편과 아이들에 대하여! 71억 인구는 처한 상황이 다른데, 너만의 삶을 살라고 규례와 언약을 주셨는데, 우리는 명령을 알아듣지 못하고 남의 삶을 흉내 내며 이야기, 원망이 쌓여 미워하다 보니 어느새 '남의 편'이 되어 버린 남편이라는 남자 이야기, 분노하고 분개하던 일에 그럴 수도 있지라는 마음으로 용납되더라는 느긋한 시간 이야기. 보건진료소 그만두고 무주에 놀러오거든 내 모른 척하지 말라 하시기에, 그러게요, 저도 제가 어찌 변할지 몰라서요, 자신 있게 그러겠다고 대답하지 못하겠네요!

물러날 때가 언제인가를 알고 사는 것과 모르고 사는 것의 차이에 관하여. 어느 시인은 꽃답게 죽어 가야 할 때가 언제인가를 분명히 알고 가는 이의 뒷모습은 얼마나 아름다운가, 라고 노래하셨는데, 촛불에 격정을 토하는 국민의 사랑, 결별을 노래하는 국민의 축복, 무성한 소문과 여물지 않는 열매들, 그럼에도 가을을 향해 꽃답게 죽자고 노래하는데, 가야 할 때인 것을 모르는 것인지, 알고도 모르는 척하는 것인지, 헤어지자, 섬세한 손길을 흔들며 하롱하롱 꽃이 아닌 낙엽 지는 날, 샘터에 물 고이듯 성숙하는 우리 영혼의 슬픈 눈. 낙화를 낙엽으로 표절하며 변죽을 울려본 어느 늦가을 두 여인의 동행.

어둠이 내리덮는 계곡 숲길에 앉아 가을 송별식을 마치고 돌아오며. 헤어짐은 다만 연습일 뿐일 거라고. 저녁이 되고 아침이 되듯이, 아침이 되고 저녁이 되듯이. 그런데 뇌리에 남아 떠나지 않고 맴도는 선배의 그 말. 인자 내가 앞으로 여기를 몇 번이나 와 보것는가!

상곡보건진료소 박도순 드림

/ **소장님께** 2016년 11월 20일 일요일 맑음 오전 9:51

수능시험 마친 수험생들처럼 몸은 피곤하고 마음은 허전한 아침이에요. 지난주에 무리한 일정을 감당해 내야 했거든요. 소장님의 편지를 읽었으면서도 답장을 쓸 수가 없었어요. 기다리실 것 같아 마음은 무거웠죠. 도시 한 복판에 있거나 사람들 속에 둘러싸여 복잡한 생각과 미묘한 감정에 떠밀려 반응하기에 급급해서 제 중심을 못 잡겠더라고요.

지금 햇빛 받으며 찬바람 속에 앉아 새소리 들으니, 지난 며칠간의 제 모습이 보이네요. 농촌에서 홀로 사는 할머니를 만나 말벗이 되어드렸다는 분의 이야기에서 '또 다른 삶의 실체'라는 표현에 주목하신 이유가 이런 것일지 잠시 짐작해 봅니다. 저는 학생들이 보건진료소에서 실습하면서 '낯설고 다른' 삶과 마주하면서 자신을 새롭게 바라볼 수 있는 민감성이 커지길 바라고 있습니다.

상호작용 할 수 있는 관계는 바로 그런 민감성에서 시작될 수 있으니까요. 어르신들 이야기를 듣고 즐겁게 웃으며 따뜻한 정을 나눌 때, '아, 이게 뭐지? 뭔가 나르네!' 하며 관심이 생기고 생각을 펼칠 수 있기를 바라는 것. 『듣기의 철학』은 저도 장바구니에 담아 둔 책*이에요. 함께 읽고 이야기해 보실래요?

전경자 드림

*『듣기의 철학』, 와시다 기요카즈, 아카넷, 2014.

/ 교수님께 2016년 11월 23일 수요일 흐림 오전 7:50

바람이 참 좋습니다. 어제 오후 전주MBC,『반갑습니다』라는 프로그램 작가라면서 전화가 왔습니다. 그분은 제가 출판한 책과 인터넷 뉴스를 모두 읽어보았다고 하셨어요. 전북권에 계셔서 감사하대요. 출연 요청을 부탁하시더군요. 망설이다가 그 작가님 진정성에 허락하였습니다. 다음 주 수요일에 촬영합니다. 다른 세계, 어떤 사람들, 무슨 일을 만날까, 벌써 기대됩니다.

북창마을로 내려가는 완행버스가 오려면 두 시간도 더 남아서 진료대기실에서 TV 보는 어르신이 계셨어요. 출장길에 댁으로 모시고 갔습니다. 손수 커피 한 잔을 저어 오시기까지, 저는 불편한 마음으로 앉아 있었는데, 분홍 보자기로 덮은 물건을 발견했습니다.

"어르신! 집에 컴퓨터도 없는데 프린터가 있네요?" 여쭈었더니! "저기 네모 상자에서 펀득펀득 불이 들어왔다가 꺼지면 저 속에서 따뜻한 편지가 나와." 하시더군요. 아하! 팩스 겸용 복합기였어요. 딸 넷 둔 홀아버지에게 딸들은 소소한 안부를 수시로 네모 상자에 보내온대요. 어르신은 귀가 안 들리는 분입니다. 알아듣든지 못 알아듣든지 일단 웃고 보는 것이 생활 속에서 습관이 된 탓이라 깊게 팬 주름 골짜기로 하회탈보다 환한 미소가 늘 고여 있는 분입니다. 작년에 상처(喪妻)하셨고요.

밤새 기침이 나고 목이 아프고, 머리가 아프다는 호소를 듣기까지, 진료할 때 저는 그분의 눈은 똑. 바. 로 쳐다보아야 하고, 입술은 천. 천. 히 움직여 여쭤야 합니다. 커피잔을 사이에 두고 자랑스레 딸이 보낸 편지글을 보여주는 어르신. 굵은 글씨, 짧지 않은 글, 수북하게 쌓인 편지가 부녀지간 정을 느끼게 하였습니다. 편지는 위로, 힘, 사랑.

아버지 거기도 날씨가 흐려요? 여기는 비는 안오는데 잔뜩 흐려있어요. 오늘 커피 사서 보냇어요 내일이나 모레쯤 도착할 거에요 돼지 등뼈는 꼬아서 드셧어요? 맛이 잇어요? 소뼈를 고아 드시는 게 나은데 죄송해요 상곡보건진료소 소장님한테 연락 해낫어요 대구 병원에서 드시는 약도 이야기 했으니 알아서 잘 지어다 줄거에요 2-3일 후에 아버지 집에 방문하신답니다 아셧죠? 걱정 마시고 감기 조심하시고 식사 잘 드세요 보일러도 따뜻하게 돌리고 주무시고요 요양보호사에게도 연락 해낫어요 또 편지 쓸께요

   2016년 11월 21일 월요일
   대구에서 작은 딸

/ **소장님께**　2016년 11월 23일 수요일 맑음 오전 8:26

　　올해 들어 가장 추운 아침입니다. 상수리나무잎이 다 떨어진 마당을 보노라니, 쓸쓸한 느낌이 듭니다. 이제부터 기다림의 시간입니다. 첫눈을, 방학을, 성탄절을, 송년 모임을, 새해 새로운 출발을 기다립니다. 끝맺음과 새로운 시작을 만들어 놓은 인간의 지혜가 새삼 고맙게 느껴집니다. 홀로 지내는 아버지에게 팩스로 안부를 묻고 소통하는 자녀들의 마음에 뭉클합니다. 듣고 말하기 어려운 아버님이기에 실시간 소통 수단으로 팩스만 한 것이 없겠구나 싶습니다. 인간의 기술은 이러한 필요와 간절함을 충족하는 수단일 때, 그 가치를 발현하지요. 생명을 지키고 고통을 덜어주며, 일상을 독립적으로 살아갈 수 있도록 도와주는 의료의 본질과 철학이 현대에 이르러 한낱 미용과 항노화를 앞세운 돈벌이로 전락시킨 사람에 대해서는 화가 솟구쳐요. 지식과 기술을 어떻게 사용할 것인지, 내가 무엇을 하는 사람인지, 찬 바람 맞으며 묻고 또 물어야 할 때입니다.

　　천안에서 전경자 드림

/ 교수님께 2016년 11월 25일 금요일 맑음 오전 7:41

지난 10월 14일 오후 7시 24분이었네요. 음주 후 낙상은 현상이었고, 큰며느리 기일은 본질이었죠. 마루에서 내려오다 넘어진 어르신. 전화 받고 달려가서 보니 출혈이 심했어요. 화장지로 머리를 감싼 채 누워계셨는데 풀어본 순간 망설임 없이 119를 눌렀죠. 15분이면 충분히 올 수 있는 거리인데 150분보다 더 길게 느껴지던 밤. 어르신은 대전 모 대학병원까지 실려 가셨고, 상처 부위는 꿰맸고 다른 부위 타박상 경과를 봐야 해서 입원했어요. 이튿날 다행히 CT 소견 이상 없다는 연락을 받았죠.

퇴원 후 어르신이 보건진료소에 오셨어요. 자꾸만 등이 결리고 기침하면 끔찍 끔찍 아프고 어깨도 결린다는 증상. 넘어져서 다친 몸이니 그럴 수 있지. 시간이 좀 걸리겠네요. 하루는 어머니 뒤를 따라갔어요. 몇 알의 약, 병아리 눈물 같은 2.2ml MAROBIVEN-A inj. 처방과 주사 행위로 간호사 임무를 다했다고 자부하기에는 너무 죄송해서요. 지팡이를 짚고 걸어오신 1km도 안 되는 길. 가다 쉬고 가다 쉬고 또 가다 쉬는 뒷모습을 보면서 짧은 보건진료소에서의 만남이 어머니께 과연 얼마나 큰 힘이 될까.

다음날 친구인 어르신의 딸에게 전화했어요. 야야 친구야. 어머니가 이상하다, 이렇게 통증이 안 가라앉을 리가 없어. 다른 병원에 가봤으면 좋겠다. 얘기했죠. 그러냐? 그럼 모시러 가보마. 친구는 저녁에 바로 와서 어머니 모시고 인천으로 올라갔어요. 병원에서 검진받으니 두부 외상 + 몸통 타박상 + 갈비뼈 5개 골절 + 허벅지 뼈 실금. 대전에서 발견되지 않았던 것들이 보인다는 담당 의사의 설명에 깜짝 놀랐다고 했어요. 말씀드릴 필요도 없이 입원하셨죠.

그날 밤, 저는 잠자리에 누워 남편에게 말했어요. 있잖아, 그 어머니 이제 못 볼 수도 있어. 어르신들은 가끔 드라마틱해서 말이지. 침상에 누우셨으니 기동력 떨어지고 점점 쇠약해지실 텐데, 어쩌면 좋으냐? 남편은 말없이 벽을 보고 있었어요. 그렇게 시간이 지났어요. 어제 친구에게 다시 전화했더니, 통증이 잡혀 식사도 하시고 오늘 퇴원한다고 합니다.

한 달이 넘는 동안 보건진료소 앞을 지나가는 버스에서 혼자 내리는 그 어머니의 남편, 아버님을 뵐 때면 축 처진 어깨가 더 돋보였어요. 창문을 열고는, 아버님, 어디 다녀오세요? 큰소리를 지르면 가던 발걸음 멈춰 서서, 장에 갔다 오네! 아따 장에는 뭐 하러 가셨대요? 이쁜 색시가 기다리는가베? 나의 실없는 농담에도, 겁나게 이쁜 각시가 있고말고! 응수하며 웃던 아버님, 쓸었던 마당을 또 쓸고 보일러 온도도 높이겠지요.

삶은 매일 물결칩니다. 낮은 파도 높은 파도, 때로는 잔잔한 평화의 수면으로. 상대 파도의 정도에 따라 내 마음은 호수가 되기도 하고 바다가 되기도 하고. 그분이 저어주는 대로 심랑이 일면 때로 나를 온전히 붙들어 지배하는 힘. 최종 검사 한 번 더 하고 사진 찍고 퇴원 처리 후 저녁 먹고 나서 내려가면 자정 넘을 거야. 나는 바로 또 올라와야 해서 이번에도 네 얼굴 또 못 보겠다. 신경 써줘서 고맙고, 미안하고 또 고맙다 친구야! 우리 엄마 좀 잘 부탁한다. 그래! 그동안 정말 수고 많았어. 내가 무슨 힘이 되겠냐. 그래도 신경 쓸게. 조심해서 잘 가고! 교수님! 친구의 뒷일을 부탁 받았습니다. 드.디.어 주말입니다. 300만 개 촛불이 켜질 것이라는.

박도순 드림

/ 소장님께 2016년 11월 28일 월요일 맑음 오전 9:26

현관문 열고 나오니 계단에 살얼음이 있더군요. 어제저녁 내린 비가 밤새 기온이 떨어지면서 얼었나 봐요. 물이 얼음이 되고, 얼음이 다시 물이 되어도 본질은 그대로 물이라는 것을 언제부터 알았을까, 순간 질문이 생겼어요. 이천 년 전 이야기에서 오늘의 현실을 찾을 수 있는 것도 본질이 바뀌지 않는다는 것을 의미하는 것일까요? 해마다 돌아오는 성탄절이지만, 새로운 마음가짐으로 기다릴 수 있는 것도 그 본질을 향한 동경을 회복하는 것이라고 생각해요. 기다림을 더욱 진지하게 시작해야 할 것 같아요. 올해는!

방문하면서 만나는 환자분들에게 소장님이 느끼셨을 안타까움을 감히 짐작해 봅니다. 그분들이 도시에 사셨다면 받을 수 있는 도움이 더 있었을까? 더 심해지기 전에 병원을 다니실 수 있었을까? 혼자 통증을 붙들고 하루를 보내지 않고 이웃이나 자원봉사자들이 방문을 해줄 수 있지 않을까? 불편한 몸이지만 혼자 거동할 수 있도록 문턱을 없애고, 벽에 안전 바를 설치해 주는 지원은 받을 수 있을까? 이런저런 상황을 저울질하게 됩니다. 국민으로서 세금을 내고 받을 수 있는 복지를 이용할 수 있는 권리가 있는 분들이잖아요. 소장님 사진 전시회에 포내리 어르신들이 먼 길 오셔서 진심으로 축하해주던 일을 기억합니다. 당신들의 경사인 듯 함께 기뻐하고 자랑스러워하던 모습에서 저도 신이 났었습니다.

언제 그 많은 사람이 광장에 모여 한소리로 외치고 촛불을 밝혔나, 아무 일 없었다는 듯 조용한 월요일 아침이 어색하지만, 하루를 또 시작합니다.

전경자 드림

/ **교수님!** 2016년 11월 29일 화요일 맑음 오전 6:38

　　이른 아침 어르신이 쓰러졌다는 전화 받고 가운데뜸 마을에 다녀왔습니다.
어르신! 눈 좀 떠보세요! 여기 어디여? 나는 누구요?
흠… 어디긴, 우리 집이지. 보건소장 아녀?
발 아래로 새하얀 서리꽃 으스러지는 소리. 추운 아침입니다.
　　　　박도순 드림

/ **소장님께** 2016년 11월 29일 화요일 맑음 오전 8:46

　　간호사들은 종종 환자에게 '시간, 장소, 사람'을 묻는 지남력 사정(assessment)을 하지요. 소장님도 그래서 여기가 어딘지, 내가 누군지를 물으셨던 거죠. 의료진이 대기하고 있는 병원에서 '여기가 어디예요'라고 물을 때와 메주를 띄우고 계신 방에 누워계신 어머님에게 질문하는 것은 참 많이 다르네요. 어머님의 한마디가 소장님에게 얼마나 큰 안심이 되고 위로가 되었을까 싶어요. 그러면서 곧 혼자 살아온 주변 모습이 눈에 더 많이 보이셨겠어요. 새벽 방문에서 돌아오는 소장님의 발걸음이 가벼우면서도 무거웠으리라 짐작합니다. 소금밭처럼 하얗게 서리 내린 풀밭 사진이, 그렇게 말합니다.
　　　　전경자 드림

/ **교수님께** 2016년 12월 3일 토요일 흐림 오전 8:27

　　어제저녁 7시쯤 넘었을까요. 너무 피곤하고 졸려서 잠깐 누웠다가 일어나야겠다. 씻지도 않고 양말도 신은 채 그만 잠이 들었습니다. 남편이 퇴근해서 들어오는 소리가 들렸는데 몸을 일으키지 못했어요. 못 들은 척 이불을 더 끄집어 당겼습니다. 아이들에게 "엄마는?"하고 물어보던데, 쌍둥이는 금요일에 해제된 핸드폰에 빠져 있느라, 대답도 하는 둥 마는 둥! 안방 쪽으로 다가오는 남편 발소리. 속으로 미안했지만 누워있었어요. 조용히 문을 닫더군요. 이렇게 고마울 수가!

　　아침 7시까지 잤어요. 언제 남편이 다가와 내 옆에 누웠는지 모를 만큼 깊은 잠. 평소 하지 않던 중노동을 한 것도 아닌데, 무엇이 나를 이토록 피곤하게 했을까. 일어나 보니 작은 병 안약이 방바닥에 뒹굴고, 양말 한 짝은 머리맡에, 한 짝은 침대 끄트머리에. 벗어둔 바지는 책상 위, 화장은 지우지 않아 얼굴은 버시시, 이렇게 맞이하는 아침도 있구나, 한편으로는 매우 황당한!

　　　며칠 전에 말씀드린 어르신 사연 기억하시리라 믿어요. 귀가 안 들리는 어르신요. 대구에 사는 따님이 팩스로 편지를 보내고 그렇게 소통하는 가족. 마을 출장길에 대문이 열려있길래 들어갔어요. TV 앞에 앉아 문을 열어도 뒤를 돌아보지 않으시더군요. 잠시 더 기다렸더니 찬바람 기운에 출입문 쪽을 돌아보셨어요. 깜짝 놀라시며 반가워하시더군요. 그렇지 않아도 월요일에 보건진료소에 올라갈 생각이었대요. 전신이 다 쑤시고 아파서요.

　　　그동안 받은 딸이 보낸 팩스 편지를 보여주셨어요. 그런데 요새는 편지가 안 온다고 하시더군요. 살펴보니 종이가 없는 것입니다. 그런데도 환하게 웃는 어르신. 당장 보건진료소에 달려가 종이를 가져와서는 트레이에 넣었습니다. 이것이 제가 할 수 있는 최선의 간호 중재였으니까요. 며칠 있으면 딸들이 온다고 했어요. 어머니(아내) 첫 기일이라고 하시는군요. '죽어버린 내 각시는 겁쟁이'였다면서 목걸이를 선물해도 잊어버릴까 무섭다고 안 차고, 금반지를 해줘도 잊어버릴까 무섭다고 안 차더니, 결국 죽어버리니 허망하더라는 말씀. 저를 빤히 보시더니 신랑한테 금목걸이, 금반지 해달라고 해. 젊을 때 살았을 때 멋지게 하고 다니세요. 조언을 주십니다.

바람의 초상 | 이정표

37.5g의 금 한 냥, 그 이상의 표현으로도 부족했다는 당신의 사랑, "어머님은 아버님의 넘치는 사랑을 받으셨으니 얼마나 행복하셨을까요?" 적어 보여드리니, 아니라고, 너무 부족했다고 하시더군요. 사랑의 크기, 온전한 사랑은 그 깊음과 넓음이 얼마나 될까요. 거동이 불편한 어르신들, 젊은 날 불의의 사고로 침상에서 지내는 우리 주민들을 뵈면, 저의 능력은 너무나 초라합니다.

　　어느 소설에서 읽은 '서투르게 바빴다'라는 표현이 기억납니다. 바쁜 것을 자랑스럽게 여기고 있었다. 바쁘다. 자랑스러워할 틈도 없이 바쁘다. 그것은 서울에서의 나였다. 그만큼 여기는 생활한다는 것에 서투를 수 있다고나 할까? 바쁘다는 것도 서투르게 바빴다. 서투르게 바빴다는 문구가 꼬리표처럼 저를 따라다니는 요즘인데, 저녁도 먹지 않고 졸음을 껴안고 안방으로 들어간 내 서툰 바쁨의 이면에는 어떤 고단함이 있었던 것일까. 익숙하게 한가함을 위하여 남은 오후, 무엇부터 여유를 부려볼까 생각합니다. 다음 주에 학회가 있군요. 드.디.어! 교수님으로부터 무슨 강의를 들으려나. 기대됩니다.

　　박도순 드림

/ 소장님께　2016년 12월 3일 토요일 맑음 오후 11:35

　　아침에 편지가 없기에 혹시 아프신지 걱정했어요. 쌓인 긴장과 피곤을 몸이 잘 알아서 숙면으로 풀어냈나 보네요. 건강한 것으로 생각합니다. 다음 주 발표할 이야기를 준비했어요. 지난 십 년을 돌아보게 되더군요. 이제야 알게 되는 그 지식은 시간과 관계의 덕분이라 말씀드리고 싶습니다. 인구 집단 중심 정책과 지침만으로는 농촌 현장에서 던지는 소장님들 질문에 답할 수가 없다는 것을 알게 되었거든요. 그리고 팩스로 소통하시는 어르신과 소장님이 주고받는 그 교감도 '간호 실무에 중요한 도구'라고 주장하려고 합니다. 더 집중했더라면, 더 주체적으로 사고했더라면, 후회와 아쉬움이 아주 크네요.

　　소장님이 포내리에서 어르신과 글씨로 소통할 수 있는 유일한 분이실 듯! 이웃 어르신들은 그냥 눈빛, 몸짓으로 안부를 나누실 테지요. 돌아가신 아내와 못다 나눈 사랑 이야기도 소장님에게나 할 수 있는 이야기가 아닐는지. 어르신의 표정에서 소장님 카메라를 향해 포즈를 취하기까지 쌓아 온 신뢰가 보여요.

　　전경자 드림

교수님께 2016년 12월 9일 금요일 맑음 오후 7:13

학회 다녀온 후 자꾸 기운이 떨어집니다. 한국건강증진개발원 연구원 발표 중 보건기관 시설 및 장비 인프라 확충에 관한 내용에서 힘 빠지기 시작하더니, 이경수 교수님 말씀에서 털썩 주저앉아버린 기분이랄까. 권력과 자본을 쥐고 있는 기관에서 시행한 결과와 자잘한 상품 진열. 그보다 더 아래 조직인 이 시골(里), 아니 결합으로 묶을 수 없이 멀리 떨어진 자연 마을에 사는 나와 지역 주민, 우리가 받은 것은 무엇인가 셈하게 되더군요. 개발원에서는 9,000억이 넘는 예산이 투입되었다는데, 우리가 받은 체감액은 얼마 정도일까. 상곡보건진료소는 1982년 12월에 설치되었습니다. 중학교 3학년 시절이었죠. 초등학교 옆에 있던 마을회관에 하얀 가운 입은, 늙으신 진료소장이 제 기억 속 보건진료소입니다. 그분을 기억하는 것은 고등학교 진학 후 마을 앞길을 지나다니는 등하교 버스에서 그 소장님을 보았기 때문입니다.

운동장에서 무릎을 다쳐 회관에서 진료 중이던 보건진료소에서 갔습니다. 스테인리스 세숫대야, 저는 처음 보는 것이었어요, 하얀 커텐과 크레졸 냄새. 생경스러운 그 공간이 병-의원-보건진료소라는 지경으로의 저의 첫 입성이었다고 할 수 있겠네요. 보건진료소장이 되어 이곳으로 부임한 뒤 연혁을 살펴보니, 1983년에 보건진료소 건물이 지어졌고, 회관에서 건물로 나오게 되었더군요. 현재 근무 중인 이곳은 2006년에 신축되었습니다. 구조조정이 시작되고, 면사무소 상곡출장소가 폐쇄되면서 남아있던 군(郡) 땅에 지어진 것입니다. 1983년에 지어진 낡은 건물을 떠나 지금의 새 건물로 둥지를 옮기는 데 걸린 시간은 23년!

울주군 모 보건진료소의 개선 사례를 보면서 책 속에 있는 개선 전 사진이 차라리 우리 보건진료소 개선 후 모습과 닮았습니다. 일 보건진료소의 일회적 건물 신축이 하드웨어적 시설 개선이라는 명분 아래 국가의 자부심이 되고 있었지만, 우리 보건진료소가 교재 속 개선 후 사례가 되기 위해서는, 어여쁜 디자인을 덧입어 놀라운 시설 개선으로 재탄생하려면 최소한 15년, 아니, 그 이상의 시간이 또 필요하겠구나.

보건복지부에서 표준 설계를 내리고, 군에서는 전문 건축 업자의 입찰이었다고 하지만, 보건진료소 신축 경험이 없는 건축가의 설계와 시공, 몇 차례 하도급 거친, 2억도 안 되는 공사에 얽힌 어두운 이야기들. 이곳으로 근무지 이동한 후 세로형 보건진료소 현판을 제작했어요. 출입문 오른쪽에 걸기 위하여 콘크리트 못을 박았죠. 단단히 마음먹고 망치질했는데, 단 한 번의 망치질에 못이 훅! 들어가는 거였어요.

드라이비트가 뭔가요? 마을 어르신들에게 여쭈니 콘크리트 벽체가 워낙 얇아 그것을 덧보충(?)하기 위하여 스티로폼 형식으로 외벽을 마감하는 것이라고 하더군요. 이것은 얄팍한 부실 공사의 대표적 상징이라고 합니다. 단열이 안 되니 겨울에는 춥고, 여름에는 더 더운 보건진료소. 창고도 아니고, 건강증진실로 사용하기에는 더욱 택도 없는 코딱지만 한 공간. 연결할 수 없는 구조라 그 흔한 물찜질 사업조차 하지 않고 있습니다.

온종일 햇빛이 들지 않는 주거 공간. 벽지를 바르고 덧발라 덮어도 끝없이 피어나는 곰팡이꽃. 제아무리 의욕 넘쳐 의욕을 쏟아붓는다고 해서 되는 일이 아닌 하드웨어적 난국이죠. 일할 의욕이 생기지 않았어요. 개발원에서 오신 선생님은 지속적인 인프라 개선을 통해서 보건기관의 양적, 질적 성장을 유도하겠다고 하셨지만, 그림 속 개선 후 성과가 실감 나기까지 얼마나 오랜 시간을 잊은 듯 기다려야 할까요. 저는 그리 땡큐하지 않았습니다. 앞으로 되어질 일은 그저 지켜볼 수밖에요.

보건의료원 옆으로 현대식 건강증진센터가 지어진 배경이 저 이유였구나, 지역사회통합건강증진사업이 배경이 되어 주민의 건강 요구가 반영된 결과였구나, 프로그램과 서비스를 기획하고 추진하기 위해서였구나, 여러 건강증진 평가 대회가 저 배경이었구나, 새삼스럽게 깨닫고 이해할 수 있는 시간이었습니다. 이제 지역 밀착형 건강 증진 활동이라는 명분 아래 '건강생활 지원센터'라는 용어로 보건지소-진료소 간 통합이 이루어질 것이고, 주민 참여형 사업을 더 요구하겠구나. 강사님은 보건기관이 주체가 아닌, 건강증진의 주체는 지역사회 자원과 주민 참여가 답이라면서 이것을 패러다임의 전환이라고 하셨습니다. 그들의 사고 전환 속도는 어찌 이리 느리단 말인가.

보건진료소에는 설치 초기부터 운영협의회, 마을건강원이라는 주민 참여형 조직이 이미 있었습니다. 보건진료소장과 이들의 협력 결과인 보건사업이 30여 년 이전부터 있었고요. 그런데도 불구하고 행정에서는 별로 주목받지 못했죠. 왜 그랬을까요. 업무 지침이나 실적 채울 괄호가 없었던 탓이 아니었을까. 촌사람들 하는 모양이 뭐 그리 대단해 보였을까. 무시당한 것은 아니었을까. 자유로운 의사결정 조직과 사람의 가치를 알려고 하지도 않더니, 알아주지도 않더니, 이제는 그들이 그와 유사한 협의체와 조직을 만들고 역할을 부여하고 결과를 논하더군요. 은근한 화가 났습니다. 행정에서는 보건진료소장 신분이 정규직화되었기에 민간단체와의 유기적 협력은 공무원 정신에 어긋난다나 어쩐다나 하면서, 그들과 관계가 눈치채지 못하는 사이 멀어지도록 관련 정관과 규정을 슬그머니 개정하고 예산 지원은 끊겼습니다. 보건진료소에서 그 조직 이름과 역할은 사라졌고요, 향수(鄕愁)로 남을지 모르겠습니다. 실제로 서서히 멀어지고 있으니까요. 어젯밤 동료들과 식사하고 차 마시며 이야기했습니다. 대통령 탄핵당하는 것 보아라, 시대는 변하게 마련이다, 이제 우리는 5~6년

후면 퇴직할 사람들이니 신규들이 잘하겠지. 미래 세대가 잘 끌고 가겠지. 뭐. 그렇게 믿어야지, 망하기야 하겠어? 까짓 망하면 할 수 없고! 그런 자조(自嘲)적 결론에 이르렀습니다.

교수님이 보내주신 '조산사' 관련 논문*을 이제야 읽었고. 몇십 년, 아니 백몇 년이 흐른 후 간호사의 간호사(史) 교과서 어느 구석에 낡은 보건진료소 사진 몇 장 아래 보건진료소장 역사도 '조산사 역사'처럼 주석으로 달리려나. 몇 줄 안 되는 글밥으로 보건진료소가 소개된다면, 후배들은 어머! 우리나라에 이런 제도가 다 있었네? 옛날에는 간호사가 이런 일도 했나봐! 하며 깔깔거릴지도 모르겠습니다. 보도들도 못한 낯설고 신기한 청동 유물이라도 발견한 것처럼 말이죠. 보건진료소장 여섯 명 웃음소리가 소울메이트 커피숍을 가득 메웠습니다.

박도순 드림

*『출산에서의 여성전문직 조산사의 기능과 쇠퇴에 관한 연구』, 이임하, 구술사연구 제6권 1호 pp.121-161, 교육과학기술부 한국연구재단 지원 연구, 2007.

/ 교수님께   2016년 12월 11일 일요일 흐림 오전 7:10

방송 작가에게 출연 요청 전화가 왔을 때, 글쎄요, 제가 나설 자리가 아닌 것 같은데요, 몇 번이나 사양했는데 사흘 후에 다시 전화가 왔어요. 그녀는 더 생각해 보셨어요?, 라고 물었어요. 아뇨, 생각 안 했습니다. 그러셨군요. 저는 솔직히 『포내리 사람들』 책은 진즉에 사놓고 읽지 못하고 있었습니다. 그러다가 며칠 전 꺼내어 읽게 되었습니다. 형광펜으로 감동 문구 그어가며 읽었지요. 용기 내어 다시 전화했습니다. 까짓거 까이면 까이리라! 그런 마음으로요. 소설

「브런치」글도 모두 읽어보았습니다. 아… 그러셨군요. 내가 졌네요, 녹화 일정 알려주세요.

　카메라에 불이 들어오고 녹화가 시작되었습니다. 아나운서가 기억에 남는 환자… 에피소드 말씀해 주시죠. 그 질문은 뻔히 예상했던 것이고, 잊을 수 없는 일이야 많고 많지, 뭐! 그런 마음이었습니다. 예상 못 한 격한 질문도 아닌데, 그 질문이 무엇이라고, 순간적으로 감정이 막 복받치는 것이었어요. 아… 글쎄요. 내 마음 저기 어느 구석진 밑바닥에 웅크리고 있던, 그 어떤 것이 불길이 확 싸질러지는 느낌이랄까. 눈물 콧물 쏟아지고, 무너진 감정 조각을 보수할 틈도 없이 녹화는 이어졌어요. 망쳤구나! 생각했는데, 적절히 자르고, 잇댄 편집 솜씨가 놀라워요! 전주MBC TV, 2016년 12월 11일 『반갑습니다』*.

　박도순 드림

https://www.youtube.com/watch?v=d-L0Eof2QaE

소장님께　2016년 12월 11일 일요일 맑음 오후 2:04

　밤사이 영하 7℃까지 내려갔다네요. 그래도 해가 올라오면서 햇볕이 따뜻해서 마당에 나갈 만했어요. 눈 앞에 펼쳐진 풍경을 보다가 눈길이 머문 곳은 겨울 숲입니다. 나뭇잎이 다 떨어지고 하늘 향해 곧뻗은 줄기와 가느다란 가지로 온몸을 드러낸 나무들을 바라보았어요. 시내로 향하는 큰길이나 건너편 마을보다 나무 쪽으로 몸과 마음이 향해지더군요. 바라보니 아주 작은 새들이 날아왔어요. 하도 작아서 소리 나는 쪽을 유심히 봐야 움직임을 찾을 수 있었어요. 이름 모르는 새들과 또 얼마 동안 이야기를 나누었습니다.

　이틀이나 답장을 못 썼네요. 서두가 긴 것도 역시 뭐라 말하기가 어려운 탓이겠지요. 저도 학술대회장에서 발표를 마치고 부담과 고민이 커졌습니다. 요약하자면 제 자리를 찾았다고 했는데, 어떻게 해야 할까 어려운 거예요. 보건진료소에 관한 생각을 전개하는 저의 자리는 이제 세 번째로 옮겨왔다고 할 수 있겠어요. 첫 번째는 대학 졸업 당시 제가 소속되어 일할 자리로 생각했던 것이고, 두 번째는 보건학을 공부한 후 제도를 대상으로 바라보며 바꿀 수 있다고 생각했던 것이고요. 그러나 이제 구조의 한계를 인식하면서 제도의 대상이 아닌 '사람' 이 살고 있는 현장이라는 것에 자리를 잡아야겠습니다.

　소장님들이 삼십여 년 지켜온 그 자리에 저도 함께 하고 싶어서요. 이제야 뒤늦게 시작하는 저의 생각을 많은 분 앞에서 어설프게 펼친 것 같아 부끄럽고 죄송스럽네요. 막상 말을 던지고 나니 자신도 없고 막연하기도 하고요. 머뭇거리며 나선 길도 걷다 보면 발걸음이 가벼워지듯 의욕이 점점 커지겠지요.

저도 간호문학상 수상 작품들을 읽어본 적이 없네요. 문학에 대한 무지와 편견 탓도 있지만, 왠지 '모범 답안'일 것 같은 생각도 있었어요. 간호사에게 강요되는(?) 희생과 봉사의 가치를 반복해서 결론짓는, 읽지 않아도 다 알만한 이야기 말이에요. 이번에는 꼭 챙겨 읽어야겠습니다. 혹시 간호사신문 지난 호도 검색이 되는지도 찾아보겠습니다.

『조산사 쇠퇴에 관한 연구』, 논문 읽고 저는 두 가지를 생각했어요. 첫 번째는 급속한 기술 발전과 그에 부응한 '의료화'가 인간의 자연스러운 삶에 미친 영향을 확인한 것입니다. 자연스럽게 아기를 낳을 수 있는 몸을 '의학의 통제' 속에 맡기게 된 현실을 임신과 출산의 경험 주체인 '여성'의 관점에서 비판했다는 것에 주목하였습니다.

두 번째는 여성이 그렇게 주체로서 임신과 출산을 경험하도록 지지하고 배려하고 도와주는 것이 조산사의 역할이었다는 것이에요. 의료화가 진행되면서 조산사의 쇠퇴를 초래한 것은 어쩌면 도시화, 산업화로 농촌이 쇠퇴한 것과 같은 맥락이 아닐까. 탄핵 이후 우리가 바라는 사회에 대한 논의가 활발히 전개되리라 기대합니다. 그동안 잃어버린 것이 무엇인지 깊은 성찰이 반드시 있어야 하겠고, '사람'이 가장 중요한 가치로 존중되어 '건강할 권리'를 보장하기 위한 제도를 만들어야겠지요. 탄핵 가결 소식을 듣고 함성을 질렀다는 고등학생들, 그들은 자신을 스스로 '416세대'라 부릅니다. 다음 세대를 위해서 제가 느끼는 책임감입니다.

전경자 드림

/ **소장님께** 2016년 12월 11일 일요일 맑음 오후 9:17

1910년대부터 시작한 '조산사' 제도가 100년이라는 시간 속에서 사라지는 과정을 그린 보내주신 논문 잘 읽었습니다. 조산사 제도와 빗대자면 우리 보건진료소 업무는 시대적 변화에 따라 달라지고 있지만, 훗날 보건진료소 제도도 어쩌면 조산사와 같은 전철을 밟겠구나! 하는 생각이 듭니다. 법이나 규정보다 인간적 교류를 통한 행위들로 대상자에 대한 간호 수행의 결과 자연적인 현상을 질병으로 인식한 결과가 여성에게 미친 영향들, 경제적 보상을 통해 저출산율을 감소해 보겠다며 지자체마다 내세우는 단편적인 정책에 이거다! 하는 대안을 내세우지 못한 행정의 부족함에 답답했던 순간들.

간호의 본질보다 현장에서 부딪혀야 하는 많은 업무 갈등 속에서 결정에 대한 불확실성 때문에 우리도 감정 노동자가 되는 상황에 과연 대상자에게 얼마나 전인 간호가 가능할까?

많은 생각도 하였습니다. 모든 답답함의 근본은 도대체 무엇일까? 사고의 확장에 더 이상 답을 찾지 못하고 현실에 안주하고, 그건 내가 고민할 문제가 아니지라며 한쪽으로 스윽 밀어버리는 저의 모습도 봅니다.

요즘 군대 가서 화생방 훈련으로 받는다는 최루가스, 최루탄, 사과탄에 벽돌과 화염병, 그리고 삼십육계 줄달음이 전부였던 1980년대의 암울함. 20대에 눈물, 콧물 범벅으로 민주주의를 지켜내고 우리가 승리했다는 얄팍한 믿음조차 산산조각이 난 2016년! 촛불 민심으로 변화의 물꼬는 열렸지만, 30년 후 우리는 똑같은 역사가 또 반복되지 않을까 하는 의구심도 남습니다.

영화 〈판도라〉에서 한 가족의 삶의 터전 속에서 반복되는 죽음을 통해 사람이 중요시되고 있다는 내면에는 그만큼 사람이 존중받지 못하고 있다는 결과 아니겠습니까? 잘 먹고 잘사는 세상이 아닌. '안전한 세상에서 평화롭게 살고 싶다'는 엔딩 멘트의 여운이 바라만 보는 간호도, 함께 있어 주는 간호도 인정해 주지 않는 현실에서 어떻게 우리 역할의 당위성을 주장할 것이며, 인정받을 수 있을까? 우리만의 말 잔치로 끝나서는 안 될 텐데, 하는 바람입니다.

광양시 대죽보건진료소 최현경 드림

/ 교수님께 2016년 12월 13일 화요일 맑음 오전 9:21

전화가 왔어요. 일요일 아침 8시 19분. 저장되지 않은 번호더군요. 받을까 말까 망설였죠. 믿을 수 없었어요. 중학교 3학년 때, 저희에게 국어와 한문을 가르친 선생님이었습니다. 우연히 방송 보았다. 깜짝 놀랐어. 이름이랑 얼굴 보니까 금방 알겠더구나. 정말 반갑다. 거기 중학교가 첫 부임지였어. 잊을 수 없지. 친구들 소식은 자주 듣니? 선생님, 지금 어디에 사세요? 밀린 안부가 쏟아졌습니다.

내 제자 중에 네가 제일 멋지게 사는 거 같구나. 아닙니다. 선생님, 드러나지 않아서 그렇죠. 나는 전주에 살고 있다. 정년 퇴임한 지 십 년도 넘었구나. 그럼 건강하지, 건강하다. 지금은 손주 재롱 보며 행복하게 지내고 있다. 무주 가면 꼭 만나자. 괴목중학교는 어떻게 됐니? 곧 철거된답니다. 유리창도 깨지고, 마치 사형 집행 기다리는 것 같은 느낌? 쓸쓸하죠. 날마다 둘러보고 있습니다. 아이고야 그렇구나, 할 수 없지, 시골에 점점 학생들이 줄어들고 있어서 말이다.

어제 오후 3시 35분. 전화가 왔어요. 이분은 보건진료소에 근무하다 시-보건소 행정계에서 보건진료소 업무 담당자로 일하셨어요. 다시 보건진료소로 돌아와 근무하다 몇 년 전 퇴직하신 선배입니다. '보건진료직 전담공무원'으로의 일반직 전환을 코앞에 두고, 정규직화(化) 되지 못한 채 '별을 달고' 퇴직하셨습니다. 보건진료소가 있는 마을 초등학교가 폐교되면서 노인요양병원으로 개조되었다고 해요. 지금은 그곳 간호과 관리책임자로 일하는 중이라고 하셨습니다.

박 소장님! 정말 반갑고 공감 가는 인터뷰였습니다. 어쩜 모두 다 내 얘기일까요? 꽃들은 길을 묻지 않는다, 는 표현, 감동이었답니다. 예쁜 꽃인 우리 보건진료소장님들, 그들은 봐주는 사람이 없어도, 거친 들판에 피어서도 우리는 우리의 자리에서 우리의 일을 열심히 했지요, 그것도 아주 열심히 했지요! 떠나간 선배의 말씀 중 우리는 우리의 자리에서 우리의 일을 열심히 했지요, 그것도 아주 열심히 했지요! 이 멘트에 가슴이 더워졌습니다. 얼마나 말랑거리는 숭고함인가. 진료소를 떠났는데, 내가 일할 자리가 있음이 얼마나 감사한지 모른다고 하였습니다. 보건진료소에서 만났던 어르신들을 노인요양병원에서 간호사로 다시 만나고 계시다니! 처음 만나 형성하고 쌓아 개선해야 할 낯선 관계가 아닌, 이미 너무나 많이 알아 익숙한 관계로 재회하고 있다네. 장소만 달라졌을 뿐이지. 저는 이 느낌을 뭐라고 설명해야 좋을지 모르겠습니다.

선배 소장님에게 보고 싶다라고 적고 우체국으로 달려가 제 책 두 권을 보냈습니다. '반갑습니다' 프로그램 덕분에, 오랫동안 잊고 지낸 선생님과 선배님 안부를 들을 수 있었습니다. 특별활동에서 '문예반'을 지도하고 이끄셨던 중학교 때 선생님. 지금도 기억한답니다. 좋은 글을 쓰기 위한 세 가지 핵심은 다독(多讀)-다작(多作)-다상량(多想量) 이다, 이 중에서 가장 중요한 것이 다상량(多想量)이라는 이 말씀을 기억하는 것은 중학생인 제가 '다독다작다상량'이라는 문구를 들었을 때, 뭔가 막 유식해지는 느낌? 글이 갖는, 어떤 영험한 주문(呪文)이 저에게로 다가오는 것 같았거든요. 근사한 힘을 지닌 것처럼요. 그날 그 선생님이 그렇게 멋있었어요. 작은 키, 베토벤 헤어스타일, 굽 높은 구두! 그걸 기억하다니, 야, 인마! 네가 글을 잘 썼었어. 에이. 설마요! 나는 중학생으로 돌아갔고 선생님은 선생님으로 돌아간 짧은 추억 시간. "소장님, 소장님 계실 때 저는 그쪽 시의 정책이 부러웠어요. 앞서가고 있었거든요"라고 말하자 선배 소장님은 그랬던가. 지금 보건진료소는 뭐, 그때랑 비교하면 엄청난 진화를 이룬 거지! 아무튼 반갑네. 날 찾는다고 누가 왔어. 다음에 통화하게."라고 말씀하셨어요.

　　　박도순 드림

/ **소장님께** 2016년 12월 20일 화요일 맑음 오전 9:50

　　달팽이건강학교에 입학하신 어르신들 얼굴이 낯익어 그런지 더 반갑네요. 두 반이나 운영하신다니 참으로 역시나 소장님이시구나 싶어요!! 꽃이름 만큼 개성을 한껏 표현하실 달팽이학교 이야기가 기대되네요. 글을 배우시려는 어르신들의 결심에서 보다 넓은 세상으로 나아가고자 하는 열망이 느껴집니다. '배움'이 '앎'이 이렇듯 귀한 것임을 가르쳐주시네요. 고맙습니다.

　　전경자 드림

/ **교수님께** 2016년 12월 21일 수요일 맑음 오전 7:25

　　의료계에서 가장 폭군은 누구일까요. 생각이 많은 하루였습니다. 얼마나 바빴으면! 알 수 없는 불친절한 처방전들. 어제 오후는 거동 불편한 어르신 댁을 방문하고 이런저런 아픔들 이야기 듣고, 조용히 대문 닫고 나오는 저의 뒤통수를 둔한 무엇인가로 자꾸 얻어맞는 기분이 들었습니다. 초저녁에 쓰러져 물에 젖은 솜처럼 몸도 마음도 무거워 일어나질 못했어요. 내 힘으로 어쩌지 못하는 누군가의 탓. 뒤척이다 또 내가 미쳤지, 괜히 일 또 벌렸나 싶기도 했다가, 피곤함을 어찌 극복할까 싶다가. 이래저래 생각이 많은 요즘입니다. 밤이 가장 길다는 동지입니다. 꼭 팥죽 드세요!

　　박도순 드림

/ **교수님께** 2016년 12월 23일 금요일 흐림 오전 7:27

　　진 교수님 요청으로 지역사회간호학 원고 몇 편을 먼저 읽어볼 수 있는 행운을 얻었습니다. 지역사회간호학의 정의, 우리와 다른 나라의 지역사회간호학의 역사, 지역사회간호 수행 및 활동 부분입니다. 젊은 시절 '릴리안 월드' 사진과 20세기 초 뉴욕시 방문간호사가 공동주택 옥상을 긴 치마 복장으로 넘어가는 사진, 말을 타고 다니며 방문 간호를 수행하는 간호사들의 사진이 매우 인상적이었습니다. 이 사진들은 누가 찍었을까. 교과서에서 피력하려는 내용보다 작은 프레임에 담긴 뉴욕시 풍경과 한쪽 다리를 들어 올린 승마 간호사 모습을 보면서 그 순간을 사진에 담았을 어느 사진가의 마음과 눈을 상상하였습니다. 진 교수님 원고에 보건소, 보건지소, 보건진료소에 관한 부분에서 어느 정도 오탈자를 잡을 수 있을 것이라는 자신감으로 저의 의견까지 용감하게 첨언하여 파일을 보내드렸습니다.

　　오래전 모 우체국장님 전화를 받았습니다. 영화를 사랑하여 많은 영화를 보았고, 힐링 영화에세이를 출판할 계획인데 출판사를 소개해달라는 용건이었습니다. 책에 어울릴만한 사진을 찾던 중 인연이 닿았다고 하셨고요. 출판 경험을 말씀드렸고 좋은 책으로 다시 만나기를 소망한다고 하였습니다. 어제 국장님 저서가 보건진료소로 날아왔습니다. 목록에 나열된 영화 제목을 훑어본 후 제가 본 영화 쪽을 먼저 읽었어요. 아, 이런 섬세한 묘사라니. 국장님의 감성지수는 얼마일까. 자아 탐색, 가족, 여성, 사랑, 심리치료 성장, 사회현상, 코치. 굿 윌 헌팅, 그랑 블루, 로니를 찾아서, 노킹 온 해븐스 도어, 일 포스티노, 철도원 등.

　　눈이 그리운 계절이라 〈철도원〉 이야기부터 읽었습니다. 사방이 켜켜 백설로 덮인 한적한 시골 마을 종착역 호로마이. 후부 OK 신호 OK! 작업일지에 '이상 무' 외에 특이 사항이라곤 별로 써 본 적 없는 오토 씨. 어렵게 얻은 딸이 열병으로 싸늘한 주검이 될 때, 사랑하는 아내가 싸늘한 주검이 되어갈 때도 그는 역을 지키느라 병원에 동행하지 못합니다. 이걸 어떻게 이해해야 하나. 추운 겨울, 모든 것을 덮어버린 눈, 그것과 대조되는 뜨거운 직업 정신, 복잡한 인간 관계, 일본인 특유의 직업정신에 감명했던 저. 딸의 환영이 나타나고, 오토 씨는 호로마이역 표지판 아래 눈밭에서 싸늘하게 식어가죠. 주인공 오토가 젊었을 때 역사에 흐드러지게 피던 벚꽃과 평생 얼굴을 적셔준 눈송이, 그 흩날림은 시각적 나르시시즘*. 영화 〈러브레터〉 이야기도 나옵니다. 일순간 모든 것을 덮어버리지만, 짧은 순간 스러지는 순백의 정한(靜閑), 녹아 없어지면 그뿐인 그리움의 기억. 영상의 아름다움보다 몇 줄이 안겨주는 감성 전율에 읽기를 멈출 수 없더군요.

　　국장님의 집배원 사랑도 읽습니다. 눈발 굵어지는 늦은 오후, 배달 마치고 곧 귀국(歸局)할 그들을 맞이하기 위해 빗자루를 듭니다. 눈을 쓸다 숨이 차고 땀이 나도 좋으니 제발 눈 좀 왔으면. 저는 행간에 서서 이 소망을 가져봅니다. 소나무 가지 수북하게 쌓인 눈덩이가 쿵! 떨어지면 적상산이 내뿜는 한숨 같아요. 겨울 설경은 이제 희귀한 풍경입니다. 한꺼번에 스러지면 그뿐인 그리움일지라도, 설경이 배경이 될 때, 더욱 충만하게 출렁일 어떤 기억은 나에게 무엇일까. 멋쩍게 글 쓰는 사이, 봄 날씨 가고 다시 영하권 추위. 전국 곳곳 눈이라는 속보가 날아옵니다. 회의 있어서 군청에 나갑니다. 점심 후 고등학교에 갑니다. 체감 온도 극복을 위해 옷 단단히 입고 나가야겠어요. 눈이 옵니다.

　　무주에서 박도순 드림

『울면 지는 거야』, 이승수, 신아출판사, 2012.

소장님께 2016년 12월 25일 일요일 맑음(눈) 오전 10:26

내린 눈이 아직 다 녹지 않은 덕에 화이트 크리스마스 아침입니다. 나이팅게일 박물관에서 사 온 머그잔에 커피를 마시며 창밖을 보다가 릴리안 왈드를 말씀하신 것이 생각났어요. 릴리안 왈드는 미국 지역사회간호사(史)에서 나이팅게일이라 할 수 있다네요. 그 유명한 스페인 독감 유행이 미국 동부로 옮겨 왔을 때, 뉴욕시에서 펼친 그녀의 활약은 독보적이었다고 합니다. 당시 방문 간호를 수행하고 있었는데, 그 인력으로는 부족해서 지역 여성단체들과 협력해서 팀을 만들었다고 해요. 뉴욕시 각 가정을 병실로 생각하여 일일이 방문하면서 한 사람 한 사람의 건강 상태를 살핀 후 병원으로 옮길 사람을 격리했을 뿐 아니라, 환자에게 필요한 식량이나 물품을 조달하는 활동을 펼쳤습니다.

그 결과 다른 도시에 비해 사망자 수를 현격히 줄일 수 있었고요. 뉴욕시장이 그녀의 공헌을 인정하여 감사 편지를 공식적으로 보낸 기록이 있습니다. 필라델피아 시장이 인플루엔자 유행을 막기 위해 우선적으로 필요한 인력이 '간호사'라고 호소하는 글도 있더군요. 당시 세계대전으로 미국 내에는 간호사가 부족했다네요. 인플루엔자 유행을 겪으며 여성 직업으로 '간호사'가 가치를 인정받게 되었다는 해석도 있어요. 미국 여성사를 연구하는 분의 논문에서 읽은 릴리안 왈드 이야기가 생각났습니다.

작년 메르스(MERS) 유행 때, 보건소 간호사들은 무엇을 해야 하나 고민하면서 과거 전염병 유행 시기에 어떤 일이 있었는지 찾아보았습니다. 방문 간호의 의미를 새롭게 확인할 수 있었고요. 릴리안 왈드(Lillian Wald)는 뉴욕의 헨리가에서 일을 시작했습니다. 가난한 이민자들은 하루하루 살아가느라 아이들은 방치되고, 학교에서 오히려 병을 옮아 사망하는 일이 빈번했는데 학교에 간호사가 있어야 한다고 정부를 설득하여 학교 간호사를 배치하도록 했습니다. 세계대전이 끝난 후 정식으로 주 정부가 간호사를 채용하여 영유아 보건사업을 하도록 배치했어요. 그때부터 Public health nurse, 보건간호사라는 명칭을 사용했나 봐요. 보건간호사회를 만들기도 했고요. 이 외에도 여러 업적이 있다고 합니다. 소장님 덕분에 새삼 그녀를, 그녀와 함께한 많은 간호사를 생각하였습니다. 구세주가 되실 예수님 탄생을 2016번째 기뻐하고, 행복한 아침입니다. 성탄을 축하합니다!

전경자 드림

/ **교수님께** 2016년 12월 25일 일요일 눈 오전 10:21

어제 아침이었어요. 늦게 일어나 서둘러 식사 준비하는데 어르신이 오셨어요. 할망구 때문에 한숨도 못 잤다고, 미안하지만 우리 집에 좀 가보자고. 수액을 챙겼어요. 며칠째 여전히 식사를 못 하고 계신 것을 알기에. 연탄보일러에 땔감 장작 군불을 넣어 방은 쩔쩔 끓고, 누워계신 어머니 입에서는 단내가 났어요. 수액을 연결하고 밤새 잠을 이루지 못한 이유, 아버님 하소연을 들었지요.

친구에게 전화했습니다. 야야! 아무래도 어머니를 병원으로 모셔가야겠다, 일어나시질 못한다. 이렇게 며칠 더 있다간 큰일 나겠어. 친구는 119에 전화했고, 인천으로 와주실 것을 부탁했더니, 사설 119업체에 전화하라고 했다는군요. 1시간 반 넘게 기다리니 구급차가 왔습니다. 들것에 실린 어머니가 차에 올랐어요. 어디든 손이 닿기만 하면 자지러질듯한 통증. 밤 9시가 넘어 병원에 도착했고 검사가 진행 중이라는 친구의 메시지를 받았습니다. 친구야! 수고 많았네. 그래, 너도 수고 많았다. 고마워. 메리 크리스마스! 구급차가 골목길을 빠져나가 마을 어귀를 돌아 안 보이기까지 보고 있다가 모교인 중학교에 가봤습니다.

폐교된 학교가 철거되는 과정이 이런 것이구나, 눈으로 확인했죠. 혈관 같은 전깃줄이 끊어지고 교실과 복도 천장에 덧댄 것들은 살갗처럼 분리되고, 지붕과 천정 사이 텅 빈 곳에 복잡하게 얽힌 만남의 교차 회로. 복도 나무판이 떨어져 나가고 짓궂은 장난을 한 것처럼 유리창은 박살 나고, 서서히 사라지는 추억의 공간. 제가 이곳이 아닌 다른 곳에 살고 있다면 구경조차 할 수 없는 소멸의 현장에서 마치 몸이 해부되어도 저항할 수 없고, 아파도 아프다고 신음조차 내지 못하는 시골 중학교. 가끔 부는 찬바람에 흔들리는 무엇인가는 사자(死者)의 발자국처럼 들릴 뿐이었습니다. 얼마나 더 지나면 학교이었다는 '터'의 무늬마저 사라지겠지요. 우리가 여기 있던 학교에 다닐 때는 말이지, 옛날에 그랬어라고 시간이 흐른 뒤 추억담을 나눈다면, 그것은 진정 '터 무늬 없는' 이야기가 될지도 모르겠습니다. 해피 메리 크리스마스!

박도순 드림

/ **소장님께** 2016년 12월 25일 일요일 맑음 오후 12:10

오늘 이야기에서 저는 건강하게 살 권리와 평등하게 교육받을 권리를 생각했어요. 요즘 헌법 제대로 알기가 대세잖아요. 밤새 앓고 구급차로 그 멀리 따님 계신 곳으로 가서야 입원하셨다는 어르신의 경우에 다른 방법은 없었을까 안타까워요. 사는 곳 가까이에서 믿고

맡길 수 있는 병원이 있어야 하고 그곳에서 치료가 가능해야 하잖아요. 더 오래 살기 위해 온갖 처방을 찾아다니는 것이야 서울에서나 가능하다고 해도 상관없지만 생명을 위협하는 응급 상황이나 지속적으로 치료와 돌봄이 필요한 경우에는 누구라도 살고 있는 지역에서 의료를 이용할 수 있도록 만드는 것이 국가의 책임이지요. 부모를 돌볼 수 있도록 가족 간병 휴가를 허용하고 질병으로 일을 못 할 때는 질병 수당을 지급해서 회복을 돕는 것도 다른 나라에서는 가능하다니 국가의 책임이 더 크게 느껴집니다.

학교도 마찬가지 아닌가요? 태어난 곳에서 배우고 자라서 그 지역에서 필요한 일을 하며 행복을 누릴 수 있도록 교육해야 하는 거잖아요. 지난번에 부모님과 함께 살아가고자 고향으로 돌아와 결혼했다는 청년 이야기하셨죠? 효자에게만 가능한 것이 아니라 모두가 선택 가능해지려면 학교가 폐교되어 흔적조차 없어지는 일은 절대 용납할 수가 없어요. 그 과정을 지켜보는 소장님의 심정을 감히 헤아릴 수조차 없지만. 새로운 사회는 어떤 모습이어야 할지 생각해볼 수는 있습니다. 성탄 전야에도, 섣달그믐에도 사람들이 촛불을 들고 광장으로 모였고, 모인다지요. 새날이 오리라 믿어봅니다.

　　전경자 드림

/ 교수님께　2016년 12월 27일 화요일 맑음

어제 치매 예방 사업으로 기획한 「천천히 가도 괜찮아 달팽이 건강학교」 첫 수업이 있었습니다. 출석 부르고, 선생님 인사말, 어르신들, 아니 학생들에게 이 프로그램 등교 기분을 여쭸습니다.

> 우리는 평생 호밋자루만 잡고 살아왔습니다. 달팽이 학교에서 생전 처음으로 연필 자루를 잡았습니다. 여기서 배운 것으로 내 이름 석 자만 읽고 쓸 줄 알아도 대학 졸업한 것보다 더 기쁜 일일 것입니다. 이제 시작이니 싸우지 말고 서로서로 도우면서 선생님 말씀도 잘 듣고 열심히 공부합시다.

> 나는 한국 사람입니다. 한국 사람인데 한글을 모른다는 것이 너무나 챙피했습니다. 필리핀에서 시집온 옆집 메누리도 우리글을 배우러 댕기던디, 우리가 그걸 몰라서야 되겠습니까. 손자들에게 편지 쓰고 싶습니다.

> 우리 아버지도 나를 학교 문 앞에 못 데려다줬는데, 소장님 덕분에 학교에 입학하게 되었습니다. 기쁩니다. 열심히 배위서 버스도 잘 타고 댕기고, 보선소 약도 안 헷갈리게 잘 먹고 그래야겠습니다.

> 여기 몇 사람은 이제사 글 배워 어디에 써먹을라고 말하는 사람도 있습니다. 그런 사람은 공부방에 안 들어오면 된다고 처음에는 그렇게 생각했습니다. 그런데 막상 이렇게

선생님이 오시고 수업이 시작되니까 그런 사람도 함께 데리고 가야겠다고 생각합니다. 그 사람들도 다음 시간에는 꼭 같이했으면 좋겠습니다.

내 손가락으로 연필을 잡아보다니. 공책에 글자를 쓰다니. 나는 이것만으로도 기쁜 일입니다. 엊저녁에 나한테 우리 영감이 열심히 배우라고 했습니다. 결석하지 말고 댕기라고 했습니다. 가방이랑 공책에 내 이름을 써줬습니다.

비싼 쌀밥 먹고 뜨뜻한 방에 드러누워 넘 숭이나 보고 떠들거나 싸우기가 일인디. 이렇게 둘러앉아 공부항게 참 좋구만요. 정신도 집중되고. 근디 해봉게 참말로 어렵네요. 우리 손자도 밥만 먹으면 핵교 가서 이렇게 공부하겠구나. 참 힘들것다 생각되네요. 하하하~ 오늘 밤에는 잠이 아주 잘 올 것 같구만요.

굳이 학습 목표를 제시하지 않아도, 이미 어른 학생들은 스스로 목표를 정하여 미래를 그리고 있었습니다. 그래왔던 삶을 변화시킨다는 것은 이토록 작고 사소한 마음에서 비롯되는 몸짓이었구나. 처음에는 도저히 못 할 줄 알았는데, 온갖 노력 끝에 해냈을 때가 아닌, 해내려고 힘을 다하는 과정, 재능 기부 선생님과 저의 의도적인 계획으로 불러일으키는 도전과 응전의 시도, 수업 시간마다 성취되는 성공적 경험을 반복할 때마다 불연속적으로 학생들은 성장하며, 더 많이 반복할수록 좋아진다는 이것.

시간의 흐름이나 공간, 나아가 자신에 대한 생각까지도 잊어버리게 만드는 심리적 상태에서 더 이상의 따분함은 사라지고, 불안이 오히려 확신이 되는, Flow가 지속되기 바라는 저의 마음이 너무 앞서고 있는 것일지라도, 저는 이 자체로 기쁩니다. 자음과 모음이 합쳐져 어떻게 글자를 이루는가, 네모 안에 균형 있게 글자를 채우는 법, 가나다라마바사아자차카타파하. 그 오래전 세종대왕님이 문살을 오가며 만드셨다는 한글, 글자 안에 하늘과 땅과 사람을 담았다는 시대 정신. 선생님의 수고에도 감사드리며, 글 올립니다.

박도순 드림

/ 소장님께   2016년 12월 27일 화요일 맑음 오후 10:20

어르신들의 소감 글을 읽으며 저도 글을 배우던 기억이 떠올랐습니다. 한글은 국민학교 들어가서야 읽고 쓸 수 있었죠. 어르신이 공책에 쓰는 것처럼 저도 똑같은 글자를 몇십 번씩 반복해서 썼지요. 연필 꾹꾹 눌러가면서, 네모 밖으로 글자가 삐져나올까 봐 떨면서요. 그리고 중학교에서 영어를 처음 배우던 기억도 있습니다. 한 단원을 몽땅 외우게 하신 선생님을 잊을 수가 없어요. 배울 내용을 노트에 미리 옮겨 적게 하고, 책에는 점도 하나 찍지 못하게 하셨습니다. 선생님의 그 모습이 어찌나 당당하고 자신감 넘치는지, 숙제를 안 해갈 수가 없었죠. 그 덕분에 영어를 배우는데 수월했던 것 같아요. 언어를 배울 때 외우는 방법 외에 딱히 왕도는 없잖아요.

어르신들도 수업 시간에만 공부하지 않고 집에서 수없이 반복하시겠지요. 살아오시는 동안 기억해야 할 사실이 너무 많아서 새로 글자 외우기가 만만치 않으실 테니 비법이 필요할 듯하네요. 달팽이처럼 꾸준히 가려는 어르신들의 기대와 포부를 응원합니다. 소장님 편지 덕분에 지도 글을 읽고 쓰게 된 과정과 의미를 새삼 생각해 보았습니다. 고맙습니다.

순천향대 간호학과 전경자 드림

/ 교수님께 2017년 1월 1일 일요일 맑음 오전 8:04

『그저 바라볼 수만 있어도』 출간 당시, 회사에 원고 보내고 일주일 후 서울에 올라갔어요. 지하철 계단을 올라 사무실에 도착했고, 문 열었을 때 세 분이 반갑게 맞이해주셨지요. 편집장님과 마주 앉았습니다. 저에게 물으셨습니다. 출판 목적이 무엇인가, 누구의, 어디의 후원을 받는 것인가? 한 손에는 연필을 들고, 원고 뭉치는 책상 위에 놓여있고 마치 면접시험을 치르듯 이어진 질문들. 그중에서도 아직 저에게 남은 질문이 있습니다. "경험에서 우러난 글이라 마음을 울려요. 잘 만들면 예쁜 책 한 권은 충분히 될 것 같아요. 그런데 내용이 아프고 슬프고, 어두운 이야기가 많아서 걱정입니다. 어떻게 생각하세요?"

'아프고 슬프고 어두운 이야기'. 뭐라고 대답해야 좋을지 얼른 답이 떠오르지 않았어요. 잠시 침묵이 흘렀습니다. "글쎄요, 선생님. 제가 만난 사람들은 대부분 아픈 분입니다. 아프지 않고 건강한 사람은 보건진료소에 오시지 않습니다. 제가 겪은 일은 아프고 슬픈 일이 많았어요. 도시의 큰 병원에서 더는 어찌할 방법이 없으니, 집으로 모시고 가라고 했거나, 가족들 요구로 고향에 돌아온 분이 많았어요. 병원에서조차 버림받았다고 슬퍼하는 분이 많으셨죠. 저는 농특법이 허용한 범위에서 업무 수행을 해야 하는 간호사입니다. 가진 것이 많지 않고, 할 수 있는 것이 별로 없고요, 그럴 때마다 두드려도 열리지 않는 높은 벽 안에 갇힌 기분이었습니다. 밝고 행복한 사람들은 보건진료소에 별로 오지 않습니다."

스물두 평 남짓한 보건진료소는 멀리서 보면 반딧불이 꽁지 불 만한 빛도 내지 못하는 그런 곳이 아닐까. 그런 곳에 환자들이 찾아옵니다. 아픈 이야기를 풀어놓고 슬픈 이야기를 풀어놓고, 어두운 이야기를 풀어놓죠. 환자가 돌아가고 진료실에 홀로 남은 나는 그들이 놓고 간 아픔과 슬픔에 젖어 어찌 할 바를 알지 못해 허우적거리다가, '아, 나는 이 일을 언제까지 해야 하는 거지?' 답을 내릴 수 없는 질문을 수없이 되뇝니다. 흥건한 물에 담갔다 건져 올린 목화솜처럼 묵직하게 내려앉던 질문들.

말없이 대답을 듣고 계시던 편집장님. "그렇군요. 답이 나오네요. 글은 어둡지만 사진은 밝은 것으로 갑시다." 건강한가, 건강하지 아니한가를 측량할 수 없는 계절 앞에서 시간 따라 흘러가고 흘러오는 나를 둘러싼 땅과 하늘과 산을 마주하며 자연이 던지는 위로를 듣고 보고 느꼈던 시간들이 새삼스럽습니다. 새해가 밝았다고 해서, 충만한 새 기운과 각오로 벅찬 아침이라고 해서, 아픔이 슬픔이 빛의 속도로 사라지지 않을 것입니다. 어쩌면 우리의 소망이 커지면 커질수록 아픔도 커질 것입니다. 행복이란 기쁘고 밝은 것에서만 생겨나지는 않는 것이겠죠. 슬픔이 빚어내는 직조여서 그것들은 날마다 씨실과 날실로 삶의 무늬를 이룩할 것입니다.

"그렇군요. 답이 나오네요. 대신에 사진은 밝고 건강한 것으로 갑시다." 아픔과 어두움을 상쇄시킬 수 있는 빛줄기를 찾아낼 수 있는 마음의 눈, 기차에 몸을 싣고 포내리로 귀소하던 날의 결심이, 나는 다시 아프고 슬픈 누군가의 삶을 기꺼운 마음으로 동행하리라, 그것이 나의 부르신 목적일 것이라고, 일단 그렇게 살아보자고. 그러다 보면 무슨 답이 나오겠지. 그런 다짐과 새해 결심이, 다시 시작되는 새해 첫날 아침입니다. 일상에서 블루오션을 발견하자는 마음으로, 정유년에도 변함없는 저의 '그대'가 되어 주시옵기를!

박도순 드림

/ 소장님께　2017년 1월 1일 일요일 맑음 오후 8:26

새해 첫날 기분을 느끼려고 독립기념관 단풍나뭇길을 걸었어요. 멀리서 보면 겨울나무 가지 끝에서 붉고 연노랑 빛이 보이더군요. 한 시간 정도 걸으며 제 몸을 느꼈어요. 두 달 전에 비해 숨이 더 많이 차고 다리에 힘도 일찍 빠지더군요. 구름이 지나간 나뭇가지 사이로 햇빛을 보았고, 고요히 걷다가 새소리도 들었고요. 소나무가 많은 곳에선 향기도 맡았어요.. 이렇게 감각을 키워야겠다는 새해 다짐을 해보았습니다.

소장님의 첫 번째 책에 제가 주제넘게 긴 추천사를 썼었죠. 새삼 또 지난 시절을 기억합니다. 3학년이 되어 병원 실습을 나갔을 때 제가 왜 그곳에 있는지를 정말 모르겠더군요. 젊고 건강한 사람들 속에서 뭔가 더 많이 알고 실력을 쌓아야 할 것 같은데 아픈 사람들 옆에서 무엇을 해야 할지 정말 난감했어요. 세상을 더 알아야 앞으로 살아갈 수 있겠다 싶어서 아픈 사람을 돕는 것은 내가 안 해도 할 사람이 많다는 생각도 했던 것 같아요. 누구를 도울 처지가 아니라 내가 왜, 어떻게 살아야 하는가의 답을 찾는 것이 더 절실했던 시절이었어요. 그 후로도 오랫동안 그렇게 분열된, 몸 따로 생각 따로인 시간이 지속되었던 것 같아요. 그런데 언젠가부터 아 여기가 내 자리구나, 이렇게 사는 것이 의미 있는 삶이라는 것을 발견하게 되었고, 그 발견은 진행 중입니다. 몸과 마음, 사고가 통합되어 가는 중이라 말 할 수 있어요. 귀한 분들과 만남으로 많은 도움을 받았지요. 크고 작은 경험을 통하여 생각을 더 넓힐 수 있었습니다. 인간의 삶이란 죽음을 전제로 한다는 것과 그 과정에 예기치 않은 질병이나 사고를 겪어내야만 하는 존재임을 인정합니다. 그 과정에서 어떤 이는 성장과 변화를 이뤄내고, 어떤 이는 좌절과 실패로 불행해진다는 것을 압니다. 누군가의 도움이 있다면 성장과 변화를 이뤄낼 수 있는 가능성이 훨씬 더 커진다는 것을 믿고요. '간호'는 바로 그 가능성을 믿는 사람들의 실천이라고 할 수 있습니다. 이렇게 저는 제가 무엇을 하는 사람인가에 대한 답을 찾았습니다. 소장님과 간호에 대한 이야기를 지속해 간다면 제가 찾은 답이 더욱 깊어지고 풍성해지겠지요. 올 한 해도 기대됩니다.

　　전경자 드림

/ 교수님께　2017년 1월 11일 수요일 맑음 오전 7:53

　　저희 아버지는 예순넷에 돌아가셨습니다. 우리 엄마의 어머니(외할머니)는 엄마가 여덟 살 때 돌아가셨다고 해요. 잠을 자듯 누워있던 엄마, 며칠 후 어디론가 사라진 엄마, 벽에 걸린 엄마 바지에서 엄마 냄새를 맡으며 '엄마'를 그리워했다고 하셨습니다. 입만 열면 세상에서 제일 불쌍한 사람이 엄마 없는 사람이라고 말씀하셨죠. 당신의 엄마 나이 서른다섯 살에 임했던 죽음, 당신 여덟 살에 겪은 죽음. "나는 우리 엄마가 흘리고 간 나이까지 주워(?) 먹고 있으니 참 오래도 산다. 팔십이 다 되어가니, 지금 죽어도 원도 한도 없구나." 어머니는 늘 그러셨어요.

　　여덟 살 소녀가 '죽음'의 개념을 어찌 알겠어요. 상실이 주는 아픔을 끌어안고, 세 밤을 자도 엄마가 안 오고, 열 밤을 자도 엄마가 오지 않더라며 눈물짓는 엄마. 한 삼 년 지나니까 사람이 죽는다는 것이 이런 것이구나 라는 생각이 들었다고 하셨어요. 어제 선배랑 친정어머니 기일에 서울 다녀온 이야기를 나누었습니다.

"우리 엄마가 딱 내 나이에 돌아가셨어. 이제 보니 너무 젊은 나이에 돌아가신거야. 우리가 그렇게 오래 사는 나이가 아닌 것 같아. 내가 올해 죽는다면? 어머니와 같은 나이야. 그 나이에 내가 죽는다? 어쩌면 참 어이없는 일이지. 요즘 죽음에 대해 묵상 많이 하게 되네."

선배의 말을 듣고, 저는 아버지를 떠올렸습니다. 예순넷의 그 남자. "소장님, 그렇게 계산한다면 저도 십여 년밖에는 안 남았네요." 자꾸 죽음을 거론하는 것은 『인생이잔아』라는 책을 읽었는데, 내용 중에 내가 경험한 아버지와 동생들이 경험한 아버지가 서로 그렇게 다르다는 내용을 만났기 때문입니다.

'아버지'에 대한 이야기를 동생들과 나누며, '그렇게 다른' 아버지. 다들 경험이 다르고 느낌이 달라서 내가 기억하고 아파하는 '나의 아버지'에 결코 동의하지 못하겠다던, 낯선 동생들의 경험과 생각 앞에 놀란 적이 있었어요. 우리는 얼마나 자기중심적인지 말이죠.

『인생이잔아』, 이 책은 여섯 명의 '어머니'께서 서툰 글로 속 깊은 곳에 고여 있는 당신의 인생을 직접 쓰신 것입니다. 글을 가르친 선생님, 일관된 질문과 생각을 유도하고 정리하는 과정에서 일어난 가족 간의 미움, 화해, 용서, 치유, 어머니 당신의 고백이 절절하게 참회 되어 있습니다.

교수님! 누군가는 여덟 살에, 누군가는 스물여덟 살에, 누군가는 서른일곱 살에 죽음을 경험합니다. 『인생이잔아』에 등장하는 어르신들이 직접 펜을 들어 풀어낸 남편의 죽음, 자녀의 죽음, 가족의 죽음, 유난히 더 가슴을 울리는 이유는 '직접 쓰셨다'는 위대함이 주는 힘일 것입니다. 출판사에 연락하여 책을 구할 수 있는지 알아보겠습니다.

박도순 드림

/ **소장님께**   2017년 1월 11일 수요일 맑음 오전 10:31

아기들에게 까꿍 놀이해 보신 적 있죠? 어렵게 말하면 아기들에게 '내싱 영속'성 개념'이 생기도록 하는 놀이라고 하더군요. 보이지 않아도 존재한다는 것을 믿고 아는 것이 태어나면서부터 저절로 되는 것이 아니라는 것이지요. 경험을 통하여 존재에 대해 배워가는 것이라고 할 수 있겠습니다. 어머님께서 여덟 살에 어머님의 죽음을 겪으셨다니 아무리 여든 살이 넘은 어르신이라도 안쓰럽고 마음이 아립니다. 저도 열 살에 어머님이 돌아가셨거든요.

그때부터 존재에 대한 질문을 갖게 된 것 같습니다. 제 능력으로는 알 수 없고, 누구도 설명하지 못하는 불가사의한 문제였죠. 그렇게 죽음을 만났던 것 같습니다. 질문에 답을 찾기 위해 지금 이 자리에서 죽음을 맞닥뜨리는 사람들과 함께하는 것이기도 하고요. 답은 찾지 못했으나 그 질문의 무게가 얼마나 무거운지 알기에 아이들의 슬픔엔 민감해집니다. 어릴 적에 부모와 헤어지는 아이들의 마음을 누군가는 관심을 기울이고, 그 고통을 잘 헤쳐 나가도록 격려해 주어야 합니다. 친척일 수도 있고, 이웃일 수도 있고, 선생님일 수도 있고, 가까이에 사는 어른들이라면 누구라도 손을 내밀고 함께 할 수 있겠지요. 오랜 생각을 올 겨울엔 작은 실천으로 옮겨 보았습니다. 천안에서 일하는 어른 중에 책방을 하는 어른, 꽃집을 하는 어른, 미디어를 다루는 기술을 가진 어른, 모래놀이 치료를 하는 어른들이 시간을 내어 아이들을 위한 프로그램을 마련했어요. 이번 주 월요일부터 시작했는데 아이들이 좋아한다네요. 처음 만난 어른들의 따뜻한 포옹이 아이들에게 새로운 느낌으로 남았으면 좋겠습니다.

전경자 드림

/ 교수님께 2017년 1월 16일 수요일 맑음 오전 7:22

분명히 보건진료소 현관문 열리는 소리가 났는데. 나와 보니 아무도 안 계셨어요. 다시 오시겠지, 뭐! 생각하고는 방으로 들어와 누웠습니다. 식사 후 가운을 입고 다시 진료실에 나와 책상에 앉으려니 의자 위에 검정 봉지가 놓여있는 겁니다. 딸기와 요구르트가 들어 있어요. 누가 다녀가신 것일까.

오늘 〈달팽이 건강학교〉 10교시를 마쳤습니다. 띄엄띄엄 글을 알던 분들이 마치 퍼즐 조각을 맞추듯 '글자' 그리는 즐거움을 알아가고 있다고 할까요? 어르신들은 살아온 거리와 깊이만큼이나 글자로 적어내고 싶은 것들이 많다고 하십니다. 쏟아내고 싶은 말은 너무 많은데 두 줄 채우기가 이리 깝깝하다니, 아이고야! 어찌 이리 심등가. 그러게 말입니다. 그래도 나는 좋아죽것네. 비싼 쌀밥 먹고 드르누워 할 일 없던 시간을 생각해 보소. 천장만 바라보다가 심심하면 넘 숭이나 보고, 그것도 모자라 쌈박질이나 하고 말이지. 넘들 숭 안 보고 싸움질 안 하니, 죗값이 가벼워 좋네. 안 그래, 소장?

밤새 적은 편지를 보여주셨습니다. 틀린 글자 바로잡아달라며 공책을 내미시는데, 제가 무슨 자격으로 어르신 글에 사선을 그을 수 있답니까. 좋아요. 정말 좋아요! 잘 쓰셨어요. 백 점 백 점! 이대로 보내도 아드님이 어머니 마음 충분히 읽을 것이니 염려 마세요! 아드님이 어머니 편지 받으시면 감동하겠는데요?

다음 날 아침, 새로 쓴 편지를 가지고 보건진료소에 오셨습니다. 내용이 궁금했는데, 봉투를 이미 풀로 붙였더라고요. 받는 사람 주소까지 연필로 또박또박. 읍내 나갈 일이 있어 우체국에 가서 받을 손에 빨리 닿았으면 좋겠다는 생각에 빠른 등기로 보내고 돌아왔습니다.

어쩌다가 육필로 겉봉을 적은 편지를 받으면 마음이 부르르 떨린다. 육필은 몸의 진동을 느끼게 한다. 그때, 떨리는 몸은 나의 몸이기도 하고 편지를 보낸 사람의 몸이기도 하다. 나의 몸과 너의 몸 사이에서 신호들은 떨린다.*

『라면을 끓이며』 김훈 산문집, 문학동네, 2015.

집배원 손길 따라 아들 집에 도착할 편지. 봉투를 열어 어머니가 쓴 첫 글자를 읽을 때 어떤 기분일까. 삐뚤빼뚤한 육필이 시신경 지나 아드님 심장에 뜨겁게 꽂혔을 거라고 믿어요.

한겨울에 딸기와 쌍둥이 간식까지 챙겨 식전에 조용히 보건진료소를 다녀가신 어르신. 우리의 작은 몸짓, 바람조차 일으키지 못할 나약한 날갯짓이어서. 그런데도 저는 이만한 일에도 대단한 나비효과를 본 것 같아서 아니, 기분이 막 들떠서. 홀로 망상합니다. 이번 주는 일정대로 진행하고, 다음 주에는 설날 연휴로 쉽니다.

박도순 드림

/ 소장님께 2017년 1월 19일 토요일 맑음 오전 10:20

오늘 아침에는 몇 년 동안 미루었던 암 검진하러 대형 병원에 갔어요. 2,000개 병상이 넘는다는 큰 병원 1층 로비를 걷는데 마치 공항에 온 듯한 느낌이 들었어요. 내 몸을 기계에 대어주는데 참 묘한 기분이 들더군요. 내 몸이 마치 물건 취급받는 느낌, 친절한 직원들의 말이나 표정보다는 병소를 찾기 위해 몸을 다루는 방식 때문이었던 것 같습니다. 또 하나는 환자 본인 확인을 여러 번 한다는 것이 새롭게 느껴졌습니다. 하루에 수백 명, 그 이상 검사하려니 손등에 스티커를 붙여주고 생년월일과 이름을 묻고 또 묻더군요. 저에 대하여 아무것도 모르는 상태에서 기계에 몸을 내어주니, 직원들은 착오 없이 일 처리 하는 것이 중요하겠지요.

체계적으로 분업이 빠르게 진행하는 모습에서 얼마나 많은 시뮬레이션이 있었을까 짐작해 보았습니다. 동선과 코너를 적절히 배치하고, 담당자가 해야 할 질문이나 설명도 매뉴얼화 되어있겠지요. 인사와 확인, 안내와 지시, 적절한 공감은 짜인 듯 되풀이되고 검진 대기실 모니터에서는 검사 정보와 건강 지식이 흘러나왔어요.

 소장님이 보건진료소에서 한 분 한 분의 증상과 사연을 주의 깊게 듣고, 상황을 안타까워하시는 모습과 이곳은 참 많이 다른 곳입니다. 왜 이렇게 많은 환자를 치료하는 큰 병원이 필요한 것일까 묻지 않을 수 없었어요. 규모와 능력, 투자 대비 이윤 창출이라는 경제관념을 생각하게 됩니다. 사람의 몸덩이가 이윤을 추구하는 대상이 돼버린 현실을 새삼스럽게 확인하는 아침입니다. 저조차 가까운 병원으로 가지 않고 가장 큰 대형 병원을 찾아왔으니 전국에서 찾아온 환자는 얼마나 많겠어요.

 소장님이 근무하는 지역에서도 치매에 걸리거나 혼자 생활하기 어려운 분들이 도시에 사는 자녀, 혹은 타지에 있는 요양원으로 떠나시잖아요. 작지만 믿을 수 있고 잘 돌봐주는 요양원이나 노인 공동생활 가정이 마을 가까이에 있다면 어르신들의 안타까운 사연이 좀 줄어들 수 있을 텐데요. 도시에서는 자식들이 수시로 찾아뵐 수 있도록 동네 중심부에 노인시설을 짓기도 하니까요.

 당신은 노년을 어디에서 어떻게 지내기를 바라는가, 저도 저에게 다시 질문해 봅니다. 태어나고 자란 곳에서 자신의 능력을 펼치고 서로 돕고, 익숙하고 소중한 사람들과 정을 나누며 사는 것이 아닐까. 있던 학교도 문 닫고 허무는 소장님 동네에도 학교는 마을 공동생활 공간이 되고, 주거 공간도 되고, 아파트가 되고 텃밭도 되고. 그 일들이 과연 헛된 소망일까. 현실은 언제나 안타깝습니다.

 전경자 드림

/ 교수님께　2017년 1월 25일 금요일 맑음 오전 11:48

 8시가 채 되지 않은 시간이었어요. 경증 치매에 최근 고관절 골절상 입은 아내를 요양원에 보낸 아랫마을 김 씨가 오셨습니다. 감기에 걸렸나 생각했지요. 요즘 환자 부쩍 늘어 종일 감기 처방만 하는 기분이거든요. 김 씨 어르신 눈치를 보아하니, 사람들 없는 시간에 뭔가 이야기하려고 일찍 오신 것이었습니다. 소장! 어떻게 하면 좋겠는가? 사람 환장하겠네! 뜬금없는 말씀부터 하시기로, 무슨 일 있으신가요? 여쭈니, 요 며칠 사이 요양원에 있는 아내가 요양보호사 전화기 빌려 저녁마다 전화하신답니다. 즈 아버지, 제발 나 좀 데리고 가시오! 왜 데리러 안 오는 것인가? 성화라는 겁니다. 김 씨는 다시 큰아들에게 전화해서, 느

엄마가 저리 집에 오기를 소원하니 데리고 와야 하지 않겠냐? 딸한테 전화해서 같은 말씀을 하셨다죠. 아버님 생각에 동의를 구하고 싶었던 것 같은데, 아들이나 딸이나 아버지! 어머니 쓰러지면 책임지시겠습니까? 아버님은 도무지 판단이 서질 않으니, 어째야 좋겠는가? 저에게 물으셨습니다.

거기 있으나 여기 집으로 오나, 어차피 죽을 사람, 내 옆에 있다가 죽어야 원한이 없을 것인디, 도대체 이게 뭔 꼴인가? 살아 있는 사람 갈라놓은 생이별 아니고 무엇인가. 눈물을 글썽이는 김 씨. 이렇게 떨어져 지내본 적이 없네. 집에 들어서면 눈물밖에 안 나네. 뒤안을 돌아봐도, 아랫방을 열어봐도 집사람 손길 안 닿은 것이 없어. 참 한심하당께. 앉으나 서나 나오는 건 한숨뿐이니, 참말로 사람 환장하겠당께.

교수님! 저는 무슨 답을 드릴 수 있을까요. 속상하시겠네요, 어머니 아픈 것이 좀 나아지면 그때, 모시고 오면 될 것 같기도 하고요, 담당 의사 선생님과 의논해서 하루 이틀 정도 외출 다녀오시는 것은 어떨까요? 창밖으로 돌아가는 어르신 뒷모습. 긴 한숨, 뒤잇는 연기 기둥.

이건 또 다른 분 이야기입니다. 보건진료소에 오시면 관절약, 감기약, 소화제, 가려움 약, 파스, 연고 등. 한꺼번에 많은 약을 요구하는 분이 계십니다. 거동이 불편하니 어렵게 보건진료소에 오신 김에 약을 확보(?)하려는 것이겠지요. 이해 못 하는 바 아니지만, 그렇다고 원하는 대로 약을 다 드릴 수 없음을 설명합니다. 밀고 당기는 실랑이가 벌어지곤 합니다. 그런데 어제는 진료기록부를 열어보니 일 년이 넘도록 안 오셨더군요. 그 사이 서울 아들네 집에 가셔서, 무릎 인공 관절 수술을 받으셨고, 재활 치료받느라 오래 입원하셨답니다. 퇴원 후 마을로 돌아왔지만, 활발히 움직이지 못하니 바깥출입을 못 하신 겁니다.

농협에 볼일 있어 왔다가 버스 시간이 많이 남아 들어왔네. 쉬었다 가도 되지? 그럼요! 녹차를 드리며 이야기 나누다가, 혹시, 필요한 약 있으세요? 여쭈었습니다. 약에 대해서 별말씀이 없으셔서요. 무릎 수술한 병원에서 아들이 약을 타다가 택배로 보내줍니다. 약이라면 지긋지긋합니다. 아들에게 전화해서 말했네요, 아들아! 이 약을 언제 다 먹는다냐? 있는 약도 못다 먹고 죽겠구나. 하하하! 웃자고 한 얘기지만, 참말이랑게요. 한 주먹씩 입에 털어 넣는디, 먹을 때마다 이것이 나를 살리는 것이랑가, 죽이는 것이랑가? 그런 생각이 듭니다. 먹는 약을 싹 끊어버리면 며칠 못 살고 죽을랑가요?

어려운 질문이죠. 저는 글쎄요, 글쎄 말입니다, 어정쩡한 대답만 하고는 머쓱하게 웃었어요. '건강 권리 선언(?)' 뭐 그런 장전이라도 있다면, 요양원에 있는 아내(할머니)를 데리고 와서 옆에 두고 싶어 하는 남편(할아버지)의 순애보, 처방 약을 꼬박꼬박 잘 챙겨 먹는다면 지금

병환이 몇 %나 진보적 치료를 이룰 것인가에 대한 속 시원한 답을 할 수 있다면 얼마나 좋을까. 어르신들 채근에 말 못 하는 꼴로 앉아 있는 제 모습.

　　박도순 드림

/ **교수님께**　2017년 2월 7일 화요일 눈 오전 6:20

　　잘 주무셨는지요? 회복되셨으리라 믿습니다. '암 환우 첫 모임'을 3월 둘째 주 화요일에 보건진료소에서 갖기로 하였습니다. 식사 시간에 만나자니 환우들 식이요법이 제각각이라 백반집이나 고깃집에서 만나기는 힘들더군요. 식사 마친 오후 2시로 결정하였습니다. 환우 중에는 이미 서울과 대전을 오가며 전국적으로 소셜 모임을 운영한 경험을 가진 분이 포내리에 계셔서 경험을 나눌 수 있을 것 같습니다. 완치 판정을 받은 분에게도 초대장을 보내기로 하였습니다. 각자가 경험한 몸 반응, 암 치료 과정, 항암요법, 식이요법, 자가 간호, 전이 예방을 위한 정보들이 공유될 것입니다. 보건진료소에 등록된 암 환자는 모두 16명인데, 지역 주민은 12명, 4명은 타지에서 들어오신 분입니다. 모임의 취지, 초대 범위, 시간, 장소를 명시할 것인데, 서로 격려하는 자리가 되었으면 좋겠습니다.

　　교수님! 부탁입니다. 『암 경험자 건강관리 가이드-의료진용(국립암센터, 2015)』 파일과 『암 생존자의 암 재활에 관한 개념 분석』 논문 파일은 찾았는데, 대장암 환자 질병 적응기 저널을 분명히 출력하여 여러 차례 읽었는데요, 온라인에서 찾지 못하고 있습니다. 감사합니다.

　　박도순 드림

/ **교수님께**　2017년 2월 22일 수요일 맑음 오후 11:43

　　봄이 빨리 왔으면 좋겠다. 나른하면서 행복한 기분에 들뜨는! 멀리 보이는 아지랑이 잡으러 끝없이 걷고만 싶은 계절. 달팽이건강학교 수업이 끝나고, 선생님이 가신 후 어르신들과 못다 한 그림 그리기 작업을 계속했다. 색칠만 하지 마시고, 이 그림을 보니 무슨 생각이 나시는지 말씀 좀 해보세요, 옛날에 무슨 일이 있었는지 생각을 떠올려보세요. 나는 어르신들에게 생각을 강요했다. 치마폭 잡고 옛날이야기 조르는 아이가 되는 기분이 들어 속으로 피식 웃었다. 조용한 가운데 이토록 집중할 수 있다는 것, 그리고 나면 결과가 말해주는 아름다운 것들. 나는 이 상황을 어떻게 표현해야 좋을까 고민하다가 부족한 필력을 한탄한다.

니들, 나 죽은 뒤 와서 앵앵거리지 말고 살았을 적에 와라. 뒈진 뒤 와서 눈물 빼봤자 맬짱 헛거여. 알것냐? 헛일이다 그말여. 공부만 할라치믄, 글자가 머리에 부딪혔다가 띵하고는 바깥으로 튕겨 나가는구만. 공부도 연애도 대그빡이 말랑말랑할 때 했어야지, 이제 고목이 되아부렸으니 낭창한 맛이 있가디? 소장님만 몹쓸 일 시키는구마. 그래도 우리 영감이 뭐라는 줄 알아? 열심히 쓰고 그린 것들 잘 모디키놔라, 나중에 자식들 오면 다 보여주랴.

웃을 일을 만들었다는 것에 위안 삼는다. 건강관리의 중요성, 치아 관리, 칫솔 관리, 재(灰)를 꼬아 새끼줄을 만들라는 주문에 대한 답, 노인이 될수록 입은 닫고, 지갑을 열라는 당부. 반전과 지혜의 말씀을 새겨듣는다. 함께 하시는 어르신들에게 감사드리는 밤.

/ **교수님께**   2017년 3월 11일 금요일 맑음 오전 7:27

판결 심판에 집중한 나머지, 헤어롤을 달고 출근했다는 이정미 헌법재판소장 권한대행의 기사를 보았어요. 며칠 전 '여성의 날'인 것이 생각났어요. 평소보다 이른 출근에 청사로 발을 디디자, 취재진의 플래시가 쏟아졌겠죠. 분홍색 헤어롤 두 개. 머리에 볼륨감을 주는 손가락 길이. 그것은 여성의 상징이고, 여성성이라는 생각이 들었어요. 초긴장 상태라 머리단장 후 미처 푸는 것을 깜빡하여 30분 일찍 서두른 출근차 안에서 활용한 것인지 모르겠지만, 여자에게 중요한 그것, 느낌 아니까요. 얼마나 인간적이고 따뜻한가, 미소가 지어졌습니다.

지금부터 2016헌나1 대통령 박근혜 탄핵 사건에 대한 선고를 시작하겠습니다. 선고에 앞서 이 사건의 진행 경과에 관하여 말씀드리겠습니다. 저희 재판관들은 지난 90여 일 동안 이 사건을 공정하고 신속하게 해결하기 위하여 온 힘을 다하여 왔습니다. 지금부터 선고를 시작하겠습니다. 먼저, 이 사건 탄핵소추안의 가결 절차와 관련하여 흠결이 있는지 살펴보겠습니다. 소추의결서에 기재된 소추 사실이 구체적으로 특정되지 아니하였다는 점에 대하여 보겠습니다. 이에 재판관 전원의 일치된 의견으로 주문을 선고합니다. 피청구인 대통령 박근혜를 파면한다.

최고 법률기관의 판결 선언문이 이토록 논리적이고, 이성적이고, 문학적이고, 따뜻한 것이었나. 차갑고 딱딱하고 엄중하고 무섭기만 할 것이라는 막연한 편견이 한 방에 날아가

버렸습니다. 박근혜 대통령 탄핵 결정, 헌재 재판관 8인, 만장일치 파면 결정. (카톡) 다시 태어나는 계기가 되길. 이전 것은 지나갔으니 새것! 새봄! 새잎처럼 새로 피어나길! (카톡) 자유민주주의가 꽃처럼 피어나길. 전쟁도 막을 수 있기를! 상식이 통하는 사회가 되기를. 공의의 심판을 받도록 기도해야 마땅. 국가의 품격이 한 단계 더 업그레이드. 성숙한 국민이 되는 멋진 대한민국. 봄이 쉽게 오나. 꽃샘추위는 그래서 얼마나 예쁜 이름인가. 꽃은 쉽게 피지 않아. 민주주의는 국민이 흘린 눈물과 피로 피어나는 붉은 꽃.

    대통령 자리, 저거시 말이지, 참말로 얄궂은 거라. 운이 다했구나. 어쩌것냐. 니는 거기까지다. 이제 내려오라. 사람이 염치가 있어야지. 진료 대기실에서 TV를 지켜보던 어르신들의 이야기도 들리는군요. 검은 머리 하늘에 둔 것들은 믿을 사람 아무도 없는 것이라더니. 에이! 속이 다 시원하다. 점심밥에서는 더 꼬신내가 나것다. 수고하시게, 소장!

    교수님! 몇 시간 동안 저를 둘러싼 가족과 동료와 포내리 어르신들의 이야기. 정작 당사자는 나서지 않고 있습니다. 그렇게 또 하룻밤이 지났습니다. 무슨 반응이 나올까, 무슨 이야기가 나오려나, 기다리는 것은 저만이 아니겠지요. 그러나 침묵뿐, 챙겨야 할 짐이 많은 것인지, 떠날 생각이 없는 것인지. 퇴실 촉구 촛불을 또 들어야 하는 것인가.

    백 일 가까운 시간, 거리로 나선 몇백만 명, 그들이 그토록 운운하는 사랑하고 존경하는 국민 여러분은 지금 새벽부터 일어나 빨래를 했습니다. 벗어놓은 가운에 비누를 칠하고, 거품을 헹구고, 옷걸이에 걸었습니다. 남편의 와이셔츠에 비누를 칠하고, 거품을 헹구고, 옷걸이에 걸었습니다. 남편은 코를 골고 자고, 쌍둥이도 거실에, 주방에 한 명, 저마다 이불을 돌돌 말고 쿨쿨 중입니다. 어제와 다른 것이 있다면 주말이라는 느긋함이죠. 대통령이 탄핵당하였다고 우리 일상이 단번에, 획기적이고 거대한 변화가 생기지는 않겠죠. 기껏해야 치킨 한 마리, 옆집에서 빌려온 맥주 한 병, 그걸 먹고 마셔 배가 불러 근원이 어디인지 모를 행복감에 일찍 잠에 빠져든 것, 새벽에 더 일찍 일어나 세수하는 일. 새들은 지저귀고 까치도 깍깍대는 아침, 이내 햇살이 퍼지고 경운기 소리도 들립니다. 오후에는 초석잠 캐는 작업에 가기로 약속했는데, 반나절 품삯, 3만 원이라고 합니다.

    박도순 드림

/ 2017년 4월 3일 월요일 맑음 오전 7:22

    몇 가닥 실밥 터진 금빛 월계수 위에 태극 마크가 허름하다. 모자를 눌러쓴 강 씨가 또 보건진료소에 오셨다. 보나 마나 막걸리 몇 사발 드신 것이 분명하다. 태연한 척하셔도 당신의 혀는 힘을 잃었고, 눈동자는 이미 노을처럼 붉다. 귓불에 눌린 백발이 곱슬거렸다.

"볏짚에 불붙은 거 마냥 또랑이 버~얼건 거라. 시상 천지 그렇게 많은 까재는 첨 봤네. 버글버글한 그거를 한참 바라보다가 집으로 왔지. 할망구가 왜 안 잡아왔냐고 어찌나 성화를 대던지. 할 수 없이 다시 가봤더니, 이번에는 한 마리도 안 보이는 거여. 거 참 희한하다고 생각하면서 빈손으로 돌아왔지. 눈 떠보니 꿈이여 꿈. 소장! 이게 무슨 꿈인가? 해몽 좀 해보시게."

어르신은 멈추지 않고 이야기를 홍얼거렸다. 민물 가재가 엄청 많은 것을 만나는 꿈, 다시 그 자리에 가보니 사라진 꿈. 해몽 좀 해 줄래? 나는 AI에 채팅을 걸었다. 기다렸다는 듯 친절한 답변이 좌르르 펼쳐졌다.

해석 아래로 더 많은 글밥이 쏟아졌고, 여러 단서를 더 이야기해 주면 상세하게 풀이를 도와줄 수 있다며 커서가 깜빡거렸다. 참고 문헌까지 물고 왔다. 딸깍딸깍! 클릭. 나는 화면에 나타난 글밥을 다 읽어드리지는 못했다. 다만, 누군가 돈을 들고 나타나든지 선물을 들고 나타난다네요. 길몽입니다. 좋은 일이 생길 것 같다고 말씀드렸다. 허허허. 얼어 죽을 길몽은 개뿔! 어르신은 허탈하게 웃으시더니, 며칠 전에 겪은 일을 말씀해 주셨다.

"할아버지! 서울에는요, 이런 것을 버릴 곳이 없어요. 태울 곳도 없고요."

"이놈아! 그렇다고 이걸 여기로 싣고 오면 어쩌자는 것이냐?"

테리비 보니까로 해당화 뿌링이가 그 병에 좋다고 하드만. 내가 말이여, 전라도 땅끝마을까지 가서 그 나무를 캐온 사람이네. 큰메누리 살려 보것다고 안 댕긴 산이 없어. 다 소용없는 일이 되았네. 고것이 가고 나니까 손자란 놈이 아 글씨, 서울로 보낸 약초를 죄 싣고 무주로 내려왔더랑게. 감잎, 칡즙, 돼지감자, 더덕, 오갈피, 잔대, 민들레, 망개나무, 소나무껍질. 말로 다 못 햐! 밭 가운데 놓고 불을 싸질렀네. 뜯지도 않은 택배 상자를 불에 내던지니 잘도 타드만. 그래, 잘했다, 잘했다고 했지. 소장! 밭 가운데 앉아 울었네. 며느리 첫 제사가 어제였어. 큰아들은 즈 각시 숫밥이나 떠 놨는지 모르겠네. 우리는 우리대로 밥 한 그릇 떠 놓고 숟가락 하나 얹어놨었네.

"어르신! 돈 들어올 꿈이랍니다. 혹시 선물 들어오면 꿈풀이 삯 좀 주세요." 나는 분위기를 바꿔볼 요량으로 크게 웃으며 의자에서 일어섰다. 당신은 고개를 옆으로 돌려 피식 웃으시더니, "부탁 하나 더 하세. 육백아흔세 평, 십일만 원씩이면 얼만가?" 육백아흔세… 곱하기 십일만….

"그깟 밭뙈기 놔두고 죽으면 뭐 허것는가? 어떤 놈이 여기 들어와서 농사지었다간 굶어 뒈지기

십상이네. 나 죽으면 조상님께 면목이 없네. 오늘 땅금 남은 거 준다는 날인디, 그 돈 들어올랑 갑네. 소장 해몽이 참 신통하고만."

　　진료실 창가로 다가가 뒷짐 진 채 모퉁이 돌아가는 당신을 바라본다. 함께 걸어가는 그림자가 비틀거린다. 며느리는 살아생전 당뇨 합병증으로 투석까지 받은 것으로 안다. 병원에서 처방받은 약과 환자 수칙은 얼마나 많았을까. 셀프 케어 실천하기에도 버거웠을 것이다. 무엇이 당뇨에 도움이 될꼬 하여 끊임없이 서울로, 서울로 쏘아 올린 것들. 당신의 소원은 만날 수 없는 며느리를 보고 싶어 그리워하신 것이 아닐까. 방문 간호 출장에 나섰다. 제사 후 남은 것이라며 술병을 꺼내신다. 잔을 내미신다. 나는 마시지 않는다는 것을 잘 알면서도 내 앞에 놓으신다. 받아 든 막걸릿잔 속에 전구 보름달이 일렁인다. 한숨 불어 휘휘 마시는 한 잔. 반주 없는 단가(短歌)를 안주로 읊조린다.

　　이 몸 태어날 때 우리 부모 기쁘셨나. 할망구 평생 연분 하늘이 주셨지. 나 젊고 각시 어여쁘니 무엇이 부러울까. 검은 머리 파 뿌리 대더락 살자더니 늙어지니 쪽파로 갈라지는 신세로다. 나라 유공 탑을 세워도 또랑에 불 지른 가재가 칠천 아니라 칠억을 데려와도 무슨 소용이랴. 꿈자리 어이 이리 심란하오, 소장님아! 자는 듯이 편히 눈 감는 약 있걸랑 그거나 한주먹 줘보시게.

노년에 겪는 상실의 슬픔은 그 크기가 얼마나 될까. 물리적 손실을 넘어서는 심리적 고독은 감정의 소진을 부른다. 강 씨는 애통의 배를 타고 오늘도 눈물의 술강을 건너신다. 깊은 무의식 골짜기에 취기로 지친 당신 몸 누이실 제, 아무것도 하지 않아도 되는 간호가 있다면, 나는 그것을 행하는 간호인이 되고 싶다.

/ 소장님께　2017년 6월 6일 화요일 맑음 오후 1:40

　　휴일이지만, 학교에 나왔습니다. 학생들이 오고가고, 이 방 저 방문 여닫는 소리가 들려야 할 공간에 아무런 움직임도 소리도 없는 것이 좋네요. 오늘에서야 소장님이 보내신 박병문 사진집 『선탄부』*를 보았습니다. 영상*도 시청하였습니다. 천천히 여유를 가지고 봐야 할 것 같아 미뤄두었는데, 마침 시간이 났어요. 사진 아래 적힌 연도에 탄광에서 일하시는 분들이 계셨다는 사실을 확인하는 순간, 아직도 이런 산골에 사람들이 살고 있냐며 반문하는 관광객의 눈길을

어느 여자 광부의 하루, 박병문 사진집, 『선탄부』, 눈빛, 2017.

https://www.youtube.com/watch?v=VHGUk5OQ7Dk

저도 갖고 있음을 들킨 기분이었어요. 마음 가다듬고 작가 노트 읽은 후에 한 장 한 장 여자 광부의 하루 삶으로 들어가 보았습니다.

탄광에서는 늘 남자 광부가 주연이었다는 작가의 인식에 저도 '맞아요'로 동의했습니다. 그럼에도 어두컴컴한 그늘에서 일해 온 선탄부를 발견하고 그분들을 박 작가님은 '여자 광부'라 불러주셨습니다. 주의를 기울여 바라보고, 일상을 함께 하면서 눈만 드러내고 모두 감춰서 보이지 않는 모습인 어머니로서, 아내로서, 가장으로서 살아오신 존재를 알리고자 하셨더군요. 사진이라는 독특한 매체와 기법에 익숙한 작가들이야 참 많지요? 검정 분진처럼 사라지고 묻혀갈 사람들 삶 속에 숨겨진 가치를 발견하여 '여기 이 사람들을 보라' 하시니 사진가 박병문 작가님이 세상을 향해 전달하려는 메시지가 들립니다.

소장님! 저에게 사진은 예술적 감상의 소재라기보다는, 현실을 더 사실적으로 알려주는, 보다 생생한 리얼리즘이면서 사진가가 전하고자 하는 메시지에 집중하도록 만드는 매체입니다. 지금 제 마음으로 들어오는 두 가지 생각을 말씀드리겠습니다.

하나는, '선탄부'라는 일자리가 가장인 광부가 사고로 사망한 배우자에게 주어졌다는 사실에 깜짝 놀랐습니다. 남편이면서 아이들의 아버지를 빼앗긴 그 광산에서 일을 계속할 수 있는 것이 회사의 배려와 복지라니. 열악한 광산업 경영 상태를 고려한다 치더라도 이러한 현실은 많은 사람이 더 관심을 가지고 논의해야 하지 않을까, 라는 생각입니다. 박 작가님 노력이 더 큰 파장으로 이어져 갈 수 있으면 좋겠습니다.

두 번째는, 탄광 이미지 위에 오버 랩 되는 보건진료소였습니다. 기존의 석탄 에너지가 석유, 원자력, 태양 등으로 대체되면서 석탄과 탄광촌은 점점 지난 역사 속 유물이 되어가고 있습니다. 현재 남아있는 소수의 탄광과 진폐증으로 오랜 시간 투병하시는 광부들과 그 가족이 앞으로 얼마나 더 존속될 수 있을까요? 보건진료소가 있는 산간 오벽지, 도서 지역 주민들은 얼마나 오래 더 살아가실까요? 보건진료소에 근무하는 보건진료 전담 공무원이야 계속 선발할 수 있겠지요.

지금 같은 농어촌지역 개발 정책 틀 안에서 미래를 전망하여 보면, 사라지는 마을이 점점 더 늘어날 것입니다. 박병문 작가님도 당신의 아버지가 광부였다고 하셨고, 소장님의 둘째 딸이 보건진료소에 관하여 쓴 글을 떠올려 보면, 보건진료소는 그 마을을 기억하고 있거나 기억해야 할 이유가 있는 사람에게나 의미 있는 것이 아닌가 싶어서 안타까움이 큽니다. 제가 너무 부정적인가요? 그런 면에서 포내리에 살고 계신 어르신 한분 한분의 삶에서 지혜와 인내를 읽고 그걸 글로 쓰고 사진으로 담아내는 소장님의 노력에 존경과 감사드립니다. 그러면서도 어르신들의 삶에 보이지 않는 영향력을 휘두르고 있는 사회구조와 구조가 드러내는 모순에 대하여, 더 절실히 고민이 필요하다는 생각을 해보게 되었습니다. 소식 전할게요.

　　순천향대학교 간호학과 전경자 드림

/ 교수님께　2017년 8월 6일 일요일 맑음 오전 6:52

　　보내주신 책 말인데요, 『행운아』*에서 문장 공감 표가 늘어나고 있습니다. 자기 몸을 의사에게 맡기기 위해 필요한 기본적인 신뢰는 어떻게 얻어지는가. 연인에게도 쉽게 허락하지 않는 '우리 몸'에게 완전히 낯선 사람 의사가 접근하는 것을 허용하는 것은, 어린 시절 경험에서 비롯된다는 문장. 성性적인 것과 상관없는 육체적 친밀감이 의미하는 것은 도대체 무엇일까. 저도 평소 궁금했는데 이 책에서 답을 얻었습니다. 의사에게 자신을 맡기는 것은 스스로 어린아이 상태로 돌아가서 그 의사를 가족의 범위 안으로 끌어들이는 것을 의미한다. 그 순간 의사는 가족과 동등해지는 것이다. 이렇게 멋진 정의라니! 책을 보내주신 교수님과 영국의 시골마을 의사 존 사샬에게 감사한 마음 전합니다.

　　포내리에서 박도순 드림

『행운아』, 존 버거 저,
김현우 번역, 눈빛, 2014.

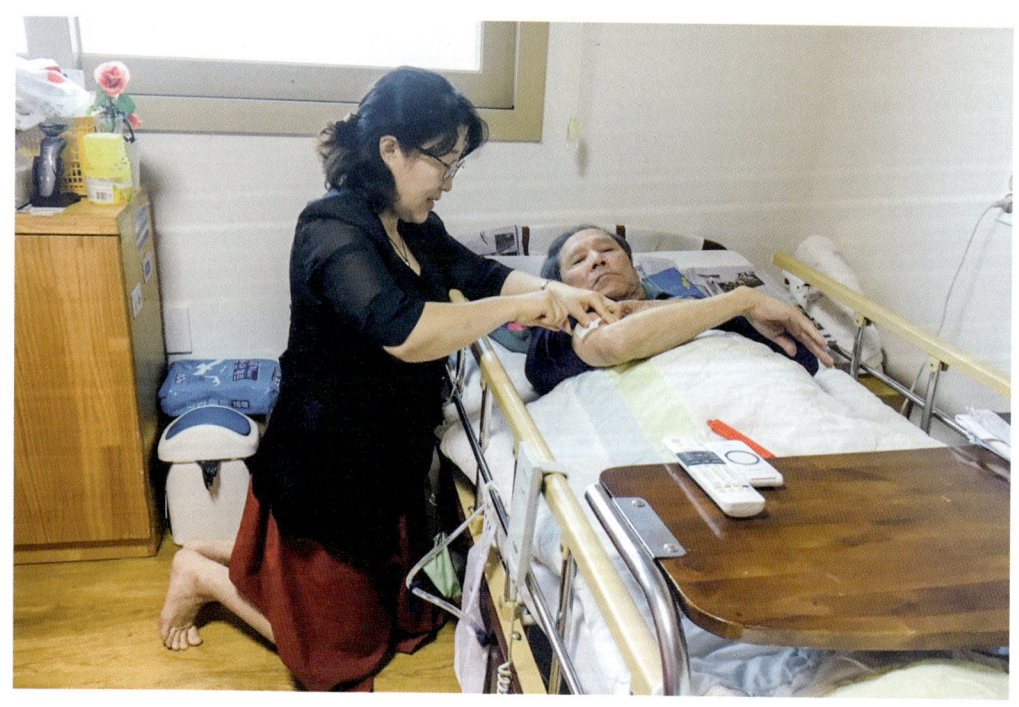

/ 교수님께 2017년 10월 13일 금요일 맑음 오전 8:02

몸 스치고 마음으로 닿는 촉감들. 농촌 간호 현장에서 사람과 자연과 삶을 나누는 간호사. 나는 학생들에게 이곳에서 보고 들은 것이 완전하고도 새로운 경험이었을 것으로 생각해요. 그대가 그걸 어떻게 아느냐고, 증거가 무엇이냐고 묻는다면, 글쎄요. 그러나 확실하죠. 대답할 수 있습니다. 손에 잡히는 증거를 제시할 순 없지만, 간호는 과학적 실천 학문이라는데, 그러고 보니 실천은 얼마든지 이야기하겠는데 과학을 제시하지 못해 민망하기는 합니다. 분명한 것은, 제가 확신한다는 그 자체니까요. 그것은 마치 경험하지, 경험되어지지 않은 낯선 곳에 첫발을 딛고 첫 만남에서 첫 눈빛 나눌 때 느껴지는 오래 기다려온 사람에게 충만한 설렘 같은 것. 두 사람의 눈동자 사이에 감도는 푸른 믿음 같은 것. 마음 가득 차오르는 어떤 감동. 그것을 과학으로 증명하기란 어렵지 않을까요. 아니, 증명해 보겠다 하여도 제가 동의하지 않겠어요.

간호학과 3학년 김재민, 유주희 학생이 당차게 묻던 질문들입니다. 지역사회간호 정의와 발전 방향, 지역사회간호의 최종 목표, 지역 주민과 함께했던 사업들. 그것이 지역 주민에게 어떤 효과를 불러왔느냐는 것이었습니다. 사업을 진행하면서 새롭게 깨닫게 된 보건진료소장의 역할은 무엇이었는지, 방문간호를 실시하면서 가장 뿌듯했던 일은 무엇이었는지, 병원 중심 간호와 지역사회 간호의 가장 큰 차이는 무엇인지. 지역 주민과 어떤 방식으로 소통하고, 어떤 방식으로 접근하는지 등. 13가지 문항이었습니다.

보건진료소에 학생들이 포내리에 오기 전, 질문 목록이 메시지로 왔습니다. 인터뷰 요청하니 허락해달라고요. 장문의 메시지에서 진심이 느껴졌어요. 실례가 되지 않는다면 직접 찾아뵙고 여쭙고 싶은데, 바쁘시면 전화나 이메일로 답을 주셔도 좋습니다며 자세를 낮췄더군요. 할까? 안 한다고 할까? 안 한다고 하면? 저의 거절 앞에 놓인 학생들을 떠올렸어요. 내가 싫다고 하면 학생들이 다시 노크할 곳은 어디일까. 지역사회에서 간호 활동 업적을 남긴 국내외 인물을 인터넷으로 뒤지겠죠, 그것도 뭐 나쁘진 않아. 제가 받아들인 것은 질문 앞에 놓인 나. 또 다른 '나'를 만날 수 있는 시간이 되겠다고 생각했기 때문입니다.

지역사회간호학이란 무엇일까요. 교과서적인 답을 옮기자면 내용과 범위도 다양하겠죠. 오래전 저희가 배운 학자 Freshman(1979)은 다음과 같이 말씀하셨습니다. "지역사회간호학이란 독자적으로 혹은 다른 보건-간호 요원과 더불어 교육 및 간호 제공으로 간호 수혜자인 지역사회주민의 건강 수준이 적정기능으로 유지되거나 향상될 수 있도록 기여하는 것을 목적으로 하는 과학적인 실천이다."라고. 이러한 간호 활동을 이행하는 지역사회 간호사가 수행하는 업무가 지역사회간호학의 근간을 이루는 것이겠지요.

보건진료소에서 실천한 농촌 간호 경험을 비추어봅니다. 농촌은 자체로 자연이어서 환경에 민감하죠. 계절과 자연, 주민을 둘러싸고 있는 공기와 물, 모두가 다른 습관과 건강에 대한 인식의 차이, 건강-비건강 상황은 날마다 발생하고 유지되고 분해되죠. 업무 수행에 필요한 대인관계 활동이 다양하게 형성되고 유지되는 것처럼. 게다가 간호 제공과 보건교육의 이론적 근간이 되는 학문 영역들, 의학, 간호학, 심리학 등 인간 중심 학문과 해부, 생리, 병리학 등 신체 구조 학문과 인구 집단 특성 등을 아우르는 융합적 과학 지식을 요할 뿐 아니라 힘써 탐색하고 공부해야 하는 '인간학'. 그런데 나는 게으르고 안일하다는 부끄러운 고백을 했습니다.

"혼자서 일하면서 힘든 일이 많았을 것이다. 특히 젊은 사람 부족으로 외로움도 있었을 것이다. 어떻게 극복하시는가?"라는 질문이 있었어요. 그래요, 나는 지금도 가끔, 여전히 외롭다고 말했어요(웃음). 감정 기복이 너울대는 성격이라 피곤하고 힘들 때는 그것을 극복하려는 극진한 노력을 꼽으라면, 먹고 자는 것, 책을 읽고 글을 쓴다고 했죠.

어르신들의 이야기를 글에 옮기고 그들의 삶과 함께하려는 몸짓. 젊은이들은 떠나고 그들은 농촌으로 돌아오지 않는 시대에, 떠나지 못하고 주저앉아 남은 농촌에서 나 또한 젊음에 머물러 있지 않고 함께 흘러가요. 그것이 그리 나쁜 것은 아니라는 철학이기에. 미래학자들은 30년 후면 지금의 반 이상 수준으로 지방이 소멸할 것이라는 예측을 내놓았죠. 꽤 오래되었어요. 과연 보건진료소는 어떻게 변하여 있을까. 그뿐만 아니라 우리나라 공공보건의료 체계는 어떻게 변할까.

모든 것이 도시로 집중되고 저도 소멸하는 농촌과 함께 쓸쓸히 사라지겠죠. 소도시 소멸과 보건진료소 운명, 나의 늙어감 자체를 관찰하는 흥미로운 관전 요소입니다. 쌍둥이들 밥을 줘야 해서, 오늘은 미완 글로 남겨요. 동유럽이 원산지인 미나리과 '고수 무침'은 어제 학생들이 먹기를 시도하다 포기한 반찬입니다. 가을 냉이가 한창입니다. 윗마을 장 씨 어르신이 우체통에 또 넣어두고 갔더군요. 이렇게 사랑을 먹고 마시고 힘냅니다. 오늘도 어제처럼! 내일은 오늘처럼.
박도순 드림

/ 2017년 11월 22일 수요일 맑음 오후 12:51

당신은 고혈압 관리를 보건진료소에서 받고 싶다고 하셨다. 그날 아침 가방에서 뭔가를 꺼내더니 나에게 건네주셨다. 그때 당신의 이상 행동을 감지해야 했다. 읍내 모 의원 주소가 인쇄된 봉투였다. 내용을 읽으니, 당신은 '후기 혼동 시기'에 있다고 적혀있다. 네모 칸을 훨씬 벗어난 의사의 서명은 확신에 차 있었다. 그는 당신이 다른 사람의 도움 없이는 일상생활을 제대로 할 수 없다고 진단하였다. 중증 인지장애 레벨 5. 이 점수를 해석하자면 당신은 평소 중요한 일과 지켜야 할 약속을 잘 잊어버린다는 말이고, 시간과 장소를 인식하지 못하여 배회 가능성이 높다는 말이고, 시간이 더 지나면 그들이 아들인지 딸인지 알지 못하게 될 것이라는 말이었다.

시간 개념을 잃어버려 오늘이 몇 월 며칠인지 알 수 없고, 공간 인지력을 잃어버려 1층인지, 2층인지 알 수 없고, 사람에 대한 기억도 차차 희미해져 당신은 사람을 잘 몰라볼 지경에 이른다는 뻔한 진행성 이론. 그 위에 당신은 서 계셨다. 혹 교육을 잘 받은 사람이라 할지라도 40에서 4 빼기, 결과에서 다시 4 빼기를 4연속 수행하지 못한다는 단계, 나는 당신의 연애편지를 당신 몰래 읽다 들켜버린 사람처럼 가슴이 두근거렸다.

보건진료소에 발령받고 보니 연세 많은 분이 많다 보니깐 제가 얘기를 해도 잘 못 알아들으시는 거예요. 그리고 귀가 어두우시니깐 내가 중요하다고 생각하는 이야기는 귀담아듣지 않고, 본인이 듣고 싶은 말만 듣고, 자꾸 이제 뭐 얘기를 자꾸 해도 정확하게 전달이 잘 안되는데 그걸 가지고서는 이제 조금씩 서로 조금씩 얘기를 하고 또 몰라서 다시 좀 알려드리고. 보건진료소에서 근무하려면 저는 그런 의사소통 능력이 제일 중요하다는 생각이 많이 들었고요.

어르신들은 계속 말씀을 나누고 싶어 하셔요, 처음에는 다 들어주었어요. 이야기를 들으면 들을수록 내가 뭔가 정보를 더 알아내고 있다고 생각했어요. 뭐랄까. 주민들과 가까워지고 있다는 느낌? 그런데 그게 아니더라고요. 이야기는 끝이 없고 아픔을 듣는다는 것이 고통 자체더라고요. 마음이 너무 힘들었어요. 기분도 상하고요, 너무 피곤하더라고요. 저는 섬에 살아보지 않아서요. 경험이 없기 때문에 지쳐갔어요. 그 후로는 배수진을 쳤어요. 뭔지 아세요? 진료실에 딱 환자가 들어서면 "무엇이 필요하신기요?"라고 먼저 물어요. 그건 뭐냐면요, 다른 얘기 필요 없다, 나는 당신이 빨리 돌아가길 원한다. 단지 그거예요. 환자의 이야기를 잘 들어주는 것이 간호사에게 중요한 술기라는 것을 배웠지만 그건 저에게 정말이지 너무 힘든 일이었어요.

당신과 나 사이 온전한 소통을 위하여 이 순간 나에게 필요한 직무 능력이 무엇일까. 가족과 한 지붕 아래에 살고 있으나, 그들을 만나기란 매우 어렵다는 것을 나는 안다. 입 벌기 바빠 어둠이 채 가시기 전 흩어지니 집은 단지 Bed Home일 뿐. 홀로 삶 아닌 독거노인이 어디 당신뿐이랴. 그러나 아직 당신은 당신과 자녀 이름을 알고, 우리 진료소 화장실 물 내리는 법을 아는데. 아차! 감출 수 없는 저기 저 바꿔 신은 신발을 보라. 염치도 없고 부끄러운 것도 모른다는 그것이 어느새 당신에게로 다가오고 있단 말인가. K-GDS(Korean ver. Global Deterioration Scale)*, 뒤로 넘기니 K-MMSE(Korean ver. of Mini-Mental State Examination)*. 당신 점수는 무학, 여, 13점. 몇 달 전에는 이보다 고득점이었는데.

어르신! 이 종이는요, 읍내 보건소 있잖아요, 거기로 갖고 가셔요, 4층에 치매안심센터가 있습니다. 당신은 나의 지극한 설명을 알아들으시는 건가. 그것을 행동으로 옮길 힘과 논리가 충분하신가. 의지를 인지로 연결할 고리는 오래전 녹슬었고, 이제는 끊어질 듯 헐렁한 그물이 아닌가. 당신의 근심 어린 눈동자를 바라보는 순간 인식되다니. 교육이라는 미명으로 행한 나의 수 없는 설명과 당부는 왜 결실치 못하는가. 당신과 나 사이의 익숙함은 사라지고 보이지 않던 낯선 그림자가 나타난 것처럼 완성되는 조각이라니.

소장, 부탁 하나 하세. 아들한테는 이 사람 치매 어쩌고저쩌고하는 얘기 비밀로 하소. 절대 말하든 안 되네. 얼마나 꼴 비는 일인가?

엠디핀에스, 아세클로페낙, 타세놀이알서방정. 고혈압 처방전이 진료실 바닥에 갈잎처럼 뒹군다. 상향 가압식 자동 혈압계입니다. 고객님의 혈압은 138에 89입니다. 감사합니다. 그녀 목소리는 바위에 떨어지는 씨앗처럼 무미하다. 당신은 11시 반 차를 기다린다. 귀는 듣기에 둔하고 눈은 보고도 안 보이는 당신 옆에서 GDS와 K-MMSE를 다시 읽는다. 혈압이 높은지 낮은지, 그것보다 절대 비밀에 신경이 쓰인다. 첫차로 보건진료소에 오셨다가 둥구나무 앞에 내리면 오후 4시 반. 홀로 나선 병원 순례길에 당신 곁을 지키는 것은 지팡이 하나. 보건진료소 오가는 험난함을 마다치 않으시더니, 여보게, 소장! 나헌티 치매 있다고 우리 아들 내우에겐 비밀이네. 얼마나 꼴 비는 일인가? 몇 번이나 손잡는 신신당부 아래 왼쪽 오른쪽 바꿔 신은 당신 신발이 오늘따라 더욱 낯설다.

어깨 위로 쏟아지는 햇살에 나의 당부가 녹아 흐른다. 당신을 만날 일이 더 있으려나. 슬픈 예감이 펄럭인다. 보건소에 가면 그쪽 선생님이 도와줄 것이라는 권유가 4층

특징적 증상을 통하여 치매 진행단계를 알아볼 수 있는 측정 도구. 인지장애, 기능장애 평가.

한국형간이정신상태검사. 인지기능 손상 측정 도구, 보통 치매선별검사라고 부른다.

치매사례관리사에게 가 닿기까지 얼마나 많은 시간이 더 필요할까. 불안하고 불확실한 확실성이 주는 이 무력감의 무게를 저울에 달고 자로 잴 수 있다면. 당신에게 스민 징조는 후기 혼동의 시기를 지나고 있다는데 나와 당신은 감추느라 바쁘다. 참 힘없는 그 비밀.

/ 2017년 12월 8일 금요일 맑음 오후 11:30

아버지는 마흔야닯, 엄마는 서른스이. 생각해 바라. 요즘 서른스이가 멀 아냐. 우리 엄마는 애기 때 죽은 거여. 다른 엄마들은 해가 넘어가면 다 삽작문 열고 즈 집으로 들어가는디, 우리 엄마는 영 안 오는 거라. 야닯 살 때부터 불 때고 밥 했응게 말해서 머 하것냐. 죽은 엄마한테 지금도 겁나 서운하다. 오빠는 예순아홉에 가번지고, 동상은 이제 일흔하난디 저 지랄로 바람 맞아버렸으니 누님, 누님은 보리밥도 잘 지었어요. 요새 젊은이는 보리를 알랑가. 열 살 먹은 것이 하면 멀 얼마나 잘 했을라고. 멀 잘 헌다고 토닥이냐. 누님은 참 당돌했어. 너무 심들어서 욕을 해재끼면 나보다 어린놈이 말이지, 누님, 다른 사람 원망하지 마세요. 그러면 누님이 더 나쁜 사람 된다, 아입니까.

그래 싸터니, 어느 핸가 징그랍게 가물어서 모를 못 싱궁게, 다 굶어 죽게 생겼니라. 옆집 아저씨가 그러더라. 친정 동네에 경운기가 있는 사람 엄는가요. 두 대고 세 대고 몰고 오기만 하면 줄 발 이서 주는 일은 내가 헐 테니께 소리 좀 해봐요. 이대로 앉아서 죽을 수는 없지요. 유월 보름 넘으면 모 못 싱궈. 너 아냐. 중간중간 호스를 이서 노꼬 경운기가 탕탕탕 돌아가 시작허는디. 바짝바짝 마른 논바닥으로 물이 쏟아지는디, 아이고야 이제 되았다, 이제 되었어! 아이고 이제 되았네! 논바닥에 퍼질러 앉아서 울었니라. 어린 것들도 나와서 고사리손으로 모를 꽂고 동네 사람도 나와서 도와 중게 좋아 죽것더라. 한쪽에서 어떤 놈들은 그 지랄하더라. 이제사 심어봤자 나락 한 가마니 건지지도 못하고 자네 술값도 안 될걸세. 미친놈들. 넘 잘 되는 꼬라지 못 보는 것들. 아나 쑥떡이다!

논 가운데 철렁철렁 물이 있응게 먼 걱정이여. 이제는 살았다 싶더랑게. 그란디, 모싱구고 나서 사흘도 안 댕게 논비닥이 또 갈라지는디 사람 환장하것드라. 느 마지기서 나락 아홉 가마니 쌀 다섯 가마니 맹글어졌다. 하늘님 덕택 아니냐. 그걸로 양식을 삼았응게 나락 스무 가마니 쌀 열 자루 안 부럽더라. 이런 얘기 한다고 누가 믿어주면 머하고 안 믿어주면 머 하것냐. 징그랍게 살았는디 저 지랄로 동상이 쓰러징게 참말로 맴이 아프다. 나, 누님 얼굴 보러 갈라네. 와라! 누가 못 오게 하냐. 내 치마폭에서 쓰러질라고 나한테 왔는가. 동상은 맨입으로 와도 나는 뭐든지 싸주고 싶어서 마늘도 주고 쌀도 주고, 없어도 주고 또 주고 싶은 그놈의 정이 뭔지. 동상이 가버린 방을 봉게 텅텅 비어가꼬 나만 겁나 서운하다. 요새는 다 서운한 거 뿐이다.

텅 빈 밭에 가도 서운하고, 큰방도 비고, 아랫방도 비고, 마당도 텅 비고, 내 가심도 텅 비어서 쇠시랑 긁는 소리가 난다. 일일군지 지랄인지 불러서 병원 갔는디 가다마이 잘 입은 양반이 오더니, 돈 가져왔어요? 그러길래 아니요, 그랬더니 있는 대로 내놓으시오, 하더라. 썩을 놈들! 병원 가면 왜 돈부터 내놓으라 지랄이냐. 칼만 안 들었지, 강도보다 더 하드만. 사람이 먼저 살고 볼 일이지, 돈 없당게 사람도 안 주것드라. 병원이 그런 곳이드만. 아이고 무시라. 만고풍상 나만 으면 되는디, 동생이 먼저 죽을랑갑다. 백 살을 먹어도 똥 잘 싸고 사람만 알아봄사 먼 걱정이냐. 차라리 뒈져버리면 션한디, 못 할 말, 할 말 다 하지마는 동상을 이 병원 저 병원 끌고 다님시나 고생시키면 어짜나. 그게 젤 걱정이여. 무슨 죄를 지어서 이런 염병인지, 백살시럽게 지랄허는디 오래 살면 머 하냐, 사람 가치가 없는디. 다 죗값이다.

고추가 다 병들어서 뽑아내고는 배추를 심었더니 좀 잘됐냐. 배추 하나를 반으로 쪼개봉게 독딩이보다 더 단단허고 노랑노랑허니 알이 꽉 찼더라. 고놈! 인정사정없이 소금을 뿌려봉게 싸락싸락 눈 내리는 것 맨치로 어찌나 이쁜지. 소금밭 걸어봤냐. 발바닥이 션하고 보통 간지러워야. 밤하늘 별맨치로 반짝거린당게. 배추는 숨이 죽웅게 덩치가 사 분지 일도 안 되는구만. 재우재우 건져놨는디, 내 근심 열 배나 늘었으니, 어짜믄 좋다냐. 누구는 쓰러지고, 누군가는 일어서고, 누구는 앉아 있고, 세상 참 지랄맞다. 산다는 것이 불바다 가치로 깜짝 뜨겁다가 얼음장같이 차갑다가, 거참 희한한 거여. 오래 살면 머 하냐, 질로 가치 없는 기 사람이다. 오래 산 죄다. 오래 산 죄.

/ 2017년 12월 11일 월요일 맑음 오전 5:49

꿈을 꾸었다. 마을에 나를 괴롭게 하는 어르신이 계신다. 미운 마음 품었다. 팔순 넘은 당신 늙음과 허약이 다른 사람보다 5배속이나 빠르게 진행하는 것처럼 느껴지는 요즘. 얄밉다가 불쌍하다가. 마음이 시소를 탄다. 꿈에 어르신이 반듯하게 누워 계셨다. 분명 살아 계셨다. 독수리도 아니고 진돗개도 아니고 인간도 아닌, 괴이한 짐승이 어르신 얼굴을 뜯어 먹기도 하고 쪼아 먹기도 한다. 붉은 피는 안 보였다. 쳐다보는 것조차 괴롭고 무서운 육골이 드러났. 더 험한 것이 보이면 어쩌나. 고통과 흉측을 마주하며 나는 어쩔 줄 몰라 하는 중 가위눌렸다. 그놈이 힐끔 내 눈치를 본다. 나는 저놈을 빨리 쫓아버려야겠다는 생각으로 일어나려 했다.

꿈속에서 그런 동작은 언제나 바위처럼 무겁고 거미줄로 얽히지. 얼음땡 놀이처럼. 그분 안부를 살펴야 하나 보다.

/ 교수님께   2017년 12월 16일 토요일 맑음 오전 5:02

교수님이 남긴 시詩에서 감동하였습니다. 시야! 너도 이미 세상에 있었구나. 누군가 지금 내 기분 글로 써준다면 얼마나 좋을까, 생각하면 이미 제 마음 알고 있기라도 했다는 듯이 세상 밖에 있던 시가 제 안으로 들어오는 기분이 듭니다. 읽다 보면 시인은 나에게 다가와 소리 없이 낭독까지 하시죠. 세상이라는 바다에 빠져 허우적거릴 때, 시는 구명조끼처럼 다가온다는 저의 소신이 확신이 되어 기쁩니다. 아픔 뒤에 찾아오는 위로와 눈물 뒤에 맑음, 그래, 맞아. 그렇지! 하다 보면 시는 저를 일으켜 세웁니다.

남편과 차를 마시며, 사라져서 아름다운 것들을 이야기했습니다. 시간, 젊은 날, 소식 없는 사람, 도전, 강아지풀과 채송화, 바람, 국화, 엄마와 나비, 이루지 못한 꿈들까지. 어느 것 하나 아름답지 않은 것이 없다는 결론에 이르렀죠. 때로는 주저앉아서 울고 싶던 순간까지도

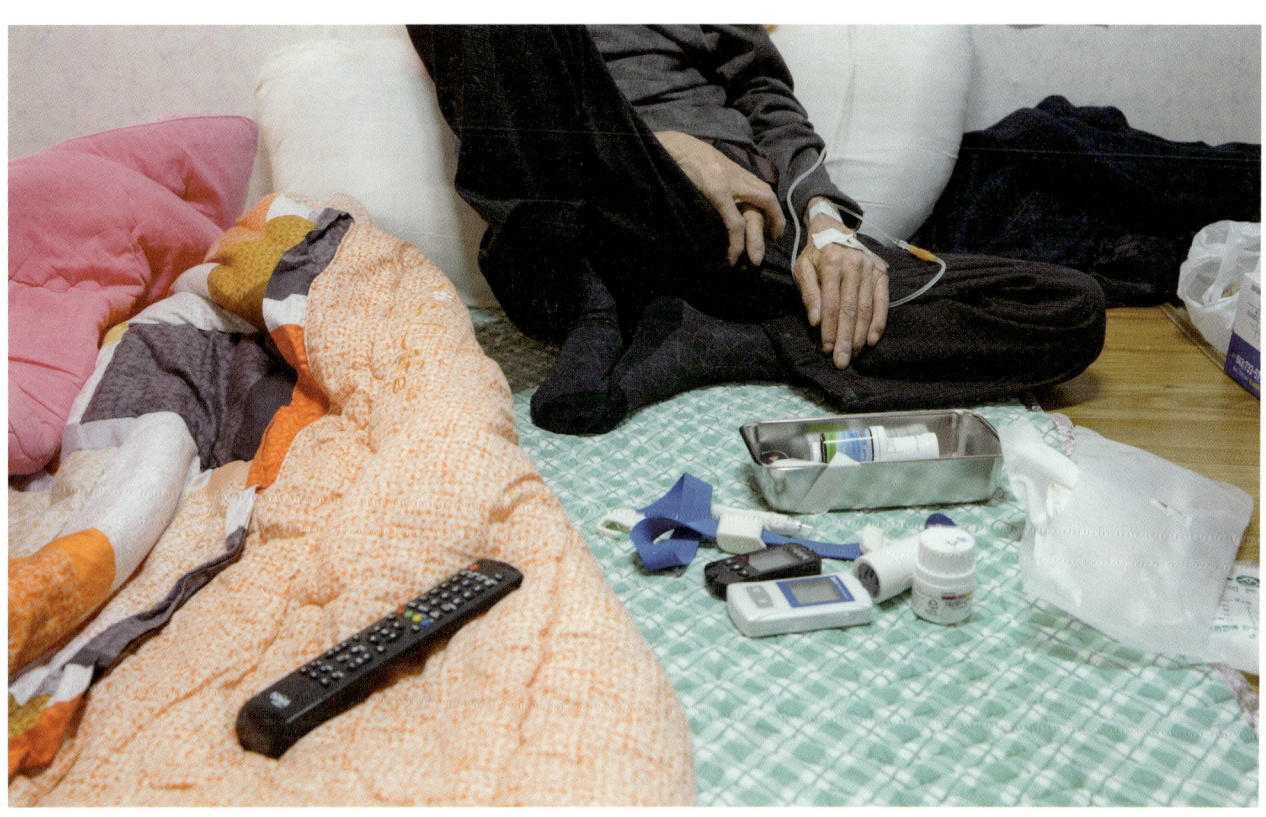

돌이켜 보니 지금 우리를 빚은 신의 한 수가 아닌가. 남은 시간은 조금은 침묵하고, 조금은 여유 있게 살자고, 세상이 그렇게 놓아주지 않더라도. 우리는 가지 않을 수 없는 길 위에 선 운명을 친구처럼 받아들이자고. 남편이 서둘러 준비하라고 합니다. "우리는 두려움에 빠질 때 총을 발사한다. 그렇지만 향수에 젖을 때는 사진을 찍는다. 인정하든 안 하든 간에 인간 모두는 관음증 환자다." 수전 손택.*

『타인의 고통』, 수전 손택, 이후출판사, 2004.

서울에 다녀오겠습니다. 주말 평안하세요.
박도순 드림

/ 박소장에게 편지를 써 보오! 2017년 12월 19일 화요일 맑음 오후 6:41

다음 주에 업무 인계하기로 했어요. 원장님, 과장님, 계장님들과 저녁 식사하고 진료소로 돌아왔습니다. 내년 봄에 후배들 직무교육 끝난다고 하니, 보건진료소는 몇 달간 공백이 생길 것 같군요. 후배들이 1년 동안 연수 과정이라 직원 신분이어서 대체 근무나 연장 근무 어렵고 결국, 현실적으로는 보건진료소 근무자가 없는 상태이니, 정상 운영이라고 보기는 어려울 것 같아 남아 계신 소장님들이랑 보건의료원 원장님과 행정과 잘 협의해야 할 것 같습니다.

어쩔 수 없는 상황이군요. 조만간 모여서 지혜를 모아야겠어요. 의료원에서도 처음 겪는 일이고, 저희도 마찬가지잖아요. 지역 어르신들 불편 최소화하고, 저희도 협력 방안에 대하여 서로 의견 나누겠습니다. 고맙습니다. 후배들 인사 발령은 내년 늦은 봄날일 테니, 인계 끝나면 당분간 쉬시고요, 새로운 앞길 축복합니다. 서운하고 아쉬운 마음 말해서 뭐 합니까. 떠날 때는 말 없이! 이른 아침이지만 건배라도 하고 싶습니다. (카톡)

왠지 모를 슬픔과 분노 감정이 뒤엉킨다. 생각나는 대로 마구 자판을 두들겼다.

보건진료소 건물이 썩어지든가 허물어지든가, 주민이 불편을 겪든가 말든가, 떠나는 사람이 머시라고 걱정이에요? 라고 쓰지만, 사실 그게 큰 걱정입니다. 어린 후배들 고생하지 않아야 할 텐데. 언니 아니, 엄마 같은 심정입니다. 게다가 애틋한 우리 주민들, 보건진료소 비어 있는 동안 불편 없기를 바라는 지고지순한 짝사랑이여. 준비된 이별인데도 이리 힘이 드네요. 눈앞에서 사라져 버리는 것만큼 아름다운 것은 없다. 며칠 전 영화 보며 들은 대사입니다. 저에게 비수처럼 꽂히더군요. 진료소 마당에 쌓인 눈, 여름날 채송화, 가을날 강아지풀, 뒹구는 가랑잎 한 장까지 얼마나 아름다운가요. 소장님! 떠나는 분들은 따로 있는데, 요즘 저는 보내는 사람 '앓이'로 너무 마음 아픕니다. 하루가 지나면, 아! 함께 할 시간, 하루가 또 줄어들었구나.

그런 마음.

박 소장! 나를 불편하고 힘들게 만드시어 마음으로 미워했던 어르신까지 모두 아름답게 보인다오. 그분들을 모두 안아주고 싶어. 이것이 사랑이라는 것일까. 그동안 쌓인 미움과 오해를 씻고 뜨거운 포옹 나누고 싶어. 어찌 보면 껄끄러운 당신 덕분에 나는 긴장할 수 있었구나, 매무시를 더 추스를 수 있었던 것 같아요. 사랑이란 이런 것이구나. 예순 문턱에서 깨닫습니다. 나는 나를 사랑한 사람, 미워한 모두의 덕분이라는 것도.

내일 일은 내가 염려할 것이 아니라 내일이라는 주어가 염려해 준대! 염려를 가불하여 염려하지 말라는 것인 줄 알았는데, 기쁨만 누리며 살라는 신神의 부탁이었다는 것을 알았다오. 뒤집어 보면 오늘도 내일도 너의 것인 양 알고 살지만, 내일은 너희 것이 아니라 내일 것이란다. 맞습니다. 그동안 놓치고 살았습니다. 내일이 내일 일을 염려한다니 놀라운 일이죠. 보건진료소에 근무하면서 보건진료소 지역이 아닌 다른 어떤 것에서 가치를 발견하려고 발버둥 치지는 않았나 돌아봅니다. 우리 뿌리는 보건진료소이고, 소장님이나 저나 심장의 본체는 간호사잖아요. 무시로 호흡하면서 공기의 소중함을 잊고 사는 것처럼, 망각의 어리석음도 우리 몫이네요. 이렇게 이야기 나눌 수 있어 좋아요!

선배는 산부인과에서 간호사로 근무하다 보건진료소로 오셨다. 나보다 아홉 살 언니. 맏딸인 내게 선배님은 맏언니처럼 자상했고, 때로 성급한 나에게 꾸지람도 아끼지 않으셨다.

은퇴의 때가 이르렀고 선배는 이제 보건진료소 근무 일수가 열흘도 채 안 남았다. 사택에 있던 옷가지며 그릇, 상자에 넣고, 짐을 옮기고, 보따리를 싸고 계신다. 오랫동안 짐들이 놓여 있던 자리에 찬 바람이 비집고 들어오니 찻잔 부딪치는 소리, 풍경처럼 퍼진다. 때 묻은 소파, 식탁은 우두커니 놓여있고 빛바랜 커튼 사이로 해거름 햇살이 머리를 빗는다.

떠나는 사람은 출국 라운지에서 커피를 마시는 사람이다. 예외 없이 시계를 힐끗거리며 떠날 시간을 가늠하는 사람이다. 그것은 고용된 사람의 운명이라는 글을 읽는다. 타인이 나의 은퇴를 결정하는 고용 정년, 자신이 자기 정년을 결정하는 일의 정년, 하늘의 뜻에 따라 세상을 떠나는 인생 정년이라는 말까지. 건강하려니와 연륜이 깊어 젊은 날 패기보다 이제 노련함으로 넉넉한데 등 떠밀리는 사회적 아웃이라니.

선배님은 갈림길에서 어떤 꿈을 꾸고 있을까. 알 수 없는 어느 빈자리는 어디에 있고 무엇일까. 놓아준 과거만큼 미래는 열리는 법, 선배가 떠난 자리에 후배가 들어와 채우듯이, 앞으로 열릴 선배님 인생 부대에 새 기쁨이 넘치기를 기도한다. 그래도 부인할 수 없는 것은 시린 허전함이다. 심장에 회초리를 맞은 것도 아닌데, 참 아프다.

삼방보건진료소 조진순 씀

/ 2017년 12월 22일 금요일 맑음 오전 8:02

조 소장님은 산부인과에서 간호사로 근무하다 보건진료소로 오셨다.

/ 교수님께   2017년 12월 27일 수요일 맑음 오전 7:20

책이 이렇게 마냥 좋을 수만은 없을 텐데 하였더니. 역시나 우리를 고통스럽게 하는 이야기가 이어지는군요. 의역하자면 책은 단순히 문자 집합체가 아니라 '살상 무기'라고 해도 과언이 아닌 것 같습니다. 때로 신경 발작적 증상을 일으켜 인간을 고통스럽게 만들기도 하고, 우울하게 만들기도 하고, 끝내 자살에 이르게 만드는 다리가 된다는 사실을 확인하였습니다. 같은 책을 두 사람이 읽는 경우 동일한 소감을 기대하기란 어렵습니다. 책이 지닌 통제 불능한 창조성으로 그것이 비극을 초래할 수 있다는 반론은 놀라운 재발견입니다.

스웨덴 소설가, 스티그 다게르만은 글쓰기가 자신의 상처를 더 아프게 했다고 주장하였습니다. 다작의 귀재였던 그 작가는 음주벽으로 몸이 쇠약해져 서른한 살에 스스로 생을 마감했군요. 버지니아 울프도 일생 해 온 글쓰기가 오히려 불안을 가중시켜 쉰아홉 살에 스스로 생을 마감했다니. "단지 글 쓰는 법을 배워나가는 것일 뿐, 평생 글을 쓴다고 해도 우리를 구원하지 못한다"라는 마르그리트 뒤라스* 어록이 뼈근하게 다가옵니다.

문학은 행복과 불행을 동시에 품고 있습니다. 책은 약이 되기도 하고 독이 되기도 합니다. 돈키호테는 책 때문에 완전하게 미쳤고, 파스칼 로즈는 톨스토이 작품을 읽은 후 심각한 질병에서 완쾌되었고, 루소는 편집증에서 회복된 후 자신과 화해하고 죽었다는 예화. 정말이지 삭막한 현실을 위로해 주고 혼란과 맞서게 하는 독서가 지닌 역동적이고 불가사의한 위력은 신비롭기만 합니다. 겉보기에 독서는 단순히 읽는 행위 같지만, 어떤 도구 이름을 읽는 것만으로도 실제와 똑같은 마음 상태가 된다고 하니, 읽기가 능동적 작업일 것이라는 가설이 검증되기에 충분합니다.

간호사에게 중요하게 여겨지는 의사소통 방법론 중 우선시하는 것으로 '경청과 공감'을 꼽습니다. 환자의 이야기를 들어주는 일, 타인의 고통에 공감하는 능력. 간호 대상자인 인간을 공부하는 기본간호학 시간부터 강조되는 덕목이죠. 저는 때로 질문합니다. 타인의 고통을 경청하고 공감하느라 고통스러워지고 아파져 버린 간호사는 누가 돌봐줘야 하는가. 간호사란 자기 고통쯤은 스스로 간호해야 사람인가? 환자는 당신의 아픔을 의료진에게 이야기함으로 고통을 쏟는데, 간호사는 자신의 고통을 어디에 쏟아야 할까. 저는 죽을 것 같은 피로감을 쓰는 행위로 해소합니다. 살기 위한 몸부림이죠. 씻김굿처럼!

음악이든 미술이든, 문학이든 사진이든, 들꽃조차 고통의 산물입니다. 작가들은 때로 목숨을 거는 위험을 감수하면서 누구도 더 이상 갈 수 없는 끝까지 가닿은 작품을 세상에 내놓습니다. 그래서 글은 작가의 자아이면서 환대처이면서 피난처이면서 자신입니다. 글 고랑 사이로 들어가 은밀하게 몸과 마음을 웅크린 채 쓰고 읽다 보면, 나는 어제의 내가 아닌 새로운 인류가 되어 버린 기분이 듭니다. 글이 지닌 마력입니다. 그래서 쓰기를, 책 읽기를 도무지 끊을 수 없어요.

박도순 드림

『우리의 고통을 이해하는 책들』, 레진 드탕벨, 펄북스, 2017.

/ **소장님께**   2018년 1월 8일 월요일 맑음 오전 7:41

소장님이 준비 중인 사진 전시회를 성공적으로 마치기를 바라는 마음으로 후원 부탁 글을 올렸습니다. 내용을 공유합니다. 진심으로 잘되기 바라는 마음들이 모아질 것입니다. 많은 교수님이 동참하실 것으로 믿습니다.

　　후원 부탁드립니다.

요즘 영화『1987년』이 30년 전의 기억을 소환하듯, 그때 그 시절의 나를 돌아보게 하는 사진 전시회를 여기 소개합니다. 박도순 상곡보건진료소장의『바람의 초상』*입니다. 전시 장소는 충무로 반도카메라 갤러리입니다. 서울에서 나고 자란 내가 서울 한 복판에 있는 대학병원에서 근무할 때, 의사도 없고 약국도 없는 벽오지와 섬에서 또래 여성 2,000여 명이 근무하고 있다는 사실을 몰랐습니다. 진료소에 전화도 없어 이장님 댁으로 달려가야 했고, 연탄가스 중독으로 큰일을 당할 만큼 열악한 직장이었다는 것은 상상도 못 했습니다. 지역에서 유일한 의료인이었기에 한밤중에 가정분만을 돕거나 응급환자를 인근 병원으로 이송하는 일은 수없이 해냈다는 사실은 뒤늦게 알았습니다.

　　소장님들의 초창기 이야기는 들으면 들을수록 같은 시절을 살면서도 너무도 다른 세월을 살았다는 것을 실감했습니다. 도시가 빠른 속도로 커지고 발전하는 동안 보건진료소가 있는 마을에 사는 분들은 점점 줄어들었고, 고향 삶터를 지키며 살아오신 분들은 어느덧 머리가 희고, 눈 귀 어두운 노인이 되셨습니다. 한 곳에서 오랫동안 주민들과 삶을 함께하면서 진료소장님들은 주민들의 나이 듦을 지켜보셨고, 그곳에서 살아온 사람들이 어떠한 삶을 살아오셨을지 헤아릴 수 있는 연륜을 쌓으셨습니다.

　　지난 30여 년의 경험을 통해 깨닫고 배운 지혜는 그 일을 이어갈 후배들을 위해 길이 기록하고 남겨야 했습니다. 많은 소장님이 논문이나 책으로 발표하기도 했고, 시집으로 묶어내기도 했지요. 이번에는 그동안 그분들을 가장 가까이에서 지켜보고 이야기에 귀 기울여 들으며 알게 된 진실을 카메라로 포착해서 사진으로 보여주십니다.

　　시간의 흐름을 따라, 숫자나 성과로 주장하는 것이 아니라 어르신들과 간호사가 서로를 잘 알고 신뢰하며 존중하는 관계를 맺는 것. 이 사진 전시회에서는 바로 그러한 모습을 보여줍니다. 한 분 한 분의 초상에서 결코 가볍지 않은 세월의 흔적을 읽을 수 있고, 삶에 대한 경외심을 느낄 수 있습니다. 최선을 다하여 인간에 대한 예의를 갖춘 간호사의 진정성이 이렇게 표현될 수 있다는 것이 자랑스럽습니다.

　　여러분들에게 부탁드립니다. 이 전시회를 작가 개인의 성취로 보기보다는 남다른 간호의 정신을 실천한 것을 응원하고 격려합시다. 마음으로 전시회를 후원하여 주십시오.

http://www.bandocamera.co.kr/board/gallery/read.html?no=4594&board_no=8

사진작가로서 전문성을 인정받는 자리라기보다 돌봄의 간호 철학을 예술적으로 구현한 자리로 보시고 함께 하여주십시오. 후원금은 성의껏 계좌로 보내주십시오. 여러분의 뜻을 잘 전달하겠습니다. 후원금 모금 목표는 300만 원입니다. 후원하신 분들은 2월 10일 오후 3시, 〈작가와의 만남〉 시간에 모입시다. 모금 기한은 1월 31일까지.

전경자 알림

/ 교수님께 2018년 1월 16일 화요일 맑음 오후 6:47

8시 34분. 삼방보건진료소에 도착하였습니다. 오토바이가 마당에 서 있더군요. 어르신은 현관 앞에 앉아계셨습니다. 큰길에서 마을로 들어오는 길 따라오다가 보건진료소가 보이는 곳으로 좌회전. 어르신과 인사를 나누었습니다. 새로 오신 소장님이신가요? 아, 네, 저는 화요일에 옵니다. 이장한테 들었습니다. 소장님은 어디에서 오셨습니까? 어디가 편찮아서 오셨나요? 이른 아침에 오신 걸 보니 밤새 많이 아프셨군요, 그렇게 여쭤야 옳을 것입니다. 그런데 저도 같은 질문을 드렸다. 어르신은 어디에서 오셨나요?

이동에서 왔습니다. 방이리입니다. 산이고 밭이고 배나무가 많아서 배골이라 불렀죠. 지금은 다 베어지고 없어요. 이름만 남은 이동梨洞. 배나무 골짜기. 배꽃 만발한 밭, 그 밭에 있는 사람들, 그리고 분명 뛰어놀던 어린아이들이 있었을 그곳. 그림 같은 풍경을 상상한다. '조선 청실'이라고 해서 배 하나가 사발만 한 것이 열렸습죠! 나 어렸을 적 우리 집 마당에도 배나무가 있었는데 주렁주렁 열렸고요. 조선 청실? 처음 들어요! 지금도 있어요? 다 캐냈죠. 아, 그렇군요. 마을이 참 예쁩니다.

머리가 아프다. 콧물이 난다. 기침이 난다. 가래 나온다. 감기 환자 7명, 소화불량 3명, 고혈압, 어깨, 무릎 관절통 등. 오늘은 13명 환자를 만나고, 본인 부담비 2,700원, 투약 일수 93일. 9통의 전화를 받았고, 상곡보건진료소 쪽 환자에게 전화 5통. 순환 근무는 프로그램 ID와 공인인증서 비밀번호 입력, 꼬이고 꼬여, 몇 번을 입력했다가 또 입력하고 지우고 또 지우고. 몇 주 더 지나면 익숙해지려나? 번거롭습니다만. 하루하루 꿈꾸는 것 같습니다.

삼방보건진료소에서 박도순 드림

/ 교수님께 2018년 2월 2일 금요일 맑음 오전 6:12

오후 세 시 햇살이 어제와 분명히 달라요. 이제 봄이구나. 저도 모르게 속삭였습니다. 먼 산 목덜미를 감고 지나가는 이 기운은 드러나 보이는 것이 아니어도 분명하여서 지그시 눈을 감아봅니다. 어서 와. 마룻바닥 틈새에 머문 햇살이 돌비늘로 반짝거리는 그림자. 젖은 솜처럼 무거워도 아, 이젠 됐어. 그렇지, 오고 있잖아. 산 너머 저쪽 풍경 혼자 알아버린 것마냥 마음이 들뜹니다.

진료실 소파에 천천히 몸을 누였습니다. 소소하지만 확실한 행복이라는 유행어가 딱 이 순간을 말하는 것이구나, 라는 그때. 책상 위 휴대전화에 메시지 알람. 잠긴 화면을 열었습니다. 낯선 번호에 사진 두 장이 따라왔는데, 사진 속 그녀 입가에는 물집이 있었고, 확대된 눈은 충혈되어 있더군요. 눈언저리 얇은 막에 눈물이 고였는데, 어디인가? 누구신지요? 조심스레 카톡을 보냈습니다. 인천에 산다는 그녀는, 고향에 다니러 갔다가 어머니가 주신 감기약을 먹었는데 이런 증상이 나타났다고 하더군요. 약을 사진으로 보내라고 했죠. 제 처방이 맞았습니다. 그분 어머니 진료기록부를 열었습니다. 다녀간 지 한참인데 우리 보건진료소 약이 인천까지 날아갔구나. 뭐, 그리 놀랄 일도 아닙니다. 강원도 모 부대 소대장이라며 전화가 온 적도 있었으니까요.

사진 속 약으로 봐서는 머리가 아프고, 콧물이 나고, 기침이 나고, 가래가 나온다는 호소입니다. 예측할 수 있죠. 김 일병 어머니 진료기록부. 감기가 영 낫지 않는다, 목이 아프고 머리가 아프고 콧물이 나고 기침이 난다. 그래서 그러셨나? 합리적 의심 후 확인한 결과 부지런히 모은 감기약을 군대 간 아들에게 보내신 것입니다. 입가에 물집이 잡히고, 눈언저리 얇은 막에 물이 고인 부작용 주범은 무슨 약일까. 약품마다 설명서를 펼쳐보았습니다. 황색 5호 알루미늄레이크, 유당수화물이 첨가된 Non-Steroid 성 해열진통항염제. Aspirin보다 서른 배나 강력한 작용을 가졌다는 약. 모든 염증성 질환에 널리 사용되고 있고, 각종 독성시험에서 안정성이 확인되었다는 그 약.

두통, 치통, 생리통, 근육통, 신경통, 류마티스양관절염, 감기로 인한 발열 및 통증, 요통과 수술 후 통증을 다스린다는 그 약. 이 정도면 우리를 괴롭게 만드는 통증을 다스리는 만병통치약처럼 보이지요. 그 약이 품고 있는 약리 아래에 몇 배는 많은 주의 사항과 복용 중지 권유 부반응들. 과연 약인가, 독인가. 매일 석 잔 이상 술을 마시는 사람에게는 위장 출혈이 유발될 수 있다는 경고를 시작으로 반드시 의사, 약사와 상의하라는 설명을 읽노라면, 인천의 그녀가 겪은 물집과 부종은 차라리 귀여운 편입니다.

명백한 증상이 없더라도 신속하게 의학적 처치를 받으라는 과량 복용 대처법까지 한 알이 가진 천의 얼굴. 그리 대단한 염증에 유효하다는 안정성에도 불구하고, 너무 아파 술이라도 마시는 날에는 아무리 아파도 진통제를 먹으면 안 된다는 말이구나, 아스피린보다 그렇게나 강력하다면서도 마음마저 치료할 자신은 없는 모양이네. 피식 웃었습니다. 보건진료소 내소자 하루 15~20명, 많으면 50명이 넘은 지난 27년 동안 저는 이 약을 얼마나 처방했을까요. 어림잡아 백만 건이 넘는데, 그동안 아무 문제가 없었던 것인지, 아니면 수없이 많았지만 드러나지 않은 것인지. 아, 나는 기적 같은 삶을 살았구나. 절로 가슴을 쓸어내리지 않을 수 없었습니다.

　　건지섬 북클럽 줄리엣이 애덤스에게 보낸 편지글 일부에 빗대자면, 제 약이 어쩌다 인천까지 갔을까요? 제 약이 어쩌다 군대까지 갔을까요? 아마도 약들은 저마다 은밀한 작용 본능이 있어서 자기를 먹어줄 환자를 찾아가는 모양이에요. 그게 사실이라면 얼마나! 사람이 각자 길을 가듯 약에도 길이 있는 것일까. 길 아닌 길에 약을 내보내는 마음은 어떠해야 하는가. 나에게 맞는 약이라고 다른 사람에게도 맞을 것이라는 발상은 얼마나 위험한 발상인가. 문제 어머니와 일병 어머니를 찾아가 그것은 잘못된 사랑이라고. 그 사랑 멈추라고. 전화가 울릴 때마다 가슴 한 조각이 쭐렁! 또 무슨 일일까. 예측을 벗어나는 상상 너머의 일들은 언제나 예외적이어서요.

　　아침 7시 반, 덕유산휴게소에서 겪은 일인데요, 카드 결제 진행 순간 오른쪽 전자레인지 옆에 놓인 폐의약품 수거함을 보았습니다. 붉은 십자가 원형 표지 상자에 더는 밀어 넣을 수 없을 만큼 버려진 약이 많았습니다. 한눈에 훅 들어온 것이 있었는데. 상자 밑바닥에 짓눌린 보건진료소 글씨. 선명한 약 봉투. 녹색 글자 속 알약들이 저를 알아보고 나도 저들을 알아 끌어당김과 이끌림이 번개처럼 마주친 기분이었지요. 저 약을 드신 분은 몹시 배가 아팠구나. 속이 쓰렸구나. 소화가 안 되는 사람이었구나. 그 외에도 처방자의 배려가 보이는 유산균제와 비타민제. 고속도로 휴게소에 약을 버리고 갈 정도라면 누군가의 불편은 이미 사라졌다는 말인데. 사랑에도 복용법과 주의 사항이 있다면 어떠할까요?

　　공복에는 절대 사랑하지 말 것, 하루 석 잔 이상 술을 마시는 사람이라면 사랑하지 말 것, 하루 세 번, 식후 즉시 사랑할 것, 부작용으로는 침묵이 나타날 수 있음, 가슴이 멍들 수 있음쯤! 봄이 옵니다. 사랑 따위, 연연해하지 않으시는 그분의 숨결.

　　포내리에서 박도순 드림

/ **소장님께** 2018년 2월 2일 금요일 맑음 오전 8:38

이 편지는, 좋아요를 누를 수 없군요. 차마. 오전 8시 38분입니다.
전경자 드림

/ **소장님께** 2018년 2월 7일 수요일 맑음 오후 3:10

『바람의 초상』 개인 사진 전시회 진심으로 축하해요! 소장님이 생각하신 바람의 의미는 무엇일까요? 저는 '바라다'의 바람으로 받아들였어요. 무엇인가 간절히 원하거나 간절하지 않더라도 꾸준히 실천하다 보면 어느 순간, 마치 나의 간절함이 완성된 듯한 착각이 일기도 하지요. 전시 포스터 속 사진의 주인공은 누구실까요. 결코 평범하지 않은 인물입니다. 처음 보았을 때 충격을 받았답니다. 저에게는 일반적인 어머니의 모습이 아니었거든요.

많은 일이 한꺼번에 일어나는 시기에 제 생각이 실천을 따라가지 못하는 시기, 마음은 격정의 파고가 늘 출렁이는데, 쪽배 하나에 저를 의지하고 바람이 잦아들기를 기다리고 있는 형국입니다. 쪽배 하나 의지하고 출발했던 망망대해에 내가 도착하고 싶었던 곳은 어디일까. 파도 속에서도 미지를 향해 나아가는 기다림의 선상에 저를 맡기고 있습니다. 근무지가 변경되어 이사하던 날, 축하 화분 들고 새 부임지까지 오셔서 이곳저곳 살펴보시던 전임지 주민들에게 약속한 것이 있습니다. 서양란 나비꽃이 피는 날 만나기로 약속했는데 2년 만에 꽃망울이 맺혔어요. 연락을 드려야 하나 망설여집니다. 현재 그곳에 근무하는 후임 진료소장에게 미안한 마음이 들어서요.

어제는 정신없이 지나갔어요. 어제뿐 아니지만 쉴 틈 없이 이어지는 돌발 상황 때문에 보건소에서의 일상은 또 보건진료소와 아주 다르네요. 소장님은 보건진료소에서 일어나는 상황을 지나치지 않고 글로 기록하고, 일상은 사진에 담아 내시니, 얼마나 고마운지 몰라요. 특히 아무 말 하지 않는 이 한 장의 사진은 너무 많은 이야기가 담겨 있습니다. 첫 느낌은 오래도록 잊히지 않는 쎈 바람이 될 것 같습니다. 오프닝 하는 날 가고 싶은데 사정상 갈 수 없음을 이해해 주세요. 사진마다 담긴 이야기를 보고, 듣고 해야 하는데 멀리서 힘찬 응원만 전합니다. 축하합니다.
광양시보건소 최현경

『바람의 초상』 사진전 축하의 글   2018년 2월 10일 토요일

사진마다 어려운 점과 난이도가 있겠지만, 으뜸은 인물사진입니다. 그중에서도 더 어려운 것은 모델의 내면이 자연스럽게 묻어나는 사진입니다. 이러한 인물사진의 예술적 기원을 거슬러 올라가면 회화의 영역인 인물화로 넘어갑니다. 과거 인물화는 크게 두 가지로 나뉩니다. 현재의 프로필 사진 같은 상업적 영역인 초상화와 인물 내면을 표현하려 했던 몇 안 되는 자화상이 그것입니다. 중세 이전의 인물화는 기독교적 가치관에서 자칫 우상숭배로 오해를 받을 수 있기 때문에 대부분 성경 속 인물을 중심으로 그려졌습니다. 그 이후에는 성직자로 대상이 내려왔고, 다음으로는 권력자들과 부자들을 대상으로 한 인물화가 유행하게 되었습니다.

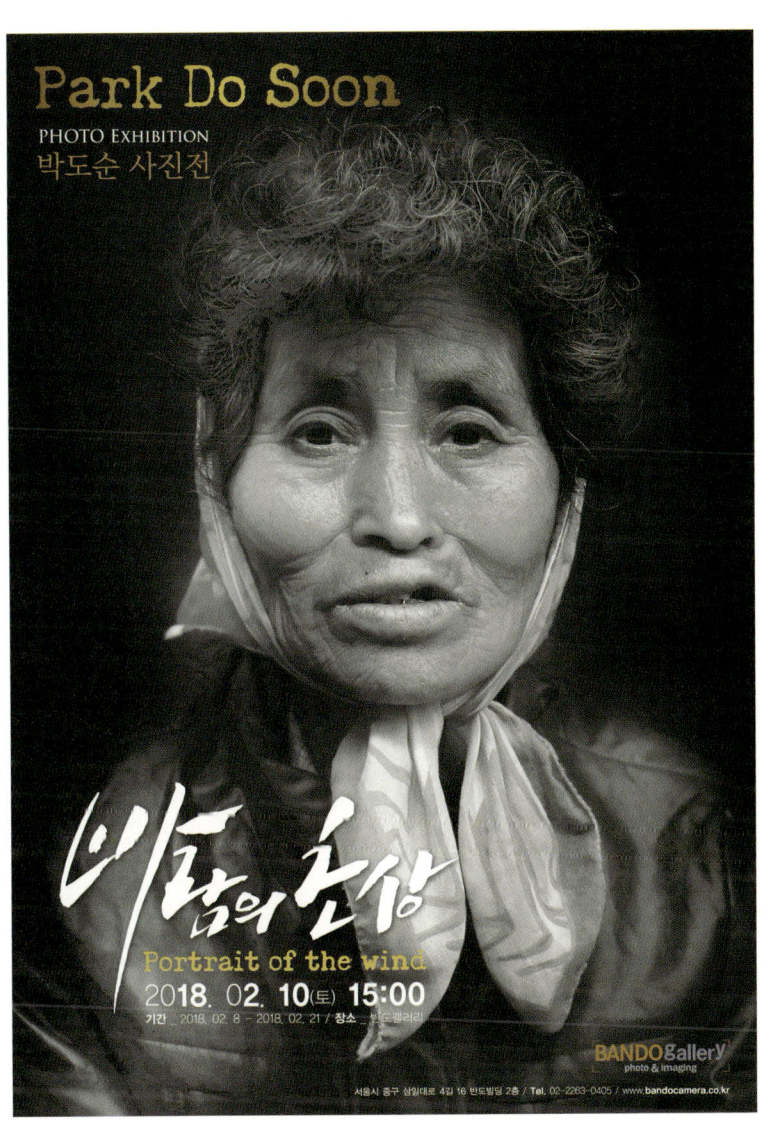

모델들은 본인의 권력과 위엄이 최대한 드러나도록 의상이나 치장을 한껏 뽐낸 상태로 화가 앞에 자리했습니다. 이는 현재의 웨딩사진이나 프로필 사진 등과 같은 상업사진 맥락과 같이 한다고 볼 수 있습니다. 이후 계몽주의가 활발하던 시기를 거치면서 인간(자아) 철학적 성찰에 대한 부분이 부각 되었고, 이는 예술에 자기 생각을 담아내는 근대회화의 근간으로 넘어가는 계기가 됩니다. 이전까지 인물의 내면을 표현해 보고자 노력했던 수많은 배고픈 작가들에게 가장 좋은 인물화 모델은 자기 자신이었습니다. 자화상을 그렸던 큰 이유는 여러 사회적 가치관과 제약이 있어서, 상대적으로 자유롭게 자기를 가장 잘 표현할 수 있는 인물이 본인 자신이기 때문이었습니다. 세상에서 자기를 가장 잘 아는 사람은 본인이기 때문이죠. 그다음으로 '나'를 가장 잘 아는 사람은 누가 있을까요? 가족이겠죠? 그래서 가족들 사진은 약간의

기술만 가미되어도 최고의 인물사진 결과물을 만들어 냅니다.

그렇다면 타인을 찍은 사진은 어떨까요? 유명 작가들의 인물사진들을 보면, 과연 이 작가들이 이 사람들을 가족만큼은 아니더라도 사진으로 모델의 내면을 표현할 만큼 잘 알고 있었겠는가 하는 의문이 들곤 합니다. 사진의 형태와 겉모습인 외연 즉, '스타디움'을 표현한 작가는 많아도 대상자 내면, 심상을 뜻하는 내포 즉, '푼크툼'까지 표현한 사진가는 참 드뭅니다. 해외 사진가 중에 스티글리츠가 촬영한 배우자 조지아 오키프의 사진이 외연과 내포가 훌륭했던 기억이 있고, 미국을 대표하는 여류 사진가 신디셔먼이 찍은 자화상 시리즈가 기억에 남습니다. 국내 인물사진 중 가장 기억에 남는 사진은, 개인적으로 고(故)전몽각 성균관대 교수님이 출간하신 『윤미네 집』 사진들입니다. 고인께서는 당신의 딸, 윤미가 태어나자 시집가기 전까지 아이를 둘러싼 가족 이야기를 30여 년간 촬영하셨습니다. 그 결과 사진집 속에 담긴 작품을 보면 부녀지간 감정과 시각적인 것 외에, 특별하게 다른 그 무엇인가가 사진 속에 숨 쉬고 있다는 것을 느낄 수 있습니다.

이렇듯 사진에 감정이 흐른다는 것, 눈에 보이는 형태 외에 다른 감성과 감각이 사진에서 느껴지는 것, 사진 찍을 당시의 상황이나 정황이 느껴지는 공감각인 것들, 이러한 것들이 사진

저변에서 자연스럽게 느껴질 때 비로소 '맛'이 있는 훌륭한 인물사진이 만들어집니다. 오늘 이곳에 전시된 박도순 작가님 사진에서는 요새 인물사진에서 접하기 힘든 이런 공감각적인 맛이 잘 담겨 있는 사진입니다. 간호사인 동시에 보건진료소장으로 근무하면서, 현지 농촌 생활을 통해 이웃들과 쌓아온 정과 그동안 나눈 속 깊은 대화가 있었다는 것을 알 수 있습니다. 그 누구보다 대상자(피사체)를 잘 알 수밖에 없고, 피사체 눈이 말해 주는 작가를 향한 시선에서는 업무적인 것보다는 정과 사랑으로 마주한 따스함이 있었다는 것을 알게 해줍니다.

또한, 이곳 사진들이 다른 인물사진과 구별되는 점은, 사진을 찍을 때 단지 작가가 주관적으로 생각하기에 가장 좋다고 생각하는 순간을 담은 여타의 사진들과 맥을 달리한다는 점입니다. 박도순 선생님은 사람과 사람, 인간관계 형성의 한 과정에서 "나는 사진 찍는 걸 좋아한다"라는 것을 자연스럽게 대상자(피사체)가 알 정도로 친밀하고 내밀한 관계를 형성하였고, 사진들이 그런 인간관계의 순간을 담은 것이라는 것을 말해줍니다.

사진을 보면 "아! 박 선생님이 사진 찍는 걸 좋아하시는구먼! 우리 사이에 좀 찍어 달라고 해도 갠찮컸지?"라고 대상자(피사체)가 말했을 것 같습니다. 작가의 마음 씀씀을 충분히 가늠할 수 있는 관계의 부산물인 것입니다. 이런 사진을 찍으려면 사진 내공이 아니라, '인간 내공'이 쌓여야 찍을 수 있는 사진입니다. 인간에 대한 이해, 존재에 대한 사색, 삶에 대한 성찰 없이 이런 자연스러운 관계는 만들어지지 않기 때문입니다. 이런 점에서 저는 작가가 휴머니즘에 기반을 둔 인물 사진가로서 정신적 성숙도가 훌륭하다고 확신할 수 있었습니다.

약간 종교적인 이야기입니다만, 하나님께서는 당신을 닮은 형상으로 인간을 지으셨다고 합니다. 저는 겉모습뿐 아니라 내면에도 신의 속성을 닮은 인간 모습이 있다고 생각합니다. 그것은 정감 있고, 속 깊은 인간관계 속에서 발견할 수 있는 것으로 생각합니다. 이번에 전시 사진에서 그런 모습이 잘 느껴지기도 합니다. 인물 사진가에게 있어 가장 어려운 점은 촬영 스킬도 아니고, 조명 기술도 아니고, 피사체에 대한 이해와 소통입니다. 다른 인물 사진가에게 아쉽게 여겨졌던 이러한 잔잔한 감동의 흐름을 이 전시회에서 만납니다. 엄동설한 추위에 떨다가, 따뜻한 국밥을 후루룩 넘기는 듯한 따스한 기분이 느껴지는 하루입니다. 사진들 하나하나 깊이 들여다보시기를 바랍니다. 어르신늘의 목소리가 들리는 것 같지 않습니까? 모든 감각을 열고 사진을 만끽하시기를 바랍니다. 끝으로 이런 따뜻한 사진을 보여주신 박도순 작가와 관계자 여러분께 진심으로 고마움을 전합니다. 좋은 사진 감상할 수 있는 전시회를 열어주셔서 감사합니다. 수고하셨습니다.

호암미술관 박세준 수석

/ 『바람의 초상』 전시를 축하하며 2018년 2월 10일 토요일

　'감자 먹는 사람들'과 '포내리 사람들'을 연결하여 말씀드리겠습니다. 나는 카메라가 싫어요. 감시 카메라와 몰래카메라가 싫어요. 카메라가 싫다는 말이 꼭 "나는 공산당이 싫어요" 그러는 것 같습니다. 요즘 시대는 집마다 사람마다 카메라 하나쯤 갖고 사는 것 같습니다. 거리마다 골목마다 지켜보는 카메라가 무섭습니다. 카메라는 눈의 확장입니다. 이제 문명의 산물로서 피할 수 없는 삶의 도구요, 액세서리가 되었지요. 카메라가 삶의 도구라면 카메라가 생산한 사진은 사람을 감동하게 만드는 매개물입니다. 입체감 없이 매끈하게 처리된 사진 속에는 우리의 사랑과 추억과 희로애락 순간이 간직되어 있습니다. 사진 한 장은 마르셀 프루스트의『잃어버린 시간을 찾아서』처럼 우리를 기억 속으로 데리고 가거나 옛 시간을 추억으로 호출하기도 합니다.

　축하드리며 평소 좋아하는 빈센트 반 고흐의 '감자 먹는 사람들(1885년)'로 에둘러 치하(致賀)하겠습니다. 고흐는 목사의 아들로 태어났습니다. 짧은 기간 신학교에서 신학 공부를 했고요, 탄광촌에 있는 교회에서 설교도 하였습니다. 하지만 목사들이 만든 조직체로부터 불신임을 받고 고흐는 교회를 떠나야 했습니다. 그는 탄광촌에 머무는 동안 농민들과 광부들의 일상을 그렸습니다. 그의 눈길과 시선은 그들을 따라다녔습니다. 만일 그때 고흐의 손에 카메라가 있었다면 민중들의 다양한 삶을 촬영했을 것이 분명합니다.

　'감자 먹는 사람들' 그림에서 농부들은 감자를 먹고 있습니다. 당시 파리의 도시 사람들 주식은 감자가 아니라 밀가루로 만든 빵이었습니다. 감자는 가축 사료 정도로 취급되었습니다. 고흐가 동생 테오에게 보낸 편지를 읽어보면, '감자 먹는 사람들'을 감상할 때 우리가 주목해야 할 점을 말해주고 있습니다. 감자도 빵도 아닙니다. 감자를 먹고 있는 농민들의 손이라고 했습니다. 고흐는 농부들의 뼈마디 굵은 갈퀴손을 그렸던 것이지요. 화가의 시선이 그것을 주력으로 붙잡은 것입니다.

　현대에 이르러 고흐의 작품은 고가의 가격으로 걸작 대우를 받고 있습니다. 하지만 당시 고흐가 그린 작품은 어느 귀족과 고관대작이 구입이나 했을까요? 그림 속 풍경과 인물이 무슨 대단한 사람들이라고 그들의 거실과 공관 로비에 그 작품을 걸어놓았을까요. 터무니없는 일이지요.

　　'감자 먹는 사람들'과 '포내리 사람들'을 너무 거창하게 비교하는 것일지는 모르겠습니다. 박도순 작가 사진 속 인물들은 전라북도 무주군 산골 포내리 동네의 평범한 농민들입니다. 조명과 액자를 벗겨내면 그야말로 어르신들의 흙투성이, 농투성이, 맨얼굴을 들여다볼 수 있습니다. 그분들 얼굴에는 흙바람이 지나간 간 자국만 남아 있습니다. 사진작가 박도순은 그 점을 지나치지 않고 포착(捕捉)하였습니다. 제대로 보았습니다. 저는 박 작가의 따스운 눈길과 시선을 귀하게 여깁니다. 깨진 사금파리 조각도 햇살을 받으면 반짝거리니까요.

　　사진은 영어로 포토그래프(photograph)라고 합니다. 그리스어인 phos와 graphos의 합성어입니다. 기록된 빛이고, 빛의 기록입니다. 저는 박도순 작가가 화려하지는 않지만, 소중한 이웃들의 일면을 빛으로 기록하는 작가가 되기를 바랍니다. 찰칵하는 순간 한 번의 눌러짐으로 찍혀 나온 사진이 작품이 되기까지 긴 노고를 아는 사람만 빛을 발견할 것입니다. 축하하고 지지합니다. 계속 정진하시길 빕니다.

　　전북 장수군 동화교회
　　목사 주평무

https://bandocamera.co.kr/article/xx/101/9999/?srsltid=AfmBOopzU5OYhKOxfJ3NLLXJSvQVXI89NWXHvB7X_Yyz_Y_IYWRPVO0R

/ **작가의 말**　2018년 2월 10일 토요일

전시제목 :『바람의 초상(Portrait of the wind)』*
전시작가 : 박도순
전시일정 : 2018년 2월 8일(목) ~ 2월 21일(수)
오픈식-작가와의 만남 : 2018년 2월 10일(토) 오후 3시
관람시간 : 평일 오전 9:30~19:00, 토요일 오전 9:30~18:00(일요일 휴관)
전시장소 : 반도카메라 갤러리 2층(02-2263-0405)

　　작가의 말

이렇게 써도 아닌 것 같고, 저렇게 써 봐도 아닌 것 같았습니다. 무슨 말을 어떻게 적어야 내가 전하고 싶은 이야기를 담을 수 있을까. 몇 날 몇 밤 쓰고 지우고, 썼다 다시 지우고. 에라 모르겠다. 마음 동하는 대로 인사드려야지 했다가, 그래도 그건 아니지 싶어서, 또 적어봅니다. "굳이 말로 해야 아나? 말하지 않아도 내가 네 맘 다 안다." 그렇습니다. 그렇죠, 보이는 것보다

보이지 않는 세계가 더 넓고 깊은 것이니까요. 귀한 시간 먼 걸음에 이렇게 달려와 주신 교수님들과 선생님들, 동료와 가족들 진심으로 감사드립니다. 참 여러 사람에게 못 할 짓을 하는구나, 싶은 생각이 들어서 한편으로는 죄송하기도 합니다.

전시 일정이 홈페이지에 게시되고, SNS에 공유되면서 많은 분에게 넉넉하고 충분한 축하와 격려를 받았습니다. 메인 화면에 사진이 걸리고, 초대장에 인쇄된 사진을 보고 어느 분은 스티브 맥커리가 연상된다고 하고, 어느 분은 영화배우 캔디스 버겐, 소피아 로렌이 연상된다고 하셨습니다. 어느 분은 아우구스트 잔더 사진을 떠올렸다고 하시더군요. 맥커리의 아프간 소녀의 맑은 눈동자를 떠올리실 겁니다. 잔더가 남긴 다양한 직업군 사람 사진은 인물 사진에서 파사드 개념을 가장 잘 드러낸 강렬한 작품들이지요. 잘 아시는 것처럼 우리나라에는 가장 낮은 사람들을, 가장 낮은 곳에서 50여 년 넘게 촬영하신 고 최민식 선생님이 계십니다.

사회구조 안에서 다양한 인간상을 담은 많은 작가의 작품들은 시공을 넘어 역사성을 갖게 되었고, 오늘날 사진을 하는 사람이나 사진을 관람하는 사람들에게 순간의 기록이 갖는 감동과 위대한 영원성을 깨닫게 합니다. 이곳에 걸린 사진 속 사람들이 사는 곳은 난민 지역이 아닙니다. 그분들은 노숙자도 아니고요, 어느 부족 원주민도 아닙니다. 북한 사람도 아닙니다. 오늘 동시대를 살아가는 무주군 포내리에 사는 사람들입니다.『바람과 라이언』에서 열연한 캔디스 버겐,『해바라기』에서 열연한 소피아 로렌. 그녀를 닮은『바람의 초상』어르신은 귀가 안 들리고, 말을 못 하는 분입니다. 게다가 유방암 진단으로 투병하며 남편의 간호를 받고 계시지요.

이곳 갤러리 사진 속 어르신 중 이미 고인이 된 두 분이 계시고, 사진으로 남긴 후 요양원으로 가신 분도 계십니다. 어르신들은 깊게 뿌리 내린 둥구나무처럼 고향을 지켜오셨고, 지금도 지키고 계십니다. 아랫동네 김승준 씨가 폐렴으로 대학병원에 입원했다가 퇴원하셨던, 그 봄을 잊을 수 없습니다. 겨울을 넘기지 못하고 죽을 것이라고, 사람들은 보건진료소에 오시면 수군거렸습니다. 엄동에 어찌 초상을 치를지 걱정하셨습니다. 그런데 봄바람이 불던 어느 날, 그 어르신이 보건진료소에 걸어오셨습니다. 저는 다시 만나니 어찌나 반갑던지요.

커피 한 잔을 대접했죠. 환하게 웃는 모습 찍어두고 싶다고 청했을 때 "다 늙어빠진 것을 찍어서 뭐 하게!" 하셨습니다. 제 카메라를 의식하는 듯, 의식하지 않으시는 듯 "살아나서 다시 이런 것을 마시다니." 두 손으로 공손하게 커피잔을 받으시던 김 씨. 카메라 명칭을 배우고 사진 결과를 앞에 두고 공부하던 때, 봄이면 보성 녹차밭, 여름이면 순천만, 가을 선운사 등 소위 국민 포인트를 답습하던 어느 날이었습니다. 제 안으로, 이게 지금 뭐 하자는 사진인가? 자괴감이 들어왔습니다.

장비를 철수하고 그 후 카메라를 내려놓았죠. 김승준 어르신을 시작으로 포내리 어르신들을 진료하면서 카메라를 사이에 두고 다시 만나게 되었습니다. 사진에 대해 애정을 되찾는 계기가 되었습니다. 용기를 냈습니다. 포내리 마을 65세 넘은 어르신 350여 명 가운데 200여 명을 촬영하였습니다. 그 결과로 이렇게 충무로까지 동행하게 되었습니다.

칠십이 넘으면 한 해 한 해가 다르고, 팔십이 넘으면 한 달 한 달이 다르고, 구십이 넘으면 하루하루가 다르다고 어르신들은 말씀하십니다. 저는 농촌에서 어르신들을 만나는 간호사입니다. 대한민국에는 1,900여 명의 보건진료소장이 농어촌 최전방을 지키고 있습니다. 어쩌면 이 어르신들을 내일이면 만날 수 없을지도 모르겠다는 조바심이 났습니다. 예전처럼 고향집으로 돌아와 돌아가시고 고향 선산에 몸을 누이는 시절이 아닙니다. 장기요양등급 판정받으면 어르신들은 분리되듯 요양원으로 가버리고, 그 후 우리가 다시 만나는 일이 쉽지 않습니다.

진료실에서, 논에서, 밭고랑에서, 셔터를 눌렀고 사진을 남겼습니다. 다 늙어 빠진 거 쓰잘떼기 없는 것은 찍어서 워따 쓸라고 그러냐! 하면서도 웃어주시고, 우리 소장님은 다른 건 다 먹어도 나이는 먹지 마시게. 아무도 거들떠보지 않는 무녀리 같은 나를 기억하겠다니 고맙구려! 저는 갚을 수 없는 사랑 안에 거했습니다. 그 사랑 어찌 다 갚을 수 있을까요. 전시회가 이토록 빛나도록 물심으로 함께 해주신 여러분을 불러보겠습니다. 우선 서울에서 전시해 보자고 부족한 저를 이곳에 세워주시고, 사진 선택에 높은 안목과 경험을 나눠주신 구성수 교수님과 김태은 실장님! 감사합니다. 서울에서 전시 초대받았는데, 저는 왜 가슴이 뛰지 않을까요? 설렘이 왜 없을까요? 소소한 고민 다 들어주고 지혜를 나눠주신 큰오빠 성창호 교수님, 작은오빠 김종필 작가님.

인간 돌봄의 철학을 실천하는 간호학, 농촌 간호 현장에서 몸소 돌봄 철학을 실천한 결과로 빚은 사진전, 이것은 박도순 개인의 성취가 아니라, 우리 간호사의 일이라고 팔 걷어붙이고 후원회 만들어주신 전경자 교수님, 저도 후원했어요, 저도 후원했어요, 금액을 떠나 응원만 들어도 힘이 났습니다. 저의 막막하고 답답한 속을 시원케 만들어주신 지역사회간호학회, 한국농촌간호학회 교수님들과 진료소장님들, 사랑합니다!

글쎄요, 서울에서 전시라, 혹 박 작가가 상처 안 받을랑가 모르것네, 서울은 좀 무서운 동네라서, 그 염려는 사랑이었음을 이제야 압니다. 마음 결정했습니다, 하니 좋은 기회입니다! 결정했으면 열심히 해보세요, 염려 섞인 눈빛으로 묵묵히 지켜봐 주신 박찬웅 관장님,

감사합니다. 무조건 가셔야 합니다, 무조건 가세요! 하시며 등 떠밀어주신 황찬연 교수님, 감사합니다. 하루아침에 풀밭이 꽃밭으로 바뀌진 않을지라도, 모두 함께 꽃을 피운다면 세상은 조금씩 꽃밭으로 변할 것이다, 세상의 변화는 나로부터 출발한다는 위로 글로 풍선을 달아주신 김녕만, 윤세영 선생님 감사합니다. 전시회 잘 마치고 돌아오라! 축하 꽃다발을 건네주신 전주 사진 포럼 식구들. 포내리 촌놈, 촌가시나들, 괴목초등학교 동창들! 고맙다. 스티브 맥커리도 만나시고, 캔디스 버겐, 소피아 로렌도 만나십시오.

    두서없이 쓰고 보니, 또 이렇게 써도 뭔가 아닌 것 같습니다. 무슨 말을 어떻게 적어야 전하고 싶은 이야기를 담을 수 있을까, 남은 숙제처럼 저의 고민은 다시 원점으로 돌아갑니다. 평창에 훈풍이 불고 있습니다. 포내리에도 곧 봄바람이 닿겠지요. 귀한 시간, 귀한 인연, 고마움 전하며 여러분 가슴에도 따뜻한 봄꽃이 피어나길 바랍니다. 진심으로 고맙습니다.

    박도순 올림

/ 소장님께　2018년 2월 11일 일요일 흐림 오전 8:12

    사진 전시회 축사를 맡아달라고 하셔서 틈날 때마다 무슨 말로 마음을 전할 수 있을까 생각하고 있습니다. 사진 예술에 대해 문외한인 제가 용기 내서 기꺼이 축사를 하겠노라 답한 이유가 무엇인지 되묻게 됩니다. 사진을 찍는다는 것은 어떤 행위일까. 생각해 보면 피사체와 작가라는 두 행위의 주체가 있고, 작품은 그 둘의 관계가 빚어낸 창작물이 아닌가 싶어요. 물론 관계를 둘러싼 여러 요소가 영향을 미치겠지요. 카메라라는 기계적, 기술적 요소와 '빛'이라는

자연환경 같은 것 말이에요.

저에게 사진 찍히는 경험은 즐겁지 않았어요. 자연스럽지 않게 뭐랄까, 평소와 다르게 사진기 앞에서 잘 보이려고 애쓰는 것이 싫었거든요. 대개 무언가를 기념하는 사진을 찍을 때가 많았죠. 사진관에서 찍은 증명사진은 더 싫었어요. 과연 어떤 표정으로 날 증명할 수 있는지 난감하잖아요.

스마트폰을 쓰기 시작하면서 사람보다는 꽃이나 나무처럼 표정 반응이 없는 피사체를 찍었습니다. 아무 때나 찍고 싶은 대로 찍었다가 나중에 아무렇지 않게 지워버릴 수도 있으니까요. 그런데 소장님의 사진찍기는 차원이 다르더군요. 사진 전시회 한번 가 본 적이 없는 제 인생에서 소장님은 처음으로 만난 사진작가이십니다. 소장님을 통하여 사진가들은 한순간을 포착해 내기 위해 수없이 많은 '찰칵'을 반복한다는 것, 최상의 빛을 만나기 위해 오랜 기다림을 마다하지 않는 치열한 사람들이라는 것을 보았습니다. 게다가 조금이라도 더 나은 카메라나 렌즈를 구하기 위해 사고파는 수고를 마다하지 않는다는 부지런함도 놀라웠지요. 그저 저에게는 '넘사벽'의 한 영역이라 생각했습니다. '포내리 사람들'이라는 사진 전시회를 관람하기 전까지는.

우연히 시작된 소장님과의 편지 주고받기에서 소장님은 포내리에서 평생 살아온 어르신들 이야기를 많이 들려주셨지요. 진료소에서 주는 약 봉투에 '하루 세 번, 식후'를 설명하기 위한 의료적 정보 이해 능력을 향상하기 위한 '치매 예방 달팽이 건강 교실' 프로그램을 운영하려다가, 자기 이름 석 자와 주소 쓰기부터 배우는 어르신들 한글 교실을 열게 되었고, 방문 간호 현장에서는 청각장애 어르신이 자녀들과 팩스로 글 소통하는 사례를 들려주었습니다. 자식들 걱정 안 시키려고 집에서 앓고 계신 고향 친구 부모님 소식을 친구에게 대신 전할 수밖에 없는 형편도 말씀하셨고요. 일일이 다 나열할 수 없는 농촌 간호 현장의 많은 이야기를 들을 수 있었습니다.

소장님의 글은 단지 사연과 상황에 대한 정보뿐 아니라 장면 장면마다 어떻게 느끼셨는지, 한 간호사의 세밀한 감정과 딜레마가 실감 나게 묘사되어 있었어요. 감정은 서로 주고받는 것이라서 어르신이나 그 자녀들이 어떻게 느끼셨는지도 동시에 전해져 왔고요.

소장님이 촬영한 사진 속 어르신들의 표정을 보면서 전해주신 이야기들이 떠올랐습니다. 자신을 잘 알고, 자신의 이야기를 귀 기울여 들어주는 사람 앞에서 '이게 나에요' 하며 한껏 자신을 표현하신 모습들. 억지로 꾸며서 만들어진 '나 아닌 나'를 보이려고 하는 것이 아니라 있는 그대로의 나를 가장 귀하게 보여줄 수 있는 마음을 끌어내신 것이죠. 진료소장이면서 사진작가이기에 가능한 것 아닐까요? 그래서 그 사진들은 그 어느 사진작가도 해낼 수 없는 작품으로 만들어진 것으로 생각합니다. 전국 오-벽지에서 지난 삼십여 년 동안 수많은 진료소장님이 주민들과 함께해 오신 보살핌이라는 무형의 실천을 카메라로 담아내신 것이지요. 머릿속으로만 보살핌의 가치가 소중하다고 알고 있는 제 눈앞에 이렇게 확실하고도 정확하게 볼 수 있도록 해주시니 참으로 고맙습니다. 다시 배우고 새로워지는 소중한 기회로 삼겠습니다. 수고 많으셨습니다.

전경자 드림

교수님께 2018년 2월 26일 월요일 맑음 오전 6:40

"벌써 그렇게 되었던가? 진즉에 만나자고 할걸!" "아닙니다. 저희도 정신 없었습니다. 불러주셔서 감사합니다." 시래깃국, 청국장, 귀한 콩잎장아찌가 나오는 식당에서 만났습니다. 직무교육 실습 나온 후배들과 드.디.어 말이죠. 점심을 함께하였습니다. 늦은 밤, 후배에게 메시지를 보냈어요. 안녕하세요? 상곡보건진료소입니다. 내일 점심 함께할 수 있을까요? 선약이 있다면 저녁 식사도 괜찮아요. 답장 주세요. 현지 실습에 따른 교수자 사전 교육까지 서울 세종호텔에 가서 받고 내려왔는데, 과장님, 팀장님, 보건진료소 담당자, 진료소장이 한자리에 모이는 것이 생각처럼 쉽지 않습니다.

실습은 할 만 한가? 사택에서 지내는가, 출퇴근하는가? 불편한 점은 없는가? 오늘 실습은 어떠했는지? 보건의료원에서 지낸 소감은 어떠한가? 직원들은 친절한가? 방은 얻었나? 대답할 틈도 없이 질문을 쏟았어요. 한바탕 웃고 이야기를 나누었습니다. 임상 경험이 있는가. 왜 병원을 그만두었는가. 보건진료직 시험 응시 동기는 무엇인가. 본격적으로요! 한 교육생은 전북대학병원에서 1~2년 근무 후 노인요양병원에서 일했답니다.

한 교육생은 서울 아산병원 외래 1년 정도 근무했다네요. 다른 교육생은 일산 국립암센터에서 근무했다고 하고요. 보건진료직 시험 정보는 학부 시절 지역사회간호학 시간에 배운 것, 김제시와 익산시 보건진료소에 실습 갔을 때 알게 되었다고 하더군요.

서울 소재 5성급 병원, 대학병원, 국립암센터. 눈부신 직장으로 보이는데 왜 그만두었는가. 실습 지도했던 학부생 대부분 꿈은 빅5 병원과 대학병원이 로망이던데 말이죠. 답이 길어졌지만, 3교대가 너무 힘들었고, 보건진료소가 병원보다는 나을 것이라는 판단이었다고 했습니다. 보건진료소가 병원보다 훨씬 나을 것이라는 판단 기준은 무엇일까. 지금 후회하지 않나요? 아니요, 아직은요! 다행입니다. 소장님은 무엇이 가장 힘든가요? 글쎄. 뭘까. 5년 경험, 10년 경험, 20년 경험은 시간이 압축된 것이라서. 여러분은 아직 시작도 안 했으니 제 이야기가 별 의미는 없을 것 같아요. 그저 하루하루 시간의 확장 속에 있는 것이니까. 경력이 축적된 선배가 가진 잊지 못할 무서운 일, 그것이 여러분에게 그대로 일어난다는 보장도 없는데, 굳이 알 필요가 있을까. 그때랑 지금은 상황이 아주 다르니까. 길을 가다 보면 꽃도 만나고 토끼도 만나죠. 여러분은 사람을 만나는 중이고, 곧 꽃과 토끼도 만나겠죠. 제가 지나온 길에 보았던 나무는 더 자라 있을 것이고, 꽃은 지기도 했을 겁니다. 맹수도 사라졌을 것입니다(웃음). 여러분은 다른 풍경을 만나게 될 것입니다.

후배들 질문에 답도 아니고, 답이 아닌 것도 아닌 말을 하면서 하루하루 그때그때 펼쳐지는 무대를 즐기는 마음으로 일하라고 당부했습니다. 너무 두려워할 것도 없고, 염려할 것

없다고 다독이면서, 생각보다 많은 사람이 여러분을 도와줄 것이라고 말했어요. '아가씨' 홀로 시골에 들어온다는 것 자체. 쟈들은 뭐 하는데 저런 곳을 자청해서 오려는지 원! 알다가도 모를 일이라고 혀 찰 일로 보인 것인가. 내 생각과 그들 생각과 저들 생각이 그렇게 다르구나. 내가 무슨 말을 해야 잘 결정한 일이다, 참 잘 들어왔다 인정받을 수 있을까 싶다가, 그러게 말이야! 나도 뭐가 좋아서 시골에 이렇게 오래 있는지 모르겠네. 답이 뭘까요? 확실한 것은, 답 얻을 때까지 그냥 가보는 것이라고, 그렇게 다시 다짐하며 아침을 맞이했다는 사실.

비독일 국적 소지자의 독일 거주자 675만여 명 중 한국인 31,248명. 계산해 보니 대략 0.46%. 독일 이주민 역사에서 한국인은 정말 소수민족 중 소수민족에 속하는구나. 이주민의 존재를 아는 사람들이 거의 없는 현실이라는 말이 가슴에 와닿더군요. 우리나라 간호사는 32만 3,041명(통계청, 2014). 10년 사이에 60% 정도 증가. 그중 활동 간호사 비중은 45.6%. 거기까지 읽다가 보건진료소는 총 1,904개소(통계청, 2016). 전체 간호사 수와 비교하면, 보건진료소장 비율은 0.59%. 1%도 채 안 되는 소수 직업군. 보건진료소 존재감은 과연 얼마나 드러나고 있는가. 새삼스러웠습니다.

교수님께서 보내주신 책*을 읽었습니다. 독일 이주 간호사들의 삶과 경험을 쓴 글을 읽으며, 한 편 한 편 모두 영화와 다큐에서 앉은 채로 다 읽어버렸어요. 개인을 둘러싼 정치, 경제, 사회, 문화, 분단 현실 등 역사성이 개인의 삶을 철저하고도 처참하게 짓밟거나 새로운 기회를 제공했구나. 책을 읽는 동안, 제가 파독 간호사에 대하여 아는 것이 무엇인가. 신파 영화에서나 눈물 짜며 본 것이 전부랄까. 책에서 들려오는 증언들은 안타깝고 애석할 정도로 무참함 자체였습니다. 어릴 적 큰집 오빠는 이라크와 사우디아라비아로 돈을 벌러 갔는데, 독일로 갔던 광부와는 다른 삶이었다고 들었습니다. 독일로 간 애들은 '찐 고생'하러 갔고, 사우디로 간 기능공들은 그들에 비하면 '한량'이었다고 했거든요. 목수, 페인트공, 운전, 설비공, 주방장 등. 독일로 간 사람들보다는 훨씬 편했고, 깨끗했다고 해요. 박애를 기반으로 인간을 앞세웠던 간호 개념이 경제성을 앞세운 경영학적 간호 개념에 밀려나고 있는 현실, 환자가 환자이기 전에 기업의 수지 타산을 좌우하는 상품 구매 고객임을 주입하는 현실. 간호직 종사자들더러 장사꾼이 되라는 소리냐, 그로 인해 간호를 등지고 병원을 떠나는 간호사들. 악순환과 문제점들. 독일 사회에 어떻게 그들이 적응하고 용납되었는지에 대한 지난한 과정. 그리운 고향을 생각하며 연민에 젖어 울적한 나날을 지낸 사람들, 답답한 언어 앞에 정신적 감옥 생활을 지냈다는 이야기까지. 간호학교 3년을 마치고 3년의 보건소 의무 근무를 약속해 놓고 10개월 만에 독일로 가는 바람에 3년 동안 받은 장학금을 안동시에 돌려주었다는 이야기에서는

*『독일 이주여성의 삶, 그 현대사의 기록』, 재독한국여성모임, 도서출판당대, 2014.

혹시, 지금 나를 보건진료소에 있게 만든 공중보건장학금이 아니었을까. 동병상련 감흥까지. 독일로 건너가 치과의사가 된 간호사 박-라이니히 정숙 씨 이야기.

정보부 직원에게 작은 봉투 하나만 전달하면 만사 해결되었다는 부정부패를 냉소적 절망감으로 표현한 김-모리스 순임 씨. 십 년 만에 고향에 왔는데 집 밖으로 나가면 온갖 반공 표어와 간첩 신고를 부추기는 글들이 눈에 띄어 읽을 때마다 오싹했다는 대목에서는 저도 어릴 적 만난 전봇대와 기둥에 붙어 있던 포스터들을 떠올렸습니다. 중앙정보부 대공상담소 혹은 국가정보원. 간첩 신고 5억 원, 간첩선 신고 7억 5천만 원, 자수하면 정착금 지원, 생활 보장, 간첩 신고는 113, 111. 평범한 재외동포 사생활까지 캐고 문서로 남기기까지 대한민국은 이 지구 구석구석 한국 사람이 사는 곳이라면 반공의 그물을 쳤다는 순임 씨 표현에서 여전히 한국 사회에 남아있는 민간인 사찰이니, 블랙리스트가 언급되는 것을 보면 아직도 반공의 꼬리가 현재하는 분단의 비극.

김현숙 님 사연에서 클리마티스를 읽었습니다. 꽃말을 찾으니, 달콤한 말에 이 사람이라고 타협하면 심각한 사랑의 함정에 빠지기 쉬우니 주의하라고 되어있군요, 아니나 다를까. 현숙 님은 헤어진 남편과 재결합하는 사연을 들려줍니다. 으아리꽃이 혹독한 겨울을 이겨내고 단비 맞아 새싹을 틔우는 것처럼 간호사라는 직업이 그녀에게 마지막 희망이었다는 말에서 눈시울이 뜨거웠습니다.

함부르크에서 일자리를 찾아 정신질환자 가정방문 관리 프로그램 운영하는 일. 시간이 흐르고 체계가 잡히면서 그들과 정이 들고 생활에 리듬감이 생겼는데, 그 후 찾아온 외로움 앞에서는 저도 울컥! 이를 악물고 엘베강 둑길을 자전거로 달리며 살아온 이야기에서는 저도 힘이 났습니다. 삶이란 그런 거죠. 클레마티스처럼 죽을 때까지 엉키는 수밖에. 눈치를 봐야 하는 정부 지원 없이 자치적으로 운영하고자 세운 민족 세종학교 이야기. 베를린에 이미 한인학교가 있음에도 다시 세종학교를 세운 복합 다층적 이유. 정치적 관심이 없던 그들이 한국의 근현대사가 가진 어두운 면에 분개하고, 한국의 역사와 정치에 더 관심을 두게 됩니다. 시대적 상황에 학교가 필요했다는 이유도 근사합니다.

독일에서는 외국인인 그들이 겪는 차별과 어려움을 극복하기 위하여 자신의 정체성을 제대로 발견하는 것이 중요했고, 2세에게 민주적이고 실질적인 도움을 주고 싶었으나 가정에서는 한계가 있었다, 비형식적인 교육과정이 오히려 학교에 활력을 주었다는 생활상도 적나라하고요! 변-하슈케 숙영 씨의 연극과 영화 이야기와 타국에서 진실한 우정을 쌓은 이야기. 수십 개의 호스가 친구를 휘감고 있는 중환자실에서의 마지막 해후. 그녀는 친구의 묘지를 아직 찾아가지 못하고 있노라 고백했지만, 묘지 앞에 소주 한 잔 올리고 있을 그녀를 상상해 봅니다.

　　보건진료소는 한국에서 무엇일까요. '2000년까지 인류에게 건강을!' 세계보건기구가 달성하고자 했던 이념에 따라 한국에서 평등할 권리와 건강 보장을 위하여 특별하게 만들어진 특별한 조치의 결과물인 농특법. 1980년부터 오늘에 이르기까지 곡절을 겪으며 법은 진화하고, 진료소장들의 신분은 별정직에서 보건진료직이라는 일반직 정규직으로 변화하였습니다. 농어촌 보건의료 환경 변화에 따른 질병 양상이 어쩌고, 비용 편익이 저쩌고, 논문은 쏟아지고 보건진료소 존재 이유는 제언으로 강조되는데, 변화의 바람을 현장에서는 그리 실감하지 못합니다. 그저 공허한 메아리가 아닌가. 우리는 얼마나 더 많은 변죽을 울려야 하나.

　　신규 보건진료 전담공무원이 인식한 직무 역량과 교육 요구도는 얼마나 반영되고 있나. 변화하는 농촌에 새로운 역할이 요구되는 것은 무엇인가 등. 퇴직하거나 퇴직을 앞에 둔 선배들이 느끼는 이주민 혹은 이방인 같은 보건진료소 생활은 선배님들의 생애에 무슨 의미였을까. 사무적이고 공무적 수준에서만 수행하면 되는 업무를 너무 깊이 생각하는 나의 오지랖일까. 글쎄요, 잘 모르겠습니다. 오래 전 독일이나 지금 포내리나 여전한 것은 '노동력을 불렀더니 사람이 왔네!'*

막스 프리슈, 스위스 극작가

　　맞습니다. 맞아요! 사람이 왔습니다.

　　박도순 드림

/ 교수님께　2018년 3월 9일 금요일 흐림 오후 6:17

　　바람이 살랑살랑 들어오더니 큰 물결로 와닿는 느낌이었어요. 저도 곧 보건진료소를 떠날 사람이라서 그런가 봐요. 신규 보건진료소장님들을 직접 보고 나니까, 세월의 등에 내가 떠밀리는구나. 어디선가 바람이 불어오는구나, 그런 느낌이 들더라고요. 대여섯 살 정도 아래 동료라면 이러지 않았을 것인데, 우리 아들보다 더 어린아이들이잖아요. 이게 얼마 만이야? 신규라니! 우리 무주군은 처음 겪는 일입니다. 처음 본 순간, 뭐랄까. 솔직히 흔들렸어요. 묘하게 흥분도 되고요. 저 맑은 피부, 야릿한 체구 보니까 뭐지? 우리만 세월에 몸집이 불어난 건가? 그런데 자꾸 보니까 이뻐 보이더라고요. 그러면서도 진중한 느낌이 왔습니다. 그 세대 아이들의 가벼움보다 가벼워 보이지 않는, 뭔가 다른 느낌말입니다. 간호사라 그런가요?

　저도 처음 겪는 일이잖아요. 저는 방죽에 고인 물이었다는 생각이 들었습니다. 선배님들은 물을 지켜준 든든한 제방이었다고 할까요. 그런데 어느 날 갑자기 둑이 무너지기 시작하더라고요. 갑작스레 선배님들의 퇴직을 경험하니, 헤엄치기 연습도 충분히 안 했는데 물에 빠지는 기분? 어? 앞으로 누가 우리 잡아주는 거지? 허우적거리는 기분이라니까요. 누구랑 얘기하지? 속상하면 누구한테 하소연하지? 응급 환자 생기면 누구한테 도움받지? 황당한 기분 말입니다. 선배 소장님들 마음이 어떠실까 궁금하기도 하고요. 뭔가 더 챙겨드려야 할 것 같은데, 제대로 챙겨드리지도 못한 것 같고, 모든 것이 다 죄송합니다.

　선배님은 제게 이런 말씀을 남기셨습니다. 박 소장도 이제 화가 나도 울분을 토해내기보다는 속으로 삭히는 연습을 해. 나이를 더할수록 그래야 하는 것 같아. 어른 되는 과정인 것 같고. 그것이 세월이 주는 힘이 아닐까 싶네. 붉게 타오르는 숯불, 찬물에 푹 담가서 검정 숯으로 만들 줄도 알아야지. 마냥 타오르다간 하얀 재가 될 수밖에. 우리 보건의료원 식구들에게도 바람이 부는 건 마찬가지야. 나보다 나이 어린 후배가 계장이 되고, 과장님이 되는 것을 보면서 느끼는 것도 많아. 간호사니, 조무사니 하는 그런 신분 직급을 떠나서 사람과 사람에게서 느껴지는 감정들 말이야. 신뢰감, 의지하고 싶었던 마음들, 정, 사랑? 그런 것들은 점점 옅어지는 것 같아. 아, 이렇게 멀어지는 것이구나. 세월은 우리보다 힘이 세거든! 이제 정말 몇 달 남지 않았어. 열심히 쓸고 닦고, 치우고 있어. 버리고 버리는데도 내가 흘리고 가는 흠결이 있겠지. 감추지 못한 것들, 후배들이 본다면 나를 뭐라고 생각할까.

　　그동안 함께 지낸 동료가 후임으로 온다면 이런 걱정 안 하지. 그런데 너무 어린 친구들이잖아. 더 신경 쓰이는 거 있지. 신규는 말 그대로 신규야. 아직 경험이 없잖아. 정말이지 차이가 너무 많이 나서 걱정이네. 잘하겠더군. 그렇게 믿어야지. 어제 만나길 잘했어. 안 봤더라면 궁금해 죽을 뻔했을 거야. 버리고 또 버리고 치워도 유물 같은 과거가 불쑥불쑥 나오는 거 있지. 박 소장 연배쯤은 충분히 이해하고 남지. 그럴 수 있다고 생각해. 신규에게 동네 회관 이야기하고, 연탄 창고 이야기해 봐라, 우리가 얼마나 꾸질꾸질한 꼰대로 보이겠어? 그런 얘기는 이제 좀 접자. 우리가 그냥 안고 가자. 낡고 녹슨 이야기해 봤자 뭐. 알았지? 화나고 속상한 일 만나면, 그럴 수도 있다고 생각해 봐. 마음이 한결 편해지더라. 연습해야 해. 시간도 필요해. 그들도 진료소에 와서 겪고, 아파하고 경험이 쌓이면 언젠가는 우리 마음 알게 되겠지. 교수님! 주말 잘 보내세요.

　　　　박도순 드림

/ 어르신께(팩스)　2018년 3월 19일 월요일 맑음 오후 3:26

　　안녕하세요? 포내리 상곡보건진료소장입니다. 지난주 가정방문 갔을 때 맛있는 딸기를 주셔서 감사했습니다. 집으로 가지고 와서 우리 아이들과 맛있게 잘 먹었습니다. 우유랑 섞어 먹기도 하고, 꿀과 섞어 먹기도 했습니다. 할아버지께서 귀가 잘 안 들리지만, 팩스로 따님과 편지글 적어 소식 주고받는다는 이야기를 쌍둥이에게 들려주었습니다.

　　"와! 정말 멋지네! 그 할아버지 집에 한번 가고 싶다!"라고 하더군요.
지난번에 요청하신 마스크와 감기약은 수요일(21일) 오후 4시에 가정 방문하여 드리겠습니다. 혹시 요양보호사 선생님과 외출 계획이라면 대문에 걸어두고 오겠습니다. 감기 조심하세요. 수요일에 뵙겠습니다. 감사합니다.

　　　　상곡보건진료소장 박도순 드림

/ 교수님께　2018년 3월 24일 토요일 맑음 오전 8:34

　　"소장 글씨는 너무 작아. 우리 딸은 알아보기 쉽게 큼직하게 쓰거든. 그래도 자네 편지 다 읽어봤네. 팩스 받고 편지 왔을 때 깜짝 놀랐지." 앞으로는 크게 써볼게요! (글씨를 보여드리니 저의 어깨를 다독이심) 며칠 전 박씨 어르신 댁 현관문 열고 들어서니 반가움도 잠시, 시무룩하더군요. 어디 아프세요? (글씨를 적어 보여드리며) 어르신은 방에 있는 그 '알 낳는 기계' 앞으로 저를 데려가시더니, "며칠째 편지가 안 오네. 고장 났는가 벼!"라고 하셨습니다. 고장이 아니라 팩스 트레이가 텅 비어 있길래 "종이가 없나요?" 글씨를 적어 보여드렸지요. 어르신은 눈을 크게 뜨더니 난감한 표정. 북창 마을에서 보건진료소로 달려와 복사지를 챙겨 다시 마을로 달렸습니다.

아침에 보니 보건진료소 한쪽에 얼었던 땅을 밀어 올리며 수선화잎이 봉긋 올라옵니다. 마치 두 손을 모아 기도하는 듯한 저 거룩한 자태. 오후 5시에는 나사렛대 간호학과 학생들 (남학생들이래요!!)이 보건진료소에 옵니다. 보건진료소 기능과 보건진료소장 역할에 대한 조별 과제 인터뷰. 주말 평안하세요.

박도순 드림

/ 소장님께 2018년 3월 24일 토요일 맑음 오후 11:56

낮에 잠깐 마당에 나갔다가 깜짝 놀랐어요. 산딸기 넝쿨이 꽃밭 쪽으로 벌써 많이 퍼져 있는 거예요. 지난여름 내내 피고 시들어 겨울을 지난 백일홍 줄기를 아직 뽑아내지도 못했는데 말이에요. 손톱만큼 작은 딸기가 열리면 따 먹는 즐거움도 좋지만, 작년에 심어 놓은 작약 공간이 좁아 잘 자라도록 서둘러 뽑아냈어요. 시든 줄기를 걷어내고, 땅에서 올라오는 잡초들을 뽑다 보니 겁이 나더군요. 생명이 지닌 힘이란, 이렇게 일방적인 것인가 싶어서요. 엄두가 안 나 호미를 내려놓고 들어왔어요. 미세먼지 농도가 높아서 안 되겠다는 핑계를 찾았지요.

오늘 간호학과 학생들을 만나신다고요? 열 개도 넘는 인터뷰 질문으로 당황하게 만든 그 학생들이군요. 종종 아무 생각 없이 과제를 내주는 교수들 때문에 부담이 되겠어요. 소장님이 쓴 책이 학생들에게 소개된 후 이러한 일이 더 많아졌을 듯합니다. 서도 간호학과에 오고 싶다는 고등학생에게 편지를 받은 적이 있어요. 얼굴도 모르는 청소년이 보낸 글에 답장 쓰기가 참 애매하고 부담돼서 짧은 답을 보냈더랬어요. 궁금하면 찾아오라고요. 요즘 학기 초라 학생들과 이야기할 기회를 몇 차례 가졌습니다. 상담이라고 하기에는 시간이 짧고, 만나서 얼굴 바라보며 이야기하는 정도의 면담이라 할 수 있지요.

1학년 여학생이 어릴 때부터 간호사가 되고 싶었다고 자신 있게 이야기하더군요. 그래서 지난 한 달이 아주 만족스러웠다고 하네요. 간호사에 대한 긍정적 이미지를 갖고 입학한 학생들이 졸업 후 취업한 병원을 빨리 그만둔다는 논문을 읽은 적이 있습니다. 현실에 부딪혀 보니 오랫동안 머릿속에 그려오던 모습과 너무 차이가 커서 충격을 받기 때문에 그만둔다는 해석이었습니다. 참 모순적인 상황이지요? 그토록 원하고 바라던 직업을 선택한 사람들이 더 빨리 직장을 떠난다는, 이 아이러니 말입니다.

　　간호사가 되는 과정에 무엇이 부족한 것일까, 더 필요한 것은 무엇일까? 깊이 있는 탐구를 해야겠지요. 현실적인 문제가 대폭 개선되어야 한다는 것도 틀린 말은 아니지만, 과연 그것만으로 충분한지 묻게 됩니다. 대학 교육이라는 것이 평생을 살아가는 데 필요한 지적 안목을 갖도록 하는 것이라면, 간호학이라는 학문을 통해 어떤 지식을 습득하게 했는지 살펴봐야겠어요. 전에도 말씀드렸듯이, 간호 실무를 어떻게 해야 하는지를 설명하는 지식이 절대 부족하다는 생각을 또다시 하게 됩니다.

　　간호 대상자의 문제가 무엇이고, 어떤 간호 실무를 해야 하는지에 대한 지식은 어느 정도 가르치고 있지만, 각기 다른 맥락에서 개개인의 고유한 상황 속에서 어떻게 간호해야 할 것인지에 대해서는 학생 각자가 터득해야 하는 것이 현실인 것 같아요. 졸업 후에도 마찬가지고요. 진료소장님들도 교육받을 때 무엇을 해야 한다, 어디까지가 업무의 범위인지 관련 법규와 진료 지침을 배우지만, 서로 다른 지역에서 어떻게 해야 하는가에 대해서는 소장님들이 각각 몸으로 부딪치며 알아가게 되는 것 아닌가요?

　　실천적 지혜 영역은 실무자 개인에게 맡겨져 공식화된 지식으로 축적되지 못하고 있다는 방증이지요. 학생들을 만나고 나면 점점 어렵게 느껴져요. 마음으로 따뜻하게 지지해 주고, 집 떠나 객지 생활에 건강 잃지 않도록 보살피는 정도에 머물고 말아요. 질문을 다르게 할 수 있는 힘이 생기도록 도와주어야 할 텐데 역부족을 느낍니다. 쓰다 보니, 전에 드렸던 말씀을 또 드리고 있네요. 오늘 만나는 학생들은 소장님으로부터 큰 가르침을 얻었으리라 믿습니다. 늘 감사드리며.

　　전경자 드림

/ 교수님께　2018년 3월 25일 일요일 맑음 오전 7:26

　　잘 지내지? 우리 엄마 퇴원했어. 신랑이 모시고 무주로 내려가고 있다. 무주에도 노인

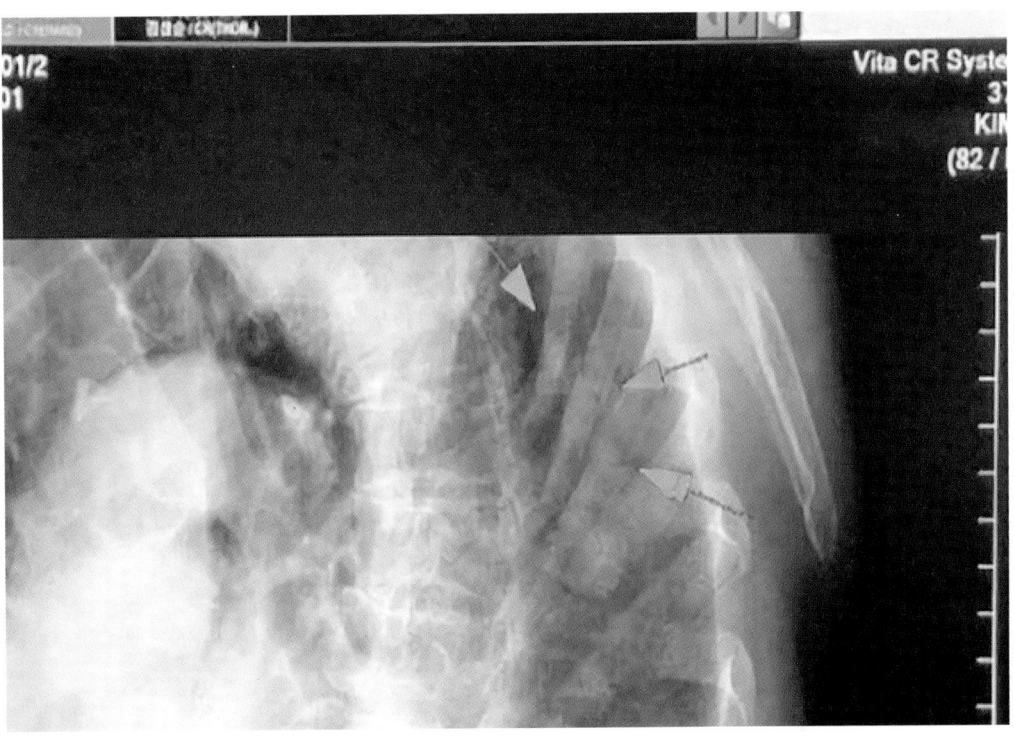

요양병원 있는지 궁금하다. 나도 함께 가야 하는데 바빠서 못 갔어. 나는 잘살고 있다. 집에 계시라고 해야 하나, 요양원으로 모셔야 하나, 생각이 많은 요즘이다. 해답을 어디에서 어떻게 찾아야 하는지 잘 모르겠구나. 네가 고향 보건진료소에 있어서 든든해. 지난번 보내준 사진 잘 봤어. 우리 아버지도 많이 늙으셨더구나. 겨우내 혼자 지내느라 제대로 못 드신 것 같아. 얼마 전에는 갑자기 추워져 물이 얼어서 설거지도 못 하고 있다고 푸념하시더라. 친구가 세탁기 돌려줬다며? 무주 내려가면 맛있는 거 먹자. 미안한데 부탁 좀 하자. 시간 되면 우리 집에 가서 엄마 좀 가끔 봐주라. 아버지가 귀가 잘 안 들려서 전화 통화하기 어렵잖아. 부탁한다. (카톡)

마루에서 뜰팡으로 내려오다 낙상, 골절로 입원하신 후 넉 달 만에 그 어르신이 퇴원하여 집에 오신 겁니다. 친구에게 카톡이 왔습니다. 다른 메시지가 또 왔습니다. "친구! 아니, 박 소장! 잘 있는가?" 이 녀석은 아니, 김 과장은 서울에 있는 회사에 근무합니다. 이곳 포내리에 부모님이 계십니다. 아버지가 수년째 위암 투병 중이신데, 항암도 잘 이겨내시고 식이조절도 잘하셔서 의사가 내린 시한 선고보다 더 오래 건강 유지 중이시죠. 그런데 버티기 어려울 정도로 입맛을 잃었고 매우 마르셨습니다. "몇 번이나 내려왔지만 네 얼굴도 못 보고 간다. 부탁이 있네. 바쁘겠지마는 우리 아부지 영양 주사 좀 놔줘라. 값은 얼마든 치러주마." 곡기 끊은 아버지, 바라만 봐야 하는 가족들 심정도 여간 괴롭지 않다는 것을 잘 알지만, "미안하다. 우리

진료소에서는 영양 주사 취급 못 한다. 법률로 정해져 있다." 답을 쓰면서도 참 어색하던 '법률'이라는 단어. 곧 날아온 메시지. "약국에서 사서 부칠 테니 놔 주면 안 되겠나?"

왜 의사의 처방이 필요한지 설명하니 친구 녀석 한숨이 더 길어졌습니다. "그런데도 병원에 가지 않겠다고 고집이니 어쩌면 좋노?" "오후에 가보마." 가정방문 출장을 나섰습니다. 아버지 옆에 앉은 어머니는 귤이며, 사탕이며, 음료수를 주시는데, 저는 뭐라고 말씀드려야 좋을지 모르겠더군요.

새벽이었어요. "배가 아프다고 저리 난리가 나서, 소장님! 좀 와주세요!" 약도 주사도, 청진기도 가방도-가져간들- 놓고 맨몸으로 갔습니다. "오~ 주여! 주여!" 놀란 가슴 달래느라 짧은 기도 드린 후 "아무래도 병원으로 가야겠습니다. 연락해 볼까요?" 결국, 친구 동생이 와서 아버지를 모셔갔고, 집에는 어머니 혼자 계십니다. 아버지가 밤낮 기대 누웠던 벽은 당신 '땀짐'으로 멍이 들어있고, 주인 없는 방에 놓인 물건들은 힘을 잃은 듯 참 쓸쓸해 보였습니다.

"누나! 다른 진료소로 발령 난다면서요?" "누가 그러더냐?" "진짜 누나는 가면 안 되지!" "언젠간 가겠지. 안 그러냐? 내가 언제까지 있어야 하는 건데?" 농담을 던졌더니, "나 없을 때까지 있어야지!" 주유소에서 일하는 후배가 말합니다. "친구야, 잘 지내지? 나는 진료소 마당에 있는 니 차만 봐도 좋더라. 니가 거기 있어서 좋아. 남편이랑 베트남 간다. 살다 보니 이런 날도 있네." "너 그동안 참 고생 많이 했잖아. 힘들게 살더니 이렇게 좋은 날도 오는구나. 축하한다. 잘 다녀와!" "친구야. 우리 엄마랑 자주 통화한다. 니가 여러 가지로 신경 써줘서 고맙다고 하시더라. 우리 엄마가 너를 위해서 새벽마다 겁나게 기도하신다고 하더라. 너가 그만큼 하니까 그러신 거지. 당연하다니, 당연한 일을 못 하는 사람이 얼마나 많으냐. 너가 글자 가르쳐줘서 울 엄마 자기 이름도 쓰게 됐잖아. 고향이라 불편한 것도 많겠지. 어쨌든 그래도 너를 좋아하는 사람이 싫어하는 사람보다 더 많다는 것, 그것만 기억해라. 그리고 몸은 힘들어도 마음고생은 하지 마. 또 보자."

저는 고향에 있고, 친구들은 고향 밖에 있습니다. 깨복쟁이 추억은 공유됩니다. 집으로 돌아오면 책가방 아무렇게나 던져놓고 신작로나 들에 모여 고무줄놀이, 독짝, 딱지, 땅따먹기 놀이에 시간 가는 줄 몰랐던 시절이죠. 해가 지면 "영우야 밥 먹어라!" "상배야 밥 먹어라!" 뒷동산에 메아리치던 엄마들의 고함. 하나둘 집으로 돌아가고 어둠이 내리덮으면 고요히 박무(薄霧)가 마을 덮는 풍경. 또랑물은 강까지 흘러갔을까. 친구들은 더 멀리 흘러갔지요. 도시에 있는 대학에 가고 간호사가 되어 고향으로 왔을 때, 친구들은 아무도 보이지 않았습니다. 저는 마치 타임머신 타고 과거로 훅 떠밀려와 시간의 배가 강에 다다를 즈음 유턴한 기분.

둥구나무도 그 자리에 그대로인데 어머니 아버지들은 소용돌이 시간 속에 마른 가랑잎처럼 늙어버리신 것.

"언니! 안녕하세요?" "여기 웬일이냐?" "우리 엄마가 국밥을 먹고 싶다고 해서요." "그렇구나. 반갑네." 요양보호사로 일하는 고향 언니를 안성시장에서 만났습니다. 지팡이가 의자 옆에 기대어 있고, 거동 불편한 어르신과 마주하셨더군요. "맛있게 먹고 가라."는 인사로 헤어졌는데 다시 들어와서는 "우리 아버지한테 국밥 좀 갖다 줄 수 있는가?" "그럼요!" 포장 그릇을 싣고 와서 언니네 집으로 갔습니다. "시장에서 언니 만났는데, 이거 드리래요!" 봉지를 받으시는 김 씨. 마치 딸이 온 것처럼 반가워하시더니, 기어이 한 봉지는 쌍둥이들 먹이라고 나눠 주시는 겁니다.

지역사회간호사 역할 이전에 고향에서는 딸의 역할, 동생이나 친구, 누나 역할이 더 있습니다. 타향에서 일한다면, 무엇이 어떻게 다를까. 경계를 그을 수 없겠죠. 이것은 공인가 사인가 갈음하기 어렵습니다. 어르신들 관점에서 나에게 기대하는 역할은 무엇일지 생각도 합니다. 미선이네 엄마, 춘자네 아버지, 점순이네 엄마, 경숙이네 엄마, 딸처럼 편한 사이였다가 마냥 딸처럼 굴 수 없는 모호한 역할 갈등 사이에서 때로 머뭇거리며 서성일 때도 속 아는 사람이라는 사적 관계성이 더 크게 작동하는 고향.

친구들이 메신저에 보내오는 X-Ray 사진, 검사 결과서, 처방전, 아무리 봐도 도무지 알 수 없는 내용 가득한 어떤 것까지. 익명성이 보장되지 않는 농촌에서, 지역사회간호사로 지낸다는 것. 보건진료소장으로서 일한다는 것. '좋았던 것은 추억이 되고, 안 좋았던 것은 경험이 된다' 라는 문구가 와 닿는 아침입니다. 저는 추억이 많아질까요? 경험이 많아질까요?

상곡보건진료소 박도순

/ 교수님께　2018년 4월 5 목요일 맑음 오전 7:34

시누이와 시동생은 내 자식이었다. 시어머니와 저는 같은 해에 애기를 낳았습니다. 시어머니는 젖이 안 나와 애기시누이에게 내 젖을 먹였습니다. 내 자식과 쌍둥이처럼 키웠습니다. 시어머니는 애기시누이가 조금이라도 우는 소리가 나면 난리를 쳤기 때문에 우물에 물을 길러 다닐 때도 그 시누이를 업고 다녔습니다. 시누이가 학교에 입학할 때도 소풍을 갈 때도 모두 내 차지였습니다. 고생은 여기가 끝이 아니었습니다. 시아버지가 작은마누라를 얻어 낳은 애기 시동생까지 돌봐주라고 하더군요. 저는 시부모님 말씀을 거역할

수가 없어 내 젖을 먹여가며 시동생을 내 자식처럼 키웠습니다. 이 글의 출처를 정확하게 알려드리면 좋으련만! 지난겨울이었습니다. 그분은 『바람의 초상』 사진 전시회에 오셨습니다. 서울 모 복지관에서 일하신다고 하셨는데요, 인연이 이어지고 있습니다. 며칠 전에 메시지가 왔습니다. 남도 여행 중 어느 전시회에서 만난 팔순 할머니의 글이라는군요. 늘그막에 한글 배워 저런 기록을 남기셨다는 것입니다. 읽어 내려가는데 어쩜 이리도 우리 동네 김 씨 어르신 사연이란 말인가, 깜짝 놀랐습니다.

    열일곱 살에 시집왔다는 김 씨, 당신은 만삭인데 겨우 몸 뒤집는 시어머니의 딸이 있었답니다. 애기시누이였죠. 그 애기시누이가 울면 내 딸아이 우는 것보다 더 신경 쓰여 시누이는 업어 키우고, 당신 딸은 밭에 놓아길렀다는 김 씨. 어떻게 그런 일이 있을 수 있나, 저는 저의 귀를 의심하며 그 오래된 이야기를 들었습니다. 밭일 마치고 집에 돌아와 보면 왕골자리 눕혀 재워놓고 간 딸이 잠에서 깨서 울며불며 악을 쓰느라 발뒤꿈치가 홀딱 까져서 피가 나더라. 이런 이야기.

    굶기를 밥 먹듯 해서 나무 껍데기 먹고, 쑥 뜯어 먹고, 나물죽 먹고, 어린 시절 돌아보면

징글징글한 가난과 배고픔이 전부라는 어르신들의 고생담. 저는 고인이 되신 김 씨와 위에 적은 이야기를 직무 교육생에게 들려주었습니다. 한숨 한 번 쉬더니, 뭐라 말할 수 없는 '문화 충격' 이라고 하더군요. 어떻게 그런 삶을 살아낼 수 있다는 말인가요? 믿을 수 없습니다, 덧붙이면서.

소장님들 근무지 이동이 시작되어 주말에 이사합니다. 마을 주민과 인사 나누고, 짐 정리하고, 서류 인계 준비하면서 '관계' 정산에 바쁜 나날입니다. 저는 당분간 포내리에 남게 되었는데 도배와 내부 정리로 회관에 짐을 옮겨야 할 형편입니다. 퇴근한 남편에게 "여보! 오후에 후배 데리고 도배 중인 그곳에 다녀왔네. 우리도 곧 정리해야 하는데 어쩌지?" "당신 후배들은 복이 많네. 선배들 생각해 봐. 그때랑 비교하면 지금은 특급 호텔이고 궁궐이지." "어디 가서 그런 말 하지 마요, 당신, 꼰대 소리 들어요!" 입 다문 남편 바라보는데, '당신, 지금 짐 정리할 생각에 스트레스가 쌓이는구나?' 그런 생각이 들더군요.

건물 덩치는 번듯하게 커지고, 나름 다분야 전문가들 등장으로 갈수록 보건진료소 업무 파이는 잘게 조각 중입니다. 보건진료소 설치 이념과 운영 철학, 목적과 정체성이 무엇이었던가. 보건진료소는 관공서, 진료소장은 공무원이라는 '시스템'은 있었으나 제대로 작동되지 않던 '타임' 아웃사이더 이야기. 둘러싼 사회 경제 여건 변했고, 법과 제도 변했고, 사람과 사람들이 변해가는데. 굶기를 밥 먹듯 했노라, 나무 껍데기 먹었노라, 나물 뜯어 먹었노라, 징그럽게도 모질던 선배들의 그 오래전 이야기가 후배들에게 혹여 또 다른 '문화 충격'으로 들릴까 봐서요.

"소장님! 수료식 다가오니 홀가분한데요, 점점 어떤 불안감이 다가와요, 왜 그럴까요?" 후배가 발령받을 어수선한 보건진료소 둘러보고 우리 진료소로 돌아오는 길, 차 안에서 후배는 불안을 이야기했습니다. 염려하지 말아. 별일 없습니다. 그날그날, 그때그때, 부딪히는 일, 만나는 사람에게 충실하세요. 그러다 보면, 그냥 그러다 보면. 저는 솟아나는 생각을 목 아래로 지그시 누르며 웃기만 했습니다. 열일곱 살 새댁과 마흔 중후 시어머니. 그사이에 태어난 이른둥이와 늦둥이. 두 여자의 나이 간극이 말해주는 시대 차. 그래서 달라도 너무 다른 두 여인의 삶이 저와 교육생 사이 나이와 세대차를 대변하는 것 같았습니다. 같은 보건진료소장이면서도 너무 다른 삶을 계산하는 내 머릿속으로 7년 전, 김창엽 교수님과 함께 만든 책* 303쪽 아홉 번째 줄, 부록을 기억했습니다. 압축된 시간 샛길에 농축된 사례들, 그 이야기들은 역사가 아득해질수록 스스로 별이 되어 반짝거릴 것입니다.

치과에 다녀왔습니다. 마취하고 잇몸 째고 그 깊은 속을 긁어내는 금속성 마찰음과 옴싹한 공포. 쓰디쓴 약을 물로 헹구니 울컥 따라 쏟아지는 붉은 조각들. 째진 곳에 꾹꾹 패킹하던 닥터 정의 손길, 조각은 2~3일 후 절로 빠질 것이니 걱정하지 말라는 다독거림. 소장님, 요즘도 환자

『일차보건의료와 보건진료원 제도』, 김창엽, 서울대학교보건대학원, 2011.

많아요? 식전부터 바쁘시죠? 저도 시골살이 중이라 잘 알죠(웃음). 베짱이처럼 노세요, 충분히 주무시고요, 스트레스받지 마세요. 느긋하고 친절한 덴티스트 권면이 저를 놀리는 것 같기도 하고요, 남의 속도 모르고! 앙다문 약솜으로 스며드는 분노 비슷한 憤氣. 계산 마치고 진료실 나와 안개 낀 산모퉁이 호숫가에 차를 세우고 먼 산을 바라봅니다. 진달래도 피고, 개나리도 벌써 피나 했는데 비바람에 벚꽃은 지고. 순서도 없고, 질서도 없는 참으로 싸가지 없는 봄. 놀란 봄꽃 폭발과 스러짐을 바라보며, 그래도 봄이라 부를 수 있는 당신이 곁에 계셔 얼마나 따뜻한 위로인가.

선생님들! 그동안 수고 많으셨습니다. 아픔이 변하여 노래가 될 날 있을 겁니다. 거친 세월 기쁨으로 화할 날 올 겁니다. 시간 흐른 뒤 웃으며 이야기할 날 옵니다. 직무교육 무사히 마치신 것 축하합니다. 수료식 잘 다녀오세요! 진심으로 축하합니다. (카톡) 시간이 멈춘 듯한 집 앞에도 여느 곳과 다름없이 여전히 자신을 내어주는 꽃자리처럼 거친 세월에 무뎌진 사람들에게 한결같은 모습으로 자리를 지키는 제가 되어야겠다는 생각이 들었습니다. 소장님! 고맙습니다. 오늘도 힘내세요! (카톡)

박도순 드림

/ 소장님께 2018년 4월 10일 화요일 맑음 오전 11:01

어제 『아재라서』라는 만화를 읽었어요. 작가의 고등학교 시절을 세밀히 그린 작품이에요. 마흔네 살에 그동안 잠가두었던 다락문 자물쇠를 열었다는 표현을 했더군요. 뒤를 돌아보지 않고 앞으로만 내달다가 어느 날 발목을 붙잡힌 느낌이 아니었을까 싶어요. 피하지 않고 그때 그 시절의 자신을 다시 관찰하고 미처 몰랐던 사실과 친구를 배려하지 못했던 미숙함을 진솔하게 풀어내는 이야기가 읽는 내내 따뜻하게 느껴졌어요.

나이 들어 형제들을 만나면 어리바리하던 어릴 적 저를 대하는 태도에서 과거가 되살아나는 것 같아 싫었어요. 스무 살 이후로 각자 떨어져 살고 있는데, 그간 쌓아온 사회적 변화와 성장은 형제들에게 크게 보이지 않잖아요. 대부분의 사람이 고향을 과거로 묻어두고 보다 나은 내일을 위한 지금의 자리로 떠나와서 기억하고 싶은 부분만 꺼내 보는 편이지요.

그런데, 소장님은 근무를 고향에서 하게 되신 것이잖아요. 고향으로 발령이 나셨다는 소식을 전해주셨을 때 '어머 축하해요'하며 철없는 축하를 한 것이 아니었는지 되돌아보게 되네요. 진료소장들 중에서도 몇 안 되는 아주 소수의 경험이라 누구와 의논하시기도 어려웠을 것 같습니다.

　　간호사는 특성상 개인의 사적인 공간에서 시간에 구애받지 않고 일대일의 관계로 환자의 삶에 관여하게 됩니다. 특히, 가정방문 하는 간호사들은 대상자의 생활공간으로 들어가 삶의 과정에 더 크게 개입할 가능성이 훨씬 크지요. 지역에 살면서 가정방문까지 하는 소장님들은 더욱 그 가능성이 클 것이고, 지역이 고향이라면야 더 말할 필요가 없겠지요.

　　그래서, '직업적 경계(Professional boundary)'를 지켜야 한다는 직업윤리를 기억하게 됩니다. 대상자에 대한 충분한 이해와 공감을 전제로 친밀한 관계를 맺으려 노력하지만, 적절한 거리의 직업적 경계를 지켜야 한다는 것이지요. 친구에게 법률이라는 낯선 용어로 입장을 설명하신 이유이기도 합니다. 누구의 딸이며 쌍둥이의 엄마이지만, 그분과 만난 목적은 법적 허용 범위 내에서 업무를 해야 하는 간호사로서 그리고 공무원의 책임을 다하는 데 있다는 것이지요.

　　누나라 부르는 동네 후배나 소장님의 이름을 부르는 어머님 친구에게까지 정색하고 진료소장으로 불러달라 하실 수는 없겠지요. 딸이 들려 보낸 국밥을 굳이 나눠주시는 데 '김영란법' 운운하며 거절하실 수는 없을 겁니다. 판단하기 어려운 의학적 소견을 물어올 때 어디까지 안다 하고 어느 만큼 모른다 해야 할지, 친구와의 관계가 먼저 떠오를 수도 있겠고요.

　　누구도 어디까지가 적절하다고 답할 수 없을 겁니다. 한 논문에서 가정전문간호사들은 자신들의 업무를 '접시 돌리기'로 표현하셨더군요. 균형을 유지하지 않으면 자칫 깨져버리는 접시 돌리기와 같다는 것이지요. 그러자니 넘쳤는지 아니면 모자랐는지 소장님 스스로 반복해서 돌아보고 길을 찾아가야 한다는 것. 상황과 맥락에 따라 답이 달라질 수 있는 일을 하시면서 소장님이 지치지 않았으면 좋겠습니다. 한걸음 떨어져 지켜봐 주면서 함께 하며 혼자가 아니라는 믿음을 갖게 해주는 관계를 만들어가는 것이 목표가 된다면 더할 나위 없겠지요. 물리적으로 멀리 떨어진 이곳에서 쓰는 이 편지가 소장님의 질문에 적절한 답이 될 수 있을지 안타까움이 더해지는 오늘입니다. '고통은 존재를 필요로 하는 미스터리'라는 글을 책에서 읽었어요. 마음으로 함께 합니다.

　　전경자 드림

/ **교수님께**　2018년 4월 17일 화요일 맑음 오후 6:38

　　무주세월호추모위원회, 무주시민행동, 무주군공무직노조, 무주농민회, 전교조무주지회,

민주바로무주시민회, 무주군공무원노조, 덕유산의친구들, 무주마을교육공동체, 그리고 아이들. 무주군청 2층 전통문화의집 강당에서 416 프로젝트〈공동의 기억 : 트라우마〉라는 추모영화를 상영하였습니다. 참사 후 4년의 세월을 옴니버스 형식으로 담았더군요. 세월호 생존학생과 학생들이 대학생이 되고 어른이 된 후 이야기를 다룬〈어른이 되어〉, 참사의 의미가 무엇인가 되묻는〈이름에게〉, 자녀 잃은 부모의 슬픔을 기록한〈상실의 궤〉, 3년 만에 육지로 올라온 녹슨 세월호가 거치된 신항의 낮과 밤을 담은〈목포의 밤〉어느 것 하나 찢기고 아픈 상처 없는 것 없어, 차라리 할 말 너무 많아 말문이 막혀버려 보는 것만으로도 가없는 한숨과 아픔. 이제는 달라져야 한다고, 잊지 말아야 한다고, 진실이 밝혀져야 한다고 목소리 높이지만, 얼마나 무엇이 달라졌고, 얼마나 무엇을 기억하고 있으며, 얼마나 진실이 밝혀졌는가. 네가 아는 것을 대답해 보라, 누군가 나의 어깨를 친다면, 나는 이전과 달라지기 위하여 무엇을 하고 있다고, 잊지 않기 위하여 무엇을 하고 있다고 답할 수 있는가. 용기도 없고 자신도 없습니다.

　　안산시 단원구 고잔동 540-8번지(대주빌딩)를 떠올렸습니다. 결혼 후 남편은 안산에서, 저는 구천보건진료소에서 주말부부로 지냈습니다. 토요일에도 1시까지 근무했고, 남편은 3~4시가 되어야 퇴근했던 열일(!) 시절, 이런 소모적 결혼생활에 둘 중 하나는 직장을 접어야겠다고 그 사람과 머리를 맞댔습니다. 보건진료소 생활 정리하고 남편이 있는 안산으로 올라갔더라면 지금 대학 3학년 작은딸은 단원고에 다녔을 것입니다. 어쩌면 우리도 참담한 현실을 마주했을지도 모른다는 것. 끔찍한 일이 아닐 수 없습니다. 대학 지원 후 면접 보러 다니던 그해, 서울예술대학교에 가던 날, 중앙역 지나 단원고 앞을 지났었지요. "정은아, 보아라, 우리가 안산에 살았더라면 네가 다녔을 학교야." 노랑 리본 깃발이 바람에 나부끼던 교정과 암울한 상가, 차라리 그곳은 슬픔에 젖은 죽음의 도시여서 숨소리조차 크게 내서는 안 될 것 같은 분위기였습니다. 다만, 잊지 않겠노라고. 기억하겠노라고, 오늘 다시 그날처럼 다짐합니다.

　　박도순 드림

/ 교수님께　2018년 5월 13일 일요일 흐림 오전 7:00

　　이행문 성도님 발인예배를 오전 6시에 드립니다. 성도님들의 많은 참석 바랍니다. 2018년 3월 12일 오후 12시 30분. 읽자마자 참석한다고 답장했습니다. 그 며칠 전, 우리 영감이 겁나기 서두르네, 이제는 진짜로 갈랑가벼 하시며, 바지를 추켜올려 허리끈을 동이면서 눈물 글썽이던 김 씨. 남편 이 씨는 국가유공자였습니다. 보훈병원 돌보미도 집으로 오셨었고요, 요양보호사도 드나들었습니다. 그들은 많은 발자국을 남겼지만, 스러지는 촛불 앞에 일렁이는 바람을 막을 수는 없었습니다. 일 년 전쯤이었습니다. 소장! 우리 영감이 한 가지 물어보라네. 손자들헌티 느그 할아버지가 이런 사람이라고 비차 주고 싶다고 사진 좀 박아달라는디 박아줄랑가? 사진관으로 가서 찍으세요. 거기 가시면 불도 환하고, 얼굴도 깨끗하게 잘 나와요. 제가 찍은 것보다 훨씬 잘 나오죠. 저는 그렇게 멋진 사진 못 찍어요. 돈 안 줄깨미 그라능가? 걱정하지 마시게. 내가 줄랑게. 오래전에 영장 사진 박으러 돌아댕기는 사람들헌티 찍은 것이 있는디, 그 사진을 보더니, 우리 영감이 뭐라는 줄 알어? 그 사진은 자기가 아니랴, 딴 사람이랴. 쳐다도 안 본당게.

이튿날 아침, 국가유공자 금박이 선명하게 자수(刺繡)된 모자 쓰고, 검은 조끼 입고, 왼쪽 가슴에 훈장까지 달고요, 어르신이 진료실에 들어오셨습니다. 지팡이 짚고요. 진료실에 놓인 의자에 천천히 앉으셨죠. 반갑게 인사를 나눴고요. ISO 800, F5.6, S값 1/50초, 화이트밸런스 AUTO. 찰칵찰칵, 몇 컷 찍어 보여드렸습니다. 천장 조명으로 생긴 모자 그림자가 어르신 눈을 가리니 노출 차는 크고, 결과물이 '너구리 얼굴'이더군요. 모자를 벗으면 소위 유공자로서 위엄과 인증이 희미해졌고요. 최대한 자연광 이용하자는 신념인데, 고육지책이 5배 확대경이었습니다. 둥근 형광등이 장착된 진료용 도구요. 가시를 빼거나 실밥 제거할 때 유용한 그 기구. 진료실 바닥에 그것을 놓고 어르신 얼굴을 비춘 겁니다. 마음에 드는 사진을 골랐고 5*7 in 13매를 인화하였습니다. 손자가 열 명이 넘거든요. 명절에 모이면 한 장씩 주겠다고 했습니다. 김 씨랑 찍은 두 분의 모습은 액자에 넣었고요.

사진 잘 되았네. 잘 되았어. 참 좋구만. 이행문 어르신도 흡족해하였습니다. 벽에 몸을 기댄 채 밤새 한숨도 못 잤다면서도 사진 액자를 만지고 또 만지시던 모습. 가정방문 갈 때마다 저도 TV 위에 놓인 액자를 보았습니다. 그것은 저와 그 어르신을 이어주는 무형의 끈인 셈이었죠. 장례식장 제단에는 훨씬 이전에 찍었음 직한 '젊은 그'가 계셨습니다. 제 카메라에 담았던 모자는 국화 옆에 가지런히 놓여 있었고, 붉은 명패 속 작은 십자가도 눈에 들어왔습니다. 총탄이 뚫고 지나간 옆구리 흉터, 포탄 조각이 가운뎃손가락과 검지 사이를 훑고 지나면서 남긴 교차 기형. 전쟁이 남긴 상흔은 어르신이 돌아가실 때까지 지울 수 없는 상처였습니다. 기초 군사 훈련도 없이 끌려간 전장터에서 언제 죽을지도 모른다는 공포와 맞서 싸우다 살아 돌아왔시만, 전후 현실에서는 감추는 것이 오히려 드러내고 싶은 것보다 훨씬 더 많았던 당신이셨습니다.

우리 영감이 너무 보고 자, 너무 보고 자. 딱히 용무가 없어도 노모차 밀고 보건진료소에 오시는 김 씨. 대기실에 앉아 몇 시간 동안 TV에 나오는 것과 사물 대화를 나누다 돌아가는 저

할매. "꺼먹 숭늉 한 잔 주실랑가?" 곧 죽어도 '손꾸락 커피'는 싫다는 어르신에게 원두 내려 한 잔 건네는 보건진료소 일상 한 조각.

　　전주 사진페스티발 갤러리에서 안중열 작가를 만났습니다. 고인(古人)들이 축조한 고인돌과 오랜 시간 마주한 작품이 전시되었죠. 3,500광년 떨어진 별빛과의 오마주. 극한 두려움과 어둠 속에서 마주한 별빛과 영적 교감을 나누는 작품들. 사진에 그 장구한 시간을 다 드러내기에는 한계가 있었지만, 세월 속에서 산화되고 풍화되고 각인되면서 새롭게 드러난 고인돌은 저마다의 신성(神性)을 드러내고 있었습니다. 어쩌면 작가님은 우주를 둘러싼 시간의 아우라를 드러내고 싶었던 것은 아니었을까. 하늘과 별과 교감하며 사자(死者)가 생자(生者)와 해후를 이루었구나 싶었습니다.

　　작가와의 만남 시간이었습니다. 여러 질문이 오갔는데, 별처럼 아름다운 언어 한 조각 품어왔습니다. 사람들은 왜 찍는 대상에게 피사체라 하는가. 누가, 무엇이 주사체이고 피사체인가. 사랑하기 때문에 다가가는 것 아닌가. 나는 피사체라는 말을 별로 좋아하지 않는다. 사랑으로 마주하니 '사랑체'라 부른다. 사랑하지 않으면 다가설 수 없다. 이 얼마나 멋진 말씀인지요? 카메라를 매개로 응시한 관조와 통찰로 줌을 당긴 고대인과의 소통! 아, 적어도 저 정도 교감은 나누어야 저토록 빛나는 신어(神語)가 조성되는 것인가 보구나. 저 언어는 안 작가에게 내린 신의 선물이구나. 순간, 가슴이 뜨거워졌습니다. 사진도 좋지만, 작가님 언어에 반한 날.

　　발인 예배 오전 6시, 5시에 일어나리라! 알람 설정 후 잠자리에 들었습니다. 그런데 눈 떠보니 7시! 깜짝 놀라 핸드폰을 열어보니 아.뿔.싸! 오후 5시로 저장하다니! 어처구니없는 실수 앞에 마지막 길 배웅 못 한 죄송함. 두고두고 미안한 마음이 제 안에 고여 있었는지, 갤러리에서 들었던 사랑체라는 단어 앞에 불쑥 솟은 그날 아침의 회상. 3,500광년 흘러 지구에 닿은 별, 30년 아니, 3년 만이라도 우리는 별빛만큼 사랑이라는 것을 하기는 했을까? 어르신은 한 줌 재로 남았고, 한 장 사진은 '바람의 초상'으로 남았습니다.

　　박도순 드림

/ 2018년 8월 20일 월요일 흐림 오후 5:14

　　"소장님! 소식 들었나요? 그 집 큰아들이 죽었다네요. 젊은 사람이 왜 그랬을까요? 서울로 올라가서 잘 사는 줄 알았더니. 하필이면 고향에 와서 빠져 죽다니. 하긴 고향이라서 더 나왔을랑가? 동네 사람들이 건져내는 것을 보았습니다. 에고 딱하지." 나는 자꾸만 그 오빠가 저수지 밖에 벗어놓았다는 '쓰리빠'가 생각나는 것이다.

/ 2018년 9월 4일 화요일 맑음 오전 10:10

거기 보건진료소쥬? 소장님이유? 나여 나. 웃담 김 씨. 잘 안 들려유? 여보시오. 듣고 있쥬? 끊지 말아유. 지발 끊지 말고 들어유. 겁나 어려운 부탁 좀 하나 해야겄네유. 여보시오. 안 끊어졌쥬? 영감은 갈시락 몸도 못 움직이고 아들은 즈 먹고 산다고 나갔어요. 내가 집을 비울 수가 없잔유. 혹시 무주 가걸랑 수면제 좀 사다 주요. 소장님이 잡순다고 하고 약국에서 사다가 나 좀 줘라 이말이유. 영감이 하도 오줌을 자주 싸서 밤이고 새복마다 잠을 못 자유. 잠을 못들어유. 심바람 해줄 사람이 없당께유.

제발 좋은 일 한다 생각하고 내가 돈은 틀림없이 줄라니까. 나 좀 살려줘봐유. 사람 환장하겠당게유. 낮잠이라도 잘라고 디비면 쌩잠도 안 오고 눈구녁은 아프고, 잠은 안 들어지고 자꾸 요망시런 생각만 떠올라서 미쳐불것당께유. 어지럽고 답답해서 미치겠당께유. 여보시오. 지가 오죽하면 이런 부탁을 하겠능가요. 여보시오. 무주 갈 일 있거든 돈은 내 꼭 드릴테니까. 그렇게 알고 기다리것네유. 소장님! 잘 알아 들었쥬? 끊어유.

/ 선배님께   2018년 12월 27일 목요일 맑음 오후 10:14

갑작스러운 한파가 매섭게 한겨울의 깊이를 더해주는 저녁입니다. 짧게, 짧게 준비하세요, 하셨지만, 죄송합니다. 짧지 않게 하겠습니다. 환송사 준비하라는 말을 처음 들었을 때 망설였습니다. 그렇지만 속으로는, 해보겠습니다, 고 대답했습니다. 무주군에서 첫 직장 생활을 시작했고, 업무 중 궁금한 것은 수시로 전화를 해대며 귀찮게 했고, 속상한 것은 하소연했고, 자랑스러운 기쁨을 나누었기에 가장 가까이서, 선배이기 이전에, 동료로서 동행해 왔다고 사무치기 때문입니다.

누구보다 많은 이야기를 하리라, 축복의 언어를 마음껏 쏟으리라 생각했는데, 그런데 말입니다, 막상 자판 위에 두 손을 얹고, 모니터를 바라보니, 무수한 생각은 실타래처럼 엉키고, 하얀 문서 위 커서는 깜빡거릴 뿐 무엇을 어떻게 써 내려가야 할지 막막하기만 하군요. 썼다가 지우고, 썼다 다시 지우고. 그렇게 며칠이 지났습니다.

처음 보건진료소 발령받고 3년쯤 지난 무렵이었습니다. 도시 큰 병원에 근무하는 친구들이 전화하면 가장 먼저, 가장 많이 하는 질문이 있었습니다. "박 소장, 산골짜기 답답하지 않냐? 이제 나와." 그러다가, 10년쯤 지나니, "야! 너는 그 산골짜기 뭐가 좋아서 그렇게 못 나오냐?" 그 말이 참 불쌍하다는 투로 들리더군요. 아마, 선배님들도 이런 질문을 많이 받으셨겠지요. 그때마다 수화기를 내려놓으며, "글쎄, 왜 나는 이곳에 남아 있는 것일까?" 머뭇거렸습니다. 언제부터인가 오기가 생기더군요. '그 답을 알아낼 때까지 있어 보리라.' 안으로부터 작은 소리가 들렸고, 그것은 무모하다 싶을 정도의 확신으로 변해갔습니다.

보건진료소 시범 사업이 운영되고, 농어촌 보건의료를 위한다는 특별한 조치법이 만들어지고, 선배님들은 제도 초창기, 가시밭길을 걸어 들어가셨습니다. 직무교육 마치고 마을회관, 연탄 창고에서 변변한 책상 하나 없이 시작된 진료와 보건교육. 선배님들의 시작은 지금 저희와 차원이 다른 미약과 열악 그 자체였습니다. 허술한 보안 장치, '아가씨 소장'에 대한 지역 주민들의 불편한 관심과 오해, 때와 장소를 가리지 않는 상담과 처치, 가슴 졸인 응급상황 등. 숱한 나날 만나고 헤어진 주민의 이야기를 어찌 다 말로 할 수 있을까요.

문풍지 사이로 불어오는 칼바람, 창고 앞을 오가는 발소리가 무서워 잠을 이룰 수 없었다는 이야기는 우리에게 무용담 그 자체였습니다. 두 다리 편히 펴지 못하고, 이불을 베게 삼아 새우잠을 잤다는 이야기. 논바닥에서 준공식이 거행된 진도보건진료소. 지금은 폐소된 대미보건진료소. 햇살 좋은 공진보건진료소. 여름이면 관광객으로 미어터지는 구천보건진료소. 네 분의 소장님은 무주군 보건진료소 문을 처음으로 열어주셨고, 무주의 땅을 무주의 하늘을, 사람들을 지켜오셨습니다. 김현옥 소장님은 전라남도에서 무주에 오셔서 무주를 위해 살다가, 무주 사람이 되었다고 했는데, 다시 남도로 돌아가야 할 시간이라니. 아쉬움이 이만저만 아닙니다. 선배님들께 마음으로부터 존경과 감사의 인사를 올립니다.

낫으로 베인 상처를 봉합하고는, 제대로 잘 낫고 있는지, 날마다 환자 집을 찾아가 확인하고, 상처를 어루만지며 방문 간호를 하셨겠지요? 달빛을 조명 삼아 산모에게 달려가 분만을 돕고, 밤새 땀범벅일 때 아가의 우렁찬 울음소리에 안도의 숨을 쉬고 밝아오는 새벽빛을 축복처럼 받으며 보건진료소로 돌아온 적도 있었겠지요? 법과 제도보다 우선한 사명감으로 응급환자를 차에 태우고 전주로, 대전으로 싣고 나가기도 하셨겠지요? 꺼져가는 촛불처럼 스러지는 어르신을 바라보며, 하늘에 계신 당신에게 이 어르신의 영혼을 부탁한다는 간절한 기도도 하셨을 것입니다.

그럼에도 자리를 자주 비운다, 어디 갔다 오느냐, 현관문을 열자마자 따라 들어와서는 마치 하수인 대하듯 꼬장꼬장 따지는 주민도 계셨지요? 안내문에 적힌 귀가 시간을 감시하고, 망원경으로 바라보며, 일분일초 시간을 재는 주민도 계셨습니다. 글을 읽지 못하는 어르신들은 3일 동안 교육 간다는 안내에도 불구하고, 사흘 내내 왔다 갔다 하셨다며 우는 아이처럼 쏟아내던 불만 어린 하소연들, 때로는 참 서운하고 야속한 상황과 나눈 입씨름들.

'나 홀로 근무'라는 보건진료소 근무 시스템의 한계와 기막힌 절망을 누구에게 다 하소연할까요? 하룻밤에도 열두 번은 보따리를 쌌을 것입니다. 그러나 선배님들은 험한 고개를 넘고 넘어 이곳에 앉으셨습니다. 정말 자랑스럽고 아름답습니다.

이별이란 아무리 연습해도, 익숙해지지 않는 법. '정년 퇴임'이라는 이름으로 선배님들을 보낸 경험이 없는 저희, 이 자리가 참으로 낯설고 어색하기만 합니다. 예견된 일인데, 충분히 감당할 일이라고 생각했는데, 망망한 바다에 떠 있는 어떤 무대에 올라온 기분이랄까요? 저만 그렇지는 않을 것입니다. 때가 이르렀고, 당연한 귀결이라 하지만, "홀연히 임한 급하고 강한 바람 같은 변화", 그 자체입니다.

논에서 밭에서, 진료실에서 마을회관에서, 간호 현장에서 흘린 수고와 땀, 눈물과 한숨은 거룩한 역사가 되었습니다. 주민에게는 울타리 같고, 등대 같고, 때로는 딸과 며느리 같은 역할을 감당하면서 업무에 최선의 열정과 사랑을 놓지 않으셨습니다. 소장님들께 큰 박수를 보내드립니다. 글을 써 내려가다 보니 왜 그 답답한 시골구석에서 나오지 못하느냐던 친구들에게 어렴풋하게나마 대답할 수 있을 것 같습니다.

> 가지 않을 수 있는 고난의 길은 없었다
> 몇몇 길은 거쳐오지 않았어야 했고
> 또 어떤 길은 정말 발 디디고 싶지 않았지만
> 돌이켜보면 그 모든 길을 지나 지금
> 여기까지 온 것이다
> 한 번쯤은 꼭 다시 걸어 보고픈 길도 있고
> 아직도 해거름마다 따라와
> 나를 붙잡고 놓아주지 않는 길도 있다
> 그 길 때문에 눈시울 젖을 때 많으면서도
> 내가 걷는 이 길 나서는 새벽이면 남모르게 외롭고
> 돌아오는 길마다 말하지 않은 쓸쓸한 그늘 짙게 있지만

내가 가지 않을 수 있는 길은 없었다

그 어떤 쓰라린 길도

내게 물어오지 않고 같이 온 길은 없었다

그 길이 내 앞에 운명처럼 파여 있는 길이라면

더욱 가슴 아리고 그것이 내 발길이 데려온 것이라면

발등을 찍고 싶을 때 있지만

내 앞에 있던 모든 길들이 나를 지나

지금 내 속에서 나를 이루고 있는 것이다

오늘 아침엔 안개 무더기로 내려 길을 뭉텅 자르더니

저녁엔 헤쳐온 길 가득 나를 혼자 버려둔다

오늘 또 가지 않을 수 없던 길

오늘 또 가지 않을 수 없던 길*

『부드러운 직선』, 도종환, 창비, 1998.

답답한 촌구석에 여태 있는 이유는, 그 길에서 만난 사람들 때문이라고, 내가 촌구석에서 밖으로 못 나가는 이유는 그곳에 여전히 나를 기다리는 사람들이 있기 때문이라고, 이제는 당당히 대답할 수 있게 된 것 같습니다.

바탕화면에 깜빡거리는 커서를 바라봅니다. 마치 달릴 준비를 마치고 어떤 명령을 기다리는 신호처럼 느껴집니다. 제2의 인생이라는 출발선에 계신 선배님들! 참으로 상투적이고 뻔한 표현이라던데 저도 그 흔한 말씀을 드립니다. 썼다가 지우고, 지우고 다시 쓰는, 삶의 노트에 행복만, 축복만, 가득가득 채워지기를, 이 시간, 매우 이기적인 기원을 담아봅니다. 그동안 함께 할 수 있어서 감사했습니다. 행복했습니다. 사랑합니다. 항상 건강하십시오.

대표 박도순 큰절

교수님께　　2018년 12월 29일 일요일 흐림 오후 11:25

"소장님! 샨만 되면 찬바람이 머릿속으로 들어가서, 머리가 시리 가꼬 저녁에 잘 때도 목도리를 안 감으면 잠을 못 잔당께요. 왜 그라는 건가요? 수건을 머리에 똘똘 말아서 쫌매야 잠이 오지, 그냥을 못 잔당께." 팔순 어르신이 말씀하시는 이 증상에 "글쎄요, 날도 추운데 얼마나 불편하실까요? 어머니 말씀만 가지고는 잘 모르겠네요. 병원에 가서 검사를

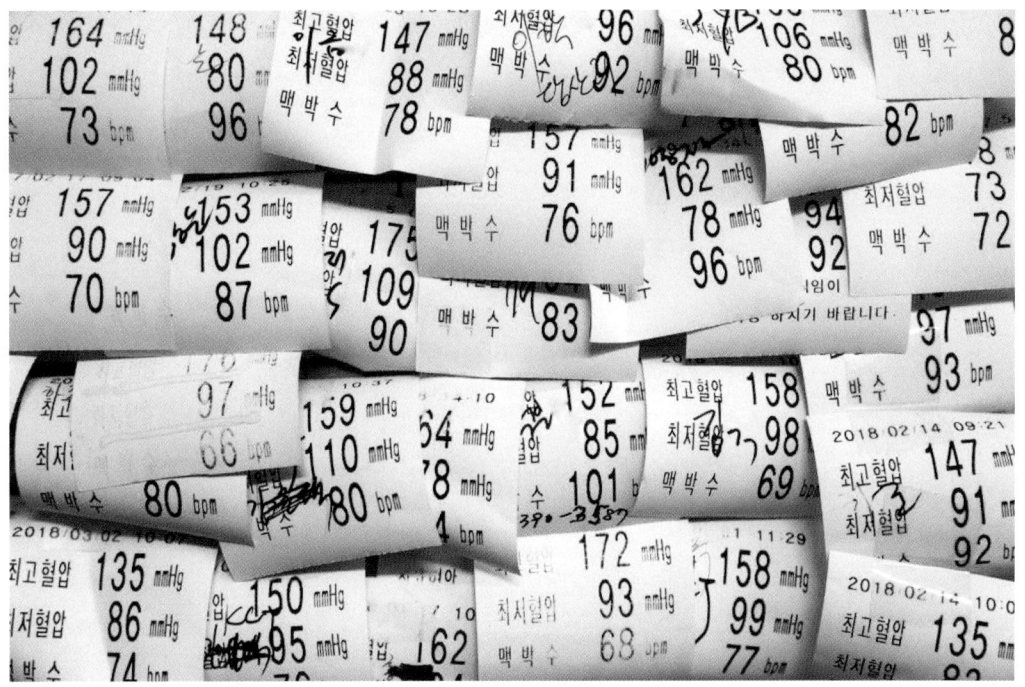

해봐야겠어요." 검사라고, 무슨 검사? '해봐야 하나?'라는 불확실한 결론을 내리면서 진료의뢰서를 클릭했어요. 병원에 가면 이 어르신 증상에 맞는 검사가 시행되고 속 션한 어떤 답을 얻을 수는 있을까. 도무지 알 수 없는 하소연 앞에 귀찮은 분리를 서두르는 저의 모습이 보였습니다. 속이 매스꺼운 것도 아니고, 어지럽고 토하는 것도 아니고, 쪼개질 듯 아픈 것도 아니라는디, 큰아 낳은 돌쇠만 오면 '대가리 속이 어떠구리하다'는 애매한 증상. 겨울밤이면 새우처럼 웅크려 옆으로 누워야 자고, 목도리를 대가리에 칭칭 말아야 잠을 이루신다는데. 출산 후 시작되었다는, 60년도 더 되었다는 이 증상에 어르신은 과연 무슨 진단을 받고 돌아오실까요.

은퇴하신 선배님께 전화했더니 이렇게 말씀하시더군요. 박 소장! 우리는 과연 간호라는 것을 하기는 한 것일까? 나는 잘 모르겠네. 그것을 간호라고 말할 수 있는 것인지. 진료소를 정리하고 떠나오면서 마지막 글을 적어 출입문에 붙여놓고 왔네. 그동안 여러분들에게 너무나 부족한 치료를 했습니다. 널리 용서하소서. 아니지, 그동안 여러분들에게 부족한 간호를 했습니다. 널리 용서하소서. 무슨 말을 써야 할지 참 난감하더군. 진료라는 말은 차마 더 적을 수 없었어. 그런데 말이지, 다만 '건강'에 대한 고민은 확실히 했던 것 같아. 사는 일에 대해서, 살면서 만난 위협받은 건강과 상처와 염려에 대해서, 어떻게 하면 건강한 방법으로 잘 대처할 수 있을까. 건강에 관한 이야기는 참 많이 나누었구나. 그것이 부끄럽지는 않더군.

맞습니다, 소장님! 우리가 진료하면 얼마나 하고, 치료라 이름할 수 있는 일을 얼마나 했겠습니까. 농특법이 허락한 알약 몇 개, 눈물만 한 앰풀 몇 개. 나라님은 그것도 대단한 허락인 양 뻐기잖아요.

허리가 아프다, 다리가 아프다, 전국적으로 삭신이 쑤신다는 아픔에 우리의 항거가 뭐 그리 대단한 것이던가. 지식은 듣고 돌아서면 어제가 되고, 새 이론과 논문은 쏟아지지만, 우리에겐 거리가 멀고, 알아들을 수 없는 저들만의 언어로 리그전이라. 잘해야 일 년에 몇 번 받는 교육이 우리 업무 완성해 줄 수 있나. 그래도 부끄럽지는 않아. 이유는 뭘까. 마주 앉거나 옆자리 앉아 그들이 말하는 것들 다 들어주고, 내 생각도 이야기하고, 당신 생각 다시 말해보라고 권하면서 빚은 시간의 조각들. 오히려 그들의 고통과 삶으로 내 삶이 사유가 되고 성찰되었어. 내가 그들을 돌본 것이 아니라 어르신들이 나를 지켜주셨구나. 비록 내 짝사랑일지라도 말이지. 누군가를 좋아할 때, 그는 냉담해도 나만 가진 사랑은 뜨거워서 그때만큼은 행복하니까 말이지. 누구도 못 말릴 사랑이 그런 것일 거야.

산에 올라 아래를 바라보면 개미만 한 사람이 움직이는 것도 잘 보이는 것처럼 멀리서 바라보면 더 잘 보이는 것들이 있습니다. 동네 뒷동산에 올라 움막 같은 보건진료소를 바라볼 때가 있어요. 늦은 밤 골목길을 걷다가 불이 켜진 포스트를 바라볼 때도 있습니다. 발걸음 멈추고 서서 보면 땅에 박힌 별 같아요. 낯선 지역으로 여행하다가도 우리 동네랑 비슷한 마을이 나타나면, 이 근처 어딘가에 보건진료소가 있겠구나. 생각에 당도할 즈음이면 어김없이 스쳐 지나가죠. 여보! 잠깐만! 저기 보건진료소가 있다. 한 번 가볼까? 내 동료의 보금자리. 만난 적도 없지만 들어가면 반갑게 나를 맞아줄 것 같지 않아? 실제 그렇게 하면 "누구세요? 그럴 겁니다. 가지 마세요!"

겨울만 되면 찬바람이 머릿속으로 들어가서, 머리가 시리 가꼬 저녁에 잘 때도 목도리를 안 감으면 잠을 못 잔당께요. 왜 그라는 건가요? 수건을 머리에 똘똘 말아서 쫌매야 잠이 오지, 그냥 못 잔당께요. 진료의뢰서 입력 창을 열어놓고, 이 증상을 어떻게 번역(!)하여 적어야 '젊은 의사 양반'이 알아들을까. 그 선생님은 이 어르신의 깊고 오래된 눈물을 떠올릴 수 있을까. 며칠 후 다시 보건진료소에 오셔서 "엑스란을 찍어도 암것도 안 보인다는디, 나는 아파 죽것고, 사람 환장하겠당게요." "그러게요, 그래도 아무것도 안 보인다니 얼마나 다행이예요. 어머니 마음에 새겨진 흉터라서, 그냥 품고 가야겠고만요." 색경 맨치로 선한 소리 좀 들을랑가 했더니 더 답답하고만. 사람 환장할 노릇이죠.

골목에서 우연히 만날 때, 교회 예배당 왼쪽 뒤에서 세 번째 줄, 안으로 두 칸에 앉으신 것을 볼 때. 어르신은 여전히 머리에 수건이나 머플러를 두르고 앉아계실 것입니다. 새벽 예배 마치고 나와 가로등 아래 눈 쌓인 샛길로 돌아가는 뒷모습을 바라보았습니다. 작대기 긴 그림자가 어르신 키보다 점점 짧아지더니, 아, 3도만 굽어지면 더 이상의 직립이 불가한 허리는 직각을 이루시겠구나, 더는 안 됩니다. 87도를 허락하셨을지라도 더는 허락하지 마옵소서. 당신께 부탁하나이다. 발 아래 속 빈 꽈리 소리, 뽀드득뽀드득! 눈 밟는 소리가 기도 응답 같아 위로입니다.

겨울만 되면 머리가 시리다는 마리아 머리 위에, 당신의 온기를 덮어주소서.

　　　　박도순 드림

/ **교수님께**　2019년 1월 12일 토요일 흐림 오전 11:40

주말이라 느긋하게 보건진료소에서 출발했습니다. 공진보건진료소 관할 마을 5개(갈마, 죽장, 공진, 마암, 주고) 골목 순례를 모두 마쳤습니다. 그곳에 사는 다양한 사람에게 더 가까이 다가가기 위한 첫 관문을 통과한 느낌이랄까요. 영하 17℃ 새벽에도 길을 나섰답니다. 콧속에 살얼음이 얼더군요. 춥지만 묘하게 쨍하고 상쾌한 기분. 보건진료소 기준으로 걸어 다닌 거리는 30km 정도. 가장 먼 거리는 갈마 마을 5.5km. 보건진료소에서 만나게 될 사람들. 사람과 사람 사이 마음의 거리는 얼마나 될까요.

　　　　박도순 드림

/ **교수님께**　2021년 11월 9일 화요일 맑음 오전 7:13

이를테면, "자네 아버지 말이네. 인자, 소장도 말귀를 알아들을 나이가 됐응게 허는 말인디. 소장 아버지가 딸만 내리 여섯을 낳았잖은가? 하루는 저 윗동네에 데리고 가서 술을 진탕 먹여서는 곰보 과부댁 방에 자네 아버지를 밀어 넣었네. 아 글씨, 아들은 낳아야 허지 않겠는가, 말이지. 놀리지 마시게. 그놈아가 금방 튀어나오더구먼! 하하하"

다양한 유형의 환자를 만나면서 필연적으로 형성하게 되는 간호사의 대인관계 연구 논문 말인데요, 몇 번 읽다 말다 읽다 말다가 오늘에서야 정독하였습니다. 서울 소재 3차 의료기관이라 하면 대형 병원이겠죠. 그곳 간호사들이 근무하는 내과 병동은 저에게는 너무 먼 공간이어서 그들의 이야기와 분석 내용이 좀 낯설기는 했지만, 이론에 충실한 프레임으로

『간호사가 경험한 어려운 환자와의 대인관계 이해』, 김덕희, 서울대학교 간호대학원 박사학위, 정신간호학회지 제11권 제1호, 2002.

느꼈습니다. 연구자는 아홉 명의 간호사를 관찰도 했고, 면담도 했더라고요. 환자와 간호사가 겪은 대인관계, 특히 '어려운 환자'와의 관계 패턴에 일상생활 기술법을 적용하여 상황과 맥락을 분석한 후 적응과 부적응으로 나누어 정리했습니다.

연구자가 말한 '어려운 환자'란 치료 과정에서 의료진 의견과 다른 주장을 하는 사람, 그리하여 그는 의료인과 관계가 소원해지고, 자신의 질병에 대한 의사결정에 적극적으로 개입하는 사람. 그로 인해 의료인이 계획한 방향과는 다른 역행 상황을 만드는 사람. 자기주장이 강하다 보니 간호사가 기대한 환자 역할에서 벗어난 행동을 보이는 사람, 간호사는 이러한 환자를 대하는 데에 어려움을 겪고, 바람직한 대인관계 형성에 피곤을 호소합니다. 환자 입장에서 보면 그들은 일상과 분리된 '병원'이라는 공간에서 환의로 갈아입는 순간, 낯선 환경에 사뭇 긴장과 충격을 받을 것이고, 그것을 완화하기 위한 나름의 연속 상황이 생기겠죠. 병원 문화에 적응하기 위한 통과의례일 것입니다. 간호사도 환자 입원 정보를 수집하는 익숙한 관례로 활동을 시작할 것입니다. 드디어 환자-간호사 간 공식 관계가 성립되는군요.

간호사가 입원환자 면담을 마치고 몇 차례 인수인계를 통해 저 사람은 '어려운 환자'라고 인식한 -만들어진- '관계'는 환자가 퇴원할 때까지 간호 수행에 영향을 끼칩니다. 환자도 마찬가지여서 서로에 대한 정보 탐색, 수집된 정보로 기선 제압하기로 저항하고, 힘겨루기가 시작됩니다. 그러다 물러서거나 마음을 가다듬어 절충안을 찾고, 협력관계를 유지하며 통합기에 이르는 조화로운 동반자로 긍정적 발전을 이루는 경우도 있고, 탐색기와 저항기를 거친 후 불편한 감정이 억압되고, 피로가 가중되면서 오히려 환자 요구를 따라가거나 적당한 거리 두기로 대치 혹은 회피하다 더욱 파행을 맞이하는 부적응 과정으로 발전하기도 합니다.

결론은 '어려운 환자' 관계로 인한 갈등이 누적되고 환자와 간호사 사이에 불필요한 감정 소진이 일어나고, 간호사는 자신감이 결여되어 간호 정체성이 모호해진다. 간호사 스스로 환자와의 관계에서 억압당하는 상황이 전개되어 대화 단절이 초래되고, 상대방에게 불만을 느끼게 되어 파행을 맞습니다. 간호사와 환자 구조에서 권력의 조정 과정에 따라 간호사 역할이 달라짐을 보았습니다. 이 연구의 한계점은 간호사와 환자와의 대인관계 측면에서만 어려움을 탐색한 결과여서 간호 현장에서 겪는 대인관계의 어려움을 포괄적으로 설명할 수 없는 제한이 있다고 했더군요. 결국, 병원이라는 조직문화 안에서 다양한 직종 및 인적 구성체 간에 얽힌 대인관계의 어려움에 대한 총체적인 현상을 이 한편으로 설명하기 부족하다는 것으로 나아갑니다.

간호 교육기관, 학회, 협회 등 다차원 협력 활동이 강화되어야 할 것이며 간호사의 긍정적인 이미지 홍보와 전문직 간호사에게 필요한 교육의 질적 개선이 필요하다는 조금은 두루뭉술하고 막연한 제언.

　　보건진료소에서 경험하는 어려운 환자는 고향에 돌아와 보건진료소장으로 근무하게 된 아주 특별하고도 예외적인 상황에서 겪는 일들입니다. 낯선 병원에 입원하며 환자가 경험하는 것으로 대면할 때 만들어진 3차 대형 병원 간호사가 겪는 그것과 농촌 간호사가 지역사회에서 겪는 그것은 색깔과 무늬가 매우 다르죠.

　　그들은 낯선 환자와 권력 조정 성공과 실패 사이에서 적응 부적응을 경험하고 있었지만, 저는 옆집 아저씨 이름부터 일가친척 자녀 이름까지 꿰고 있는 마을 간호사여서 어젯밤 이웃과 다툰 일, 마을의 크고 작은 애경사, 심지어 불륜과 가정 해체 위기에 놓인 형편까지 어린 시절 경험이 오히려 성장 후 간호사가 되어 고향으로 들어와 수행하는 업무적 경험만을 논할 수 없는 것이어서 상당한 괴리감을 느꼈습니다. 차라리 피차 모르는 사이로 시작하는 '관계'로 만났더라면, 사무적이고 경계적이고 자기방어적 지연책을 쓴다든가, 물러서거나 마음을 다스려 인내하는 전략을 구사하며 관계성을 정리하거나 유지할 수 있었을까. 방어 수단과 기제들이 때로 무용한 것이 되어버리는, 농촌 간호사의 '너무 알아 어려운 관계 맺기'는 어떻게

설명하면 좋을까요.

다른 지역에 있는 보건진료소로 근무지를 이동하기 전에는 회피할 수 없고 싫든 좋든 지역에서 날마다 부딪혀야 하는 1명(보건진료소장):680명(주민)의 협력과 대치 구도. 진료소를 둘러싸고 있는 크고 작은 단체와 다양한 성향을 지닌 주민의 인적 구성체 간에 얽힌 보건진료소에서 일어나는 모든 현상에서 서성이고 때로 대응해야 하는 보건진료소장이 경험한 '농촌형 어려운 환자와의 관계'는 어떻게 설명하면 좋을까.

논문과 책상 앞 나의 거리는 30cm도 안 되는데 현실감은 멀게만 느껴지는 괴리감 사이에서 아, 그렇군. 그렇구나. 생각만으로는 뭔가 손에 잡히지 않는, 실제적이지 않은 느낌, 어떻게 표현하면 좋을지 모르겠습니다. 간호 교육기관, 학회, 협회가 주민-보건진료소장 사이의 대인관계 연구를 진행한다면 신규자와 경력자 간극은 또 얼마나 될까. 보건진료직 간호사에게 필요한 교육의 질적 개선이란 무엇일까. 보건진료소에서 행해지는 지역사회 간호에서 환자를 둘러싼 환경과 가족을 포함한 돌봄과 상호작용을 통한 간호 행위 중 '어려운 환자'들에 대한 경험이 연구되지 않는 현실. 그냥 묻어버린 아픔일 수도 있고 체념일 수도 있고, 때로는 보건진료소장 혼자 어쩌지 못하는 한계에서 자포하고 '져 주기'를 선택하고, 끌려다니듯 끌림 당한 동료들도 있지 않았을까. 주민과 보건진료소장 사이에 골 깊은 역할 갈등 중재는 누가 해주는 것일까.

낯선 병원에 홀로 입원한 환자의 경우와 상반되는, 낯선 농촌 지역사회에 홀로 들어와 주민들 사이로 들어가야 하는 보건진료소장. 농촌, 어촌, 섬마을 보건진료소장 5명과 고향 마을이거나 고향 근처 보건진료소에 근무하는 보건진료소장을 비교 연구한다면 주민 사이에서 진료소장이 겪은 대인관계, 특히 '너무 깊이 알아 오히려 어렵고 불편한 주민'과의 대인관계 패턴은 어떤 맥락으로 적응과 부적응을 나눌 수 있을까요.

굳이 알고 싶지도 않고, 안다 해도 별 영양가 없는 우리 아버지의 과거 발언을 진료실 의자에 앉아 들으라는 것인지, 그냥 그렇다는 말씀이신지. 아, 나는 너무 오래 잘 알아 불편한 지역에 와 있구나, 그런 생각이었습니다. 인자 소장도 말귀를 알아들을 나이가 됐응게 허는 말인디, 하시며 서문을 열고는 "자네 아버지가 딸만 여섯을 낳았잖은가? 하루는 윗동네에 데리고 가서 술을 진탕 먹여서는 곰보 과부댁 방에 밀어 넣었네. 아 글씨, 아들은 낳아야 하지 않겠는가, 말이지. 놀라지 마시게. 금방 튀어 나오더구먼!" 만약 우리 아버지가 '사랑한 후에 나오더구먼!'이라고 말씀하셨다면, 저는 어르신에게 어떤 반응을 보였을까요.

공진진료소 박도순 드림

제 5 부

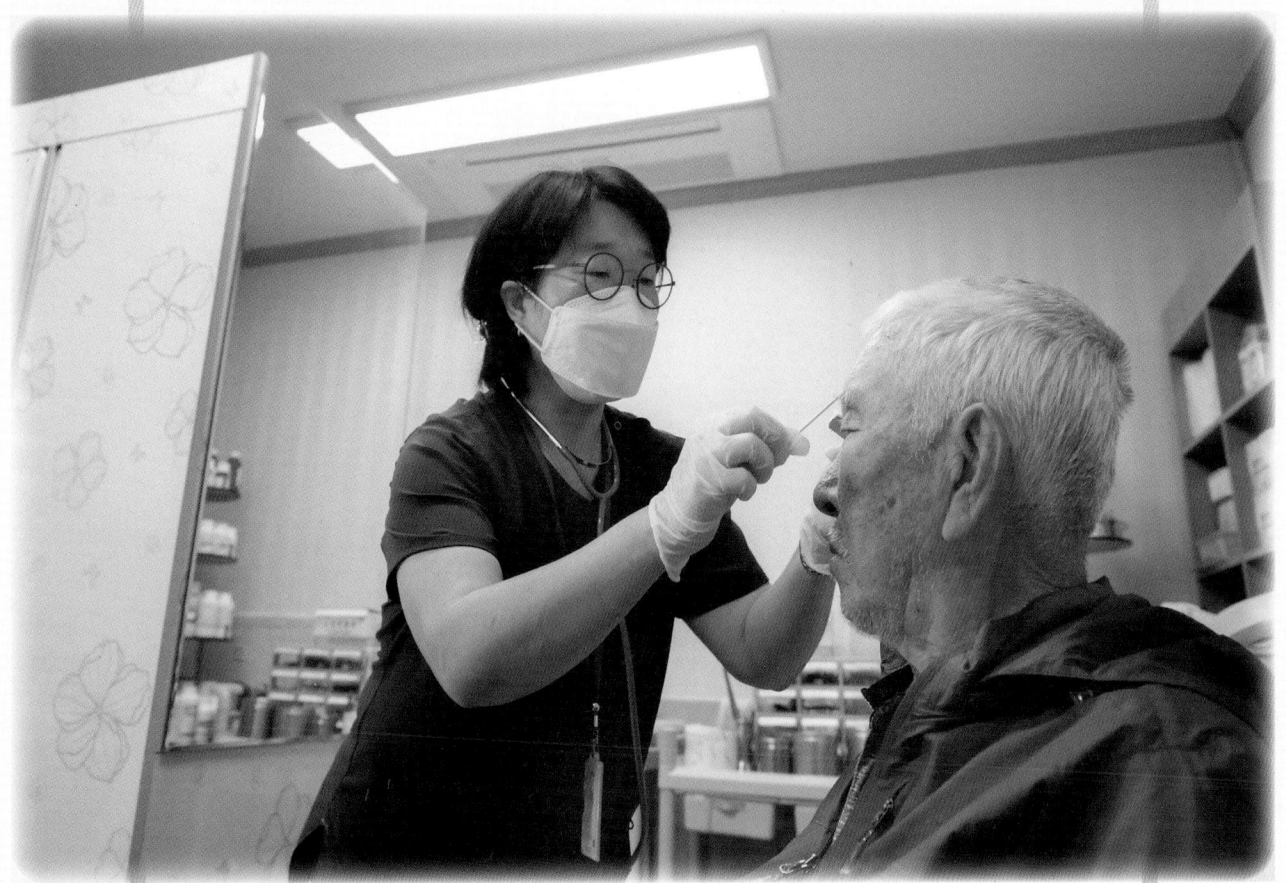

거기 사람 있어요

2019~2025

일기 3

쎄가 빠지네, 그게 뭔 말이여? 환장허것네. 참말인가요? 별꼴 다 보것네. 보건진료소에 오는 분들에게 곧 떠나게 된다는 것을 말씀드렸다. 어르신들의 반응이다. 나는 아무 말도 못 하고 그냥 듣고만 있다. 우리 군에는 9개 보건진료소가 있다. 리(里) 단위 5~6개 마을, 적게는 300여 명에서 많게는 1,700여 명에 이르는 주민을 돌보고 있다. 최근 진료소장 2명이 떠났다. 한 후배는 대학원 진학, 한 동료는 건강을 이유로 사직했다. 2019년 1월, 공진보건진료소에 첫발을 디뎠다. 아침부터 눈이 펄펄 내리고 추위는 송곳 같았다.

첫 환자가 왔다. 말을 못 하고 게다가 귀가 잘 안 들리는 남자 어르신이었다. 나는 손짓발짓까지 해보았지만 도대체 어디가 어떻게 아파서 왔다는 말인가. 얼마나 많은 노를 얼마나 오래 저어야 어르신과 나 사이에 흐르는 강을 건널 수 있으려나. 흩어진 생각이 흰 눈처럼 쏟아진다.

/ 2019년 1월 2일 수요일 눈보라 한파

공진보건진료소로 이사. 정미랑 현주 도움. 강추위에 눈보라. 수돗물이 얼었다. 물이 나오지 않는다. 이선화 운영협의회장님께 전화했다. 달려오셨다. 내일 면사무소에 연락하겠다고 하신다. 공진보건진료소 현황판을 보았다. 217 가구, 513명, 공진, 주고, 마암, 죽장, 갈마. 5개 마을. 65세 이상 인구 203명(39.6%). 고혈압 대상자 107명, 당뇨 31명, 거동 불편하신 분 16명, 홀로 사는 어르신 65명, 치매 9명. 보건진료소에서 가장 멀리 떨어진 마을은

갈마. 마을마다 어떤 전설을 품고 있을까. 건강증진실 큰 창문 틈새로 들이친 눈발이 방바닥 쌓이더니 녹는다. 맑은 날에는 햇살이 눈부시게 쏟아져 들어오겠구나. 건물이 돌아앉아 낮에도 불을 켜야 하는 상곡보건진료소에서 보낸 너구리 소굴 8년. 이렇게 보상받는 것일까.

/ 2019년 1월 11일 금요일 맑음

주고 또 주고도 더 주지 못해 미안, 그래서 무언가 더 주고 싶은 사연이 전설 한 조각으로 남은 마을일까. 아니면, 집집이 익어가는 술 향 사이, 끓어 넘친 거품 헹궈 창고에 재운 과거쯤, 어떤 사연 간직한 마을일까. 술 주酒 창이 아니라오, 배 주舟 창이라니. 더욱 궁금한 주고마을은 보건진료소에서 3.2km. 앞을 바라보면 장수군, 뒤돌아보면 무주군. 경계와 관념 따위 아무것도 아니라는 듯 열반으로 쌓이고 쌓인 돌무덤. 안성면 주고마을. 구글에 넣어보라지, 보여주는 변변함, 결과는 별로.

누군가의 양식이 되지 못해 미안하다는 시인, 열심히 살지 못한 하루에 미안하다는 시인, 보잘것없는 나의 삶을 위해 아름답고 싱싱한 것의 생명을 꺾어야 하는 미안함을 하얀 꽃으로 노래한 당신. 덕유산 끝자락에서 태어나 송골재 넘나들더니, 홀씨되어 서울로 날아간 시인님아.

　　거뭇한 사람 그림자 안보이고 인기척 드문 이른 아침. 주고 마을 문턱에서 서성이니, 당신은 누구십니까? 낯선 이방인 빤히 바라보는 강아지. 다가서면 물러서고 더 다가서니 더 달아나는 고양이. 그래그래, 주고 또 주고도 모자라 더 주고 싶은 것 남은 마을일까. 이제는 눈물 마렵지도 않은 나는 당신에게 너보다 더 미안하다. 주고마을 첫 방문, 다녀와서 적다. 참 얕은 나의 상상력.

/ 2019년 1월 22일 화요일 맑음

　　25년 만에 만나면 이런 기분이구나. 이야기를 펼쳐나가니 사진처럼 선명하게 살아나는 시간. 돌아서서 가는 당신 입가에 여전한 미소, 뒷모습 쓸쓸하지 않아 좋다. 날개 치며 날아가는 시간아. 애써 잘 길러놨더니 다른 남자 아내가 되어버린 기분이더라는 시절 앞에, 아쉽게 돌아보는 차라리 회상하지 말았어야 할 첫사랑 같은 추억이랄까. 그래도 만나서 반가웠다. 이 기분 도무지 감출 수 없다. 돌아가는 사람, 안녕하시기를! 뒷모습 쓸쓸하지 않은 당신, 아 다행이다.

/ 2019년 2월 22일 금요일 흐림

　　마음이 어지럽다는 것이 이런 것일까. 누구에게 실컷 이야기를 쏟고 싶다. 비천하고 천박한 사람이 되더라도, 그리하여 내 인품이 바닥을 치더라도, 욕이라도 실컷 하고 나면 마음이 좀 풀어지려나. 용기도 없고 기운도 없으면서 내가 말하고 내가 듣는다. 여기저기 떠들어본다. 결국, 듣는 사람은 그가 아닌 나.

/ 2019년 2월 26일 화요일 흐림

　　전라북도 보건진료 전담공무원 역량 강화 워크샵

/ **2019년 3월 15일 금요일 맑음**

　　일차보건의료 담당자 직무 대처 능력 및 전문성 함양을 도모하기 위해 도청 보건의료과 복지여성보건국에서 추진하는 보건진료소장 국외연수 계획이 통보되었다. 4월 8일부터 12일까지, 4박 5일, 일본 이시카와현 견학, 도청 보건의료과 주무관 문민수 선생님, 김홍재 선생님 2명, 시·군 보건진료소장 39명이 출국한다. 일본 보건소와 보건센터 등 보건기관의 역할 및 기능, 지역 자원 연계 협력을 통한 지역사회포괄케어센터 견학, 일본 지역보건기관에서 제공하는 치매와 건강증진 서비스 현황을 볼 수 있다. 우리나라에서 부르짖고 있는 커뮤니티 케어 모형과 얼마나 닮았을까. 벌써 궁금하다. 무주에서는 가정보건진료소 이미향 소장님과 내가 함께 가게 되었다. 예산은 약3,392천원(국외 업무 여비). 보건진료소장 1명당 600,000원 + 1,007,000원(체재비 795달러, 여행자 보험 30,000원, 도비 20%, 시군비 80%) / 시군예산, 기준 환율 1,230원 '19. 3. 7. 기준).

/ **2019년 4월 8일 월요일 ~ 4월 12일 금요일**

　　전주-인천-나고야-나나오시-카나자아-고마츠-인천-전주

/ 2019년 4월 11일 목요일 맑음

일본 연수 4일 차이다. 「家に帰りたい(집으로 돌아가고 싶다)」고 호소하는 대상자의 needs에 대응하기 위하여 가정을 대신할 생활의 장으로 소규모 특별 요양 노인 홈을 만들었다고 한다. '가쿠쥬카이' 법인의 단기 요양보호 마을. 아이들 생활공간도 있다. 시설 관계자들과 가족, 지역 주민들도 인지증에 대하여 깊이 인식하고 입소하신 어르신과의 관계에서 알게 된 마음에 근거한 지역 밀착형 요양 실천에 힘쓴다는 요양보호 마을. 데이케어센터를 둘러보았다. 그들의 과제는 사람, 실천, 마음 Asessment, 자기 결정, 개별 케어, 생활인 삶을 지원의 시점으로 일한다는 것이다. 아이들부터 고령자까지 매우 익숙한 지역에서 자신이 원하는 자기다움의 삶을 살 수 있도록 응원하고 돕는 일! 우리나라에서 치매라고 부르는 용어도 곧 '인지증'으로 바뀌지 않을까. 石川(이시카와)의 4월은 벚꽃 절정이다. 단아하고 그러면서도 고급스럽게 아름답다.

/ 2019년 9월 10일 화요일 밤 1시 57분

가끔, 개 짖는 소리 허공을 가른다. 땅에서 밤하늘 욕망하는 귀뚜라미 소리. 그윽한 가을밤 깊어지고, 먹먹한 어둠 짙어가는 시간. 매일 아픔을 듣는다. 달래드린답시고 보듬는다. 당신보다 젊은 박 간호사, 늙음을 알기는 알까, 위로를 굳이 전하지 않아도 몸이 전하는 말. 힘을 보태는 날, 나는 힘 써버려 지쳐가는 날들. 병아리 눈물 같은 주사. 몇 가지 알약, 그것이 법이 허용한 산골간호사 처방권. 최선의 임계. 내성이 생겨도 진즉에 생겼을 마이신 몇 캡슐. 당신 앞에서 습관처럼 굳어져 버린 처방을 외운다.

이런 것을 드디어 하게 되다니! 용기와 신념으로 충만한 초병의 열정은 가랑잎 되어 흐느낀 지 오래. 익숙함은 무념만 데려오는 것이 아니다. 새로운 만남이라도 생기는 날이면, 오늘은 운수 좋은 날, 혼자 웃는다. 빗방울 몇 알만 떨어져도 물항아리에 먼저 들어가 고이는 나의 우수憂愁. 온몸을 낙상하면서 생명을 몸 파장으로 일으키지만, 저도 어쩌지 못하다 침잠하고야 마는. 그치면 그뿐. 무엇이 언제 왔다가 지나갔는지 흔적조차 남기지 않는 우주宇宙는 신비. 참 이상도 하지.

그 멀고 먼 도시에서 달려와 주신 당신. 지난밤 너는 별 의미 없이 여행길에 들렀노라, 고. 나는 그 말 믿지 않기로 했어. 내 편 되기로 마음먹은 한 마리 천마가 날아온 기분이었지. 삶은 누구에게나 처음. 그래서 첫눈의 전율은 길고도 오래 오오오래 가는 것.

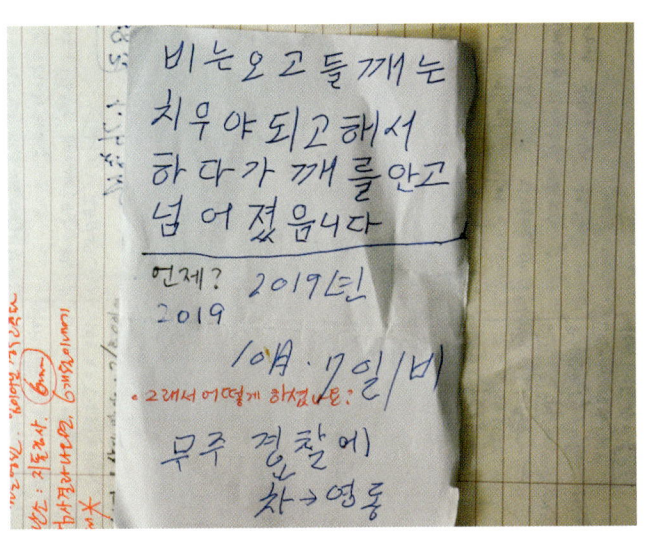

/ 2019년 12월 11일 수요일 맑음

가운데 손꾸락 두 마디도 안 들어가드만. 그러니 무슨 샨이 춥것는가. 배추는 말을 안 하는디, 무수는 말을 허거덩. 뿌링이가 실나쿵만 허니 땅속으로 지프게 들어가야 샨이 추운디, 접때 뽑을 때 보닝게로 꼬랑지가 없더랑께. 숭숭 뽑아지는 것이. 눈이 안옹게 겨울 맛도 안 나고, 하여간 참 수상혀.

/ 2020년 1월 2일 목요일 흐림

공진보건진료소로 근무지 이동 1년이 지났다. 벌써 1년?, 아, 1년이구나. 2019년은 나에게 가장 힘들고도 슬픈 한 해였다. 아픔을 드러내지 못한 채 시간이 흘러간다. 슬픔은 압축되었다. 사랑이 그리움으로 깊어지듯 슬픔은 아픔으로 깊어져 가시로 박힌다. 그럼에도 불구하고 하루하루가 새날이었다. 짐 정리하던 작년 그 기분으로 그냥 그렇게 무심한 듯 부심하지 않은 듯 새해 다짐을 삼켜본다.

/ 2020년 1월 16일 목요일 흐림

돈이 없어 징게로 잘 오던 동생도

동네 사람도 안 와

코피가 너무 먹고 자서 물 없었다가

냄비 뚜껑까지 홀랑 태워 먹고

울다가 볼 장 다 본당께

개미 새끼 한 마리도 귀신도 안 와

환장한당게

내가 혼자 있어 봄시나 죽어지지 안으니께

밥은 먹고 살아야지 요양원에 지 발로 걸어갔당께

아침밥 주고 점심도 먹고 운동도 시켜중게 심심하지는 않더만

근디 뭘 잘못해서 나 인생이 요래 됐나, 그걸 모르겄어

    대밭마을에 출장 다녀온 후 적다.

/ **2020년 2월 13일 목요일 흐림**

    충남대학교병원 장례식장에 다녀왔다. 돌아서는 나에게 윤정이는 "언니! 우리 엄마 사진 남겨줘서 고마워요." 하며 울먹인다. 머리 아프다는 증상 후 갑자기 맞이한 죽음 앞에 나는 눈물도 나지 않았다. 일을 치르고도 믿어지지 않는다. 장례식장 풍경이 악몽 속에 일그러지는 그림처럼 늘어지고 느리다. 육체는 풀이요 아름다움은 꽃. 풀은 마르고 꽃은 시든다. 진리.

/ **2020년 2월 29일 토요일 맑음**

    골목길을 거닐다가 대문 위나 옆에 얹어놓은 탱자나무나 엄나무를 볼 때마다 가시 돋친 그것을 왜 저렇게 얹어놓은 것일까. 궁금했다. 호기심의 답은 나쁜 기운이 가시에 걸려들어 오지 못하도록 막는 방패라는 것이었나. 나쁜 기운이 지깟 가시에 걸리겠나, 병이 그런 방어를 겁낼 리는 없지. 골목을 점령하고 마을을 점령한 후 전국을 바람처럼 휩쓸고 있는 습격에 높고 낮음이 어디 있으며, 가지고 못 가진 것이 어디 있으랴. 이 소박한 종교성이 귀여운 나머지 속으로 웃음이 났지만, 당신들만 아는 어떤 주술이 있으리라. 엄나무 토막을 문턱 위에 걸어두든가 피 묻은 속곳을 삽작문에 걸어 액운을 막으려하신 겸손한 오만. 2020년대 무주나

콜레라 창궐하던 1890년대 평사리나 디지털 부적이 날아드는 오늘 아침 카카오톡 대화방이나.

/ 2020년 4월 5일 ~ 4월 7일

전라북도 코로나19 첫 확진자가 1월 30일에 나왔다. 군산시에 거주하는 분이다. 무주군보건의료원 코로나19 선별진료소에서 근무하였다. 질환의 심각성이나 중대성에 비하여 선별진료소는 너무 작고 초라하고, 아직은 어수선하다. 거창에서 무주로 넘어와 마스크 사재기한다는 민원이 들어왔다고 한다. 공무원들은 단속 안 하고 뭐 하고 있느냐고 항의성 전화가 왔단다. 무풍면 삼거리, 상오정, 거창에서 무주로 넘어오는 신풍령 근처에서 발열 체크 근무를 하였다. 이것은 도대체 누구를 위한 일인지, 무엇을 위한 것인지, 좀 어리석다는 생각은 들지만, 모든 일은 의미가 있다고 생각한다. 주민들과 이곳을 다니는 통행객에게 감염병의 중대성이나 사회적 심각성을 인식시키는 데에는 일조한 것 같다. 별일 없기 바라는 마음이 자꾸만 쪼그라든다.

/ 2020년 4월 26일 일요일 맑음

무주보건의료원 선별진료소, 접경지역 길거리 발열 체크 근무, 장례식장 출입구 (주말) 발열 체크, 해외입국자 임시거주시설 파견 근무 등. 코로나19 대응팀 업무 출장으로 보건진료소 문을 닫는 일이 많아졌다. 주민들 불편은 불을 보듯 뻔하다. 보건진료소 업무는 파행을 맞이했다. 정상적이지 않다. 암담한 기분이다. 이것이 최선일까. 오영진 소장님은 남원 전라북도인재개발연수원 해외입국자 관리 업무 출장 중이라고 사진을 보내왔다. 모두의 수고. 끝이 오기는 오려나.

/ 2020년 4월 27일 월요일 맑음

바깥출입이 어렵고 거동이 불편한 재가 노인의 안부를 살피고 건강을 돌보는 방문 간호, 어제오늘의 일이던가. 다리 아파서 걸어갈 수 없으니 약 좀 갖다주시게! 허리가 아파 일어나지 못하니 약 좀 갖다주시오! 종일 괭이질에 온몸이 으슬으슬 춥고 쑤십니다. 우리 동네 사람이 보건진료소에 가거든 약 좀 보내주시오. 아프다는 증상 호소에서 상담 전화와 부탁은 늘어만

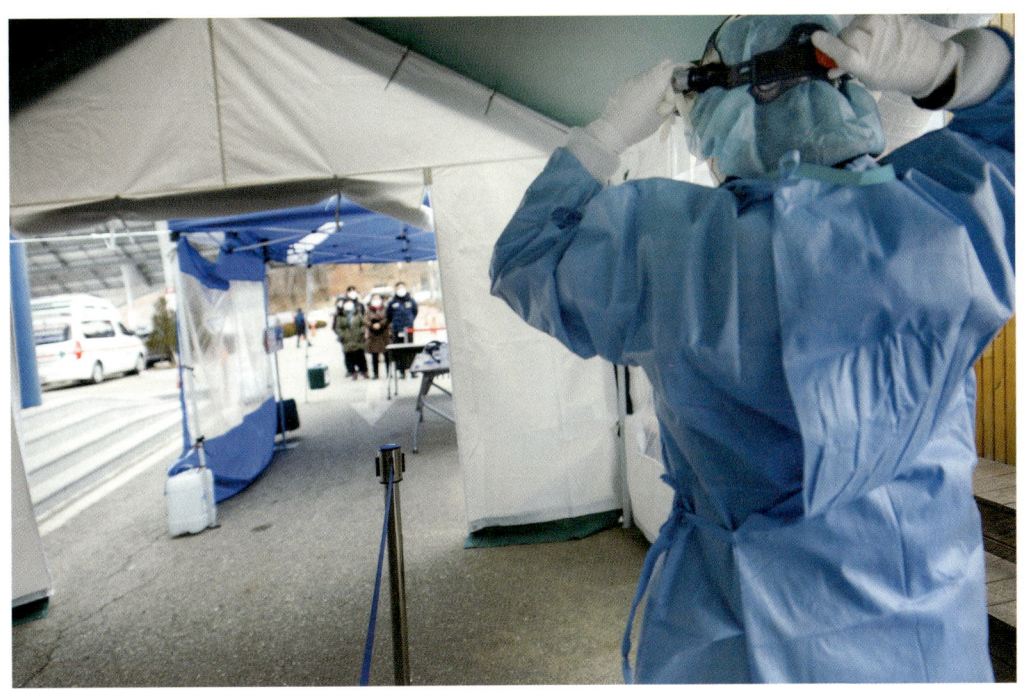

간다. 게다가 소장은 이 사람 저 사람 만나고 여기저기 돌아다니니 찜찜하다고, 대문에 걸린 주머니에 약을 넣어 두고 가라는 '적극적' 비대면 셀프 자가 격리 거리 두기까지 진행 중이다.

코로나 위기가 심각 단계로 격상되면서 한시적 조치로 조건부 대리 처방이 허용되었다. 치료 약은 왜 안 나오느냐고, 예방주사는 언제 나오느냐고, 답 없는 질문도 반복된다. 국가 재난이라고 지자체들 긴급 조치도 경쟁하듯 쏟아지고 있다. 묻지도 따지지도 않고 모든 무주군민에게 10만 원씩 주겠다는 재난기본소득 지급도 코앞이다. 많은 것이 새로우면서도 어색하게 변해가고 있다. 이전의 일상으로 영원히 돌아갈 수 없을지 모른다는 조심스러운 예측은 적응 부전의 암울함으로 들린다. 외줄 위에 앉은 아슬아슬함 속에서도 방심은 금물이라는 조언들, 농촌이라고 감염병이 비껴가겠는가.

어르신들은 코로나를 콜라병이라 부른다. 병이 옮을까 무서우니 마당에 들어오지 말라고 금줄 치기 대신, 너에게 다가가지 않을 테니 나에게도 다가오지 말라고 선 긋기 대신, 무주 사람에게 나눠줄 24억 2천만 원 대신, 당신과 나 사이의 빗장이 풀어지길, 천 원에 두부 한 모, 만 원에 간고등어 한 손쯤 집 앞에서 사는 것은 아무 일도 아니도록, 이동 슈퍼 아저씨의 파란 트럭이 이 골목 저 골목 누비고 돌아다니길, 아이들은 학교로 돌아가 선생님과 친구를 만나기를, 파견 의료진들은 속히 제자리로 돌아오기를!

2020년 5월 26일 화요일 맑음

"저기…, 제가요, 집사람이 아파서 7년 가까이 간호했습니다. 머시냐…, 어렸을 적에는 코피를 자주 쏟았고요, 이유는 모르겠습니다만. (잠시 침묵) 한 40년 넘었을랑가, 이비인후과에 가서 수술했는데 의사 양반이 전깃불로 혈관을 지졌다던가? 그렇습니다. 그 뒤로 피는 멎었습니다만…" 진료대기실 자동혈압계 옆에서 측정 과정을 지켜보다가 진료실로 들어서는 나에게 이 씨는 혼잣말처럼 덧붙인다. "그러셨군요." 나는 건성으로 대답했다. 칼주름은 아니지만 잘 다려진 감색 바지, 소매 끝 한 단 접어 올린 하얀 잠바, 기름을 살짝 발랐을까, 정성스레 빗어 넘긴 헤어스타일. 첫눈에 비친 어르신 모습이 내 아버지 모습과 겹쳐졌다. 정보시스템 일차진료 창을 열어 이름을 입력했다. 검색 정보가 없다고 경고창이 뜬다. "보건진료소에 오신 적이 없군요." 이름과 주민등록번호를 여쭙고는 조회를 요청했다. 건강보험 가입, 관내 타 지역 어르신.

"어디 편찮아서 오셨습니까?" "요새 주변에서 혈압이 높다고 해싸서 와봤습니다. 건강검진 했더니 거기서도 높다고 그러고, 보건소에서 나온 선생님들도 그러고, 농협에서 재봐도 그래 싸코." 자동혈압계에 어르신 왼팔을 깊숙이 넣었다. 시작 단추를 눌렀다. 이윽고 나타난 결과가 수상하다. 흔한 120에 80도 아니고, 드문 160에 90도 아니다. ER3. 재측정해봐도 ER3. 도무지 뜻을 알 수 없는 에러 메시지였다. 기계가 고장이라도 난 것일까. 내 팔을 넣어 측정하니 135에 76. 수동혈압계가 놓인 진료실 쪽으로 걸어가던 중 들은 '집사람 간호 7년'이라는 말이 쉬익~ 바람 소리로 지나간다.

왼팔에 커프를 감았다. 맥을 만지고 청진기 벨을 팔꿈치 안쪽으로 집어넣었다. 청진기를 귀에 꽂았다. 수은 기둥을 180까지 올렸다. 혈류를 차단했다. 잠시 멈췄다가 벨브를 풀어 서서히 압력을 덜어낸다. 혈관이 열리면서 피 흐르는 소리가 들리는 것이 일반이거늘. 맨발로 복도를 내달리는 아이 발소리마냥 당신의 맥박(脈搏)은 심히 쿵쾅거렸다. 수은 기둥을 250으로 치켜올렸다. 200 너머에서 불퉁불퉁 요동친다. 두 번째도 마찬가지였다. 결과를 어떻게 해석해야 하는가. 어르신에게 뭐라고 설명드려야 하나. 나는 근심이 시작되는데 어르신은 미소를 머금은 채 나를 바라보신다.

"두통이나 가슴 답답증 같은 거, 불편하지 않으세요?" 진료실 바닥으로 시선을 떨군 이 씨. 머뭇머뭇하신다. 그럴 줄 알았다고 하신다. 알면서 왜 서두르지 않으셨는가. 왜 방치하고 계시는지 묻고 싶었지만 나도 말없이 바라만 보았다. 숫자로 드러난 혈압의 좌표도 놀라웠지만, 사실은 무심하게 흘려들은 '집사람 간호 7년'이라는 말이 가리고 있는 안개 속 풍경이 더 궁금했기 때문이었다.

고추 모종 작업 중 밭에서 갑자기 쓰러진 집사람, 구급차에 실려 대학병원에 도착했고, 응급수술과 재활, 약물치료까지 받았지만, 생각만큼 좋아지지 않은 집사람. 어르신의 일상은 예상치 못하게 변해갔다. 역할이 뒤바뀌었다. 밥 짓고, 설거지하고, 환자의 대소변 처리까지 온전히 당신 몫이 되어버린 시간들. 부인은 아픈 탓인지 홀로 있기를 무서워하여 잠시도 혼자 있는 것을 싫어했다. 어쩌다 장에 다녀오거나 바깥일 보고 돌아오면 아내는 토라지고 점점 서운해하고, 그렇게 7년.

"긴 병에 효자만 없는 것이 아니라 효부(孝夫)도 없는 것입니다. (웃음) 그나저나 혈압은 왜 올라가는 것입니까?" 고혈압의 원인을 설명해야겠다. 말씀드리려는 순간, 스무 개 남짓 들어 있는 종이 기저귀 값이 무서워서 젖은 소변 헹궈서 말린 다음 사용했다. 자식들에게 부담 주기 싫어 그러셨단다. 내 심장이 울컥거렸다. 겨울이면 더 매섭고 고역스러웠다고 하신다. 혈압에 대하여 몸 기울여 설명하려는데, 요새는 세상이 좋아져 정부에서 물종이도 주고 기저귀도 준다고 하신다. 봄 여름 가을 겨울이 스물일곱 번 넘는 동안 달아오르기를 거듭한 풀무질에 당신의 고막이 녹아진 탓일까. 동문(東問)하면 서답(西答)하는 어르신 등 뒤에서 불어오는 바람의 혀가 빚어 넘긴 흰머리 사잇길을 핥고 지나간다.

질병이 없거나 단순히 허약하지 않은 상태만을 의미하는 것이 아니라 육체적, 정신적, 영적, 사회적으로 완전히 안녕하고 역동적이고 완전한 상태(Health is a dynamic state of complete physical, mental, spiritual and social well-being and not merely the absence of disease or infirmity). 무엇을 먹어야 무엇을 마셔야 더 건강할까. 소나기처럼 쏟아지는 정보와 고민들. 왜 혈압이 올라가는지를 설명하는 원인도 무수하다. 내분비 질환, 심장 질환, 신장 질환, 노화와 비만, 운동 부족, 유전적 요인 등.

200에 100은 혈압이 아니라 효과적으로 관리 되지 못한 이 씨의 간병 스트레스가 남긴 바람의 흔적이 아닐까. 수없이 혈관 벽을 두드렸을 흔들리는 박동, 심장에서 멀리 퍼져나간 모세혈관까지 피를 보내야 했던 당신의 몸은 더 높은 압력이 필요했으리라. 누워 지내는 아내를 바라보며 좌절과 체념, 수용과 저항 사이에서 얼마나 많은 한숨을 쏟으셨을까. 어르신은 즉시 약물치료가 필요한 것으로 판단되었다. 그러나 항고혈압제를 직접 처방하는 것은 보건진료소 밖의 일이다. 보다 정확한 진단을 위하여 의사에게 다녀와야 한다. 보건진료소에서는 의사가 제시한 치료 가이드라인에 따라 고혈압 환자를 관리한다.

"원장님께. 귀원의 발전을 빕니다. 자동혈압계로 측정 불가, 청진 혈압 200/100mmHg.

총콜레스테롤 197mg/dl, 식후 혈당 141mg/dl. 적절한 평가와 검사로 선처 바랍니다. 귀원에서 시행한 검사 결과와 치료 가이드 라인을 회신하여 주십시오. 감사합니다."

마지막 줄에 '뇌졸중 배우자 간호 중입니다'라고 덧붙이려다, 그만둔다. 진료의뢰대장을 클릭해본다. 이 씨가 보건진료소에 다녀간 지 벌써 열흘이 넘었다. 진료 회신서 등록 셀이 텅 비어있다. 어르신께서는 병원에 다녀오기는 하셨을까. 샘골 산허리에 안개가 걸쳐 있다. 들판은 연초록 바다로 너울댄다. 늙은 감나무 잎사귀는 제각각 수선스럽다. 아침부터 무슨 바람이 이렇게 부는지.

/ 2020년 9월 25일 금요일 맑음

우리는 만자 씨 따라가려면 진짜 열심히 살아야 해. 생각해 보니 만자 씨는 시간 축지법을 썼어. 이생을 조기 졸업해 버린 거지. 마음 참 무겁다. 그곳에선 아프지 마시고 오래오래 평안하시길. (부고) 고 주만자님께서 9월 25일 우리 곁을 떠났습니다. 향년 49세. 장지 무주군보건의료원장례식장. 알리는 이, 무주시민행동 일동.

/ 2020년 12월 9일 수요일 맑음

보건의료원 한의사 선생님들이 보건진료소로 순회 진료 나오는 날이다. 이런 만남이 자주 있으면 좋으련만, 상황이 어려우니 줄어드는 것이 안타깝다. 멀리 주고마을에 사는 어르신들도

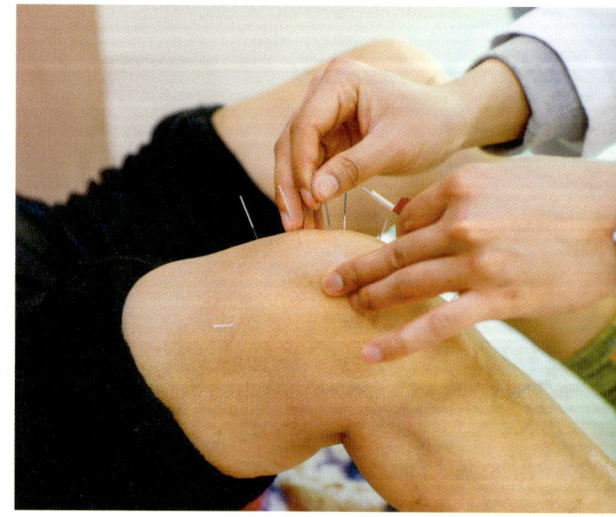

오시고, 가까운 공진마을 어르신들도 오셨다. "아이고, 션한 거~~ 저 으사 선상님 우리 동네 살믄 조컷네! 하하하" 오래간만에 진료소에 웃음이 넘친다. 사람과 사람이 만드는 활기. 마음까지 활기로 굽이친다.

/ 2020년 12월 24일 목요일 흐림

새로 임용된 보건진료전담공무원 전문 이론 교육 전라권역 줌 강의가 있다. 전주 우석대학교에 왔다. 후배 보건진료소장들의 요람이다.

/ 2021년 3월 19일 금요일 새전북신문

Culture 문화

이주일의 책

무주 산골보건소장이 전하는 생생한 농촌 간호이야기

■ 박도순 '거기 사람 있어요'

이종근 기자 lig@sjbnews.com

'거기 사람 있어요(지은이 박도순, 출판 도서출판 윤진)'는 박도순 보건소장이 전하는 생생한 농촌간호 이야기를 담고 있다.

지은이는 간호대학을 졸업하고 지금까지 무주군에서 보건진료소장으로 근무하고 있다. '거기 사람 있어요' 수필집은 박도순 소장이 보건진료소에서 만난 어르신들의 삶과 현장을 담았다. 몇 권을 써도 모자랄 어르신들의 이야기를 글과 사진으로 생생하게 보여준다. '청개구리의 눈물은 동화처럼 순박한 마음을 갖고 사는 우리네 부모와 할머니들의 이야기로 뜨거운 눈물이 저 너머로 일렁거리게 만든다. 지은이는 오늘도 너울너울 슬픔과 질곡의 파도를 건너오고 있다. 보건진료소는 벽지 농촌과 어촌에 설치되어 운영하고 있다.

박소장은 환자는 증상 덩어리가 아니고 맥락과 맥락이 얽힌 사람이라고 말한다. "여보세요? 거기 보건진료소요?" "네!" "거기 사람 있어요?" "네, 여기 사람 있어요" 귀 어두운 노인들이 보건진료소로 전화하고는 잘 들리지 않으니까 자꾸만 "거기 사람 있느냐?"고 묻는다고 전한다. 그분들 곁에 사람이 있어줘야 함을 말해주는 대목이다. 이외에 산골보건소장이 들려주는 어르신들의 구수하고 정겨운 이야기는 코로나19로 힘든 시간을 보내고 있는 우리에게 따뜻한 웃음과 위로를 건넨다. 제1부 '괜찮으신가요'는 마을 주민들의 일상적인 이야기를 에피소드 형식으로 소개했고, 제2부 '네, 보건진료소입니다'는 보건진료소에서 일어나는 이야기들을 중심으로 엮어갔다. 도무지 이해할 수 없는 상황에서는 '모다 하늘님 뜻이고 나랏님 뜻이라며 자신을 품어준 지역 주민들이야말로 진정 참 간호사였나'고 말한다.

지은이는 그들이 할 수 없는 일을 자신이 하고, 자신이 할 수 없는 일을 주민들이 한다고 덧붙인다.

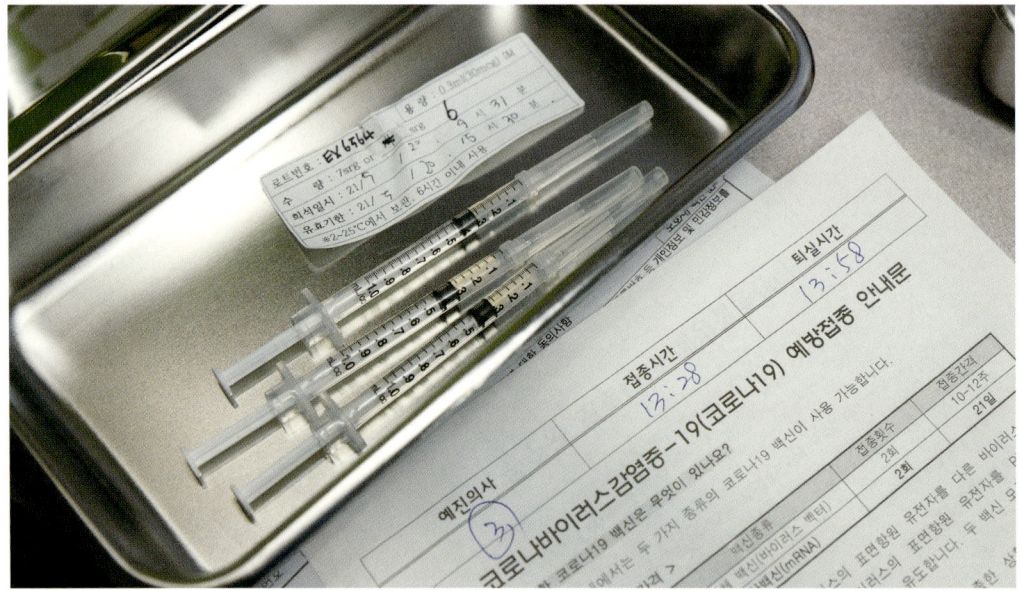

/ 2021년 5월 20일 목요일 맑음

무주읍 한풍루. 코로나19 예방접종센터에서 근무하는 날이다. 75세 이상, 화이자 백신 2차 접종일. 어르신들은 귀가 잘 안 들리신다. 마스크 속에 움직이는 입이 보이지 않으니 더 갑갑하다. 대부분 거동이 불편하시다. 안타깝다. 어르신들 붙들고 최선으로 설명하는 우리 공중보건의 선생님들. 수고라고 말하기에는 그분들 정성에 미치지 못하는 내 언술 부족. 행정 직원들도 종일 분주하다. 어르신들 표현으로 오늘 이 상황이, 글쎄, 무슨 난리인가. 이게 먼 짝인가, 참말로.

/ 2021년 11월 10일 수요일 맑음 김우중의료인상 수상*

지난주 대우재단 비서실에서 전화가 왔다. 「제1회 김우중의료인상」 수상자로 선정되었다는 연락이었다. 네? 뭐라고요? 나의 반응이었다. 아직 이 사실이 믿어지지 않는다. 그냥 어안이 벙벙할 뿐이다. 더 열악한 곳에서 헌신하시는 선배님이 더 많지 않은가. 선정 과정을 전부 기록하기는 어렵다.

오늘 대우재단에서 전무님과 이혜련 선생님이 보건진료소에 오셨다. 현지실사와 인터뷰를 진행하셨다. 사진도 찍고 영상도 촬영했다. 일정을 마치신 후 소록도로 가셨다. 소록도병원 치과의 오동찬 선생님, 완도보건의료원 노화도보건지소 행복의원장(소아과) 정우남 선생님,

https://mediapen.com/news/view/684688

일정이 남았기 때문이다.

인터뷰 마지막 질문이었다. "심사 위원 만장일치로 소장님이 선정되었는데, 이유가 뭐라고 생각하십니까?" 글쎄요, 이유가 뭘까요? 나도 알고 싶다고 대답했다. 고인이 되신 창업주에 대해 아는 것도 별로 없고, 기업 성장에 대해서 아는 바도 별로 없다. 김우중의료인상이라니! 그것도 1회 수상자라니! 꿈도 꾸지 못한 일이다.

시상식은 12월 9일 목요일, 서울 남산 H 호텔, 오후 5시 반. 기업 관계자와 재단 측 임원 등 참석 인원 200여 명. 상금은 각각 3천만 원. 코로나19 상황이라 사회적 거리 두기 목적으로 축하 가족은 최소한의 인원으로 해달라는 부탁이 왔다. 한 달 후, 서울에 간다.

/ 2021년 12월 11일 토요일 맑음

보건의료원 장례식장에서 근무 중이다. 발열감지와 마스크 착용을 안내하고 코로나19를 홍보하다. 문상객이 확실히(!) 줄었다. 품에 안고 들어오는 아가를 보면, 어머나! 저 어린 것을, 어쩌려고 저러시나, 싶다.

/ **2021년 12월 28일 화요일 맑음**

마당으로 차 한 대가 들어선다. 영업사원인가? 왼쪽 어깨에 가방을 둘러멘 남자가 성큼성큼 걸어온다. 웃는 얼굴로 꾸벅 인사하더니 명함을 주신다. 소속과 이름 본 순간! "아아…! 그그그 다… 당신이 백신? 그 선생님, 맞으시죠? 어머나? 그런데 여기 웬일이세요? 들어오세요!" 처음 보는 사람인데, 이미 오래전부터 알고 지낸 사람처럼 반가운 것이다. 이런 일이 다 있다니. 대구 계명대학병원 이비인후과 전문의 김동은 선생님이시다. 코로나19에 맞서기 위해 선별진료소와 격리병동에 자원하여 누구보다 구슬땀을 흘리신 분이다. 의료폐기물 처리, 병원 청소, 방역, 전기실 등 드러나지 않는 곳에서 그림자처럼 수고하는 노동자들의 모습을 보며, 편한 소파에 앉아 준비된 간식을 먹던 내가 너무나 부끄러웠다, 라고 말한 '사람 향기 나는 의사'가 되기를 바란다는 선생님. 코로나19 확산으로 국민 모두 고군분투하던 2020년 4월. 청와대는 교수님을 '숨어있는 우리들의 영웅'으로 선정하였다. 연예인 같은 분을 오늘, 진료소에서, 아무 약속도 없이, 당신이 스스로 오시어 만나게 된 것이다. 선생님의 에세이집*을 이미 읽은 상태였기 때문에 더욱 친밀하게 느껴졌는지도 모르겠다.

어려운 이웃을 외면하지 않고 현장으로 달려가신 분, 환자에게 최선을 다하시고도 언제나 겸손한 인간미를 풍기는 분, 코로나19 최전선에서 느낀 공공의료 문제, 소외 계층을 위한 의료 활동을 하시면서 느낀 우리 사회의 건강 불평등에 대한 고민, 돈보다 귀한 생명의 가치가 존중받는 세상에 대한 꿈을 책 한 권에 담으신 분이다.

오후에 마을 출장을 동행해 주셨다. 가정 방문하여 어르신도 직접 만났다. 신규 보건진료직

『당신이 나의 백신입니다』, 김동은, 대구:한티재, 2020.

『거기 사람 있어요』, 박도순, 도서출판윤진, 2021.

전담공무원 직무교육생 강의 요청 받았다고 하신다. 보건진료소가 어떤 모습인지 궁금하고, 주로 사용하는 의약품은 무엇인지, 특히 ENT(이비인후과) 쪽에서는 어떤 증상을 많이 호소하느냐고 물었다. 무엇을 강의해야 할지 궁금하던 차에 책*을 검색해서 읽었다고 하였다. 밑줄까지 그어가며! 불쑥 여행도 다닌다는, 낭만 닥터!

쪽방촌 사람들 이야기, 이주노동자 진료 이야기, 대구 코로나19 경험, 지역사회와 병원 간의 부족한 연계 아쉬움 등. 끝없는 이야기를 나누며 걸었다. 이렇게 마음이 통하는 사람과의 대화라면 밤새워 이야기할 수 있을 것 같았다. 몇 시간 후 교수님은 수술 일정으로 대구로 가셨다. 홀로 남은 나는 이게 꿈인지, 생시인지. 오시자마자 책을 내밀며 사인 요청하셨다. 나도 사인을 받았다. 짧은 하루 긴 여운.

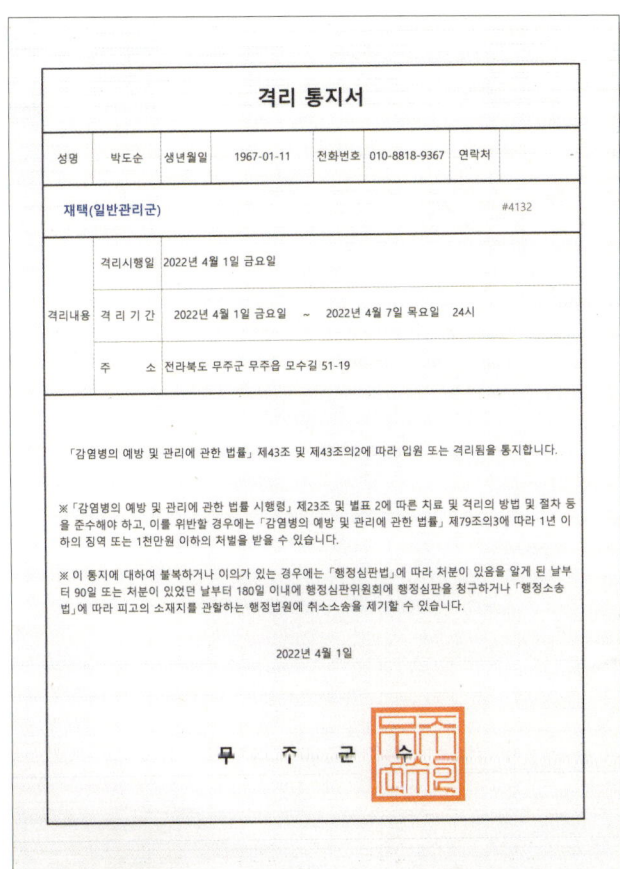

/ **2022년 4월 1일 금요일 흐림**

코로나19 감염. 재택 격리 치료 1일 차. 아무리 동선을 역회전 시켜봐도 이곳이구나, 이 사람이구나, 싶은 것이 없다. 오후부터 급격히 기운 떨어지고, 목소리 변하면서, 목도 점점 아프다. 기분은 우울해지고, 짜증이 좀 나려고 한다. 자고 일어나면 좀 나아지려니 했는데 여전하다. 읍내 내과에 가서 신속항원검사 받았다. 결과는 양성! 재택 일반관리자로 분류되었다. 약도 먹고 상태를 관찰해 가며 셀프 케어 중. 코로나19 격리 통지.

/ **2022년 4월 3일 일요일 맑음**

재택 격리 3일 차. 마음 같아서는 우리 집 마당 저기 저 풀도 뽑을 수 있을 것 같고, 저기 저 꽃도 다 심을 수 있을 것 같은데. 꽃들에게 다가가 몸을 움직여보면 생각처럼 되지 않는다. 곧 피곤해진다. 마음 비우고 종일 햇살 호사 누린 날, 하루는 잘도 저문다.

/ 2022년 4월 8일 금요일 맑음

코로나19 재택 치료 격리가 해제되었다. 마당에 핀 꽃들도 축하를 하듯 더욱 화사하다. 답답했던 목소리가 시원하게 나온다. 목이 안 아프다. 깊은 호흡을 해본다. 심호흡이 된다. 숨을 들이쉴 때 숨찬 증상이 가라앉았다. 반사적 기침이 나지 않는다. 기분도 나아져서 무엇이든 할 수 있을 것 같은 의욕이 생긴다. 묶였던 자유가 풀어지니 자유로워서 그런 것 같기도 하다. 일상으로 돌아왔다. 4월의 모란과 작약도 심고, 마당 사진도 찍었다. 평화로운 일상이 기적이다. 걱정 염려해 주신 모든 분께 감사.

/ 2023년 1월 25일 수요일 흐림

출장 업무 마치고 보건진료소로 돌아오는 길이었다. 주고마을에서 송골재 넘어오는데 개울가 땅에서 흘러나온 물이 얼었던 모양이다. 오르막을 치고 올라서는데 빙판에 차가 미끌리더니, 의지로는 제어할 수 없는 상황이 되어버렸다. 좁은 농로에 옴짝달싹 못 할 지경이 만들어졌다. 주차브레이크를 꽈악 걸어 놓고, 사알짜악 브레이크에서 발을 떼면 차가 옆으로, 뒤로 지글지글 맘대로 미끄러져 진다. 오른쪽은 논이라서 까딱하면 빠질 지경. 1cm 1cm씩, 진짜 아주 쪼오오오끔씩 움직여 겨우 빠져나오는데, 땀범벅이었다. 초긴장 상태로 정신이 몽롱해졌다. 반 시간도 더 걸린, 생애 최고 난이도 높은 운전이었다. 빠져나왔으니 잘된 일인데, 온몸이 떨리고 난 후 찾아오던 무력감은 아직도 풀리질 않는다.

/ 2023년 4월 17일 월요일 맑음

의료지원과-3401호(2023.4.13.)호와 관련하여 보건진료소의 효율적인 운영을 위하여 보건진료 전담공무원 근무지를 아래와 같이 이동 배치하고자 합니다.

◎ 근무지 이동 배치

    전담 공무원 : 박도순

    근무지 배치 : 장안보건진료소

    발령 일자 : 2023년 5월 15일

◎ 근무지 이동 및 인수인계 : 2023. 5.12. ~ 5.14. 끝.

/ 2023년 4월 24일 수요일 맑음

쎄가 빠지네, 그게 뭔 말이요? 아이고 서운하네, 어처케야 옳여…. 그게 뭔 소리요? 아이고 클났구먼. 심장 널어지는 소리 나네. 환장허것네. 참말인가요? 가신다는 말씀 들으니 참 서운하네요. 어찌 말로 다 허겄습니까. 윗자리 앉은 양반들도 말이지, 우리 같은 아랫사람 말도 좀 들어줘야는디 너무 일방적이구만. 나랏법이 아무리 상전이라 하지마는 상의도 없이 사람 내쫓는 거 아닌가베. 아이고~ 왜 그랴. 한자리에 좀 가만두지. 뭘 그리 뺑뺑이를 돌려싼대요, 돌리기를! 사람 사구는 일이 하루 이틀에 되는가요? 정 들자 이별이라더니, 참말로 별꼴 다 보것네.

한식구같이 농담하고 거칠거칠한 밥이든 누룽지든 같이 먹고 그랬는디, 인제 그런 꼴 못 보겄네요. 정이란 거이 참 무쇠. 눈에 뵈지도 않는 것이 까시가 달렸당께. 아이고야. 언제 또 보겄능가요. 생각날 틴디. 보고자서 어짜요? 아, 그 말은 인제, 글씨 우리 같은 사람은 이제 더 만나것구나, 못 만난다 그 소리지요. 다시 만나것능가요? 이생에서 인연이 여기까지구나. 소장님! 잘 가시고 잘 사셔, 잉? 가신당게 참말로 여간 서운한 것이 아니네요.

이곳 공진보건진료소 첫발을 디딘 것은 2019년 1월 2일이었다. 이전 근무지에서 짐 정리하여 이사 오던 날 눈이 많이 내렸고 몹시 추웠다. 아무리 행정이라지만 겨울은 좀 피해주시지, 하는 마음도 있었지만, 이전 근무자 정년 퇴임 후 자리를 이어야 했기에 어쩔 수 없는 상황이었다.

『내 고향 안성. 이 얼마나 좋은가. 내 고향 안성 사람들은, 어르신들을 잘 모십니다. 남의 말을 좋게 합니다. 선배는 후배를 아낍니다. 후배는 선배를 존경합니다. 향토애가 깊습니다. 안성을 사랑합니다.』 안성시외버스터미널 버스 운행 시간표가 뒷면에 인쇄된 책받침이다. 이선화 보건진료소운영협의회장님께서 들고 오셨다. 나는 처음으로 이 얇은 코팅 종이에서 굵직한 안성면 사람들의 시대정신을 읽었다. 어른을 공경하고 아랫사람을 아끼며, 남의 말을 좋게 하고, 고향을 사랑하는 사람들. 이전 근무지에서는 경험하지 못한 뿌듯한 향토애가 체온처럼 따스하게 나에게로 스며들었다.

    하루하루 주민들을 알아갔다. 그들의 과거 병력과 현재 병력, 알레르기, 심뇌혈관 질환과 암, 거동 불편의 정도 등 보건진료소 업무를 이어가면서 다양한 사연을 안고 진료실을 들어서는 사람을 만나게 되었다. 누군가는 된장, 누군가는 고추장, 누군가는 배추 서너 포기, 누군가는 못난이 토마토, 누군가는 햅쌀 한 자루, 누군가는 부러진 여름 무. 나는 안성 지역에서 난 그것들을 먹고 마시며 안성 사람 화(化) 되어 갔다. 이른 아침이면 흰 눈을 치우고 마당을 쓸었다. 봄이 오고 울타리 아래 잡초가 기세를 올리면 업무 시작 전 모자와 장갑을 끼고 호미를 들고 풀을 뽑았다. 어르신들은 내 생애에 소중한 인연이 되었다. 삶의 동반자로 경험과 추억의 기저가 되어 주셨다. 그렇게 지내온 시간 4년 5개월.

    며칠 후면 부남면으로 이동할 것 같습니다. 그동안 감사했습니다. 인사드리니, 그게 먼 소리요? 쎄가 빠지네, 그게 뭔 말이요? 어처케야 옳여? 마치 뜨거운 숯불에 데이고는 숯불을 놓아버린 채 우두커니 서 계신 어르신들 같다. 심장 널어지는 소리 난다고, 환장허것다는 말씀 앞에서는 내 눈시울이 뜨거워졌다. 아쉬움과 서운함이야 어찌 말로 다 할 수 있을까. 아랫사람 말도 좀 들어야 허는디, 윗사람들은 그렇게 소장들을 휘저어 놓으면 기분이 좋은갑써! 라며 못내 행정에 대한 불만과 오만을 토로하셨다. 정 들자 이별이라더니, 여러 번 경험했음에도 헤어진다는 것은 아무리 연습이 쌓여도 늘 새로운 시작이다.

    아침 산책을 나선다. 길 따라 걷고 또 걷는다. 두 갈래 길 앞에서는 이쪽으로 갈까, 저쪽으로 갈까 마음을 달아본다. 내 의지대로 보건진료소에서 걸어가야 할 길을 선택할 수 있다면 좋을까 나쁠까. 나는 마치 무인도에 홀로 둥 떠 있는 기분이 든다. 사람들은 건너편 해안가에 내가 아무리 소리를 질러도 그들은 듣지 못한다. 나를 보지도 않는다. 나는 그들을 무척이나 깊이깊이 사랑하는데 이것은 나의 외사랑일까. 그 무엇에게 버림받아 고립된 것 같은 느낌이 들기도 한다. 이 심정의 정체는 도대체 무엇일까. 참 알 수 없다.

/ 2023년 5월 10일 수요일 맑음

다섯 번째 발령이 났다. 부남면 장안보건진료소이다. 안성면 공진마을 주민들이 '그린가든'에서 송별회 자리를 마련해주셨다. 저녁 7시. 아직 건재한 공진보건진료소 운영협의회. 아쉽고 아쉬운 자리인데, '잘 가시라'는 환송이 어찌 이리도 활기차단 말인가. 웃고 있어도 눈물이 난다는 말. 그거 내꺼다.

/ 2023년 5월 15일 월요일 맑음

장안보건진료소로 이사 왔다. 첫 근무일이다. 공진리 주민 7명과 함께 짐을 싣고 왔다. 푸름이 아빠는 왜 우리 동네 소장님을 장안리 골짜기로 보내야 하는지 모르겠다고 하셨다. 혀의 말에 이미 눈물이 젖어 있다. 노루재 넘어오는 길, 오월의 신록이 눈부셨다. 장안리에서는 어떤 사람들을 만날까. 진료소 앞 화단에 연분홍 작약 세 송이가 등롱처럼 화사하다. 새로운 근무지에 오니 초심으로 돌아간 듯하다. 관련 자료를 검색하여 장안보건진료소 요람으로 정리했다.

보건진료소 설치 운영 근거는 농어촌등보건의료를위한특별조치법 제15조, 시행규칙 제17조. 농특법 제19조, 시행령 제14조(보건진료 전담공무원의 의료행위의 범위, 업무). 무주군 행정기구 설치 조례(2015.11.25.개정) 제15조 제3항(명칭, 위치, 관할구역). 장안보건진료소 연혁은 1986년 7월 7일 최초 설립 인가 후 마을회관에서 업무 개시, 1987년 11월 10일에 보건진료소 건물 개소(22.2평), 2009년 9월 10일에는 현 보건진료소 이전 신축 준공, 주소는 부남면 노루재로 556번길, 건물 구조는 철근 단층, 대지 면적 728㎡(220.2평), 건물 147㎡(44.5평), 진료실, 건강증진실, 진료대기실, 직원 숙소.

교동, 상대곡, 하대곡, 고창, 식암리 5개 마을, 228세대, 인구 401명, 65세 이상 216명(53.9%). 고혈압 등록 관리자 100명(24.9%), 당뇨 39명(9.7%), 고지혈증 31명(7.7%), 관절염 42명(10.5%). 전년도 진료실적 실인원 1,403명. 연인원 12,127명. 인력으로는 보건진료소장 1명, 무주군 희망나래사업단 사회서비스형 근로자 시니어클럽 2명. 나는 장안보건진료소에 온 여섯 번째 보건진료소장. 이재국, 빈봉준 보건진료소운영협의회장님, 보건진료소 관리 운영 폐시(보건복지부 훈련, 2011.12).

긴 역사의 터널을 지나온 기분이다.

또 시작이다. 오래된 새로움!

/ 2023년 5월 30일 화요일 맑음

주민들과 저녁 첫 상견례. 며칠 전에 장안리 하대곡마을 조성온 이장님께 처음으로 전화를 드렸다. 얼굴도 뵙기 전이었다. 5개 마을 대표 어르신들에게 일일이 찾아뵙기 어려우니, 마을별 이장님과 부녀회장님, 개발위원장님, 노인회장님을 모시고 새로 발령받은 인사도 드릴 겸 식사 좀 하고 싶다고 했다. 전화기 너머 이장님은 무척 난처하다는 반응이었다. 아직 사람들도 잘 모르고 지역 상황을 모르니 이장님께서 도와주셨으면 좋겠다고 정중히 부탁드렸다. 식당을 예약해달라고 했다. 일이 추진되던 중 세 번이나 식사 장소가 바뀌었다. 이상하게 일이 자꾸 꼬였다. 죄송한 마음도 들었지만, 한편으로는 이장님이 수고하여 주시는 것이 뒷배같이 든든했다. 주민들을 처음 만나는 자리이니 기대가 컸다. 숲골방앗간에 검정깨 인절미를 주문하여 출근길에 가지고 왔다. 전 도의회의원님, 지역개발협의회장님 등 많은 분이 나오셨다. 부남 금강식당. 점심 식사. 그동안 여러 보건진료소장을 겪었지만 이런 초대는 처음이라고, 별스러운 일이 다 있다고 하셔서 한바탕 웃었다. 교동마을 김용봉 이장님, 상대곡 김일곤 이장님, 고창리 이일구 이장님, 식암리 김정곤 이장님. 수고하신 최옥선 하대곡 부녀회장님께 감사.

/ 2023년 6월 10일 토요일 맑음

부남면민의 날이다. 면장님께서 식전 공연부터 폐회식까지 촬영 부탁한다며 오셨다. 부남면장으로 재직하는 동안 기념사진으로 저장하고, 내년 사업 계획서에도 활용할 것이라고 하셨다. 직원과 함께 음료수까지 들고 보건진료소에 직접 찾아오셨다. 이런 면장님 처음이다. 디딜방아 액막이 공연부터 개회식, 즐거운 놀이마당까지 나도 덕분에 온전히 면민의 날을 관람하고 누렸다. 점심시간에는 가정보건진료소 지역 주민들을 만나 밀린 안부를 나누고 반가움에 얼싸안았다. 쌍둥이 머스마들 다 컸지요? 다 컸지요! 군대 갔습니다. 우하하하! 금강 초록의 풍경은 여전히 아름답다. 부남 사람들처럼!

/ 2024년 4월 6일 토요일 맑음

퍽, 잘 익은 피자두 하나. 흙바닥에 떨어지더니 으깨어져 멍든 모습이라고나 할까. 손가락으로 확대한 사진 속에는 헐렁하게 틀어진 살점도 보이고, 허옇게 식은 살도 보였다.

주변부로는 검 보랏빛 환대(環帶)가 상처 부위를 감싸고 있다. 이 정도면 뭐, 며칠간 소독하면 좋아지겠군, 보다는, 헐! 이 정도면 병원으로 가서야 할 것 같다는 생각이 휙 앞질러 갔다. 검지손가락은 성형외과 진료실 전화번호를 누르고 있다. 어르신 욕창이 좀 깊어 보여서요, 여든다섯 여자 환자입니다. 의료원으로 가면 진료 가능할까요?

외과 선생님 두 분이 의료 대란으로 외부 파견 나가셨어요, 어렵겠는데요. 개인 의원으로 보내셔야 할 것 같습니다. 굳이 보건의료원에서 치료 원하시면 6시 이후 응급실로 오셔야 합니다. 이게 무슨 말이야. 외과 선생님 두 분이 파견? 언제, 어디로, 왜? 전화기 너머 간호사의 대답을 듣기도 전에 질문들이 솟구쳐 나왔다. 의사 선생님은 기한을 정한 파견인지, 다시 보건의료원으로 돌아오시는지, 파견 지역에서 전역이신가, 돌아오기는 하는가. 의료 대란이라 그렇다 치자. 보건의료원에 의사가 한두 명이던가.

드레싱 하는 일이 어렵다고? 학부 과정에서 배우고 인턴, 레지던트 수련 과정에서도 배우는 건강 문제 아닌가요? 게다가 낮에는 어렵고, 오후 6시 넘어 응급실로 오면 가능하다는 이야기는 무슨 논리인가. 보건진료소에서 감당하기 어려운 환자는 어디로 의뢰해야 하나. 실타래가 하얀 김을 뿜으며 마구 엉겨드니 갑갑한 느낌이다. 갑자기 갈 길 잃은 사람처럼 벙벙하다.

어르신이 오셨다.

은발(銀髮)이 단정하시다. 휠체어에 앉아 기다리는 모습이 여느 날보다 더 신경 쓰였다. 진료기록부를 열었다. 뇌졸중 후유증으로 프레탈정100mg(실로스타졸:폐색성 동맥경화증, 당뇨병성 말초혈관병증 궤양, 동통 및 냉감 등 허혈성 여러 증상 개선제) 복용, 아스피린 100mg, 항고혈압제, 치매 예방약 복용, 요실금약은 기저귀 차심으로 최근 홀딩. 현재 병력에 '욕창'을 추가한 후 관리 내용을 저장하였다. 환부를 열었다. 조심스럽게 거즈를 뗀다. 사진 속 피자두색 환부. 마르거나 젖은 과피 같은 모습이 오늘에 이른 과정이야 어찌 되었든 엉덩뼈 장골능(iliac crest) 아래 깃든 꽃송이, 잠잠히 검붉다.

나는 지뢰밭으로 들어가야 하는 어떤 병사 같은 외로움을 느꼈다. 좋아질 것이라는 확신보다는 나빠지면 어쩌나 하는 염려가 크게 다가온다. 간호 현장에서 수없이 접해왔지만, 망설임이 더 큰 것은 궤양의 예후를 섣불리 판단하기 어렵기 때문이다. 어르신, 여기 만지면 아프세요? 식사는 잘 하십니까, 상처를 씻어내겠습니다. 좀 차갑습니다. 기다려주십시오. 거즈 붙입니다. 다 됐습니다. 주사 놓겠습니다. 일어나십시오. 나는 어르신 귀에 바짝 다가가 천천히 말씀드렸다. 약 잘 드시고요, 내일 꼭 오셔야 합니다. 아셨죠? 잘 나을 겁니다.

걱.정.하.지.마.세.요! 걱정하지 마시라는, 이는 무슨 근거로 이룩한 나님의 자신감인가.

장갑을 벗고 일어섰다. 덮여 있으면 모른다. 아프다는 소리 내지 않으면 알 수도 없다. 들춰보면 냄새가 난다. 환부가 드러난다. 세상이 욕창이다. 성형외과 선생님을 다른 지자체로 불러간 이 소요(騷擾)가, 군정(郡政) 최선에도 열악한 의료기관 교통 접근성이, 도움받을 이웃의 부족이, 쇠락을 넘어 소멸을 지나 고사(枯死)에 이른 농촌의 의료 상태는 위중증이다. 외과적 중재와 단백질 분해효소 넉넉한 도시 피부를 농촌 피부에 이식하고, 뼈와 근육, 지지 조직을 접합해야 할 창상 4단계 쯤 아니려나.

어느 뼈는 돌출되고 어느 살은 눌린다. 압력과 마찰이 일어난다. 응전력은 스스로 움직일 수 있는 용기를 상실한 환자에게 홍반을 부르고, 급기야 궤양을 유발한다. 나는 구멍 난 돌봄이 일으키는 휑한 바람 앞에 서 있는 모습이다. 「상처 소독 & 드레싱 교환」이라는 한 줄 완성을 위한 최소한의 공공보건 지역의료 안심 시스템은 어쩌다 이리 엉망이 되었을까.

농촌 인구 고령화율 50%가 넘었다는 이야기는 이제 비루하다. 욕창 한 건에 투영된 의료 실태와 간호 지표들. 농촌 현실마저 반영된 결과인 것 같아 속이 쓰리다. 예방이 치료보다 경제적이라는 뻔한 사실은 두말할 필요 없지만, 예방이 쉽지 않은 것이 현실이다. 거동 불편, 방치, 부주의, 불균형 식사 등 욕창을 부르는 요인은 셀 수 없을 정도이다. 욕창 환자는 2시간마다 체위 변경을 해야 한다. 국민 룰 같은 지침이다. 이를 위하여 환자 옆에 누군가가 있어야 한다. 가족이든 간병인이든 돌봄 노동을 감당해야 한다. 욕창이 생겼다는 것은 돌볼 인력과 능력 부족의 방증이다. 이곳이 나으면 저쪽에 생긴다. 새살이 차올라 으깨진 곳을 채우기까지 정성과 시간이 필요함은 두말하여 무엇하리.

의사가 돌아오고, 응급실뿐 아니라 외래진료실에서도 언제든 드레싱이 가능하고, 보건진료소에서는 환자를 의뢰하고, 주 1회 문을 여는 아주 기형적 보건지소 운영이 정상화하고, 그리하여 환자는 일상으로 돌아가는 풍경이 우리 마을에서도 거짓말처럼 이루어지기를, 간절히 기도한다.

/ 2024년 12월 10일 화요일 아침에는 비, 차차 맑음

무주읍내에서부터 마을 골목까지 송전선로 설치 반대 현수막이 어지럽다. 끝없는 싸움. 피곤한 주장은 언제까지 계속할까. 행정에서는 어떻게 대답하려나.

/ 2025년 1월 31일 금요일 흐림

피를 깨까시 씨쳐서 다시 몸 속으다 집어넣는다는 거이 뭔 말인가요? "누가요?" 피를 깨끗이 씻은 후 다시 몸속으로 집어넣는다는 말이 무슨 말이냐 묻는 어르신에게, 혈액투석(Hemodialysis)을 설명하기보다 누구에게 그런 일이 생겼느냐고 반문하였다. 작년 5월 이곳 근무지로 이동했기에 주민들을 파악 중이다. 아직 이름을 제대로 외우지 못해서 진료받으러 오는 분들 이름을 오실 적마다 여쭙기가 죄송하다. 보건진료소 업무 프로그램에 수진자 성명 초성 몇 글자만 입력해도 검색할 수 있는 조건이면 좋으련만, 아직 지원되지 않고 있다. 팔순 넘은 어르신께서는 '우리 동서'가 그렇다고 대답하셨다.

이름보다 관계를 먼저 말씀하신다. 동서라면, 누... 누구시더라? 아, 그분! 어머나! 그분이 그렇다고요? 왜요? 일차진료 화면에 이름을 입력하려고 자판 위에 손을 얹는 사이, 지난여름에 겪은 일이 떠올랐다. 동서라는 분이 칼국수도 끓여 먹고, 국수도 삶아 건져 말아서 드시라며 멸치육수를 가져오셨다. 냉동실에 며칠 동안 꽝꽝 얼린 것이 분명했다. 생수 페트병 표면에 얼음이 더글더글했다. 다음날 점심시간, 삶은 국수에 육수를 붓는다. 입안 가득 단침이 고여왔다. 한 젓가락 입에 넣었다.

그날 기억이 선연한 것은 생각보다 짠맛이 매우 강렬했기 때문이다. 그럴 수 있다고 생각했다. 짠 육수는 맹물 부어 먹으면 그만이고, 게다가 어르신들은 노화가 진행되면서 미각이 둔해진다는 것을 알고 있다. 우리 어머니에게도 특히 김치 담글 때면 싱겁게 싱겁게 하시라고 주문呪文처럼 당부드린다. 아무튼 그날 점심 식사는 잘 마쳤다.

진료실 의자에 마주 앉은 형님께서는 그동안 당신이 겪은 동서의 '짠 스토리'를 말씀해 주셨다. 여름철 별미 고추장 장떡이나 된장 장떡을 요리해도 그 자체로 짠맛이 강한 음식인데, 우리 동서는 그것을 장물에 찍어 먹는다. 라면 끓일 때는 소금을 더 넣더라. 냉장고 열어보면 젓갈 반찬이 여럿이다 등. 짜게 먹어 싸터니 콩팥이 고장 나부렀는갑다고, 인자 뭣을 우짜믄 좋으냐고 물으신다.

형님과 동서, 이 두 분의 우애는 친자매 이상이다. 같은 동네에 살고 계시기도 하고, 두 분 모두 일찍 남편을 여의고 홀로 지내신다. 봄이 오면 동서는 소가 되고, 형님은 쟁기가 되어 밭을 갈아엎는다. 흙을 다져 둔덕을 만들고 괭이질로 감자 고랑을 만드신다. 마을 출장길에 그 풍경을 보게 되면 나는, 안녕하세요? 라며 소리친다. 소장님! 어디 다녀오세요? 밭으로 이끌리어 다가간다. 아니, 이렇게 힘든 일을 어쩌자고 맨몸으로 하십니까? 여쭈면, 손바닥만 밭뙈기라 넘 손 빌리기도 쑥스럽다고 하신다. 이럴 때는 영감 하나 있으면 좋겠다니까! 일 잘하는 영감 말이여! 호랭이 물어가네. 이럴 때만 나타나는 영감이 어디 있냐? 골짜기가 떠나가게 웃어젖히는 세 여자. 새들이 푸드덕 날아간다.

감기 걸린 것 같다고, '동서'가 보건진료소에 오셨다. 머리 아프고 콧물, 재채기 심하고 기운이 없다고 하셨다. 며칠 전 형님 이야기가 생각났다. 감기 걸리셨군요? 힘드시죠? 팔목 상처는 뭡니까? 다치셨나요? 앗, 동정맥루(arteriovenous fistula)다. 웃는 것도 아니고 안 웃는 것도 아닌 표정으로 어르신은 나를 바라보신다. 타이레놀과 슈도에페드린을 처방했다. 약포장기가 덜거덩 소리를 내며 돌아간다. 의약품 사용 설명서에는 식약처 지침 등의 관리 규정에 따른 내용을 담고 있다. 안전한 약품 사용을 위한 가이드 내용 중 효과, 용량, 용법, 환자 주의 사항뿐만 아니라 처방 시 주의 사항, 흔히 발생하는 이상 반응, 주성분, 첨가제 등.

약 봉투를 건네며 처방한 약들이 어르신 신장에 어떤 영향을 미칠까 생각한다. 피를 씻어 다시 몸에 넣어야 할 정도로 기능을 상실한 콩팥. 이분에게 소금이 나쁠까, 약이 나쁠까, 쉬지 않는 농작업 후 남는 피로가 나쁠까. 남편 돌아가시고 그 남편 그리울 때마다 어금니 사이에 굵은소금 한 꼬집 넣어 녹이면서, 눈물 같은 짠맛을 음미하며 괴로움을 견디었다는 어느 사례가 시간 사이로 소환되었다. 건강이 무너질 때, 이것 때문에 그럴까, 저것 때문에 그럴까. 소금이 나쁘니 나트륨 섭취 줄이라, 스트레스가 나쁘니 마음 편히 가지라는 조언들, 때로 참 싱거운 격려이다.

젊은 날과 비교하여 60~80대 어르신들의 짠맛 역치는 25%가량 상승한다.

짠맛뿐이겠는가. 질병이나 병약이 없는, 완전한 육체적, 정신적, 사회복리적 안녕 상태가 건강이라지만, 지금 질병이 발견되지 않았다고 해서 건강하다고 할 수 있을까. 설사 임상적 판단이 정상으로 나왔다 하더라도 의학적 기술이 진일보하면 숨어있던 이상이 발견될 수도 있는 것이다. 동서지간 우애뿐 아니라 개인의 삶에 영향을 미치는 후천적 요인들은 오늘도 생성 중이다. 우리를 둘러싸고 있는 환경적 요인, 주관적 신념들, 이미 돌아가셨으나 죽지 않고 산 사람 행간에서 꿈틀거리는 몹쓸 그리움까지. 콩팥 모세혈관 끄트머리 저 깊고 어두운 곳까지 스민 막막한 아픔들이여. 마당에 나오니 서리꽃이 새하얗다. 살살 거닐어 본다. 소금 으깨지는 소리로 숨결을 토한다. 녹아 흐르지 말아 다오. 어르신 가슴에 붉은 생명꽃, 피워다오. 부디.

/ 2025년 3월 4일 화요일 맑음

긴 시간 눈이 내리네요. 신이 겨울을 만든 것은 사랑의 온기를 나누라는 뜻이랍니다. 따뜻한 하루 되세요. 카톡! 배풍등 다섯 알, 빨강 열매 위로 흰 눈 소복한 사진이 글자 배경이다. 커피를 잘 섞으면 향기가 나고 친구를 잘 만나면 힘이 난다고 하네요. 꽁꽁 얼어붙은 매서운 날씨, 빙판길 운전 조심하시고 즐거운 날 되세요! 카톡! 어제는 보랏빛 팬지꽃이 글자 배경이었다. 그래! 어때! 까짓거! 마음 따라 얼굴도 변하고 얼굴 따라 행동도 바뀌는 것! 모든 것은 생각의 차이! 오늘도 활짝 웃는 하루 되시기를 응원합니다. 카톡! 오늘 아침에는 한 그루 노송 뒤로 일출이 웅장한 사진이 글자 배경이다.

매일 아침 7시 경이면 어김없이 카톡 알람이 울린다. 65세 남자. 나는 그분을 만나 뵌 적이 없다. 통화를 한 적도 없다. 아는 것이라곤 교통사고로 한쪽 팔을 잃어 불편하고, 봄이면 봄꽃, 가을이면 국화뿐 아니라 백합 구근까지 나누는 분이라는 것이 전부다. SNS에 올라온 게시 글에 분양 신청한 것이 인연이었다. 지난가을에는 참나리꽃 구근을 받았다. 밤사이 눈이 내렸으니 조심하라는 글, 독감이 유행이니 따숩게 입으라는 글, 빨리 걸어도 천천히 걸어도 주어진 하루는 같으니 서두르지 말고 보내라는 글들. 당신이 가꿔 찍은 꽃 사진 배경 위에 안부 글이 합성된 이미지는 날마다 톡서랍으로 날아온다.

처음에는 일일이 답톡을 드렸다. 선생님도 즐거운 날 되세요, 라는 식으로 말이다. 그 이상의 대화로 발전하지는 않았다. 언제까지 이 서름한 카톡을 주고받아야 하나, 나는 서서히 피로감을 느꼈다. 그렇다고 사생활을 보여줄 수 없는 노릇이잖은가. 망설이다가 용기를 냈다. 정중한 마음으로 적어 내려갔다. 이런 수고 하지 않으셔도 됩니다. 귀한 시간에 보내주시는데,

일상에 쫓겨 저는 답글을 보내지 못합니다. 죄송합니다, 라고. 늦은 오후에 답장이 왔다. 소장님! 답글 안 주셔도 괜찮습니다. 받아주기만 해도 좋습니다. 읽고 나니 좀 편안해졌다. 요즘은 하트 표시 하나 남기거나 무응답으로 응답한다.

보건진료소에서 하루 평균 스무 명 남짓 되는 환자를 만난다. 마을 출장 가는 경우에는 안내문에 긴급 연락처로 내 핸드폰 번호를 적는다. 의도하든 의도하지 않든 번호가 노출된다. 주민들과 카톡을 주고받는 것은 이제 일상이 되었다. 보건진료소에 가려는데 근무하시나요, 확인하는 메시지부터 '안부를 묻는다면 그것은 따뜻함이고, 누군가 관심을 둔다면 그것은 행복입니다. 사랑합니다, 우리 소장님!' 부류의 노골적(?) 고백도 받는다. 문자 그대로 받아 읽고도 나는 어찌지 못하는 경우가 많다. 답을 보내야 한다는 부담과 불편이 짐스러웠는데 편하게 지내도 된다는 것을 아는 데에 긴 시간이 걸리지 않았다.

보건진료소에 오면 누군가는 질병으로 입원했던 경험을. 누군가는 죽음의 문턱까지 다녀온 경험을 나눠주신다. 중환자실에서 친구나 가족에게 받은 메시지로 힘을 얻은 기억, 건강할 때 서로 나누며 살고 싶다는 기억들이 글을 보내는 행위에 서려 있음을 알게 되었다. 세월호 참사, 이태원 참사, 제주항공 참사. 끊이지 않는 무참한 뉴스에서 유족들이 오열하는 장면을 본다. 사랑하는 딸 혹은 엄마에게 카톡을 보냈으나, 사라지지 않는 '1'이 클로즈업된다. 배는 가라앉았고 비행기는 사라졌다. 사람들이 돌아오지 않는다. 응답하라는 메시지 옆에 끝내 사라지지 않고 서 있는 숫자 1은 영원 속에서 모두를 비통하게 한다.

며칠 후 보건진료소에 요양보호사가 오셨다. 그분은 대상자에게 카톡 메시지가 즉시 사라지거나 혹은, 며칠 후에 사라지는 1을 보면, 아! 살아계시는구나. 읽어 보시는구나, 그것만으로 안부가 확인되어 안도한다고 하셨다. 그날 오후 어느 게시판에서는 '카톡에서 사라지지 않는 1을 3~4일째 보고 있습니다. 저는 차단당한 것일까요? 의도적으로 저의 메시지를 안 읽고 있는 것 같습니다. 이 사람과 썸타는 관계는 아니고요, 사무적으로 아는 분입니다. 속상하네요.'라는 사연을 읽었다. 꼬리에 꼬리를 무는 답들이 이어져 있었다.

인상적인 글은 '안읽씹'이었다. 답장은커녕 상대가 메시지를 읽지도 않고 씹어버렸다며 속상해하는 사람도 있고, 무시를 넘어 '읽씹'보다 더한 모욕감을 느꼈다는 네티즌도 있었다. 그런가 하면 카톡 내용을 확인하고도 상대방 카톡에 1이 사라지지 않게 하는 비법이라든가, 메시지와 사진, 심지어 영상까지 버젓이 보고 나서도 상대방 카톡에 1이 사라지지 않게 하는 꿀팁이 공유되고 있었다. 저렇게까지 해야 하나라는 생각도 들었지만, 그래야만 하는 이유는 다양할 것이다. 이미지는 곧 삭제할 파일에 불과하다.

그것을 보내주는 '한 사람'의 영혼을 위한 간호를 어떻게 실천해야 할까. 간호사는 단순히 환자를 이해하는 선을 넘어 맥락을 짚어야 한다. 사람은 삶과 이야기를 지닌 인격체로서 존재하는 개인임을 기억해야 한다. 환자 자신이 되어 상황을 파악하고 현상 속에서 본질을 통찰해야 한다는 생각에까지 이르니, 간호가 이토록 어려운 도반이었나 싶다. 임무를 수행하는 간호 실천자로서의 길을 가는 동안 간호사 자신도 성장하기 때문이다. 사람에게 집중해야 하는 이유이다. 산그림자도 어쩌지 못하는 실존의 고독과 권태.

누군가는 메시지를 보내고, 누군가는 읽어주기만 해도 된다. 당신에게 멀어질까 불안하고 상실이 두려운 우리는 꽃샘추위 속 흰 무리 노루귀꽃이 아닐는지. 샘골 골짜기에 가봐야겠다.

/ 2025년 9월 17일 수요일 맑음

며칠 후 전화를 다시 걸었을 때, 엄마는 나에게 어찌 전화했느냐고 물으셨다. "안부 전화지!"라고 대답하니 잠시 후 다시 물으신다. "네가 나한테 전화를 걸었냐, 내가 너한테 전화를 걸었냐?" 나는 내가 전화를 걸었다고 바로 잡아드리려다가, 저녁 식사 반찬은 뭐하고 드셨어요라고 물었다. 대화의 주제를 반찬으로 바꾸면서 문득 엄마에게 불과 몇 분 전의 일조차 투명한 물그림자로 변해가고 있음을 느꼈다. 나는 아직도 이 상황을 인정하고 싶지 않다. 아무 일 아닌 꿈처럼 덮어버릴 수 있다면 얼마나 좋을까.

"엄마! 지난번에 물어보더니 또 그러시네? 시어머니 돌아가신 지 10년이 다 되어 가잖아." "참! 그렇냐? 정신머리 좀 봐라. 또 깜빡했구나. 맞다 맞아! 느 시어머니 복이 까장이다. 아까운 양반. 송 서방은 들어왔냐? 쌍둥이는 핵교 잘 댕기고?" "엄마~ 쌍둥이는 군대 갔잖아. 한 녀석은 벌써 제대했어." "그랬냐? 아, 정신머리 좀 봐라. 또 깜빡했구나."

사나흘에 한 번 정도 서울 동생 집에 계신 엄마에게 전화를 건다. 엄마는 내가 묻는 인사에 대답한 후 사위와 외손들 안부를 물으신다. 얼마 전부터 질문 하나가 더 늘었는데, "느 시어머니는 잘 계시냐?" 이전에 하지 않던 질문이다.

엄마가 송 서방과 쌍둥이를 기억하시는구나. 우리 시어머니를 기억하시는구나. 그 사실이 나에게 작은 위안이 되었다. 이전에는 전화할 때마다 엄마의 질문이나 대답에 등장하는 시간과 공간, 사람에 대하여 논리적으로 바로잡아주려고 애썼다. 그러나 매번 같은 질문을 들을 때면 나아지지 않는 기억 소실에 대한 안타까움이 짜증으로 변하곤 했다. 그런데도 엄마가 시어머니를 여쭈실 때 한편으로는 반갑고 한편으로는 놀라움을 느꼈다. 그것은 엄마의 기억이

10년 전의 시절에 머물러 있다는 증거일지도 모른다는 희망이었기 때문이다.

논리적으로 설명하던 답변이 아닌 새로운 방식으로 엄마를 대하기로 결심했다. 어제도 마찬가지였다. 우리 시어머니 돌아가신 지가 언제인데…하고 말하려다가 이렇게 대답했다. "엄마! 엄마도 우리 시어머니가 보고 싶구나? 잘 계셔요. 있잖아, 어제는 시어머니가 깻잎김치를 해오셨어!" "아이고~ 그랬냐. 잘 했네. 사돈어른 음식 솜씨가 어디 보통이냐?"

세상에 계시지 않는 시어머니를 화이트 타임라인으로 불러오기로 한 것이다. 지난 번에도 묻더니 또 묻는다는 것보다 회피하거나 무시하는 것 대신 엄마가 그 순간만큼이라도 행복한 기억을 떠올릴 수 있다면 좋은 기억의 흐름을 따라가기로 하였다. 핀잔을 주기보다 엄마가 좋은 기억을 떠올리며 웃을 수 있다면 그게 훨씬 더 좋지 않겠는가. 시어머니가 돌아가신 것도, 전화기를 들고 통화하면서도 누가 먼저 전화를 걸었는지 인지하지 못하는 엄마에게 전화기 너머로 이쪽의 본질을 설명한다는 것이 무슨 유익일까.

우체국에 갔다. 고들빼기김치, 파김치를 동생네 집으로 택배로 보냈다. 엄마의 증상이 점점 심해지던 작년 늦가을, 엄마는 서울로 가셨다. 처음에는 며칠 지내다 오실 요량이었는데 끝내 올해 농사까지 접으셨다. 요양등급을 받고 노인요양주간보호센터에 입소하셨다. 김치냉장고에 들어있던 묵은 고춧가루까지 보냈다. 집으로 돌아오던 길이었다. 옥녀봉 옆으로 너른 들판에 메밀꽃이 한창이다. 파란 하늘 배경이 선명한 꽃무리가 꽃소금처럼 새하얗다. 여리면서도 짱짱한 너희들은 또 이렇게 왔구나. 가을이야. 소담한 하얀 꽃이 더욱 반가웠.

너희는 재작년에 피더니 작년에도 피고, 올해 또 피었구나. 도대체 몇 번이나 피는 거니? 꽃에게 이런 질문을 하는 사람이 있을까. 메밀꽃은 해마다 핀다. 그래도 매번 새롭다. 엄마의 기억은 점점 더 희미해지지만, 나의 마음은 여전히 계절을 먼저 알아 피어나는 꽃처럼 피어날 수 있기를 바랄 뿐이다. 언제나 처음인 것처럼, 처음하는 대답처럼 여유를 가지기를.

택배 잘 받았다고 동생에게서 사진 카톡이 왔다. 나는 동생에게 엄마의 무한 도돌이식 질문에 '늘 처음인 것처럼' 대답하라고 당부했다. 그것이 오랜 돌봄을 감당해야 하는 피로를 이길 간호의 처음이자 마지막이라고. 꽃들은 핀잔이 없고 무안도 없다. 불안에 떠는 두려운 눈빛도 없다. 순한 모습으로 햇빛에 비에 바람에 순응할 뿐. 때가 되면 그때가 때인 것을 알아 스스로 꽃을 피운다. 지상에 소금 자루 부어놓은 듯한 풍경 아래로 흔들린다. 열매 맺은 후에는 고개를 떨구고 자기 일을 다 이뤄낸 위대한 겸손을 완성한다.

"느, 시어머니 잘 계시냐?" "응, 엄마, 잘 계셔. 있잖아, 어제는 메밀묵 해오셨어." "메밀묵?" "응! 엄마랑 나랑 전주 그 금암동 버스터미널 옆 통집에 갔었잖아. 어머니가 메밀묵 차려주셨지.

그때 엄마가 농사지은 참깨 볶아서 가져갔어. 엄마도 기억나지?" 내 속도 모르고 흐릿한 별빛 사이로 검은 구름이 흘러간다. 메밀묵 한 접시, 뜨거운 쌀밥, 매운 고들빼기김치. 어금니 사이에 끼인 통깨 한 알.

톡 터지는 저녁.

길에서 만난 사람들

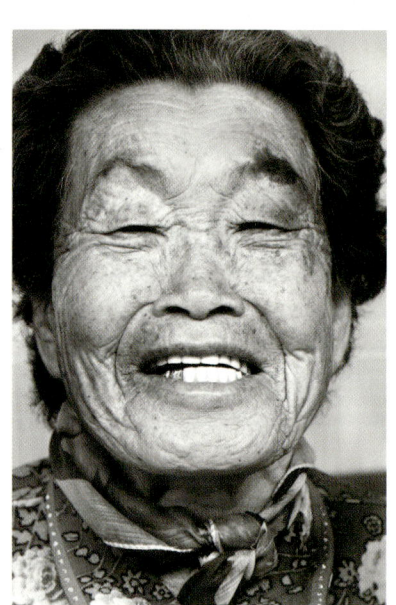

  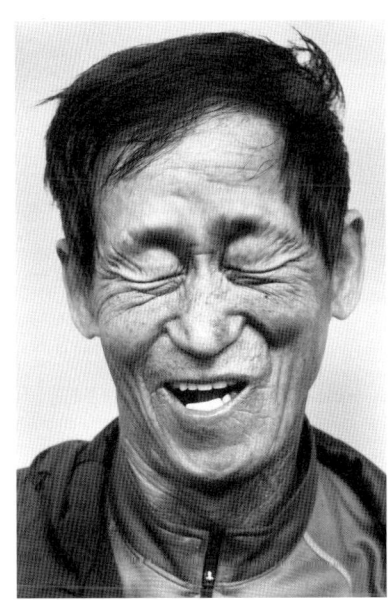

바람의 초상 | 거기 사람 있어요

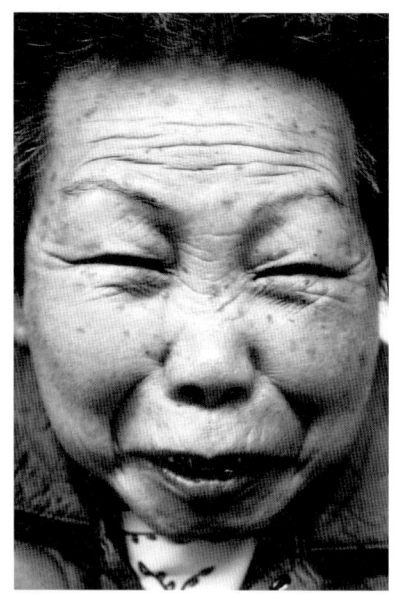
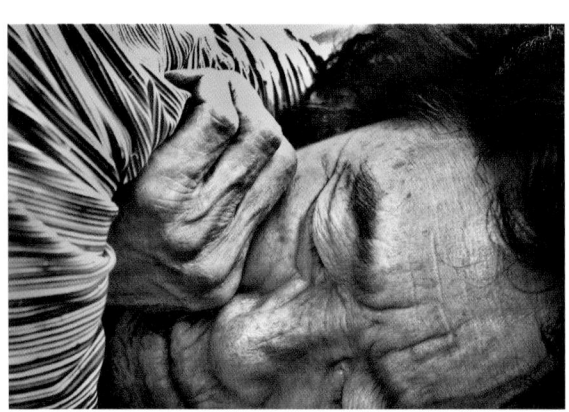

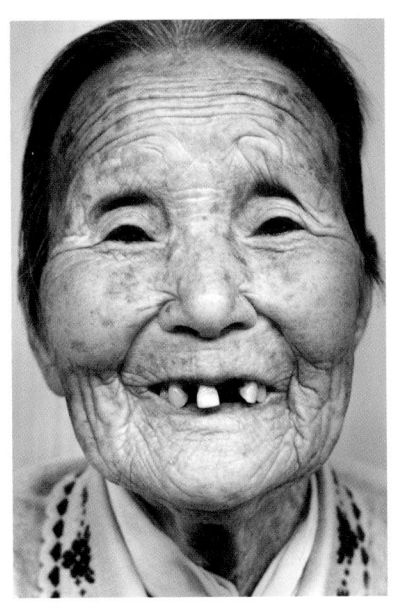

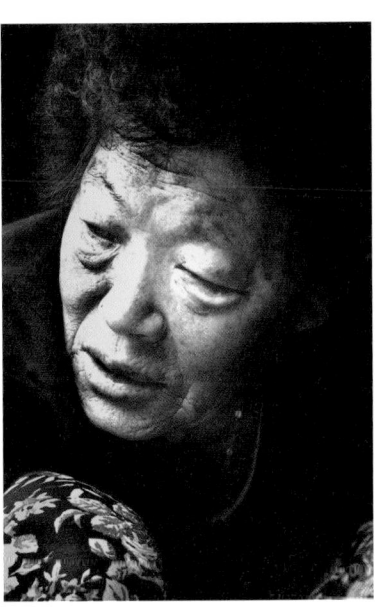

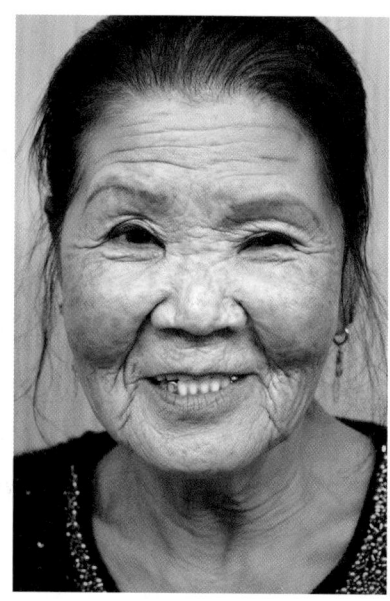

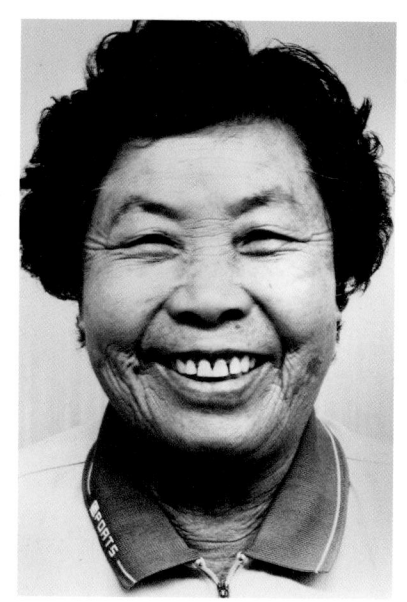
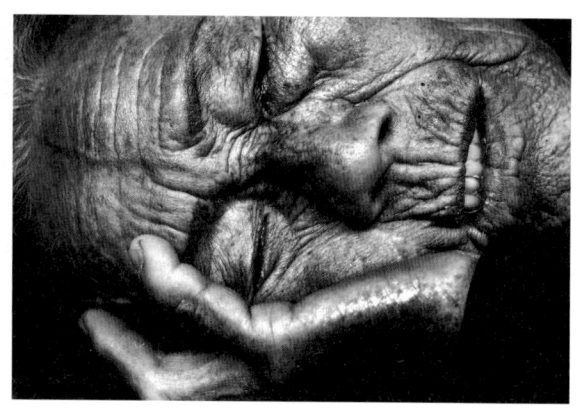
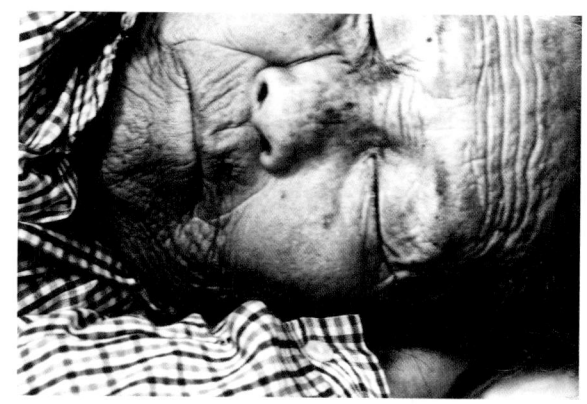

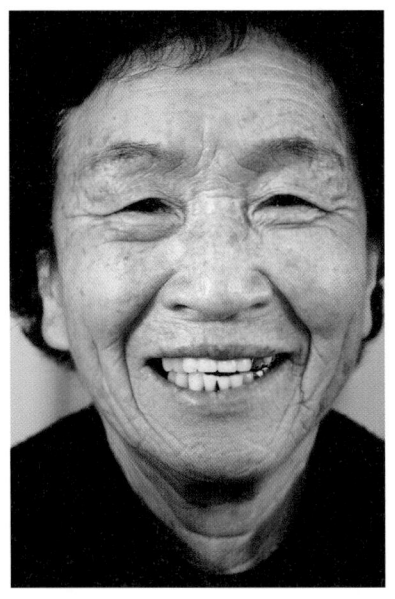

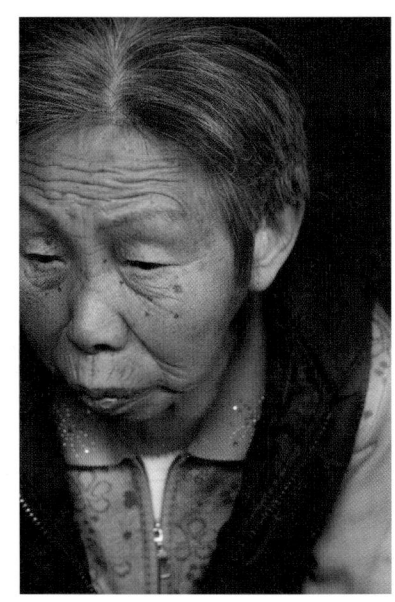

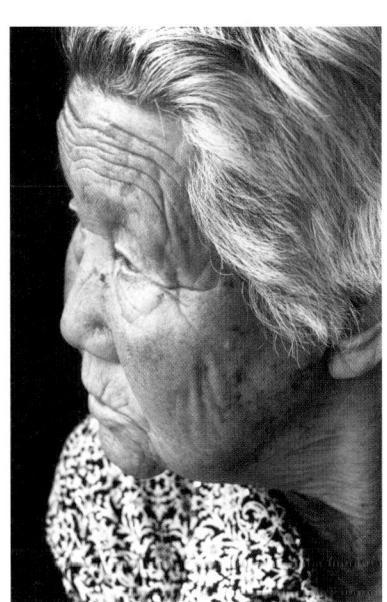

417 바람의 초상 | 거기 사람 있어요

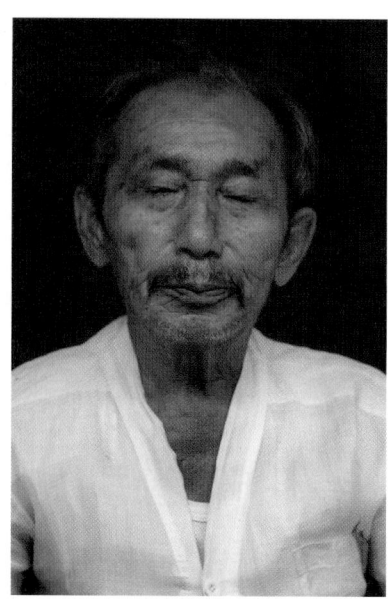

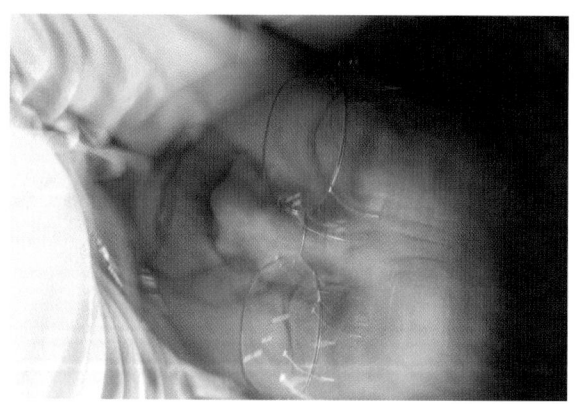
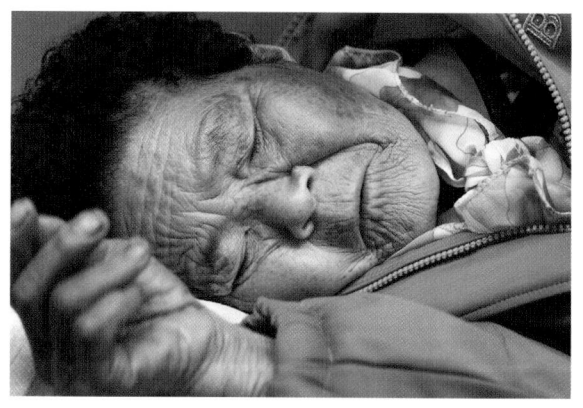

 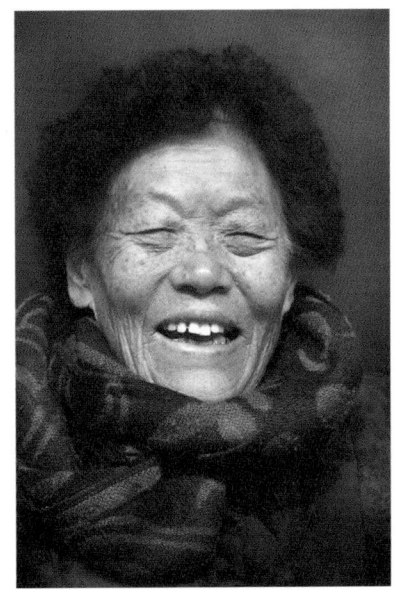 

 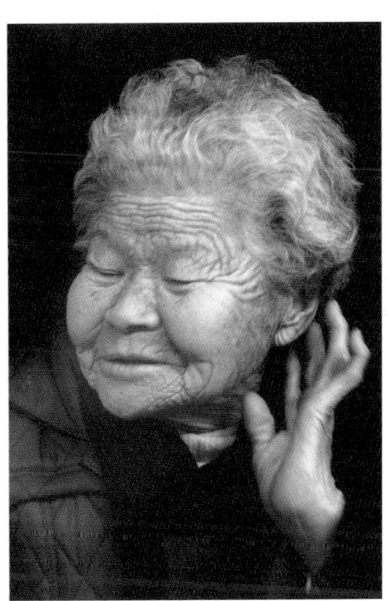 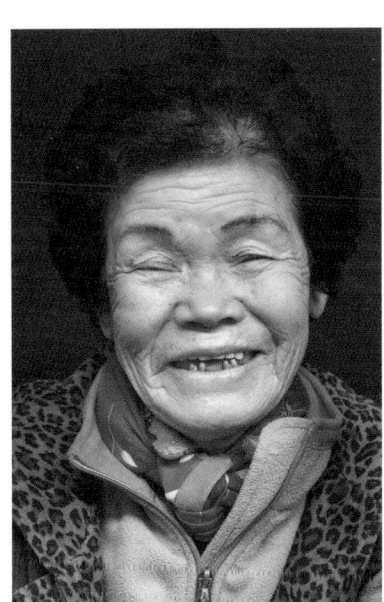

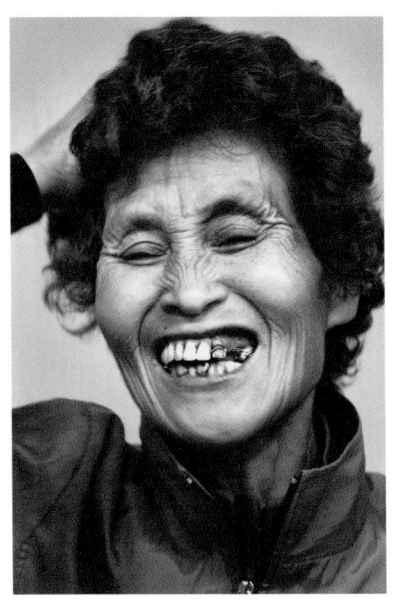
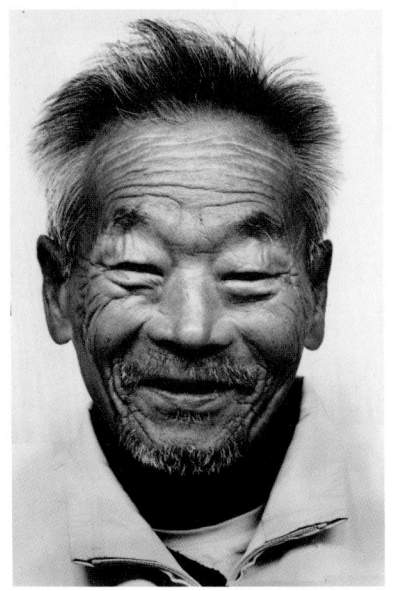

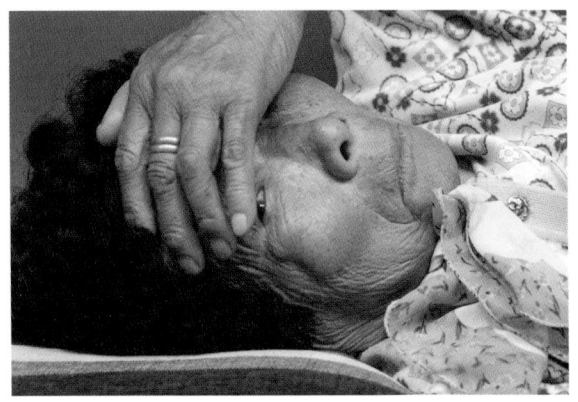

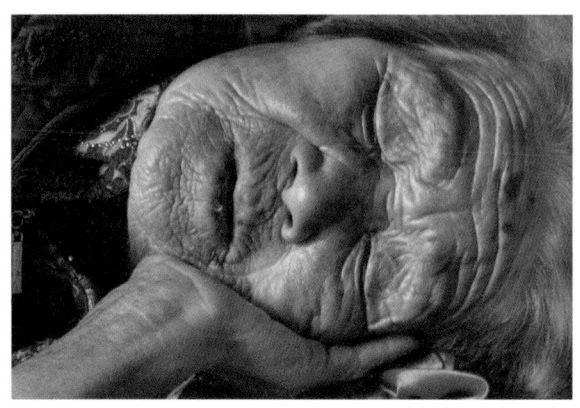

421　바람의 초상 | 거기 사람 있어요

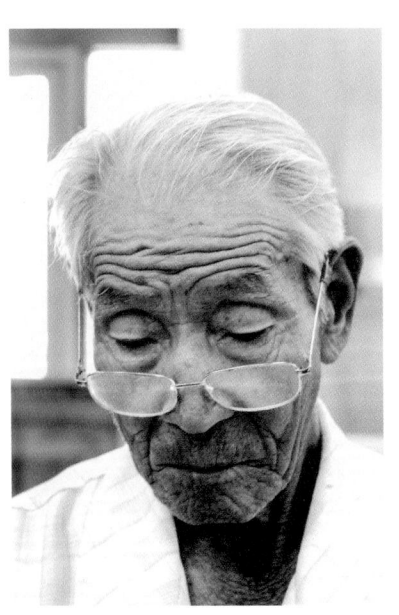

바람의 초상 | 거기 사람 있어요

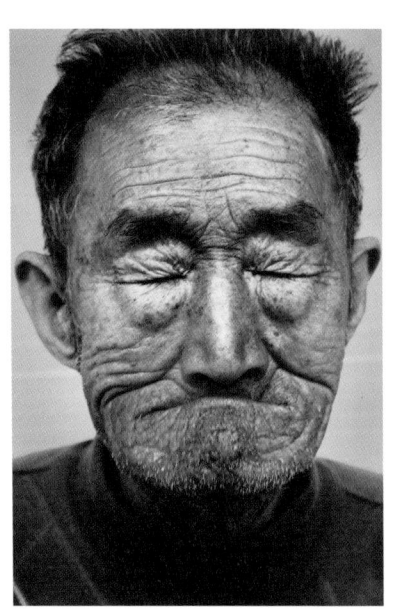
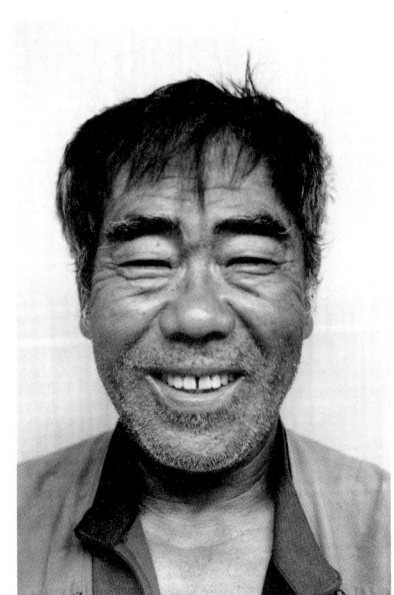

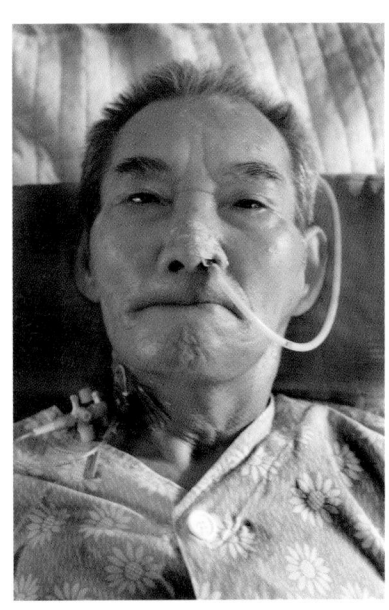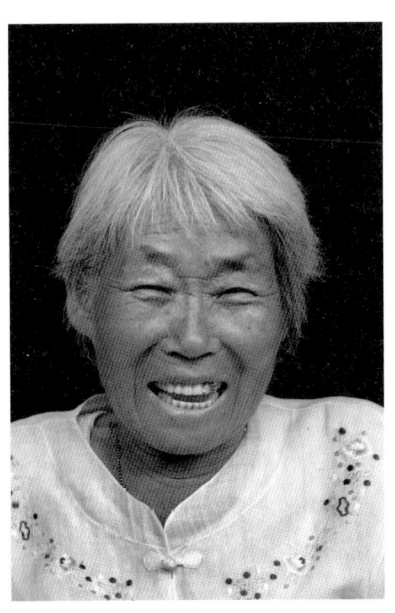

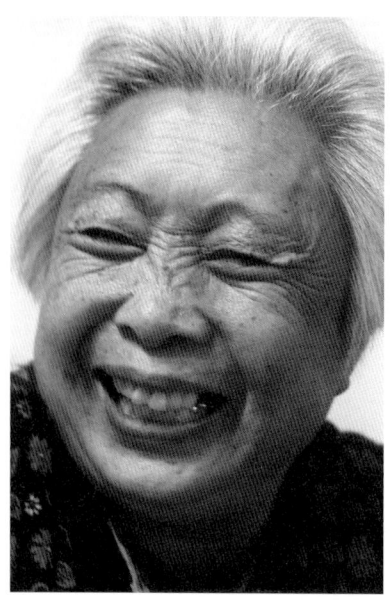

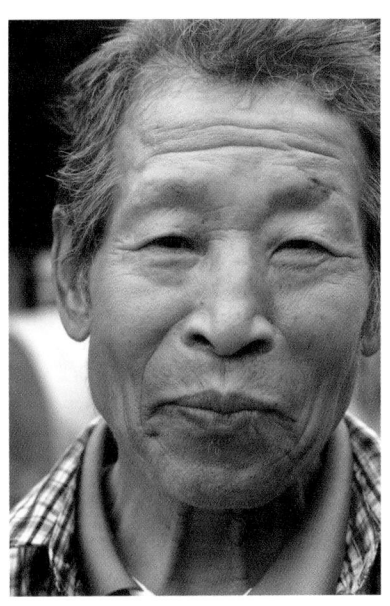
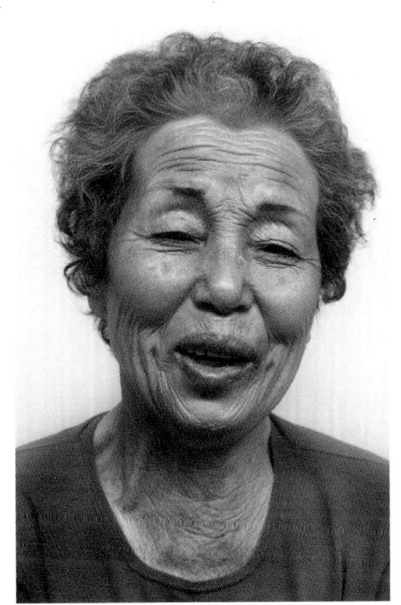

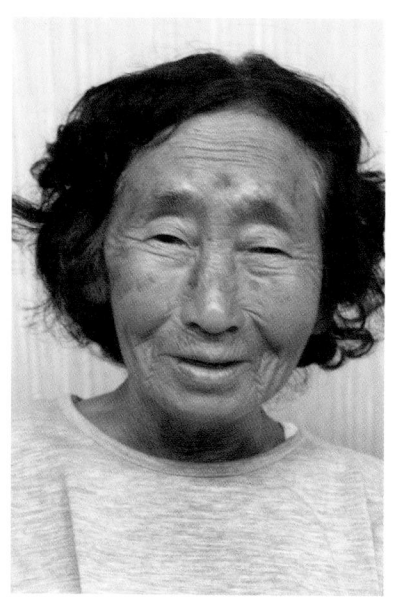 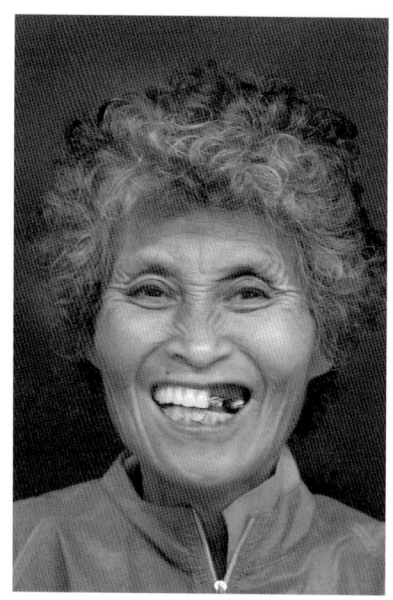 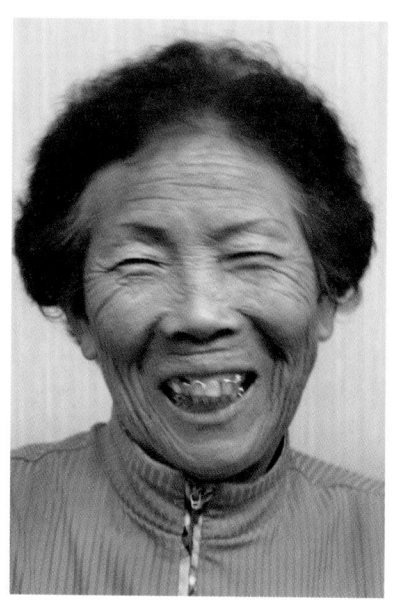

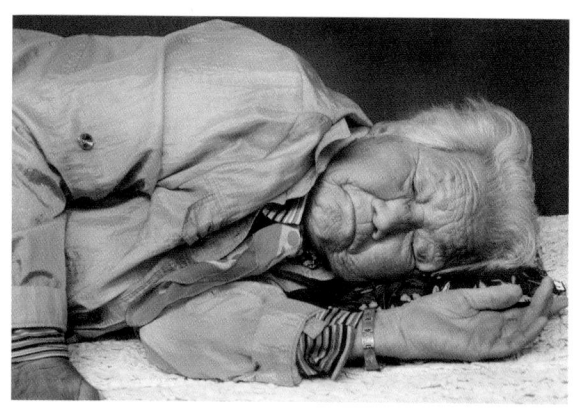 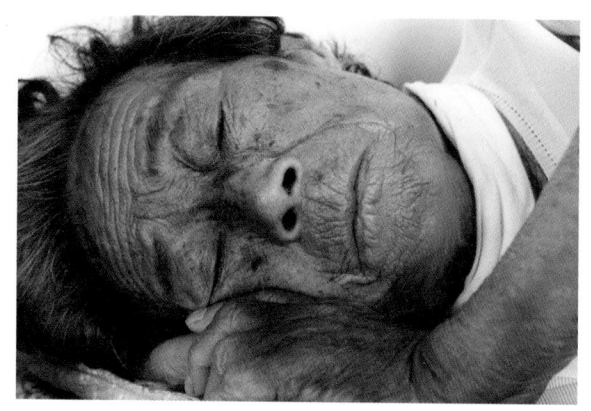

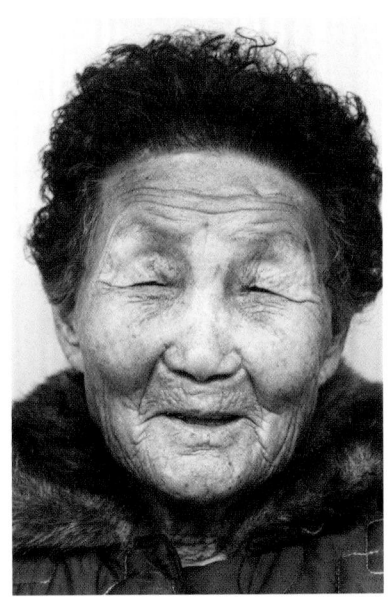

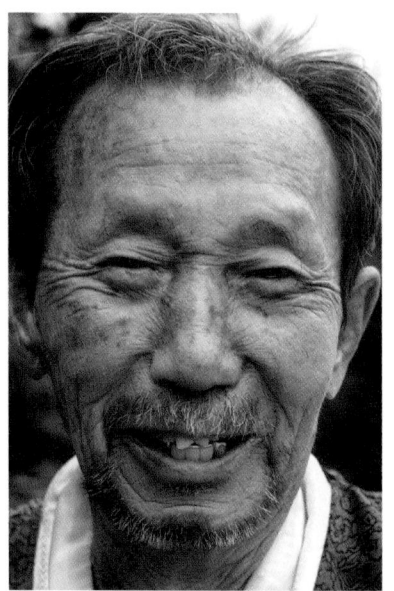

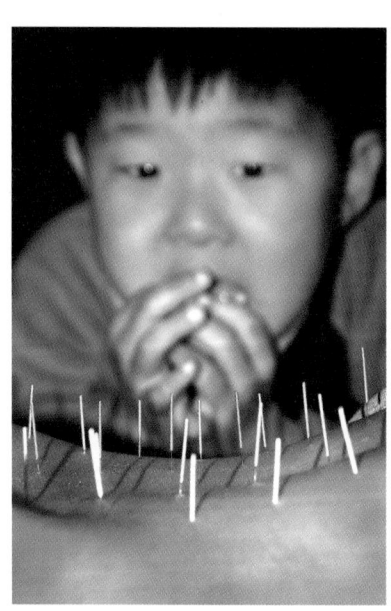

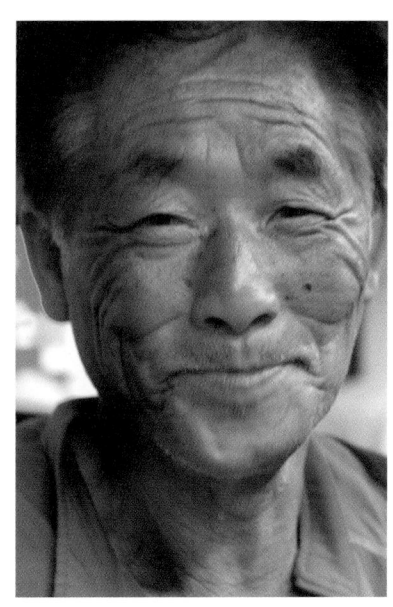

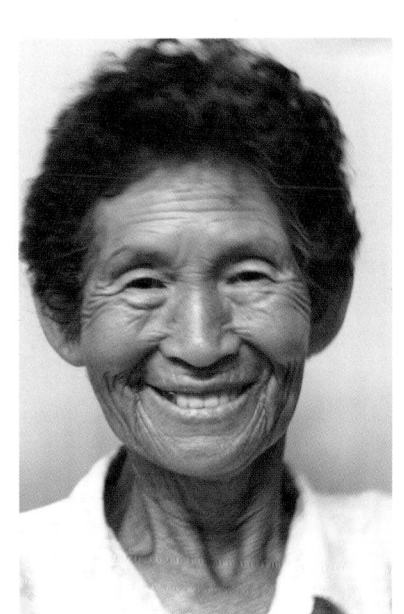

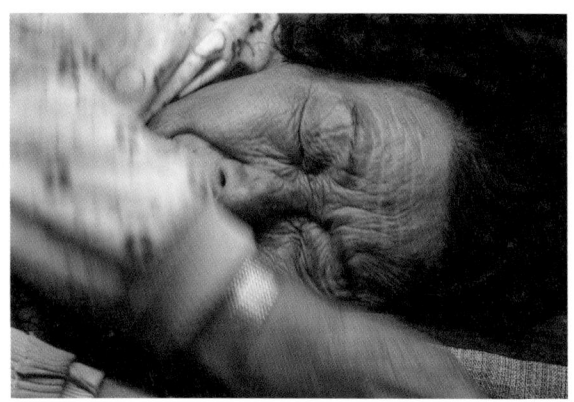
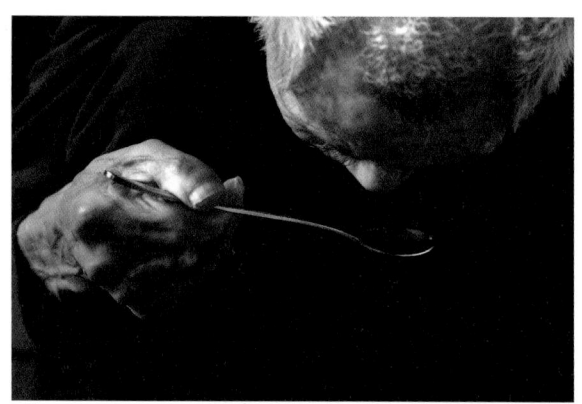

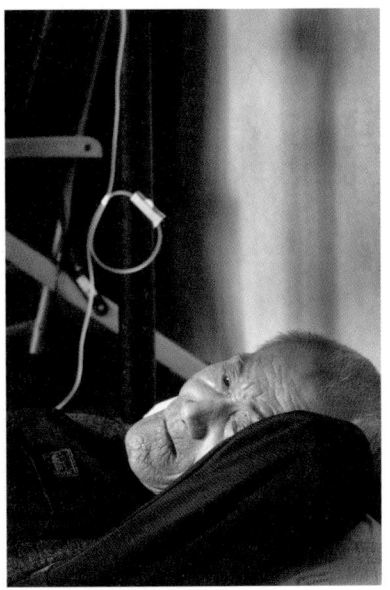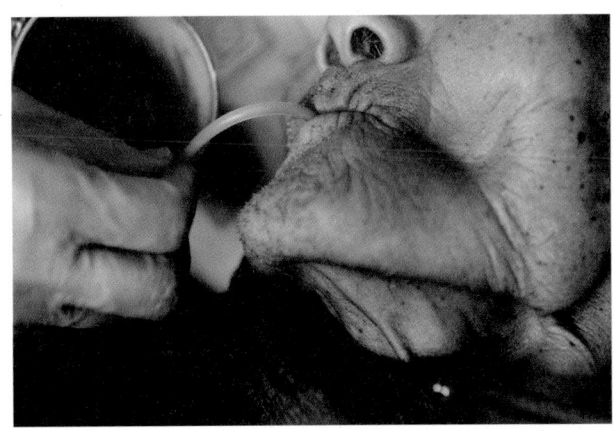

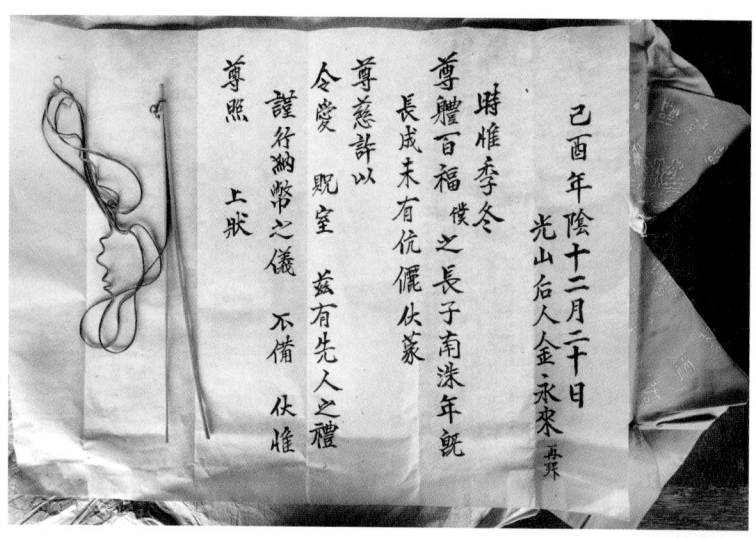

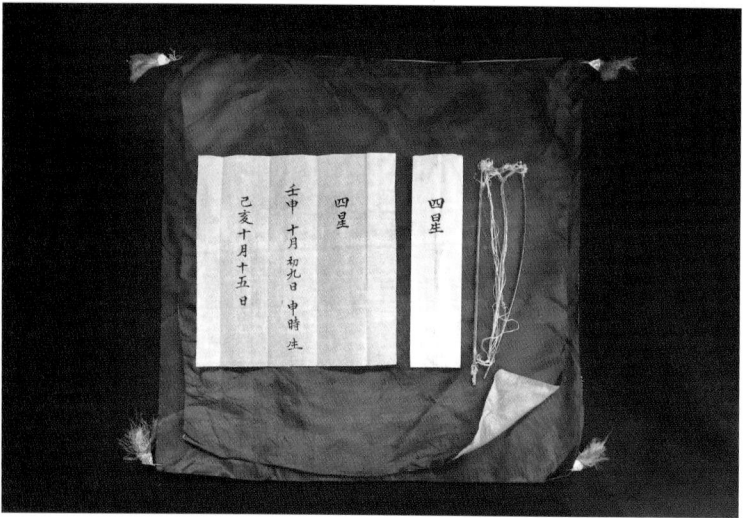

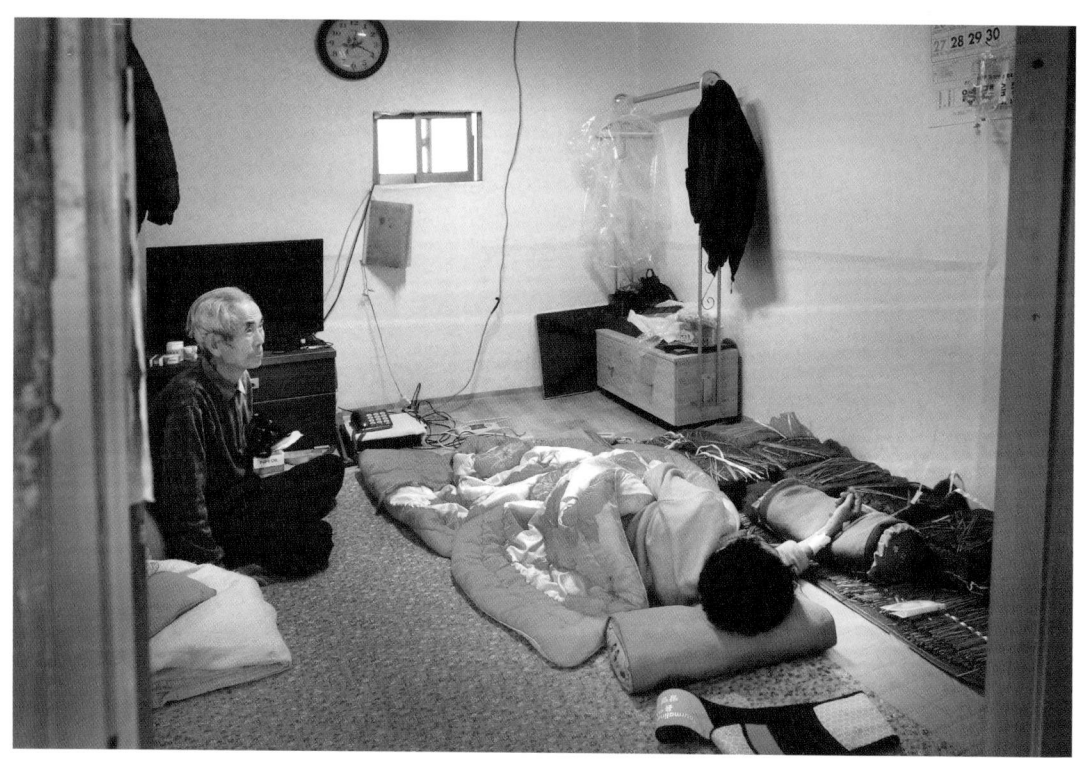

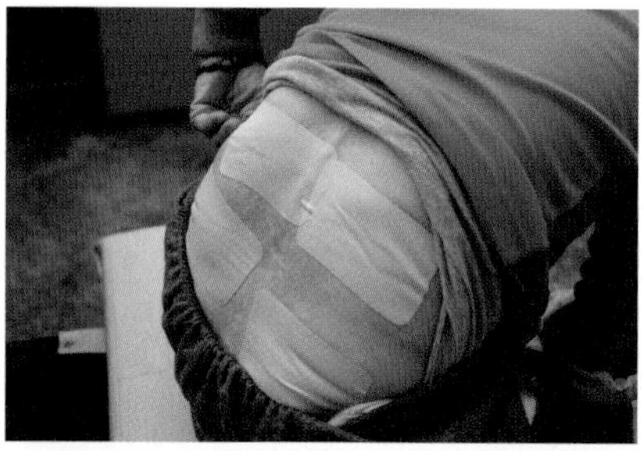

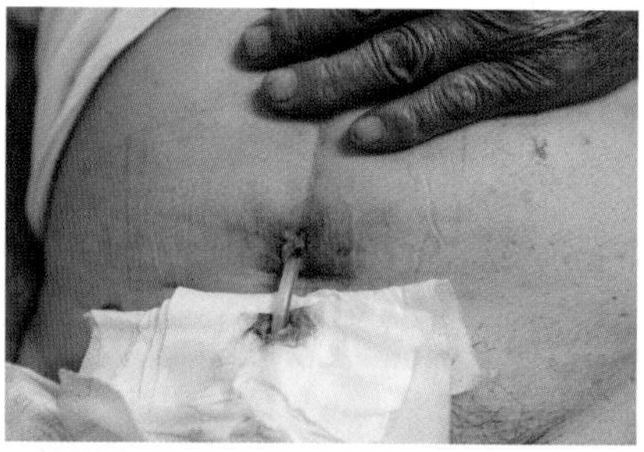

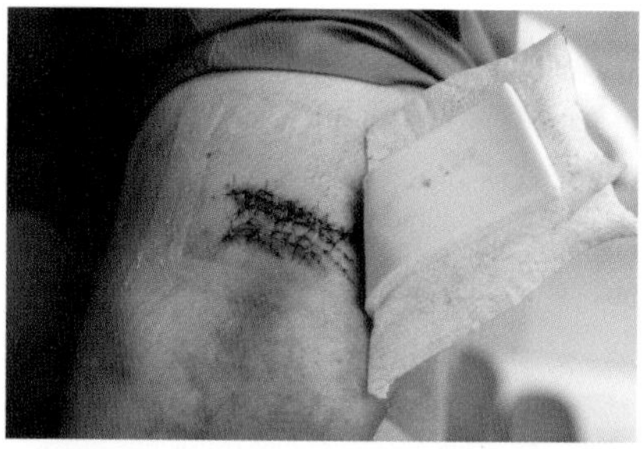

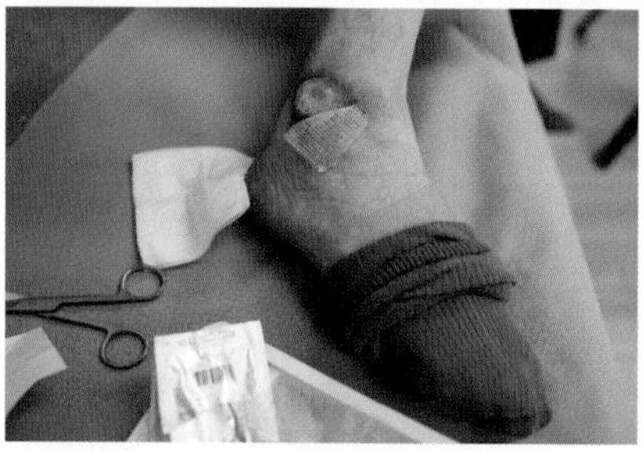

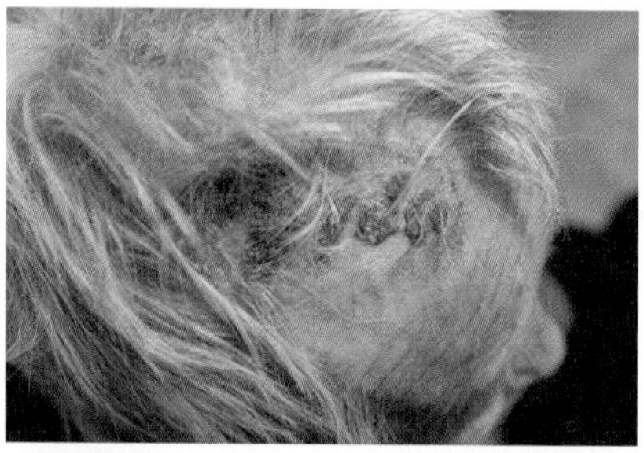

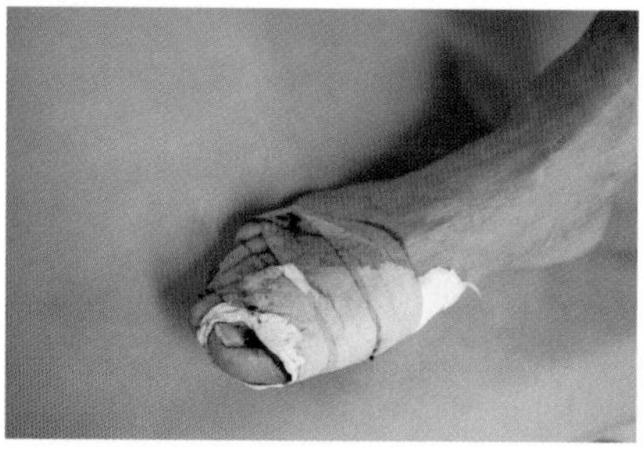

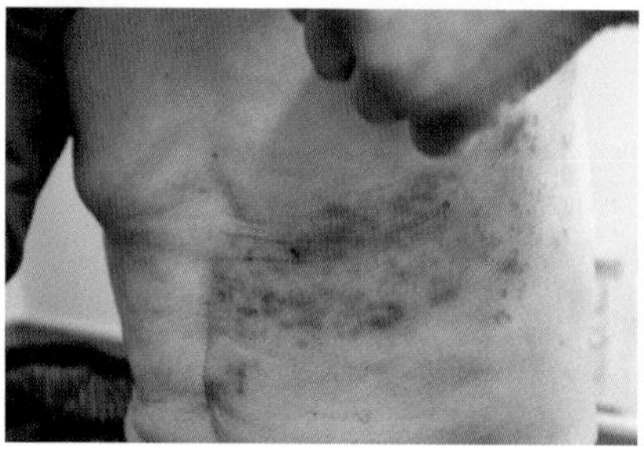

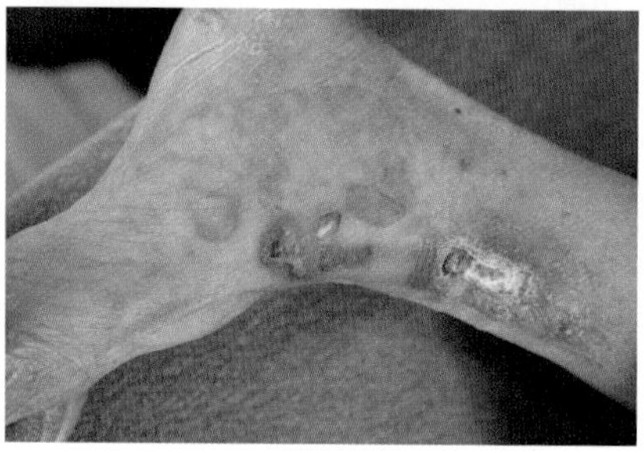

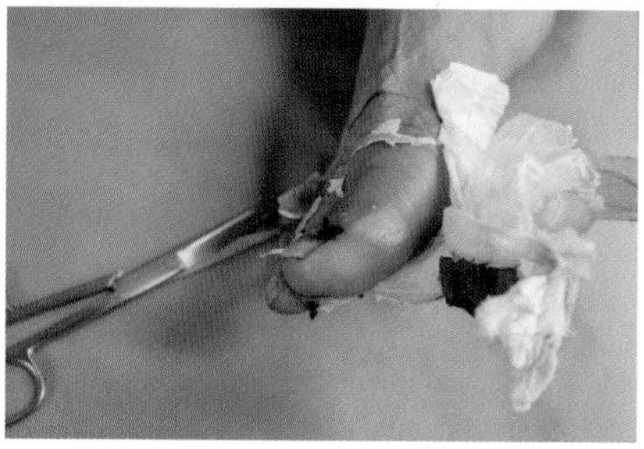

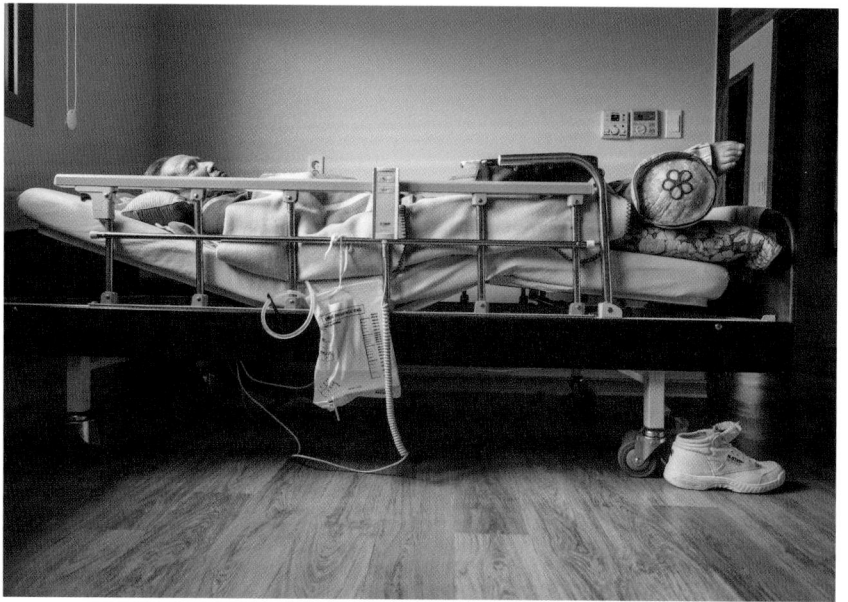

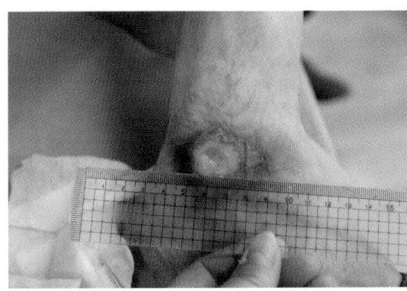
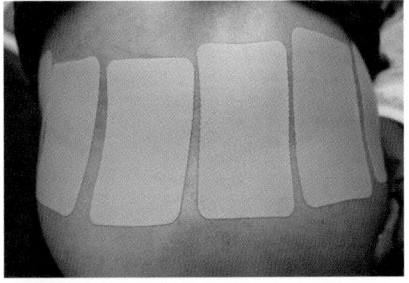
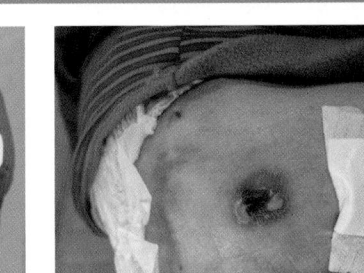

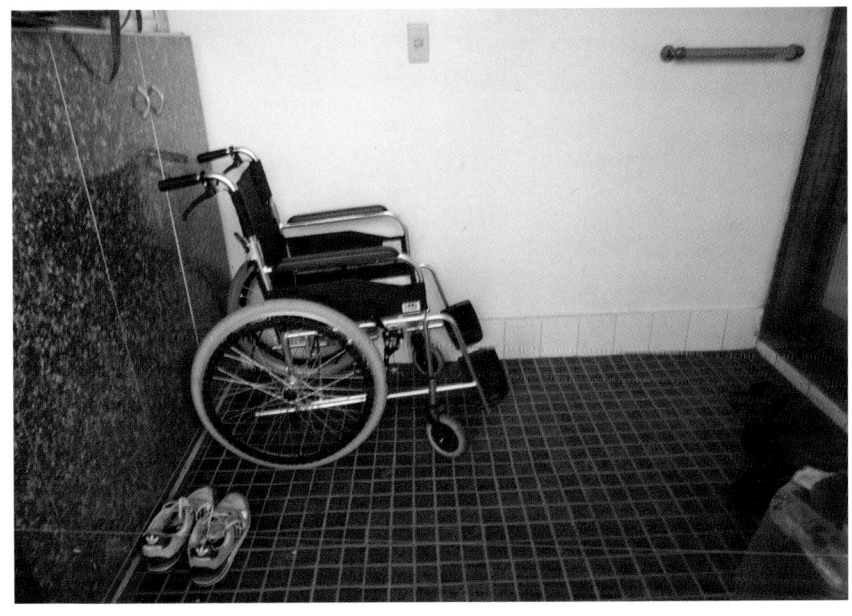

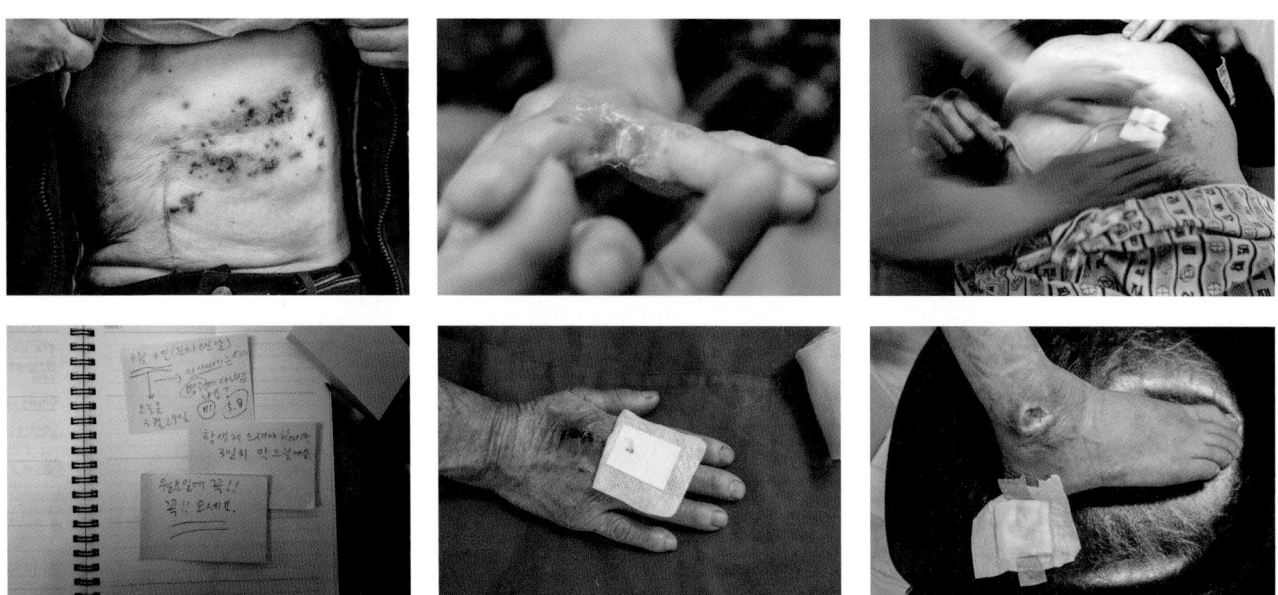
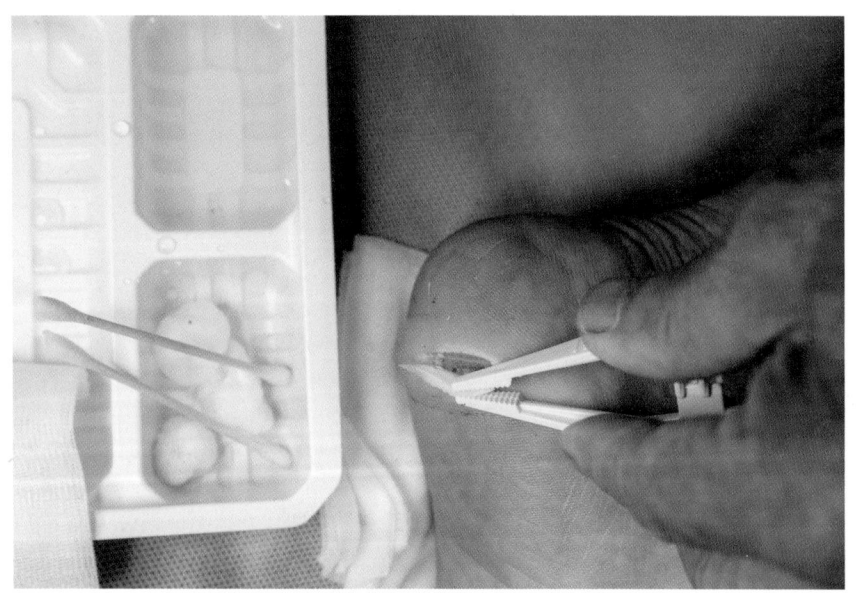
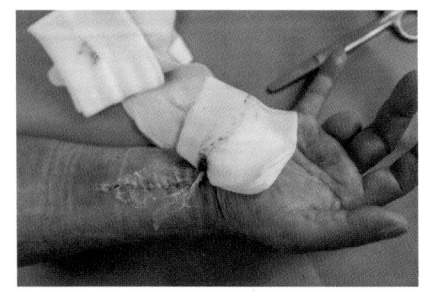
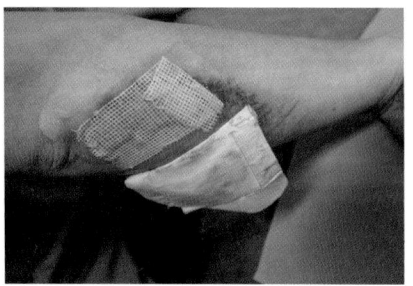
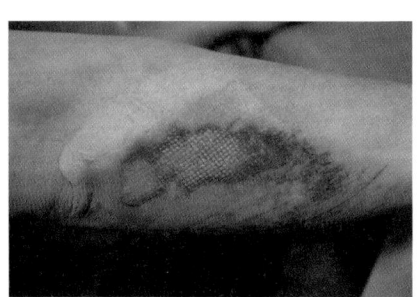

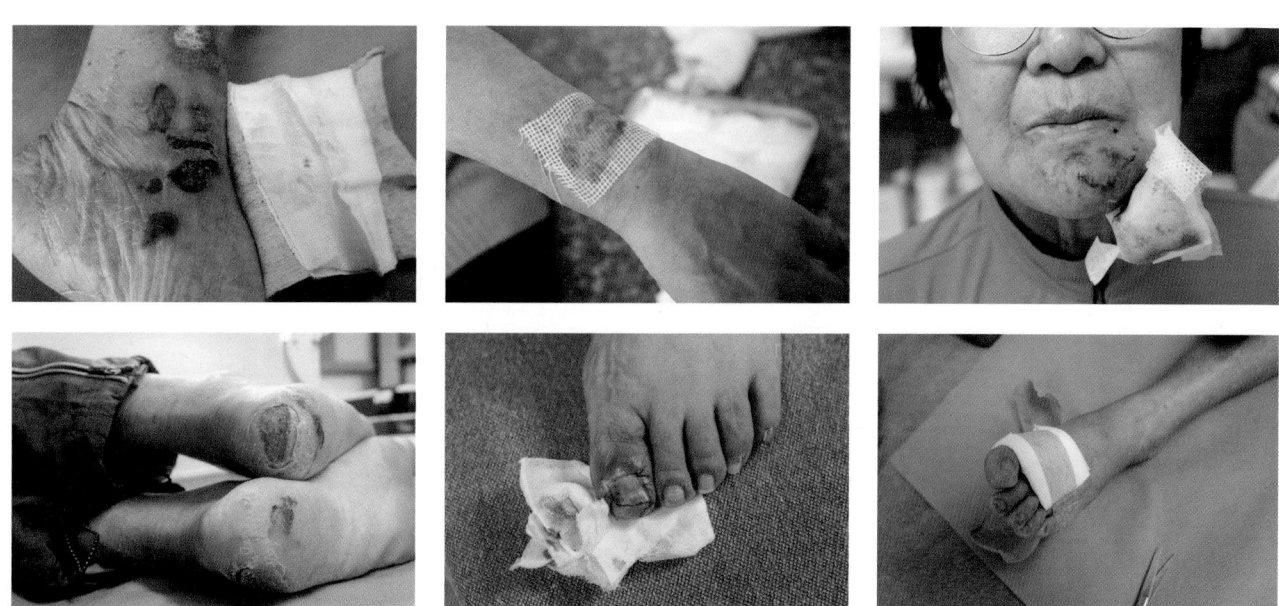

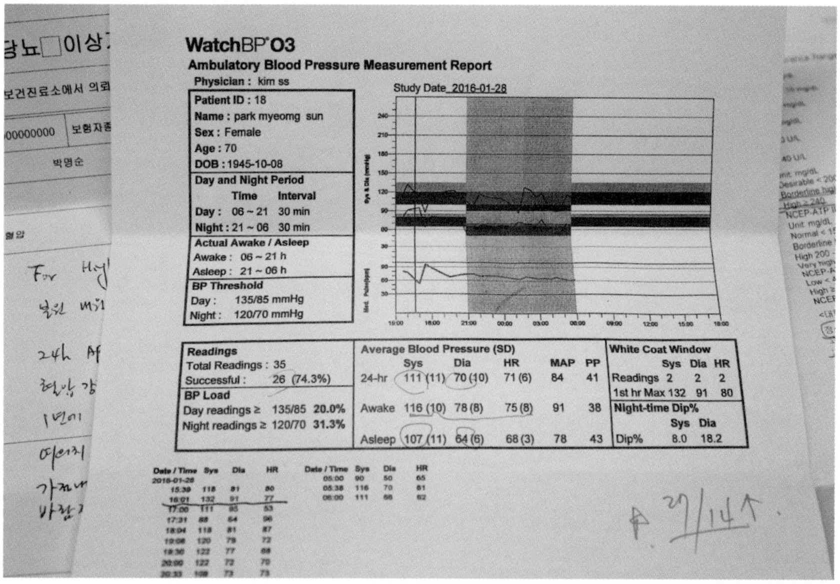
WatchBP O3
Ambulatory Blood Pressure Measurement Report
Physician : kim ss
Study Date_2016-01-28
Patient ID : 18
Name : park myeomg sun
Sex : Female
Age : 70
DOB : 1945-10-08
Day and Night Period
Time Interval
Day : 06 ~ 21 30 min
Night : 21 ~ 06 30 min
Actual Awake / Asleep
Awake : 06 ~ 21 h
Asleep : 21 ~ 06 h
BP Threshold
Day : 135/85 mmHg
Night : 120/70 mmHg
Readings
Total Readings : 35
Successful : 26 (74.3%)
BP Load
Day readings ≥ 135/85 20.0%
Night readings ≥ 120/70 31.3%
Average Blood Pressure (SD)
Sys Dia HR MAP PP
24-hr 111 (11) 70 (10) 71 (6) 84 41
Awake 116 (10) 78 (8) 75 (8) 91 38
Asleep 107 (11) 64 (6) 68 (3) 78 43
White Coat Window
Sys Dia HR
Readings 2 2 2
1st hr Max 132 91 80
Night-time Dip%
Sys Dia
Dip% 8.0 18.2
보건진료소에서 의뢰
박명순
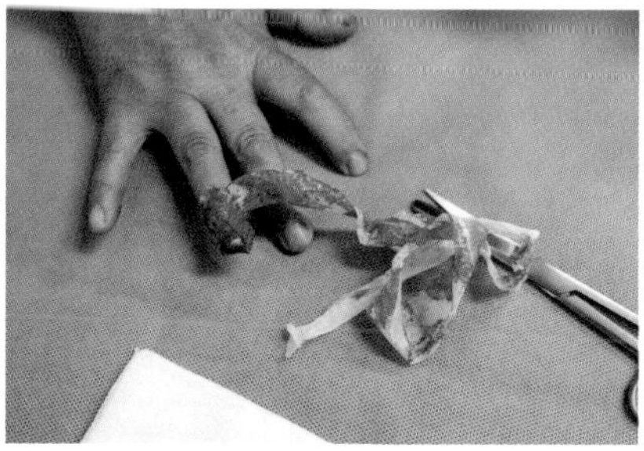
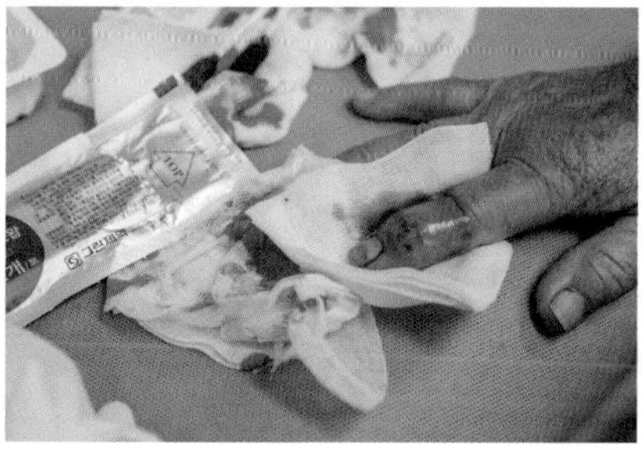
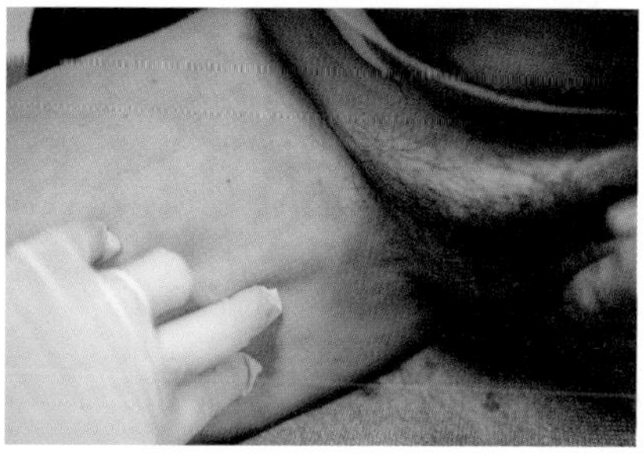

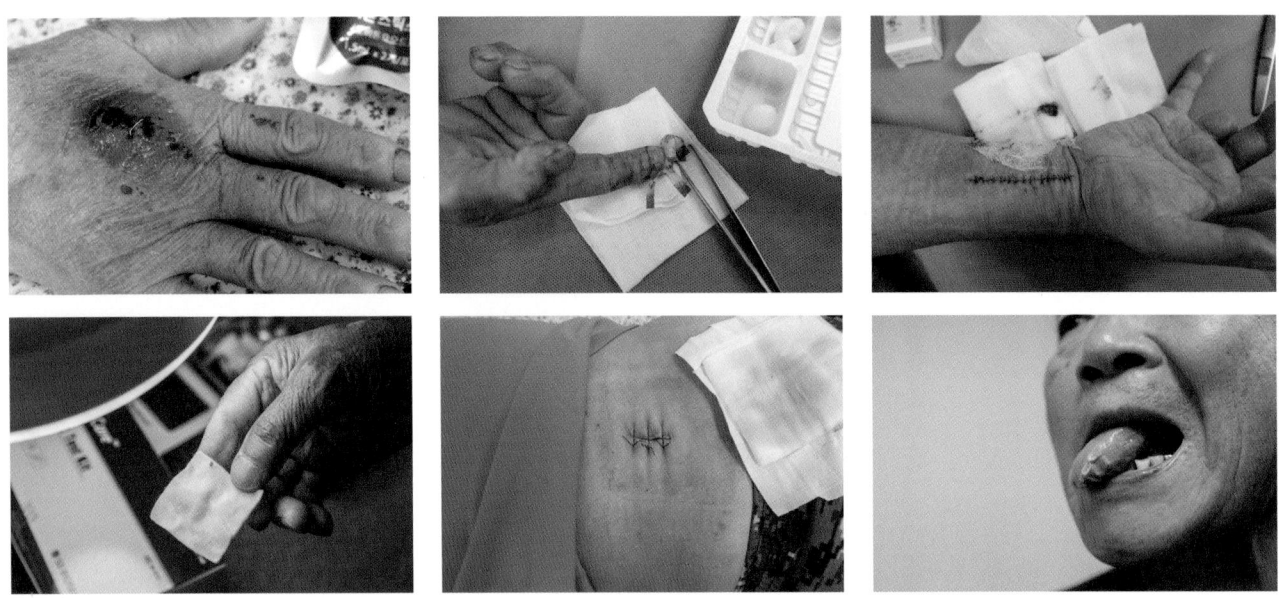

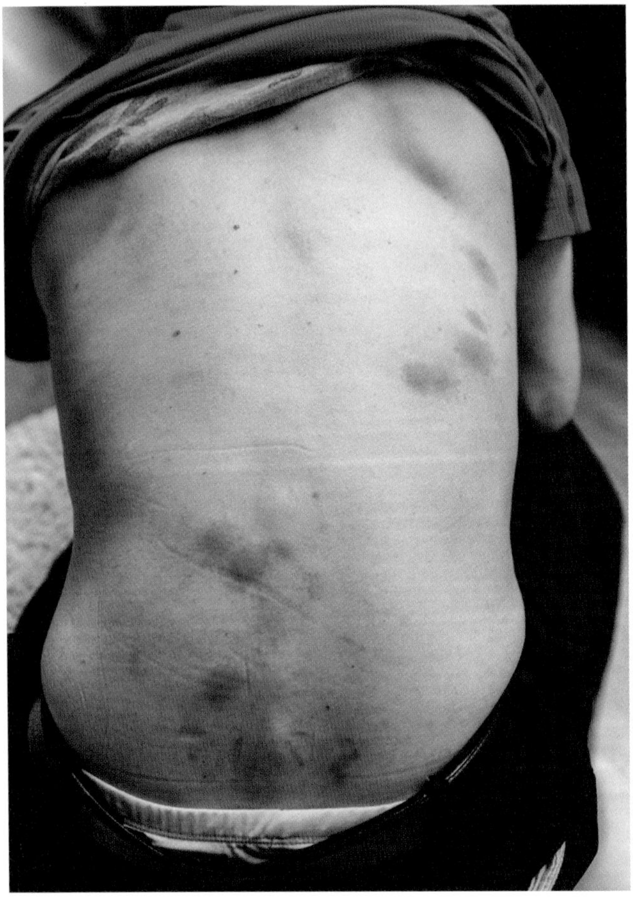

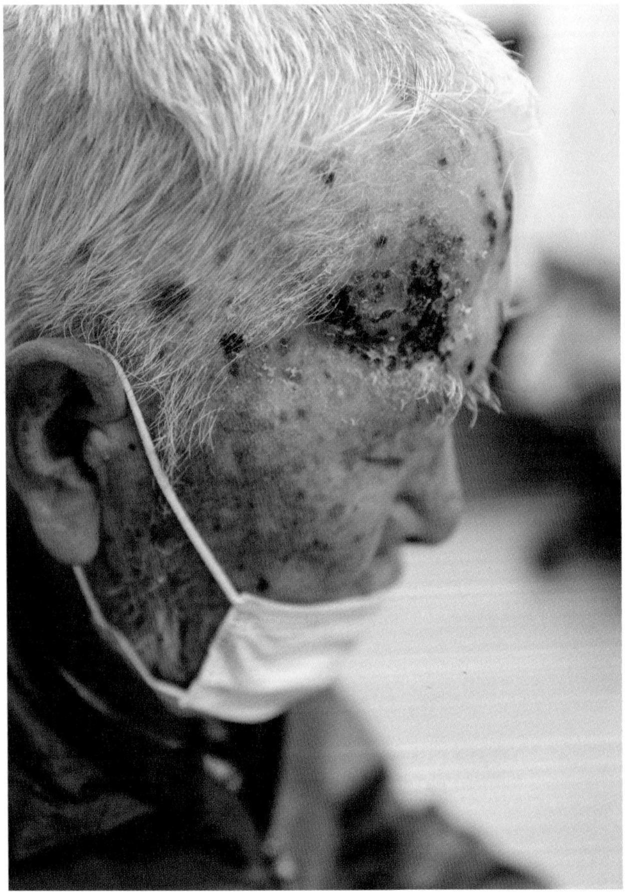

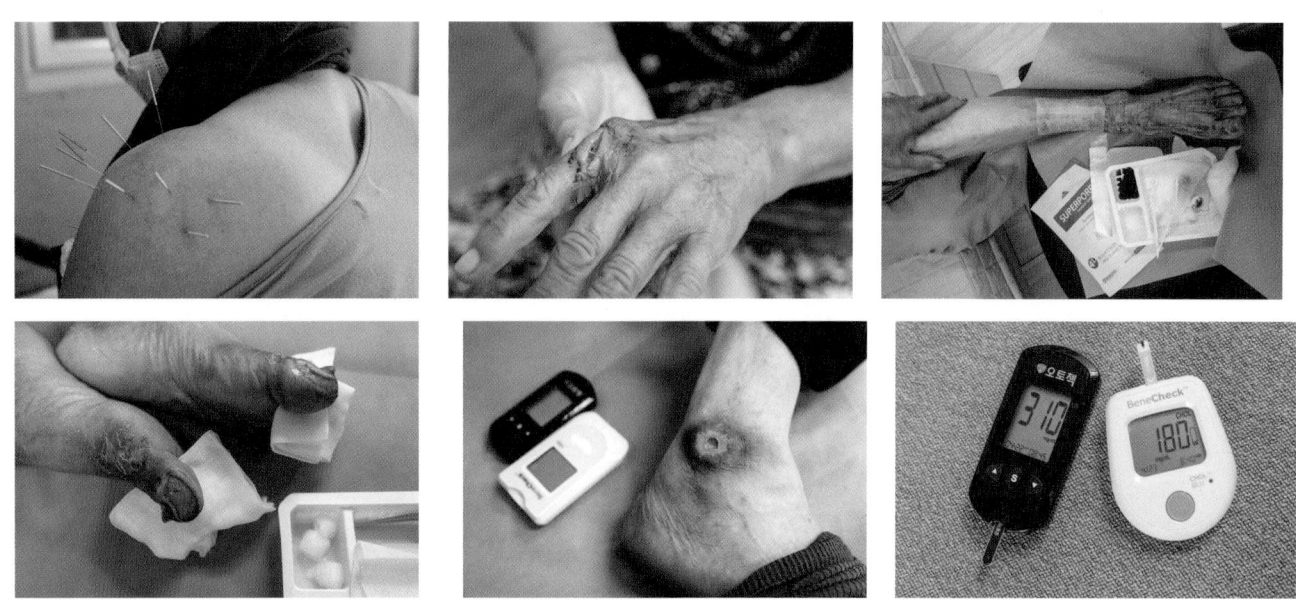
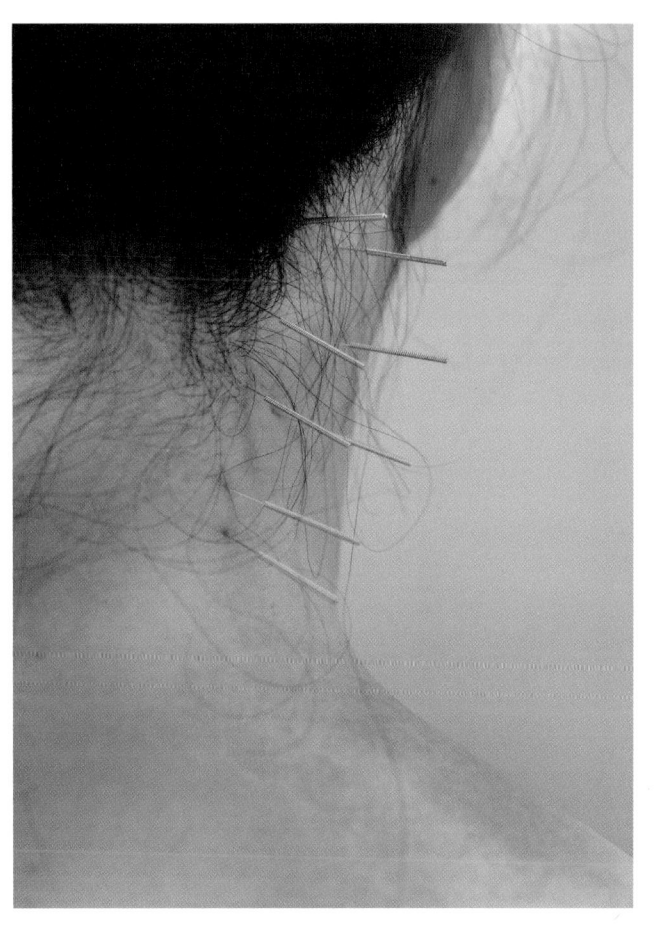
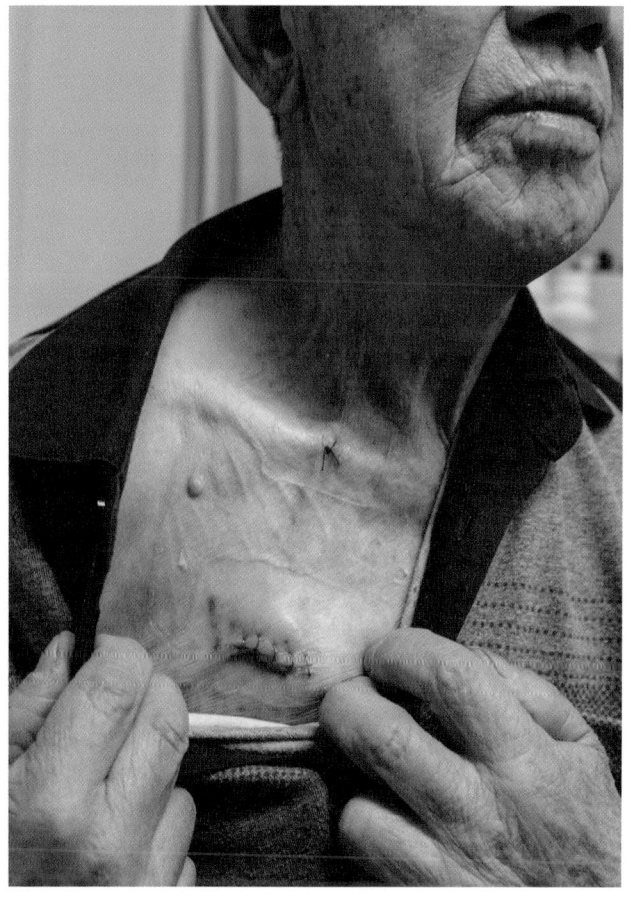

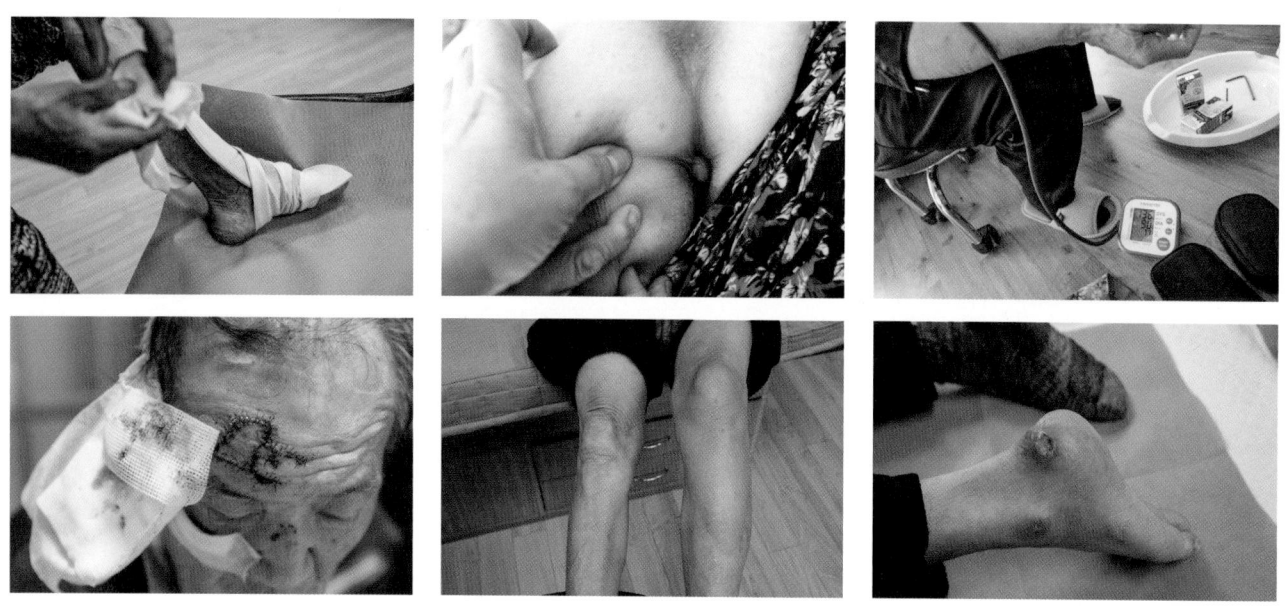

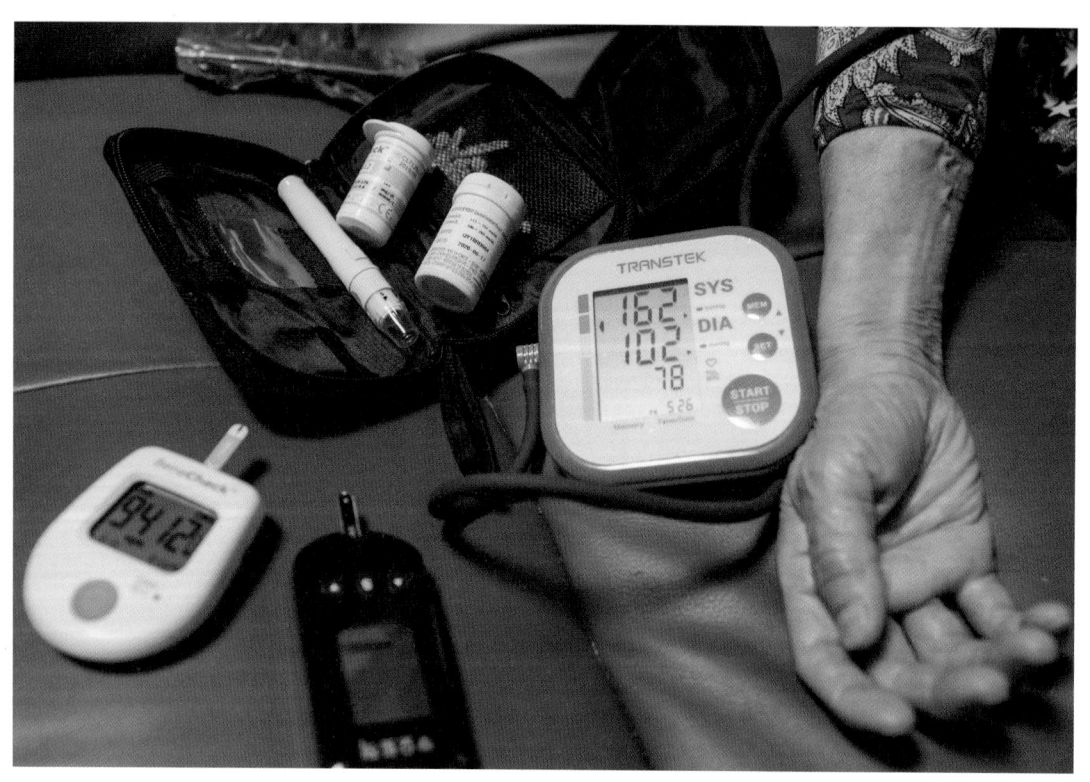

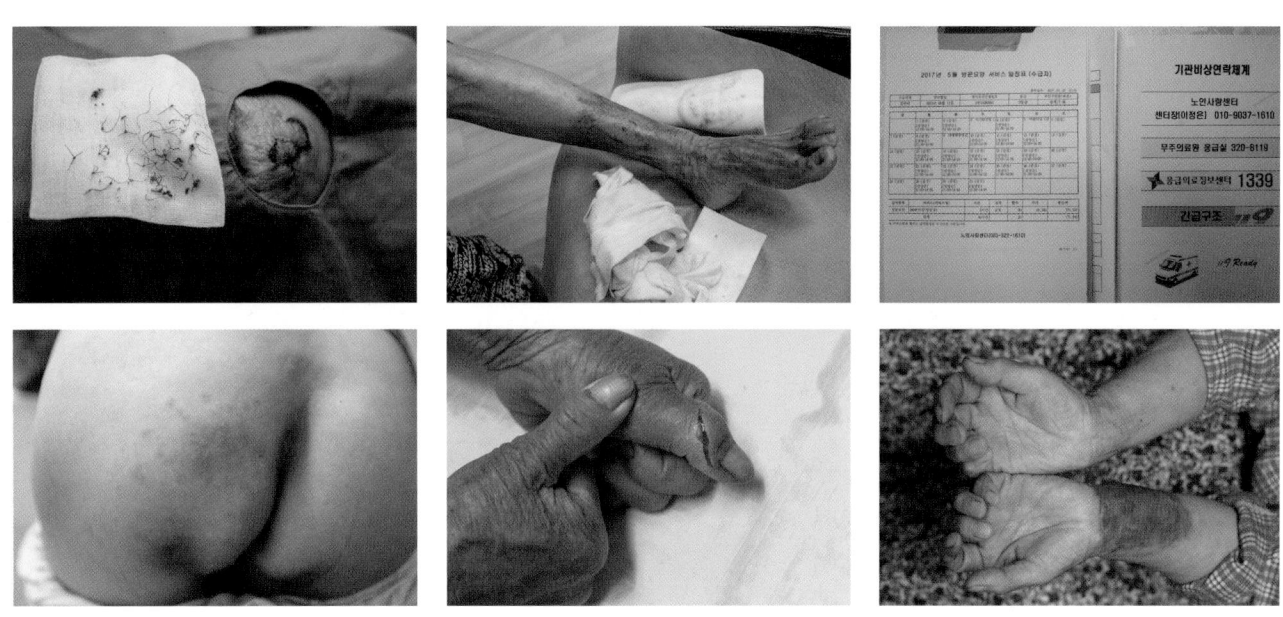

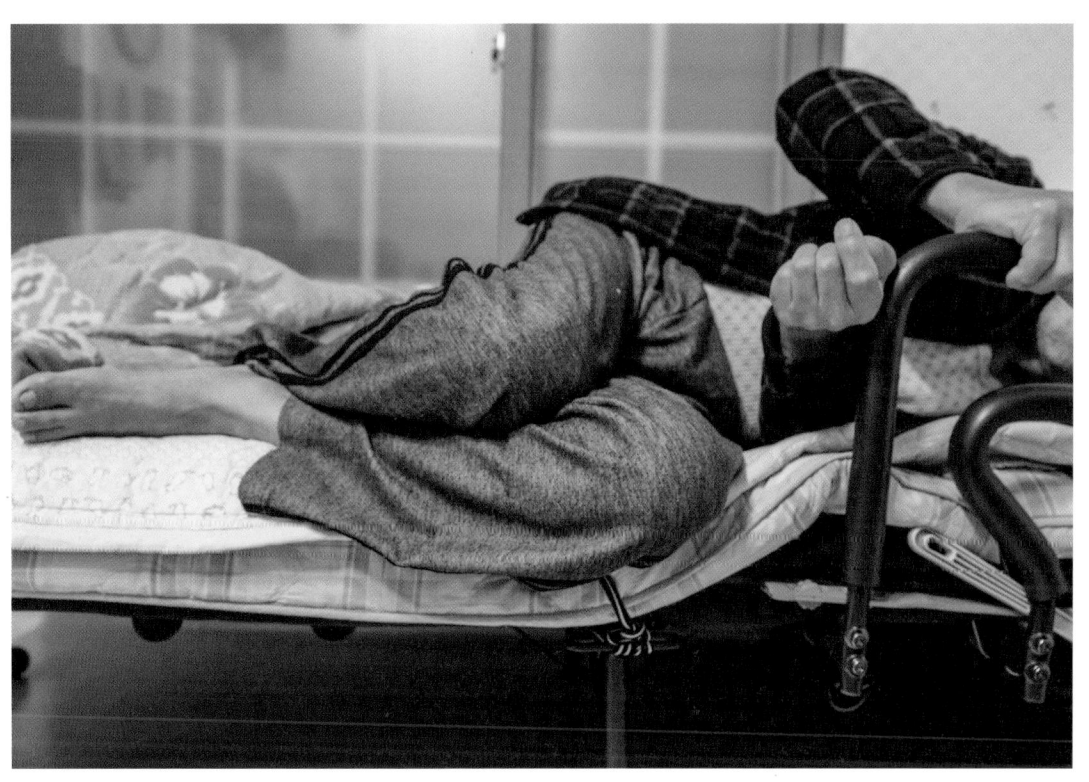

445   바람의 초상 | 거기 사람 있어요

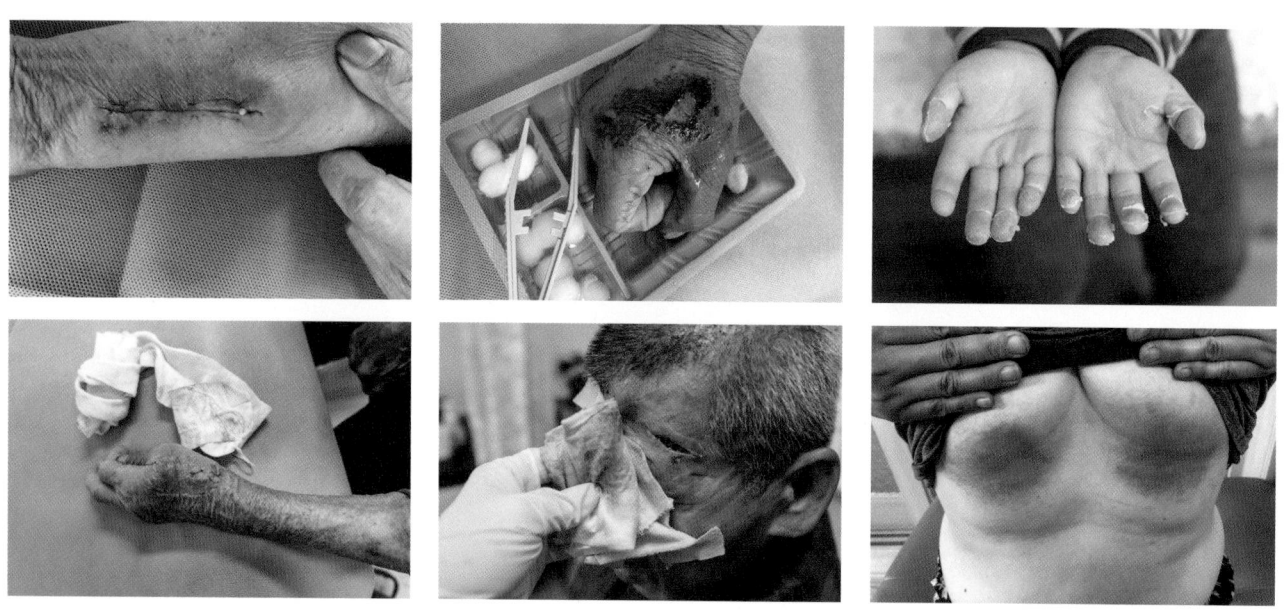
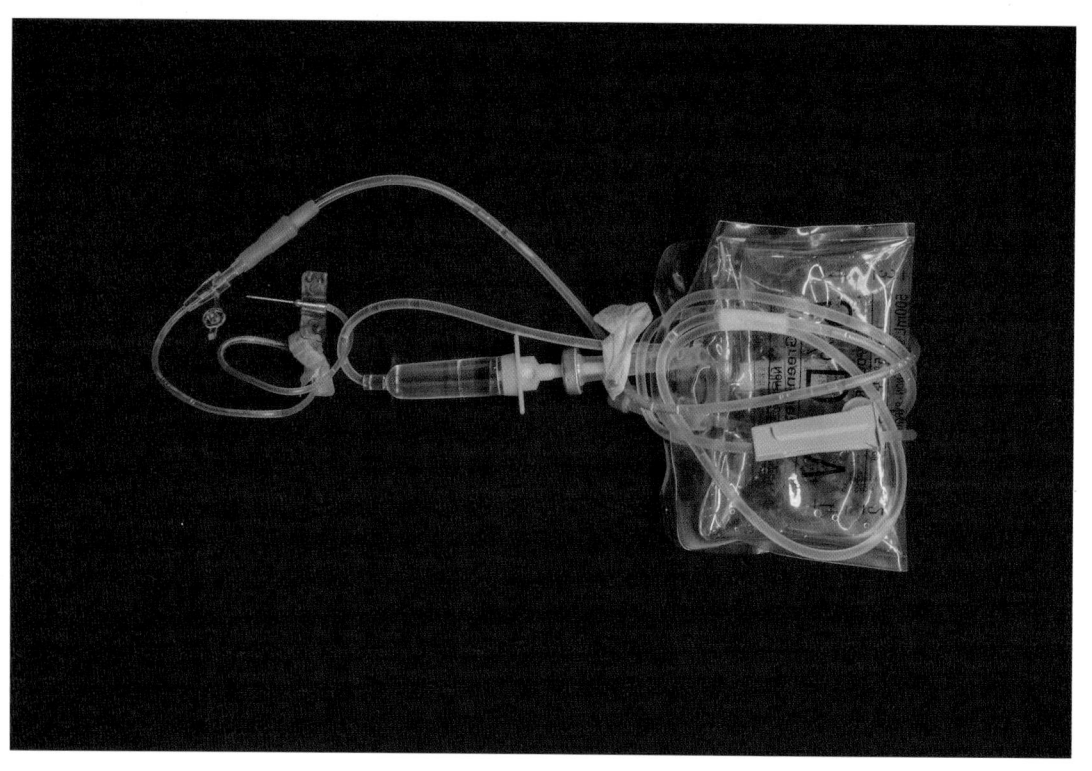

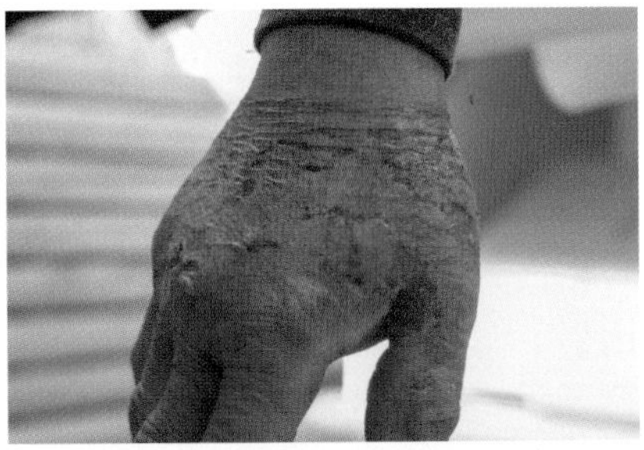

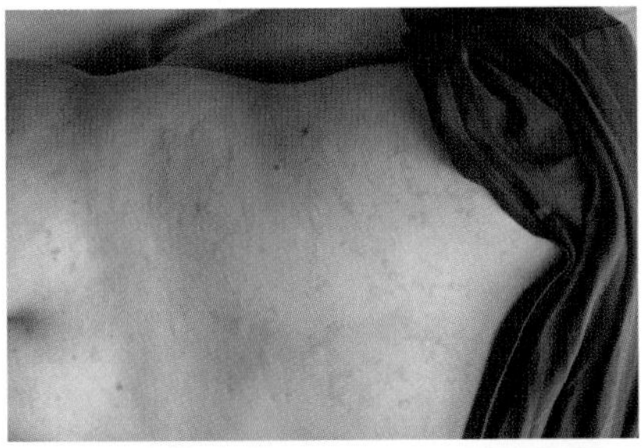

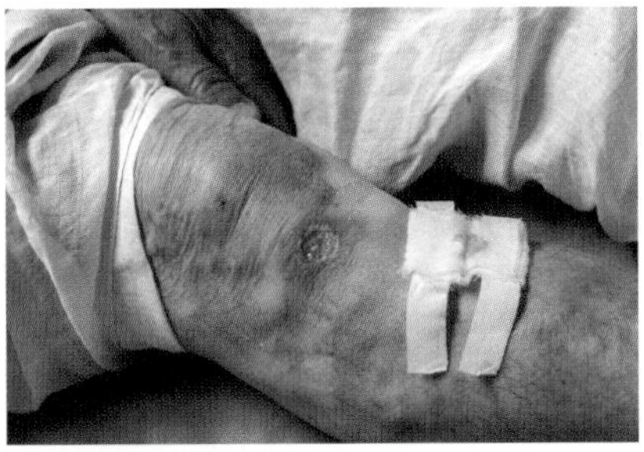

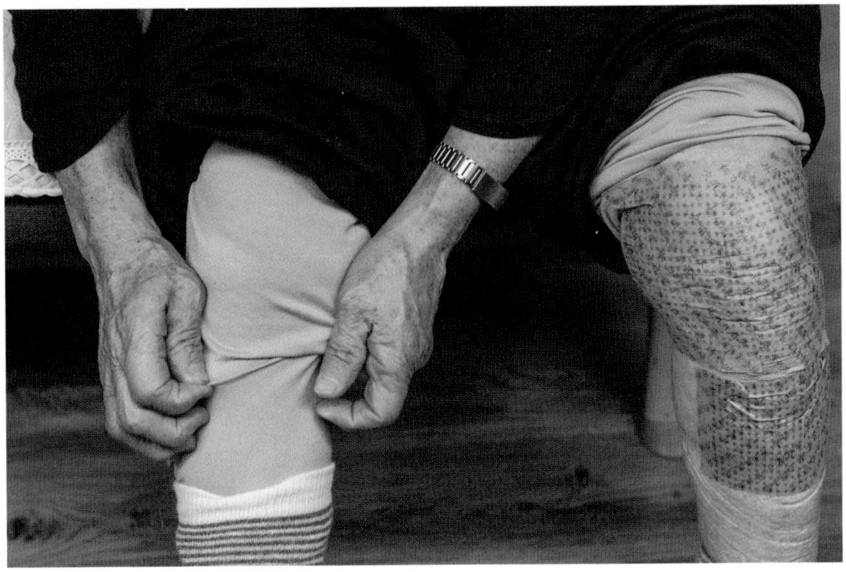

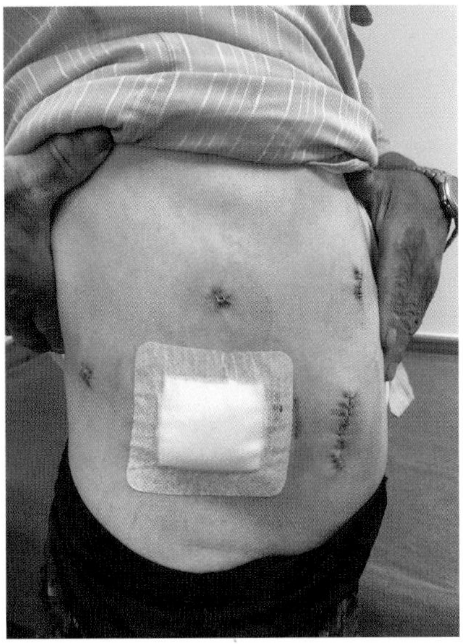

447 바람의 초상 | 거기 사람 있어요

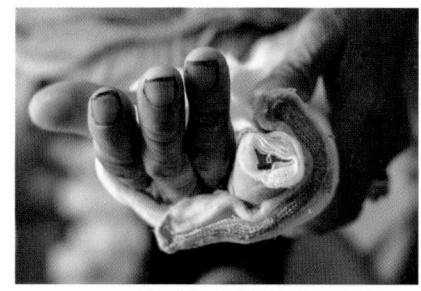
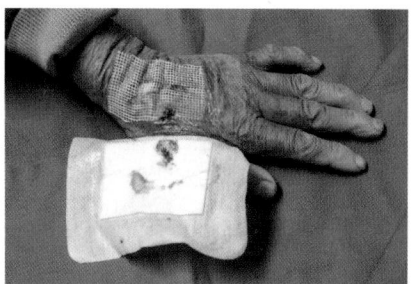
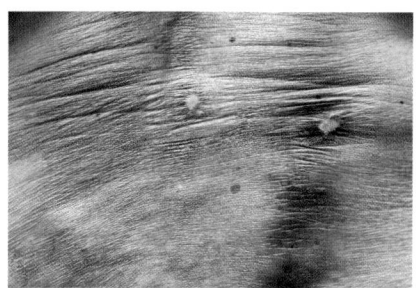
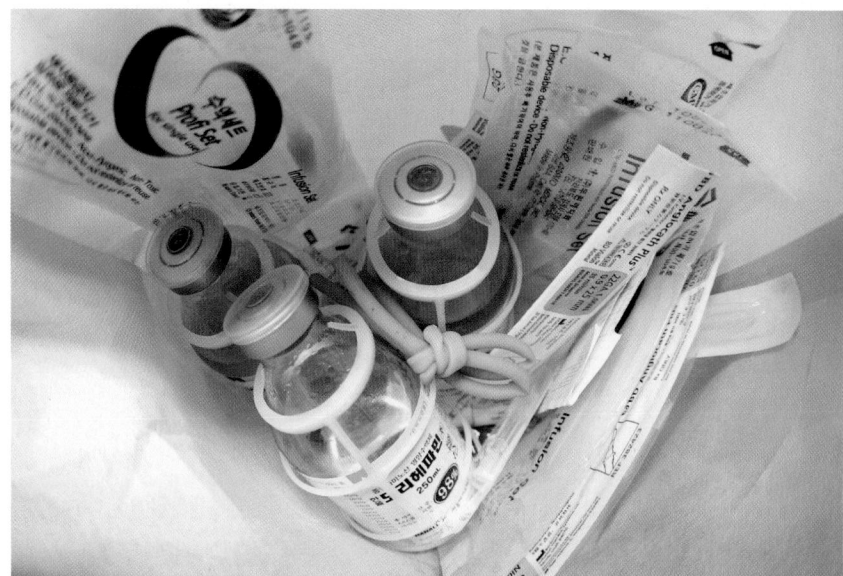
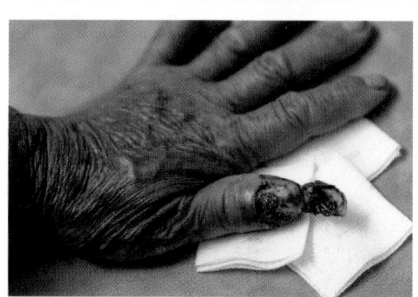
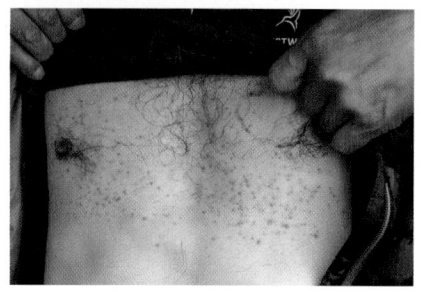

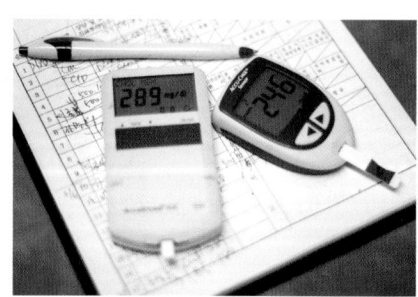

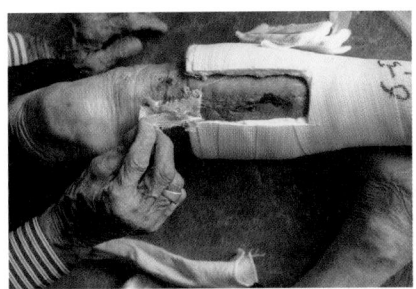
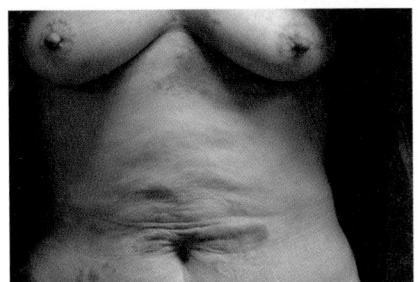
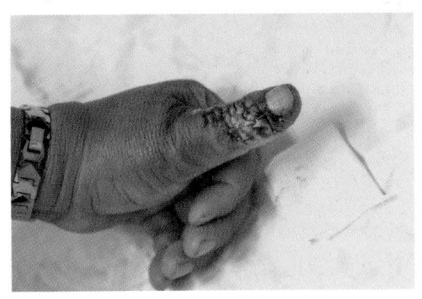
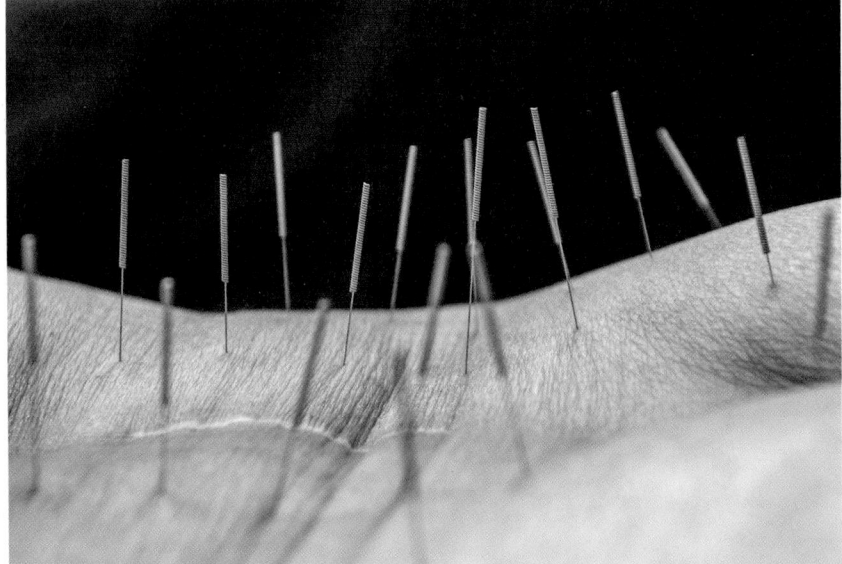
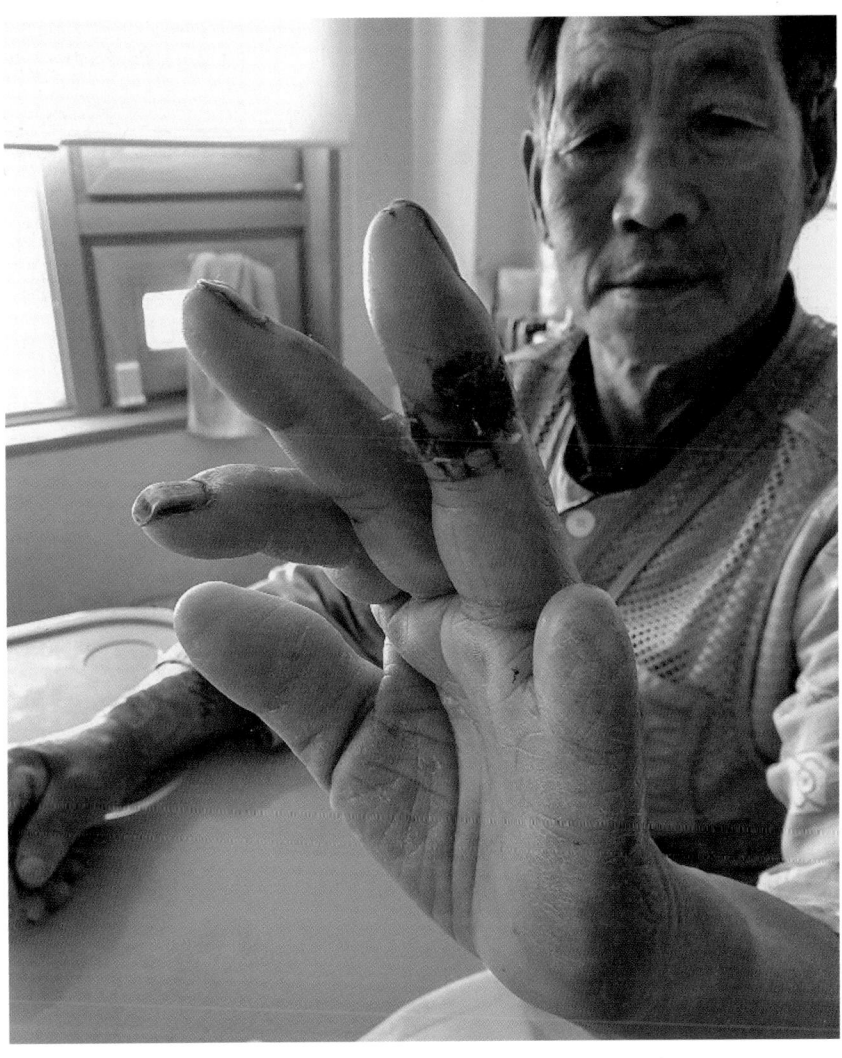

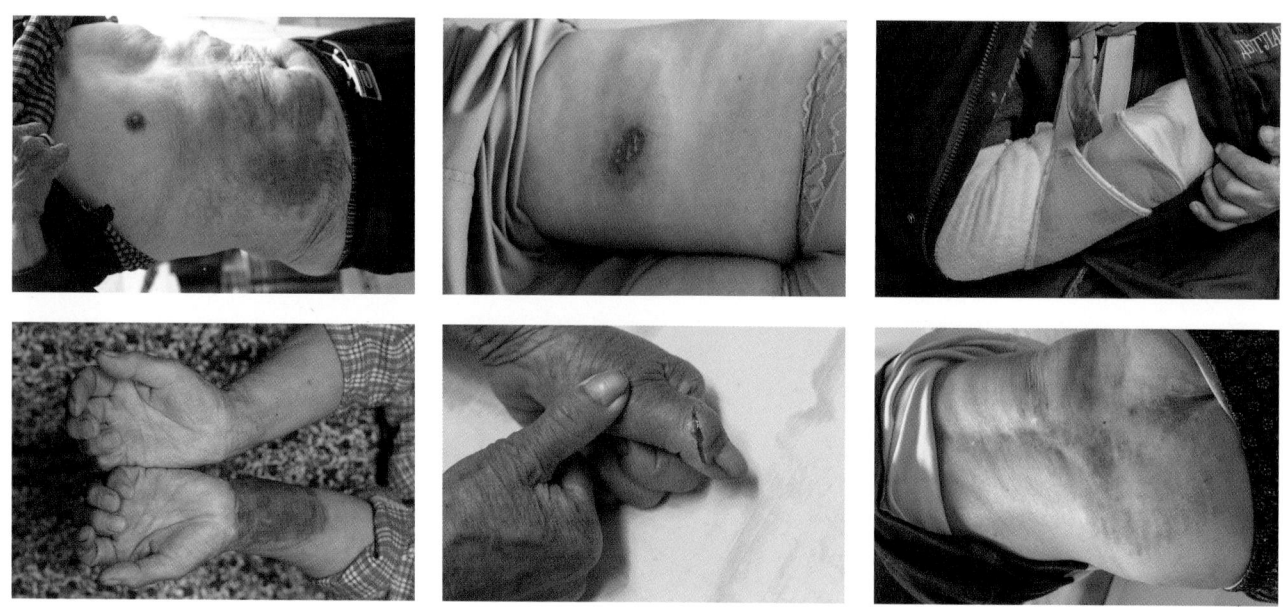
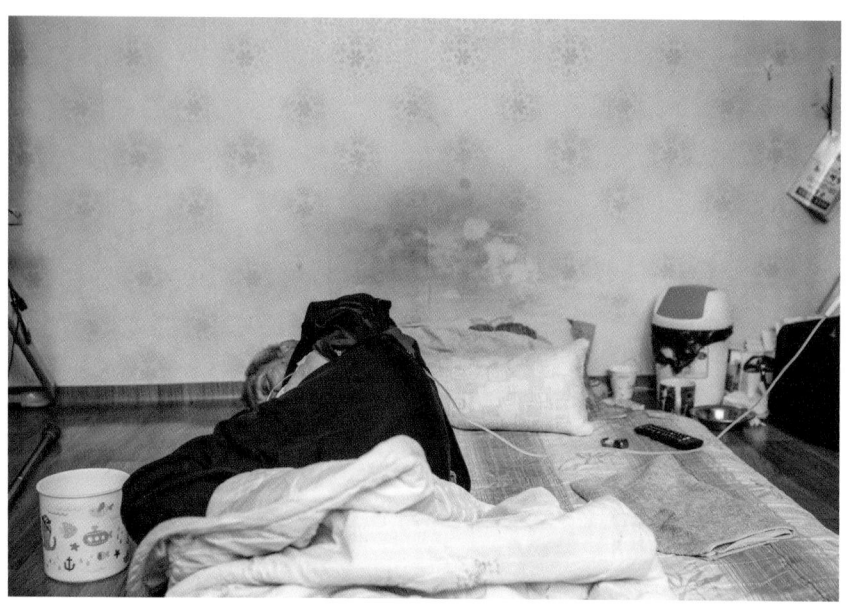
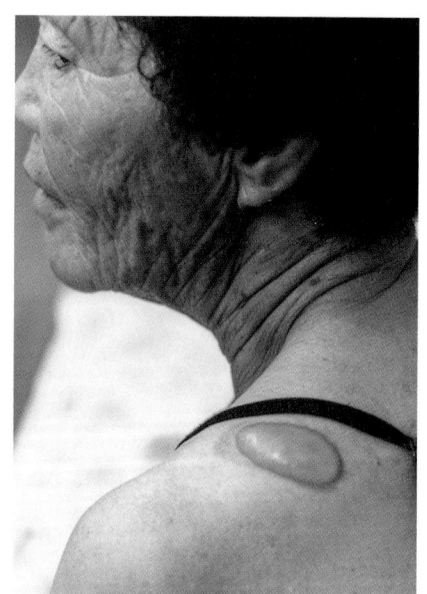

450

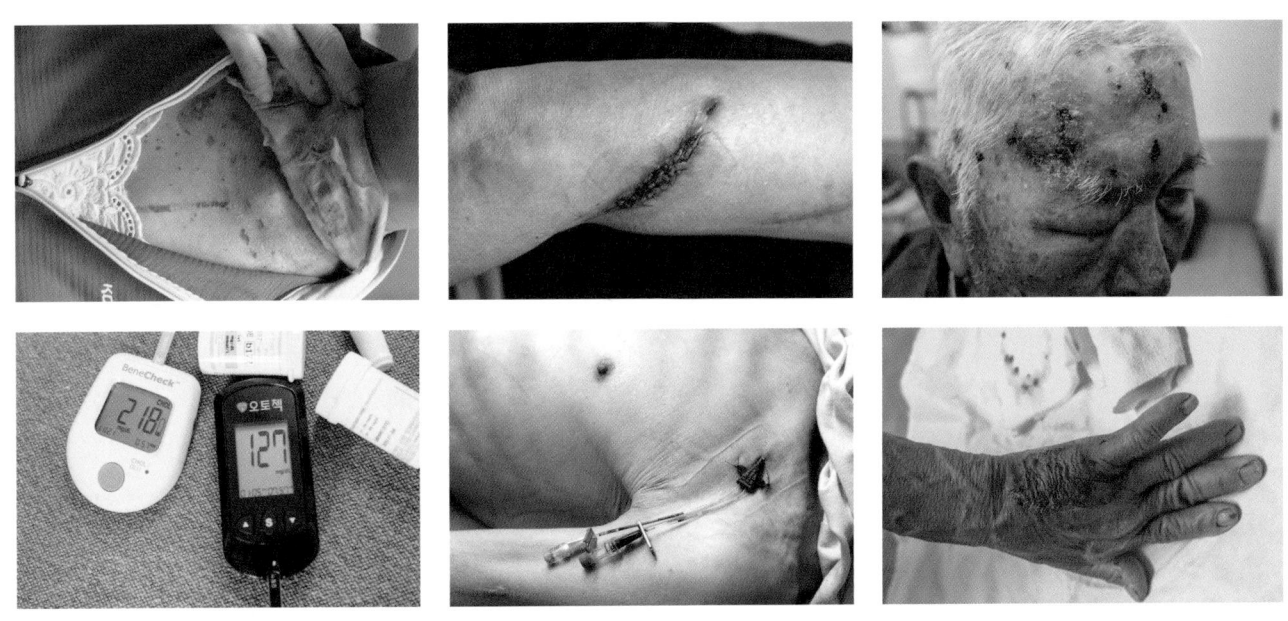
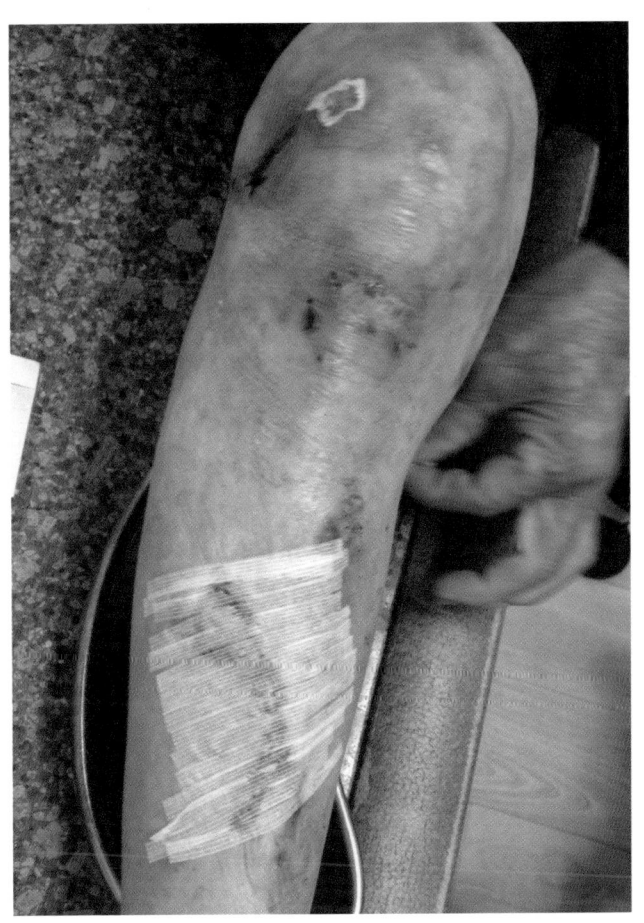
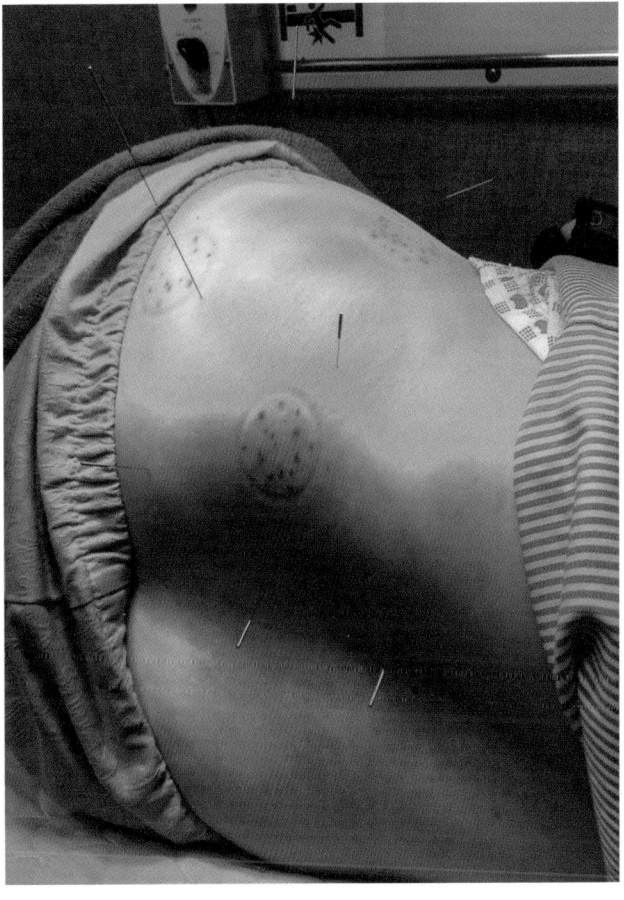

451 바람의 초상 | 거기 사람 있어요

길에서 만난 사람들
가나다 순

갈남수	강래성	강부자	강여진	강인순	강평호	고금자	고옥순
갈도순	강명선	강상수	강영배	강인현	강푸름	고다홍	고유경
갈민식	강명섭	강선도	강영이	강인호	강향순	고달영	고종근
강경성	강명순	강선아	강영임	강일섭	강현옥	고명근	고종열
강경찬	강명철	강선오	강영자	강전영	강현주	고명녀	고준근
강경혜	강미경	강성구	강영호	강점순	강혜경	고민영	고준일
강계숙	강미숙	강소영	강오순	강점옥	강호건	고방석	고철수
강공순	강미애	강수보	강옥분	강정구	강호교	고병선	고형숙
강국정	강미영	강수복	강옥순	강정서	강호규	고병훈	고회순
강귀택	강민규	강수월	강옥화	강정숙	강홍연	고복희	공열한
강근식	강민선	강수정	강용빈	강정순	강홍익	고석현	공정순
강기동	강민섭	강순남	강용석	강정심	강효주	고선가	공한순
강기정	강민수	강순녀	강용준	강정자	강훈갑	고성자	공환규
강기창	강민순	강순예	강우석	강정희	강희경	고세훈	곽경숙
강대군	강민영	강순이	강웅규	강주안	강희열	고수자	곽남순
강대성	강병구	강순자	강원순	강주희	강희은	고순근	곽병현
강도례	강병기	강순희	강원호	강지민	경성자	고순단	곽복이
강동근	강병인	강승규	강유빈	강지식	경점자	고순덕	곽성근
강동선	강봉덕	강승철	강유진	강지연	계은숙	고순복	곽성기
강동원	강봉득	강쌍임	강은희	강진주	고경빈	고식철	곽순선
강두성	강봉우	강안영	강을섭	강찬수	고경숙	고아라	곽영대
강두원	강부영	강안옥	강 익	강춘예	고경연	고옥단	곽영선

곽영숙	권래숙	권혁철	김경자	김기희	김만순	김병철	김성순
곽영인	권선욱	권혜경	김경주	김길선	김만호	김복순	김성옥
곽영철	권성현	기봉자	김경현	김길한	김말순	김복재	김성재
곽은실	권소영	기상현	김경화	김남수	김명석	김봉국	김세웅
곽정근	권수덕	기원규	김경환	김남순	김명순	김봉선	김소희
곽지영	권순경	길경옥	김경훈	김남예	김명옥	김분례	김송미
곽찬영	권오신	길동준	김계화	김남희	김명자	김분자	김수곤
곽풍영	권오정	길동철	김고선	김다영	김명진	김삼열	김수근
곽현석	권용태	길동화	김곤락	김다혜	김명천	김상근	김수복
곽효숙	권용현	길만섭	김곤석	김대석	김문호	김상록	김수옥
구본종	권원희	길민희	김공숙	김대임	김문희	김상배	김수월
구성수	권은경	길병석	김광순	김대진	김미경	김상수	김수점
구순자	권은미	길병호	김광화	김대호	김미라	김상우	김수정
구연자	권은송	길상억	김군자	김대환	김미란	김상현	김수춘
구자선	권은자	길상열	김귀배	김덕선	김미선	김상혜	김수택
구자원	권인각	길순금	김귀숙	김덕수	김미애	김석진	김숙미
구재진	권입단	길순덕	김귀천	김덕제	김미연	김석홍	김숙영
구정희	권정년	길영국	김규생	김도례	김미화	김선순	김숙자
구지영	권정심	길완숙	김규섭	김도연	김민경	김선영	김숙현
구현수	권정자	길진섭	김규웅	김도원	김민영	김선재	김숙희
권경빈	권진현	길향숙	김근배	김동수	김민철	김선정	김순남
권경호	권칠혁	김가현	김근성	김동열	김민희	김선희	김순덕
권금성	권태봉	김갑련	김금녀	김동은	김배정	김성구	김순분
권금자	권태영	김갑수	김금숙	김동이	김범수	김성균	김순식
권기임	권해성	김강석	김금자	김동재	김병구	김성근	김순옥
권도예	권헌영	김경만	김기성	김동주	김병수	김성례	김순이
권두형	권혁진	김경미	김기완	김동필	김병옥	김성수	김순임

김순자	김영식	김옥희	김은경	김재철	김종옥	김진섭	김태기
김순정	김영신	김완식	김은미	김점옥	김종주	김진주	김태선
김순진	김영우	김용근	김은아	김정근	김종진	김진호	김태섭
김순호	김영준	김용덕	김은지	김정록	김종천	김진홍	김태술
김승석	김영중	김용락	김은혜	김정선	김종철	김진화	김태영
김승일	김영진	김용배	김이요셉	김정수	김종필	김진희	김태원
김승자	김영창	김용복	김인규	김정숙	김종한	김찬권	김태은
김승준	김영학	김용봉	김인범	김정순	김종혁	김찬중	김태이
김승찬	김영호	김용석	김인순	김정오	김종훈	김창곤	김태홍
김신영	김영화	김용안	김인양	김정은	김종흔	김창석	김판곤
김애지	김영환	김용옥	김인중	김정일	김주성	김창섭	김필수
김양미	김영흥	김용조	김인철	김정임	김주순	김창엽	김필환
김양수	김오님	김용철	김일남	김정자	김주원	김창현	김하나
김양숙	김오단	김용호	김일석	김정재	김주환	김창희	김하윤
김양중	김오식	김용환	김일호	김정중	김준수	김철우	김학봉
김양지	김오장	김원순	김임순	김정희	김준영	김철웅	김학진
김언년	김 옥	김원철	김재곤	김종곤	김준환	김청수	김한글
김여령	김옥길	김월수	김재구	김종국	김준회	김청자	김한별
김여택	김옥분	김월순	김재선	김종기	김중경	김춘길	김한수
김연숙	김옥선	김월예	김재수	김종덕	김중양	김춘미	김한순
김영길	김옥섬	김월자	김재숙	김종득	김지석	김춘순	김해숙
김영남	김옥수	김유순	김재순	김종선	김지숙	김춘임	김해정
김영란	김옥순	김유정	김재옥	김종성	김지순	김충만	김해청
김영성	김옥이	김유택	김재완	김종세	김지혜	김충식	김향순
김영수	김옥임	김윤수	김재용	김종수	김진모	김치순	김헌수
김영숙	김옥자	김윤임	김재원	김종연	김진민	김치영	김혁중
김영순	김옥춘	김윤자	김재일	김종영	김진범	김탑수	김현경

김현곤	김희경	류경애	문창언	박길용	박병화	박승미	박윤선
김현관	김희석	류대걸	문창용	박길춘	박보순	박승택	박윤임
김현기	김희안	류병열	문태선	박남수	박보휘	박시용	박은경
김현리	김희정	류상철	민부자	박남순	박복란	박신언	박은영
김현상	김희중	류재용	민석기	박남용	박복순	박신은	박의관
김현수	김희창	리효영	민정순	박남이	박복이	박애경	박의주
김현숙	나백주	마이산	민정용	박노성	박복자	박양희	박인자
김현옥	나성숙	명복순	민중기	박덕자	박분례	박연우	박일수
김현진	나승인	명일권	故민호정	박동기	박분옥	박열청	박임순
김형석	나영은	명희순	민혜진	박동수	박상배	박영근	박장수
김형준	나영환	모유진	박각춘	박동철	박상영	박영래	박재석
김형철	나하연	문겸기	박강환	박두현	박상용	박영삼	박재우
김형희	나혜미	문금영	박경민	박말순	박상익	박영서	박재웅
김혜란	나희숙	문기득	박경숙	박명성	박선수	박영수	박재형
김호상	남경숙	문길선	박경순	박명순	박선태	박영숙	박점순
김호선	남기창	문복순	박경하	박명우	박성환	박영신	박정수
김호영	남상덕	문서정	박광숙	박문석	박세순	박영애	박정숙
김홍기	남종현	문선영	박구만	박문수	박소은	박영자	박정순
김홍선	남해성	문선용	박권우	박미경	박소현	박영진	박정영
김화자	노상훈	문선태	박규성	박미녀	박수정	박옥년	박정욱
김화준	노일경	문선희	박그림	박미라	박숙자	박옥순	박정현
김환석	노장근	문순영	박금규	박미례	박숙현	박옥자	박정호
김활여	노재권	문옥희	박금순	박미순	박순자	박옥희	박정희
김효남	노재석	문용선	박금춘	박미영	박순장	박용수	박종관
김효선	노재순	문자선	박기성	박병문	박순찬	박우순	박종만
김효중	노희정	문정호	박기옥	박병오	박순희	박우식	박종호
김희걸	라문석	문창석	박기정	박병호	박승렬	박윤규	박종환

박주희	박해복	방소연	백승호	서동옥	설준태	손정실	송예찬
박준석	박해주	방장환	백엽옥	서미란	설홍표	손주안	송외숙
박준형	박행자	방재근	백영란	서민석	설효숙	손현인	송용봉
박지연	박향선	배금선	백영화	서상금	성경국	송가인	송윤선
박지영	박향연	배대식	백용현	서상옥	성기준	송광순	송윤이
박지운	박현규	배미원	백우주	서석종	성순이	송금순	송윤정
박지은	박현희	배영진	백윤숙	서석준	성순자	송기득	송은순
박지혜	박호준	배옥자	백윤아	서성석	성순태	송기석	송재득
박 진	박호진	배의식	백은하	서성식	성승엽	송기천	송재열
박진진	박홍래	배점숙	백의식	서영숙	성양순	송기호	송재천
박찬민	박환영	배정의	백인식	서영은	성준선	송길주	송재평
박찬숙	박황수	배진만	백일태	서영이	성창호	송대영	송재표
박찬웅	박효근	배찬호	백자연	서옥란	소선녀	송덕헌	송점자
박찬주	박효진	배춘득	백정단	서옥분	소애영	송독윤	송정미
박찬희	박훈영	배태곤	백정미	서용석	소영섭	송두성	송정은
박창만	박홍신	배해수	백정임	서점순	소정화	송병순	송종숙
박창현	박희경	배효진	백종호	서정원	손경훈	송보미	송혜정
박창호	박희덕	배희경	백초롱	서춘성	손관철	송복선	신경희
박채영	박희술	백경생	백필승	서현상	손귀백	송선호	신동표
박천주	박희연	백경태	백학선	서현주	손귀임	송성종	신상순
박춘순	박희용	백기종	범수경	서화석	손막내	송수복	신선아
박춘식	박희정	백단분	변성진	석경자	손상화	송순자	신선종
박태석	박희주	백단비	변정은	선 화	손심분	송심복	신성식
박필선	반종만	백동인	변혜인	선수진	손옥림	송연이	신성하
박필예	반징수	백명녀	봉선준	설석천	손옥선	송영태	신순남
박하영	방경숙	백봉운	서경자	설순덕	손운목	송영희	신영임
박한조	방덕원	백선옥	서금홍	설정자	손점분	송예빈	신영천

신예순	심지혜	양길순	염지웅	오원석	유경순	유수정	윤명중
신옥단	심철호	양복만	염현진	오자영	유귀원	유숙경	윤명희
신옥덕	심태섭	양선민	예경아	오재문	유기분	유영화	윤병관
신옥득	안명환	양순이	오광석	오정숙	유기연	유오단	윤보근
신용분	안무순	양양금	오금녀	오정주	유나연	유의관	윤봉수
신용숙	안미혜	양영석	오남수	오준규	유나영	유인순	윤상옥
신용예	안민구	양영임	오다경	오지혜	유다영	유인자	윤석례
신유나	안병석	양영희	오동수	오택순	유달영	유재선	윤석문
신윤기	안병태	양옥선	오동월	오하영	유락화	유재이	윤석임
신을선	안복순	양요환	오동찬	오현석	유명섭	유정순	윤소진
신자근년	안부자	양용임	오만석	오현정	유병구	유정아	윤수진
신장호	안상기	양원석	오미영	오현주	유병순	유정옥	윤순이
신재철	안선주	양점숙	오복균	오현희	유봉순	유종관	윤열표
신점순	안수혜	양정열	오복자	오희란	유분단	유종순	윤영돈
신정순	안숙영	양정옥	오상학	옹승완	유분임	유주희	윤영례
신주혁	안순이	양정은	오선녀	우동석	유상근	유지수	윤용희
신창섭	안영순	양종관	오섬옥	우미현	유상석	유지연	윤인중
신현철	안영진	양준엽	오수경	우봉덕	유상정	유지원	윤재구
심규원	안옥선	양지애	오순덕	우성욱	유상철	유지훈	윤정아
심금자	안원배	양창수	오영만	우성필	유선도	유진하	윤정주
심기남	안윤석	양현순	오영식	우현주	유선화	유춘형	윤혁수
심명관	안재순	양현철	오영자	우형재	유성수	유태선	윤형준
심민주	안징옥	양홍서	오영진	원성빈	유성조	유홍종	윤화숙
심영보	안종곤	양희선	오옥돌	원주식	유성주	유회순	윤희순
심영주	안홍례	양희춘	오옥순	원효연	유성현	윤기승	은 숙
심재윤	안희순	에해야	오용식	웬티힌장	유소윤	윤기중	이갑식
심정규	양경희	염민우	오우택	위민석	유송열	윤명곤	이강산

이강안	이대곤	이병수	이소연	이영자	이유영	이정선	이태용
이강현	이덕상	이병식	이수호	이영재	이윤정	이정숙	이태종
이강훈	이덕오	이병우	이수희	이영진	이윤호	이정순	이태준
이건희	이덕호	이병초	이숙미	이영철	이윤화	이정열	이태훈
이경미	이동수	이보미	이숙영	이영필	이윤희	이정옥	이한칠
이경민	이두복	이복명	이순경	이영하	이은경	이정원	이해련
이경선	이두현	이복순	이순국	이예린	이은비	이정은	이해심
이경성	이두형	이분옥	이순근	이오단	이은송	이정자	이해연
이경숙	이막래	이삼순	이순기	이옥분	이은순	이정주	이향숙
이경순	이만교	이상구	이순녀	이옥순	이은정	이정춘	이향순
이경환	이만욱	이상규	이순애	이옥심	이은희	이정희	이현기
이경효	이명수	이상균	이순이	이옥자	이을섭	이종근	이현미
이광식	이명숙	이상덕	이순태	이옥주	이의인	이종덕	이현분
이귀복	이명순	이상록	이승관	이옥진	이인숙	이종락	이현석
이금자	이명식	이상문	이승재	이옥희	이인엽	이종배	이현승
이금주	이명자	이상민	이시형	이요셉	이인현	이종열	이현오
이금천	이명지	이상배	이애라	이용락	이일영	이주원	이현종
이금희	이명희	이상범	이야모	이용석	이일천	故이지영	이형석
이기섭	이무흔	이상수	이양순	이용승	이임옥	이진경	이형심
이기성	이미선	이상순	이에스더	이용암	이임주	이 찬	이형열
이기현	이미숙	이상현	이연비	이용옥	이재찬	이찬욱	이형진
이꽃메	이미자	이샛별	이연숙	이용우	이재학	이창화	이혜련
이꽃지	이미정	이선옥	이연우	이용자	이점분	이철호	이혜숙
이꽃처럼	이미지	이선이	이연주	이용재	이점이	이충섭	이혜영
이남덕	이미향	이선향	이연호	이운재	이정두	이치우	이혜자
이남수	이민경	이선화	이엽옥	이원학	이정란	이태숙	이혜정
이남순	이범석	이성관	이영미	이유경	이정면	이태영	이호성

이호수	임성식	임종래	전동철	정경희	정수환	정재욱	조영채
이호준	임성은	임종석	전명선	정광수	정숙경	정재철	조영희
이홍표	임숙례	임진현	전명원	정구만	정순옥	정재혁	조오훈
이화숙	임순옥	임태석	전명자	정규동	정승윤	정정용	조의환
이화정	임순이	임현순	전미영	정금홍	정영길	정창근	조정석
이황원	임승보	임형래	전병술	정기창	정영래	정창영	조정희
이훈하	임 식	임휘경	전보련	정길주	정영숙	정철성	조진순
이희강	임양덕	장경선	전보영	정덕만	정영자	정태곤	조해석
이희광	임연정	장경순	전봉심	정도화	정영진	정평호	조희영
이희락	임영선	장경연	전상하	정동월	정옥례	정하나	주경태
이희봉	임영순	장광진	전서현	정무순	정옥순	정해근	주금옥
이희서	임영자	장민성	전석철	정민기	정용래	정향순	주기식
이희열	임옥순	장복득	전선자	정민숙	정용문	정현석	주기훈
이희정	임용재	장상용	전수식	정민환	정용태	정희영	주길수
임경숙	임우성	장성열	전순남	정보매	정윤순	조규식	주명선
임경택	임윤택	장숙진	전승식	정봉주	정윤식	조기형	주명식
임경하	임은실	장연석	전영관	정상규	정은나	조남훈	주명옥
임금연	임은희	장옥순	전영근	정상록	정은숙	조민진	주복순
임대근	임인숙	장인호	전제훈	정상목	정은주	조병능	주삼이
임미숙	임일섭	장종득	전종관	정성례	정의숙	조병리	주석철
임미애	임재원	장지희	전종수	정성아	정이순	조병석	주성환
임미하	임정례	장진석	전주희	정성여	정인선	조병창	주순근
임미화	임정수	장헌숙	전찬기	정성은	정인성	조봉철	주식주
임미희	임정숙	장홍순	전철희	정세미	정인슉	조승윤	주앙순
임병언	임정순	전경자	전해성	정세훈	정임선	조신형	주양오
임삼례	임정희	전광재	전향순	정소영	정장이	조영익	주영식
임섬연	임종국	전덕현	정갑순	정수현	정재석	조영일	주예순

주월선	채종석	최상석	최인철	표석연	한영구	허정행	황두연
주유식	채중훈	최석호	최임숙	표영순	한영순	허준철	황두현
주응석	최 권	최선오	최임순	표종복	한용덕	허철호	황상원
주자영	최감순	최선주	최재성	하영미	한용순	허홍석	황선봉
주정열	최경미	최선희	최재철	하영준	한용찬	허홍종	황선옥
주정욱	최경원	최성선	최정수	하은경	한원규	허홍철	황선인
주창섭	최규철	최성순	최정양	하현희	한원배	허홍표	황수덕
주화춘	최근송	최소라	최정영	하혜림	한은성	현사생	황순배
주희선	최금덕	최수열	최정이	하효남	한인수	현석후	황순복
주희식	최기우	최수일	최정임	학명란	한종숙	현선옥	황순분
지수연	최기운	최순이	최정태	한갑순	한진희	현숙자	황애정
진보영	최남선	최순자	최창욱	한경복	한창현	현은희	황양순
진성학	최대곤	최승주	최철규	한경숙	한택수	현채원	황양운
진영돈	최덕환	최영경	최필선	한경임	한해순	현형원	황연홍
진영란	최동구	최영규	최하연	한관흠	한혜윤	현형찬	황영미
진옥란	최득희	최영균	최하인	한규성	한희옥	홍남숙	황영이
진우관	최만식	최영선	최해국	한금서	한희철	홍노아	황옥이
진푸름	최명수	최영숙	최현경	한기춘	함은옥	홍선교	황윤희
진 화	최문규	최웅규	최호선	한대용	허경희	홍성욱	황은자
진혁진	최미덕	최원희	최호원	한래성	허동일	홍성태	황의탁
차명옥	최미숙	최유나	최홍기	한명숙	허선도	홍성학	황의태
차선미	최미향	최유라	최홍녀	한배석	허선아	홍승리	황이숙
차선숙	최민련	최유진	최효진	한상오	허선택	홍찬표	황이순
차옥진	최병열	최윤선	추기춘	한상원	허영숙	황경부	황인성
차운심	최병욱	최윤아	추기택	한상호	허은경	황근화	황인호
차정훈	최봉선	최인상	태득춘	한선택	허은낭	황길연	황인홍
차준성	최삼만	최인숙	표기연	한소영	허정태	황길주	황재철

황재혁
황정수
황정숙
황정자
황종구
황종규
황종순
황종하
황주승
BigBoss
Captain

> 닫는 글

무립고원에서 연결을 외치다

　방문 간호 가방을 들고 보건진료소 문을 나섭니다. 방골마을로 향합니다. 마을 길을 지나노라면 수백 년은 족히 넘었을 소나무 한 그루가 도랑 쪽으로 기울어져 있습니다. 마을 분들은 저 그늘에서 쉬었겠구나, 여름날 물놀이로 몸이 식은 아이들은 배앓이가 시작되면 저 넓적 바우에 엎드렸겠구나, 밤이면 삶은 감자도 먹었겠지. 쑥 향 피워가며 모기도 쫓았겠지. 밤이 깊어지면 별 꼬리 몇 개는 숲속으로 떨어졌을 거야. 어르신들의 농사 계획이야 더 말해 무엇하리.
　보건진료소장으로 발령받아 처음 마을에 들어가면, 골목 어귀 돌멩이 하나, 풀 한 포기까지 예사롭지 않습니다. 백점단 어르신 댁에 가던 날이 생각납니다. 어르신은 시력을 잃어 바깥출입이 어렵습니다. 보건진료소에 전화해서 혈압약, 소화제, 감기약, 관절약, 피부약뿐 아니라 때로는 안연고까지 요청하십니다.
　어르신 댁으로 가는 길을 찾지 못해 헤맸습니다. 마을 안으로 들어가 사람을 만나면 물어볼 요량이었습니다. 사람은 나타나지 않았고 계속 올라가니 지장사(地藏寺)가 나타나더군요. 낯선 산책자 냄새를 맡은 멍멍이들이 짖어대는 소리는 날카롭고 뾰족했습니다. 한참 뒤 어르신 댁에 도착하니 마당 한쪽에 아름드리 은행나무도 저를 환영하더군요.
　첫 만남으로 '환자-간호사'라는 관계가 시작됩니다. 시간과 장소와 환경을 공유하는 사이가 되어버리는 이 순간이야말로 간호사인 저는 가슴이 벅차오릅니다. 혈압계, 체온계, 혈당계, 청진기, 수첩과 연필을 꺼냅니다. 어르신께서는 저에게 같은 배를 오랫동안 함께 타고 온 승객 같은 기분이 든다고 하셨습니다. 잠시 후 "몇 년이나 지시다가 갈랑가요?"라고 물으시더군요. 그러시고는 고향이 어딥니까, 결혼은 했습니까, 자식은 몇이나 두었습니까, 신랑은 뭐 하는 사람이냐, 몇 살이냐, 무슨 띠냐, 존대에서 반말로 이어지고 예민한 정보의 벽이 허물어집니다.

　　　　혈압을 재고 결과를 기록한 뒤 의미를 설명합니다. 의학적 소견을 근거로 괜찮습니다, 좋습니다, 최근에 특별한 일이 있었나요, 우회 질문으로 상담 업무는 이어집니다. 고막 체온계로 체온을 측정하고 혈당기로 혈당 수치를 보며 질문과 답이 또 오갑니다. 질문이 더 나아가려는 즈음, 보건진료소에 왔는데요, 소장님 지금 어디 계시는가요? 저를 찾는 휴대전화가 울리고, 저는 황급히 다음 일정을 약속한 후 돌아왔습니다.

　　　　1989년 가을, 보건진료소에 첫발을 디딘 후 36년간 140여 번의 계절이 바뀌었습니다. 진료실에서 적어도 12만 명이 넘는 사람을 만났습니다. 전화, 보건교육, 가정방문 횟수까지 더하면 그 수는 훨씬 많을 것입니다. 이 기록은 간호대학에 입학한 새내기가 보건진료 전담공무원으로 근무하다가 퇴임하기까지 주고받은 편지와 일기를 정리한 것입니다. (결코 저의 공적을 드러내고자 함이 아닙니다) 무주에서 태어나고 자란 학생이 간호사로, 간호사가 간호인으로 장성해 가는 도반의 기록이라고 할까요.「농어촌보건의료법」을 따라간 보건진료소장 한 사람의 생애이기도 하고요.

　　　　제1부는 1986년 간호대학 입학에서부터 1988년 졸업까지, 제2부는 보건진료 전담공무원 직무 교육에서부터 첫 부임지 구천보건진료소에서 활동, 제3부는 이 일을 해야 하나, 말아야 하나 갈림길에 섰을 때 나침반이 되어 주신 박사님과 주고받은 편지, 제4부는 삶의 길목에서 간호사로서의 이정표 역할을 해주신 교수님과 나눈 편지글, 제5부는 농촌에 살고 계신 어르신들의 삶, 제6부는 '간호 현장을 누비며 걸어간 길' 위에서 만난 사람들로 구성하였습니다.

　　　　자료를 정리하고 손 편지를 컴퓨터로 옮겨 적으며 깨달았습니다. 오벽지에 고립되어 나는 늘 혼자라고 생각했는데, 이토록 많은 연결 속에 내가 있었구나. 참으로 눈물겨운 자각이었습니다. 한 사람 한 사람이 보내준 편지에는 따뜻한 사랑이 차고 넘쳤거늘, 그때는 그걸 몰랐습니다. 편지지 글 고랑 사잇길을 지나간 육필들이 흔들리는 저의 영혼을 붙잡고 있었더군요. 그 덕분에 저는 쓰러지지 않고 꿋꿋하게 걸어온 것 같습니다.

　　　　전경자 교수님께 깊이 감사드립니다. 교수님의 따뜻한 격려와 학문적 지지가 없었다면 확신컨대, 이 책은 완성할 수 없었습니다. 논문과 최신 뉴스, 영문이든 일문이든 보내주신 저널이 책꽂이 두어 간은 채우고도 남습니다. 열정과 냉성에 매번 감복 하였습니다. 끝까지 포기하지 말라고 용기 주신 한국사진작가협회 민석기 작가님께 깊이 감사드립니다. 방대한 자료 앞에 주저앉아 그만두고 싶을 때마다 일어나라. 리얼리즘 사진가의 길을 가라. 그것이 옳다고 격려하셨습니다. 소멸의 시대가 도래하여 농촌이 사라지고 어느 날 보건진료소까지 없어진다면, 보고 느낀 것을 역사의 산물로 더욱 선명하게 남겨야 한다고 하셨습니다. 박 작가는 포기할 사람이 아니라고 하셨을 때, 어쩌면 내가 정말 포기하지 않을 사람일지 모른다는 착한 착각을 하게 만들었습니다. 소진의 바닥에서 다시 지상으로 올라온 배경에는 선생님의 응원이 큰 부력이었습니다. 기록의 가치를 새삼 깨닫습니다.

    무주군보건의료원 원장님, 과장님, 팀장님과 동료들께 감사드립니다. 지침이나 행정 규정이 때로 불합리해 보이고 버겁기도 하였지만, 지침과 조례 덕분에 저는 성장했더군요. 그리고 한 끼 밥으로 에너지 챙겨 준 삼방보건진료소 임성은 소장님, 신기하게도 힘들 때마다 전화하시더라고요. 세심한 섬김에 고마운 마음 전합니다. 오래된 편지글과 사진을 사용해도 좋다고 동의해 준 여러분께도 진심으로 감사드립니다.

    삶의 끝자락에서 점점 기억을 잃어가고 계신 우리 엄마. 한 남자의 아내로, 일곱 남매의 어머니로 당신은 평생을 헌신하셨습니다. 당당하고 정직한 삶이 무엇인지 가르쳐 주셨습니다. 묵묵히 응원해 준 남편, 저마다 세상 길을 걷고 있는 우리 아이들. 고맙고 사랑합니다.

    한 사람의 첫 발자국이 길을 만듭니다. 누군가는 그 길을 따라갑니다. 제가 승선한 막배는 항구에 닿고 있습니다. 낡은 배가 삐거덕거립니다. 저의 활자와 사진들은 농촌 간호사로서의 족적이자 지문(指紋)의 일부입니다. 잠을 아껴가며 애는 썼지만, 고라니 울음소리에 불과할지도 모르겠습니다. 보건의료라는 거룩한 설산에 방종의 흔적으로 남는 것은 아닐까 두렵기도 합니다. 별가루 가득한 밤, 이제 문을 닫겠습니다.

    2025년 11월
    장안보건진료소 박도순

박도순 Park Do Soon

전북 무주군에서 태어났다. 원광보건대학에서 간호학, 충남대보건대학원에서
보건학을 전공했다. 보건진료 전담공무원이 되어 만난 농촌 건강 문제로
석사학위를 받았다. 구천동보건진료소에서 주민들을 만나기 시작했다.
저서로는 『그저 바라볼 수만 있어도』 『포내리 사람들』 『포내리 사람들Ⅱ』
『거기 사람 있어요』 등이 있고 한국농촌간호학회, 한국사진작가협회,
한국작가회의 무주지부에서 활동하고 있다.
near4you@hanmail.net
https://www.facebook.com/dosoonp

경력
구천보건진료소(1989.10 ~ 1999.02)
가정보건진료소(1999.02 ~ 2011.01)
상곡보건진료소(2011.01 ~ 2018.12)
공진보건진료소(2019.01 ~ 2023.05)
장안보건진료소(2023.05 ~ 2026.06)

수상
제1회 김우중의료인상, 2022
KBS-2TV 『밀리언셀러』 국민작사가 공모 최우수상, 2014
제16회 효석농촌보건의료봉사상, 2013

저서
『거기 사람 있어요』 도서출판 윤진, 2021
『그 어디나 하늘나라』 생명의양식, 2019
사진집 『포내리 사람들2』 도서출판 윤진, 2017
『포내리 사람들』 도서출판 윤진, 2016, 세종도서문학나눔 수필부문 우수도서 선정
『그저 바라볼 수만 있어도』 사진예술, 2014, 세종도서문학나눔 수필부문 우수도서 선정

전시
초대 개인전 『바람의 초상』 반도카메리 갤러리, 2018
『포내리 사람들』 중국 대리 국제사진축제 사진전, 2017
(사)한국사진작가협회 야생화분과 사진전, 경인미술관, 2016
초대 개인사진전, 『사진공간 눈』갤러리 개관기념, 2015
(사)한국사진작가협회 야생화분과 사진전, 군산 예술의전당, 2015

추천의 글

글솜씨가 없어 서툴 수 있습니다. 그렇지만 저의 진심이 전달되었으면 합니다. 진료실이라는 좁은 공간에서 오랫동안 환자들을 만나면서 저는 사람의 감정을 온몸으로 느끼는 습관이 생겼습니다. 어느 날 가슴이 따뜻한 사람을 만났습니다. 그의 심장에는 '사람이 우선'이라는 불씨가 꺼지지 않는 사람이었습니다. 따스함은 손끝으로 흘러내리더니 아름다운 언어로 책을 빚어내더군요. 농촌 의료 현장에서 만난 사람들 이야기와 느낀 순간들을 놓치지 않고 환자의 눈빛으로 환자에게 전하는 위로로 써 내려간 글이었습니다. 오랜 세월 보건진료소라는 소박한 곳에서 살면서 동료와 독자와 함께한 것을 잘 알고 있습니다. 그 감동을 나누는 몸짓을 바라보는 것만으로도 저는 아주 흐뭇했습니다. 우리 보건의료원에 이런 간호사들이 많이 계신다는 것이 마음 든든합니다. 손에 닿는 듯한 느낌으로 이 책을 읽어주십시오. 진심으로 축하합니다. 수고 많으셨습니다. 세상으로 퍼져나가 감동과 위안을 전하기를 바랍니다.

홍찬표 원장, 무주군보건의료원

소장님은 경남 진주시에서 고립된 저를 다른 지역 건강 파수꾼들과 연결해 준 고마운 시절 인연입니다. 보건진료소에서 겪은 일을 글로 적어봐야겠다고 마음먹고 이리저리 인터넷 뒤지다가 우연히 소장님의 글을 발견했습니다. 댓글을 남겼지요. 며칠 후 소장님이 뜻밖의 전화를 주셨습니다. 이처럼 적극적인 선배님이라니. 저는 석사논문을 보내드렸고, 소장님은 몇 권의 책과 편지를 보내주셨습니다. 그 후 산청군에서 처음 뵈었을 때, 마치 연예인을 만난 듯 신기했습니다. 보기만 해도 목소리만 들어도 웃음이 번지는 소장님은 보건진료소장이 지역사회에 활력을 불어넣는 존재라는 것을 보여주셨습니다. 농촌은 변화의 기로에 서 있습니다. 보건진료소마저 존폐 위기입니다. 소장님의 글과 사진이 보건진료소에서 애쓰며 어려움을 겪고 있는 후배들에게 사명감과 긍지를 높여 줄 것입니다. 저는 이 책을 볼 때마다 소장님과 배꼽 빠지게 웃던 날을 떠올릴 것입니다. 저를 잊지 말아 주세요.

김민경 향양보건진료소장, 경남 진주시 미천보건지소

돌연성, 이변성, 무작위성, 예기치 못한 방향으로 역사는 도도한 물줄기가 되어 흘러갑니다. 희망의 끈을 놓지 말고, 끝까지 가야 합니다. 필연의 날줄과 우연의 씨줄이 얽히는 앞날은 예측할 수 있는 필연도 있고 예상치 못한 우연도 만듭니다. 무슨 일인가가 사람 계획대로 진행된다면 잘 되는 것일까요. 사람 생각대로 된다면 그것이 또 좋은 일일까요. 미래에는 생각지 못한 기적이 숨어있습니다. 걱정이 압도하는 상황에서도 포기하지 않으셨군요. 완성의 항구에 진군하신 것을 축하합니다. 낡은 편지가 남아 있지 않았다면 가족조차 몰랐을 오지 간호사의 서사. 기록은 기억의 도구입니다. 한 간호사가 남긴 실록이 K-농촌 간호의 역사가 될 것입니다.

박남순 약사, 경기일산 보리수약국, 자연요법전문가

지나간 나의 보건진료소 근무 30여 년을 돌아봅니다. 제 삶에 남아 있는 시간보다 더 많은 세월이었다는 것을 알아가고 있습니다. 과거는 초라했고 못난 시간이라 여겼습니다. 잊을 수만 있다면 잊고 싶었습니다. 희미해지기를 기대했습니다. 박 소장과 주고받은 저 많은 편지글은 흐릿한 과거를 강렬한 바람으로 데려오는군요. 빛바랜 사진첩인가 하였더니 과거가 현재를 도울 수 있다는 말을 증명이라도 하듯 선명하게 다가옵니다. 애썼다고, 무모했지만 참 용기있게 잘 해왔다고, 보건진료소에서의 삶이 내 인생에 화양연화였다고, 어디에도 없고, 앞으로도 없을 그 시절로 돌아가 그때 그 자리에 서 있는 저를 가만히 안아봅니다. 기억만으로 할 수 없는 일, 기록하며 밤을 지새웠을, 고뇌하며 몸을 뒤척였을 소장님에게 고마움과 존경을 표합니다. 우리 가슴과 가슴 사이를 연결해주는 금실, 그것이 사랑이라는 노벨상 작가 어록으로 애정을 대신합니다. 수고 많으셨습니다.

이경숙 간호사, 가정보건진료소장

잊지 않으려고 되뇌고 되뇌는데요. 의료인으로 만들어 주신 나의 핏줄이자 선배이며 누구보다 따뜻한 가슴을 가진 외할아버지에게 두 번째 중풍이 왔을 때 잠시 섬망 기간이 있었습니다. 어느 날 새벽 3시쯤, 솔아! 우리 잠깐 걸을까? 하시더군요. 부스스한 얼굴로 따라나섰습니다. 병원 주차장에서 캄캄한 하늘을 바라보더니, 나중에 통일되거든 내 고향에서 3년만, 딱 3년만 일해다오. 그게 내 부탁이다. 하시는 겁니다. 그러고는 말없이 다시 병실로 들어가셨어요. 제가 어렸을 때 경험한 시골 보건지소, 그리고 의과대학을 졸업하고 근무했던 보건지소. 요즘도 시골길 지날 일 있으면 보건지소나 보건진료소를 유심히 찾게 됩니다. 농촌에서 주민들과 함께 웃고 울고 늙어가며 보내는 소중한 시간. 공공보건기관의 역할과 가치는 덩치 크고 최신식 기계로 가득 들어찬 대형 병원과 다르지 않다는 것을. 칼끝에서 죽고 사는 순간만큼이나 맞잡은 손의 따뜻한 체온이 중요하다는 것을 더 많은 사람이 알았으면 합니다.

이한솔 의사, 전 공중보건의사

알타미라 동굴에서 그림이 문자를 대신하던 시대가 있었습니다. 그림이 곧 언어요 편지였지요. 글 모르는 어르신이 집 나간 아내에게 황소 다섯 마리를 그려 편지로 보냈더니, 다음 날 아내가 돌아왔다는 이야기를 읽은 적이 있습니다. '오소'. 아내는 남편의 편지에 담긴 간곡한 뜻을 알아채고 돌아온 것이죠. 지금은 이미지가 문자가 되고, 영상이 글이 되는 시대가 되었습니다. 다만 기록으로 남기느냐, 남기지 않느냐, 그 사이에 <기록자>가 있습니다. 선대의 간호 사역을 후대에 들려주기 위한 일을 묵묵히 실천한 소장님. 40여 년 간호의 시간을 압축 파일로 담아내다니, 찬사를 보냅니다. 인간은 신의 형상을 닮아 무엇이든 만들고 완성하는 일에 기쁨을 느낍니다. 그러나 대부분 사람은 시간을 흘려보낼 뿐 성취의 열매를 담지 못합니다. 보건진료소라는 좁은 공간에서 주민의 삶과 자연을 담아낸 솜씨가 놀랍습니다. 우리 아이들에게 이 엄마가 경험한 보건진료소 이야기를 들려줄 때면 세월이 할퀸 자리가 이제는 희끗한 흑백 필름처럼 여겨집니다. 앞으로 남은 시간은 우리에게 또 어떤 이야기를 들려줄까요.

조진순 간호사, 진도보건진료소장

젊은 날 소외된 지역에서, 소외된 질병을 앓고 있는, 소외된 사람에게, 열정과 끈기로 사업을 계속한 사람들. 누가 그 길을 가보았을까요. 많고 많은 일 중에 말입니다. 오랫동안 잊고 지낸 편지를 모아 출판한다고 동의 요청하던 날, 놀랍기도 했지만 웃음만 나오더군요. 저 글을 진정 내가 썼단 말인가. 읽어 내려가니 어제 일처럼 기억이 살아났습니다. 학문에 대한 탐구와 국민 건강을 위한 순수함이 편지에 담아져 훌륭한 문답으로 오고 갔더군요. 기록으로 남은 편지는 제 삶의 증거이기도 합니다. 다시 보아도 믿어지지 않습니다. 은쟁반 위에 남긴 첫발자국이랄까. 언제나 싱싱한 강물이 보이는 시원하고 속 깊은 사람, 넘치지도 모자라지도 않은 사람, 주제가 딱히 없어도 밤새워 이야기가 가능한 사람. 시인의 노래처럼 박 소장은 그런 사람이었습니다. 저도 그런 사람이 되도록 노력하겠습니다. 수고 많으셨습니다.

조신형 박사, 전 질병관리청 매개체분석과장

그녀의 작고 야무진 손은 거친 푸성귀를 감칠맛 나는 나물로, 황무지를 꽃밭으로, 찰나를 영원으로 바꿉니다. 고열과 통증으로 힘들어하는 촌로의 회복도, 우리의 보잘것없던 희미한 과거의 기억마저도 생경한 역사로 바꾸어 주었습니다. 저는 소장님의 신념, 근면, 단단함, 작고 야무진 손이 부럽기만 합니다. 모두의 자랑입니다.

오영진 간호사, 공진보건진료소장

비와 바람, 달과 별. 채송화, 모란. 선생님에게 닿으면 모든 것이 예술로 승화되는 기적이 일어나는군요. 보건진료소에서 근무할 때 다음 글을 읽은 적이 있습니다. 「간호 현장에서 업무를 수행하는 간호사들이 실무 발전을 위하여 자신의 업무를 성찰하는 것은 매우 유의미하고 유용하다.」 성찰은 단순히 자신이 행한 일을 돌아보는 것을 넘어 그 안에서 본질을 찾고 배움이 확산하여 결국 자신이 발전하는 기회가 되겠지요. 『바람의 초상』은 간호학도가 되고, 인간과 기본 간호학을 배우던 40여 년 전 순수한 호기심으로 간호를 만났던 초심으로 저를 이끌고 가는군요. 보건진료소에서 건강 증진 프로그램을 진행하다 보면 늘 사람과 새로운 길이 저의 앞으로 다가왔습니다. 한국농촌간호학회에서 하나씩 발견하며 누리는 앎의 기쁨들. 보건진료소에는 항상 인생의 스승님이 계셨고, 주민들 응원이 함께 했던 30년 넘는 시간은 제 삶의 꽃시절이었습니다. 코로나19 시기에 보건진료소를 떠나 군 보건소로 들어오면서 새로운 환경에 적응하느라 정신없었습니다. 두고 온 보건진료소를 생각하면 지금도 마음이 아립니다. 소장님의 쓰신 이 기록들이 제 마음에 치유의 빛을 줍니다. 같은 시대 같은 업무를 수행하고 있음에도 서로 다른 색깔을 빚어내는 전국 보건진료소장의 생애 조각들. 지금도 농산어촌 간호를 품고 아름다운 조각보가 되어가고 있겠지요. 출판은 선생님이 하셨는데 가슴은 제가 벅차네요.

최현경 전남 광양시보건소 진료소지원팀장